QUELQUES PAGES DE L'HISTOIRE RELIGIEUSE
DU DIOCÈSE DE PARIS

HISTOIRE

DU

SÉMINAIRE

DE

SAINT-NICOLAS DU CHARDONNET

1612 - 1908

D'APRÈS DES DOCUMENTS INÉDITS

PAR

P. SCHŒNHER

ANCIEN PROFESSEUR AU MÊME SÉMINAIRE

OUVRAGE ILLUSTRÉ DE PLANS ET DE GRAVURES

TOME I

COMMUNAUTÉ-SÉMINAIRE (1612 - 3 SEPT. 1792)

SOCIÉTÉ SAINT AUGUSTIN — DESCLÉE, DE BROUWER ET Cie
| PARIS | LILLE |
| 30, Rue Saint-Sulpice, 30 | 41, Rue du Metz, 41 |

1909

SOCIÉTÉ SAINT-AUGUSTIN, DESCLÉE, DE BROUWER & CIE

30, RUE SAINT-SULPICE. — PARIS

VIENT DE PARAITRE :

Histoire du Séminaire de Saint-Nicolas du Chardonnet

1612-1908

D'APRÈS DES DOCUMENTS INÉDITS PAR P. SCHŒNHER

Ancien Professeur au même Séminaire.

TOME I :

COMMUNAUTÉ-SÉMINAIRE, 1612 — 3 SEPTEMBRE 1792

Beau volume in-8 (pages X - 576), orné d'une héliogravure hors texte, et de 101 gravures, fac-similés, plans.

Le TOME II, *en préparation*, comprendra l'HISTOIRE DU PETIT SÉMINAIRE, 1811-1908 (avec la période intérimaire, 3 septembre 1792-1811).

~~En souscription~~, les 2 volumes, **15 francs.**

EXTRAITS de la TABLE des MATIÈRES

CHAPITRE 1

Enfance et jeunesse de Bourdoise.— Etat du clergé en France à la fin du XVIIe siècle... — Premières études de Bourdoise. — Fondation de sa Communauté paroissiale.

Bourdoise

CHAPITRE II

Description de la Montagne Sainte-Geneviève au XVIIᵉ siècle... — André Duval : son influence sur la Sorbonne et sur la Communauté... — Froger curé de Saint-Nicolas du Chardonnet *habitue* un certain nombre de membres de la Communauté. — Description du quartier Saint-Victor au XVIIᵉ siècle... — Commencements d'un séminaire dans le presbytère, dans l'église de Saint-Nicolas et dans la Communauté. — Vaine tentative de M. de Bérulle pour fonder un séminaire à Saint-Magloire. — Saint François de Sales et Bourdoise. — La Communauté est chargée par Henry de Gondi de plusieurs fonctions diocésaines.

Vestiges d'un vitrail de la vieille église de Saint-Nicolas-du-Chardonnet.

CHAPITRE III

La maison de Compaing. — Compaing. — Le séminaire s'organise... — Organisation de la Communauté. — Triple but : fonctions paroissiales ; conduite des étudiants en théologie ; les petites écoles. — Lancelot au séminaire de Saint-Nicolas. — Acte solennel d'association, 27 juillet 1628... — La Compagnie du St-Sacrement aide la Communauté à obtenir des lettres patentes mais incomplètes... — Les Communalistes à Paris... — Les *Exercices des Ordinands*... — Le projet de Charles Godefroy.

CHAPITRE IV

Portraits de Froger et de Bourdoise... — La *Bourse cléricale*... — L'œuvre des galériens. — Fondation d'une seconde communauté à Villejuif. — Bourdoise et Saint-Cyran. — Bourdoise et Richelieu. — Bourdoise et Olier. — Olier est-il le premier fondateur des grands séminaires en France ? — St-Nicolas semble bien être le premier séminaire organisé à Paris. — Saint-Magloire... — Communauté à Liancourt... — Analyse des lettres de Fr. de Gondi qui organisent définitivement la Communauté-Séminaire. — Saint-Nicolas était-il séminaire diocésain ?

CHAPITRE V

Mort de Froger et nomination de Féret à la cure de Saint-Nicolas du Chardonnet.. — Gaston Chamillard. — Michel Chamillard. — Mathieu Beuvelet... — Mort de Bourdoise. — Lettres de *jussion*. — Donations faites à Saint-Nicolas et à la *Bourse cléricale*. — On commence à bâtir le séminaire actuel. — Règlements du séminaire. — Saint-Nicolas et les misères de la Fronde. — Saint-Nicolas et les petites écoles. — Saint-Nicolas contribue à la fondation de plusieurs séminaires. — Les séminaires à Paris aux alentours de 1670. — Bourdoise, Saint-Nicolas et le jansénisme. — Saint-Nicolas et Port-Royal. — Rôle important de Michel Chamillard dans cette longue affaire. — Ses écrits.

Chœur de Port-Royal des Champs.

CHAPITRE VI

Mort de Féret : son remplacement par Hennique de Benjamin, ensuite par Joseph Boucher. — Michel Chamillard et son frère Gaston dans l'affaire de Sorbonne en 1663. — Affaire de la régale (1681-1682). — Rôle glorieux de Michel Chamillard et de Joseph Boucher. — Leur exil à Issoudun et à Guingamp. — Cocquelin chargé par l'archevêque de Harlay de régir la paroisse et le séminaire de Saint-Nicolas du Chardonnet. — Chamillard revient de l'exil ainsi que Boucher... — On commence à construire le bâtiment en façade de la rue Saint-Victor. — Description de ce bâtiment. — ... De Noailles est nommé archevêque de Paris ; son activité. — Firmin Pollet élu économe (supérieur). — Saint-Nicolas et la fin de Port-Royal... — La Petite Communauté.

CHAPITRE VII

Liste des économes-supérieurs au XVIIIe siècle. — Le budget de Saint-Nicolas au XVIIIe siècle. — Villejuif : la communauté, la chapelle. — La Petite

Communauté ou Petit séminaire des philosophes : sa nature, son règlement, son recrutement, notes sur les élèves, budget spécial. — Le Grand séminaire quelques modifications au règlement, enseignement primaire, nombre et provenance des élèves. — La Communauté de Paris, le séminaire de Laon : démêlés de Pollet avec de Noailles ; publication de la *Vie de Bourdoise* ; autres *Vies* du même personnage ; nouveaux démêlés entre Pollet et de Noailles ; séjour de saint Jean-Baptiste de la Salle au séminaire de Saint-Nicolas ; Pollet, le ministre Fleury, le régent et Louis XV ; affaire du séminaire de Laon ; les Nicolaïtes prennent la direction de ce séminaire... — Pollet, la Reine et le Dauphin ; Saint-Nicolas à la Faculté de théologie de Paris ; Saint-Nicolas et le Bréviaire parisien ; état de la Communauté... — Schisme à l'église Saint-Nicolas, le curé Garnot en exil ; lutte des docteurs de Saint-Nicolas contre les jansénistes et les gallicans ; ils sont soutenus par l'archevêque Christophe de Beaumont ; **exil d'un d'entre eux, Lelarge ; son retour ; affaire Berruyer ;** l'affaire du Bélisaire... — Le théâtre au séminaire ; quelques signes de décadence ; tentative d'empoisonnement sur Andrieux, supérieur du séminaire de Laon.

CHAPITRE VIII

Topographie du quartier Saint-Victor à la fin du XVIII⁰ siècle. — Le Séminaire et la Communauté sous Andrieux. — État des finances. — Élections du clergé de l'église Saint-Nicolas. — Élections des représentants du clergé aux États-Généraux. — Gros, nouveau curé de Saint-Nicolas, est élu. — Service solennel à l'église Saint-Nicolas, en faveur des citoyens morts au siège de la Bastille. — ... déclarations des biens de Saint-Nicolas. — Gros rétracte une rétractation. — Déclaration des biens du séminaire de Laon. — Refus des Nicolaïtes de prêter le serment à la *Constitution civile* du clergé. — Une ordination clandestine. — Visites de la police à Saint-Nicolas. — Comment les Nicolaïtes purent-ils exercer le ministère après leur refus de prêter serment ? — Les scellés à Villejuif. — Menace de vendre les biens de Saint-Nicolas. — Inventaire de St-Nicolas par les commissaires. — Longue discussion avec l'administration civile qui prétend que Saint-Nicolas est le séminaire diocésain. — Gobel propose un plan de séminaire diocésain. — Requête de la municipalité de Villejuif. — Les Nicolaïtes se constituent gardiens de leurs propres meubles. — Le 10 août. — Arrestation des Nicolaïtes. — Transfert à Saint-Firmin. — Portrait des commissaires chargés de surveiller Saint-Firmin. — La vie des prisonniers à Saint-Firmin. — Préparatifs du massacre. — La dernière nuit des prisonniers. — Le massacre. — Enlèvement des corps des victimes.

Pour la table des noms propres et l'index bibliographique
voir à la fin du second volume.

HISTOIRE
DU
SÉMINAIRE
DE
SAINT-NICOLAS DU CHARDONNET

Sic vovit, sic oravit Venerabilis Sacerdos ADRIANUS BOURDOISE *Sodalitij S.ti Nicolai è Cardineto Protopresbyter et Institutor, Disciplinæ Ecclesiasticæ amantissimus ac observantissimus; quiq; dedit in cælebrationibus decus et ornauit tempora usq; ad consommationem vitæ. Obiit 13 Kal. Aug. 1655. Ætatis suæ 72.*

HISTOIRE

DU

SÉMINAIRE

DE

SAINT-NICOLAS DU CHARDONNET

1612 – 1908

D'APRÈS DES DOCUMENTS INÉDITS

PAR

P. SCHŒNHER

ANCIEN PROFESSEUR AU MÊME SÉMINAIRE

OUVRAGE ILLUSTRÉ DE PLANS ET DE GRAVURES

TOME I

COMMUNAUTÉ-SÉMINAIRE (1612 - 3 SEPT. 1792)

SOCIÉTÉ SAINT-AUGUSTIN — DESCLÉE, DE BROUWER ET Cie

PARIS | LILLE
30, Rue Saint-Sulpice, 30 | 41, Rue du Metz, 41

1909

HISTOIRE

DU

SÉMINAIRE

DE

SAINT-NICOLAS DU CHARDONNET

1612 - 1908

D'APRÈS DES DOCUMENTS INÉDITS

PAR

P. SCHŒNHER

ANCIEN PROFESSEUR AU MÊME SÉMINAIRE

OUVRAGE ILLUSTRÉ DE PLANS ET DE GRAVURES

TOME I

COMMUNAUTÉ-SÉMINAIRE (1612 - 3 SEPT. 1792)

SOCIÉTÉ SAINT-AUGUSTIN — DESCLÉE, DE BROUWER ET Cie

PARIS | LILLE
30, Rue Saint-Sulpice, 30 | 41, Rue du Metz, 41

1909

NIL OBSTAT :

Le 10 Novembre 1908.

LESÊTRE.

IMPRIMATUR :

Parisiis, die 11ᵃ Novembris 1908.

G. LEFEBVRE,

v. g.

A MM. LES MEMBRES

DE

L'ASSOCIATION ECCLÉSIASTIQUE

DES

ANCIENS ÉLÈVES DE SAINT-NICOLAS

AVERTISSEMENT

L'Histoire du Séminaire de Saint-Nicolas du Chardonnet *se présente un peu comme une œuvre de justice. Jusqu'à présent, l'ancien Séminaire de Saint-Nicolas n'avait pas obtenu, dans l'histoire religieuse de Paris, la place qu'il nous paraît mériter. On verra par la lecture du premier volume, si nous nous faisons illusion.*

Nous nous sommes efforcé de faire de ce livre une œuvre de probité et d'impartialité historiques. Nous croyons avoir consciencieusement étudié le sujet : les citations et les références, un peu trop multipliées peut-être, le montreront, pensons-nous. Mais pour scrupuleuses qu'aient été nos investigations, nous n'avons pas la naïveté de les croire complètes. Notre reconnaissance sera acquise à tous ceux qui nous en signaleront les lacunes.

Nous estimons que nous faisons là en même temps une œuvre d'opportunité. Notre livre répond, pour sa faible part, à ce besoin actuel de poursuivre une enquête détaillée sur le passé de la France et notamment sur son passé religieux. Et puis le cycle semble bien clos des destinées cléricales d'un établissement qui, au commencement de ce XXe siècle, survivait, avec quelques-uns, à tant d'autres disparus depuis la Révolution. A son tour, le Séminaire de Saint-Nicolas a vécu !

*Enfin ce livre est une œuvre de reconnaissance. Il sera un gage de la gratitude de l'*Association des anciens élèves ecclésiastiques de Saint-Nicolas *pour une vieille maison, qui lui fut si chère. Cette Association a voulu que Saint-Nicolas ne pérît pas tout entier et qu'un monument durable lui fût élevé. Il lui appartient autant qu'à moi. C'est elle qui a eu l'initiative de ce travail et qui l'a singulièrement facilité par ses libéralités.*

Ce monument n'aurait pu être édifié si rapidement sans le concours de beaucoup de bonnes volontés. La liste de mes collaborateurs est longue et on m'excusera, si j'en omets. M. Lesêtre, curé de Saint-Etienne du Mont, mon éminent censeur, qui s'est assujetti à lire les feuilles au fur et à mesure de leur composition, M. Bridier dernier Supérieur de Saint-Nicolas et M. Franc, professeur d'histoire, qui, malgré leurs préoccupations et leur labeur, ont consenti à lire le manuscrit, voudront bien recevoir ici l'hommage de mes remerciements. On me permettra de mentionner très spécialement MM. Etienne et Charles Jacques. Le premier, quelques jours avant sa mort, assura, par un effort héroïque de volonté, le succès de l'illustration dont il s'était chargé avec empressement. Quant à son frère, plusieurs savent déjà ce que je lui dois pour la documentation, l'illustration et la correction des épreuves. M. Volatron a assumé une tâche aussi méritoire qu'indispensable : c'est lui qui a scrupuleusement rédigé la table des noms propres.

J'aurais garde également d'oublier M. Daix, qui, pendant longtemps, incarna tout le passé de Saint-Nicolas, et dont les renseignements et les notes m'ont été, on le devine, plus d'une fois utiles. Je dois aussi de la reconnaissance à Mgr de Teil, au regretté M. Taranne et à M. Langlois, bibliothécaires à l'Institut catholique, à MM. Branchereau, Monier, Lévêque, Jacquier, archiviste diocésain, Henrionnet, Chatelard, Duhamel, Chardon, Martocq, Maury, qui, à des titres différents, se sont prêtés de bonne grâce à m'aider, par la communication de documents ou de gravures. Je me conforme aussi très volontiers à une heureuse tradition qui s'établit, en remerciant MM. Legrand, Viard et Lazard, qui, aux Archives Nationales et aux Archives de la Seine, mettent si cordialement leur science et leur temps au service des chercheurs.

Paris, le 7 novembre 1908.

ABRÉVIATIONS

A. N. = Archives Nationales.
A. S. = Archives de la Seine.
A. N. D. = Archives de Notre-Dame des Champs.
A. S. N. = Archives de Saint-Nicolas.
A. D. = Archives diocésaines.
B. N. = Bibliothèque nationale.
S. G. = Bibliothèque Ste-Geneviève.
B. M. = Bibliothèque Mazarine.
B. A. = Bibliothèque de l'Arsenal.
B. F. = Beauchet-Filleau

HISTOIRE
DU
SÉMINAIRE
DE
SAINT-NICOLAS DU CHARDONNET

COMMUNAUTÉ-SÉMINAIRE (1612 - 3 Sept. 1792)

CHAPITRE PRÉLIMINAIRE

Dans le courant de 1611, M. de Bérulle, déjà célèbre par l'établissement des Carmélites en France, s'était retiré dans les dehors de leur grand monastère de la rue Saint-Jacques. Poussé par son zèle pour la réforme du clergé et du peuple chrétien, et peut-être aussi, par une sorte de révélation, il méditait de réunir autour de lui des disciples, qui consentissent à former une sorte de congrégation, destinée, croyait-il, à rendre à l'Église les plus grands services.

Sa réputation de directeur de conscience avait déjà groupé autour de lui nombre d'ecclésiastiques zélés, parmi lesquels il comptait, depuis un an, l'aumônier de la frivole reine Marguerite, le futur saint Vincent de Paul. Des docteurs de la faculté de théologie de Paris lui avaient promis de s'associer à lui, mais ils devaient bientôt reprendre leur parole.

Au mois d'août, il vit arriver un ecclésiastique du pays chartrain. Celui-ci, nommé Bourdoise, informé de ses desseins, et désireux lui-même d'entrer dans une Communauté, voulait prendre contact et s'assurer plus rigoureusement de ses intentions exactes.

M. de Bérulle reçut notre provincial avec beaucoup de bonté, et lui dit, ainsi qu'à Vincent de Paul, que, « puisqu'ils délibéraient sur le choix d'un état, il leur conseillait de faire une retraite de dix jours pour y penser plus à loisir... et il se mit en prière avec eux. Ils joignirent, à leurs oraisons, le jeûne et plusieurs autres pratiques de pénitence et de mortification, afin d'obtenir, plus facilement, du ciel, les lumières dont ils avaient besoin, et connaître en quoi ils pourraient rendre plus de services à l'Eglise. Dieu exauça leurs vœux et donna à chacun une idée assez distincte de l'état auquel il le destinait [1]. »

1. *Vie imp.* Des., p. 55-56.

Saint-Nicolas.

Au sortir de cette retraite, il y eut, suivant le mot de Sainte-Beuve [1], entre ces hommes de Dieu, une sorte de conférence en prière. Le fait est certifié par un témoin unique et indirect [2]. Malheureusement, on ne peut guère accorder une entière créance aux discours plus ou moins longs que leur prêtent, à la façon des historiens anciens, les différents biographes de Bourdoise. Il est peu probable que Vincent de Paul ait eu, en 1611, une idée très nette de sa future Congrégation, puisque c'est seulement en 1617, que, fortuitement, il est amené à l'idée des Missions de campagne.

Mais les idées prêtées à M. de Bérulle et à M. Bourdoise n'ont rien que de très vraisemblable. Le premier songe à établir « une Congrégation de prêtres vertueux et savants qui par leurs paroles et leurs actions dissiperaient les ténèbres de l'ignorance et inspireraient l'amour de la vertu [3]. »

« Pour moi, dit Bourdoise, j'ai eu dans l'esprit, ce que Dieu m'a fait entendre, dès mon enfance, que le vrai moyen de remédier aux maux présents et à venir, de l'Eglise, est de faire vivre en commun, les prêtres des paroisses, afin qu'ayant tous le même esprit de charité et de désintéressement, ils puissent instruire et édifier tous ceux qui les verront ou qui seront sous leur conduite. Il s'étendit sur les biens que produirait cet établissement, et sur les différentes occupations de ces prêtres : ils chanteront les offices avec piété, ils feront les petites écoles, les catéchismes et les prônes, administreront les sacrements et formeront les jeunes ecclésiastiques, aux mêmes fonctions, sous l'autorité des évêques et des curés [4]. »

Moins ambitieux, moins général que celui de M. de Bérulle, le dessein de Bourdoise, produit d'une longue réflexion, nous apparaît là avec une singulière précision, aidée, probablement, des renseignements postérieurs, fournis à l'historien par une expérience de plus d'un siècle.

Quoi qu'il en soit, elle nous semble frappante, dans les premières années du XVIIe siècle, cette rencontre de trois grands

---

1. Cf. *Port-Royal*, t. I, p. 414, 415.
2. C'est Barrat, Supérieur de la Communauté-Séminaire (1660-1664) auquel Bourdoise aurait raconté, en détail, cette entrevue. — Cf. *Vie imp.* Des. p. 55.
3. *Vie imp.* Des., p. 56.
4. *Vie imp.* Des., p. 57.

réformateurs du clergé, dont le premier, sorti d'une noble famille, fondera un Ordre, célèbre à divers titres ; le second, issu de simples paysans, acquerra une réputation qui rejettera un peu dans l'ombre, même celle de son illustre directeur, et le troisième, d'une naissance à peine supérieure à celle de Vincent de Paul, saura unir, à des initiatives fécondes et vraiment pratiques, une modestie qui l'a presque caché à ses contemporains et rayé de la grande histoire.

Et pourtant, à la différence de M. de Bérulle, qui obéit à une inspiration subite, de M. Vincent, qui toujours se laisse conduire et comme porter par les circonstances, Bourdoise, il faut le dire, eut, très jeune, une vue claire de ce qui serait l'œuvre de sa vie et mit à réaliser ses projets, une inlassable continuité d'efforts.

Dans un petit manuscrit, égaré au milieu de mélanges appartenant sans doute à l'abbaye de Saint-Germain des Prés, nous en avons trouvé une preuve, qui nous paraît manifeste. Intitulé : « *Préface du dessein, commencement et progrès de la Communauté paroissiale de Saint-Nicolas du Chardonnet,* » ce document, daté de 1640, a été rédigé très vraisemblablement par Bourdoise, qui pour mieux se dissimuler, parle de lui-même à la troisième personne du pluriel.

Malgré les obscurités et les longueurs de son style, nous ne croyons pas pouvoir mieux faire que de publier cette pièce, dont l'intérêt et l'autorité nous semblent indiscutables. Elle nous servira de guide et de preuve, dans l'histoire de la Communauté de Saint-Nicolas, jusqu'aux environs de 1640, et nous fera pénétrer dans la pensée intime de Bourdoise [1].

---

1. *B. N. fr.* 19744, fol. 150. — Ce manuscrit de la Bibliothèque nationale n'est qu'une copie : les lacunes, les fautes de transcription, sa présence dans un recueil de pièces d'un caractère tout différent, l'écriture peut-être, l'indiquent. Mais l'original en était dû à la main de Bourdoise : le style, l'emploi de la tierce personne, les renseignements précis qui ne peuvent venir que de Bourdoise, surtout pour la période antérieure à 1612, sont, pour nous, des arguments très probants. De plus, cette préface a été reproduite dans le registre des élections des Economes, *A. N.* MM. 472, p. 24 sqq. Mais elle y a subi deux remaniements. Le premier remonte à l'année 1647, pendant laquelle on procéda à l'élection de M. Le Juge ; le deuxième, fondu tant bien que mal avec le premier, doit, croyons-nous, se placer entre 1663 et 1675. Or, dans ces deux remaniements, à la place des expressions vagues : « Quelques personnes..., ces personnes... », le rédacteur a écrit en toutes lettres : Monsieur Bourdoise ; ce qui, à notre avis, corrobore notre assertion.

PRÉFACE

DU DESSEIN, COMMENCEMENT ET PROGRÈS DE LA COMMUNAUTÉ PAROISSIALE DE SAINT-NICOLAS DU CHARDONNET

La providence divine, qui agist souvent par des voies contraires à la prudence humaine, a donné, il ia desia longt temps, a quelques personnes, l'affection de solliciter et procurer, selon leur petit pouvoir, la Restauration de la cléricature et spécialement du clergé paroissial, que l'on voit, en nos jours, par la ut plus de commandement [1] en un estat si éloigné de la ( ) [2] splendeur, de la vertu cléricale, que l'on peut dire, en général, sans offenser aucun bon ecclesiastique en particulier, que le déchet en est si universel, et, qui pis est, que le mal passe du clergé au peuple, auquel les ecci doivent l'instruction, mais aussi l'exemple d'une vie parfaite, sans laquelle, ils détruisent au lieu d'édifier.

Et comme la méditation des bonnes et grandes choses et des moyens qui seraient convenables pour y arriver, n'est pas interdite aux impuissants, lesquels, s'ils n'ont pas la satisfaction de venir à l'exécution, trouvent de la consolation à la souhaiter, ces personnes ont eu la pensée, laquelle Dieu, comme ils estiment, leur a donné qui eu S°, a l'heureux dessein [3], se pouvait exécuter par de puissans moyens, dont le premier et principal, est l'érection des Séminaires, où ceux qui sont appellez à la procession ecci [4] et notamment offices et services des paroisses, puissent être suffisamment instruits, avant que d'y être engagés par la réception des ordres.

L'Institution en est d'autant plus désirable, que non seulement, ces

---

1. Ce membre de phrase est incompréhensible : le copiste a été distrait. D'après *A. N.* MM 472, il faut lire : « parlant communément ».

2. Il y a plusieurs lacunes dans le manuscrit. Nous avons accentué et ponctué ce texte pour le rendre plus facile à lire.

3. Nous restituons d'après *A. N.* MM 472 : « Qu'un si saint et si heureux. »

4. Profession ecclésiastique.

Ministres ecclesiastiques, pour la perfection desquels elle est requise, regardant directement et immédiatement l'honneur de l'Eglise de Dieu et le salut[1] des âmes mais aussi, que la profession de la cléricature est, en ce défaut, faitte avec moins de circonspection et de précaution qu'aucune autre, soit régulière soit séculière, n'y ayant point de religion en particulier, qui n'ait son noviciat, auquel ceux qui la veulent professer, sont instruits, pour y prendre l'esprit de l'ordre avant que d'y être incorporez[2],   science qui n'ait un temps d'estude limitéz a ses actes et a ses exercices de piété, avant l'acquisition des degrés[3] qui... sont mesme les dispositions nécessaires aux charges et emplois, qui en dépendent, voire aucun métier parmy les artisans qui n'ait son apprentissage avant la maîtrise, et le manquement qui se rencontre seulement parmi les clercs, vient indubitablement de ce que la pluspart de ceux qui sont entrez dans la cléricature, quoi qu'ils soient prestres et en facent les fonctions, n'ont pas pourtant l'esprit clerical, c'est-à-dire l'esprit de leur profession qui doit néantmoins estre le principe de toutes leurs actions, pour servir Dieu et le prochain, dignement et coe[4] comme il appartient dans l'estat où ils sont appelez.

L'autre moyen, qui regarde en particulier le ministère paroissial, est l'establissement d'une Communauté paroissiale, laquelle peut fournir à un diocèze quelques familles de prestres appellez au service des paroisses sous l'authorité et commandement de Nos Seigneurs les Illustriss. et Reverendis. Prélats diocésains et de Messieurs les Curés; les prestres de ces familles, en desservant les paroisses, où ils seroient placez, dresseroient encores d'autres prestres, qui n'estant de la Communauté, mais du hors estant instruits seroient propres en des commensalités paroissiales; cet estat de Communauté et de Commensalité paroissiale estant le plus convenable, et qui a une plus prochaine disposition au saint employ, tant pour ce que, dans l'habitation commune, se trouvent les moyens plus prompts et plus faciles de s'aider et se former qu'ailleurs, en la théorie et pratique des fonctions paroissiales; qu'à cause de cet estat de Communauté aprochant de la Communion de l'ancienne église, qui nestoit à tous dire, qu'une Communauté parfaite de tous biens entre tous les fidèles, et qui ne peut reluire dans la généralité de l'Eglise, estant du moins restablye, tant se faire se pourra, entre personnes ecci (sic), qui en sont les ministres.

Il ne faut point douter que Dieu ne les favorisent (sic) d'une bénédic-

---

1. Deux mots illisibles.
2. Un mot illisible.
3. Il s'agit des grades de l'Université.
4. Abréviation pour : comme.

tion singulière et qu'il ne leur donne à proportion de leur ( ) un esprit approchant de celuy qu'il avait départy à la primitive église quy est le vray et pur esprit du Christianisme, lequel, par ce moyen-là même, bonté divine élargira et communiquera plus abondamment a son peuple, par les services que les pbres [1] (sic) de communauté luy renderont dans les paroisses.

Les premiers desseins de ces personnes estoient dont [2] de voir quelque établissement de Séminaire et de Communauté paroissiale et de se donner aux emplois d'iceux, selon leur possible, et selon qu'ils estiment y avoir une vocation de Dieu, naissans [3] ni ny fonds ny accord pour en faire les propositions, elles se contentèrent, en attendant les occasions qu'il plairait à Dieu leur en faire naître, et [4] de solliciter et ayder de jeunes clercs et des pbres (sic) à vivre clericalement, a porter la tonsure, couronne, et habit de long, a acquérir la capacité et vertus convenables à la condition et a exercer leurs fonctions, tant des petits que grands ordres aux églises paroissiales.

Et obtinrent même de quelques personnes doctes, qui s'employent à la prédication, de s'en abstenir un temps, veu que l'église ne manqueroit lors de prédicateurs, pour se donner plus sérieusement aux fonctions paroissiales et y attirer par leur exemple et former par leur soin un plus grand nombre d'ecclésiastiques.

Dix années ou environ étant escoulées, la congrégation de l'Oratoire qu'ils virent commencer en octobre 1611 en forme de Communauté ou Séminaire pour des prêtres de notable condition, leur donna esperance qu'enfin N. S. leur ferait la grâce de voir bientost commancer, à l'imitation de ces bons pères quelques Communautés ou Commensalités paroissiales pour de simples pbres de paroisses habituez.

Leur espérance fut suivie de telle benediction qu'au caresme suivant 1612, fut commancé au collège ( ) en l'Université de Paris rue ( ) une communauté d'ecci habituez en diverses paroisses lesquels ayant cognuz le mérite de monsieur Froger, docteur de la Faculté de théologie et curé de l'église paroissiale de Saint-Nicolas du Chardonnet en ladite Université, furent meus d'un grand désir de postuler place entre les habituez, et, de fait, sur leurs très humbles requestres, habitua aucun d'entre eux, la sepmaine de l'assession [5] de la même année 1612, et du depuis, notamment depuis l'année 1612, que cette Communauté est logée en la maison de M.

1. Abréviation pour « prêtres ».
2. Donc.
3. N'ayant (comme ils n'avaient).
4. Mot explétif.
5. Ascension.

Compain prestre d'icelle il y en a habitué tous les p(rest)res, lesquels desservent les offices de cette paroisse.

Ils ne diffèrent, en aucune façon des autres prestres de paroisse, leur procédé et conversation [1] estant sans singularité, ils reçoivent avec eux et en pension et sans autre condition, des prestres et des cleres bénéficiers et non bénéficiers, estudiants et non estudiants, qui ont desseip de se former à la vie cléricale et aux fonctions ecclésiastiques et paroissiales ; les estudiants vont écouter à l'école de l'Université et chacun selon son besoin est instruit et exerce dans la Communauté, qui au plain chant [2]...

Ensuite il pleut au Roy, octroyer les lettres patentes en 1632 qui furent vérifiées au parlement en la même année.

Il y a plus de 20 ans que l'on a demandé des prestres de cette Communauté en plusieurs paroisses et dans divers diocèses car, d'effait [3] il y en eut à Saint-Pierre d'Orléans, en l'an 1617, à Brou, au diocèse de Chartre en l'an 1620 et au village de Bonnvuillier [4] en l'an 1627, mais comme ils ne pouvaient asseurer aux paroisses, d'y persévérer longtemps n'estant encore pour cet effet approuvez ny authorizés, cela c'est passé avec peu d'effet, quoy qu'il seoit pourtant vray, qu'ils ont subsisté jusqu'a maintenant, à Bonvillier en conséquence de l'approbation faitte en 1628 par Mgr l'Ill. et Rév. Evesque de Chartre d'une fondation qu'ils y desservent.

Voilà le commencement et le progrès de cette Communauté jusqu'à la présente année 164 [5], laquelle a esté si bien receue, que plusieurs personnes insistent au grand désir d'en avoir de semblables dans leur diocèse ou paroisse, et ce désir a donné sujet [6] que Dieu, par sa bonté, a fait naître cette occasion favorable et dessein de luy rendre le service désiré depuis longtemps. En suite de quoy, ce cahier en la forme de règlement pour une Communauté paroissiale, a esté dressée en l'année 1640 sur l'expérience de vingt huit années, sur le respect à qui il est due, pour estre présenté et soubmis à l'approbation et l'authorization de quy il apartiendra, quand l'occasion s'en présentera.

Ne nous étonnons plus maintenant, si les biographes de la fin du XVIIe siècle ont attribué à Bourdoise, en 1611, des idées

---

1. Ici un mot illisible.
2. L'énumération n'est point terminée.
3. En effet.
4. Boinvillers.
5. Après le 4, il y a un signe qui ressemble vaguement à un zéro.
6. Mot illisible.

aussi arrêtées. Elles avaient germé, dans son esprit et dans son cœur, dès son enfance, ou du moins « dès sa plus tendre jeunesse », comme le porte une rédaction remaniée. Il est temps de voir au milieu de quelles circonstances, sa vocation de réformateur est née, comment elle s'est développée, avec quelle lenteur et dans quelle mesure elle a pu atteindre le but qu'elle s'était fixé.

Vue de Brou. *Cliché Chardon.*

CHAPITRE I

LA PRÉPARATION

(1584-1611)

Le 1ᵉʳ juillet 1584, sur les 9 heures du soir, Bourdoise naquit à Brou, petite ville du diocèse de Chartres[1]. Son père, Adrien Bourdoise[2], magistrat subalterne, notaire et procureur fiscal[3] de la justice de Brou, était, au dire des biographes, un parfait honnête homme, plein de respect pour les églises et pour les ec-

---

1. Petite ville de près de 3.000 habitants, baignée par l'Ozanne, affluent du Loir. Elle était autrefois la capitale d'une des cinq hautes baronnies du Perche.

2. Nous donnons l'orthographe courante, mais dans un extrait de baptême nous lisons : « Le jeudy 2ᵉ jour de janvier 1586 a été baptisée Marie Bordoyse, fille de honeste maistre Adrian Bordoyse, procureur de ce bailliage de Brou et de Mathrye Goyn sa femme. » Puis, dans une note ajoutée : « Sœur d'Adrien Bourdoise, fondateur du Séminaire Saint-Nicolas du Chardonnet. » Cf Archives départementales. — Eure-et-Loir. Série E, supplt. vol. V.
D'après une communication de M. Marquis, doyen d'Illiers, on écrivait aussi Bourdaise et Gouyn et même Gouynne.

3. Magistrat établi près des justices seigneuriales pour y remplir les fonctions qu'exerçaient les procureurs du roi dans les justices royales. Cf. Chéruel : Diction. historiq.

clésiastiques, en sorte qu'on lui donnait le nom de « prêtre », parce qu'il en avait toujours quelqu'un en sa compagnie[1].

Sa mère, Mathurine Luynes, aussi vertueuse que son mari, veille à l'éducation d'Adrien et à celle de son frère plus jeune, Pierre. Tout enfant, Adrien prie avec dévotion, entend la messe d'une manière si recueillie, qu'elle surprend ceux qui le voient. Grâce à un discernement supérieur à son âge, il conçoit une idée très haute de l'état sacerdotal; d'après son propre témoignage, il chante au chœur dès l'âge de quatre ans, se trouve constamment à l'office paroissial, apprend le plain-chant et les cérémonies de l'Eglise, en même temps qu'on lui enseigne à lire et à écrire.

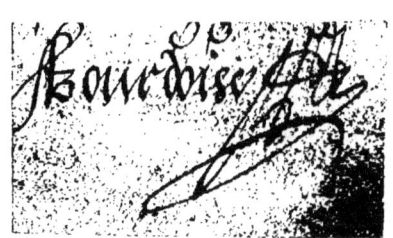

Signature (essai de plume)
sur un acte notarié d'Illiers, près de Brou.

Ainsi les vertus héréditaires s'unissent à un goût personnel, pour le préparer à sa future mission.

Mais la mort de son père[2], le dénûment dans lequel sa mère, même deux fois remariée, se trouva, vont entraver une carrière qui s'annonçait facile. Il est obligé, à peine âgé de sept ans, de gagner sa vie. Il garde les bestiaux, mais prend, tous les jours, quelque temps pour lire et pour écrire et, grâce à sa ténacité percheronne, parvient à entrer, vers douze ans, comme clerc, chez les procureurs.

Pendant 8 ans, il va rédiger des actes avec rapidité et constance et apprendre la procédure[3]. Il utilise ses connaissances dans la chicane, en rendant service à tous, spécialement aux ecclésiastiques. A ces derniers, il ne prend jamais d'argent, il leur donne, avec une sainte audace, quelques salutaires conseils, soit pour les mœurs, soit pour les habits, ou pour leurs tonsures.

1. En 1588 l'hospice de Brou était pauvre et « sans les aumônes des habitants et les quêtes dudit Bourdoise (commissaire de l'Hôtel-Dieu) les jours de fêtes et de marchés on ne pourrait suffire à recevoir les pauvres », disent les archives de l'hôpital de Brou. *Communication de M. Marquis.*
2. Ardent ligueur, à cause de sa foi ardente, il mourut accidentellement, en tombant d'une voiture, dans laquelle il allait livrer du blé aux ligueurs de Châteaudun.
3. D'après M. Marquis, on possède à Illiers « beaucoup d'actes rédigés d'une main très ferme » par ce petit clerc.

Et ainsi se justifie le passage de la préface au règlement où il est dit : qu'il se contentait, à cette époque, de « solliciter et aider de jeunes clercs et des prêtres, à vivre cléricalement, à porter la tonsure couronne et habits longs, à acquérir la capacité et vertus convenables à leur condition et à exercer leurs fonctions, tant des petits que des grands ordres, aux églises paroissiales. » Détail bien caractéristique : il a soin des églises dans les paroisses où il demeure, les nettoie lui-même, ce qui lui attire le surnom de « marguillier universel ». Décidément, sa vocation de réformateur s'affermit et se précise.

Elle reçoit, à 14 ans, un nouvel élan, le jour de sa Première Communion : alors, il se fait couper les cheveux, aussi courts qu'il les portera le reste de sa vie, se mortifie, et vient en aide aux pauvres, particulièrement aux ecclésiastiques.

Une âme aussi généreuse et portée, à ce point, aux choses d'Eglise, ne pouvait guère trouver son repos dans le monde. Aussi, en 1604, ayant atteint sa vingtième année, il est perplexe sur son avenir. Se fera-t-il religieux, entrera-t-il dans le clergé séculier? L'une et l'autre solution l'effrayent : il a une si haute idée de ces deux états!

Pour sortir de ses irrésolutions, il entreprend le pèlerinage, alors si fréquenté, de Notre-Dame de Liesse. Après avoir quitté Illiers où il demeurait alors, passé par Paris, qu'il connaissait déjà pour y être venu plusieurs fois, il rejoint, chemin faisant, deux Dominicains. Le plus ancien lui inspire une telle confiance, qu'il lui ouvre son cœur. Le Religieux lui conseille de quitter, au plus tôt, sa charge de clerc, pour s'employer uniquement au service de Dieu et du prochain, et d'étudier, afin d'être en état d'accomplir les desseins que Dieu a sur lui [1].

Le conseil était bon, mais difficile à suivre. L'âge de Bourdoise et ses ressources précaires ne lui permettaient guère d'étudier. Zélé comme il l'était pour tout ce qui touchait à la religion, il lui répugnait d'entrer dans le clergé séculier si déchu de ses vertus et si peu soucieux de ses obligations.

Sans doute, il ne faut pas toujours prendre au pied de la lettre les expressions vigoureuses qu'emploient les réformateurs, pour dénoncer et stigmatiser les abus et les imperfections. Mais devant l'abondance des témoignages, il n'est pas possible de nier

---

1. *Vie imp.* Desc., p. 19 et 20.

l'état misérable où était réduit le clergé à la fin du XVIe siècle et au commencement du XVIIe.

Le moindre défaut du clergé des campagnes était l'ignorance. Et cette ignorance ne provenait pas tant de sa mauvaise volonté que des circonstances. Pour étudier, il faut des maîtres, du temps et de l'argent. Le temps manquait à quelques-uns, pressés, pour avoir leur gagne-pain, d'arriver aux ordres sans s'inquiéter des interstices. L'argent faisait défaut à bon nombre et cette pénurie ne leur permettait pas de prendre des leçons dans un collège. Mais c'étaient les maîtres, dont l'absence se faisait le plus sentir. Supplantées par les écoles monastiques, les écoles épiscopales avaient depuis longtemps sombré, entraînant dans leur naufrage les écoles presbytérales, qui leur préparaient des élèves. Et puis, qui dirigerait ces écoles presbytérales ? Les gradués étaient trop occupés, en général, à la chasse aux bénéfices, pour consentir à donner des leçons de latin aux jeunes paysans, désireux d'entrer dans la carrière ecclésiastique. Les vicaires perpétuels ou à portion congrue, étaient trop ignorants eux-mêmes pour servir de maîtres à d'autres. Les patrons, au surplus, soit laïques, soit ecclésiastiques, s'inquiètent peu de la science quand il s'agit, soit de confier un bénéfice, soit surtout de trouver, au rabais, un pauvre prêtre qui consente à faire les fonctions de curé, pendant que le bénéficier se gardera, par bon ton, d'observer la résidence. Les examens ne sont pas rigoureux, et la recommandation joue un grand rôle. Les guerres religieuses enfin ont jeté partout le trouble et la désolation. L'autorité est énervée. Partagée comme elle l'est entre l'évêque, les chapitres, les réguliers, il sera toujours facile d'échapper à la plus exigeante.

Aussi, l'ignorance des prêtres est profonde. Généralement, quelques notions de latin, sans doute vite oubliées, une teinture de théologie morale, voilà qui suffisait pour être ordonné. Le résultat ne se fit pas attendre. Au diocèse de Bourges, par exemple, (et c'est l'archevêque lui-même qui le mande à Bourdoise vers 1643) « les prêtres sont dans une ignorance effroyable. De quarante confesseurs, il n'y en a pas six qui sachent quand le mensonge est mortel ou véniel... Il y en a qui n'entendent pas un mot de latin et d'autres qui ne savent pas lire... On a trouvé des prêtres qui ne savaient pas les principaux mystères de la Religion. Il y en a qui ne peuvent dire ce qu'ils font quand ils disent la messe, qui, par conséquent, n'ont aucun respect pour ce saint mystère et qui mettent dans le tabernacle des bouts de cierges, de la bougie, de l'argent et des papiers, avec les saintes hosties »[1]. C'était beaucoup demander d'un prêtre qu'il sût lire, écrire et écorcher le plain-chant. M. Bourdoise raconte que, dans une assemblée d'ecclésiastiques, il ne s'en trouva pas un capable d'expliquer le verset du *Magnificat* : « Dispersit superbos mente cordis sui. » Si chargé que paraisse le tableau, il n'est, affirment les historiens, que conforme à la réalité.

Mais ce n'est pas tout. Devenus vicaires perpétuels ou simples prêtres habitués, ils négligent nécessairement la prédication et les catéchismes. Le peuple, mal instruit des mystères de la religion, devient un terrain tout préparé pour l'incrédulité ou la superstition. Cette négligence s'étend rapidement à toutes les fonctions ecclésiastiques. D'aucuns ne savent pas la formule de l'absolution; beaucoup confessent sans avoir les pouvoirs; les cérémonies, les rubriques sont livrées à la fantaisie du célébrant. S'abandonnant encore davantage, ces malheureux ne prennent aucun soin des églises ni des objets du culte. Dans le diocèse de Rouen, où son zèle appelle Bourdoise, « les églises étaient pires que des maisons profanes, sales, pleines d'araignées et de poussière, sans linge, sans ornements », et, s'il faut en croire le biographe déjà cité, on voyait ces églises « couvertes de chaume, parfois sans tabernacles, le Fils de Dieu logé en des ciboires de cuivre tout verdis et à demi pourris, les hosties quelquefois pleines de vers et mangées des souris. »

On comprend qu'avec ce laisser aller, les prêtres aient bientôt négligé leur extérieur. La soutane n'est plus guère portée, les demi-dévots vont en soutanelle; les autres, pauvres d'ailleurs, revêtent l'habit des paysans. Plus de tonsure, plus de marques extérieures de l'état qu'on a embrassé. Sans doute, une vertu éprouvée, une âme bien trempée, n'aura pas besoin de l'aide que fournit l'extérieur pour se maintenir dans la bonne voie. Mais ces hommes du peuple, barbouillés d'un peu de latin et de quelques notions élémentaires, point formés par un certain apprentissage de la vertu et de la vie cléricale, jamais sortis de

---

[1] *Vie imp.* Des., p. 263-264.

leur milieu, loin de pouvoir réagir sur lui, en subiront la funeste influence.

Si, depuis longtemps, la décadence des mœurs sacerdotales était un fait notoire, elle semble s'être encore accusée à l'époque où vint Bourdoise. Il ne nous convient pas d'en donner des détails et des preuves. Trop souvent délaissés d'ailleurs par leurs supérieurs, trop nombreux pour qu'on pût efficacement sévir contre eux, protégés quelquefois par le pouvoir civil ou la féodalité ecclésiastique, les prêtres croupissaient en général dans le vice et le mépris. Aussi les populations dégoûtées de la malpropreté des églises et du peu de décence des cérémonies, attirées au contraire vers les chapelles bien tenues des réguliers, désertaient-elles, quand elles le pouvaient, les offices de la paroisse, pour aller au couvent voisin. C'était au grand détriment, croyons-nous, du véritable esprit chrétien et sûrement de la vie paroissiale.

Entrer dans un état aussi légitimement décrié avait de quoi effrayer notre jeune homme qui, dès l'enfance, avait conçu un grand respect pour le sacerdoce dont il comprenait la grandeur et les obligations.

Dans ce « déchet universel, » le « premier et principal » moyen de restauration est, à ses yeux, « l'érection de séminaires où ceux qui sont appelés à la profession ecclésiastique et notamment aux offices et services des paroisses puissent être suffisamment instruits avant que d'être engagés par la réception des ordres. » Mais au moment où il cherche sa voie, ce moyen lui fait défaut. Sans doute le 15 juin 1563, dans leur XXIIIe session, les Pères du Concile de Trente s'embrassèrent de joie, après avoir porté sur les séminaires un décret destiné, dans leur pensée, à régénérer le clergé ; sans doute, dans leur hâte à le voir mis à exécution, ils font des instances auprès de Pie IV pour que ce décret soit publié immédiatement ; sans doute, dès le 18 août, le Collège des Cardinaux, rassemblé malgré la chaleur, vote l'établissement du Séminaire Romain (Germanique), qui ouvre au mois de février 1565. Mais en France, pour ne parler que de notre pays, rien de plus pénible que la lenteur avec laquelle cette sage réforme s'introduisit.

De nobles tentatives sont faites. Le Cardinal de Lorraine, archevêque de Reims s'occupe activement d'ériger, en 1567, un séminaire dans sa métropole. La fortune de cet établissement fut courte. En 1572, messire Jérôme de Burgensis, ancien évêque de Châlons-sur-Marne, « constitue sur ses biens une rente de 1.100 l. par an pour commencer un séminaire dans le diocèse de Châlons, suivant le Concile de Trente, » mais les séminaristes qui bénéficient de ces bourses sont, faute de local particulier, contraints d'habiter avec les élèves du collège tenu par les Jésuites [1]. Les évêques, pour se dispenser d'ériger ces établissements coûteux, peuvent arguer de ce que le Concile de Trente n'est pas promulgué en France; mais l'ordonnance de Blois (1577) leur enlève ce prétexte en faisant un devoir aux archevêques et évêques d'aviser à ces érections. Prise d'un beau zèle, l'Assemblée du clergé, à Melun (1579), dresse des statuts précis; les conciles provinciaux, qui ont alors la liberté de se réunir, encouragent les initiatives de ce genre.

Ces efforts ne sont pas tout à fait inutiles. Çà et là, sur la surface du royaume, surgissent des créations malheureusement éphémères : à Rouen, Reims, Aix, Toulouse, Bordeaux... Les guerres civiles contribuent à entraver l'élan; beaucoup d'évêchés, sur la fin de ce siècle, sont vacants; quand Henri IV aura conquis son trône, il les distribuera à ses amis, à des créatures, plus faites pour le pourpoint que pour la soutane, que d'ailleurs ils échangeront fréquemment : l'argent se fait rare et les séminaires en exigent beaucoup, surtout si on les entend comme le Concile de Trente; et puis, il faut trouver des prêtres instruits, voire gradués, qui consentent à s'enfermer dans les quatre murs d'un bâtiment sévère, à donner aux jeunes gens, constamment, l'exemple de beaucoup de vertus et cela, sans espoir de gagner quelque bon bénéfice; appeler à ces fonctions obscures et pénibles des religieux, c'est, aux yeux de beaucoup, devenir suspect, c'est abdiquer ses droits, c'est n'être plus « bon Français », mais être acquis à la faction romaine. Et enfin, un point essentiel avait été omis par le décret du concile, pourtant si explicite par ailleurs; aucune obligation n'est sanctionnée : entrera au séminaire qui voudra; les évêques n'osent aller au delà de la lettre du décret.

Chartres n'a pas de séminaire; Bourdoise, qui est parvenu

---

1. Archives de la Marne. G. 951. Saint-Nicolas.

à gagner sa vie, n'a fait aucune économie ; il ne peut subvenir aux frais de son éducation et il est probable que le collège de Chartres n'avait pas de bourse à lui offrir. Il lui faut chercher ailleurs les moyens de s'instruire pour obéir à la voix de Dieu, qui, lui semble-t-il, vient de se faire entendre par la bouche du Dominicain de Liesse. La capitale n'est pas loin ; elle ne lui est pas inconnue ; il y a des amis, des protecteurs : elle offre, croit-il, plus de ressources que la province. Ses collèges, à défaut de séminaires, y sont nombreux. Il part donc pour Paris en 1605.

Hélas ! malgré ses démarches multipliées et l'appui de personnes charitables, il ne rencontre pas la bourse désirée. Il a beau se faire laquais, redevenir clerc de procureur, sa situation s'assombrit ; heureusement que le sacrement de Confirmation, qu'il reçoit, cette année-là, à Notre-Dame[1] (le 4 mars), ranime un instant son courage. De guerre lasse, cependant, il quitte Paris, vient à Orléans, où il sert de garçon, pendant deux ans, dans une communauté de prêtres, établie chez le curé de Saint-Pierre en Sentelée ; désespérant de pouvoir étudier, il veut abandonner le latin et se faire religieux. Les Capucins auxquels il s'adresse lui conseillent de poursuivre son premier dessein. La mort de sa mère, survenue sur ces entrefaites, accroît encore ses angoisses.

Enfin, il rencontre, dans le docteur en théologie Janvier, curé d'Yèvres, un protecteur assez efficace (1607). C'était un ami de la famille, et il connaissait Bourdoise depuis longtemps. A défaut d'autre moyen, il va lui donner des leçons lui-même. Descouraux prétend que le jeune homme avait l'esprit vif et la mémoire heureuse. Ses progrès furent si rapides, dit-il, que Janvier, au bout de deux mois, veut lui faire recevoir la tonsure et les ordres mineurs à la fois, comme cela se pratiquait couramment. Sans doute, ces ordres n'engageaient pas définitivement sa vie, mais son respect pour tout ce qui touchait le sacerdoce fit naître des scrupules dans son âme ; il ne céda qu'à l'autorité de son protecteur. Il mit comme condition à son acceptation qu'il serait vêtu en clerc, qu'on lui permettrait de vivre en clerc, et d'en faire les fonctions.

« Quelques jours avant l'Ordination il fit une chose tout à fait extra-

1. *B. M.* ms. 2452.

ordinaire, qui faisait voir clairement qu'il était déjà rempli de l'esprit de l'état dans lequel il allait entrer; car ayant assemblé ceux de sa famille, qui se trouvèrent sur les lieux, il les conduisit au cimetière de la paroisse, et leur demanda quel secours ils attendaient de leurs parents qui étaient là enterrés. Ces gens furent extrêmement étonnés d'une telle demande, et répondirent, qu'ils n'attendaient rien d'eux, puisqu'ils étaient morts : « Et moi, reprit Bourdoise, je vous ai amenés ici pour vous dire que je m'en vais bientôt mourir au monde par l'état ecclésiastique où je suis prêt d'entrer : Jusques ici j'ai pris soin de vos affaires séculières, parce que j'étais séculier et que la charité m'y obligeait; mais à l'avenir, sitôt que je serai ecclésiastique, vous devez me considérer comme un homme entièrement mort pour vous : ainsi, comme vous n'espérez aucun secours temporel de vos parents qui ne sont plus au monde, vous n'en devez non plus attendre de moi. Je ne vous refuserai pas mes prières, ni mes conseils pour le spirituel, et je tâcherai, avec la grâce de Dieu, de ne vous être point à charge pour le temporel [1]. »

C'était là un contraste bien frappant avec la pratique d'alors, où, d'oncle à neveu, se transmettaient si fréquemment les bénéfices, où les parents prétendaient participer aux biens d'église, gérés par un des leurs. Il fait emplette d'une soutane, d'un surplis, d'un bonnet carré, d'un bréviaire, d'un missel et, ainsi muni, il va recevoir la tonsure à Chartres, la veille de Pâques, 1607, à l'âge de 23 ans. « On lui donna aussi les quatre moindres ordres, quelque chose qu'il pût dire pour s'en dispenser. » Il se hâte de revenir à Yèvres, habillé de cette soutane qu'il ne quittera plus, malgré tous les exemples contraires, malgré les railleries qu'elle lui attire. On l'appelle, par dérision, Messire Soutane.

Cependant Janvier, absorbé par les soins d'une paroisse étendue, ne peut continuer à lui donner des leçons de latin; à Brou, chez un compatriote, Bourdoise pourra étudier plus à fond les principes de la langue latine, tout en remplissant les fonctions de ses ordres: chose inouïe alors, il nettoie la nef, le chœur, le sanctuaire, prend un soin spécial de la sacristie, fait la police de l'église, essaie de faire rentrer les ecclésiastiques de son bourg dans le devoir; désespérant d'amender ces anciens ecclésiastiques, il veut en former de nouveaux, groupe de jeunes clercs, les dresse, et bientôt leur exemple est suivi par le clergé de Brou, qui change entièrement de conduite. Cette préoccupation de former

---

1. *Vie imp.* Des., p. 31.

des groupements, des communautés le poursuivra toute sa vie et sera un des traits les plus originaux de son caractère. Son zèle est plus hardi encore; si ses biographes n'ont pas exagéré son influence, il organise des solennités où il convie un grand nombre d'ecclésiastiques et leur distribue des rôles; il parvient ainsi, et c'est un de ses plus vifs désirs, à ramener la foule à l'église paroissiale.

Au bout d'un an passé à Brou, il est appelé à Chartres par Janvier, nommé principal du collège (1608); il devient portier du collège, mais, ce qui est assez naturel, avec recommandation de veiller non seulement sur les écoliers, mais aussi sur les régents. Son zèle s'échauffe en voyant combien le clergé de Chartres est peu réglé; il fait pénitence pour lui, et, fidèle à sa conception de la vie cléricale, il réunit de fervents ecclésiastiques, les engage à faire les fonctions de leurs ordres [1], « commençant ainsi un essai de séminaire. » Il est, malgré sa position, chargé de diriger le clergé lors de l'entrée du nouvel évêque de Chartres, Philippe Hurault (29 août 1608), ce qui, joint à un incident [2], attire sur lui l'attention de l'évêque. Celui-ci le consulte sur l'état de son diocèse, sur les moyens les plus propres pour y remédier. Mais quand il meurt, douze ans plus tard, rien n'était changé. Bourdoise, à la grande admiration de Janvier, se multiplie. Outre son office de portier, « il assiste aux offices de la paroisse, instruit non seulement de jeunes clercs, mais aussi des prêtres, trouve du temps pour étudier et ne laisse pas d'écrire tous les jours un très grand nombre de lettres à des curés, à des vicaires et à d'autres prêtres pour les exciter à s'acquitter avec amour et fidélité des obligations de leur état » [3]. Habitué à manier la plume, infatigable, il supplée pour cette correspondance volumineuse, incessante et hardie, à la presse, qui, de nos jours, lui aurait servi, sans doute, de précieux instrument.

Cela est cause que Janvier lui dit un jour, qu'il faisait, en quelque manière, comme saint Paul, qui prenait soin de toutes les églises, sans être attaché à aucune en particulier, et lui appliqua

---

1. *Vie imp.* Des., p. 44.
2. Il proteste énergiquement contre les exactions du secrétaire de l'Evêché qui exige « trente sols pour écrire les noms de ceux qui étaient reçus à la tonsure ». *Vie imp.* Des., p. 46.
3. *Vie imp.* Des., p. 49.

ces paroles du même apôtre : « *Sollicitudo omnium ecclesiarum.* »
Ce titre, loin d'effrayer Bourdoise, lui plut extrêmement et sur-le-champ l'adopta, et il commença à signer dans ses lettres :
« Adrien Bourdoise, solliciteur clérical. »

Sa vocation, en effet, se dessine de plus en plus, ce qu'il est (et il a déjà commencé depuis longtemps), il le sera toute sa vie : un solliciteur, autrement dit, un excitateur. Plus fait, sem-

Église de Brou.

ble-t-il, pour éveiller des idées, exciter les bonnes volontés et pour organiser que pour administrer, rarement il s'arrêtera sur des résultats acquis, pour les affermir et leur assurer la durée : avec son tempérament de missionnaire, il préfère, une fois la semence jetée et bien germée, passer à un autre champ, sans attendre la moisson ; il refuse énergiquement de s'attacher définitivement à un poste ; il lui faut la liberté de porter son zèle où Dieu semble l'appeler. Du missionnaire qui, lui aussi, est un excitateur, et qui ne réussirait pas toujours à demeure, il a le goût des voyages apostoliques ; il se déracine très vite ; bon piéton d'ailleurs, excellent cavalier, il ne craint pas les grandes randonnées et les ennuis des expéditions même lointaines, à une époque où les communications étaient si peu faciles et si peu sûres. Du missionnaire encore, il a l'audace dans les entreprises, l'initiative prompte et variée. Enfant du peuple, il en connaît les besoins ; clerc pauvre et sans ambition, il a scruté les misères du bas clergé, et dans ces deux ordres d'idées, il sera très compétent. Non pas qu'il soit exclusif : tout le bien à faire, il saura l'embrasser, mais ses préférences vont au peuple chrétien, qu'il faut reconquérir sinon à la foi, du moins à une saine pratique du culte catholique, et partant paroissial.

Sachant combien les petites chapelles nuisent à la bonne harmonie, à cette universelle charité qui doit unir tous les chrétiens, à quelque classe de la société qu'ils appartiennent, tous ses efforts tendent à promouvoir un mouvement général vers l'assiduité aux offices paroissiaux ; il se prend d'aversion pour les chapelles soit domestiques, soit même desservies par les religieux. Il désire que l'égalité règne à l'église, autant que faire se peut, réservant toutefois les droits de la hiérarchie. Cette hiérarchie est sacrée à ses yeux, il la comprend, il l'aime. Les Religieux, sorte de bataillons volants et indépendants, ne lui sont pas antipathiques, et il a, avec beaucoup d'entre eux, les meilleures relations, mais ce qui lui déplaît en eux c'est une certaine indépendance à l'égard des Ordinaires. Cette indépendance ne doit pas porter préjudice à la hiérarchie, qui est d'institution divine, et qui est la base de l'Eglise, telle que Jésus-Christ l'a conçue. Qu'à titre exceptionnel on s'adresse aux religieux, rien de mieux, mais cela ne devrait pas nuire au groupement voulu de Dieu, la paroisse.

Bourdoise aime tant la paroisse et ses offices, qu'il a déjà obtenu « de quelques personnes doctes, qui s'emploient à la prédication, de s'en abstenir un temps, veu que l'Eglise ne manqueroit lors de prédicateurs, pour se donner plus sérieusement aux fonctions paroissiales et en attirer par leur exemple et former par leur soin un plus grand nombre d'ecclésiastiques »[1]. Cette hiérarchie, il la défendra toujours, mais il la faut respectable ; sa sollicitude continuelle est de la rendre telle. Le rang dont il sort et où il se maintient, ne lui permet guère d'avoir une action, au moins directe, sur le haut clergé ; il dépensera donc toutes ses for-

---

1. Préface au règlement.

ces à améliorer le bas clergé, et par toute cette conduite, il méritera assurément les titres que lui suggéra la parole de Janvier.

Ainsi, dans la crainte d'être obligé d'accepter un bénéfice qui limiterait son action, il résolut de « ne s'avancer point dans les ordres qu'il ne fût en religion ou dans quelque communauté ecclésiastique. » Il espère par là sauvegarder sa liberté. Entrer en religion, après le refus des Capucins de Chartres, était difficile ; à vouloir faire partie d'une communauté dans son diocèse d'origine, il risquait d'y rester fixé. Et cependant, à ses yeux, entrer dans une communauté dont le règlement particulier offre des inconvénients, il est vrai, mais aussi un soutien, lui apparaissait comme l'unique moyen de persévérer dans le bien, au milieu de la corruption générale. Bourdoise, nous ne savons comment [1], apprend que « Monsieur de Bérulle et quelques autres allaient commencer une communauté de prêtres » ; il croit que c'est pour lui une indication de la Providence. Plein d'une sainte confiance, il part pour Paris, gravit les hauteurs de la rue

Cardinal de Bérulle.
(D'après une gravure d'Audran, XVIIᵉ siècle.)

Saint-Jacques, pénètre dans les dépendances du grand couvent, et, si nous suivons l'indication d'un biographe [2], il y demeure trois mois, ce qui semble parfaitement s'accorder avec la préface au règlement où il dit lui-même : « Dix années s'étant écoulées, la congrégation de l'Oratoire qu'ils virent commencer en octobre 1611... » Dans cette retraite auprès de M. de Bérulle, que d'au-

---

1. Les biographes ne s'accordent pas sur l'emploi des années 1610-1611. La vie imprimée place tous les incidents relatifs aux ordinations entre la conférence avec Vincent de Paul et de Bérulle, (août 1611) et la fondation de la communauté (carême 1612). Les vies manuscrites, *B. M.* 2452-2453 font commencer les refus de Bourdoise dès septembre 1610, en sorte que Bourdoise aurait, ce qui semble plus naturel, appris le projet de Bérulle dans un de ses séjours à Paris, au collège de Reims. D'ailleurs même dans la vie imprimée, il nous semble qu'il y a des contradictions au point de vue chronologique.

2. *B. M.* ms. 2452.

cuns[1] ont voulu prendre pour une sorte de noviciat, ses idées, tout en restant substantiellement les mêmes, se précisent et se complètent. Il ne songe pas à créer un séminaire proprement dit; c'est, d'après le concile de Trente, à la hiérarchie à le faire, et où la hiérarchie a échoué, il ne prétend pas réussir; il n'a « ni fonds, ni accord pour en faire la proposition », lui aussi, comme Vincent de Paul, qu'il rencontre fréquemment venant en direction, il attend « l'occasion »...

Mais sa pensée se concentre sur le second moyen de restauration de la cléricature, comme il aime à dire, et tout un plan bien déterminé est le résultat de ses entretiens avec ses deux aînés et le pieux Duval, docteur en Sorbonne, qui deviendra son précieux ami et quelquefois son guide. Son dessein vise « à l'établissement d'une communauté paroissiale, laquelle peut fournir à un diocèse quelques familles de prêtres, appelés au service des paroisses sur l'authorité et commandement de nos Seigneurs Illustrissimes et Révérendissimes prélats diocésains et de Messieurs les Curés. » Cela a l'air d'une définition nouvelle : et c'en est une en effet. Le groupement des volontés et des intérêts, en vue d'un résultat spirituel à obtenir, est, on peut le dire, une des bases de la société chrétienne, de l'Eglise. En dehors des ordres monastiques, des chapitres, des collégiales, qui avaient, pendant si longtemps, réuni une partie de cette société, les paroisses elles-mêmes avaient connu les communautés. Nous avons vu Bourdoise en rencontrer une à Orléans.

On peut lire, dans la si consciencieuse étude de M. Aulagne : *La réforme catholique du XVIIᵉ siècle dans le diocèse de Limoges*[2], quelles furent, dans ce diocèse, les origines et l'organisation de ces fraternités ou communautés. Ce n'est point cette forme que veut adopter Bourdoise, car elle est plutôt une sorte d'association en vue de régulariser l'assistance aux offices divins, de partager les revenus de la mense, les portions casuelles, qu'un moyen d'édification ou de sanctification. Tous ses adhérents ont au moins dix ans de prêtrise; « chanoines au petit pied », souvent ils partagent les fonctions curiales et se disent co-curés. Cela pourra devenir facilement une déviation de la hiérarchie : erreur capitale aux yeux de Bourdoise.

1. Tabaraud et Maynard.
2. Paris, Champion, 1906, p. 520 sqq.

Il veut sa communauté dans la main non seulement des évêques, mais des curés. Les Communalistes forment un cercle fermé ; il faut payer au syndic des droits d'entrée assez considérables, et les conditions d'admission sont assez rigoureuses pour que les parts de revenu ne soient pas trop diminuées : dans sa Communauté, on peut, théoriquement, élargir les cadres au fur et à mesure des demandes d'entrée, nulle cotisation à payer au syndic, c'est-à-dire au Supérieur. Bien plus, on y admettra même des clercs qui n'auront pas l'intention d'y rester, et ce sera le biais par lequel il réalisera d'abord, comme à Chartres, une conception particulière et modeste de séminaire, c'est-à-dire de maison de formation pour le clergé. Ainsi donc, les membres de cette communauté, « les prêtres de ces familles, desserviront les paroisses qui voudront bien les accueillir mais dresseront encore d'autres prêtres qui ne sont pas de la communauté, mais du dehors. » Ceux-ci, après y avoir puisé l'esprit clérical, se réuniront à leur tour en des communautés, ou plutôt en des commensalités paroissiales. Alors que les prêtres communalistes ne sont pas tenus de cohabiter et d'avoir une seule table, les clercs de Bourdoise trouveront, dans la cohabitation commune, les avantages que lui reconnaît le réformateur. Ce seront d'abord « des moyens plus prompts et plus faciles de s'aider », la vie commune étant par elle-même une sauvegarde, et réduisant, ce qui est à considérer quand il s'agit du clergé pauvre des campagnes, les frais de la vie. De plus, ils auront là une grande convenance pour se former « en la théorie et pratique des fonctions paroissiales ». Ce sera pour eux un noviciat du ministère, qui leur permettra, plus tard, de gérer honorablement des vicairies et même des cures importantes. Enfin, et ceci est, aux yeux de Bourdoise, comme à ceux de beaucoup de réformateurs dans le cours de l'histoire de l'Eglise, une raison puissante, cet état de communauté fera revivre « la communauté de l'ancienne Église. » Comme cette forme de la charité chrétienne ne peut plus reluire dans la généralité de l'Eglise, elle sera rétablie ainsi « entre personnes ecclésiastiques. » Cette ressemblance leur attirera « la bénédiction singulière de Dieu » qui leur donnera « un esprit approchant de celui qu'il avait départi à la primitive Eglise qui est le vrai et pur esprit du christianisme » et le peuple bénéficiera le premier de ce renouveau spirituel.

On le voit, ce type vraisemblablement déjà tout créé dans la pensée de Bourdoise est isolé en ce moment-là, et ne nous étonnons plus « s'il surprit extrêmement » M. de Bérulle et Vincent de Paul. Cependant, ils ne purent s'empêcher de louer son dessein. Vincent de Paul, encore une fois, à ce moment, n'avait pour sa part aucun projet de réforme : il était prêt à toute bonne œuvre ; mais, suivant son expression favorite, n'était pas disposé à « enjamber sur la Providence. »

De Bérulle, au contraire, poussé peut-être par Henri de Gondi, évêque de Paris, était résolu à entreprendre, lui aussi, la réforme du clergé de France. Il groupe en ce moment les bonnes volontés. Le premier recrutement est assez pénible. Bourgoing il est vrai, le 13 octobre, résigne à Vincent de Paul sa cure de Clichy, pour pouvoir entrer dans la congrégation naissante, mais d'autres, qui avaient promis d'y entrer, ne tiennent pas leurs promesses Bourdoise, venu dans l'intention de s'agréger, y renonce. Quelles furent ses raisons ? Sans nul doute, il vit clairement que le plan du futur cardinal ne répondait pas au sien. « Dix années ou environ s'étaient écoulées, dit la Préface au règlement, la Congrégation de l'Oratoire qu'ils virent commancer en octobre 1611, en forme de communauté ou séminaire pour des prêtres de *notable* condition, leur donna espérance qu'enfin Dieu leur ferait la grâce de voir bientôt commencer, à l'imitation de ces bons Pères, quelques communautés ou commensalités paroissiales, pour de simples prêtres de paroisses habituéz ». De Bérulle veut s'occuper surtout des prêtres de notable condition. Bourdoise, qui connaît mieux les besoins du bas clergé, est hanté par l'idée de réformer non les curés, ni même les vicaires, qui souvent sont gradués, mais les simples prêtres habitués. De Bérulle fonde, d'après un modèle assez récent, une congrégation séculière, « moyenne, dit-il lui-même, entre les séculiers et les réguliers. » Elle aura donc un chef, une administration centrale, des règles spéciales, des noviciats, des établissements bien à elle, des chapelles particulières. Bourdoise rêve d'une communauté entièrement sous la dépendance des curés, et pour le prouver, elle ne devra jamais ériger autel contre autel, jamais elle n'aura de chapelle particulière.

Déçu, il quitte, malgré les instances de Bérulle, les hauteurs de Saint-Jacques, et on ne le compte pas parmi les cinq compagnons de Bérulle entrés, le 10 novembre 1611, dans le nouveau local, qui, à quelques pas des Carmélites, au Petit-Bourbon, abrita la communauté naissante. De ce séjour auprès de Bérulle, il rapporte toutefois de précieuses liaisons avec Vincent, avec Duval, probablement avec Bourgoing, et de plus, un certain attachement à l'Oratoire.

Le voilà redevenu perplexe. Cette indécision lui est d'autant plus insupportable, que son protecteur Janvier, le jugeant suffisamment instruit, (et cependant on ne voit nulle part qu'il eût étudié la théologie dogmatique ou morale) le presse de s'engager dans les ordres. Conscient de l'insuffisance de sa préparation, craignant toujours de s'attacher à un ministère déterminé, qui eût été « contraire à son office de solliciteur clérical », il use de différents stratagèmes pour échouer aux examens préparatoires à la prêtrise. Mais, vers l'ordination de Carême 1612, il est poussé par Janvier jusque dans ses derniers retranchements. En ce moment-là, pour essayer de se soustraire aux sollicitations pressantes de son protecteur, il est à Paris, logé au collège de Reims, mais prend des leçons auprès d'un régent de Troisième au collège des Grassins. Il veut s'affermir dans les principes de la langue latine. Pour éviter d'être ordonné sous-diacre, il prend de nouveau la résolution de se faire religieux. Alors jouissaient d'un bon renom de régularité les Feuillants, fondés à Paris par Henri IV : il sollicite l'honneur d'être reçu parmi eux. On lui promet de le recevoir le mercredi des Quatre-Temps de Carême.

Le jour arrivé, il a une cruelle déception : après avoir bien examiné sa demande, on le rejette, car il fera « beaucoup plus de bien en demeurant dans l'état ecclésiastique que s'il se faisait religieux. » Il fut extrêmement affligé de ce refus. C'est alors, qu'entourée d'un certain décor dramatique, se place la scène capitale de l'institution de la communauté. Nous ne croyons pas pouvoir mieux faire que de laisser la parole à l'exact Descouraux :

« En effet, il en fut touché si vivement, que sa douleur augmentant de moment en moment, par les réflexions qu'il faisait sur son état, il eut bien de la peine à se conduire jusqu'au collège de Reims où il faisait sa demeure, étant, comme il dit, dans une grande indisposition corporelle, et dans une espèce d'agonie. Ne pouvant donc plus se soutenir, il fut obligé de se coucher, sitôt qu'il fut arrivé, et demeura ainsi jusqu'au lendemain, sans prendre de repos, ni de nourriture, ayant la poitrine si oppressée, qu'il ne pouvait parler qu'avec une extrême difficulté. M. Evrard, prêtre, qui logeait en la même chambre que Bourdoise, et quelques autres de ses amis, furent d'autant plus étonnés de cet accident, qu'ils ne pouvaient en découvrir la cause.

» Enfin, sur les deux heures après midi, étant tous auprès de son lit, fort touchés de son état, et lui demandant comment un si grand mal lui avait pris si promptement, et s'il ne voulait pas qu'on lui fît quelques remèdes, le malade, ayant poussé un profond soupir et regardé d'un œil mourant ceux qui étaient autour de lui, leur dit avec bien de la peine : Que sa maladie venait de ce qu'il se voyait obligé de recevoir le sous-diaconat contre sa volonté, parce qu'il ne pouvait plus résister aux personnes qui l'en pressaient, quoiqu'il eût résolu de ne s'avancer point dans les Ordres qu'il ne fût Religieux, ou dans quelque communauté ecclésiastique. Il fit ensuite de grandes exclamations sur les dérèglements de l'état ecclésiastique, dont les obligations étaient presque généralement, ou ignorées ou négligées, et sur ce que, ayant un si grand nombre de prêtres à Paris, il y en avait si peu qui pensassent sérieusement à faire leur salut. « Nous y pensons pourtant (dit M. Evrard), et nous sommes bien résolus d'en prendre les moyens, quelque difficulté qu'il y ait. » Cela fit plaisir à Bourdoise, et lui donna occasion de continuer son discours. Il parla encore une demi-heure sur l'excellence de l'état ecclésiastique, et sur la difficulté qu'il y avait de vivre saintement dans le monde. Il s'étendit particulièrement sur les avantages qu'il y aurait d'être en une communauté, tant pour la sanctification de ceux qui la composeraient, que pour l'édification des peuples qui la verraient. Il dit cela avec tant d'ardeur, et d'une manière si touchante, que ses paroles, ou plutôt le Saint-Esprit faisant impression sur le cœur de ceux qui l'écoutaient, ils dirent tous qu'il ne tiendrait pas à eux qu'ils ne commençassent tout à l'heure à vivre en communauté.

» Il eut tant de joie de les voir dans cette disposition, qu'oubliant son mal, ou plutôt étant guéri tout d'un coup, il se leva en parfaite santé. Ils continuèrent de s'entretenir sur le même sujet pendant près de deux heures; et la conclusion de cette conférence fut qu'ils commenceraient dès ce moment à vivre en communauté, et pour cela, que toutes les études qu'ils feraient tendraient à la cléricature : Que tous leurs entretiens ordinaires seraient de la cléricature; et que les conclusions qu'ils en feraient seraient promptement exécutées.

» Sur-le-champ, ils mirent tout en commun, et chacun apporta de bonne foi ce qu'il avait en particulier, jusqu'à son pain. Tout cela se passa au Collège de Reims, le jeudi de la première semaine de Carême, où se lit l'Evangile de la Cananéenne en l'année 1612. Ces Messieurs étaient dix, dont les principaux, outre Bourdoise, qu'ils regarderont toujours comme leur Chef, étaient M. Evrard, prêtre, MM. Pierre et François Hallier, Messier, M. le Féron, M. Pavy, M. Duchesne, la plupart bacheliers en théologie. Leur ferveur, au lieu de diminuer, augmentant d'heure en heure, M. Hallier, l'aîné, fut chargé de dresser un Règlement pour cette nouvelle société. On commença par faire, avant que de rien écrire : Les heures étaient marquées pour la prière, pour le coucher, pour le lever, pour l'étude et pour les repas; de sorte qu'il ne fallut qu'écrire ce qui se faisait alors, pour servir de règle à l'avenir [1]. »

1. *Vie imp.* Des., p. 61 à 63.

CHAPITRE II.

LE PREMIER ESSAI

(1612-1620)

Avant de suivre les destinées de Bourdoise et de ses compagnons il nous semble utile de décrire rapidement le quartier qui devra nous être si familier et dans lequel ils ont vécu cette année et la suivante. Par une assez rare fortune, il a, de nos temps encore, conservé une partie de sa physionomie d'autrefois.

En 1612, le collège de *Reims*, qui hébergeait Bourdoise et sa Communauté, était à peu près au centre de cette fourmilière de collèges qui s'appelait le pays latin. S'étendant, avec cinq corps de bâtiment, entre la rue des Sept-Voies[1] et la rue Chartière, son aile principale longeait la rue de Reims. Fondé en 1412[2], il s'était accru en 1443 du collège de Rethel. Il avait son entrée principale dans la rue des Sept-Voies. Son histoire n'est pas sans intérêt. Gerson présida à ses débuts; cet hôtel-collège avait vu, en 1552, ses fenêtres « tapissées d'une infinité de personnes d'honneur, » qui, avec Henri II, assistaient à la représentation de Cléopâtre, cette première ébauche de tragédie moderne. Mais, en 1612, il était un peu déchu, et peut-être Bourdoise y trouva-t-il un logis à bon compte. Cependant, pour les études d'humanités, il continua, dans la première année du moins, d'aller en Troisième au collège des Grassins. Pour s'y rendre, il n'avait qu'à traverser la rue des Sept-Voies, prendre la rue des Amandiers[3] et

---

1. Aujourd'hui rue Valette; une vieille inscription porte encore gravé sur le mur d'une maison l'ancien nom. — Des constructions modernes attenantes au collège de Sainte-Barbe, recouvrent l'emplacement du collège de Reims.

2. Comme le rappelait encore en 1790 une inscription dans l'intérieur de la cour. *A. N. M.* 187.

3. Rue Laplace actuelle.

tournez à gauche pour trouver l'entrée. C'était un bâtiment presque neuf : il datait de 1589, et Jean Coqueret en était peut-être déjà le principal. Plus tard, il aura Boileau comme élève [1].

Si Bourdoise s'engageait dans les rues étroites et tortueuses qui sillonnaient et dont un bon nombre sillonnent encore la Montagne Sainte-Geneviève, il pouvait reconnaître, presque contigu au collège de Reims, le collège de Sainte-Barbe, illustré par tant de saints et de savants; puis laissant à droite le collège Saint-Symphorion qu'une ruelle séparait du collège de Lisieux, et tournant à gauche par la rue des Chiens, il longeait le collège de Montaigu où les boursiers, disait-on, mangeaient juste de quoi ne pas mourir de faim. Débouchant dans la rue des Sept-Voies, il laisse à sa gauche le collège de Fortet où le souvenir de Calvin [2] évoque celui de la Ligue, dont cette maison fut le berceau; il remonte la rue, pénètre dans le carré de Sainte-Geneviève, et après un coup d'œil sur l'abbaye et les deux églises juxtaposées de Sainte-Geneviève et de Saint-Étienne du Mont, longe le cimetière de cette dernière paroisse, et descendant la rue de la Montagne-Sainte-Geneviève, passe devant le petit collège de l'Ave Maria et la fontaine: il longe la grande façade du vaste collège de Navarre, que la rue Clopin sépare de son voisin, le collège de Boncourt, célèbre lui aussi dans les annales de la tragédie française. La pente devient plus raide; de l'autre côté de la rue Traversière [3], il remarque le collège de la Marche à droite, et à gauche devine le collège de Laon; sur son chemin il rencontre des religieux au froc mi-partie blanc et noir : il est dans le voisinage du couvent des Carmes [4]. Passant par la rue des Noyers [5], il remonte la rue des Carmes, il admire, à gauche, la belle église du XIV⁰ siècle où les religieux célèbrent leurs offices, remarque, à droite, le collège de Presle et peut-être les dépendances du collège de Beauvais, passe à quelque distance d'un collège de Droit canon où l'on vient étudier les *Décrets*; enfin, par la rue d'Ecosse, rejoint l'entrée de

---

1. La rue de l'Ecole Polytechnique a été ouverte, en 1844, à travers ses dépendances.

2. On peut encore voir la loge qu'il y occupait; elle se trouve aujourd'hui derrière le n° 21 de la rue Valette.

3. Plus tard, rue Traversine : la rue Monge la remplace aujourd'hui.

4. Le marché des Carmes le recouvre en partie.

5. Un tronçon en subsiste encore et comprend la maison natale d'Alfred de Musset.

l'église Saint-Hilaire et rentre facilement dans la chambre d'Evrard.

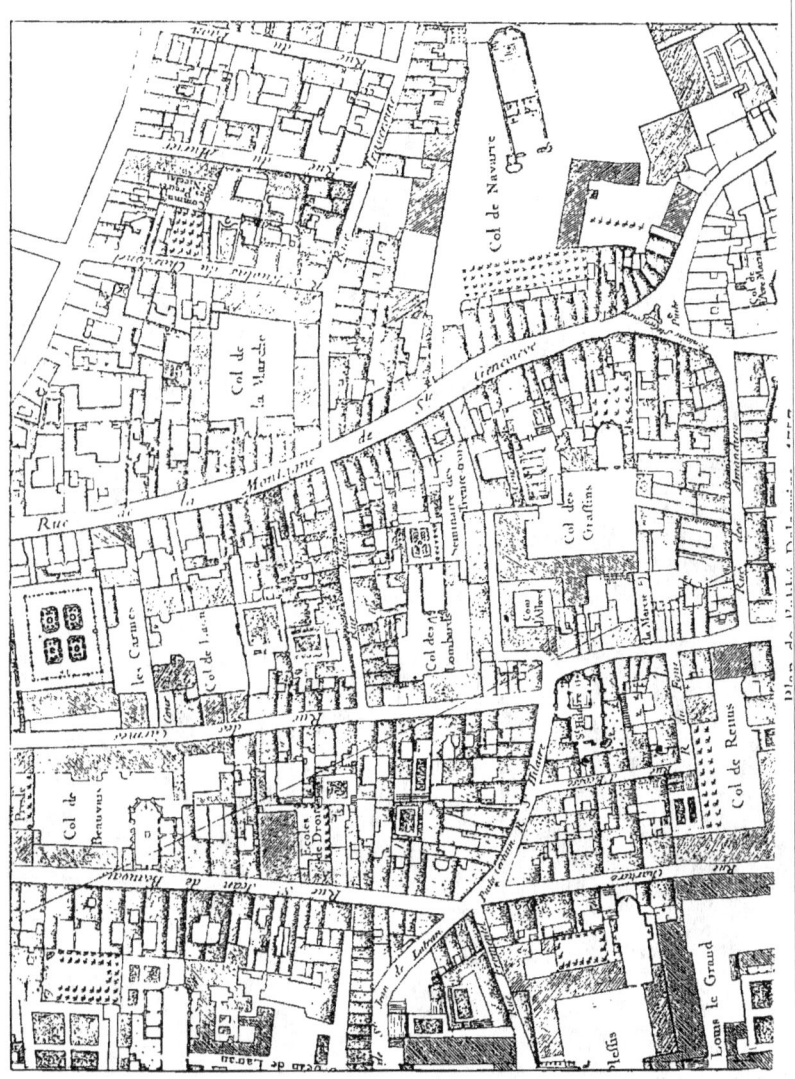

Voilà quels étaient les abords presque immédiats du collège de Reims. C'est le collège de Navarre qui est le centre d'attraction de cette partie du quartier latin, et de longues théories d'étudiants externes se dirigent quotidiennement vers ses salles, spécialement vers celles de Théologie. Il est fort probable cepen-

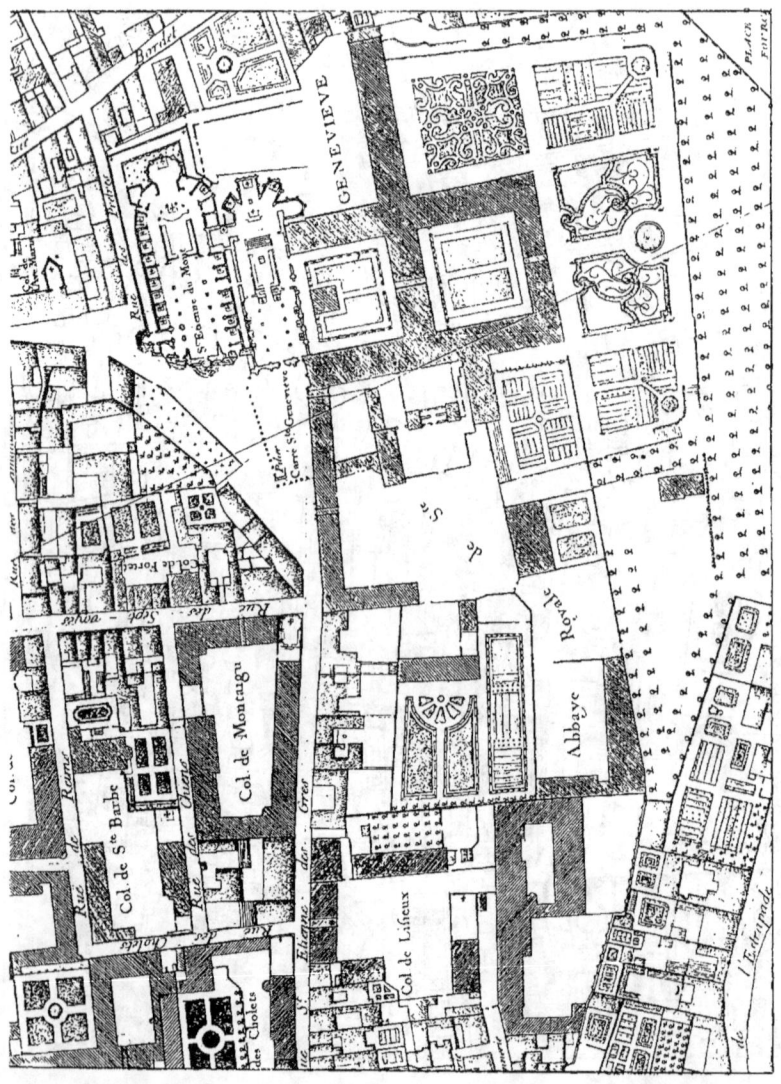

dant que les compagnons de Bourdoise, « la plupart bacheliers en théologie », avaient fréquenté et fréquentaient encore la Sorbonne, l'illustre rivale de Navarre. Parmi eux, Hallier l'aîné

(François) devait être appelé un jour à une grande notoriété. Nous le retrouverons assez fréquemment sur notre route. Pierre Hallier, son frère puîné, plus tard aussi docteur de la maison de Sorbonne, deviendra, avec lui, professeur de philosophie au collège du Cardinal Lemoine, puis vicaire général, théologal et pénitencier de Rouen. Le Féron (de Chartres) sera associé lui aussi aux missions données par Vincent de Paul, et recevra l'abbaye de Saint-Laumer de Blois. Quant aux Duchesnes, ils étaient fils d'un conseiller au Parlement[1] et peut-être chartrains comme les précédents. L'aîné, Jérôme, méritera d'être appelé, par Bourdoise, son bras droit, et le plus jeune, Bernard, rendra des services pécuniaires à la Communauté. Pavy, plus tard, fondera le séminaire de Séez. Enfin, Evrard, dont la bonne volonté semble avoir entraîné les autres, est un champenois qui aura un jour la nostalgie de cette Communauté, qu'il aura quittée pendant quelques années. Messier le Jeune, après avoir conquis son doctorat en Sorbonne, obtiendra dans la suite la cure de Saint-Landry, à Paris[2]. Enfin, en dernier lieu, arrive Gallou le jeune, qui probablement chartrain lui aussi, n'a guère laissé de trace dans cette histoire.

Presque tous, on le voit, préparaient leurs grades théologiques, et la tâche est dure. Ils ont dû[3] d'abord acquérir le degré de maîtrise ès arts, et pour cela, les études d'humanités terminées, faire deux ans de philosophie dans quelqu'un des collèges de l'Université, subir deux examens d'une heure, et soutenir une thèse : l'*expectative;* pour affronter le baccalauréat de théologie, ils ont présenté six attestations de théologie; c'est-à-dire qu'en trois ans, ils ont appris six traités de théologie, deux chaque année. Pour ce faire, ils ont étudié dans le collège de Sorbonne ou dans celui de Navarre, qui sont les deux seuls où l'on professe la théologie. Ils ont passé deux examens, soutenu une thèse sur les attributs de Dieu : la *tentative*.

Arrive enfin la préparation à la licence. Elle durera deux années entières, et ils y soutiendront trois actes : la *mineure* qui ne du-

---

1. *Vie imp.* Des., p. 151.
2. Il ne faut pas le confondre avec son aîné Louis, lui aussi docteur de Sorbonne, et plus tard archidiacre de Beauvais. Cf. *B. A.* ms. 1021, p. 667 et *B. M.* ms. 2453, p. 115.
3. Cf. Puyol : *Edmond Richer*, 1; p. 102 ssq.

rera que quatre heures et demie; la *majeure* qui durera depuis huit heures du matin jusqu'à six heures du soir, et la *Sorbonique* qui durera douze heures entières, c'est-à-dire depuis six heures du matin jusqu'à six heures du soir. Ils pourront les soutenir dans l'ordre qui leur plaira.

Rue des Sept-Voies (Aujourd'hui rue Valette)

On remarquera, à droite, la moitié d'une inscription qui indique l'emplacement de l'église Saint-Hilaire; un peu plus haut, toujours à droite, sans doute le Collège de Reims. C'est vers l'extrémité gauche que se trouvait le Collège de Fortet.

Le 2 janvier suivant, ils iront, avec les bacheliers reçus aux examens, se réunir en Sorbonne, et ils demanderont au syndic leur congé, *missio a scholis*. Après avoir subi une mercuriale où le syndic leur reprochera ce qu'il a pu remarquer en eux de négligence ou de peu d'exactitude, celui-ci les renverra au 15, où avec quelques éloges, ils seront définitivement hors de licence. Mais avant de prendre le degré de licencié, ils assisteront aux *paranymphes* de leur maison, assemblée d'apparat où les confitures distribuées, adoucissent l'amertume des reproches qu'ils peuvent être exposés à y entendre. Et enfin, le lundi gras, dans la chapelle de l'*Archevêché*, près de Notre-Dame, un des appariteurs du Chancelier de la Faculté lira la liste des licenciés, et à mesure qu'on les nommera, ils passeront, feront la révérence à MM. les Docteurs présents et iront se placer selon leur rang qui ne sera pas toujours celui de leur mérite : c'est ce qu'on appellera la *distribution des lieux*. Puis, M. le Chancelier les invitera à se mettre tous à genoux, et au nom du Pape, dont il fait la fonction de Vicaire apostolique en cette occasion, il leur donnera la bénédiction papale et leur conférera le degré de licencié. Les Halliers, les Duchesnes, Messier, Le Féron, voudront aller plus loin et se couvrir du bonnet de docteur.

Durant l'année qui suivra leur licence, ils argumenteront une fois dans les *Vespéries*, pendant trois heures et demie, et enfin présideront leur dernière épreuve : l'*Aulique* : ils seront déjà en fourrure de docteur, mais tranquilles sur leur sort, car pas plus à l'Aulique qu'à l'Expectative et à la Vespérie, il n'y a de censeurs. Après une harangue du Chancelier, ils recevront, à genoux, des mains de celui-ci, leur bonnet de docteur, puis, menés dans l'église Notre-Dame, baiseront l'Evangile, prêteront, sur l'autel, le serment de verser leur sang jusqu'à la dernière goutte pour la défense de la foi. Ils entreront immédiatement dans l'exercice du doctorat, et feront partie de la Faculté de théologie de Paris, célèbre dans le monde entier.

Suivant le lieu de leurs études et de leur résidence, ils seront Sorbonistes, Navarristes, Réguliers ou Ubiquistes [1]. Avec l'âge, ils pourront devenir doyens de la Faculté [2], mais auparavant ils ambitionneront, Hallier entre autres, le poste plus envié et plus réellement important de syndic. Le syndic, à un droit d'initiative très grand, joint le pouvoir exécutif. C'est la cheville ouvrière de la Sorbonne. Mais si tous ne peuvent aspirer si haut, il leur sera loisible d'être professeurs. S'ils veulent, titre recherché, devenir *socii* [3] de la maison de Sorbonne [4], ils devront professer

1. Les docteurs qui n'étaient attachés à aucun collège, étaient plus particulièrement nommés *Ubiquistes*. C'était le plus ancien élément de la Faculté.
2. C'était toujours le plus ancien docteur séculier résidant à Paris.
3. C'est par un abus, contre lequel la Sorbonne a toujours protesté, que l'on a confondu très vite les docteurs de Sorbonne avec les docteurs de la Faculté de théologie de Paris : les vrais docteurs de Sorbonne sont les Sorbonistes.
4. Ils auraient pu le devenir, même avant leur licence.

gratuitement un cours de philosophie, et nous verrons les Halliers le faire plus tard, au collège du Cardinal Lemoine. Et après l'épreuve de deux scrutins, ils pourront s'enorgueillir de ce titre qu'ils ne manqueront jamais de mentionner : *doctor domus et Societatis Sorbonæ*, et alors, dans une touchante égalité [1] et avec un grand désintéressement, ils logeront et prendront leurs repas dans l'antique réfectoire de la Sorbonne.

En attendant que se réalisent ces beaux rêves de jeunesse studieuse, ils profiteront des leçons de Sorbonne. Grâce à Dieu, à ce moment précis, la Faculté de théologie possède des professeurs à la doctrine sûre, au savoir reconnu : Asseline, Philippe de Gamache, Mauclerc et surtout André Duval [2]. Ce dernier n'est pas un inconnu pour nous ni pour la plupart de ceux qui constituent cette Communauté naissante. Il leur a distribué et leur distribue encore un enseignement orthodoxe, grâce à l'influence qu'ont exercée sur la Faculté dans la première partie de XVIe siècle, Maldonat, Bellarmin et d'autres Jésuites.

A. Duval

Portraits B. N.

Il lui faut du courage pour se maintenir dans cette voie. La Ligue a été favorable à ces sentiments ultramontains. Henri IV lui-même, qui doit tant au Pape, Marie de Médicis, si profondément catholique, n'y répugnent pas. Mais cette année 1612, au mois de janvier, une tempête s'est élevée, qui, apaisée à plusieurs reprises dans le courant du XVIIe siècle, finira par entraîner la faculté de théologie dans les erreurs du Gallicanisme. C'est Edmond Richer qui suscite cette tempête [3].

Reprenant les vieilles doctrines de la Sorbonne au XVe siècle, laissées dans l'ombre lors de la tourmente religieuse, qui

---

1. Un simple bachelier jouit des mêmes droits qu'un vieux docteur, mais naturellement il lui témoigne tout le respect dû à la vieillesse.
2. « De illo dici potest quod olim de Platone dicebatur : αὐτός ἔφη ». B. A. 1201, p. 612.
3. *Edmond Richer*, par l'abbé Puyol. Paris, 1876.

contraint tous les catholiques à se resserrer autour de la papauté, il veille depuis 1608, en sa qualité de syndic, à ce qu'aucun bachelier ne soutienne des propositions contraires aux anciennes maximes de la Faculté, et favorables au pouvoir indirect des papes, à la suprématie et à l'infaillibilité pontificales. Duval, malgré son amitié pour Richer, lutte victorieusement contre lui, réfute son *Libellus* hétérodoxe, et voit enfin le sectaire, au mois de mars 1612 (au moment où se fonde la communauté de Bourdoise) censuré par les évêques, puis déposé de sa charge de syndic. Mais il ne s'acharne pas sur la victime et emploie toute sa force de persuasion et l'aménité de son caractère à le ramener.

L'autorité de Duval est très grande dans la première moitié du XVIIᵉ siècle ; elle embarrassera plus tard Bossuet. A la Sorbonne, dont il est l'oracle et le modèle, il soutiendra devant ses auditeurs (et c'est chez lui probablement que la communauté de Saint-Nicolas a pris les principes constants de son orthodoxie) que la primauté de Saint-Pierre est de droit divin, que l'infaillibilité de Pierre est passée à ses successeurs, que cette infaillibilité s'exerce sur les questions de foi et de morale, qu'elle s'étend même à la canonisation des saints et à l'approbation des Ordres religieux, que le Souverain Pontife peut légiférer sans concile, que les assemblées œcuméniques ne sont pas absolument nécessaires, et qu'il n'est pas de foi que le concile soit supérieur au Pape. Si Hallier l'aîné[1], un des plus brillants disciples de ce clairvoyant et courageux professeur, défendit plus tard, peut-être avec un peu de véhémence, la hiérarchie contre les Jésuites anglais et attaqua trop vigoureusement leur morale, il paraît bien, que pour les autres points délicats de la doctrine, il se souvint des enseignements de Duval, et fut sûrement un des plus actifs adversaires des Jansénistes.

Mais Bourdoise ne peut accompagner ses associés dans ces joutes savantes, où se forme le théologien d'alors, ni s'engager dans ce long cycle d'études. Sa vocation n'est pas d'être un grand docteur, et il avouera toute sa vie qu'il n'est pas « un lettré ». Maintenant qu'il est sûr de pouvoir vivre en communauté, il ne fera pas de difficulté pour se présenter, le lendemain

1. Hospes en 1621, socius en 1622, licencié en 1624. — Cf. *B. A.* ms. 1021, p. 679.

vendredi, à l'examen en vue du sous-diaconat; il reçoit cet ordre le samedi; ce même jour il en exercera les fonctions à la petite église de Saint-Christophe, à l'ombre des tours de Notre-Dame. La piété, la pratique des devoirs d'état, l'observation des règles de l'Eglise priment pour lui les études. Quand Janvier, bon gré, mal gré, lui aura, à Pâques, accordé sa liberté, devenu, grâce à Evrard, sous-diacre habitué à Saint-Christophe, Adrien retournera au collège de Reims et continuera de prendre ses leçons auprès de Sevin, régent aux Grassins, qui s'offre à lui donner quelque teinture de rhétorique. Ses amis crurent que cela, avec le bon sens naturel qu'il avait, suffisait pour le rendre capable d'aller en philosophie.

Il commença à l'étudier au mois d'octobre 1614 sous M. Vanichel, professeur au collège de Lisieux, et continua pendant deux ans. Il a trente ans, et il se laisse « exercer » par son professeur, « s'applique particulièrement à la morale et à la métaphysique, parce qu'elles lui parurent avoir plus de rapport à son état[1]. » A plus forte raison, s'adonne-t-il à l'étude des rubriques et des cérémonies; il possédait, même à Rome, un ami particulier par l'intermédiaire de qui il consultait la Congrégation des Rites[2]; il a, en effet, dans la suite, « fortement travaillé à remettre les cérémonies, selon l'usage romain, dans leur lustre[3]. »

Avec une Communauté, où les occupations étaient si différentes, le règlement devait avoir fatalement une certaine souplesse. Le plus détaillé sinon le plus exact des biographes de Bourdoise le résume en dix articles : Vie commune, absence de vœu, sanctification personnelle, port de l'habit ecclésiastique, imitation des docteurs de Sorbonne et des Messieurs[4] de l'Oratoire, nulle distinction d'avec le clergé, application à le sanctifier et à l'exercer, choix d'une paroisse pour s'exercer soi-même. Ce règlement dû, après épreuve, à la plume de Hallier l'aîné, reflète bien la pensée de Bourdoise, autant qu'elle pouvait se réaliser au début. Le choix de Saint-Christophe pour paroisse

1. *Vie imp. Des.*, p. 74.
2. *B. M.* ms. 2452, p. 891.
3. *B. M.* ms. 2453, p. 1139.
4. Ils ne portaient pas encore le nom de Pères, mais du premier coup, leur piété et leur zèle leur avaient acquis du renom.

d'exercice n'était pas des meilleurs; le trajet était relativement long.

Plus près, au pied de la montagne Sainte-Geneviève, s'élevait l'église Saint-Nicolas du Chardonnet. Le curé, Messire Froger, docteur de Sorbonne, l'administrait avec l'aide d'un vicaire et d'un certain nombre de prêtres habitués; « la plupart de ces Messieurs ne lui étaient pas inconnus, quelques-uns ayant déjà des degrés, et les autres étudiant depuis longtemps dans l'Université, où leur petite société faisait déjà du bruit[1]. » L'église était proche de l'Université, la paroisse était assez peuplée pour fournir de l'occupation à leur zèle, sans les détourner beaucoup de leurs études. Mais surtout, ils connaissaient et estimaient déjà Messire Froger, et celui-ci le méritait bien. Curé de Saint-Nicolas depuis 1603, docteur en théologie en 1604, après avoir été « hospes » (pensionnaire) en 1600[2], sociétaire ou « socius » en 1602, il devint, rapidement, un homme en vue dans le diocèse de Paris. Voici son portrait tracé par l'auteur des « *Scriptores sorbonici* »; nous aurons souvent l'occasion d'en constater l'exactitude. Il était « homme remarquable par sa douceur, son humilité, la politesse de ses manières, et aussi par son éloquence, sa doctrine, et il était nourri dans les belles-lettres et les vertus. Il fut un pasteur très vigilant de l'église paroissiale du bienheureux Nicolas[3]; on lui attribue même la fondation de la Communauté de Saint-Nicolas[4]. »

G. Froger. *Portraits B. N.*

1. *Vie imp.* Des., p. 67-68.
2. Pour être hospes, il fallait : le baccalauréat de théologie, le témoignage favorable de deux censeurs de la maison de Sorbonne, trois votes favorables obtenus à la pluralité des suffrages et séparés par des intervalles de plusieurs mois.
3. « Vir mira suavitate, humilitate, comitate, facundia insuper et doctrina atque omni litterarum virtutumque apparatu instructus. Rector vigilantissimus parochialis Ecclesiæ B. Nicolai de Cardineto ». *B. A.*, ms. 1021, p. 629.
4. « Auctor congregationis sacerdotum secularium in communi viventium ad deserviendum in divinis atque ministrandum in eadem ecclesia ». *Ibid.*

Aux soutenances de thèses, qu'il devait fréquenter, étant presque le voisin de la Sorbonne [1], il avait rencontré nos étudiants ; le bruit que faisait la Communauté dans l'Université était parvenu à ses oreilles. Il était prêt à les accepter. Ceux-ci étaient portés à se placer sous son autorité. C'était, en effet, un pasteur appliqué à son ministère ; conformément au décret du Concile de Trente, il instruisait, tous les dimanches, ses paroissiens, par ses prônes ; bien plus, il prenait plaisir à faire des conférences à plusieurs ecclésiastiques, qui s'assemblaient chez lui certains jours de la semaine [2]. Aussi « ayant connu le mérite de M. Froger, docteur de la Faculté de théologie et curé de l'église paroissiale de Saint-Nicolas du Chardonnet en la dite Université, (ils) furent mûs d'un grand désir de postuler place entre les habitués, et de fait, sur leurs très humbles requêtes, habitua aucun [3] d'entre eux, la semaine de l'Ascension de la même année 1612 », très exactement le mardi des Rogations. Dès ce jour même, ils remplirent les fonctions de leur Ordre, et Bourdoise, en qualité de sous-diacre, porta la croix à la procession, qui allait, en ce temps-là, aux Chartreux [4].

Et voilà unis pour près de deux siècles, la paroisse et la Communauté de Saint-Nicolas du Chardonnet. Cette paroisse, jusque-là presque sans histoire, va, désormais, conquérir une grande notoriété dans le diocèse, grâce à ses curés et aux œuvres qu'elle verra s'établir dans son périmètre. C'est le quartier que nous allons, par la pensée, habiter trois siècles durant, et il est indispensable de l'étudier rapidement.

Il est loin le temps où, entre le mont Leucotitius (montagne Sainte Geneviève) la Seine et le confluent de la Bièvre [5], s'étendait le marais que ne put traverser, d'abord, le lieutenant de César, Labienus, pour attaquer sur la forte position de la colline, le vieux Camulogène, à la tête de son ramassis de Gaulois [6].

---

1. Et de plus, il fut docteur régent, c'est-à-dire professeur.
2. Bien remarquer ce point qui fait de Froger le précurseur, même de Bourdoise, dans cet ordre d'idées.
3. *Préface au Règlement* : peut-être faudrait-il le pluriel.
4. Actuellement : commencement de l'avenue de l'Observatoire.
5. Qui se trouvait alors dans le voisinage du pont d'Austerlitz actuel.
6. Cf. César, *De Bello Gallico*, liv. VII.

Pendant longtemps, les gens de la Cité avaient été obligés de traverser les champs de chardons[1] pour aller en pèlerinage à la plus ancienne église de Paris, Saint-Marcel ; à partir du XIII siècle, quand l'Université entoura la montagne Sainte-Geneviève d'une robe de collèges, on vit se peupler petit à petit cet espace nommé alors le *clos du Chardonnet*.

Les jardins, les clos et les vignes qui avaient, heureusement, remplacé les chardons, se voient, peu à peu, envahis par des constructions nouvelles. Graduellement, les seigneurs de ce fief, à savoir l'abbaye de Tiron[2], celle de Sainte-Geneviève et surtout celle de Saint-Victor, aliènent, tout en réservant leur droit de censive, la presque totalité de ce clos. Celui-ci s'étend, en gros, depuis les Grands degrés[3] jusqu'à la place Maubert, de là à l'angle de l'église Saint-Nicolas du Chardonnet, puis, par la rue Saint-Victor, qui se prolonge jusqu'à la rue Cuvier actuelle, revient vers la Seine et, suivant le cours du fleuve, rejoint les Grands degrés.

Vers la fin du XII siècle, les murs de Philippe Auguste, marqués aujourd'hui par la rue Cardinal-Lemoine, (rue des Fossés Saint-Victor), le scindent en deux parties ; au delà des murs, s'étendra le faubourg Saint-Victor[4] ; en-deçà, et c'est la partie qui nous intéresse le plus, seront cédés, d'abord, les terrains destinés à l'église (1230-1243)[5], puis cinq arpents de terre, échangés avec les religieux de Clairvaux, où s'élèvera, vers la même époque, le collège des Bernardins (1246), puis encore, en 1285, une pièce de terre vendue aux Ermites de Saint-Augustin, qui revendront ce fonds et le collège qu'ils y ont bâti, au cardinal Lemoine. En 1358, on recule les fortifications, et un double rang de fossés y est creusé « depuis le nouveau mur de clôture jusqu'à l'emplacement actuel de la rue des Fossés-Saint-Bernard »[6]. —

---

1. Il s'en trouvait aussi beaucoup du côté de la Bastille : voir dans Commynes, ch. XI, la plaisante anecdote des Bourguignons qui « estant près de Paris, attendans la bataille, cuydèrent des chardons qu'ils veirent, que ce fussent lances debout ».
2. Au diocèse de Chartres.
3. Rue qui débouche au quai de Montebello.
4. Notez que la rue principale de ce faubourg porta pendant longtemps le nom de *rue Saint-Victor*.
5. *A. N.* K. 973.
6. *Ibid.*

Beaucoup de maisons particulières s'élèvent au XIVe, XVe et XVIe siècles, grâce au voisinage des nombreux collèges d'alentour,

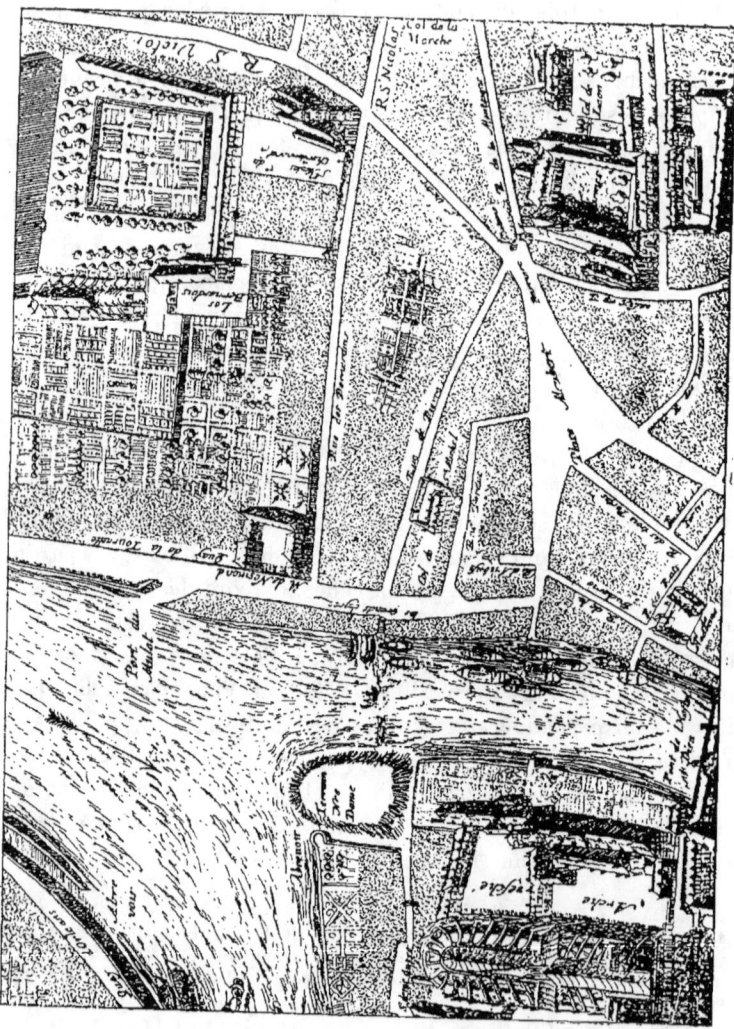

Plan Gomboust (1653).

mais l'abbaye conserve, sauf exception, sa directe seigneurie, sa censive et le droit de justice haute, moyenne et basse, tant dans son propre enclos, que dans toute l'étendue du fief du Chardonnet[1].

Voici, à peu près, l'aspect que présentait ce clos en deçà des murs, vers 1612. Sur la rive gauche de la Seine, en face du « terrain Notre-Dame » débouchait aux Grands Degrés un bras

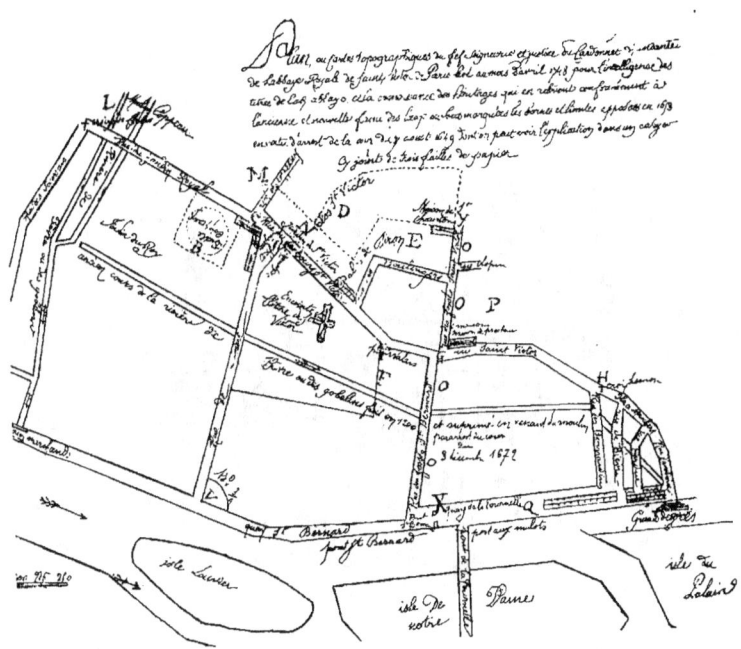

A. N., carton K. 973

Ce plan montre bien le cours de l'ancien canal de la Bièvre. Nous plaçons l'église Saint-Nicolas au nord de ce canal, c'est-à-dire, dans l'angle formé par la rue des Bernardins et le canal, du côté du quai. Un ponceau, souvent mentionné dans les actes, permettait à la Bièvre de traverser obliquement la rue des Bernardins pour aller aux Grands-Degrés.

de la Bièvre; couvert, il remontait derrière les maisons de la rue de Bièvre, laissant à droite la rue de Bièvre, qui, grâce à ce voisinage, méritait alors son nom[2], et formait la limite du

---

1. Cf. *Ibid.*

2. Ce bras de la Bièvre n'était qu'un canal artificiel, dérivé de la Bièvre. Celle-ci se jetait primitivement en amont de l'abbaye Saint-Victor, vers son embouchure actuelle. Les moines de cette abbaye, ayant besoin d'eau pour alimenter leur moulin d'Alez situé près des remparts, avaient pratiqué cette déviation, et la Bièvre, traversant de l'Est à l'Ouest leur enclos, puis les champs et les remparts de Philippe-Auguste, séparait le collège des Bons-Enfants du collège du Cardinal-Lemoine, coulait non dans la rue St-Victor, mais

clos; à cette rue de Bièvre, faisait suite la rue Saint-Victor, qui s'avançait jusqu'à la place Maubert. Le trapèze irrégulier, enserré entre ces deux rues, la Seine et la rue des Bernardins, est composé d'une foule de maisons peu spacieuses, car le quartier est pauvre.

Mais il y a plus d'air dans le quadrilatère presque régulier, qui trouve ses limites dans la rue des Bernardins, la rue Saint-Victor, la porte Saint-Victor, le rempart de 1358, la porte Saint-Bernard, la Seine. Vers l'angle sud : l'église, son cimetière et le presbytère; à l'angle nord-ouest : l'hôtel de Lorraine qui bientôt

Entrée du Collège du Cardinal-Lemoine

deviendra l'hôtel de Nesmond; entre les deux, des maisons particulières. La rue Saint-Victor longe, en deçà des remparts, les façades et entrées des collèges Cardinal-Lemoine et des Bons-Enfants. En revenant vers la Seine, de la terrasse des remparts, on aperçoit, après les jardins de ces deux collèges, des chantiers de bois flotté; puis on descend à la porte de la Tournelle, ou porte Saint-Bernard, et, sur le quai relativement large, on trouve des maisons particulières, qui en font la bordure.

A l'intérieur de ce quadrilatère, se dresse le collège des Bernardins, aux grands jardins, contigus au nord à d'autres jardins

---

derrière la bordure de maisons qui en constituent aujourd'hui le côté droit, faisait un coude à droite après avoir longé l'église Saint-Nicolas, se dirigeait, sous un ponceau, vers la Seine entre la rue des Bernardins et la rue de Bièvre, pour terminer par un autre coude à droite, à la hauteur des Grands-Degrés. — Cf. *A. N. S.* 3663.

spacieux, qui se cachent derrière l'hôtel de Lorraine, et les maisons du quai. Cette topographie doit nous devenir familière, car c'est là que Bourdoise, sauf des absences plus ou moins prolongées, exercera son zèle. A partir de l'Ascension (1612), il descendra régulièrement à l'église Saint-Nicolas du Chardonnet pour y faire sa visite au Saint Sacrement, ou remplir les fonctions de son Ordre.

Cette église, qui serait si chère à notre souvenir, a disparu[1] pour faire place, dès 1656, à l'édifice actuel; mais l'histoire en a conservé quelques traces et on nous pardonnera de les relever.

Vestiges d'un vitrail de la vieille église Saint-Nicolas-du-Chardonnet.

Au mois d'avril 1230, l'abbaye de Saint-Victor dispose en faveur de Guillaume, évêque de Paris, de cinq quartiers de terre dans sa censive du Chardonnet « in Cardonneto, in censiva sua[2] » pour y bâtir une chapelle et un presbytère, mais se réserve tous les droits pour les lieux circonvoisins. En avril 1243, cette abbaye cède de nouveau à l'évêque de Paris, avec les mêmes réserves, « une pièce de terre sise près le rus de Bièvre, de 24 toises de longueur sur 18 de large, estant en leur censive du Chardonnet, pour y construire (au lieu de la chapelle érigée en 1230) l'église dédiée depuis à Saint-Nicolas, estant au rivage dudit rus, à la charge d'entretenir ledit rus et paver et nettoyer

---

1. Il en reste l'architecture d'un vitrail visible encore, dans une sorte de réduit qui se trouve à droite, en entrant par la porte de la rue Saint-Victor, au' haut d'un escalier. Tout le mur qui l'encastre semble aussi être de la même époque.

2. Cf. *A. N.* K. 973 et Du Breuil et Malingre, MDCXL, p. 365.

le canal duquel estait couvert en arcade, en conséquence duquel la dite église fut bâtie et la surface du canal couvert fut réservée pour servir de pourtour à ladite église et recevoir l'esgout des eaux de ladite église et faire les processions, et de l'autre côté dudit ruisseau furent basties cinq maisons vis à vis ladite église en la censive Saint-Victor, que le cours de ladite rivière ayant été transporté ailleurs, et ledit canal estant demeuré à sec, les propriétaires des dites maisons entreprirent de bastir sur le dit canal et rus[1]. »

Cette église paroissiale fut probablement construite aussitôt après l'octroi de ce terrain. A s'en tenir aux plans de Gomboust et de Belleforest[2], elle avait trois nefs et était flanquée d'une galerie sur le côté nord. Parallèle à la rue Saint-Victor, elle ne se trouvait pas exactement au coin de cette rue; ce coin était formé par une maison particulière, sans doute la maison Lefébure; l'entrée de l'église était sur la rue des Bernardins; une sorte de mur crénelé régnait au dehors entre l'église et l'entrée du cloître des Bernardins. Derrière une partie de ce mur, et juxtaposé à la galerie de l'église, que nous croyons être un charnier, s'élevait le petit cimetière de Saint-Nicolas, qui touchait par l'autre bout aux Bernardins. Le presbytère devait lui faire suite; dans tous les cas, il était situé rue des Bernardins où il paraît bien avoir toujours été fixé. Sur l'église même, nous n'avons trouvé que fort peu de détails; elle aurait été dédiée (consacrée) « en 1425, 13 de May[3] » par Jean de Nanto, évêque de Paris, à la requête et incitation de M. Augustin Ysabarre qui était, comme il est à présumer, curé de la dite paroisse[4].

Elle était à la collation de l'évêque de Paris. Le 26 décembre 1562, on arrêta « qu'on ferait un revestiaire pour serrer et

---

1. Extrait des registres des délibérations faites en l'église St-N. du C., 1614 (Bibl. d'Orléans, ms. 702).

2. Cf. *Extrait de Cosmographie universelle*, par Seb. Munster, édition revue par Belleforest. Paris, Sonnius, 1575, 2 vol. in-fol.

3. Cf. Du Breuil et Malingre. Liv. II, p. 365. Du Breuil croit que cette église n'est pas celle de 1243, mais une autre, bâtie à sa place au XVe siècle; il s'appuie, pour l'affirmer, sur cette dédicace qui n'a lieu qu'en 1425. Mais Valentin Dufour, dans son édition d'Etienne Cholet, démontre qu'une église peut être dédiée longtemps après sa construction et apporte à l'appui de sa thèse « le cas de Notre-Dame, dont la consécration n'a pas encore eu lieu ». (Elle a eu lieu, on le sait, en 1864).

4. Voir dans Jaillot, t. IV, p. 142, une longue dissertation prouvant que, dès 1243, elle était église paroissiale.

conserver les meubles précieux, vestiaire et ornements de cette église dans une partie de la chapelle de M. de Selve [1], depuis le commencement de la chapelle, jusqu'au tombeau de M. de Selve, ou bien sur la cour de la petite maison du presbytère ».
Le 5 mars 1577 « a esté fait marché de faire un jubé avec Jacques Pierret, maître menuisier à la sæ *(sic)* de 550 livres, par contract du mesme jour [2]. »

L'église, quoique relativement récente, commence à donner des inquiétudes. En 1595, « assemblée pour aviser à remédier au péril éminent de la cheute de partie du chœur de Saint-Nicolas ; arresté qu'on emploiera VII^{xx}VII escus [3] appartenant à l'œuvre (fabrique) ; que pour le reste, sera fait une queste sur les paroissiens et parce que les expers ont rapporté que ceste démolition procédoit de la démolition de la chapelle de Selve, M. de Selve [4], présent et consentant, a été arresté ql *(sic)* fournirait la moitié des frais de la réparation [5]. »

D'ailleurs l'église devient trop petite. Faut-il soupçonner ici une corrélation entre la venue de Bourdoise et l'acquisition faite le 26 septembre 1612 [6] « d'une place, appartenant aux Bernardins, joignant, par derrière, le maistre autel de Saint-Nicolas, consistant en 73 toises de surface pour le prix de 2.600 livres [7] pour agrandir l'église [8] ? » Toujours est-il qu'en 1612 « le peuple fut agréablement surpris de voir un plus grand nombre d'ecclésiastiques et commença à venir plus souvent à la paroisse, où l'office se faisait avec toute la régularité et la piété possible [9]. »

---

1. Extrait des registres de délibérations, etc. (*Bibl. d'Orl.*, ms 702).

2. Jean de Selve, premier président au Parlement, fut chargé de plusieurs ambassades considérables et mourut en 1529. Voir son épitaphe dans *Paris ancien et nouveau*, par Lemaire, t. II, p. 195.

3. C'est-à-dire 7 fois vingt, plus 7 = 147 écus.

4. Sans doute le fils de Jean de Selve.

5. *Ibid.*

6. *A. N. S.* 3663. Les Extraits, etc., donnent la date du 27 novembre.

7. Tournois. — Cf. S. 3663.

8. Dans le contrat, *A. N. S.* 3663, l'acquisition se fait en présence de l'abbé de Morimond et la place est une partie du terrain « du jardin des Bacheliers ». Elle a 11 toises de long sur 6 toises 2 pieds et demi de largeur et elle est vendue « pour l'accroissement de l'église... qui ne se peut que du costé dud. collège ».

9. *Vie imp.* Des., p. 68.

Bourdoise, pour appliquer d'une façon absolue le principe de la communauté des biens, fait construire (nous ne savons pas exactement où) une petite sacristie pour quatre prêtres, qui disaient ordinairement la messe à Saint-Nicolas[1]. Quatre ans plus tard, dit son historien, « comme ceux de sa Communauté étaient en plus grand nombre et plus assidus à la paroisse[2] », il sollicite du curé et des marguilliers l'autorisation d'en construire une grande, et grâce à une quête, faite adroitement par lui-même, elle se bâtit[3] et se meuble, sans qu'il en coûte rien à l'œuvre. Parmi les plus généreux donateurs, Descouraux cite Froger et M. Clermont[4].

Naturellement Bourdoise veille à la propreté de l'église et au recueillement qui doit y régner. Après quelques mois de sous-diaconat, neuf mois de diaconat (il ne peut observer les interstices, comme il l'aurait voulu) et un mois de préparation après sa prêtrise (dimanche de la Passion 1613) il dit sa première messe à Saint-Nicolas, le deuxième dimanche après Pâques. Il avoue depuis, à un de ses amis « qu'il avait passé ce jour-là dans une oraison continuelle ». Cette église caduque lui est devenue plus chère. Il emploie alors les ressources de son ingéniosité et de son dévouement à l'orner, à la rendre plus attrayante aux fidèles, par l'ordre et l'éclat des cérémonies.

Il a la dévotion des Quarante Heures. Dès 1613 il les fait célébrer à Saint-Nicolas et y attire le P. Coton, ancien confesseur d'Henri IV. — En 1615, les troubles occasionnés par la guerre des princes, poussent l'évêque à ordonner des prières dans toutes les églises de la ville et faubourgs de Paris. Les jours fixés pour Saint-Nicolas sont le 11 et le 12 octobre. Elles seront solennisées avec édification. Mais Bourdoise qui « voulait établir à Saint-Nicolas, pour toujours, les prières des Quarante Heures et les fixer au dimanche de la Quinquagésime et aux deux jours suivants », obtient, en 1616, de les célébrer à cette époque-là ; de

---

1. Toute la communauté ne disait pas la messe à Saint-Nicolas : cela ne se fit qu'à partir de 1620. (Cf. *Préface au Règlement*, vers la fin).

2. *Vie imp.* Des., p. 103.

3. A l'emplacement actuel de la chapelle de Communion. — Cf. *A. S.* papiers Lazare, p. 190.

4. Les « *Extraits*, etc., Orléans, ms. 702 » mentionnent simplement, à la date de 1618 : « La sacristie faite de l'aumône et des dons des paroissiens ».

sorte que « la paroisse de Saint-Nicolas fut la première, à Paris, qui fit les prières des Quarante Heures aux jours gras[1]. »

Pendant cette période de la vie de la Communauté, on n'aperçoit guère que l'action de Bourdoise. Ses compagnons continuent leurs études, ou se dispersent. Humainement parlant, cette Communauté devait vite se désagréger. Elle n'a pas de résidence fixe. Après deux ans passés au collège de Reims, elle traverse la rue Chartière pour se loger, aux frais de Messier le Jeune, au collège du Mans, puis, deux ans après, semblable à l' « arche d'alliance » (la comparaison est de Bourdoise), on la retrouve au pied de la montagne, au collège du Cardinal Lemoine où François Hallier, qui professe la philosophie (en vue de son entrée à la Sorbonne), les attire (1617-1618) et enfin (1619-1620) elle remonte au collège de Montaigu où Duchesne le jeune, qui, lui aussi, est devenu professeur de philosophie, leur offre gracieusement le couvert.

Bourdoise ne peut guère détourner ses compagnons de leurs études et d'ailleurs aucun vœu ne les attache ni à sa personne ni à la Communauté. C'est donc lui qui, dans cette époque, sera en somme la pensée qui conçoit et le bras qui exécute. Une fois la décence obtenue à l'église (et ce résultat est pour lui d'une nécessité urgente), il va s'adonner, presque seul, aux œuvres qui feront l'objet constant de ses efforts.

D'abord il s'appliquera à former des clercs. Ceux-ci, malgré le décret du Concile de Trente, chercheraient en vain, à Paris, un séminaire où se réfugier. L'Université leur fournira l'instruction; les collèges, tous tenus par des ecclésiastiques, pourront, dans la mesure où la discipline y règne, fournir une sauvegarde à leur vertu et un aliment à leur piété; mais, eu égard au mélange des laïques et des ecclésiastiques dans les mêmes établissements, au peu d'estime que tous ces candidats aux grades, habitués aux hautes spéculations de la philosophie ou de la théologie, professent pour l'humble pratique, les fonctions de leurs ordres et en général les cérémonies ou les prescriptions de l'Eglise, bien peu s'inquiètent de se préparer au ministère.

A la rigueur, ils pourraient, depuis le 11 novembre 1611, entrer au Petit-Bourbon et se mettre sous la conduite de Bérulle dans sa

---

1. *Vie imp. Des.*, p. 82.

« Communauté ou Séminaire », comme l'appelle la préface au Règlement. Mais on n'y reçoit guère que des « prêtres de notable condition » et les idées de Bérulle, sur sa Congrégation, ne sont pas encore très précises. Il est en ce moment occupé à négocier avec Rome[1], pour l'obtention d'une bulle, et après tout, le caractère exact de sa société ne pourra être fixé que selon la teneur de cette bulle. En attendant, ses associés, assez semblables à nos « missionnaires diocésains », prient, font des catéchismes dans les environs de Paris et confessent dans les paroisses de la capitale. Au commencement de mai 1613, arrive enfin la bulle d'institution.

De Bérulle, dans un projet d'érection envoyé à Rome, avait écrit expressément : « Ainsi l'institution[2], non de la jeunesse comme aux PP. Jésuites, mais des prêtres seulement, serait une des fonctions de cette Congrégation et cette institution des prêtres, non en la science comme aux séminaires, mais en l'usage de la science, que l'étude et les livres n'apprennent pas et aux vertus proprement ecclésiastiques ». La bulle accorde un peu plus : non seulement les prêtres mais les aspirants au sacerdoce[3], pourront recevoir, à l'Oratoire, une instruction qui portera, non pas sur la science, mais sur l'usage de la science et la formation morale qui convient à des ecclésiastiques[4]. A consulter les faits, il semble bien que l'Oratoire a promis ce qu'il n'a pas tenu, et, si on peut s'exprimer ainsi, tenu ce qu'il n'avait pas promis.

Dès la veille de Noël 1613, il est vrai, au dire de Bourgoing[5], le cardinal de Joyeuse, archevêque de Rouen, alla voir les Oratoriens et leur donna un séminaire de 22 à 24 ecclésiastiques à enseigner à Paris. Bourgoing fut destiné à y « faire leçon un an et deux. » Mais ce séminaire[6] est bientôt transféré à Rouen, et Paris, toujours dépourvu de séminaire, n'offre aucune ressource pour les étudiants ecclésiastiques, désireux de se préparer sérieu-

---

1. *A. N.* M. 215.
2. Synonyme ici de formation.
3. « Sacerdotum insuper et aliorum ad sacros Ordines aspirantium ». *A. N.* M. 215.
4. Non circa scientiam, sed circa usum scientiæ, ritus, et mores proprie ecclesiasticos. » *Ibid.* Ce texte a été assez souvent falsifié.
5. *Ibid.*
6. Nous n'avons trouvé aucune indication sur le local qu'il occupait.

sement, non aux examens, mais au sacerdoce. La prédication, les confessions absorbent les Oratoriens[1], qui, d'ailleurs, totalement oublieux des conditions énoncées dans leur charte d'institution, s'adonnèrent sinon à Paris, du moins en province, à l'instruction secondaire, au grand et peut-être juste dépit des Jésuites.

Bourdoise, plus stable dans ses résolutions, renouvelle, à Paris (1613) l'essai de séminaire tenté à Chartres en 1608; il rassemble de jeunes étudiants, pauvres et grossiers (tonsurés, acolythes, sous-diacres), leur fait, de concert avec Froger, très probablement au presbytère de la rue des Bernardins, des conférences sur l'état ecclésiastique, leur enseigne le chant et les cérémonies, les dirige dans l'exercice de leurs fonctions. Ceux-ci par l'édification de leur tenue et de leur conduite, font impression sur les ecclésiastiques de qualité. Des enfants de famille, bacheliers en théologie, professeurs d'humanités et de philosophie, viennent aux leçons de Bourdoise, et bientôt tiennent à honneur de s'exercer dans l'église Saint-Nicolas. Cette sorte d'externat n'est pas un séminaire proprement dit, c'est vrai, mais il paraît bien s'accommoder aux circonstances; d'ailleurs au sein même de la Communauté, dans une manière d'internat, d'autres ecclésiastiques

ADRIANUS BOURDOISE

---

1. Toutefois, dans une lettre écrite au P. Souffren, à Rome, le 10 février 1613 (*A. N. M.* 215), de Bérulle écrit : « Nous avons encore un soing particulier d'instruire les prêtres es choses de leur ministère, qui est un bien indicible en France pour le nombre des prêtres ignorants qu'il y a. » Mais de Bérulle ne s'explique pas sur ces prêtres, qui peut-être sont tout simplement les novices. De plus, on sait que de Bérulle prend quelquefois ses désirs pour des réalités, et nous verrons, plus tard, Bourgoing faire de même.

séjournent, et partant, subissent plus constamment et plus efficacement l'heureuse influence de Bourdoise et de ses associés.

Malheureusement, c'est à peine si nous avons quelques indications sur ce sujet. Toutefois cet internat reçoit, en 1616, deux recrues importantes, destinées à faire honneur à leurs maîtres; c'étaient deux novices des chanoines réguliers de Saint-Augustin, que leur maître, Messire Ranson, avait envoyés à Bourdoise, en le priant de les admettre dans sa Communauté. L'abbaye de Saint-Vincent de Senlis, d'où ils venaient, était en pleine décadence et ses religieux étaient un objet de scandale. Incapables de former leurs novices, ils avaient confié ce soin à un curé dont les vertus avaient irrité ses paroissiens. Ranson, en effet, avait dû quitter Maulers, et avait accepté la charge, assez singulière pour un curé, de maître des novices. Trop peu connu, Ranson [1], qui, sur bien des points, ressemblait à Bourdoise, paraît avoir beaucoup contribué à la réforme du clergé séculier dans le diocèse de Senlis. Nous ne savons comment il connut Bourdoise; ce qu'il y a de sûr, c'est que Bourdoise accueillit ses protégés, veilla à la perfection morale de ces deux novices, et y réussit fort bien, puisque tous deux furent les ouvriers de la réforme de Saint-Vincent de Senlis, et bientôt de la vaste Congrégation de Sainte-Geneviève [2].

La Communauté de Bourdoise était alors logée au collège du Mans; transférée, en 1618, au Cardinal-Lemoine, elle comportait quinze membres. « Le logement était petit et si pauvre... que les volets des fenêtres servaient de table, pendant le jour, pour étudier et pour manger, et qu'on les remettait, le soir, en leur place, pour se garantir du froid de la nuit [3]. »

Au mois de juillet, Bourdoise peut espérer que Paris va enfin avoir son séminaire; par lettres patentes du roi, il est permis à Henri de Gondy, cardinal de Retz, évêque de Paris, d'établir un séminaire ecclésiastique dans l'abbaye de Saint-Magloire et « unir à iceluy la mense capitulaire et portion du revenu dont

---

1. Dans *B. M.* 2452, 2453, il y a des renseignements un peu contradictoires sur son compte. Voir : *Vie du P. Faure*, par le P. Lallemant. Paris, 1698.

2. Ensemble de maisons religieuses en France, rattachées à l'abbaye Sainte-Geneviève.

3. *Vie imp. Des.*, p. 102.

jouissent les religieux avec l'église, bâtiments, jardins[1] ». Mais ceux qui auront la conduite dudit séminaire ne pourront en jouir qu'après le décès des religieux. Ceux-ci sont assez nombreux, et l'autorisation accordée par le roi ne saurait avoir sa réalisation immédiate. Toutefois, pour ne pas laisser ces biens sans attributaires, Henri de Gondi, le 20 février 1620, expédiera un acte par

SAINT FRANÇOIS DE SALES
Véritable portrait dont l'original peint en 1618
se trouve à la Visitation de Lyon

lequel il donnera, à perpétuité, la direction de ce séminaire aux Oratoriens; mais il leur est interdit de troubler les religieux dans leur usufruit. Cependant le 7 mars 1620, le prieur et les religieux céderont la jouissance de l'église et des bâtiments, moyennant 416 livres de pension par an pour chacun; ils sont onze et le revenu de l'abbaye se trouvera inférieur de 550 livres à la somme nécessaire pour le total des pensions; de sorte qu'à la fin de 1620, les Oratoriens n'ont pas encore pris possession du bénéfice accordé, et les vœux de Bourdoise ne sont pas exaucés.

Au commencement de novembre 1618, une nouvelle agréable pénètre au collège du Cardinal-Lemoine; l'évêque de Genève, François de Sales, vient d'arriver à Paris, pour aider le cardinal de Savoie, dans une ambassade, qui a pour but le mariage du prince du Piémont, son frère, avec la princesse Christine de France, sœur de Louis XIII. La renommée de l'évêque s'était encore accrue, depuis 1602, lors de son carême au Louvre; « aussi dès qu'il parut, tout le monde accourut pour le voir et pour l'en-

---

1. *A. N.* M. 201.

tendre, car les occupations de l'ambassade ne l'empêchaient pas de parler souvent en public[1]. » Bourdoise y alla comme les autres. Charmé de ses discours, il voulut l'engager dans l'œuvre de réformation du clergé. Et voici l'expédient dont il se servit pour l'aborder, dans le courant de 1619.

« Dès le lendemain, dit-il, j'écrivis une longue lettre au bienheureux évêque, où je prouvais que la prédication qu'il avait faite, le jour précédent, et toutes les autres qu'il pourrait faire dans la suite, quoique très excellentes en elles-mêmes, seraient toujours inutiles et sans fruit, pendant que le clergé et le peuple seraient dans l'ignorance et dans le dérèglement. Je fus moi-même le porteur de cette lettre, continue M. Bourdoise, et ce grand personnage à qui je n'avais jamais parlé auparavant, la reçut avec beaucoup d'honnêteté, et l'ayant lue deux fois fort attentivement, il me demanda qui était celui qui lui écrivait ainsi, je lui dis simplement que c'était moi et il m'en remercia, me fit asseoir, et nous eûmes ensemble un entretien d'une heure entière sur le sujet dont je lui écrivais, en sorte que le Saint demeura d'accord, que pendant que les prêtres et les peuples des paroisses seraient aussi peu instruits, les plus beaux discours ne produiraient aucun fruit.

» M. Bourdoise se voyant favorablement écouté, continua de prouver la nécessité qu'il y avait de réformer le Clergé, à quoi personne ne pensait, et la bonté du prélat le rendant plus hardi : il lui dit qu'il était surpris de ce qu'un Evêque à qui Dieu avait donné de si grands talents s'employait presque uniquement à la conduite des personnes du sexe. J'avoue, répondit le Saint, sans s'offenser de cette liberté, et je suis très persuadé qu'il n'y a rien de plus nécessaire dans l'Eglise que de former de bons prêtres. J'y ai travaillé moi-même assez longtemps, et j'ai eu la consolation de voir un bon prêtre ; mais je n'ai pu parvenir à en faire un second, et je n'ai pensé aux filles de la Visitation que lorsque j'ai eu perdu toute espérance de réussir à l'égard des ecclésiastiques. O, ô, qu'il est facile de conférer le Sacrement de l'Ordre s'écrie ici M. Bourdoise, mais qu'il est difficile de rendre les clercs dignes de le recevoir. Rien ne m'a jamais tant étonné, ajoute-t-il, que de voir qu'un tel homme n'ait pu venir à bout de former deux bons prêtres.

» Le Saint fit mille honnêtetés au serviteur de Dieu avant que de le laisser aller : il voulut savoir qui il était, et où il demeurait, et quand il apprit qu'il vivait en communauté avec plusieurs autres Ecclésiastiques, il dit qu'il ne manquerait pas de les aller voir [2]. »

Dès le lendemain, l'Evêque tint sa parole « et vint diverses fois

1. *Vie imp.* Des., p. 108.
2. *Vie imp.* Des., p. 109 à 111.

voir M. Bourdoise, s'entretenant familièrement avec lui, et avec ceux de sa Communauté, qu'il visitait jusque dans leurs chambres, avec une bonté digne de lui. Il prêcha dans l'église de Saint-Nicolas aux Quarante-Heures qui s'y font les jours gras, assista à tout l'office et fut si touché de cette solennité et de la modestie des Ecclésiastiques, qu'il porta une affection particulière au clergé et au peuple de cette paroisse, pendant tout le temps qu'il resta à Paris. Il assista aussi à la première Messe de M. Compaing le 3ᵉ Dimanche d'après Pâques et y prêcha. Il avait fait la même chose à M. Gallou le jeune, huit jours auparavant [1]. »

Bourdoise ne pouvait négliger d'utiliser, en faveur de ses idées favorites, le prestige de saint François de Sales. Froger, qui avait eu l'initiative à Paris des conférences où « toutes les semaines » il parlait sur les vertus et les obligations de l'état ecclésiastique, s'unit à Bourdoise pour inviter le prélat à y assister; celui-ci y acquiesça plusieurs fois de bonne grâce et présida même, non plus au presbytère, mais dans l'église Saint-Nicolas à deux conférences solennelles, où se pressa l'élite du clergé de Paris. Il y eut par la suite une certaine intimité de relations entre l'évêque et l'humble prêtre habitué. Autant Bourdoise était charmé des discours de saint François de Sales, autant celui-ci paraissait « être bien aise de voir M. Bourdoise et de l'entendre parler des matières ecclésiastiques; c'est pourquoi il le prenait souvent pour compagnon, lorsqu'il allait prêcher » [2].

L'évêque, dans son affection pour la communauté et son fondateur, les recommanda à M. le cardinal de Retz, louant fort ces petits commencements et les fruits qu'il en avait vus... et M. le cardinal disant que M. Bourdoise faisait beaucoup parler de lui à cause que son zèle avait trop d'ardeur et n'avait pas toujours assez de prudence. « Croyez-moi, Monseigneur, dit le saint, nous n'avons pas encore ouï dire que personne ait été damné pour avoir eu trop de zèle pour le rétablissement de la discipline de l'Eglise. »

Peut-être faut-il rapporter à cette époque la permission orale, donnée à la communauté, par le cardinal de Retz, de continuer à s'associer pour remplir son double but : exercer les fonctions ecclésiastiques sous la direction d'un curé et former le clergé

1. *Vie imp. Des.*, p. 111.
2. *Ibid.*

paroissial[1]. Bourdoise, jusque-là, semble s'être contenté de l'agrément de Froger[2]; à partir de ce moment, sa communauté peut se prévaloir d'une permission plus autorisée.

Si on s'étonne de ne pas voir intervenir, pour cette reconnaissance, un acte rédigé en forme de lettres patentes, on fera bien d'observer, que Bourdoise ne veut pas que sa communauté se distingue du clergé paroissial, et de plus, évite soigneusement de lui donner le titre de séminaire; pour lui, ce serait une sorte d'usurpation, car elle ne répond pas au type du concile de Trente. Celui-ci pouvait se définir : un établissement érigé par l'évêque, de concert avec le chapitre, et offrant, autant que possible, gratuitement, l'instruction et l'éducation cléricale au clergé du diocèse et spécialement aux jeunes clercs. L'association de 1612 n'avait point tous ces caractères.

Bourdoise d'ailleurs était dans la période des tâtonnements : il aimait mieux agir d'abord que légiférer sur le papier ou solliciter une pièce de chancellerie. Sa communauté, issue d'une initiative privée, ne songeait pas à donner aux clercs l'enseignement complet, elle offrait plutôt un asile temporaire aux ecclésiastiques soucieux de leur formation sacerdotale.

Bientôt d'ailleurs, malgré les encouragements et le souvenir embaumé de l'évêque de Genève [3], elle allait, vers 1620, subir une crise passagère qui pouvait mettre en péril son existence, et menaçait de lui faire rejoindre dans l'oubli les essais malheureux de séminaires, qui l'avaient précédée. Bourdoise, en effet, obéissant à sa vocation de « solliciteur universel », ne résidait pas toujours au milieu de ses compagnons; appelé, ou poussé par le besoin de « semer la cléricature [4] » et d'évangéliser les fidèles, il organise des missions à Brou (1615, 1618); il y établit un collège et une communauté, y construit une sacristie; fonde, à Orléans, une communauté de prêtres sur la paroisse Saint-Pierre en Sentelée (1617), où il subit bien des contradictions. En

---

1. « Facultate dudum illis ab Eminentissimo Reverendissimoque cardinali de Retz, felicis recordationis fratre nostro et praedecessore *verbo* concessa ..... ut vitam in commune instituerent pro utrisque functionibus ineundis et exercendis. » Lettres patentes de J. F. de Gondi 1614. Cf. *Mémoires du clergé*, tome II, p. 642.
2. On sait que les curés avaient le droit de choisir leurs prêtres habitués.
3. Parti de Paris fin septembre 1619.
4. C'est ainsi qu'il appelait tout ce qui concernait l'état ecclésiastique. Cf. *Vie imp. Des.* p. 114.

1620, après ses démêlés si honorables avec M. Froger[1], il a la douleur de voir se retirer de sa compagnie et de ses conférences, un certain nombre de jeunes ecclésiastiques de condition et de grande espérance.

Pour se consoler, il veut « annoncer l'Evangile aux pauvres »,

Cliché Chardon.
Sacristie de l'église de Brou.
Construite par Bourdoise.

c'est-à-dire au clergé des environs de Paris. Il entreprend alors, avec Bernard Duchesne, cette tournée apostolique qui a pour étapes principales, Dammartin, Senlis, Creil, Beauvais, Saint-De-

---

1. Froger avait voulu, à tout prix, prendre Bourdoise comme confesseur. Celui-ci, sachant que son curé était en même temps chanoine de la Sainte-Chapelle, s'y refusait, car, à ses yeux, c'était là une grave infraction aux canons de l'Église. Enfin, fortement pressé, Bourdoise accepte. A la première confession, il refuse l'absolution, et impose à son pénitent l'obligation de renoncer à sa chanoinie. Froger s'irrite, menace même de poursuivre son confesseur. Réflexion faite, il obéit; trop rare exemple dans un siècle où même les meilleurs, par exemple, M. Olier, cumulaient les bénéfices. Cf. *Vie imp.* Des., p. 117 sqq.

nis, et pour objet : convertir à ses idées de réformes tant extérieures qu'intérieures, le clergé des campagnes et des petites villes.

Rentré à Paris, après ces fructueux travaux, il obtient du cardinal de Retz une ordonnance singulièrement importante pour

le bon ordre. Paris, avec ses nombreuses ressources, a toujours attiré les clercs, qui pour diverses raisons quittent leur diocèse d'origine. Les persécutions des protestants, la pauvreté, le désir d'échapper aux censures, ou à l'opprobre, l'ambition, l'amour du lucre en avaient amené un grand nombre au commencement du XVIIe siècle. Mais beaucoup, ne pouvant subvenir à leurs besoins, erraient et venaient à la porte des églises solliciter la préférence des fidèles pour la célébration des messes, et offraient au rabais leur ministère, ou même mendiaient ouvertement. En vain, dès 1561[1], l'évêque, Eustache du Bellay, leur avait-il

---

1. Cf. *Synodicon diœc. paris.* 1677. p. 196.

interdit d'humilier ainsi leur condition par ces offres dégradantes ; en vain, par des statuts synodaux [1], Henri de Gondi, actuellement cardinal de Retz, avait-il stigmatisé les ecclésiastiques mendiants ; ces désordres n'avaient pas complètement disparu ; ils étaient peut-être aggravés par l'audace des prêtres, qui, quoique interdits parfois et excommuniés dans leurs diocèses, prenaient, dans la capitale, des emplois de chapelains, de confesseurs ou de vicaires, disaient la messe et administraient les sacrements.

Bourdoise « criait depuis longtemps contre un si grand mal et avait fait plusieurs mémoires là-dessus ; enfin, il en parla si souvent, et à tant de personnes, que Mr le Cardinal de Retz, en étant informé, en fut vivement touché, et fit appeler M. Bourdoise pour voir quel remède on y pourrait apporter. Après une longue délibération, on conclut qu'à l'avenir il ne serait permis à aucun prêtre étranger de dire la Messe à Paris ni d'y faire aucune fonction ecclésiastique, s'il n'avait ses lettres d'Ordre, et un *exeat* en bonne forme, portant une attestation de vie et de mœurs, et que l'examen de tout cela serait fait par les Prêtres de la Communauté de Saint-Nicolas-du-Chardonnet. Mr le Cardinal de Retz en fit une ordonnance qu'il fit publier dans son diocèse, et qu'il envoya à la plupart des archevêques et évêques du Royaume, afin qu'ils fissent expédier des Exeats aux prêtres de leurs Diocèses, auxquels ils permettraient de venir à Paris, marquant les causes pour lesquelles ils venaient, le temps qu'ils y devaient rester, et particulièrement s'ils étaient de bonnes mœurs.

» M. Bourdoise, qui sollicitait depuis longtemps ce règlement, fut chargé de le faire exécuter, et il s'y appliqua avec tout le zèle qu'on pouvait souhaiter. Il assembla tous les prêtres qui n'étaient pas de Paris, et leur ayant lu l'Ordonnance de Mr l'Archevêque, il leur fit des conférences sur les obligations de leur état, sur les rubriques et les cérémonies de la messe qu'il leur faisait exercer, pour leur enseigner la pratique. Il examina les raisons qu'ils avaient de rester à Paris, vit l'*exeat* de ceux qui en avaient, et obligea les autres à en obtenir au plus tôt, ou de les faire renouveler, s'ils étaient trop anciens, et marquant un temps pour cela, après lequel ils ne pourraient faire de fonctions dans le diocèse, s'ils n'avaient satisfait à ce qu'on leur demandait. Tout cela se fit avec beaucoup d'exactitude et d'honnêteté de la part de M. Bourdoise, qui en avait la principale conduite, et il eut une vraie consolation de ce commencement de réforme [2]. »

1. *Ibid.* p. 4.
2. *Vie imp.* Des., p. 137-138. Dans les « *Ordinationes* » de 1620, cf. *Synodicon diœc. pari.* p. 252, nous n'avons pas trouvé mentionnée la Communauté de Saint-Nicolas, mais d'autres témoignages sont très formels pour lui attribuer

En plus de ce visa, le cardinal de Retz avait honoré « la communauté de la commission d'enseigner et faire apprendre et répéter les cérémonies et les rubriques tant du Missel que du Bréviaire aux nouveaux prêtres de son diocèse [1] » et cette commission ne leur fut, jusqu'à la Révolution, retirée, que temporairement, par l'humeur inquiète et vindicative du cardinal de Noailles. « En effet elle se continue à Saint-Nicolas, dit Descouraux, avec la même exactitude, et la plupart des Evêques font expédier les Exeats gratuitement et ont même le zèle d'envoyer à Monsieur l'official de Paris le nom et les qualités des prêtres chassés de leurs diocèses, ou qui, étant censurés, en sortent sans permission, de peur que, sur de fausses lettres, ils ne soient admis à faire quelques fonctions » [2].

Ainsi, au mois de septembre 1620, Bourdoise, malgré des contradictions inévitables, pouvait se féliciter du résultat de ses labeurs. La semence était jetée, elle germait çà et là et promettait une moisson abondante. Toutefois, bien des incertitudes subsistaient. Outre l'instabilité du logement (cette question ne lui a cependant jamais causé de souci), la communauté elle-même se désagrégeait [3], et quand il reviendra au mois de décembre, le collège de Montaigu n'en possédera plus un seul membre; les uns ne sont pas revenus de province, les autres se sont retirés chez leurs parents. Hallier l'aîné loge à Saint-Etienne du Mont, chez M. Duchesne, conseiller au parlement de Paris, et c'est là que Bourdoise ira le rejoindre.

Cependant la Providence veille sur cette œuvre. Pendant qu'au mois de septembre Bourdoise s'occupait de la sacristie de Brou, le jeune Compaing était « dans l'église Saint-Nicolas et regardant la maison de son père par la chapelle de Saint-Denis, (et) il lui sembla que cette maison serait très propre à loger une com-

---

ce droit de visa. Cf. *A. N.* MM. 472, qui ajoute « comme aussi pour voir s'ils sont suffisamment instruitz du catéchisme du Concile ». Pour les prêtres de Paris, ce sont les grands vicaires qui font passer les examens sur les rubriques du Missel, du Bréviaire, sur le catéchisme et les cérémonies de la Messe. Cf. *B. N.*, f. 14487.

1. *A. N.* MM. 472 : Abrégé de l'origine de la Communauté et Séminaire Saint-Nicolas. 1647.

2. *Vie imp.* Des. p. 139. Cette vie a été publiée en 1714.

3. D'après *B. M.* ms. 2452, beaucoup d'entre ses membres, sous prétexte de faire plus de bien, veulent paraître en public, prêcher, disant que Bourdoise n'y entend rien, car il ne voit pas « que les prêtres de l'Oratoire, se donnant au public, avaient déjà beaucoup avancé l'ouvrage de Dieu. »

munauté »[1]. Il en parla à M. le Curé, en écrivit à Bourdoise, et tous deux l'approuvèrent. Dans l'octave de Saint-Denis (octobre 1620), Froger, Compaing, Duchesne le jeune et deux nouveaux associés, Chesneau et Froment, vont en pèlerinage à Saint-Denis de France : « là, après avoir prié longtemps, M. Compaing fit son offrande, M. Froger l'acceptant en présence des autres, pour la mettre entre les mains de saint Denis et la présenter à Dieu »[2]. Cette offrande n'était pas totale. Compaing « pensait seulement à loger Bourdoise et ses confrères, et à demeurer avec eux dans l'appartement qu'il occupait, espérant que la Providence pourvoirait au reste »[3]. A son retour à Paris, Bourdoise rejoint donc Hallier l'aîné chez M. Duchesne. On passa le jour de saint Nicolas à l'église, et le lendemain, 7 décembre 1620, Bourdoise et Duchesne le jeune, entrèrent chez Compaing, du consentement de la famille.

1. *Vie imp.* Des., 149.
2. *Vie imp.* Des. p. 150.
3. *Vie imp.* Des. p. 150. On sait quelle était, alors, la dévotion pour saint Denis

CHAPITRE III

LE DEUXIÈME ESSAI

§ I. — ORGANISATION INTÉRIEURE

L'emplacement de la maison Compaing, qui, désormais, sauf des modifications et additions ultérieures, abritera la Communauté et formera le séminaire Saint-Nicolas du Chardonnet, n'est pas très difficile à déterminer. Elle était située au numéro 16 de la rue Saint-Victor[1]. « Composée de plusieurs corps d'hôtel, cours, aisances et appartenances », elle aboutissait « d'un bout par derrière et en partie au charnier de la dite église Saint-Nicolas et d'autre part au collège des Bernardins, et d'autre bout par devant à la dite rue Saint-Victor »[2]. Elle tenait d'une part à la maison Bourdon, qui « aboutissait d'un bout par derrière à la dite église Saint-Nicolas du Chardonnet et d'autre part par devant sur la dite rue Saint-Victor ; elle était contiguë, d'autre part, à une maison Biterne »[3], dans la direction de la rue des Bernardins.

Si on se souvient que l'église Saint-Nicolas était alors à peu près parallèle à la rue Saint-Victor, qu'entre son mur latéral sud

---

1. Nous donnons ce numéro d'après le contrat de vente de 1647 Cf. *A. N.* S. 6980-6981. On sait qu'il y a pour Paris, 3 numérotages : l'un *royal*, qui, probablement dû à une initiative privée, date de 1780 et ne fut guère terminé qu'en 1787 : on numérote les rues d'abord d'un côté, puis, en retour de l'autre côté ; l'autre, dit *sectionnaire*, sévit de 1793 à 1806 ; œuvre de folie, il numérote toutes les maisons de la section dans une seule liste et sans ordre ; on y arrive facilement à atteindre les chiffres de 3000 et 4000 ; enfin, le numérotage *impérial* (4 février 1805) qui est encore en vigueur et qui consiste à mettre des numéros pairs d'un côté, des impairs de l'autre, d'après la direction des rues par rapport au cours de la Seine. Cf. l'article intéressant et documenté de M. Valère Fanet dans le *Mois littéraire et pittoresque*, nov. 1907. Nous croyons que le n° 16 mentionné plus haut est un numéro du censier de Saint-Victor, auquel ressortissait le côté droit de la rue Saint-Victor, tandis que le côté gauche appartenait à la censive de l'abbaye de Sainte-Geneviève. A l'époque où nous sommes (1620), les maisons se désignent en général par les enseignes qui les décorent.

2. *A. N.* S. 6980-6981, cf. S. 2161.

3. *A N.* S. 6983. Cf. S. 2161.

et l'étroite rue Saint-Victor le canal couvert de la Bièvre supportait des maisons particulières, qu'enfin le charnier dont il est ici question devait courir tout autour du cimetière et de l'église, sauf peut-être du côté de la rue Saint-Victor [1], on placera vraisemblablement la maison Compaing entre la vieille porte charretière et l'angle obtus visible encore par lequel la rue Saint-Victor s'infléchit vers le clocher. Derrière, elle devait aboutir par un jardin, d'une part, au mur surmonté d'un grillage, qui se trouve aujourd'hui à main droite en entrant dans la cour ; d'autre part, à un coin du charnier qui s'avançait probablement vers l'angle rentrant formé par la salle des exercices et la chapelle de la Sainte Vierge, ou peut-être plus au fond. Dans tous les cas, de la chapelle Saint-Denis, qui devait se trouver vers l'abside, Compaing pouvait apercevoir la maison de son père. L'église s'avançait de ce côté jusqu'à la grande porte d'entrée du séminaire actuel, puisque la chapelle Saint-Roch, qui a subsisté jusqu'en 1706, « servait de retraite au portier ». Si on calcule l'espace réservé à la maison Bourdon, qui, elle, aboutit aux murs de l'église et à une partie du jardin des bacheliers [2], l'emplacement indiqué pour la maison Compaing est assez certain.

C'est donc dans ces « corps d'hôtel » que pénétrèrent, par la rue Saint-Victor, le 7 décembre 1620, Bourdoise et Duchesne le jeune, les seuls demeurés fidèles à la première association. Ils y retrouvèrent le généreux donateur qui dut leur faire les honneurs de la maison, probablement accompagné de Froger.

Compaing était de petite noblesse ; son père, qui vivait encore, était seigneur de l'Estang, greffier du conseil et secrétaire du roi. Guillaume Compaing naquit en 1593 ; nous avons retrouvé un fragment « de traité de grammaire en latin et en français » du XIVe siècle, qui lui a appartenu, sa signature en fait foi [3]. Très jeune, il connut Bourdoise et sa communauté. Il reçut la tonsure et les ordres mineurs en 1618 ; il y a tout lieu de croire que Bourdoise le prépara à cette première ordination, car, excité par lui, il commença à faire les fonctions réservées aux ordres mi-

---

1. La Bièvre (ou plutôt le canal artificiel de la Bièvre) passait autrefois « entre la maison du Sabot et les murs des chapelles, » de l'église. Cf. Sauval, *Recherches sur Paris*. Tome III, p. 127. Or, cette maison « Au Sabot » devint la maison Biterne.
2. Aujourd'hui une partie de la chapelle de la Sainte Vierge.
3. *B. A.* ms. 937.

neurs. Il paraît avoir été d'un naturel doux et pieux. Ordonné prêtre en 1619, nous savons déjà qu'il eut l'insigne honneur d'entendre, à sa première messe, prêcher saint François de Sales.

Bourdoise aurait voulu se l'associer immédiatement ; par attachement à sa famille, un peu aussi, à ses aises, Compaing hésitait, au grand scandale de Bourdoise ; le jeune prêtre avait même « une fort belle chapelle, c'est-à-dire, un calice, des burettes, un bassin et une croix de vermeil, des chandeliers d'argent et des ornements très propres, et on apportait tout cela, comme en cérémonie, toutes les fois qu'il disait la messe. M. Bourdoise en' murmurait assez haut, comme si le Dieu de M. Compaing n'était pas le même que celui que nous servons »[1]. Enfin, touché de ces avertissements, Compaing se défit de ses plus beaux ornements, se servit de ceux de la sacristie, dont il prit soin, faisant l'office de sacristain, et commença à recevoir des rétributions comme les autres prêtres habitués ; par un acte de générosité encore plus grand, il consentit, comme nous l'avons dit, à faire partie de la communauté et proposa de la loger[2].

Celle-ci est en voie de se renouveler. Les Halliers, Duchesne aîné et autres moins connus ont pris des emplois incompatibles avec ce qui se faisait dans la Communauté, et se sont dispersés, tout en conservant d'excellentes relations avec Bourdoise. Mais la Providence lui ménage des sujets qui seront stables. Les biographies de Bourdoise en comptent cinq, qui, avec le fondateur et Compaing, formèrent la deuxième association : Raisin, sous-diacre de Beauvais ; Cerné, acolythe du diocèse de Séez, qui entrent, en février 1621 ; Thomas Le Juge[3] y est reçu quelques mois après, ainsi que Wiart, du diocèse de Laon et Michel Courtois, du diocèse de Chartres.

On le voit, les recrues viennent de différents diocèses, et plusieurs ne sont pas encore prêtres. Bourdoise accepte toutes les bonnes volontés, les éprouve, et bientôt, en disposera pour le plus grand bien du clergé et des fidèles. Cependant elles seront peu nombreuses dans cette nouvelle période. D'après les listes parvenues jusqu'à nous, nous n'aurons que deux noms à y ajou-

---

1. *Vie imp.* Des. p. 152.
2. *Vie imp.* Des. p. 151 sqq.
3. Son père était de robe et de la paroisse Saint-Etienne du Mont. Cf. *B. M.* ms. 2453. p. 1220.

ter, Mathieu Prévost, de Chartres, et Calleaux, du diocèse de Laon, qui s'agrégèrent, l'un en 1621, l'autre en 1622[1]. Voilà des noms ignorés du public, et pourtant ils doivent être bénis, car ils ont été portés par d'obscurs mais vaillants soldats, qui ont bien mérité de l'Eglise.

Bourdoise s'applique d'abord « tout entier à former la communauté de Saint-Nicolas qu'il regardait comme naissante, à cause que les sujets, qui la composaient, étaient tout nouveaux et disposés à s'y attacher pour toujours »[2]. — Est-ce en cette année qu'il faut placer le pèlerinage à Montmartre, où Bourdoise et ses compagnons auraient fait vœu de s'adonner désormais à la formation du clergé? Nous n'osons l'affirmer[3]. Dans tous les cas, ils firent mieux que promettre, ils surent répondre à ce désir bien connu de Bourdoise. Ils auront comme devise « trois lettres S et F, c'est-à-dire, Savoir et Faire; étudier ce que c'est que d'être prêtre et le pratiquer », et ces trois lettres furent, jusqu'au bout, le chiffre et le cachet de la communauté[4]. Elles n'expriment pas cependant tout l'objet de cette association; le prosélytisme clérical ne nous y paraît pas suffisamment marqué.

B. N. n. a. 2792.
Sigillum sodalitii S^{ti} Nicolai.
Le cachet était confié exclusivement à l'Économe. Cette empreinte (grossie) est la seule que nous ayons rencontrée.

Et pourtant, dès cette première année, pour ranimer l'esprit d'apostolat, Bourdoise établit dans sa communauté des prières

---

1. *B. M.* mss. 2452-2453. La *Vie imp.* Des. indique 1621.

2. Froger en avait *habitué* tous les associés (cf. préf. au règl. vers 1620).

3. La *Vie imp.* Des., n'en parle pas. Les vies manuscrites affirment le fait mais sont en désaccord sur la date. Elles donnent tantôt 1618, tantôt 1628. La 1re date, on le constate, est inadmissible s'il s'agit de la Communauté renouvelée; s'il s'agissait de la première association, il faudrait avouer que le vœu n'a pas été bien accompli. On sait d'ailleurs combien le pèlerinage de Montmartre était fréquenté au XVIe et au XVIIe siècles.

4. Le chiffre se retrouve sur les livres de l'ancien St-Nicolas qui subsistent çà et là.

particulières pour l'ordination, inspire cette dévotion à des communautés entières, propose à Froger un pèlerinage solennel à Montmartre. Celui-ci y prêche sur la formation du clergé. Bourdoise a besoin lui-même de beaucoup de constance ; les débuts sont pénibles. « Plusieurs de la communauté et du séminaire [1] furent longtemps malades », quelquefois sept sont au lit en même temps, ce qui trouble l'ordre de la maison, empêche de répondre aux sollicitations des prélats qui demandent des sujets, occasionne de grandes dépenses. Il fallut prendre à gages deux prêtres du dehors pour aider à ceux de la communauté, vendre des ornements et des calices ; ce qui touchait encore plus sensiblement Bourdoise « était que parmi les ecclésiastiques qu'il tâchait de former à Saint-Nicolas, il y en avait peu dont il fût bien content. »

Mais l'année suivante, 1622, « le succès de son application à perfectionner sa communauté, y attira tant de bénédictions que la maison de Compaing n'étant plus assez grande pour loger tous ceux qui se présentaient (à titre de pensionnaires), on fut obligé de louer une maison voisine [2]. » Ce n'est pas que Bourdoise conservât indifféremment tous ceux qui se présentaient ; au contraire, il ne faisait aucune « difficulté de renvoyer ceux qu'il ne jugeait pas propres à l'état ecclésiastique, ou qui, y étant engagés, n'en avaient pas l'esprit, ou pouvaient nuire aux autres, et ceux qui avaient des obligations incompatibles avec une longue demeure dans un séminaire ». A bien interpréter ce texte, il recevait donc des laïques désireux d'étudier leur vocation, de simples clercs, des ecclésiastiques dans les ordres, des prêtres et même des curés. Mais pour ceux-ci, il ne leur permettait qu'un court séjour : juste assez pour faire une retraite et se former aux fonctions de leur ministère [3].

Vers la fin de la même année 1622, il fallut encore louer quelques chambres voisines pour loger de jeunes ecclésiastiques étudiants. Les professeurs étaient « très aises que leurs écoliers fussent aussi les disciples de Bourdoise ». Ils venaient eux-mê-

---

1. Remarquez ce mot qui révèle bien ce qu'était, dans l'esprit du biographe de 1714, le caractère de Saint-Nicolas en 1621.

2. Très probablement la maison Bourdon, qu'on achètera plus tard.

3. *Vie imp.* Des. 179 : il refuse de garder un curé qui veut « prendre ses degrés ».

mes quelquefois à Saint-Nicolas, particulièrement Duval, qui avait vu naître la première et cette seconde communauté; il connaissait la plupart de ceux qui la composaient[1]. Dans une de ces visites, Bourdoise lui demanda sa bénédiction pour lui et ses compagnons; après des hésitations, dictées par l'humilité, cédant aux instances de Froger et de la communauté, il fit ce qu'on souhaitait de lui, mais avec beaucoup de modestie. Il nous plaît de voir ce docteur, si renommé et si orthodoxe, bénir ainsi les débuts de cette communauté, qui, désormais, se perpétuera jusqu'à 1792.

Un autre encouragement vint, au mois de mai 1623, soutenir le zèle de ces novices. Jean-François de Gondi, devenu premier archevêque de Paris, ayant assisté au sermon et à vêpres à Saint-Nicolas, fut si édifié du chant et des cérémonies, et particulièrement de la modestie du clergé, qu'il dit publiquement « qu'il donnerait volontiers, tous les ans, dix mille livres de son revenu afin qu'on fît en chaque paroisse de Paris ce qu'il avait vu faire en celle de Saint-Nicolas ». C'étaient là de belles paroles.

Mais avec les grandes chaleurs la peste éclata[2]; quelques-uns des pensionnaires, qui méritèrent d'ailleurs de la part de Bourdoise l'épithète de « soldats lâches et poltrons », en profitèrent pour se retirer; douze sortirent et vingt-cinq restèrent[3]. En 1624, des externes ecclésiastiques du diocèse de Beauvais assistent, sur l'ordre de leur évêque, aux conférences et aux exercices de Saint-Nicolas. L'année suivante 1625, Bourdoise a la joie de recevoir à la table de la communauté Messier l'aîné, devenu archidiacre de Beauvais, et Duchesne l'aîné, cet associé de la première heure, mais il a aussi la douleur de voir la peste lui enlever un de ses pensionnaires, transporté obligatoirement, par mesure d'hygiène, à l'hôpital Saint-Louis, alors hors des remparts de la ville.

Le 7 septembre cependant, une joyeuse solennité s'accomplit à la paroisse; à la tour carrée tout nouvellement construite dans

1. *Vie imp.* Des. p. 185.

2. Toute épidémie prend, à cette époque, le nom de peste. Elle réapparut en 1625, puis en 1626, 1628, 1629, 1631, 1633. Cf. *B. M.* ms. 2453.

3. Ces chiffres indiquent donc approximativement le nombre des pensionnaires ou séminaristes à ce moment de l'année.

n style pseudo-ogival[1], trois cloches[2] attendaient leur baptême. André Frémiot, archevêque de Bourges et frère de Mme de Chantal, étant venu à Paris, probablement à l'occasion de l'assemblée générale du clergé, Bourdoise eut bientôt fait de nouer les relations avec cet ami de saint François de Sales, et de l'inviter, ce que le prélat accepta volontiers, à officier en cette cérémonie. Frémiot bénit les trois cloches, et le dimanche suivant, consacra solennellement le grand autel de la même église, qu'on avait réparé depuis peu.

Le deuil succède à la joie : un retour offensif de la peste enlève deux prêtres, qui demeuraient en la communauté, et provoque, de nouveau, la sortie d'une vingtaine de pensionnaires. Aussi l'achat d'une maison hors de la ville, où l'on pût se retirer en cas de danger, s'imposait. On en

propose une à Bourdoise, au faubourg Saint-Victor, rue Françoise, près du Puits l'Ermite[3]; elle avait deux corps de logis, un sur la rue, l'autre au fond du jardin, et elle pouvait loger

---

1. Cette tour ou clocher existe encore. Cf. l'article de J. Cousin dans *Revue universelle des arts*, mars 1863. L'auteur trouve le style de ce clocher « détestable ». Il prétend à tort qu'il s'élevait *à gauche* de l'ancien portail sur la rue des Bernardins (cf. plan Gomboust) et demande sa démolition. On eut encore lire, vers la base, l'inscription commémorative.
2. Auparavant, il y en avait quatre. La 4e avait été donnée par les boulangers du faubourg Saint-Victor. Sous prétexte qu'elle était fêlée et qu'elle assourdissait les habitants on ne l'avait pas remontée. Trois femmes, assure un factum de l'époque, l'avaient cependant « guindée au feste », mais en la descendit. La harangue (ou factum) écrite dans un style facétieusement pédantesque, allègue pour « r'avoir » cette cloche, des raisons empruntées surtout à la mythologie et à l'histoire. Cf. B. N. Lk[7] 6823.
3. Cf. *A. N. S.* 6980-6981. C'est par erreur que Descouraux (p. 237) la place au faubourg Saint-Marcel.

commodément dix ou douze personnes. On la donne à rente sur le pied de 2.700 livres; c'est Compaing naturellement qui l'achète.

« la seule chose qui arrêtait M. Bourdoise, était que le jardin était trop propre, et par conséquent ne convenait pas à de pauvres prêtres. Pour lever cette difficulté, la Communauté conclut que sitôt que la saison le permettrait, on ôterait de ce jardin tout ce qu'il y avait d'inutile ou qui ressentait la vanité; et sur la fin de l'automne, on arracha les palissades, on détruisit le parterre, on ôta toutes les fleurs du jardin, et toutes les peintures de la maison, et on ne laissa partout que ce qui était absolument nécessaire.

» Une conduite si austère ne plut pas à tout le monde, bien des gens la condamnèrent, et les amis de la Communauté en firent des reproches à M. Bourdoise; mais la chose était faite, et il ne pouvait s'en repentir. Pour se justifier, il dit, que si on lui donnait la robe d'un Conseiller, ou d'un Avocat, il serait obligé d'en ôter le velours, le satin et le taffetas s'il y en avait, et d'en changer la forme s'il voulait s'en servir. Qu'ainsi, ce jardin, ayant appartenu à des personnes laïques, qui l'avaient accommodé selon les manières du monde, il avait fallu y faire ces changements pour le rendre propre à une communauté ecclésiastique, qui ne l'avait point acheté pour la vanité, ni pour le plaisir, mais pour la seule nécessité [1]. »

Si nous avons cité ce trait c'est qu'il nous semble mettre en relief le tour d'esprit de Bourdoise.

Un surcroît de travail lui incombe, cette année 1626. L'évêque de Beauvais, Augustin Potier, qui vient souvent le voir, lui confie, non plus oralement, comme il l'avait fait jusque-là, mais par un mandement particulier en forme de lettre (novembre 1626), les jeunes gens de son diocèse, qui étudiaient à Paris. Ils devront, quoique résidant au collège de Beauvais, rue Saint-Jean de Beauvais, avoir des rapports avec Bourdoise, et assister aux conférences que l'on fait à Saint-Nicolas.

C'est sans doute cette affluence qui avait obligé Compaing à devenir acquéreur, le 25 avril 1626, de la maison Bourdon, dont l'enseigne était « au marteau d'or » [2]. Et il fit bien car quelques mois après (1627), l'évêque de Laon, ne pouvant obtenir que Bourdoise lui renvoie ses deux anciens diocésains, Calleaux et Wiart, pour fonder un séminaire à Laon, stipule que pour être

---

1. *Vie imp.* Des., p. 237-238.
2. Cf. A. N. S. 6983. Elle fut acquise pour 5.000 l. tournois.

« formés dans la piété et dans les fonctions de leur ministère » seront reçus au séminaire [1] les nouveaux curés du diocèse, les jeunes chanoines. De plus, tous les « clercs du diocèse de Laon qui étudient à Paris » auront rapport avec Bourdoise.

Le champ d'action de sa communauté s'élargit donc singulièrement, et il n'est pas étonnant, si, lors de sa visite faite dans l'archidiocèse de Rouen [2], cette même année, il peut écrire : « On ne fait ici des honneurs que je ne mérite pas, on ne parle partout que de la communauté de Saint-Nicolas; on nous prise comme l'or, et on se propose de nous venir voir à Paris », et, ajoute-t-il en manière de leçon : « Quelle honte sera-ce pour nous, si on ne nous trouve pas tels qu'on nous a pensé? » [3]. Mais si la moisson est grande, les ouvriers sont peu nombreux. C'est le cri de détresse de Bourdoise : « nous avons un très grand besoin de prêtres, à cause des différents emplois de la communauté. Trois des nôtres sont occupés à faire les petites écoles, un à la sacristie, deux aux sacrements, un pour la conduite des étudiants, un autre à le soin de recevoir les personnes qui nous viennent voir, il en faut un pour les malades, et un autre pour le gouvernement général de la maison, sans compter ceux qui sont chargés du détail des autres emplois particuliers » [4]. Aussi, est-il obligé, dans de si grands embarras, d'être portier d'une de leurs trois maisons, d'autant que Calleaux et Wiart sont souvent malades et contraints d'aller aux eaux de Forges, alors à la mode. Si nous réfléchissons un peu sur ce précieux texte de Bourdoise nous y surprendrons l'organisation de sa communauté à cette époque.

Un gouvernement général dont est chargé le supérieur et trois services principaux : les fonctions paroissiales, la conduite des étudiants, les petites écoles.

Ce qui est nouveau pour nous et qui peut paraître étrange, c'est la part importante que ce troisième service semble prendre dans ce mécanisme compliqué. Cet étonnement cessera, si on se remémore, d'une part, l'état de l'enseignement primaire en France, vers 1620, et d'autre part, l'ardeur du zèle religieux qui animait Bourdoise. Au commencement du XVIIe siècle, en

---

1. *Vie imp.* Des., p. 242.
2. Il y est appelé, avec Froger, par l'archidiacre Hallier le jeune.
3. *Vie imp.* Des., p. 249.
4. *Vie imp.* Des., p. 252-253.

effet, l'Eglise a toujours le monopole, pour ainsi dire, de l'enseignement, à tous les degrés. Les petites écoles, ou écoles primaires, sont sous sa dépendance. L'édit d'Henri IV (1606) sanctionne ce fait acquis : « Les régens, y est-il dit, précepteurs, ou maistres d'escoles des petites villes et villages seront approuvez par les curéz des paroisses, ou personnes ecclésiastiques qui ont droit d'y nommer ». — Mieux encore, les petites écoles sont fréquemment tenues par des ecclésiastiques [1]. D'après un arrêt du Parlement (1625), sur quarante-quatre maîtres de petites écoles mentionnés à Paris, vingt et un sont prêtres. A la campagne surtout, le curé et les vicaires se chargent de cette fonction.

Généralement un traitement fixe d'environ 150 livres, une rétribution scolaire, payée par ceux qui n'étaient pas reconnus indigents, quelques dons en nature étaient les ressources offertes à ceux qui s'appliquaient uniquement à cette fonction.

Le programme à remplir n'était pas surchargé. La lecture, l'écriture, l'arithmétique, le catéchisme, quelquefois le comput ecclésiastique, voilà les matières enseignées. A Paris, on apprenait les premiers éléments du latin à quelques enfants mieux doués que d'autres [2]. A la campagne, souvent les écoles étaient mixtes. A Paris, il était plus facile d'avoir des écoles séparées. Mais à la ville, comme à la campagne, il fallait se pourvoir de lettres de régence, qui étaient délivrées, au nom de l'évêque, par un chanoine qu'on appelait grand chantre, ou écolâtre.

Voulant former les ecclésiastiques à toutes les charges qui

1. Cf. *Histoire de saint Jean-Baptiste de la Salle*, par M. J. Guibert, Paris, 1900, p. XI sqq.

2. Voir dans le *Bulletin d'Histoire et d'Archéologie du diocèse de Paris*, année 1884, p. 290-291, l'intéressante pièce (1650), tirée des Archives nation. LL. 917, fol. 626 à 630, qui concerne une école gratuite fondée sur la paroisse Saint-Roch. Nous en extrayons ce passage : « Le maistre d'escholle, qui est un prêtre, ouvrira et tiendra son escholle et vacquera au matin depuis huict heures jusques a unze et après midy depuis deux heures jusques a cinq. sera tenu d'enseigner soigneusement a tous les enfants les commandemens de Dieu et de l'Eglise, l'Oraison dominicale, la Salutation angélique et le Simbole des Apôtres en latin et en françois et autres prières du matin et du soir; item a lire tant les lettres imprimées que d'escriture à la main, a escrire, jetter (compter à l'aide de jetons) et calculer et d'apprendre par mémoire le catéchisme selon l'usage de Paris... Outre ses fonctions, le maistre enseignera spécialement aux douze principaux enfans.... le Donat et premier rudiment de la langue latine et à respondre et servir la saincte messe et a chanter la note du plain-chant ». Quant aux émoluments, ils sont, outre le logement, 400 livres tournois par chacun an, puis le casuel comme prêtre habitué privilégié.

leur incombaient, visant plus particulièrement l'éducation du clergé de campagne, Bourdoise ne pouvait laisser de côté cette œuvre importante. Parmi les ecclésiastiques qui venaient se perfectionner dans sa communauté, un certain nombre étaient destinés à être d'humbles maîtres d'écoles. Bourdoise les acceptera d'autant plus volontiers, qu'il a, de cette fonction, une idée très élevée; persuadé de la nécessité d'une bonne éducation première « il crut qu'il devait s'appliquer à former un peuple nouveau et cultiver les enfants dès leur tendre jeunesse... et voyant que les catéchismes, qui se faisaient avec un très grand soin dans l'église, ne suffisaient pas pour cela, il se chargea de faire les petites écoles afin que, sous prétexte d'apprendre à lire et à écrire aux enfants, il eût le moyen de les instruire à loisir des obligations de la religion chrétienne »[1].

Il s'exprime d'une manière plus précise encore dans une lettre adressée à M. Olier : « Je souhaiterais volontiers voir une école dans un esprit surnaturel... Aujourd'hui, toutes sortes d'enfants vont aux écoles, mais à des écoles qu'on leur fait d'une manière toute naturelle; aussi il ne faut pas s'étonner si, dans la suite, on en voit si peu qui vivent chrétiennement;... véritablement une école, faite comme elle le devrait être, serait un grand moyen pour voir, un jour, de bons prêtres dans l'Eglise, puisque les vrais clercs devraient être tirés du nombre des bons chrétiens »[2]. Dans l'instruction distribuée aux enfants, Bourdoise trouve donc, avant tout, un moyen d'être utile à l'Eglise en lui procurant des enfants dociles et des prêtres zélés; aussi ose-t-il affirmer « qu'un prêtre, qui aurait la science des saints et du salut, se ferait maître d'école et par là se ferait canoniser. J'estime, dit-il, que si saint Paul et saint Denis venaient à présent en France, ils prendraient la condition de maître d'école, préférablement à tout autre ».

Toujours logique avec lui-même et possédant, d'ailleurs, les qualités d'un vrai maître : idées arrêtées, volonté énergique, art de fixer les esprits par le tour original de sa pensée, il s'applique personnellement à cette œuvre[3]. Malheureusement, sur cette variété de son apostolat nous n'avons pas de détails. Ce minis-

1. *Vie imp.* Des., p. 473, 474.
2. *B. M.*, ms. 2452, p. 977.
3. *Vie imp* Des., p. 477.

tère dut être souvent interrompu. Mais de bonne heure, peut-être vers 1620, après avoir constaté l'insuffisance du catéchisme pour la formation chrétienne, il distrait une partie de ses collaborateurs pour cette œuvre qu'il regarde comme essentielle. A interpréter strictement le passage indiqué plus haut[1], en 1627, trois écoles de la paroisse Saint-Nicolas seraient déjà dirigées par la communauté[2].

Mais ces écoles ne servent pas seulement à élever de jeunes enfants, elles seront, de plus, un champ d'expériences, où, tour à tour et obligatoirement, prêtres et clercs, devront chaque semaine, ou chaque quinzaine, passer quelques heures pour « apprendre à tenir la classe »[3]. Ils ne se contenteront pas de « visiter » ces écoles, comme cela se pratiquera plus tard à Saint-Sulpice[4], ils se présenteront au maître principal et feront réciter les enfants selon son ordre[5]. Ils devront s'en tenir au programme, et de ce programme est exclu le latin[6], et ainsi, ces petites écoles forment, pour les maîtres, une école normale, qui, peut-être, est l'aînée de toutes[7]. Saint Jean-Baptiste de la Salle s'emparera de cette idée et la réalisera en grand dans son Institut des Frères. Mais durant toute son existence, la communauté sera fidèle à cette tâche, que son fondateur inscrira parmi ses principales fins. Bourdoise exhortera souvent les ecclésiastiques à se livrer à ce labeur; il écrira à ce sujet « une infinité de lettres et de conférences ». Dieu bénit ces efforts et « les petites écoles de Saint-Nicolas devinrent si célèbres que les personnes les plus qualifiées de la paroisse et des environs y envoyèrent leurs enfants »[8].

A côté de cet enseignement primaire largement donné, y avait-

---

1. Voir p. 71.
2. Cela nous paraît difficile à admettre, car dans le ms. *A. N.* MM. 476, il est dit qu'en 1647 la Compagnie n'est encore chargée que d'une école. Il faudrait donc entendre : 3 maîtres appliqués à une même école.
3. *A. N.* MM. 475.
4. Cf. J. Guibert. *Histoire de saint Jean-Baptiste de la Salle*, p. 34.
5. *A. N.* MM. 475.
6. *A. N.* MM. 476.
7. Cf. J. Guibert, *Hist.* : p. XXVII. L'auteur note tous les essais infructueux antérieurs à de la Salle, mais ne mentionne pas cette création de Bourdoise. Allain, d'ailleurs, fait la même omission.
8. *Vie imp. Des.*, p. 474.

il place à Saint-Nicolas, vers 1625, pour un enseignement secondaire ? Dans la biographie manuscrite de Bourdoise de 1698, à cette date (1625) nous lisons : « Outre ceux de la maison [1], le nombre des pensionnaires fut tel en ce temps-ci qu'on jugea à propos d'appliquer cette jeunesse à l'étude de la philosophie et des humanités [2]. Faut-il entendre par là qu'il y avait des professeurs à demeure pour faire ces cours ? Nous ne le pensons pas.

Certainement les membres de la communauté ne pouvaient suffire à ce travail, nous savons qu'ils étaient déjà trop peu nombreux pour les emplois nécessaires. Prendre des professeurs à gages était bien onéreux pour une association privée du droit d'acquérir et qui n'était point agrégée à l'Université. Reste donc que pour ces jeunes gens, Saint-Nicolas n'était qu'une pension et qu'ils allaient suivre les cours de l'Université. Et précisément c'est en cette année 1627 qu'entra à Saint-Nicolas un jeune enfant de douze ans, destiné à acquérir une certaine notoriété.

« Je fus reçu dans cette communauté, dit Lancelot [3], le jour de saint Simon et saint Jude de l'année 1627. Monsieur Bourdoise, qui en était le fondateur et le premier supérieur me prit en affection. Après m'avoir éprouvé pendant quelques mois par des exercices assez rudes pour un enfant, comme j'étais, il me fit tonsurer au commencement du carême suivant, et m'ayant fait prendre la soutane le dimanche de la Quinquagésime, il me fit ce jour-là, à l'ouverture des prières des Quarante-heures, un petit discours, dont je me souviens encore. Il me dit entre autres choses, sur les paroles de l'Evangile de ce jour, où il est marqué que le Christ sera traité avec dérision, « et illudetur », que je prisse bien garde que la honte que plusieurs ecclésiastiques avaient de porter leur habit ne me fît pas quitter le mien... J'allais donc à la tonsure avec les dispositions extérieures, marquées dans le Pontifical (plût à Dieu que j'eusse eu aussi les intérieures !..)

» Quoique nous eussions peu d'instructions solides en cette commu-

---

1. Comprenez : la Communauté.

2. Cf. *B. M.* 2453. Cf. *Vie imp.* Des., p. 323. « Depuis 12 ou 13 ans particulièrement (à partir de 1637), il avait reçu à Saint-Nicolas le plus qu'il avait pu de jeunes écoliers en qui il avait trouvé de bonnes qualités et des marques de vocation pour les disposer à recevoir les saints Ordres et leur apprendre à en faire les fonctions. »

3. « *Mémoires de Saint-Cyran ou Mémoires de Lancelot* ». Cologne, 1738, p. 3. Il nous a été impossible de trouver un portrait de Lancelot.

nauté [1], Dieu néanmoins m'y retint pendant dix ans.. Beaucoup d'autres y entrèrent comme moi pendant ce temps-là : pas un seul ne put y persévérer; et l'on ne saurait dire pourquoi, vu qu'on ne remarqua point en eux de désordres ».

Ainsi donc, vers ces années 1625-1628, il y eut une sorte de petit séminaire à Saint-Nicolas. Lancelot nous dit qu'il ne réussit pas [2]. Combien de temps cet essai dura-t-il ? Pour cette période un peu obscure, nous avons peu de documents, et toute réponse serait appuyée sur des preuves incertaines. Il est vraisemblable que Bourdoise, devant ce déchet considérable, hésita à renouveler l'expérience et bientôt, vers 1635, toute trace de jeunes humanistes, logés au séminaire, disparaît. Ce point est important à noter. Là, comme ailleurs, le mélange des humanistes et des théologiens fut reconnu nuisible à la formation cléricale. Les raisons en peuvent être nombreuses : toujours est-il qu'en France du moins [3], cette juxtaposition empêcha les séminaires, qui l'adoptèrent, de prospérer.

Bourdoise était plus heureux dans son essai de grand séminaire, comme nous dirions aujourd'hui. Mais il ne faut pas nous laisser duper par les mots. La physionomie de ce séminaire ne répond pas à notre conception moderne et française. On peut y distinguer deux catégories d'élèves. La communauté reçoit « en pension et sans autre condition des prêtres et des clercs, bénéficiers et non bénéficiers, étudiants et non étudiants, qui ont dessein de se former à la vie cléricale et aux fonctions ecclésiastiques et paroissiales : les étudiants vont écouter à l'école de l'Université, et chacun selon son besoin est instruit et exercé dans la commu-

---

1. Remarquez que Lancelot reproche surtout à Saint-Nicolas de ne pas assez étudier l'Evangile et les Pères : on reconnaît là un des traits du jansénisme.

2. Un autre élève nous est connu : Michel Le Gras, fils de Mlle Le Gras (Madame : les femmes de bourgeois n'ayant droit, au XVIIe siècle, qu'au titre de demoiselle). C'est vers 1629 qu'il dut entrer à Saint-Nicolas. Sa ferveur ayant diminué, sa mère l'avait retiré du séminaire, tout en le laissant comme pensionnaire, dans la maison Compaing. (Cf. *Vie de Mlle Le Gras*. Poussielgue, 1883). Il devait encore s'y trouver en 1630. (Cf. *Coll. lazar.*, IV, p. 29). Les pensionnaires jouissaient de plus de liberté que les séminaristes. Lancelot, lui aussi, vers l'âge de 18 ans (approximativement vers 1632), refuse d'entrer dans les Ordres et demeure à Saint-Nicolas en qualité de pensionnaire et de simple clerc. Cf. *Mém. de Lanc.*, p. 5.

3. Cf. Letourneau : *La mission de Jean-Jacques Olier*, 1906, p. 27.

nauté qui au plain chant... »[1]. Les étudiants en théologie (la philosophie appartient régulièrement aux humanités) vont à Navarre ou en Sorbonne, les deux seules écoles de théologie à Paris. Navarre est plus près, la Sorbonne est plus renommée. Les conditions dans lesquelles aux Carmes et ailleurs on prépare actuellement ses grades, à Paris, doivent beaucoup ressembler à celles du régime de Saint-Nicolas d'alors, pour les étudiants. Dans cette période (1620-1632) y avait-il des répétiteurs à demeure dans la maison Compaing ? C'est ce qui ne peut être que conjecturé[2].

Ce qui est très probable, c'est que le régime spécial de la maison devait écarter ceux qui n'avaient pas le dessein de se « former à la vie cléricale ». Nul n'était dispensé de se livrer aux exercices de chant, des cérémonies, à l'étude des rubriques, aux fonctions de son ordre. Ces exercices n'étaient plus l'accessoire mais le principal pour la catégorie des non-étudiants. Venus expressément en vue de s'y appliquer, ils y consacraient le temps nécessaire. Parmi eux, les uns étaient jeunes, à peine entrés dans les ordres (d'aucuns y venaient même étudier leur vocation), les autres, déjà munis de bénéfices, voire de cures, mais, pris de légitimes scrupules, voulaient, avant d'exercer leurs fonctions, en apprendre les règles et en essayer la pratique. Quelques-uns, surtout vers 1626, s'adonnaient à une retraite plus ou moins prolongée, soit en vue de se ranimer dans le zèle sacerdotal, soit en vue de se préparer aux ordres : plusieurs, envoyés par leurs évêques, trouvaient là comme dans un séminaire normal[3], des règles consacrées déjà par l'expérience et des modèles à imiter[4] ; plusieurs encore sont « conditionnés », c'est-à-dire, restent dans la communauté « sans être du corps » à certaines conditions, réglées avec eux ; et enfin, quelques-uns sont « associés » et sans être admis « au corps » jouissent des avantages des membres même de la communauté, demandant à rester toute leur vie au milieu d'eux[5].

1. *Préface au Règlement*. On se souvient que ce passage a été tronqué par le copiste.
2. Cf. *Vie imp.*, p. 204. A propos des clercs du diocèse de Beauvais, admis à Saint-Nicolas, Bourdoise écrit : « On leur donnera entrée dans la Communauté, où on leur fera non seulement des conférences de piété, mais aussi des répétitions sur leurs études ».
3 On sait que cette idée a été reprise de nos jours et qu'un séminaire de cette sorte fonctionne à Paris.
4. Cf. *Vie imp.* Des., p. 269 : à propos du séminaire de Chartres.
5. *A. N.* MM. 476.

Pour régir ce groupement si complexe[1], Bourdoise ne dispose, à cette heure, que d'un prêtre; nous ne pouvons dire le nom de ce préfet du séminaire; nous ne serions pas éloignés de croire, d'après quelques indices, que c'était M. Cerné. D'ailleurs il est très loisible de penser qu'il a changé souvent, car la besogne devait être accablante.

Mais, somme toute, les petites écoles et la conduite des ecclésiastiques ne sont pas l'objet premier de la Communauté; elle est, avant tout, paroissiale, c'est-à-dire chargée, sous la direction de Froger, de toutes les fonctions de la paroisse. Froger lui-même se décharge, sans doute, des détails et de la besogne principale sur Compaing, qu'il a pris pour vicaire depuis 1621. Celui-ci a, sous ses ordres, le sacristain, prêtre de la communauté, qui veille (et ce n'est pas une sinécure), à l'ameublement de la sacristie, à la distribution des ornements pour tous les pensionnaires et membres de la communauté qui officient à l'église. Il n'y a pas, et il n'y aura jamais de chapelle dans la maison du séminaire; c'est un point sur lequel Bourdoise ne transige pas. Tous sont donc obligés d'aller à l'église Saint-Nicolas, et cette paroisse devient par ce fait une des mieux desservies de Paris. Les offices s'y font avec régularité et édification; les fidèles aiment à y assister. D'après un biographe[2], on y vit « souvente fois la cour et la reine mère ». On concluera facilement que la charge de sacristain était absorbante.

L'administration des sacrements ne l'est pas moins; non que la paroisse de Saint-Nicolas soit très populeuse.

Les enclos, les trois collèges qu'elle renferme, les chantiers de bois qui bordent l'eau augmentent sa superficie sans multiplier sa clientèle, mais les pratiques religieuses refleurissent, les communions sont assez fréquentes, les catéchismes nombreux, car la population est pauvre, et les enfants ne sont pas dispersés dans les collèges ou pensions. Ces catéchismes sont une œuvre importante aux yeux de Bourdoise. Dès le commencement de sa petite communauté il forme à ce ministère « presque tous les clercs qu'il recevait dans la maison, pour les disperser ensuite dans les villages autour de Paris ». Lui-même « s'en ac-

---

1. Le nombre des pensionnaires séminaristes devait varier de 20 à 30. Cf. *Vie imp.* Des., p. 295.
2. *B. M.* ms. 2453.

quittait avec tant de feu et de grâce qu'on a vu, dit Courtin[1], des Prélats se faire un singulier plaisir de le venir entendre ». Sa méthode consistait à « se servir de demandes et de réponses, sans monter en chaire, mais se plaçant proche de ceux » qu'il instruisait « comme une nourrice qui donne la mammelle aux enfans »[2]. S'il ne fut pas un innovateur, il paraît bien qu'il donna une forte impulsion à ce mode si essentiel d'évangélisation.

En résumé, à la date de 1628, fermes dans leurs premières résolutions, les sept premiers prêtres de la communauté continuent les œuvres entreprises en 1621, et déjà ébauchées dans la période antécédente (1612-1620), et en assument quelques autres. Celles-ci sont provoquées par la réforme lente, mais progressive introduite dans le clergé, non seulement de Paris, mais encore de la France : retraites des ordinands, conférences ecclésiastiques, instruction des tonsurés, visa des excats, surveillance des prêtres de plusieurs diocèses, missions, fondations de communautés[3]. Sans doute leur entente était parfaite : une expérience de sept années le prouvait, mais en dehors de la charité et du dévouement, aucun lien ne les unissait ensemble, ni ne les attachait à la Communauté.

« Bourdoise, qui en voyait les inconvénients, pensait sérieusement alors à y remédier ». La chose était d'importance ; Bourdoise passe hors de la maison, plusieurs mois[4], « en une espèce de retraite pour recommander la chose à Dieu et revoir différents projets de l'association qu'il méditait, y changeant et y ajoutant souvent, selon l'avis de ses confrères et selon les vues que Dieu lui en donnait. Enfin, le 13 juin de cette année 1628, qui était le mardi de la Pentecôte, il produisit l'écrit qu'il avait

---

1. Auteur de la biographie manuscrite. B. M. 2453.

2. B. M. ms. 2453, p. 1207. On voit, par là, que Bourdoise a sans doute précédé Vincent de Paul dans l'œuvre des catéchismes de campagne. Faillon dans son *Histoire des catéchismes de Saint-Sulpice*, 1831, (Gaume) fait allusion à cet apostolat de Bourdoise, mais en le déformant. « Monsieur Bourdoise, dit-il (p. xxiii), voyant que les catéchismes de la paroisse Saint-Nicolas, à Paris, étaient à peu près inutiles à la jeunesse »... et il renvoie à la *Vie* imprimée, p. 474. Or, là, il est dit textuellement, à la page 473 et non 474 : « Et voyant que les catéchismes qui se faisaient avec un très grand soin dans l'église, *ne suffisaient pas pour cela* », c'est-à-dire pour inspirer aux enfants l'horreur du vice et l'amour de la vertu, « il se chargea de faire les petites écoles ».

3. Evidemment, des *associés*, des *postulants*, des *conditionnés*, des gens à gages leur viennent en aide.

4. Trois, d'après la *Vie imp*. Des., p. 264.

fait là-dessus ; c'était un abrégé de l'origine et du progrès de la communauté, avec les conditions de l'association qu'il avait dessein de faire »[1]. Froger lut le tout avec plaisir, y souscrivit le premier et à sa suite, tous les membres présents. Et pour que la ratification en fût plus solennelle, cet acte fut ensuite reconnu par devant notaire, le 27 juillet. Il comprenait, cette fois, les signatures des deux membres absents lors de la première signature. On signa dans l'ordre suivant : « Compaing Le Juge (à cause de la qualité de vicaire du premier, et de l'estime particulière qu'il (Bourdoise) avait pour le second) »[2], Bourdoise[3] et probablement ensuite Wyart, Cerné, Raisin et Prévost[4]. — Cette date du 27 juillet 1628 est importante dans les annales de Saint-Nicolas. Bourdoise, en effet, « ne compte l'association que de ce jour-là ». Jusqu'à ce moment elle subsiste par conventions purement orales entre Froger et les associés. Dans le premier essai (1612-1620) Froger a demandé à l'évêque de Paris, Henri de Gondi, une autorisation qui ne fut accordée que de vive voix[5], comme celle redemandée, pour plus de sûreté, au premier archevêque de Paris, J. F. de Gondi. D'ailleurs, de 1628 à 1631 et 1632, ces conventions ne vaudront que par le consentement mutuel des parties. Les autorités diocésaine et royale n'interviendront qu'à ces dernières dates. L'une et l'autre étaient nécessaires pour que ce contrat sortît son plein effet. Mais il fallait compter avec la défiance naturelle de l'archevêque qui craignait toujours qu'on empiétât sur ses droits, et avec la lenteur administrative des bureaux du roi. Entre-temps, on abandonna le jardin de la rue Françoise pour s'éloigner un peu plus du centre, et occuper, après quelques difficultés, suscitées par le chapitre de Saint-Marcel, une autre maison située dans le cloître même de Saint-Marcel et communiquant,

1. Il nous a été impossible de retrouver cette pièce. La première partie : Abrégé, etc., devait être une des premières rédactions de la « Préface au règlement ». Cf. p. 5.
2. *Vie imp.* Des., p. 265.
3. Nous reconnaissons là son humilité habituelle. *Vie imp.* Des., *loc. cit.*
4. La Vie imprimée (1714) le mentionne comme membre de la Communauté dès 1621 (cf. p. 182); le ms. *B. M.* 2453 ne l'y fait entrer qu'en 1624. Michel Courtois n'a pas dû souscrire : après quelque temps de séjour dans la Communauté, il en était sorti pour y rentrer plus tard et mourir à Villejuif.
5. « Jam a viginti annis quidam sæculares dictæ parochialis Ecclesiae habituati, sub beneplacito et *vivæ vocis oraculo...* prædecessoris nostri ». Lettres patentes de J. F. de Gondi. *Mémoires du clergé,* t. II, p. 638.

par une porte, avec l'église Saint-Martin. On mura cette porte, on promit d'être les très humbles serviteurs de M. le Curé de Saint-Martin, et Compaing « sous le nom duquel on traitait », devint acquéreur en 1631[1]. Au mois de juillet, celui-ci tomba gravement malade. L'extrémité où il fut « avait fait faire bien des réflexions à ceux de la Communauté ; ils furent sur le point de le perdre et de sortir de sa maison. M. le Curé et plusieurs personnes des plus considérables de la paroisse n'en furent pas moins alarmés et craignirent que la Communauté, sortant de la maison de M. Compaing, ne quittât aussi le service de la paroisse de Saint-Nicolas ; c'est pourquoi sitôt que M. Compaing se porta mieux, M. le Curé lui fit signer les conventions qu'il avait faites avec la Communauté »[2].

Voici le texte de ces conventions qui sont la première charte officielle de Saint-Nicolas[3].

Nous soussignez Georges Froger, Docteur régent et syndic en la sacrée Faculté de Théologie à Paris, associé à la Maison et Collège de Sorbonne et Curé de Saint-Nicolas du Chardonnet de Paris d'une part ; Et Guillaume Compaing, prestre vicaire de la dite église, Thomas le Juge, Adrian Bourdoise, François Vuyart[4], Nicolas Raisin, Michel Courtois et Simon Cerné, tous prestres habitués d'icelle Eglise d'autre part : Recognaissons et confessons que nous avons fait et faisons par ces présentes (Sous le bon plaisir de Monseigneur l'Illustrissime et Reverendissime Archevêque de Paris) les conventions qui ensuivent.

C'est à savoir que le dit Compaing et autres surnommés habitués continueront de vivre en commun en desservant la dite paroisse de Saint-Nicolas comme ils ont faict cy-devant.

Item ils n'auront pour tout bien en commun que leurs logemens de Communauté meublés des meubles nécessaires et convenables à la condition et qualité de simples prestres de Paroisse, lesquels logemens et meubles, les dits prestres de la Communauté présents et advenir posséderont en commun et par indivis, en telle sorte que celui ou ceux d'entre lesdits prestres qui sortiront de la dite Communauté n'au-

---

1. *Vie imp.* Des. p. 284, 285. Nous n'avons pas trouvé cet acte d'achat. Sans doute le contrat a dû être résilié après l'acquisition de la propriété de Villejuif, qui désormais servit de maison de campagne.

2. *Vie imp.* Des., p. 289.

3. L'original de cette pièce se trouve *A. N. S.* 6994. La minute fut déposée chez Charles, notaire. Les copies sont assez nombreuses (4 ou 5) dans les différentes bibliothèques publiques de Paris. Une copie certifiée conforme par le notaire Charles (3 mars 1632) existe aux *A. N. S.* 6980. Sauval a publié ces conventions dans ses *Recherches sur Paris*, t. III, p. 180, 181.

4. C'est une des variantes de l'orthographe de Wiart.

ront aucune part ni portion aux dits logemens et ameublemens communs, et ce du jour de leur sortie d'icelle communauté ; comme aussi les héritiers de ceux qui seront décédés en la Communauté ne pourront rien prétendre aux dits logemens et ameublements communs.

De plus les dits logemens et ameublemens communs ne pourront être obligez, engagez et hypothéquez pour le faict et debtes privées et particulières d'aucun desdits prestres de la Communauté.

Item iceux prestres jouyront en commun et chacun d'eux rapportera en la dite communauté les fruits et revenus de leurs titres sacerdotaux et ce qu'ils et chacun d'eux auront et recevront de leurs fonctions ecclésiastiques. Et quant à ce qu'il leur escherra par succession directe ou collatérale, ils pourront posséder en particulier et en disposer suivant la loy commune du Royaume et les coustumes des lieux où les biens seront situez fors au profit de la dite Communauté directement ou indirectement.

Item ils ne pourront recevoir en commun, ny aucun d'eux en particulier les legs, dispositions testamentaires et autres donations qui pourraient leur être faictes soubs quelque cause et prétexte que ce soit : Et déclarons dès à présent qu'ils y ont renoncé et renoncent par ces présentes ; si ce n'est qu'elles fussent faictes par leurs parents desquels ils étaient héritiers présomptifs : Auquel cas les particuliers et non la communauté pourront recevoir les dites donations et legs et en jouyr en leur particulier sans les faire entrer en la dite Communauté.

Item ils ne pourront posséder ny en commun ny chacun d'eux en particulier tant qu'il demeurera en la dite Communauté, aucun bénéfice de quelque qualité qu'il soit à simple tonsure ou autrement.

Item ils n'auront jamais d'autel et chapelle esdits logemens de la Communauté.

Item les dits prestres de la Communauté présens et advenir seront habituez et officiers de la dite Eglise de Saint-Nicolas tant qu'il plaira audit Sieur Curé et ses successeurs : si bien que le dit Sieur Curé et ses successeurs pourra démettre tous ou partie d'iceux des offices et des habituations de la dite Eglise toutes et quantes fois qu'il luy plaira.

Auquel cas de démission iceux prestres demeureront en pleine et paisible jouyssance et possession desdits logemens et ameublemens communs sans que ledit Sieur Curé ny ses successeurs ny d'autres prestres habitués en ladite paroisse qui ne seraient d'icelle communauté, ny les Marguillers et les Paroissiens de ladicte Paroisse ny tous autres quelconques se pussent jamais approprier ny posséder en quelque sorte et manière et sous quelque prétexte que ce soit les dits logemens et ameublemens communs et affectez à la dicte Communauté, comme estans iceux logemens et meubles apportez en la dicte Communauté par les prestres d'icelle lesquels prestres pourront déservir en d'autres paroisses où ils seraient lors appelez par Messieurs les Curés d'icelles.

Item les prestres de la Communauté domicilez ès logemens d'icelle situez en ladicte Paroisse de Saint-Nicolas quoy qu'ils ne fussent plus officiez ou habituez en la dicte église Saint-Nicolas, seront néanmoins paroissiens de la dicte église Saint-Nicolas, à cause de leur domicile, et y rendront les devoirs de paroissiens ecclésiastiques qui seront compatibles avec les charges qu'ils auraient en d'autres paroisses [1].

En cas de maladie ils recevront les sacrements du dit Sieur Curé de Saint-Nicolas et après leur décedz seront par luy inhumez.

Pour ce qui regarde la conduite et direction de la Communauté, les prestres d'icelle esliront un d'entre eux de temps en autre qui sera nommé Œconome, lequel aura le soin et la charge de la Communauté en la mesme manière qu'un père de famille a le soin de sa maison.

Quant à ceux qui entreront en la dicte Communauté, ils y seront admis par ledit Œconome et quelques autres prestres de la Communauté à ce désignez par ceux d'icelle Communauté ; après toutesfois que ledit Œconome en aura communiqué audit Sieur Curé de Saint-Nicolas ou à ses successeurs et qu'il l'aura trouvé bon et donné son consentement sur icelle admission.

Et arrivant que lesdits prestres de la Communauté fussent tous démis des offices et habitations de la dicte Eglise de Saint-Nicolas lorsqu'il conviendrait admettre quelqu'un en la dicte Communauté, en ce cas la dicte admission sera faicte avec le consentement du Sieur Curé en la paroisse duquel lesdits prestres de la Communauté seraient lors habitués.

Avant que les susdits puissent être reçus en la dicte Communauté, ils auront été ordonnez prestres au moins un an auparavant, auront demeuré avec les prestres de la Communauté du moins par l'espace d'un an entier afin d'y avoir esté dressez et exercez tant en théorie et pratique des fonctions de prestres de paroisse, qu'en la manière de vivre en icelle Communauté : auront subit l'examen de Mondit Seigneur l'Archevêque et obtenu de luy, ou de Messieurs les Vicaires Généraux la faculté d'entendre les Confessions et de faire les autres fonctions paroissiales dedans son Diocèse, avec le consentement de Messieurs les Curés.

Ces présentes conventions accordées comme dit est cy-dessus sous nos seings, en la maison presbytérale dudit Sieur Curé, le samedy vingt-sixième juillet jour de la translation saint-Marcel évesque de Paris, l'an de grâce mil six cent trente et un. Ainsi signé. Froger, Compaing, le Juge, Bourdoise, Vuyart, Raisin, Courtois, Cerné.

On reconnaîtra, dans ces conventions, les idées de Bourdoise :

---

1. En fait, les Nicolaïtes restèrent toujours à Saint-Nicolas et ne furent jamais habitués dans une autre paroisse de Paris.

communauté de biens, restriction du droit de propriété commune, dépendance absolue à l'égard des curés, renonciation à tout bénéfice, à toute chapelle, même à tout autel particulier, mode de recrutement par cooptation, mais toujours sous la surveillance du curé. Sauf le deuxième point, qui, plus tard, mettra Bourdoise aux prises avec sa Communauté, toutes les autres clauses seront maintenues dans la suite, jusqu'à l'extinction de la petite congrégation.

Cette dernière expression n'aurait pas plu à Bourdoise. Tout en admettant le type des sociétés des Oratoriens, des Pères de la Doctrine, des prêtres de la Mission, qu'on pourrait presque appeler de pseudo-ordres religieux[1], il a voulu ériger une *famille paroissiale*. Il faut un chef, il est vrai, mais ce chef sera élu et ne sera pas nécessairement le fondateur; il y faut quelques biens pour subvenir aux besoins de la vie, mais on les réduira au strict nécessaire ; une fois le couvert assuré, qui est une grosse dépense, on se suffira par les revenus des titres ecclésiastiques[2] et le casuel ; quant aux legs, « si on permet aux prêtres de la Communauté d'en recevoir, dit-il, on leur en fera, et cela leur attirera l'envie, la jalousie et peut-être la haine de bien des gens, et, ce qui est encore plus à craindre, peut-être que devenant riches, ils en seront moins vertueux »[3]; aussi sont-ils rejetés impitoyablement par les conventions.

Mais on le remarquera, l'organisation intérieure est à peine indiquée. Seules, l'élection de l'économe et les conditions d'admission dans la communauté sont réglées. Encore une douzaine d'années, et le développement de l'œuvre permettra aux rédacteurs de la règle d'être plus précis et plus complets.

A peine la signature de Compaing obtenue (car, par ces conventions, on tenait avant tout, à acquérir sa maison), on fait les démarches nécessaires ou utiles. Aussi, le même jour une supplique, très élogieuse pour les prêtres habitués de Saint-Nicolas, est-elle signée par les marguilliers et les principaux paroissiens.

---

1. Seuls les vœux solennels en font la différence, et leurs constitutions, monarchiques, dans une certaine mesure, les rendent autonomes et plus difficilement maniables pour l'autorité hiérarchique.

2. Il y en avait de deux espèces : les *titres cléricaux* et les *titres patrimoniaux*. Le titre clérical était un bénéfice ecclésiastique; le titre patrimonial consistait en une rente (minimum 100 livres) que les parents devaient assurer à celui qui entrait dans les ordres.

3. *Vie imp.* Des., p. 527.

Froger la joindra à une autre supplique, datée du même jour, dans laquelle il expose à Jean-François de Gondi

« qu'il y a 28 ans qu'il a été pourveu de la dicte cure par feu d'heureuse Mémoire, Monseigneur le Cardinal de Rets. Depuis lequel temps ses soings et ses travaux ont été principalement employés à rechercher les moyens d'instruire et dresser tellement les prestres qu'il a habituez qu'ils peussent avoir les qualités requises au bien et au service de la dicte cure. Et auroit pleu à Dieu de porter aucuns desdits prestres à demeurer ensemble en même logis et vivre en commun pour se donner entièrement au service d'icelle paroisse, d'ou le suppliant reçoit de jour en autre beaucoup de satisfaction. Et comme nulle Communauté ecclesiastique ne peut pas être établie ni soufferte dans un diocèse sinon de l'autorité du prélat, le suppliant ne manqua pas dès l'instant que les dits prestres désirèrent de vivre en commun d'en bailler advis à feu mondit seigneur le Cardinal, lequel eust agréable leur bonne intention et l'autorisa de vive voix. Et même les a honorés de l'employ qu'il leur a baillé, sous la direction dudit suppliant, à dresser les prestres nouvellement arrivés en vostre diocèse et envoyez de sa part aux exercices des Rubriques et Cérémonies de la Messe. Ce qu'ils ont jusques à maintenant continué soubs votre autorité et commandement, ainsi qu'ils ont continué leur Communauté soubs l'approbation verbale qu'il vous en a pleu faire dès le temps de vostre heureuse promotion à l'Archiépiscopat. Et maintenant, le suppliant, voyant ses jours fort advancez, et désirant auparavant que de sortir de cette vie, avoir la consolation de voir affermir la dicte Communauté par un établissement solide et adseuré, il a recours à vostre paternelle bonté à laquelle il présente les Conventions faictes soubs vostre bon plaisir entre luy et les dits prestres vivants en commun : Et vous supplie, Monseigneur, de vouloir approuver, auctoriser et confirmer la dicte Communauté et les Conventions cy-attachées, et de vostre approbation, auctorisation et confirmation en octoyer lettres et autres actes nécessaires [1]... »

Froger, muni de ces pièces, a dû se présenter lui-même à l'archevêché et les appuyer de l'autorité de sa parole. Son influence avait grandi dans le diocèse, grâce à son zèle pastoral, à ses hautes relations, au rôle qu'il avait joué à la Sorbonne; il « passait pour un oracle dans Paris »[2]. Et ce qui rendait sa position encore plus forte c'était, depuis un an, son affiliation à la Com-

---

1. *A. N. S.* 6980. Les signatures de la supplique des marguilliers seraient intéressantes à étudier au point de vue de l'histoire paroissiale. Nous y relevons particulièrement celles de : Chauvelin, Compaing de l'Estang, Jacques Compaing, Chamillard, Germain, Furetière, de Launay, du Laurens, Béjard.

2. *Mémoires de Lancelot* : 1, 9.

pagnie du Saint-Sacrement. Cette circonstance vient de le faire rentrer dans l'histoire.

Nous risquerions de fausser singulièrement les perspectives et de ne pas rendre à chacun son dû, si nous n'essayions pas de démêler, à l'aide de textes malheureusement trop rares et trop vagues, la part que prirent Froger et la Compagnie du Saint-Sacrement dans le développement de la communauté de Saint-Nicolas.

On sait que cette Compagnie, ébauchée en 1627, ne fut définitivement constituée qu'en mars 1630. Sans doute, le culte du Saint-Sacrement lui fut toujours à cœur, mais son ambition fut beaucoup plus vaste. Elle ne se proposait rien moins que « d'entreprendre tout le bien possible et d'éloigner tout le mal possible, en tout temps, en tous lieux et à l'égard de toute personne ». Gigantesque était l'entreprise : « Nuls besoins n'échappaient à ses soucis et à sa vigilance »; aussi la liste des œuvres dont elle s'occupe, ressemble-t-elle à un catalogue. Œuvres sociales : assistance publique avec toutes ses variétés, hospices, hôpitaux, orphelinats, fournaux économiques, distribution temporaire de secours, assainissement des prisons et amélioration du régime des prisonniers et des galériens, fondation de refuges pour filles repenties, ouvroirs; campagnes contre le duel, contre les désordres; développement de l'enseignement primaire. Œuvres religieuses : réforme du clergé régulier et séculier; collaboration aux œuvres de l'Eglise catholique; missions, association de la Propagation de la Foi, séminaires, police des églises, surveillance du clergé, régularité du culte extérieur, évangélisation des masses, catéchismes, fréquentation des sacrements, fêtes solennisées, lutte contre les entreprises des Jansénistes et les empiétements des illuminés, des protestants et des Juifs; tout cela est de son ressort. Dans les différents emplois confiés à Saint-Nicolas, nous reconnaîtrons de temps à autre la main de cette société.

Pour atteindre un but aussi universel, il faut que les membres soient nombreux et influents; aussi les prendra-t-on dans les classes dirigeantes. On peut dire que toute l'élite du catholicisme français durant le second tiers du XVIIe siècle, a figuré dans ses cadres. Le clergé y trouve naturellement place, et parmi les noms livrés par d'Argenson, l'historien de la Compagnie, nous en rencontrons qui se mettront bientôt nécessairement sous notre plume.

Des évêques : François Fouquet, Alain de Solminihac, Philibert Brandon, Pierre d'Hardivilliers, Bossuet; des curés de Paris, et particulièrement Froger, puis plus tard Féret, qui tous deux y jouiront d'une grande autorité; des docteurs en théologie de la Faculté de Paris : Jean Coqueret, Martin Grandin, Jacques Dumetz, Du Ferrier; des hommes d'œuvres : Vincent de Paul, Olier. Au début, on y admet même quelques religieux : le jésuite Suffren, confesseur de Marie de Médicis et ensuite de Louis XIII, le père de Condren, général de l'Oratoire. On sera peut-être étonné de ne pas voir mentionné le nom de Bourdoise; il y a lieu de croire, d'après le silence de d'Argenson, que notre prêtre habitué ne fut jamais membre de la Compagnie. La roture n'avait pas empêché Vincent Depaul d'y avoir ses entrées, mais le précepteur des fils d'Emmanuel de Gondi, déjà en relation avec de hauts personnages, possédait peut-être des titres plus justifiés à l'admission.

Grâce aux ecclésiastiques, les confrères laïcs, plus nombreux [1], pourront mieux exercer leur influence sur le clergé, dont la réforme sera d'un si grand poids dans la restauration du catholicisme en France. Mais pour beaucoup de tâches, les laïques sont aussi utiles que les clercs et dans certains cas leur intervention devient plus efficace. Et ces laïques seront choisis dans toutes les conditions aisées de la société. Il est vrai que les noms des marchands et bourgeois ne reviennent guère à la mémoire de d'Argenson et que les confrères, dont les noms sont cités, sont presque tous de robe et d'épée. On tâchera de se recruter surtout parmi les corps constitués : la justice fournira les Lamoignon; l'administration, les René Voyer d'Argenson, paroissien de Saint-Nicolas du Chardonnet et futur historien de la Compagnie, De Morangis, qui, lui aussi, s'établira un jour sur cette paroisse; avec le duc de Liancourt, le marquis de Salignac-Fénelon, et, au dernier moment, avec le prince de Conti, on s'insinue jusque dans la cour.

Rarement on vit réunies plus de bonnes volontés et d'influences. En vue de les gouper en un solide faisceau, de couper court aux entraves que peuvent opposer au bien à réaliser, les rivalités, l'amour-propre, l'indiscrétion, les susceptibilités des autorités, tant spirituelles que temporelles, une des lois les plus strictes, quoique

---

[1]. On sait d'ailleurs que c'est un laïc, le duc de Ventadour, qui eut l'initiative de l'œuvre.

difficile à observer dans une assemblée qui compta jusqu'à cent membres, ce fut la loi du secret. Ce secret « consiste à ne point parler de la Compagnie à ceux qui n'en sont pas, de ne rien dire de ses œuvres ni de sa police, de ne nommer jamais les particuliers qui la composent, et de ne la faire connaître au dehors en quelque façon que ce soit »[1]. Cette obligation du secret, imposée dès le début, est, à la date où nous sommes (1631), une cause d'inextricables difficultés pour les confrères. S'ils y renoncent, du coup ils perdront ce qui fait une grande partie de leur force ; s'ils y persistent, ils sont condamnés à l'illégalité.

Depuis un siècle, en effet, les légistes ont serré les mailles de leur filet. Toute association, qui ne veut pas s'exposer aux tracasseries du pouvoir, à la dissolution, doit obtenir des lettres patentes du souverain, munies du grand sceau, vérifiées par le Parlement. Faute de cela, l'animosité d'un ministre, d'un corps de l'Etat, suffira pour la détruire. On préfère cependant l'incertitude et l'illégalité à la mort. Un des confrères de la première heure, Pichery, maître d'hôtel du roi, profitera de la confiance que Louis XIII lui témoigne, pour dévoiler une partie du secret à ce prince aussi pieux que jaloux de son autorité. Pour se mettre à couvert, on ne se contentera pas de la bienveillance royale, qu'on vient de s'acquérir, on saura adroitement détourner les soupçons du terrible Richelieu.

Les dangers provisoirement écartés du côté de l'autorité temporelle, reste à ménager l'autorité spirituelle. Ici la difficulté est plus grande. Ne parlons pas de Rome, dont la prudence habituelle ne voudra pas reconnaître, officiellement, une entreprise qui doit échapper à son contrôle. Elle prodiguera les bénédictions, voire les indulgences, elle accordera même un bref volontairement anodin, mais n'engagera pas sa responsabilité. D'ailleurs on peut se passer de son investiture.

Il est plus délicat d'agir avec autant d'indépendance à l'égard de Jean-François de Gondi. Si son caractère nous est suffisamment connu, l'archevêque pouvait difficilement accepter le patro-

---

1. B.-F. 195. L'histoire de cette Compagnie a été très étudiée depuis quelque temps. Cf., dans un sens hostile : *La Cabale des Dévots*, par Raoul Allier. Armand Colin, 1902 ; dans un sens plus impartial, 3 articles de M. Rebelliau, dans la *Revue des Deux-Mondes*, 1903 ; et surtout, Beauchet-Filleau, *Annales de la compagnie du Saint-Sacrement*, qui reproduisit le manuscrit de d'Argenson. Nous indiquerons les citations empruntées à Beauchet-Filleau par les initiales de son nom : B.-F.

nage d'une œuvre en grande partie laïque, occulte, destinée dans la pensée de ses fondateurs à suppléer à l'activité et à la vigilance épiscopales ; quel qu'eût été le titulaire du siège de Paris, il aurait hésité à assumer cette responsabilité. Timoré, pointilleux, soupçonneux, versatile et obstiné à la fois, comme le sont trop souvent les faibles, très jaloux de son autorité, Jean-François de Gondi, dont le neveu nous a donné un portrait assez irrévérencieux, devait, plus que tout autre, être sur ses gardes ; et le gagner était une tâche ardue. Mais comme la Compagnie avait grand désir de faire approuver ses statuts « par M. l'archevêque de Paris, elle chargea plusieurs personnes de grande capacité de les examiner et de les mettre en bon ordre ».

Pour cet effet, « Mr l'archevêque d'Arles, Froger, curé de Saint-Nicolas du Chardonnet »[1]... et quelques autres s'étaient assemblés.

Le 26 mars, ils apportèrent à la réunion des confrères, probablement rue Saint-Honoré, les statuts réformés ; on les agréa, on les fit transcrire sur le registre, et le 17 juillet, on les présenta à l'archevêque. Qui fut chargé de l'épineuse négociation, nous ne le savons pas ; mais il est bon de noter que depuis le 1er juillet[2], Froger est directeur[3], le supérieur est Brandon, encore maître des requêtes. Doux et insinuant, Froger, syndic de la faculté de théologie, dès 1625, est vraisemblablement désigné pour cette mission auprès de l'archevêque. Quoiqu'on eût essayé de préparer le terrain « on trouva de la froideur dans son esprit sur ce sujet » et malgré une intervention personnelle du roi, il s'obstina dans cette froideur ; aussi, lassés, les confrères décidèrent, le 28 août 1631[4], de ne plus lui en parler.

Et c'est précisément, à la fin de ce mois de juillet que Froger rassemble ses pièces en vue d'une autorisation pour légaliser la situation de la communauté de Saint-Nicolas. L'échec, qu'il vient d'essuyer, ne doit pas cependant le faire douter du succès de cette

---

1. B.-F. 20-21.

2. Le texte de d'Argenson n'est pas aussi précis : mais d'une part, nous savons que, jusqu'en automne 1631, le supérieur et le directeur étaient en charge 3 mois seulement et n'étaient jamais « continués » ; d'autre part, Froger fut nommé directeur à la troisième élection de 1631, ce qui, nous semble-t-il, établit ce point de détail. Cf. B.-F. p. 27, 29, 26.

3. Le directeur est toujours un ecclésiastique ; sa dignité, et partant, son autorité, sont inférieures à celles du supérieur, qui, très souvent, est un laïque.

4. D'après le texte B.-F., 23, nous reporterions la date au 1er août.

nouvelle démarche. Le cas soumis à l'autorité ecclésiastique est bien différent. Il s'agit de reconnaître une communauté qui a toujours vécu au grand soleil et sous l'autorité immédiate et le contrôle effectif du curé. Cette communauté accentue, dans les *conventions*, son caractère purement séculier, sa soumission à la hiérarchie, dans laquelle elle fait entrer les curés, elle ne demande ni collation, ni union de bénéfices, l'archevêque y a sa place de supérieur, son pouvoir s'y exerce sans limites, il se sert d'elle, depuis quelque temps pour des fonctions diocésaines, et cela, sans bourse délier.

Sa défiance est endormie, et sa bienveillance acquise. Il remet les trois pièces à son promoteur, lui ordonne de les étudier; c'est celui-ci, sans doute, qui, après un rapport favorable [1], fait signer définitivement, le 11 octobre, devant les notaires du Châtelet, Capitain et Charles [2], les conventions du 26 juillet. Enfin, et cette fois on ne peut accuser le prélat de mauvaise volonté ou de lenteur, dès le 24 octobre, il les approuve par des lettres patentes.

Après un début où il se félicite d'avoir admis auparavant des instituts destinés à promouvoir la religion catholique, il rappelle les approbations verbales données par feu son frère et par lui-même à nos prêtres habitués qu'il désigne nommément, assure avoir examiné mûrement la question, reconnaît que cette communauté est pleine de mérites et de zèle et conclut en homologuant et en confirmant pleinement les conventions. Il ordonne d'insérer ce contrat dans les registres de l'Archevêché, non sans faire remarquer que ces prêtres restent soumis à sa juridiction entière [3].

Après l'autorisation ecclésiastique, il reste à obtenir l'autorisation royale. Ici l'affaire ne s'enlèvera pas si facilement. D'une part, le gouvernement central commence à trouver que le nombre des couvents et des communautés s'accroît singulièrement. Elle fut prodigieuse, en effet, de 1590 à 1630, la multiplication des établissements, soit réguliers, soit séculiers, soit d'hommes, soit de femmes. La main-morte peut devenir inquiétante, d'autant que plusieurs de ces ordres, ou de ces congrégations, revendiquent très haut leur privilège d'exemption, qui enlève une arme aux

1. Visis... promotoris... conclusionibus. *A. N.* S. 6980.
2. *A. N.* S. 6980.
3. *Ibid.*

mains de l'État. Et le Parlement, imbu du gallicanisme politique, qu'il fera bientôt sien, a des préventions très fortes contre ces ordres, et surtout contre ce clergé extra-concordataire, sur lequel il a moins de prise. Avait-on réussi à calmer les inquiétudes de l'administration civile, il fallait compter avec l'opposition des curés de Paris, corporation puissante et naturellement ardente à maintenir ses droits. Or, ces droits étaient bien diminués depuis quelque temps. Aux ordres religieux, qui, à toute époque, avaient partagé avec le clergé séculier hiérarchique, les charges et les bénéfices de la conduite des âmes, et qui, réformés pour la plupart d'ailleurs, savaient augmenter leur clientèle par des soins plus constants et plus vigilants, par la régularité de leur vie, l'ordre dans les cérémonies, la propreté de leurs chapelles ou églises, la distribution d'une parole plus soignée, et mille ingénieux moyens, s'était ajoutée récemment la congrégation des Oratoriens. Grâce à son caractère mixte, l'Oratoire vient d'enlever au clergé une partie de ses emplois et de ses ressources. Pour comble de malheur, en 1630, surgit une nouvelle création qui pourrait le menacer à nouveau. Vincent de Paul a obtenu des lettres patentes pour ses prêtres de la Mission. C'en est trop ; une levée de boucliers a lieu ; les curés de Paris font opposition à l'enregistrement de ces lettres. Dans une pétition (4 décembre 1630), ils prient la Cour d'imposer aux missionnaires des conditions telles qu'ils ne puissent nuire aux droits curiaux [1]. Seule, l'acceptation de ces restrictions les désarme, et les lettres patentes ont été enregistrées le 4 avril 1631. L'alerte a été chaude, et la méfiance s'est accrue. Cette opposition a frappé le Parlement, et il semble bien qu'il ne donnera plus d'autorisation de ce genre, sans avoir obtenu préalablement le consentement des curés. Froger, pour vaincre ces obstacles dut faire agir l'élément laïque de la Compagnie. « Quelques personnes de considération, dit Descouraux, s'employèrent fortement à obtenir des lettres patentes, afin que la Compagnie pût acheter la maison qu'elle occupait et s'attacher à la paroisse de Saint-Nicolas. » Il nous semble difficile de ne pas admettre que Brandon, peut-être supérieur à ce moment-là [2], n'ait pas usé, dans cette occasion, de son influence, d'autant plus que, peut-être, une des dernières réunions avait eu lieu dans le

---

1. Cf. Maynard. *Vie de Saint Vincent de Paul*, tome I, p. 35.
2. Il fut remplacé « après les vacations ». B.-F., p. 29.

quartier de la place Maubert, chez l'avocat Germain[1]. Quoique de Morangis ne fût pas encore devenu le paroissien de Saint-Nicolas, son zèle bien connu autorise à penser qu'il s'employa dans cette affaire, ainsi que Chrétien de Lamoignon; le P. Suffren qui connaissait la communauté, pour l'avoir visitée à plusieurs reprises, ne fut pas probablement sans y faire intervenir aussi son influence, qui touchait à son terme. Enfin, au mois de février 1632, de Metz où il se trouvait, Louis XIII envoyait des lettres patentes, scellées du grand sceau de cire verte, et lacs de soie rouge et verte. Amère déception ! Après un préambule, exprimant sa volonté de favoriser tout ce qui tend au bien de la religion, le pieux souverain assure qu'il est informé du dessein formé par Froger d'établir « une communauté de prêtres habitués, lesquels se contentans de ce qui vient de l'autel et de leurs titres pour leur vie, se privent de tous autres revenus et n'admettent aucun bienfait de la dicte Communauté, soit par disposition entre vifs, ou à cause de mort, ny en quelque sorte ou manière que ce soit. » Il maintient et autorise cette Communauté, confirme les dites conventions, permet à ces prêtres habitués de vaquer aux fonctions ecclésiastiques et paroissiales, et fait mandement à son Parlement d'enregistrer ces lettres[2]. Mais d'autorisation à acquérir la maison, point. Nous nous demandons si Bourdoise en fut fâché; nous pencherions vers la négative. Son hostilité à tout ce qui pourrait donner à ses confrères un peu d'indépendance à l'égard du curé nous est connue, et un logis à soi n'est-ce pas déjà une marque d'indépendance? Nous avons au surplus un texte assez explicite de Descouraux[3], quoique relatif aux lettres patentes de 1644 : « La Communauté, dit-il, n'avait pas encore de maison; et quoique M. Bourdoise ne dît pas qu'il n'en fallait point acheter, et qu'il eût même témoigné qu'elle pourrait y penser, si l'occasion s'en présentait, il faisait assez voir quelle était son inclination, quand il comparait la Communauté à l'Arche d'Alliance, qui depuis Moïse jusqu'à Salomon n'avait été logée que sous des tentes ».

---

1. Probablement un des signataires de la supplique à l'Archevêque. Cf. *A. N. S.* 6980, qualifié dans la requête au Parlement (*Ibid.*) d'avocat au Parlement. Nous ne croyons pas, à l'encontre de B.-F., que ce soit un marchand drapier.

2. *A. N. S.* 6980.

3. *Vie imp.* Des., p. 368.

Telles quelles, il parut bon cependant de faire enregistrer ces lettres patentes. D'abord, elles légalisaient la situation, et à ce point de vue, assuraient l'avenir de l'œuvre ; de plus, dans l'esprit, sinon de Bourdoise, du moins de ses compagnons, « celles-là une fois reçues, il serait plus facile d'en obtenir d'autres, pour suppléer à ce qui manquait aux premières. » Mais ici nouvelle difficulté, assez facile à prévoir. Le Parlement ordonna « que, puisqu'il s'agissait de l'établissement d'une communauté pour servir les paroisses, elles seraient aussi communiquées aux curés de Paris ». Bourdoise (aidé sans doute de Froger), au lieu de se contenter de copies manuscrites, fait imprimer ces lettres « afin qu'il pût les faire voir à plusieurs personnes qu'il considérait, dont il voulait avoir la protection, ou savoir les sentiments ». Quelles étaient ces personnes ? Descouraux n'a pas jugé à propos de nous le dire.

Malgré « la peine et le mouvement que se donna Bourdoise », et quoiqu'il eût employé « une partie du Carême à visiter Messieurs du Parlement pour la vérification » de ces lettres, l'affaire ne marchait pas. Il a beau se faire appuyer par une pétition signée de quarante-trois paroissiens ou marguilliers de la fabrique de Saint-Nicolas [1], dans une assemblée, tenue « aux charniers de la dite église » le 29 février, à l'issue de la grand'messe paroissiale ; c'est en vain que ceux-ci donnent pouvoir spécial à Pierre le Mée, procureur en la cour du Parlement, « de présenter requeste à Nosseigneurs de cette cour » ; c'est en vain que le procureur général donne des conclusions pour la vérification de ces lettres [2] : « un homme fait tous ses efforts pour y apporter du retardement », dit notre biographe. Quel était cet adversaire ? nous n'avons pu même le deviner [3]. Ce retardement fit « voir l'inutilité de ces premières lettres, et on pensa à les supprimer et à en demander de nouvelles, qui fussent plus amples et plus favorables [4] ».

Sur les détails de cette suppression et de cette nouvelle de-

---

1. *A. N. S.* 6980.
2. *A. N.* G⁸ 2513. *Mémoires et Requêtes*, p. 434.
3. « Nonobstant une infinité d'oppositions et de contradictions de la part des premières personnes du royaume ». *B. M.* 2453, p. 330. Peut-être faut-il comprendre entre autres Richelieu.
4. *Vie imp.* Des., p. 291. Du moment qu'on renouvelait les démarches, on pouvait viser plus haut.

mande nous n'avons trouvé aucun document. Mais si nous interprétons bien le texte de ces nouvelles lettres patentes, expédiées de Saint-Germain en Laye, au commencement de mai 1632, de hautes influences ont dû continuer à intervenir; l'opposition des curés s'est affaiblie en présence de l'autorité d'un Froger jointe à une expérience de vingt ans. Louis XIII lui-même relève les motifs qui l'ont poussé à octroyer facilement l'autorisation de posséder une maison et des meubles en commun. Ces prêtres, dit-il, « s'estant portés à loger ensemble et vivre en commun pour se donner entièrement au service de cette paroisse sous l'autorité, conduite et gouvernement[1] de notre bien amé Me Georges Froger, docteur de la faculté de théologie de Paris, curé de la dite église, ont fait de très grands progrès pour le bien des âmes au contentement universel de tous les paroissiens d'icelle, lesquels ils pourront augmenter et accroître de jour en jour par leurs exercices de piété, en continuant leur demeure en commun, pour l'établissement et assurance de laquelle demeure, il leur est besoin d'acquérir et posséder en commun une maison et meubles convenables à leur profession, avec un petit jardin qu'ils ont, depuis quelque temps, pris à rente dans le faubourg Saint-Victor pour retirer ceux d'entre eux qui ont quelque incommodité ou maladie ». Aussi, par ces lettres patentes, munies du grand sceau, leur accorde-t-il la permission[2] « d'acquérir et de posséder en commun » les trois objets énumérés plus haut, en stipulant, naturellement, que cette possession est commune, qu'aucun particulier n'en peut rien distraire pour son profit personnel. Cette fois, la Cour ne fait aucune objection, et ces lettres sont vérifiées dès le 8 mai[3].

Acheter c'était bien, payer eût été mieux. Mais ces pauvres prêtres ne pouvaient songer à le faire. Leur maigre casuel eût-il permis des économies, que leur charité les eût poussés à les dépenser pour subvenir aux besoins de clercs encore moins fortunés qu'eux. Bourdoise mendie des vêtements pour les ecclésiastiques, invite des personnes charitables à payer la pension de plusieurs, surtout des plus jeunes[4]; il ne peut donc, ni aucun des siens,

1. On remarquera cette insistance.
2. *A. N. S.* 6994.
3. *Ibid.*
4. *Vie imp. Des.*, p. 323.

assumer une pareille charge. Aussi, en réalité, même après cette permission royale accordée, c'est Compaing qui les loge gratuitement. Dans l'acte de vente, passé en 1647[1], il stipule en effet « qu'il ne lui est dû aucun loyer de la dite maison du passé jusqu'à ce jour ». Nous l'avons déjà vu acheter à son compte la maison du faubourg Saint-Marcel et il est probable que là ne s'arrêtèrent pas ses largesses. On lit en effet dans le même acte de vente : « Et en reconnaissance des grandes obligations à cause des biens continuels que la dite Communauté a reçu depuis vingt-sept ans entiers dudit sieur Compaing et de Messieurs ses parents », on célébrera un service. Grâce donc au concours de tant de bonnes volontés, et malgré des obstacles sérieux, la paroisse de Saint-Nicolas renferme enfin une communauté nouvelle, dûment autorisée par les deux autorités compétentes. Son droit d'acquisition est bien restreint, mais il peut suffire, si elle reste dans les limites indiquées par les actes officiels.

Mais il y a tout un côté de la question que taisent les lettres patentes. Elles semblent ignorer l'existence, au sein de cette réunion de prêtres habitués, d'un organisme spécial qui, ébauché depuis plus de quinze ans, s'est constitué suffisamment pour posséder une forme distincte. Cette sorte de séminaire, dont officieusement on utilise les ressources, n'est pas reconnu officiellement. Il se dissimule lui-même en quelque sorte et rien, dans les suppliques, ne vient le trahir. Lui aussi, à sa manière, il garde la loi, sinon du secret, au moins du silence. Il vit à l'ombre, et il lui faudra encore une dizaine d'années de développement pour se produire au grand jour.

§. II. — ACTION DANS PARIS ET EN PROVINCE

La période (1620-1632) que vient de traverser Saint-Nicolas pourrait être appelée une période héroïque, succédant à la période des tâtonnements. Le zèle de cette communauté ne se contente pas de s'exercer à Paris, il s'étend à la Province; il prend des formes différentes suivant le bien à faire et nous lui en connaissons déjà quelques-unes. Mais ce zèle n'est ni indiscret ni exclusif. Loin d'envier les succès de ses rivaux, Saint-Nicolas y collabore et s'en réjouit. Il y a place pour tous dans ce Paris,

---

1. *A. N. S.* 6930-6981.

où la sève chrétienne commence à circuler plus vigoureuse. Grâce à la protection de Marie de Médicis, le catholicisme refleurit. Les masses, qui d'ailleurs ont été ligueuses, reprennent les anciennes pratiques de piété. A son second voyage à Paris (1618-1619) François de Sales est émerveillé de ce progrès [1]. On songe à réparer les églises, à remplacer celles qui chancellent, ou sont devenues insuffisantes. C'est un renouveau. De tous côtés surgissent des couvents; des ordres anciens se réforment, des congrégations se créent. La paroisse Saint-Nicolas n'est pas la dernière à leur offrir asile.

Pendant que là-haut, sur le plateau, les PP. Faure et Baudoin introduisent, dans l'abbaye Sainte-Geneviève, l'ordre et la régularité, au bas, des hôtes inaccoutumés viennent habiter le collège des Bons-Enfants. Ce doyen des collèges de l'Université (il existait avant 1247) en est un des plus pauvres. Les fondations ne sont pas considérables; aussi, tout au début, s'appelle-t-il le collège des « pauvres écoliers ». D'ailleurs, personne n'y régente et les écoliers vont à l'Université. En 1624, la décadence est complète. Le premier archevêque de Paris, adroitement sollicité alors par sa sœur [2], la générale des galères, chez qui Vincent de Paul est précepteur, oblige le principal à résigner sa place à ce prêtre, qui vient de se montrer, à Folleville (1625), missionnaire si persuasif. Les bâtiments délabrés offriront l'hospitalité à Vincent et à Portail, son fidèle disciple. « Nous avions aussi avec nous un bon prêtre, à qui nous donnions trente écus par an. Nous donnions la clef à un des voisins et nous le priions d'aller coucher dans la maison [3] ». Tels furent les débuts de la Congrégation de la Mission.

On aimerait à savoir si Bourdoise alla coucher ainsi quelquefois aux Bons-Enfants. Il en connaissait tous les êtres; il avait, avec sa première Association, habité pendant deux ans environ, le collège du Cardinal-Lemoine, qui en était voisin. L'année précédente, 1624 [4], « la maison de la Communauté n'était pas assez

---

1. « Solamente che ho trovato Pariji con tanto accrescimento di devozione che è un stupore », Lettre à M. H. Scaglia (du 9 nov. 1618): *Œuvres complètes de saint François de Sales*, tome VII, p. 372.
2. *Collection lazariste*: tome VIII, p. 267.
3. *Ibid.*
4. Quelques mois probablement avant la résignation.

grande pour les exercices qui s'y faisaient, et on cherchait depuis longtemps à se mettre un peu plus au large pour la commodité de ceux qui venaient du dehors. Enfin, on trouva ce qu'on souhaitait, au collège des Bons-Enfants, qui était dans la rue St-Victor et de la paroisse Saint-Nicolas. Il était sans exercice, occupé seulement par quelques boursiers. On en loua une partie[1] et M. Le Féron[2] y étant allé demeurer, M. l'archevêque voulut bien qu'on y fît des conférences publiques[3] ». Il y eut quelquefois deux cents ecclésiastiques présents. Le collège pouvait les recevoir. Une grande chapelle[4] s'étendait parallèlement à la rue Saint-Victor; les sacristies étaient pratiquées dans la porte même de Saint-Victor,

Porte Saint-Victor. *B. N.*

qui allait être bientôt démolie (1640); en face, de l'autre côté de la cour, est un bâtiment tellement ruineux qu'on l'abattra en 1660, pour le reconstruire. Quant à celui qui, en retour, vient rejoindre la chapelle et se trouve terminé par un pavillon qui donne sur la rue Saint-Victor, il subsistera jusqu'à la veille de la Révolution, et sera alors remplacé par un bâtiment, où sera internée et massacrée une grande partie des victimes de Saint-Firmin.

Bourdoise dut tressaillir de joie en voyant son compagnon de retraite de 1611 se livrer à l'instruction familière de ce peuple ignorant pour lequel il réclamait, lui aussi, un langage simple et

---

1. Beaucoup d'auteurs disent formellement (mais à tort) que la Communauté quitta la maison Compaing pour les Bons-Enfants.
2. Qui, on le voit, était toujours en relations avec Saint-Nicolas.
3. Le sujet n'est pas indiqué, mais évidemment il s'agit de conférences ecclésiastiques.
4. Cette chapelle, diminuée de deux travées, subsistera jusqu'aux massacres de septembre. On songeait sérieusement à la réparer quand éclata la Révolution.

Saint-Nicolas.

sans apprêt. Après quelques réparations faites aux bâtiments, la Congrégation des prêtres de la Mission se trouve fondée le 27 avril 1625, dans cet édifice, destiné à une si triste célébrité. Vincent de Paul, devenu ainsi paroissien de Saint-Nicolas, ne tarde pas à voir arriver dans ce quartier peu fortuné, une de ses pénitentes, dont le nom sera longtemps béni par les pauvres. Louise de Marillac vient de perdre son mari, M. Le Gras (25 décembre 1625). Comme elle veut se donner tout entière à Dieu, elle quitte la paroisse Saint-Sauveur pour « s'exiler » rue des Fossés-Saint-Victor[1]; elle sera plus près de son directeur et confiera son fils à M. Bourdoise. Elle fondera, vers la fin de 1629, la Charité de Saint-Nicolas du Chardonnet, et les nobles et généreuses dames du quartier, les Lamoignon, les Nesmond, les Goussault, se feront un honneur d'y entrer. Enfin, le 29 novembre 1633, son humble demeure sera le berceau des Filles de la Charité. Heureux moment où, dans ces rues étroites qui sillonnaient alors la paroisse, on pouvait coudoyer l'austère économe de la maison Compaing, puis, le bon M. Vincent, et rencontrer tant de personnes dévouées!

Mademoiselle Le Gras.

On dut les voir assister aux cérémonies des Quarante-Heures, qui, depuis 1616 en particulier, se célébraient si solennellement à l'église Saint-Nicolas. Pour assurer un aliment à leur piété, Froger (1628), sans doute excité par Bourdoise, après avoir considéré « mûrement » les profits spirituels qu'on retirait de cette pratique, donnait à la fabrique la somme de 1.600 livres, à la charge de célébrer à perpétuité l'oraison des Quarante-Heures; et, après en avoir précisé le détail : « Il faudra, dit-il, mettre la dite fondation dans le martyrologe de l'église et dedans, en épitaphe de marbre, que je ferai mettre à mes dépens[2] ».

Dans quelle mesure tous ces exemples, toute cette ingéniosité

---

1. Actuellement au n° 43 de la rue du Cardinal-Lemoine.
2. *B. N.* fr. 2448.

dans l'initiative et le dévouement, furent-ils suivis de succès, nous ne le savons pas exactement. Il est difficile de croire, cependant, que ces catéchismes, ces petites écoles, cette ponctualité et cette décence dans les offices, ces œuvres de charité, spirituelle et corporelle aient été sans amener de précieux résultats. Quels qu'ils fussent, ils ne devaient pas suffire au zèle de Bourdoise. Son rôle de « solliciteur » s'accommodait mal d'un apostolat sédentaire.

Il faillit cependant manquer à sa mission en 1624; les administrateurs de l'hôpital du Saint-Esprit en Grève[1] lui offrirent la place de ministre. A ce titre il avait la direction spirituelle de cet hospice, où l'on recueillait les orphelins. Seul, croyaient les administrateurs, avec sa vigilance et son autorité, aussi bien que son esprit pratique, il pourrait supprimer les abus de toutes sortes qui s'étaient glissés dans cet établissement. Emmenant avec lui Raisin et Prévost, il attaque de front les difficultés; rien n'échappe à sa censure : sacristie, ornements, offices, réglementation des messes nombreuses qui se disaient dans l'église fréquentée du Saint-Esprit, observation des règles liturgiques, tout est contrôlé et amendé. Mais les ennuis survenus et de la part des prêtres et de la part des administrateurs, l'amenèrent à se retirer et à y laisser Raisin, qu'il allait voir de temps en temps.

A travers les obscurités des vies manuscrites on voit que ces ennuis n'étaient pas les seuls. La défiance à l'égard de sa communauté régnait chez quelques curés toujours en garde contre les empiétements des religieux et des congréganistes. De plus, son zèle à leur rappeler, fût-ce par lettres, la loi de la résidence, leurs obligations pastorales, était importun à plusieurs. Il comptait, en revanche, des partisans parmi eux. Il est vrai qu'en 1621, il perd dans M. de la Saussaye, curé de Saint-Jacques de la Boucherie, « un ami particulier de la communauté[2] ». Mais d'autres curés, poussés par notre « solliciteur », consentiront à voir établir sur leur paroisse des commensalités, dont quelques-unes ont persévéré jusqu'à la Révolution[3]. En combinant les

---

1. Nous retrouverons plus tard sur notre route, cet hôpital presque contigu à l'ancien Hôtel de Ville.

2. *Vie imp.* Des., p. 169.

3. Nous croyons que l'histoire de ces Commensalités à Paris serait à faire.

données fournies par les vies de Bourdoise, on mentionnerait celles de Saint-Leu, de Saint-Côme, de Saint-Paul, de Saint-Médard, de Saint-Benoît, de Saint-Germain l'Auxerrois, de Saint-Gervais, de Saint-Jean en Grève et de Saint-Étienne du Mont. Formées dans un dessein d'édification mutuelle, et peut-être aussi d'économie, elles avaient emprunté à la communauté de Saint-Nicolas une prescription essentielle : le curé en était le chef, mais non pas l'économe dans le sens ordinaire du mot. Celui-ci était élu à la pluralité des voix, et le curé ne recevait que sa part de bénéfice net[1]. L'exemple devient contagieux, et bientôt l'Université elle-même le suit. Les boursiers de Navarre, les professeurs de certains collèges se groupent de cette manière. Les chantres de Notre-Dame s'associent.

Non content d'agir ainsi sur les individus, Bourdoise, à plusieurs reprises, sans doute par l'intermédiaire de Froger, obtint de l'ensemble des curés de Paris, qu'ils parleraient en chaire le dimanche avant les Quatre-Temps, sur la tonsure et les ordres, afin que ceux qui voudraient les recevoir pussent s'y disposer et « que les parents sussent à quoi ils engageaient leurs enfants, en les présentant aussi facilement qu'ils faisaient à la tonsure[2] ».

Mais il a trop l'expérience des hommes pour ne pas sentir quel poids donnerait à ses exhortations la volonté de l'archevêque. Le cardinal de Retz lui a confié, en 1617, les instructions à faire aux futurs tonsurés; et cela l'autorise à s'occuper plus spécialement des conditions de cette entrée dans la carrière ecclésiastique. D'après le manuscrit 2453, Bourdoise aurait provoqué des règlements pour la Confirmation et la tonsure, à Paris. Dans tous les cas, en 1627, grâce « à ses remontrances » présentées probablement par Froger, dans l'église de qui se faisaient les instructions préparatoires, J.-F. de Gondi « voulut qu'on examinât soigneusement ceux qui se présenteraient pour la tonsure, et choisit pour faire cet examen M. Le Féron et M. Duchesne le jeune, tous deux docteurs et disciples de Bourdoise. » « C'est une grande nouveauté pour Paris, écrivit-il alors, la chose a beaucoup paru et on espère de grands biens[3]. » L'expérience

---

1. Il y a peut-être là une indication pour les communautés qui, avec les conditions nouvelles faites au clergé, ne manqueront pas de se fonder au moins dans les villes.
2. *Vie imp.* Des., p. 172.
3. *Ibid.*, p. 255.

réussit ; l'archevêque en fut si satisfait qu'il voulut que cela fût continué cette année, et il en fit un mandement (15 décembre 1628) pour obliger « les futurs tonsurés » à un examen au palais archiépiscopal [1]. Puis l'archevêque, bien conseillé, fait insérer, dans le nouveau Rituel, imprimé en 1630, une partie de ce règlement, oblige les curés à le lire au prône de la grand'messe, le dimanche qui précède les Quatre-Temps, et fait donner aux docteurs chargés de l'examen un résumé de ce qu'ils devaient exiger des jeunes candidats à la tonsure. Entre autres articles, nous en relevons deux. Par le premier, il est enjoint aux examinateurs de ne pas recevoir « ceux dont ils croiront probablement que les intentions ne sont pas assez pures ; par le second, ils diront à ceux qu'ils auront trouvé capables, de quelle manière ils doivent se présenter devant Nous pour recevoir la tonsure, c'est-à-dire qu'il faut qu'ils soient en soutane, qu'ils aient les cheveux courts et égaux, un surplis et un cierge, ainsi que l'Eglise le demande [2] ».

Or, pour mesurer le progrès accompli, il faut savoir qu'en 1626, malgré les avertissements des curés, « parmi un très grand nombre de jeunes gens qui se présentèrent à la tonsure, il n'y en eut qu'un seul, qui parut en soutane, et il avait été formé à Saint-Nicolas, mais c'était un externe, clerc du diocèse de Beauvais. » La règle est fixée désormais, et grâce à la fermeté vigilante de Bourdoise, il est à croire que l'exception devint la règle, et c'est depuis ce temps probablement, qu'on inscrivait, sur un registre [3], à Saint-Nicolas, ceux qui aspiraient à la tonsure [4].

Ces ordonnances épiscopales sont appuyées d'ailleurs par un décret de la Sorbonne dont Froger eut peut-être l'initiative, par les écrits que Bourdoise répand à profusion, et qui traitent de la préparation à la tonsure. Le « solliciteur clérical » pousse Jan-

1. *Ibid.*, p. 273.
2. *Ibid.*
3. Il est fait mention de ce registre dans le procès-verbal de l'inventaire de 1791. Cf. *B. N.* n. a. f. 2792.
4. Etait-ce dans l'église de Saint-Nicolas que se donnait la tonsure ? Nous ne pouvons le certifier. Notez cependant que dans « *Les curiosités de Paris* », par M. L. R., 1779, p. 400, il est dit : « C'est dans cette église que se font les ordinations de Paris. » Le curé Heuqueville dit la même chose. *A. D.*, 1er mai 1857. — Les registres d'ordination contredisent ces assertions. Les ordinations, même celles des tonsurés, se faisaient « in superiori sacello palatii archiepiscopalis Parisiis. » Cf. *A. D.*

vier et d'autres à composer de petits traités sur la matière; lui-même y va de son ouvrage. Dans le *Désireux d'être un bon ecclésiastique* (1623), il traitait de la tonsure et des obligations qu'elle entraîne[1]. Pour mieux se mettre à la portée des jeunes intelligences, auxquelles il s'adressait, il avait suivi la méthode des catéchismes, et avait rédigé le tout par demandes et par réponses, et pour en rendre la diffusion plus facile, il avait pris ses précautions pour que cet opuscule de propagande fût vendu à bon marché. Bientôt, d'après Descouraux[2], « il n'y eut presque pas d'écoliers, ni de professeurs qui ne l'eussent vu... Ceux de la communauté et du séminaire[3] en apprirent par cœur les principaux endroits pour pouvoir en parler dans l'occasion, et il y eut des dames vertueuses qui, sachant presque tout ce livre, en débitaient fort à propos les maximes pour instruire les pères et mères qui destinaient leurs enfants à l'état ecclésiastique ».

Tout en s'occupant avec un tel soin de la préparation à la tonsure, Bourdoise ne négligeait pas les ordres proprement dits. Ceux-ci étaient reçus bien à la légère. L'autorité ecclésiastique elle-même n'était pas exigeante sur ce point. L'examen qui devait précéder l'ordination ne paraît pas avoir été bien sérieux. En fait d'attestation, on se contentait, à Paris, pour les ordres mineurs, d'un témoignage du curé; pour les ordres sacrés, on satisfaisait aux statuts synodaux (et des règlements réédités en 1620 permettent d'inférer légitimement qu'ils n'étaient guère observés), en se mettant pendant un mois sous la direction de son curé; la science exigée par cet acte officiel de 1608 était mince; pour les ordres mineurs : ne pas ignorer le latin; pour la prêtrise : connaître l'administration des sacrements et pouvoir enseigner aux fidèles les vérités nécessaires au salut[4]. Et, de plus, cet examen devait être bien peu rigoureux en ce qui concernait l'administration des sacrements. Voici ce qu'en pensait Vincent de Paul, parlant à ses confrères dans un entretien du 5 août 1659[5]. « Nous pratiquons donc des choses qui se pratiquent dans les séminaires, mais aussi il y en a d'autres qui ne sont pas en

---

1. *Vie imp. Des.*, p. 191 à 193. Nous n'avons pas pu trouver cet opuscule.
2. *Ibid.*, p. 194.
3. Remarquez cette expression en passant.
4. « Quae scire omnibus necessarium est ad salutem ». Cf. *Synodicon ecclesiae Parisiensis*. MDCCLXXVII.
5. *Collect. lazar.*, VII, 494.

usage parmi nous, comme serait l'administration des sacrements, l'explication de la méthode pour prêcher, catéchiser, et la théologie morale, laquelle, à la vérité, s'enseigne ici, mais *lato modo* d'une manière plus étendue, ajoutez aussi les rubriques du bréviaire et du missel. Défunt le bon M. Bourdoise a été le premier à qui Dieu a inspiré de faire un séminaire pour y apprendre l'administration des sacrements et toutes les rubriques; avant lui, on ne savait guère ce que c'était; il n'y avait pas d'établissement particulier où on les enseignât; un homme, après sa théologie, après sa philosophie, après ses études[1], après un peu de latin, s'en allait dans une cure et y administrait les sacrements à sa mode; c'est ce qui faisait une si grande diversité, mais par la miséricorde de Notre-Seigneur, l'on voit aujourd'hui tout le contraire. Pour ce qui nous concerne, Messieurs, si nous nous trouvions obligés de baptiser, je ne sais, à vrai dire, si plusieurs d'entre nous, n'y seraient pas beaucoup embarrassés. Je demandais, l'autre jour, à quelqu'un de la communauté comment il se comporterait en certaines rencontres. Je vous assure, Monsieur, me dit-il, que je ne sais comment je m'y prendrais. Pour moi, quoique j'aie été curé, je vous assure que j'y aurais à présent beaucoup de peine. » Nous nous ferions scrupule d'affaiblir par un commentaire la netteté et la valeur de ce témoignage, précieux à plus d'un titre[2].

A ce mal il fallait un remède, on le trouve aujourd'hui dans les derniers mois passés au séminaire. Ne pouvant avoir recours à ce moyen, on s'avisa alors de réunir les ordinands afin de leur apprendre rapidement cette partie importante de leur ministère pastoral et de les préparer, par une retraite de quelques jours, à la réception des ordres. A qui revient l'honneur de cette initiative? Est-ce à Augustin Potier, évêque de Beauvais, est-ce à Bourdoise, est-ce à Vincent de Paul? Nous ne croyons pas qu'on puisse le déterminer; l'idée, assez naturelle d'ailleurs, était dans l'air. Une chose semble hors de doute; c'est que Bourdoise en a conféré avec l'évêque de Beauvais et lui a indiqué deux prédicateurs pour ces entretiens : Messier et Bernard Duchesne[3].

1. D'humanités.
2. Non pas cependant que nous fassions, des Rubriques et de certaines cérémonies des sacrements, un point essentiel.
3. *B. M.* 2453, année 1628.

Il fallait, pour s'imposer au reste de la France, que cette innovation passât du Beauvaisis à Paris. Bourdoise n'est pas connu de l'archevêque. C'est un fait qui peut nous paraître singulier, mais il l'atteste lui-même : « C'est une chose assez remarquable, dit-il, qu'Adrien Bourdoise ait été trente ans au pied de la maison archiépiscopale[1] sans être connu de Monseigneur l'archevêque » et cependant « j'ai souvent parlé à lui et à Monseigneur le Cardinal, son prédécesseur ». L'explication donnée ne nous paraît pas très satisfaisante[2]. « Il avait, dit Descouraux, toujours eu la précaution d'engager M. Froger, ou M. Compaing à porter la parole afin de ne paraître qu'en second. » A défaut d'une sollicitation personnelle, Bourdoise va se servir de l'intervention de Potier, alors à Paris, et avec qui il a des relations plus cordiales[3]. L'archevêque est ainsi amené à ordonner, le 21 février 1631, « par un mandement exprès », que tous ceux « qui voudraient recevoir les ordres eussent à se présenter quinze jours auparavant[4] pour être interrogés et instruits gratuitement de leurs obligations et des fonctions de leurs ordres. Il ne marque pas d'abord le lieu où cela se ferait, parce qu'il voulait que ce fût à Saint-Nicolas[5], mais Bourdoise fit voir[6] qu'il n'y avait pas assez de logement et que cela se ferait beaucoup plus commodément au collège des Bons-Enfants ».

G. Compaing.

---

1. L'archevêché, on le sait, était alors situé sur le quai, au côté sud de Notre-Dame.
2. *Vie imp.* Des., p. 523.
3. Le ms. *B. M.* 2453 affirme que Bourdoise « fit écrire par Potier au cardinal. »
4. Vincent de Paul écrit « 10 jours » et ne fait aucune allusion à l'intervention de Bourdoise : d'ailleurs, bientôt on nomma ces exercices : « les exercices de dix jours ».
5. L'assertion de Descouraux a certainement beaucoup de valeur, mais on aimerait à la voir confirmée par d'autres témoignages.
6. Descouraux ne nous dit malheureusement pas à qui.

En effet, Vincent de Paul, sorti définitivement de l'hôtel de Gondi, après la mort de la générale des galères (23 juin 1625), s'est installé dans son vieux collège, dont M. Portail seul avait d'abord pris possession ; il en a résigné la chapellenie à sa congrégation naissante[1]. Cette congrégation comprend alors deux membres : lui et M. Portail ; elle croît lentement et ne parvient certes pas à remplir les deux bâtiments de face et de gauche. Celui-ci a été réparé, et pourra ainsi, tant bien que mal, abriter les ordinands de 1631. On voudrait aussi que Vincent donnât ces exercices, comme il l'a fait à Beauvais, trois ans auparavant. Il s'en excuse faute de personnel : tout son monde est occupé aux missions. Bourdoise, toujours plus hardi que Vincent qui n'ose jamais « enjamber » sur la Providence, lève la difficulté en lui disant qu'on ne lui demande qu'un local et « qu'on aviserait au reste comme il y pourvut effectivement ». Il engagea M. Hallier l'aîné, docteur depuis 1624, « savant en cléricature[2] ». Celui-ci fit à lui seul tous les entretiens ; il parlait deux fois par jour à ceux qui se préparaient à recevoir les ordres, et un grand nombre de personnes de mérite vinrent pour l'entendre. L'archevêque daigna assister au premier entretien, et il n'y eut guère de jours, où on ne vît huit ou dix évêques parmi les auditeurs[3].

Quelle fut la matière de ces discours ? Sans aucun doute, ils roulaient sur la retraite, la confession générale de la vie passée, sur une révision rapide de la théologie morale, l'administration des sacrements et les cérémonies du culte[4]. « Hallier ne dit rien, écrit Bourdoise, qu'il ne l'eût pratiqué lui-même, ayant été élevé à Saint-Nicolas, où il avait porté le surplis plusieurs années avant que d'être sous-diacre. »

Voilà ce qui se passa pour l'ordination du carême de 1631. Nous ne savons ce qui advint aux cinq autres[5] ordinations de cette année, sinon que ces exercices eurent toujours lieu aux

---

1. L'acte de fondation de la Mission est du 17 avril 1625 ; l'approbation de l'archevêque fut donnée le 24 avril 1626.

2. L'année suivante, il devait publier ses : *Monita ad ordinandos et ordinatos*. Cf. Féret : « *La faculté de théologie de Paris* », tome VI, p. 307. (Picard et fils).

3. Cf. *Vie imp. Des.*, p. 282. On remarquera, en passant, comment les prélats gardaient la résidence. Cf. *Collect. lazar.*, XI, p. 445.

4. Cf. *Coll. lazar.*, IV, p. 59. D'ailleurs les matières s'imposaient et Vincent de Paul avait frayé la voie en 1628 à Beauvais.

5. Cf. *Coll. lazar.*, II, p. 279.

Bons-Enfants. L'année suivante, ces exercices trouvèrent place probablement à Saint-Lazare [1], où la communauté avait été transférée. La gratuité de ces exercices était une des conditions de l'union de ce bénéfice. Jusqu'en 1638, seuls les ordinands du diocèse de Paris y étaient admis. On peut, à partir de cette date, grâce à des dons généreux, en faire bénéficier même les étrangers. C'est vers cette époque probablement, que Perrochel, plus tard évêque de Boulogne, Caulet et Olier se réunirent avec Vincent pour donner une rédaction définitive aux Entretiens des Ordinands, au moins en ce qui concernait la morale [2]. Et désormais jusqu'à la Révolution, c'est là que le clergé de Paris, Nicolaïtes y compris, ira se préparer aux ordres sacrés, et même, aux ordres mineurs, à partir de 1646. Bourdoise, fidèle à son rôle d'excitateur, a eu l'initiative, ce nous semble, puis il abandonne facilement à d'autres la gloire de l'exécution.

D'aucuns seront peut-être étonnés que dans tout ce récit, il ne soit nullement fait mention des Oratoriens qui avaient annoncé bien haut que leur but principal était la formation et la sanctification du clergé. Le séminaire de Saint-Magloire « situé dans l'air le plus pur et le plus serein » de la ville [3], voit ses religieux prolonger leur existence. Trois meurent avant 1628; et de 1628 à 1642, cinq les rejoignent dans la tombe. Des frais divers absorbent, jusqu'en 1628, la part des revenus demeurés libres. Deux prêtres de l'Oratoire aident d'abord aux religieux pour le service divin. A partir de 1629, les Oratoriens sont huit et assurent ce service. Jusqu'en 1632, et même jusqu'en 1641, ils sont seuls; de séminaire sous une forme ou sous une autre, pas de traces [4]. Les quatre jeunes ecclésiastiques que la bulle d'érection mentionnait et qui devaient être gratuitement reçus, attendront, et même l'archevêque Jean-François consent à les faire attendre jusqu'après sa mort: le séminaire de Saint-Magloire existe sur le papier et en espérance; non que les Oratoriens ne régissent à l'époque où nous sommes (1628-1632), des séminaires en province. En

---

1. Cf. *Coll. lazar.*, II, p. 278, d'où il semble que les *Exercices* ont continué pendant quelque temps à se faire aux Bons-Enfants.
2. Cf. *Coll. lazar.*, VIII, p. 493.
3. Bossuet : *Oraison funèbre du P. Bourgoing.*
4. On ne peut pas faire remonter plus haut que 1642 l'admission, à Saint-Magloire, de séminaristes (non novices). Nous croirons le démontrer plus tard.

1623, de Bérulle dans son mémoire contre les Jésuites, présenté au cardinal de Richelieu, affirme que ses confrères ont « déjà celui de Mascon, ils sont après celuy de Chaslons, et ils se tiennent comme assurés de celuy de Langres. » Nous n'avons pas à examiner ici ce qu'il faut entendre par ce mot séminaire [1]. Ce qu'il y a de sûr, c'est qu'en 1632 Saint-Magloire ne donne asile qu'à des religieux pensionnaires et à des Oratoriens.

La charge d'une préparation aux ordres, moins hâtive que celle accomplie par les dix jours des exercices des ordinands, retombe entière sur Saint-Nicolas. Ce qui soutient celui-ci dans cette lourde tâche c'est l'approbation de la Sorbonne. Gamache, Duval, Mauclerc, défenseurs de l'orthodoxie, et eux-mêmes excellents prêtres, encouragent ces pauvres prêtres qui, presque dans l'ombre, se dévouent à une œuvre aussi laborieuse que féconde en résultats heureux. Bientôt un décret, émané de la Faculté, confirme et rend obligatoires les prescriptions de Bourdoise relatives à la tonsure. De plus, grâce à l'intermédiaire de Froger, elle imprimera à la communauté un mouvement nettement marqué vers les saines doctrines. Froger, en effet, dans des circonstances difficiles, sait, autant que les temps le permettent, résister au gallicanisme parlementaire qui commence à envahir la Sorbonne. En 1613, il a attaqué Richer, qui exalte la puissance des évêques au détriment de celle du pape.

En 1625 cependant, il a fait un faux pas, il a rédigé la censure de la Sorbonne contre les libelles qui blâment la politique peu catholique de Richelieu. La violence de cette polémique et les intérêts en jeu peuvent en partie l'excuser. En 1626, sa situation est très difficile ; nommé syndic, grâce à l'influence de son maître Duval, il doit, par ce fait, jouer un rôle important dans l'affaire de Santarel [2]. Le gallican Filesac, professeur de Richelieu, persuade à Froger de faire réunir, par le doyen, une assemblée de la Faculté pour examiner le livre ultramontain de Santarel. Le doyen, ami de Richelieu, saisit l'occasion et envoie

---

1. D'après Faillon (et les arguments paraissent solides), il s'agit de séminaires-collèges, comprenant humanistes, philosophes, théologiens.

2. Ce Jésuite, résidant à Rome, publia, en 1625, un traité de Morale qui, dit Puyol, *Edmond Richer*, II, p. 275, « contenait l'expression la plus forte des doctrines romaines et se signalait par une exagération de sentiment et d'expression qui aurait causé des embarras à la Société de Jésus, même dans des temps moins troublés ».

les bedeaux de la Faculté convoquer les docteurs pour le lendemain 16 avril. Dans l'intervalle, Duval semonce son disciple. Il était trop tard pour donner un contre-ordre. A l'assemblée, Froger, dont l'âme candide n'avait pas soupçonné le piège, est obligé, à sa confusion, d'avouer qu'il jugeait périlleux d'entreprendre une affaire de cette gravité sans y avoir été invité par une autorité qualifiée. Vain subterfuge ; une commission est nommée. Elle est hostile à Santarel et rédige un rapport où elle s'applique à faire ressortir tous les excès de la doctrine. Aussi Duval, Mauclerc, Isambert, tous amis de Saint-Nicolas et de Froger ne cherchent pas à défendre ces doctrines, ils s'attachent à obtenir une censure générale de l'ouvrage, sans spécifier aucune proposition en particulier. La majorité repousse cet amendement. Vaincus sur ce terrain, nos ultramontains essayent de mitiger les qualifications les plus sévères. Ils sont encore battus ; d'ailleurs les Jésuites français, désireux d'échapper aux soupçons qui les poursuivent, depuis les attentats de Chatel et de Ravaillac, souscrivent eux-mêmes à cette censure [1] ainsi que toutes les Universités de France. Mais Froger, soutenu et éclairé par Duval, a montré nettement sa tendance à défendre les prérogatives de la Papauté.

Nous n'avons pas de renseignements précis sur l'écho que purent trouver ces disputes dans la Communauté, plus occupée d'ailleurs des questions de pratique que des débats spéculatifs, mais on ne saurait trop remercier la Providence de lui avoir donné pour curé, à sa naissance et dans les années de formation, un homme aussi versé que Froger dans la saine théologie. Ne faudrait-il pas faire remonter, au moins en partie, jusqu'à lui, l'orthodoxie constante de Saint-Nicolas ?

Bourdoise, lui, ne pouvait s'immiscer à ces luttes ; il se contentait de se tenir « au gros de l'arbre » comme il aimait à le dire. L'action lui plaisait seule et tout ce qui pouvait promouvoir cette action avait ses préférences.

Peut-être reçut-il, en l'année 1625, la visite de Charles Godefroy, théologien de Paris et curé de Cretteville, diocèse de Cou-

---

1. Le 20 mars 1626. — La province de France, dans sa déclaration au Parlement de Paris, du 24 mars 1713, ne craindra pas d'aller jusqu'à dire sans distinction ni réserve (au moins exprimée), que la puissance royale « pour le temporel, ne dépend ni directement ni indirectement d'aucune autre puissance qui soit sur la terre et n'a que Dieu au-dessus d'elle ». Cf. Puyol. *Edmond Richer*, II, 305.

tances. Celui-ci, alors, lui aurait présenté son opuscule, publié l'année même chez Soubron au Palais [1], et intitulé *le collège des Saints Exercices*. Le plan de ce docteur était nouveau : création dans chaque archevêché d'une maison (collège) où d'anciens curés, au nombre de six, dirigeront des exercices [2], grâce auxquels « des curés (on enverra de jeunes prêtres les remplacer) surtout et autres officiers de la hiérarchie, et tous ceux qui ne peuvent ou ne veulent être religieux apprendront « à se bien et dignement acquitter de leurs charges, à s'y affectionner, à traiter avec un honorable respect les saints sacrements, et principalement à dire et à célébrer dévotement la sainte messe, à tenir leurs autels bien parés, les églises nettes de toutes immondices et saletés ». En carême et en automne, époques où ces curés seront retenus pour le besoin des âmes et la récolte de leurs dîmes, on admettra dans ces collèges de jeunes ecclésiastiques, qui paraîtront avoir quelques dispositions ou quelque crédit pour servir un jour l'Eglise. Les évêques feront bien d'obliger les ordinands à y passer huit jours ; enfin, le collège remplacerait efficacement la prison (mauvaise conseillère) pour les prêtres qui auraient à purger une peine.

En entendant cet exposé, Bourdoise dut tressaillir d'aise, mais connaissant la faiblesse humaine, si nous en croyons un de ses biographes, il aurait dit à Godefroy : que ce projet paraîtrait admirable aux évêques, mais que le fruit qu'il en retirerait ne vaudrait pas l'argent dépensé par le livre à l'impression [3]. Il a pu cependant en retirer une idée : celle des exercices pour les ordinands, qu'il mettra à profit. Godefroy présenta son plan à l'assemblée du clergé de cette année 1625 : elle l'approuva et lui donna même « pleine puissance et autorité de former et établir une congrégation d'ecclésiastiques et de bâtir des collèges et séminaires pour y effectuer et faire pratiquer les articles contenus en son livre des *Saints Exercices*, où il pourra, avec ses associés, célébrer la sainte messe, prêcher, enseigner et faire toute autre chose utile à l'Eglise. » Mais ce projet n'eut pas de

1. B. N. D. 36283.
2. Il n'en précise pas la durée.
3. Nulle part, dans les vies de Bourdoise, il n'est fait mention de l'opuscule de Godefroy ; mais Faillon (*Vie de M. Olier*, I, p. 384 note), dit que c'est vraisemblablement de cet écrit qu'il s'agit dans B. M. 2453, liv. I, chap. Ier. Nous n'y voyons pas d'inconvénient.

suite, car Godefroy mourut et ses idées ne furent pas appliquées immédiatement et surtout dans la forme indiquée. Peut-être cette inefficacité de la sanction de l'assemblée n'étonna-t-elle pas Bourdoise, qui connaissait certainement déjà toutes les belles ordonnances antérieures, condamnées au sommeil des archives.

Nous ne croyons guère, malgré l'autorité du manuscrit 2452, à une prétendue tentative faite par Bourdoise, appuyée de Duval et de Hallier, auprès du garde des sceaux et tendant à se faire confier les séminaires du royaume. Rien dans les textes que nous avons vus, pas plus que dans les habitudes que nous lui connaissons, n'autorise une pareille affirmation.

Où nous allons le retrouver tout entier c'est dans l'action qu'il a déployée durant cette seconde période, tant autour de Paris que dans les provinces. Les missions qui atteignent non moins les curés que le peuple, les visites apostoliques, les fondations de séminaires continuent à fournir un aliment à ce zèle, que les limites de la capitale ne sauraient contenir. En 1623, à l'instigation du père de Compaing, il est en mission à Garches et comme les chanoines de Saint-Cloud en étaient les seigneurs, il n'eut pas peu de peine à en régler les cérémonies. Il semble bien, en effet, que dans ces missions, il prêche peu. C'est lui qui organise, distribue les fonctions de prédicateurs, de confesseurs[1], met de l'ordre dans les cérémonies ; mais ce n'est pas lui qui, par sa parole, remuera les masses.

« Ce fut à l'occasion de cette mission que M. Bourdoise, allant cette année, visiter les curés du voisinage rencontra le Roi Louis XIII, d'heureuse mémoire. Ce grand prince, voyant notre bon prêtre en soutane et en long manteau, et avec des cheveux extrêmement courts, le prit pour un religieux, et lui demanda de quel ordre il était : « Sire, répondit M. Bourdoise, avec un très profond respect, je suis un simple prêtre et par conséquent de l'ordre de Saint-Pierre. » Le roi ne comprenant pas cette réponse et surpris de cet extérieur, dit qu'il n'avait pas encore entendu parler de cet ordre, et qu'il ne savait pas qu'il y en eut dans son royaume, d'où M. Bourdoise prit occasion de lui parler de l'excellence et des obligations de l'état ecclésiastique. Et il le fit avec tant d'onction et de modestie, que le roi en fut très édifié. Sa Majesté lui demanda ensuite où il allait : « Je m'en vais, dit-il, à Garches proche de Saint-Cloud prier le grand saint

---

[1]. Sa pieuse industrie va même, à Garches, jusqu'à faire venir de Paris des personnes qui, en se confessant, exciteront les autres.

Louis, patron de cette paroisse, qu'il obtienne de Dieu, que vous soyez l'imitateur de ses vertus comme vous êtes l'héritier de sa couronne, et son successeur en son royaume. Le Roi trouvant un grand sens en tout ce que disait le serviteur de Dieu, prit aussi plaisir à l'entendre et lui parler avec beaucoup de bonté. La conférence fut longue et bonne, dit Bourdoise, quoique dans le grand chemin et d'une grande utilité. »[1]

Le trait est charmant et fait honneur à la finesse de notre missionnaire.

Une autre fois, c'est M. Chauvelin qui lui propose de faire une mission à Draveil, et il y part avec Compaing et Duchesne. Il pousse jusqu'à Villetaneuse, où il prêche avec force et onction, et même jusqu'à Dammartin (1625) avec Duchesne, Calleaux et quelques autres. Il ne craint pas d'élargir le rayon de son action. Les points extrêmes, visités par lui, sont Reims, Amiens, Dieppe, Le Mans et Chartres. A Reims, nous ne savons pas exactement ce que fut son apostolat : il amorça simplement des relations entre la communauté et M. Dozet, grand vicaire de cette ville, qui s'occupait de ranimer le séminaire languissant, fondé autrefois par le cardinal de Lorraine. Nous savons fort peu de chose sur son excursion à Amiens et à Dieppe. Notons cependant qu'au retour de cette dernière mission, il établit à Mantes « une conférence pour y traiter des cas de conscience et des devoirs des ecclésiastiques, à commencer par la tonsure ».

Par un phénomène bien connu et que le dicton populaire a su exprimer, saint Vincent de Paul, dans les pieuses et même savantes biographies auxquelles il a donné lieu, semble avoir accaparé toutes les heureuses initiatives de son époque. Sa part était pourtant assez belle : si nous ne nous trompons pas, il a plutôt donné une forme pratique, et souvent presque définitive à des institutions qui existaient avant lui, et nous sommes persuadés que c'est le cas pour les conférences ecclésiastiques. Bourdoise les pratiquait et les faisait instituer dès 1622, et nous avons vu Froger en tenir avant même la venue de Bourdoise à Saint-Nicolas du Chardonnet.

Un jour de l'année 1622[2] (et ceci caractérise bien sa manière),

---

1. *Vie imp.* Des., p. 197.
2. Dans la *Vie imp.* Des., on trouve indiquée l'année 1623 ; il y a, selon nous, une légère erreur de date.

se voyant assez libre, il prend pour compagnon M. Raisin, et sort de Paris « pour aller chercher des ecclésiastiques, à qui il pût rendre service »; il traverse ainsi le diocèse de Chartres, en *semant la cléricature*, et pousse jusqu'au Mans, où il essaye de changer le collège, qui y fonctionne, en séminaire-collège; dans ce diocèse, chose rare, il trouve un curé selon son cœur. Mais naturellement, Chartres lui est toujours très cher. En 1628, il tente, d'accord avec l'évêque, d'y fonder un séminaire; il mourra avant de voir ce vœu réalisé.

Son pays natal lui devait, depuis 1620, l'érection d'un collège, à la tête duquel il mit bientôt Raisin, qui lui donna, avec succès, un air de séminaire. L'année suivante, Gallou l'aîné, sur ses instances, quitta la vicairie de Saint-Leu, à Paris, pour occuper la cure de Brou, devenue vacante. Bourdoise l'accompagna, et, peut-être nous pardonnera-t-on de citer une page où l'agrément du style nous semble le disputer à l'ingéniosité de la leçon :

A quatre lieues de Brou, il aperçut un berger dans un guéret assez étroit entre une pièce de blé et une pièce d'avoine; et voulant faire voir, en ce garçon, le modèle d'un bon curé, il s'approcha de ce berger, et lui demanda, avec beaucoup d'honnêteté, s'il voudrait quitter son troupeau pour un moment afin de leur montrer le chemin. Mais ce berger comme s'il n'eut pas entendu ce qu'on lui disait, ne pensait qu'à ses brebis, criant après les unes, et jetant de la terre aux autres de peur qu'elles ne gâtassent quelque chose. On lui parle plus haut, il ne répond point. On le prie, on le presse; il s'excuse, et il dit qu'il lui est impossible de s'éloigner. M. Bourdoise lui offre cinq sous, il lui en offre dix. Il refuse tout : on le traite rudement, on lui dit des injures, on menace de le battre et on fait semblant d'être fort en colère contre lui. Il ne dit mot et ne cesse de veiller à son troupeau. M. Bourdoise en quittant ce berger, lui jeta l'argent qu'on lui avait offert pour le dédommager en quelque façon de la peine qu'il venait de lui faire. Mais il ne daigna pas seulement regarder ce qu'on lui donnait, et on fut obligé de le laisser à terre, afin qu'il le prît quand on n'y serait plus. M. Bourdoise fut très satisfait de la fidélité de ce berger, et employa deux heures entières à expliquer les circonstances de ce qui s'était passé en cette occasion, pour faire voir le soin qu'un curé, qui est l'asteur des âmes, doit prendre de ses paroissiens [1].

Hélas! à peine en son pays et au milieu de sa famille, Gallou se livra entièrement à ses parents; ses nièces chassèrent bien-

---

1. *Vie imp.* Des., p. 166.

tôt Bourdoise du presbytère, de l'église et de Brou (1621). Notre « solliciteur » ne délaissa pourtant pas son diocèse d'origine. A l'appel de M. de Clermont, un des paroissiens de Froger et seigneur de Boinvillers, près d'Illiers, il alla, la même année 1621, dans ce village, le visita; l'année suivante il dirigea « une bande cléricale » pour une mission donnée à la Saint-Clément (23 novembre) et tous les ans jusqu'en 1627 ces exercices furent donnés. Cette année-là, de concert avec Froger, il céda aux vœux de M. de Clermont et y établit une communauté, où il installa Prévost et un autre de la compagnie. Il la surveilla avec amour et lui confia l'école des garçons, et en 1640, il disait que si, faute d'approbation autorisée, les communautés d'Orléans et de Brou étaient demeurées « sans effet », celle du village de Boinvillers subsistait encore « en conséquence de l'approbation, faite en 1628, par l'évêque de Chartres d'une fondation qu'ils y desservent [1]. »

Mais, sans contredit, ses deux visites les plus importantes furent celles de Beauvais et de Rouen. Le siège de Beauvais était occupé par Augustin Potier de Blancmesnil. Auprès des historiens, cet évêque porte toujours le poids de l'injurieuse appréciation qu'a faite de lui Richelieu en le nommant le « plus idiot des idiots, » et un autre cardinal, moins recommandable, il est vrai, le cardinal de Retz, ne craint pas de l'appeler la « bête mitrée » Son ministère de quelques jours, à la mort de Richelieu, lui a également été préjudiciable, aux yeux de ceux qui rédigent l'histoire officielle. Il avait voulu, l'imprudent, substituer à l'alliance protestante, l'alliance catholique. Quoi qu'il en soit, au point de vue ecclésiastique, il paraît avoir été très recommandable. Simple et facile, il s'appliqua à la réforme de son clergé. Ne pouvant avoir de Nicolaïtes pour fonder un séminaire, il confie ses étudiants ecclésiastiques à Bourdoise. Enfin, en 1628, s'il n'est pas vrai qu'il eut une inspiration céleste, en vue de l'institution des exercices des Ordinands, il eut certainement la gloire de les voir le premier s'accomplir à Beauvais. Il prit la peine de venir chercher lui-même Vincent de Paul aux Bons-Enfants, pour les diriger. D'ailleurs il était bien secondé et par Le Clerc, principal de son collège, ami intime de Bourdoise, et par Duchesne, l'aîné, son archidiacre. Bourdoise a des relations di-

1. Cf. *Préface au Règlement.*

rectes avec lui et avec son diocèse, et Potier le recommande aux autres évêques.

François de Harlay avait, lui aussi, demandé à Bourdoise le service de travailler dans son archidiocèse de Rouen. Bourdoise s'était contenté de lui donner Hallier le jeune, qu'il fit grand vicaire. Aux grandes calendes[1] de 1627, Harlay prie Froger de l'assister comme visiteur, à condition d'amener Bourdoise. Et les voilà tous deux partis ; Compaing est chargé du soin de la paroisse et de la communauté. On peut penser ce que fut cette visite. Propreté des églises, réforme du clergé, voilà sur quoi portèrent les efforts des deux visiteurs. L'année suivante, les fruits de cette tournée apostolique devinrent visibles. A l'instigation d'Hallier, l'archevêque conféra les ordres, à un jour d'intervalle ; les clercs ordonnés firent leurs fonctions aussitôt, et il y eut de belles exhortations. Ceci se passait au mois de décembre 1628.

Mais, auparavant, Beauvais avait vu, pendant 10 jours[2], ses clercs en retraite. Grâce au zèle du cardinal de la Rochefoucauld, à celui de Ranson et de Le Féron, la cléricature faisait aussi des progrès à Senlis. Quand Nicolas Sanguin remplaça le cardinal sur le siège de Senlis, Bourdoise ne lui était pas inconnu ; peut-être avait-il contribué, en qualité de chanoine de Chartres, à le condamner à la prison pour son zèle trouvé intempestif par le chapitre. Bourdoise fut bien édifié, quand, à la Pentecôte 1629, il reçut de ce prélat un mandement sur les ordres, dont lui-même avait fourni les mémoires.

Comme saint Paul, notre apôtre de la cléricature parcourt donc en tous sens ces contrées, qui s'étendent depuis Reims jusqu'à la mer, depuis Amiens jusqu'à Chartres. Comme saint Paul encore, il prêche par lettres, et ce n'est pas là son moindre moyen d'action. Sa correspondance est toujours considérable : d'ailleurs, en bon praticien, qui a conservé, du greffe, des habitudes d'ordre, il aime à rédiger, comme des actes, ses avertissements, projets et conventions. Il sait ce que la plume donne de précision et de valeur à ce qu'elle fixe. On le consulte, et il répond aux consul-

---

1. Visites épiscopales faites en assemblant, par cantons, les ecclésiastiques de ce diocèse.
2. Peut-être 8. Cf. *Coll. lazar.*, XI, p. 2. *Lettre de Vincent de Paul à Mlle Le Gras.*

tations. On lui demande de bons ouvriers pour la réforme; il en envoie, ou s'excuse sur le petit nombre de ses collègues. Duchesne le jeune et Le Juge travaillent dans le diocèse de Troyes, à l'appel de l'évêque René de Breslay, édifié de la conduite d'Evrard, redevenu son diocésain. Ils y fondent des conférences ecclésiastiques et une sorte d'association de prêtres. Des ecclésiastiques d'Auxerre lui soumettent le plan d'une communauté; il le leur renvoie amendé. Il en va de même pour Dinan et Angers [1] (paroisse Saint-Michel du Tertre). Grâce à Wiart, le curé-doyen de Marles établit, dès 1621, une communauté paroissiale qui fut d'un grand exemple pour tout le diocèse.

L'évêque, Philibert de Brichanteau, vient visiter Saint-Nicolas en 1626 et tente de lui enlever, en 1627, Wiart et Calleau, ses diocésains. Descouraux assure même que « la plupart des prélats, qui venaient à Paris, étaient bien aise d'avoir rapport à lui, et venaient volontiers voir ce qui se faisait à Saint-Nicolas, afin de faire les mêmes choses dans leur diocèse, soit pour les cérémonies, soit pour les instructions [2]. » L'ambassadeur des Flandres, lui-même, y est conduit par l'évêque de Troyes, et en rapporte une excellente impression : Henri Clausse de Marchaumont, évêque de Châlons-sur-Marne, va plus loin; il réussit à obtenir de Bourdoise deux prêtres pour commencer son séminaire, en 1624 [3]. Enfin, pour les besoins de sa pieuse propagande, Bourdoise envoie dans la plupart des diocèses du royaume et même jusqu'à Rome, ses opuscules sur la cléricature.

Décidément l'action de Bourdoise et, partant, de Saint-Nicolas, s'étend de plus en plus et son zèle n'est point stérile.

1. En 1631.
2. *Vie imp.* Des., p. 274.
3. Evidemment, il s'agit d'un remaniement : Nous avons vu que Châlons possédait depuis longtemps un embryon de séminaire. Il serait intéressant de suivre la destinée de ces diverses institutions : mais on comprendra que cette étude dépasserait les limites de notre ouvrage.

CHAPITRE IV

LA CONSOLIDATION

(1632-1644)

A la date de 1632, Bourdoise aurait pu déjà être content de son institution. L'œuvre de la réforme cléricale se répandait, sa propre communauté s'affermissait. Le corps de cette communauté, à la vérité, ne s'était pas augmenté. Des raisons matérielles s'y opposaient sans doute. Et puis, pour y entrer, il faut, d'après les conventions, signées avec Froger et homologuées par l'archevêque, « être ordonné prêtre du moins un an auparavant » et avoir fait un an de stage, ce qui peut décourager quelques bonnes volontés. Nous n'avons aucun registre pour constater les changements survenus dans le personnel des pensionnaires. Mais, en 1633, Bourdoise affirme que ces « pensionnaires étaient quelquefois jusqu'à 40 ou 50, tant prêtres que clercs [1]. » Ces sujets n'étaient pas tous originaires de Paris. En 1633, quatre venaient des Pays-Bas [2]. Il est à présumer, d'après les statistiques des époques suivantes, que la province fournissait le plus fort contingent. La plupart payaient une pension dont le chiffre, pour cette époque, ne nous est point parvenu. Quelques-uns étaient secourus par les quêtes de Bourdoise et par les libéralités de plusieurs personnes charitables [3].

Toute cette compagnie obéissait à deux chefs, sans parler de l'archevêque dont l'autorité était assez lointaine et peu encombrante : l'économe et Froger, toujours libre, sinon de la dissoudre, du moins de la renvoyer de son église. A bien dire, il n'était

---

1. *Vie imp.* Des., p. 295.
2. Faudrait-il voir là des recrues faites par Saint-Cyran ?
3. *Vie imp.* Des., p. 323.

pas le maître absolu : les marguilliers étaient aussi une puissance avec laquelle il fallait compter. Mais avec Froger, décidément homme de foi, de zèle, et de douceur, les heurts n'étaient pas à craindre. Il avait le cœur trop haut et l'âme trop bonne pour chicaner à la compagnie les droits qu'il lui avait une fois départis. Il n'avait d'ambition que pour le bien. Il refusera avec constance le siège archiépiscopal de Bourges, devenu vacant à la mort d'Hébert[1]. Toute son influence, il la consacrera aux bonnes œuvres et la Compagnie du Saint-Sacrement continuera à trouver en lui un de ses meilleurs adhérents. Nous croirons trouver sa main sous tous les bienfaits qui furent, jusqu'à sa mort, dispensés à Saint-Nicolas.

Bourdoise.

Bourdoise, de son côté, était bien fait pour le seconder. Par ses actes et ses antécédents nous avons déjà appris à le connaître. Un de ses biographes, dont le témoignage, toutefois, nous paraît trop empreint d'une pieuse admiration[2], nous en retrace plus de quarante ans après sa mort, un portrait physique et moral assez complet. D'après lui, Bourdoise, alors dans toute la force de l'âge, était parfaitement bien organisé, « d'une taille médiocre, d'un visage majestueux, il avait le front grand, les yeux *voûtés* et perçants, les joues vermeilles, le nez et tout le reste agréablement proportionné », et on ajoute qu'il était « d'un tempérament sanguin ». Mais les portraits qui nous restent de lui feraient volontiers croire que cette description est trop flatteuse. Il est vrai que ces portraits ne sont peut-être pas très ressemblants à l'original. Bourdoise, toujours d'après le même pieux

1. *B. A.* ms. 1021, p. 629.
2. Courtin, auteur du ms. 2453 de la *B. M.*

biographe, n'avait jamais voulu souffrir qu'on dessinât son portrait, de sorte qu'il fallut user d'adresse, en faisant venir un peintre, qui le dessina sous le manteau lorsque « ce bon prêtre était dans le chœur pendant l'office ». Un des anciens élèves du collège, fondé par Bourdoise à Brou, le docteur en théologie Boust, possédait un portrait de son compatriote, et, à sa mort, le plaça à la sacristie de son pays natal, où il existe encore. D'autres copies ou gravures nous sont parvenues. Aucune, semble-t-il, ne lui donne « ce visage majestueux » dont on nous parle. Le front est légèrement fuyant et comme barré, l'expression du visage dénoterait plutôt la vulgarité, si les yeux vifs et même « perçants » ne venaient le relever. L'absence de moustache[1] est une leçon et une exception : les abbés, voire d'excellents prêtres, comme Vincent de Paul et un peu plus tard Olier, la portent d'habitude. Le surplis, dont il est revêtu, décèle par l'absence de dentelle, par la force du tissu et par sa forme peu artistique, le sévère réformateur, qui attache tant d'importance aux côtés extérieurs de la vie ecclésiastique.

Sous ces dehors un peu frustes vit, nous le savons déjà, une âme bien riche. Pour le commun des historiens, Bourdoise apparaît comme un homme de Dieu qui formerait un plein contraste avec saint François de Sales, par sa rudesse d'allures et son entêtement. Il fait lui-même ingénûment cette confession : « Je ne suis que rusticité et brutalité, ayant passé une jeunesse en des exercices indignes d'un ecclésiastique[2]. » Dès le temps de saint François de Sales, on se plaignait à ce saint de ce qu'on appelait les « indiscrétions de Bourdoise », et plus tard elles fournirent l'occasion d'un trait touchant :

« Bien des gens croyaient qu'un peu plus de douceur eût été convenable au dessein que M. Bourdoise se proposait. On résolut même de lui en faire quelques avis, mais la difficulté était de trouver quelqu'un qui voûlut se charger de cette commission, car on craignait d'augmenter le mal au lieu de le guérir. On jeta les yeux sur M. Vincent Instituteur et premier Général de la congrégation de la Mission, dont tout le monde connaissait le mérite et la prudence, et pour qui on

---

1. Dans tous les portraits, la lèvre supérieure est suffisamment rasée pour pouvoir prendre commodément le Précieux Sang.
2. *Vie imp.* Des., p. 545. Cette page est particulièrement intéressante à ce point de vue.

savait que M. Bourdoise avait une estime particulière et on le pria de parler à M. Bourdoise. Il le refusa d'abord, mais on le pressa si fort qu'il fut obligé de le promettre.

Il alla donc voir le Serviteur de Dieu, et après les compliments ordinaires il lui témoignait qu'il avait quelque chose de conséquence à lui communiquer mais qu'il appréhendait de lui faire de la peine. « Dites, dites hardiment ce que vous voudrez, lui répondit M. Bourdoise, devinant, à peu près ce que ce pouvait être, dites, je vous écouterai volontiers. » « C'est, dit M. Vincent, que vos amis sont persuadés que vous seriez beaucoup plus utile au clergé et au peuple, si vous vouliez modérer un peu votre zèle et parler avec plus de douceur et d'honnêteté. » — « Vous n'êtes tous que des poules mouillées, vous n'êtes que des politiques, reprit M. Bourdoise, avec un air d'indignation, qui abandonnez lâchement la cause de Dieu et de l'Eglise, de peur de déplaire aux hommes. » On dit que M. Vincent l'entendant ainsi parler, se mit à genoux, et lui fit de grandes excuses de la liberté qu'il avait prise. M. Bourdoise admirant l'humilité de ce grand homme, se mit aussi à genoux, il l'embrassa tendrement, et le remercia de la charité qu'il avait pour lui [2]. »

Son éducation première, son tempérament n'expliquent pas tout à fait ces manières un peu rudes. Le zèle lui-même n'y suffit pas, croyons-nous. A ce zèle il faut joindre la conception particulière qu'il avait de sa vocation. Son principe, il l'a répété plusieurs fois, était : « de voir ce qui se faisait ordinairement et de faire le contraire [2] ». En temps ordinaire, ce principe bien singulier eût été la marque d'un orgueil immense et d'un manque absolu de jugement. A l'époque où il vivait et étant donné le rôle qui lui était réservé, il lui fallait, bon gré, mal gré, heurter plus ou moins de front les usages courants, au risque de passer pour un indiscret, un malappris. Vincent de Paul, plus tôt façonné aux usages du monde, vivant dans la haute société des de Gondi, et doué d'un tempérament plus calme, fut d'ailleurs moins un réformateur proprement dit qu'un vulgarisateur de génie pour les réformes commencées. Bourdoise, lui, est un réformateur, et tout le monde sent ce que cette fonction exige de force et de constance. Mais la force ressemble facilement à la rudesse et la constance à l'entêtement. Sûr d'être dans la bonne voie, et appuyé sur le secours qu'il attend de Dieu, notre simple prêtre

1. *Ibid.*, p. 544.
2. *Ibid.*. p. 378.

habitué persévère au milieu des contradictions et des ennuis. Persuadé qu'il a raison contre la foule, il s'inquiétera peu des sentiments de la foule. Mais nous risquerions de donner de cette belle âme une image bien déformée si nous appuyions trop sur ces traits. Il faut voir, dans le détail de sa vie et dans l'étude morale que ses biographes lui consacrent, ce que cette enveloppe, un peu revêche, cachait de dévouement réel et persévérant, de foi profonde et agissante, de sensibilité vive, et même à certains moments, comme exaspérée. Sans doute il s'est un peu cantonné dans la réforme extérieure; mais ce serait une grande erreur de croire qu'il désirait s'en tenir là. C'était jusqu'à l'âme qu'il voulait pénétrer, mais il savait combien le dehors influe sur le dedans et quelle importance peuvent prendre ces « minuties ». Nous n'avons pas la prétention de donner de cet homme d'action un portrait en pied; cependant nous serions bien incomplets si nous n'ajoutions que l'habileté des moyens, l'attente prudente, la promptitude du coup d'œil, l'ingéniosité dans l'initiative venaient compléter heureusement ses qualités morales.

Amoureux de l'ordre et de la discipline, il savait quelle est la part prépondérante d'un règlement dans la stabilité, nécessaire à tout corps social. Aussi la fin de l'année 1632 et la première moitié de 1633 sont-elles consacrées à l'élaboration d'un nouveau règlement. Si celui qui a régi la communauté de 1620-1632 nous est très peu connu, nous avons sur celui de la période actuelle des renseignements un peu plus précis, mais trop peu abondants. Le résultat d'un labeur acharné d'un an[1] n'a presque pas laissé de traces dans les textes qui nous sont parvenus[2]. Le premier livre des *Conclusions* de la communauté semble bien définitivement perdu et nous ne saurions trop regretter l'absence d'un document qui nous permettrait de suivre, pas à pas, le travail et la pensée de Bourdoise. Il semblerait que ce règlement eût

1. *Vie imp.* Des., p. 294.
2. Voici ce que nous avons pu glaner de ci, de là, (1633). « On ne voyagera et on ne s'occupera d'affaires temporelles qu'avec la licence de M. le Curé de M. l'Econome et de ses assistants. — Il faut, en bonne santé, régler ses affaires en vue de la mort. — Les revenus des titres cléricaux seront remis à la Communauté et notés sur un registre de quittances. — On donnera peu de permissions de voyager à cause de la pénurie du personnel (1637). — On donnera aux pensionnaires une meilleure nourriture qu'aux autres (1639). A. N. MM 476. — (1641) On ne recevra plus comme hôtes que ceux qui veulent y profiter cléricalement. A. N. MM. 474. Le carton A. N. M. 199 renferme également quelques extraits du 1er livre des Conclusions aujourd'hui perdu.

dû être discuté et voté en assemblée. En réalité, d'après Descouraux, le législateur de la Communauté n'aurait pas eu de collaborateurs.

Il est à présumer que cette manière d'agir amena des froissements et du relâchement. En 1636, en effet, brusquement Bourdoise donne sa démission de supérieur ou économe, sous prétexte, entre autres, que d'après les conventions faites avec Froger, il fallait élire « de temps en temps » un économe. Les confrères, surpris, virent bien « qu'il y avait quelque autre raison qui lui faisait quitter l'économat et on crut qu'il ne ferait aucune difficulté de continuer à prendre soin de la Communauté quand il verrait que chacun serait fidèle à en observer les Règlements ». On lui promit de s'appliquer à le satisfaire. On alla même plus loin. On lui demanda en grâce, de marquer à chacun ce qu'il devait entreprendre « pour se corriger de ses défauts et avancer dans la vertu ». Et il reprit sa démission. Trois ans plus tard (1639) il la donne de nouveau. Quelqu'un [1] (nous ne parvenons pas à percer cet anonymat), s'était plaint de ce que Bourdoise, composant seul la plupart de ses Règles, les faisait passer sous le nom de la Communauté. Bourdoise les communiquait et s'offrait à les soumettre à une révision opérée par les personnes qu'on choisirait; il ne laissa pas d'être très sensible à ces reproches. Il saisit cette occasion pour se démettre définitivement de sa charge.

Elle lui devenait très pénible. Sa santé et surtout son humilité en souffraient. Les manquements qu'il remarquait le rendaient malade; les mouvements de colère qu'ils suscitaient en lui, étaient suivis de tels remords qu'il se privait pendant plusieurs jours [2] de dire la messe et même de porter le surplis dans le chœur. Cette fois, malgré les sollicitations de ses confrères, il tint bon et il fallut nommer un nouvel économe. Le choix tomba sur Wiart (février 1639). Dorénavant Bourdoise, toujours honoré comme un fondateur, aimé comme un père, n'aura plus seul le souci de dresser des règlements. La Communauté devenue adulte est hors de page et participera tout entière à leur rédaction. Celle-ci a dû être fragmentaire, c'est-à-dire fixée au jour le jour dans les con-

---

1. Il n'est pas dit expressément par Descouraux, p. 334, que ce personnage appartenait à la Communauté.
2. Des semaines entières, affirme Desc., p. 341.

seils ou assemblées[1]. De toutes ces prescriptions, dont l'ensemble, uni au règlement laissé par Bourdoise, devait former, en 1644, le coutumier de la Communauté, il ne nous reste donc que quelques vestiges. Ce n'est pas sortir des limites de la vraisemblance que d'affirmer qu'elles ne différaient guère du règlement publié en 1671. D'ailleurs nous en connaissons déjà les grandes lignes. Sauf sur un point, très important il est vrai, le plan primitif de Bourdoise est suivi, comme nous le verrons, et le développement des principes posés s'accomplira sans secousse.

Mais si nous ne pouvons, pour le moment, offrir au lecteur une notion exacte du régime intérieur de la Communauté, nous sommes mieux renseignés sur sa vie extérieure. Ici, d'ailleurs, il y a, plus que dans la période précédente, action réciproque de Saint-Nicolas sur le dehors, et du dehors sur Saint-Nicolas. De 1632 à 1644 tous les sept « premiers prêtres » restent attachés au corps de la Communauté. Bourdoise, cependant, vers la fin est en quelque sorte en congé temporaire; Wiart reste économe de 1639 à 1644 et sera prorogé jusqu'en 1647; Compaing est toujours vicaire, Thomas Le Juge, Raisin, Courtois et Cerné, complètent la pléiade fidèle. A eux se sont déjà adjoints ou s'adjoindront : Mathieu, Prévost, Calleaux, le préféré de Bourdoise, Lefébure, également du diocèse de Laon, admis après neuf ans de probation ou postulation, Nicolas Thierry entré en 1639 après trois ans d'épreuve, Germont de Reims, Lesduin de Tournay qui tiendra quarante ans la charge de sacristain, Dominique Georges, qui sera quelque temps préfet du séminaire, mais sortira pour devenir abbé du Val Richer, et enfin Joseph Barat de Tulle qui, lui aussi, entrera dans la Communauté en 1644 après cinq ans d'épreuve. Plusieurs de ces noms se retrouveront quelquefois sous notre plume. N'oublions pas qu'Evrard est revenu à Saint-Nicolas mourir de la peste, et, par testament du 3 avril[2], lègue 50 livres destinées à faire étudier un clerc qui donnera des espérances d'être prêtre et membre de la Communauté. Ce fait est assez curieux; car nous avons vu que la Communauté n'avait pas le droit de recevoir des legs. Il est à supposer que Compaing, com-

---

1. Quoi qu'il en soit, les « *Actes de la Communauté* » qui avaient été copiés en 1660 et qui formaient deux volumes in-4°, ne nous sont point parvenus et ne sont pas mentionnés dans les inventaires de 1789-1793.

2. Cf. *A. N.* MM. 484.

me d'habitude, servit de personne interposée, et ce qui le donne à croire, c'est que ce testament demeura, par la suite, introuvable.

Vraiment il y a « pénurie » de personnel eu égard aux emplois multiples de la Communauté. Elle continue à recevoir beaucoup de pensionnaires. Dans des lettres patentes de 1644, J. F. de Gondi affirme (évidemment cette statistique lui a été fournie par Froger), que, de 1631 [1] à 1644, sans parler des temps antérieurs, plus de cinq cents prêtres ou clercs, tant de Paris que d'autres diocèses, ont été formés par les Nicolaïtes : et ces élèves sont devenus, les uns, chanoines, les autres, curés, vicaires ou prêtres habitués, d'après leur condition. Cela fait donc, par an, une moyenne de quarante prêtres sortis de la maison Compaing, et cette moyenne, vers 1644, tend à augmenter.

Il ne faut pas trop s'en étonner. La réputation de cet établissement se répandait un peu partout. Le patronage de Vincent de Paul lui procurait des élèves. Lui-même, dans une lettre adressée le 6 février 1641 à Bourdoise, lui recommande un de ses protégés, le prie de recevoir tous ceux qu'il lui enverra et ajoute : « Je vous supplie, très humblement, Monsieur, de trouver bon que, s'il se présente quelqu'un de vos pensionnaires en notre pauvre et chétive Compagnie, nous le recevions tout simplement. Je dis de vos pensionnaires et non, certes, de ceux qui ont le bonheur d'être liés à votre sainte Communauté que j'estime des plus saintes qui soient en l'Eglise de Dieu [2]... » Et puis, jusqu'à 1641, Saint-Nicolas, incontestablement, offre à Paris, et bien loin à la ronde, le seul refuge organisé pour ceux qui veulent se préparer sérieusement aux fonctions sacerdotales.

Enfin, outre les associés et conditionnés qui continuent à être admis, une affluence nouvelle commença en 1637 avec une œuvre destinée à avoir un certain avenir : *La Bourse cléricale*. Elle aidera singulièrement la Communauté à remplir un de ses buts

---

1. Cette première date est celle des premières lettres patentes de l'Archevêque : « Placuit autem Altissimo eam impertiri praedictis seminarii exercitiis, quibus iidem ecclesiastici labore indefesso usque ad praesens incubuere, benedictionem, ut ab anno praedicto 1631, anterioribus annis silentio praetermissis, supra quingentos presbyteros aut clericos, tam nostrae quam aliarum diœcesum excoluerint, qui dehinc ecclesiam Dei juvant, magno populorum solatio, aliique canonici, alii rectores, alii vicarii, seu alias in parœcia habituati... » Cf. *Mémoires du Clergé*, tome II, p. 641.

2. *Coll. lazar.*, IV, 363.

préférés, la formation du clergé pauvre. Descouraux dit formellement que Bourdoise en fut l'auteur et qu'il en dressa les Règlements[1]. Dans un opuscule anonyme intitulé : « *Dessein des Assemblées de la Bourse cléricale establie à Saint-Nicolas du Chardonnet pour l'instruction des Ecclésiastiques destinés au service des églises paroissiales*[2] », l'origine n'en apparaît pas si clairement. On attribue l'idée de cette création à « quelques personnes de piété » qui veulent remédier à l'ignorance et à l'immoralité du peuple, conséquence de l'état misérable du bas-clergé. Elles prient Dieu de leur faire connaître un « ouvrier fidèle », « mais à peine pensent-elles en « trouver un seul après une longue recherche. » Nous supposons que cet être si rare est Bourdoise ; car on ajoute immédiatement « ce qui les fit se résoudre en l'année 1637[3], de faire une bourse commune en laquelle chacun d'eux contribuerait selon sa dévotion pour aider au paiement de la pension des pauvres ecclésiastiques qui seraient jugés avoir un vrai désir et les dispositions nécessaires pour apprendre les obligations et les fonctions de leur état sous la conduite des prestres de Saint-Nicolas du Chardonnet ».

Quelles sont ces personnes ? D'après les Vies manuscrites, M. Le Pelletier, maître des comptes et plus tard prêtre et ami de Saint-Nicolas, aurait fourni d'abord une somme considérable, et aurait, chaque année, apporté une forte contribution. Ses frères, Messieurs de la Houssaye et des Touches, futur solitaire de Port-Royal, M. Le Juge firent aussi des dons généreux, un savetier aurait donné le lendemain, 9 livres, le sacristain de Sainte-Geneviève, 10. « Ayant exécuté cette résolution, dit l'opuscule, ils virent un si grand fruit de ce premier essai par quelque petit nombre d'ecclésiastiques ainsi élevés, qu'ils se crurent obligés de le faire connaître à quelques personnes charitables qui se joignirent en même temps à leur dessein. » Faut-il voir dans ces personnes charitables des confrères de la Compagnie du Saint-Sacrement ? Nous serions assez tenté de le supposer, car

---

1. Chez Drincourt, rue Saint-Victor, au chef Saint-Jean, proche de la porte de la Communauté de Saint-Nicolas du Chardonnet. Cf. *B. N.* D. 32080.

2. « Après avoir employé quelque temps leurs prières pour obtenir du souverain maître de la moisson des ouvriers fidèles à ces églises désolées, ils y ajoutèrent plusieurs soins pour en chercher. »

3. Exactement le 13 février.

à la date de 1652, nous constatons qu'on « donnait des secours ordinaires aux 33 pauvres écoliers, à la Bourse cléricale de Saint-Nicolas du Chardonnet[1] ». Il est tout naturel d'ailleurs que Froger ait fait part à ses collègues de cette entreprise et les ait engagés à y participer. Cela répondait sûrement à un de leurs désirs les plus intimes.

De ces bonnes volontés associées, on forma une Compagnie d'hommes bienfaisants qui se réunissait tous les trois mois. Les aumônes étaient reçues par un trésorier qui réglait également les dépenses faites par la Communauté. Le titulaire de cette charge fut Saunier, trésorier des finances. En 1641, Lamy, maître des comptes, le remplaça et, affirme Descouraux, il s'est toujours trouvé des personnes d'un rang et d'un mérite distingué qui ont bien voulu prendre cette peine[2]. Ces personnages appartenant à l'administration générale des finances étaient tout désignés pour ces fonctions. Dans les assemblées trimestrielles, on rendait compte de l'exécution des mesures prises auparavant, on s'assurait des progrès des ecclésiastiques entretenus par ces bourses « durant le quartier[3] ». — On proposait ceux qui demandaient à y être continués, on examinait les demandes d'admission à la société. Toutes les décisions étaient rendues à la majorité des voix. Enfin, la séance se clôturait par un entretien spirituel où on s'encourageait « à la continuation et perfection de ce saint œuvre[4] ».

Quel fut le fruit de ces largesses ? « La bénédiction que Dieu donna à ces commencements fut telle que, les cinq premières années, depuis 1637 jusqu'à 1642, 118 ecclésiastiques furent instruits et formés en la dite Communauté par le secours de cette bourse ; la plupart desquels, étant ensuite dispersés en plusieurs diocèses et appelés à des cures (de campagne, croyons-nous), vicariats, ou appliqués à travailler en quelques séminaires et autres semblables emplois, y ont, par la grâce de Dieu, bien réus-

---

1. B.-F. p. 130 : il s'agit ici du séminaire-collège des Trente-Trois.
2. Il y a eu cependant une interruption à la fin du XVIIe siècle. Cf. *A. N.* MM. 481, année 1703.
3. Trimestre.
4. Dans l'opuscule « *Dessein de la Bourse cléricale*, etc », il y a encore d'autres renseignements, mais ils portent sur la période postérieure à celle que nous étudions pour le moment. Nous verrons, dans la suite, le développement de l'œuvre.

si. » Cela faisait donc par an en moyenne 25 ecclésiastiques élevés ainsi grâce à cette pieuse fondation. Il est probable que seuls en bénéficiaient les ecclésiastiques déjà dans les ordres ou du moins assez âgés pour donner des espérances plus sûres. D'après une conclusion faite en assemblée, on avait décidé de n'admettre aucun clerc qui n'eût 23 ans [1]. Cela expliquerait les succès des protégés de la Bourse cléricale. On peut conjecturer également, qu'au début, ces aumônes allaient surtout aux clercs du diocèse de Paris, mais bien vite elles furent distribuées aux sujets méritants, à quelque diocèse qu'ils appartinssent.

Tels furent les débuts de cette œuvre. La paternité en revient, on doit le croire, à Bourdoise, mais là comme ailleurs, son action nous apparaît discrète, presque cachée. Une fois l'idée émise et entrée en voie d'exécution, il se retire modestement.

La maison de Compaing devait donc être singulièrement pleine, et la petite communauté n'aurait pas suffi, à elle seule, à remplir tous ses emplois, sans l'aide de ses conditionnés, de ses associés et de séminaristes-prêtres qui, moyennant rétribution, prêtaient alors leur concours. Ils y trouvaient un avantage pécuniaire. La pension était probablement alors de 350 liv. [2] En disant la messe à la décharge de la sacristie, elle était réduite à 150 livres, ou 37 livres, 10 sols, par quartier. En rendant d'autres services on pouvait diminuer encore ses débours. Une charge nouvelle venait précisément d'incomber à la Communauté : celle de desservir la chapelle des galériens de la Tournelle.

Tout le monde connaît la part de Vincent de Paul dans cette création. Dès 1618, à peine réinstallé chez M. de Gondi, général des galères, il visita les forçats à la Conciergerie et dans les divers cachots où on les enfermait, et sa charité y opérait des merveilles. Il parvenait bientôt (1622) à établir dans une maison, rue Saint-Honoré, à côté de Saint-Roch, une sorte d'hôpital, où on transporta les forçats pour les soigner et les guérir avant de les envoyer à la chaîne. Occupé, tout entier, dans la suite, aux missions et à l'établissement de sa congrégation, il est contraint de négliger un peu cette œuvre. Aussi la Compagnie

---

1. *A. N.* MM. 476.
2. C'est le chiffre donné par *B.N. fr.* 14487 (1670?): peut-être était-elle moins forte. En 1646, Vincent de Paul affirme, que nulle part la pension n'est moindre qu'à Saint-Firmin, où elle s'élève à 250 livres. *Coll. lazar.*, IV, p. 530.

du Saint-Sacrement qui, volontiers, s'intéresse aux prisonniers, prend « grand soin de secourir ces galériens, comme d'une œuvre fort abandonnée ». Au milieu même de ses pourparlers avec le pointilleux de Gondi, elle pénétra dans ces « basses fosses » où, faute d'air, « ils pourrissaient tout vivants [1] ». Mais la rue Saint-Honoré était bien loin des Bons-Enfants de Saint-Victor et justement, vers cette date de 1639, la Charité de Saint-Nicolas est fondée (1629) qui pourra prêter une aide singulière. Vincent de Paul n'était pas encore membre de la Compagnie du Saint-Sacre-

Porte Saint-Bernard et geôle de la Tournelle.

ment, mais quoi de plus plausible que d'imaginer Froger, excité par ses collègues, soutenu par Bourdoise, dont le concours deviendra nécessaire, se servant de l'influence de Vincent sur le général des galères pour demander que les forçats soient transférés sur sa propre paroisse ?

Justement entre la porte Saint-Bernard et l'eau, se trouve une vieille tour carrée, appartenant à l'enceinte de Paris et flanquée de deux tourelles. L'endroit est assez solitaire et sûr, et, de plus, au commencement de la grande route de Marseille, où de 6 mois en 6 mois s'engage la lamentable chaîne [2]. L'affaire est conclue en 1632 et bientôt Vincent écrit à Mlle Le Gras [3] pour la féliciter de s'être déjà occupée des forçats et lui demander de penser un peu

---

1. B.-F., p. 18.
2. Marseille, Toulon et Brest étaient les lieux de destination.
3. Coll. lazar., XI, p. 8-9.

si la « Charité de Saint-Nicolas s'en voudrait charger au moins pour quelque temps. »

Cette Charité n'est pas la seule à remplir ce pieux office. La Compagnie du Saint-Sacrement surveille les geôliers qui rançonnent ces infortunés et charge Germain de la place Maubert, de veiller à ce que les aumônes soient bien distribuées [1]. Vincent s'occupa naturellement aussi de l'amélioration du sort des galériens, mais la part que lui ont faite ses biographes a peut-être été exagérée. Ils assurent que dans ces premières années (d'ailleurs ils sont très peu précis sur le chiffre), il pourvut seul à leur assistance spirituelle en leur envoyant des prêtres de sa congrégation qui demeuraient aux Bons-Enfants. Or, on sait que, dès le 8 janvier 1632, Vincent de Paul prit possession du prieuré de Saint-Lazare où il transporta sa congrégation. Il dut laisser quelques confrères aux Bons-Enfants, mais il est probable que le service des galériens fut confié dès lors à la Communauté de Saint-Nicolas.

En tout cas, dans des lettres patentes, datées du 2 septembre 1634, et adressées à Georges Froger, sans faire aucune allusion à Vincent ou à sa Compagnie, l'archevêque recommande à la pitié de ce curé ces misérables qui demeurent « dans l'enceinte de sa paroisse ». Il veut « qu'autant que leur col et leurs mains sont enchaînées de liens de fer, autant leur esprit possède la douce liberté des enfants de Dieu. » Aussi, d'abord, on va ériger une chapelle dans la tour à un endroit déjà visité et approuvé par lui. Le dimanche on y dira la messe qui tiendra lieu de « grande messe paroissiale ». On y fera donc le pain bénit, l'offrande, le prône. On y bénira les cierges à la Chandeleur, les rameaux; on y récitera les Litanies à la Saint-Marc et aux Rogations. « Or, vous choisirez, dit-il, un de vos habitués, lequel dira la messe basse hors le temps de votre petite et grand'messe paroissiale », et il ordonne de prendre des précautions pour que les paroissiens de Saint-Nicolas n'y assistent pas [2]. On administrera aux galériens les sacrements et on les visitera comme on le fait pour les paroissiens. Quant au prêtre habitué, « il sera tellement établi pour leur dire la messe et pour les instruire que pas un autre ne s'y emploiera que par votre su et aveu [3]. »

1. Ce rôle de la Compagnie n'a pas été signalé par Abelly.
2. Comment ne pas reconnaître là une des idées favorites de Bourdoise ?
3. *A. N.* MM. 492, p. 185 et suiv.

La charge assumée était, on le comprend, d'autant plus lourde qu'aucune rétribution n'y était annexée. Vers 1640, la fille de M. Cornuel, riche financier, laissa 6.000 livres de rente, pour le soulagement de ces misérables [1]. Vincent obtint que le Procureur général (qui était alors Mathieu Molé), en eût l'administration temporelle à perpétuité. Vincent fit alors remarquer combien « la charge était fort grande » pour les ecclésiastiques de Saint-Nicolas tenus d'administrer les sacrements et d'enterrer les galériens morts dans la geôle. On accorda aux Nicolaïtes 300 livres de rente, mais on augmenta notablement leurs obligations. Ils durent aller dire la messe tous les jours, vers 8 heures, et immédiatement avant, « faire faire les prières du matin, tenir la main à celles du soir »; deux fois la semaine « faire le catéchisme ou exhortation selon les nécessités. » La Communauté procura en outre « à toutes les chaînes » une petite mission : en cas de mort, on enterra les malheureux « avec six ecclésiastiques et deux torches », sans aucune rétribution, non plus que pour l'administration des sacrements [2]. A partir de 1706, après quelques contestations avec le curé de Saint-Nicolas, les 300 livres furent payées par le domaine à la Communauté [3].

Cette œuvre, inspirée par Vincent, fut donc, en définitive, remise très vite entre les mains de Saint-Nicolas (jusqu'à la Révolution) et ce travail obscur ne fut pas un des moins méritoires. Il est à croire, et Abelly s'en porte garant, que Vincent vint voir plus d'une fois ses protégés et qu'il les consola par des missions ou plutôt des retraites.

Bientôt ce ne fut pas seulement pour les galériens qu'on se crut obligé de distraire quelqu'un de la Communauté. Robert, écuyer,

---

1. *Coll. lazar.*, IV, p. 288.

2. *A. N.* MM. 492, p. 189. Ce Mémoire a été probablement écrit vers 1701.

3. Jusque dans le procès verbal du 7 mai 1793 (*A. N.* M. 715), ce titre de 300 livres de rente est trouvé dans les archives de Saint-Nicolas. Il faudrait, de cette maigre rétribution, déduire 24 livres que l'on accordait aux prédicateurs des deux retraites données avant le départ de chaque chaîne semestrielle. Cf. *A. N. S.* 6984. — Nous ne voyons pas ce que signifient ces mots d'Argenson vers la date de 1640 : « Ils n'avaient d'ordinaire ni messe ni instruction quelconques. Et la Compagnie pria un de ses confrères ecclésiastiques (Froger ?) de leur faire l'une et l'autre charité, ce qui s'observa pendant quelque temps avec assez de fidélité ». Le Mémoire cité (*A. N.* MM. 492) ne fait mention d'aucune défaillance dans ce service. Il est à remarquer que les Vies de Bourdoise ne font aucune allusion à cette ordonnance de l'Archevêque, pas plus qu'à l'œuvre des galériens en général.

Saint-Nicolas.

sieur de la Tournelle et ancien paroissien de Saint-Nicolas, acquit, vers l'année 1636, la terre et la seigneurie de l'Hay. Il connaissait et estimait les prêtres de Bourdoise. Il voulut les rapprocher de lui-même, dit Descouraux[1], et leur offrit une maison fort commode qu'il avait à Villejuif, s'ils voulaient s'y établir; Bourdoise et Froger allèrent voir cette maison (1638), et, au commencement du carême, on y envoya Prévost et Thierry pour faire un essai de communauté. On devait servir la paroisse « sous Monsieur le Curé »; on fournissait gratuitement un vicaire et un autre prêtre pour confesser. On se chargea aussi de faire l'école (probablement immédiatement et pour occuper les loisirs de ces deux prêtres), et on prit des jeunes gens en pension pour leur enseigner les principes de la langue latine. M. Robert voulut que ses enfants fussent du nombre, et, à son exemple, plusieurs personnes de condition souhaitèrent que leurs enfants fussent élèves à Villejuif.

C'était donc à la fois une Communauté dans le genre de celle de Saint-Nicolas, un petit collège, et, pour les élèves de Paris, un but de promenade les jours de congé[2]. L'établissement était situé rue du Moustier et formé primitivement de deux corps de logis et jardin[3].

Pour Bourdoise démissionnaire et peut-être désireux de voir sa petite congrégation fonctionner sans son aide, Villejuif fut un asile commode. A la fin de l'année 1639 et au commencement de 1640 il y alla et y séjourna souvent. L'année suivante, on put croire qu'il allait s'y fixer pour toujours. Continuellement hanté par cette idée d'une association qui dépendît du curé pour le spirituel et de la Fabrique pour le temporel, constatant, par ailleurs, que « très peu de personnes approuvaient ses opinions[5] », il ne voulait pas être, à Saint-Nicolas, l'occasion de dissentiments. Il demanda « qu'on le laissât à Villejuif pour vivre avec ceux qui y étaient déjà, sans dépendre de Saint-Nicolas afin d'éprouver, pendant quelque temps, si l'idée qu'il avait d'une Communauté était pratique ». Après une délibération extraordinaire du

---

1. *Vie imp.* Des., p. 327.
2. En 1643, on en interdit l'accès à « ceux qui venaient dîner et se promener sans profit clérical ». *A. N.* MM. 474.
3. Il ne faut pas confondre cette propriété ou « ancienne Communauté » avec la maison de Communauté achetée un peu plus tard proche de l'église.
4. *Vie imp.* Des., p. 339.

7 octobre 1641, on lui accorda, pour 6 ans, l'usage de la maison de Villejuif et des meubles qui y étaient, afin d'y établir une nouvelle Communauté indépendante de celle de Paris : elle se recruterait elle-même, à condition toutefois, « qu'aucun de ceux qui y auraient été postulants ou du corps d'une des deux communautés, ne serait reçu en l'autre sans le consentement exprès de la Communauté qu'il voudrait quitter ». Cependant les Nicolaïtes pourraient aller à Villejuif prendre l'air comme auparavant, et les confrères de Villejuif seraient reçus à Paris, pour les affaires, mais chaque maison payerait « la dépense de ses sujets ».

C'était l'essai d'une nouvelle Communauté-Séminaire dont l'histoire est mal connue. Elle dura jusque vers 1686, où, la maison de Saint-Nicolas, à Paris, étant rebâtie, elle redevint simple Communauté et subsista jusqu'à la Révolution.

Mais Bourdoise ne devait pas y trouver le repos. Depuis longtemps d'ailleurs, les ennuis ne lui faisaient point défaut. Ses maximes bien connues, ses opuscules répandus à profusion attaquaient trop d'abus ou d'imperfections pour ne pas lui attirer l'animosité d'un grand nombre. S'il est très réservé à l'égard des évêques, il dit mieux toute sa pensée sur les curés non résidants, les bénéfices accumulés sur une tête, ou transmis, comme un héritage, dans une même famille, sur les prêtres ordonnés sans préparation et peu fidèles à leurs engagements, sur les grands, toujours avides de privilèges et bâtisseurs de chapelles domestiques, sur les dévots qui communient tous les jours, mais ne savent pas se priver de quelques plaisirs. Et tout cela est bien désagréable à entendre. Sa vie, de même que celle de ses confrères, est une leçon importune ; sa sévérité dans la confession prête le flanc à la critique.

Les curés, les religieux, les professeurs, les docteurs de la Sorbonne même l'attaquent. En 1621, en 1625, il subit plusieurs assauts sérieux. Il a beau, en 1629, désavouer par avance tout ce qui pourrait être répréhensible dans ses écrits ; en 1640, ceux-ci sont condamnés au feu, et la sentence a été sur le point d'être exécutée. Mais toute cette lutte ne nous est guère connue, et les biographes n'y font que des allusions voilées et ne citent point de noms. Si nous ne nous trompons pas, une de ses plus rudes épreuves fut de sentir planer le soupçon sur son orthodoxie, et il faut bien avouer que ses fréquentations n'étaient pas toujours rassurantes.

Nous avons laissé Lancelot dans la communauté, commencer ses études de philosophie, en 1635. Or, cette année-là vint, à Saint-Nicolas, un ecclésiastique[1] qui, par l'éloge qu'il fait à Lancelot, de l'abbé de Saint-Cyran, enflamme l'âme candide et inquiète de l'étudiant. Il faut lire dans les mémoires de Lancelot, par quelles savantes manœuvres, Saint-Cyran attira à lui notre jeune néophyte de marque. Froger eut beau essayer de parer le coup, en traitant Saint-Cyran « d'homme dangereux »; la Communauté fit en vain, auprès de cet élève, tout ce qu'elle put pour le « dégoûter » de cet homme (Saint-Cyran) suffisant, qui croyait posséder seul la vérité, affichait une grande austérité, tonnait contre la décadence et même la chute de l'Eglise. Lancelot, avide de la science des Pères, se laissa séduire. Le jour des Saints Innocents, 1638, à l'issue du dîner, Bourdoise qui, depuis 1628, avait des relations avec Saint-Cyran, présenta lui-même, un peu à contre-cœur, ce pensionnaire favori, à l'ami intime de Jansénius, et, quelques jours après, les *dehors* de Port-Royal de Paris comptaient en Lancelot un solitaire de plus (20 janvier 1638).

Quand, au lendemain de l'Ascension (14 mai 1638), les archers du chevalier du guet enlevèrent Saint-Cyran pour le déposer « au bois de Vincennes », plus exactement, au donjon, Bourdoise ne douta pas que parmi les « dix-sept raisons » que Richelieu avait d'exécuter ce petit coup d'Etat, la plupart fussent personnelles à ce cardinal. Il put croire que son tour viendrait un jour, d'aller là-bas rejoindre son ami. Outre les interprétations malignes auxquelles pouvaient prêter ses écrits et quelques-unes de ses paroles, il y avait eu quelques froissements entre le terrible ministre et l'humble prêtre. Nous pensons que ce fut avant l'internement de l'abbé qu'arriva l'incident suivant :

La duchesse d'Aiguillon, cette nièce préférée du cardinal « voulant un jour entendre la Messe en l'église Saint-Nicolas, ses gens ayant placé son carreau[2] dans le Sanctuaire, M. Bourdoise le prit et le porta hors du chœur, faisant entendre par là que la nef était la place

---

1. *Mémoires de Lancelot*, I, 7. — Il s'appelait probablement du nom de Ferrand.
2. Pièce d'étoffe ou coussin, encore en usage dans quelques églises de France.

des laïques. M. le Cardinal de Richelieu, ayant su la chose, fut choqué de ce qu'on avait ainsi traité sa nièce, et fit appeler M. Bourdoise, qui refusa d'abord d'y aller, disant qu'il n'avait pas l'honneur d'être connu de son Eminence, et qu'apparemment on le prenait pour un autre. On l'avertit une seconde fois et on lui envoya même un carrosse. Il partit aussitôt, mais à pied, s'excusant de ce qu'il n'y était pas allé plus tôt, sur ce qu'il n'avait pas cru que Son Eminence pensât à un pauvre prêtre de paroisse. On le fit entrer aussitôt qu'il parut; et comme il voulut saluer Son Eminence. — Est-ce donc vous, lui dit-il, qui avez chassé ma nièce du chœur de votre Eglise? — Non, Monseigneur, répondit le serviteur de Dieu, en faisant une profonde révérence. — Ne vous appelez-vous pas Bourdoise? dit M. le Cardinal. — Oui, Monseigneur, dit M. Bourdoise. — Et c'est vous-même, reprit M. le Cardinal, qui lui avez fait cet affront? — Pardonnez-moi, Monseigneur, dit M. Bourdoise. — Et qui est-ce donc? lui demanda M. le Cardinal. — C'est votre Eminence, répondit M. Bourdoise. Ce sont tous les Prélats, qui, étant assemblés dans les Conciles, ou faisant des règlements pour leurs diocèses, ont défendu aux laïques, et particulièrement aux femmes, d'entrer dans le chœur, afin que les ecclésiastiques y puissent faire librement leurs fonctions. — M. le Cardinal fut surpris de cette réponse, quoiqu'il ne parût pas en être fort content [1]. »

Et cette année-là même (1638) (la veille de la Saint-Barthélemy, 23 août), Bourdoise s'était, dans une circonstance peu importante, attiré un blâme de Richelieu [2]. A l'évêque chargé de le lui communiquer, il répondit modestement « que M. le cardinal ne le condamnerait pas s'il l'avait entendu; et ajouta que ce n'était pas la première fois qu'il l'avait fait revenir des fausses impressions qu'on avait donné de lui à Son Eminence [3] ».

Cette phrase en dit long, ce nous semble, sur les dispositions de Richelieu à l'égard de Bourdoise, et peut-être de sa communauté. Elle pourrait permettre d'éclaircir certains points demeurés obscurs dans l'histoire de l'établissement de Saint-Nicolas. On ne s'expliquerait pas facilement, sans cette défiance, comment Richelieu, si décidé à favoriser la création des séminaires, n'a jamais protégé l'œuvre de Bourdoise, qui pourtant devait lui plaire par certains côtés. Il offrira des fonds à d'autres pour établir de ces institutions; aucune allocation ministérielle ne vient aider ni la communauté, ni la bourse cléricale.

1. *Vie imp.* Des., p. 498.
2. *Ibid.*, p. 332.
3. *Ibid.*

En avait-il aussi à Froger qui ne s'était peut-être pas prêté assez complaisamment à ses vues pendant son syndicat, et spécialement dans l'affaire Santarel, nous ne le savons. Chose à considérer encore, c'est seulement après la mort de Richelieu, que les Nicolaïtes solliciteront du roi de nouvelles lettres patentes. L'amitié de Bourdoise avec Saint-Cyran devait aussi, à coup sûr, indisposer le cardinal; on ne dit point, il est vrai, que Bourdoise fit visite à l'abbé au donjon et Descouraux affirme que « Bourdoise (qui d'ailleurs n'avait guère pratiqué la théologie scolastique) ne s'aperçut jamais que cet abbé eût des sentiments opposés à ceux de l'Eglise; c'est pour cela qu'il eut toujours beaucoup de considération pour lui ». Courtin prétend, au contraire, qu'un jour, une parole imprudente de Lancelot, dévoilant, sans le savoir, la pensée intime du sectaire, fit réfléchir Bourdoise et l'engagea à rompre avec le prisonnier.

Ce qui est plus avéré et ce qui était bien plus dangereux pour l'avenir de la communauté c'est que « ceux du parti » choisirent un de leurs disciples et l'introduisirent à Saint-Nicolas, payant les frais de la pension. Mais le 4 octobre 1640, Bourdoise reçut d'un ami[1] une sorte de dénonciation, où celui-ci le mettait en garde contre une personne qu'il ne nomme pas et le priait de la congédier. Courtin ajoute qu'on éloigna « cet ennemi travesti » et assure que, jusqu'à l'époque où il écrit (1698) « la communauté a exclu de son corps sans miséricorde et banni du séminaire sans compassion les particuliers qu'elle a trouvé, dans la suite, avoir des sentiments opposés à ceux que tout bon catholique doit avoir[2]. »

Nous ne sommes pas aussi persuadé que ces biographes, de l'aversion de Bourdoise pour tous les sectateurs du Jansénisme et plus tard, nous le verrons assister quelque temps aux conciliabules du parti. Mais cela n'entache point son orthodoxie. Comme le fait remarquer l'exact Descouraux, Bourdoise ne connaissait pas les Jansénistes pour tels et il n'y avait rien de décidé sur les questions dont on disputait. D'ailleurs, à la date où nous somme (1640), c'est à peine si le livre de Jansénius, l'*Augustinus*, vient de paraître, et Saint-Cyran a pris un grand soin de mas-

---

1. Amelotte. Cf. p. 140.
2. B. M. 2453, p. 680.

quer la plupart de ses projets et de ses idées; sur plusieurs points de la pratique, il se rencontrait avec Bourdoise.

N'oublions pas, en effet, que *la préface au Règlement* est de 1640 et qu'elle renferme cette phrase un peu compromettante pour des oreilles délicates : « Il ne faut point douter que Dieu ne les favorise (les clercs qui mettaient leurs gains en commun) d'une bénédiction singulière et qu'il ne leur donnera en proportion de leur .... [1] un esprit approchant de celui qu'il avait départi à la primitive église qui est le vrai et pur esprit du christianisme. » Or, Saint-Cyran, comme beaucoup de chefs de la Réforme, avait sans cesse cette maxime à la bouche que l'Eglise était dégénérée et qu'il fallait lui rendre son véritable esprit, celui de l'Eglise primitive. Et il en prenait prétexte pour exagérer les pénitences à imposer, les droits des évêques, des prêtres, et, sous couleur de remonter à la ferveur des premiers temps, éloignait du Christianisme les âmes ordinaires. Pour mieux dissimuler sa manière, il s'abritait derrière les canons pénitentiaux de saint Charles Borromée qui, à la vérité, interprétés un peu strictement, pouvaient donner lieu à un rigorisme exagéré et contribuer à rendre la religion presque inaccessible à l'humaine nature [2].

Bourdoise, lui aussi, a une « procédure rude au refus ou délai de l'absolution [3], et en ce qui concerne la vocation à la Cléricature »; il s'abstient par pénitence de dire la messe et cela pendant plusieurs jours, quelquefois pendant plusieurs semaines; lui aussi, enfin, allègue l'autorité de saint Charles [4]. Le régime qu'il a établi dans la Communauté est sévère; on exclut les pensionnaires qui ne veulent pas le suivre. Autant de points de contact avec le Jansénisme *avant la lettre*, qui constitue la doctrine et la pratique de Saint-Cyran.

Mais ce qui sauve Bourdoise, c'est le voisinage de Froger qui démasque Saint-Cyran et devient un de ses adversaires; ce sont très probablement les conseils de Vincent, et d'une petite troupe d'hommes instruits, c'est avant tout le profond sentiment de l'union nécessaire avec l'Eglise, avec le Saint-Siège. Ce sentiment

---

1. Lacune.
2. *B. M.* 41928.
3. *Vie imp. Des.*, p. 467.
4. Saint Vincent de Paul, d'ailleurs, en fait autant. Cf. *Coll. lazar.*, XI, p. 114.

a été le meilleur legs que lui ait fait son père, qui, ligueur intrépide, lui avait toujours recommandé de se tenir « au gros de l'arbre ». Mais on ne peut le dissimuler; le moment était critique pour la Communauté. Supposez-la infectée, à ce moment, de l'erreur janséniste, c'était probablement, pour tout le reste de son existence, l'empoisonnement irrémédiable. Dieu, qui avait des desseins sur elle, ne le permit pas et ce sera tout le long de cette histoire une constatation agréable à faire.

Il n'en était pas de même ailleurs. Les solitaires de Port-Royal, poussés par des mobiles que nous ne voulons pas apprécier, se rangent alors docilement sous la conduite de Saint-Cyran. De Condren ne parvient pas à préserver sa congrégation encore mal organisée et où d'ailleurs la « règle de l'Evangile » défend peu contre cette invasion. La Sorbonne n'est pas complètement indemne. Le clergé de Paris, les curés surtout, ont un penchant vers cette doctrine où leur pouvoir est exalté. La rénovation morale du clergé menace d'être arrêtée par les exigences outrées de ces nouveaux sectaires. Et pourtant, elle s'annonce rapide et profonde.

Vers 1640, en effet, un souffle nouveau semble parcourir la France, et spécialement, la capitale. Les Exercices des Ordinands sont plus suivis et plus répandus. En 1638, écrit Vincent, « nous avons eu 60 ordinands, ou environ, qui ont bien fait [1] », et dans beaucoup de diocèses ces exercices s'établissent. — Une œuvre non pas nouvelle, mais plus solidement constituée, vient se greffer sur celle-là. Nous avons déjà vu Froger faire des conférences à ses prêtres habitués avant 1612 et nous savons aussi que Bourdoise donna à ces réunions un essor nouveau en les dirigeant plus spécialement sur ses sujets préférés. Là encore Vincent n'est point créateur, il organise. C'est en 1633 qu'il les établit à Saint-Lazare. Elles réunissent, le mardi de chaque semaine, vers 3 heures, des ecclésiastiques promus dans les ordres sacrés qui dissertent pieusement sur une vertu propre aux ecclésiastiques et s'engagent à suivre un règlement [2]. Pour la rive gauche et les étudiants, il en fondera une autre en 1642 au collège des Bons-Enfants. Cette institution régulière exerce bientôt sur le clergé une heureuse influence. Vincent de Paul aime à le cons-

1. *Coll. lazar.*, V, p. 210.
2. *Coll. lazar.*, XI, p. 461.

tater en 1640 : « l'état ecclésiastique séculier reçoit beaucoup de Dieu à présent. On dit que notre chère Compagnie y a contribué par les ordinands et la Compagnie des ecclésiastiques de Paris [1] ».

Les retraites, depuis longtemps en honneur à Saint-Nicolas, où les curés en particulier venaient se recueillir avant d'entrer en charge, sont inaugurées à Saint-Lazare par Coqueret, principal des Grassins, qui envoie à son tour ses écoliers, et bientôt elles sont très fréquentées. On conçoit que Saint-Nicolas ne pouvait

Cliché Chardon.
Église de Saint-Maur-les-Fossés.

guère, vu la disette du personnel dirigeant, accepter cette charge. Au surplus il n'avait pas les fonds nécessaires. Mais ses pensionnaires trouvaient sur place tous ces aliments d'une vie supérieure. Et d'ailleurs sa clientèle se recrutait de préférence dans le clergé pauvre, surtout après l'institution de la bourse cléricale. Par un sentiment bien humain, les ecclésiastiques sortis de la bourgeoisie ou de la noblesse répugnaient en général à venir s'enfermer dans la maison Compaing.

Pourtant beaucoup de gens de qualité embrassaient l'état ecclésiastique, à ce moment-là, assure Vincent, et il ajoute un détail significatif : « M. de Mégrigny, avocat à la cour des aides, est retiré avec M. Brandon à Saint-Maur, à cet effet (d'embrasser

---

1. *Ibid.*, IV, p. 291.

l'état ecclésiastique), nous ne l'ayant pu recevoir chez nous pour un temps de six mois comme il demandait à cause de la règle que vous savez que nous avons parmi nous de n'admettre que des personnes qui désirent être de la Communauté si ce n'est les exercitants et pour 10 jours seulement ». Il nous paraît que de ce texte découlent plusieurs conclusions. D'une part, Vincent de Paul n'admet pas, comme c'est juste, de séculiers dans son séminaire interne ou noviciat installé depuis quelques années à Saint-Lazare. D'autre part, ces Messieurs de robe ne paraissent pas songer à Saint-Nicolas : les préjugés de classe les en empêchent; et enfin, quelques-uns, parmi eux, forment une sorte de Communauté à Saint-Maur.

Cette communauté intermittente n'était pas sans communications avec Saint-Nicolas, loin de là. Composée de membres de la Compagnie du Saint-Sacrement, elle avait, vers 1639, pour chef spirituel, de Condren, général de l'Oratoire, pour supérieur, Amelotte, jeune, il est vrai, mais d'une sagesse précoce, Brandon, futur évêque de Périgueux, son frère, l'abbé de Bassancourt, l'abbé de Foix, Caulet, du Ferrier, presque toujours en mission, et enfin, Olier [1]. Tous sont de robe par leur origine, tous aussi sont pleins de zèle. Ce zèle est entretenu et dirigé par de Condren, qui, chose peu expliquée, se retire presque du gouvernement de l'Oratoire, pour se consacrer à cultiver ce petit groupe. Après quelques mois de repos corporel, mais d'activité spirituelle, il les envoie en mission; là il ne les perd pas de vue, il les va visiter. De Paris, il leur mande ses indications, j'allais dire ses ordres, et pourtant, ils ne font pas partie de l'Oratoire.

C'est une réunion de pénitents obéissant à leur directeur. Ils ne savent même pas quel but ils poursuivent. S'il faut en croire du Ferrier, et après lui, Faillon, de Condren avait, en les exerçant ainsi, un but mystérieux et précis. Par leur contact forcé avec les curés de campagne, il leur aurait voulu faire toucher du doigt les plaies de l'Eglise de France et les inviter par là à fonder des séminaires, unique moyen, à ses yeux, de régénération cléricale. Mais il tenait ce but caché. Et cela durait depuis près de quatre ans. Aux réunions du jeudi, il aurait pu dévoiler ses intentions aux confrères du Saint-Sacrement. Il semble bien qu'il

---

1. Meyster en faisait aussi partie, mais il était moins souvent à Saint-Maur, car il prenait fort peu de repos entre ses missions.

ne le fit pas. Craignait-il de froisser Froger, nous ne le croyons pas. Il y avait à Paris place pour toutes les œuvres. Il veut plutôt, explique-t-on, empêcher l'œuvre si difficile des séminaires d'être entravée par une indiscrétion [1].

Quoi qu'il en soit, un jour de l'année 1639, Olier accompagné de de Caulet et de du Ferrier arriva à Saint-Nicolas pour visiter Bourdoise et célébrer la messe dans cette église, devenue le modèles des paroisses de Paris [2]. Bourdoise qui connaissait le zèle de ces Messieurs les reçoit fort honnêtement, mais lorsqu'ils en vinrent à lui demander la permission de dire la messe dans l'église, il leur refusa net la faveur de célébrer, alléguant qu'il y avait dans leur extérieur quelque chose qui n'était pas entièrement conforme à la modestie ecclésiastique. D'où demande d'explications. C'est à cela que voulait en venir l'ingénieux apôtre de la cléricature. « Ce refus ayant donné lieu à M. l'abbé Olier et à ses compagnons de s'entretenir avec M. Bourdoise, comme c'était le

Portraits B. N.
Olier.

dessein de ce dernier, ils se sentirent si échauffés de son discours qu'ils le vinrent voir diverses fois pour se faire instruire par lui [3] et se remplir de l'esprit ecclésiastique, en sorte qu'ayant Bourdoise pour maître dans la cléricature et le P. de Condren comme directeur, ils firent des progrès étonnants dans la vertu et dans la science des Saints par les lumières qu'ils recevaient, tant de celui-ci pour la vie intérieure, que de celui-là pour la discipline de l'Eglise [4] ».

Ne pouvant facilement distraire, de sa petite compagnie, les prédicateurs pour les missions, Bourdoise songe tout de suite à

---

1. Sa correspondance avec Donnadieu, à cette époque, semble le prouver. Cf. Faillon. *Vie de M. Olier*, p. 142, note.
2. Faillon. *Vie de M. Olier*, 1, p. 225. Il s'appuie surtout sur B. M. 2452.
3. Précisément, cette année 1639, Bourdoise est débarrassé des soucis de l'économat.
4. Cf. Faillon. *Vie de M. Olier*, p. 226, qui cite B. M. 2453, p.548.

utiliser le dévouement de ces missionnaires volontaires et, s'il faut en croire Courtin, il les distribue lui-même dans son cher pays de Chartres, aux alentours de Marchefroy[1]. Olier évangélisa la petite ville d'Illiers, où Bourdoise avait séjourné plusieurs années dans sa jeunesse. Au retour, il s'arrête à Saint-Maur-les-Fossés où de Condren avait réuni ses fidèles dirigés, dans une maison qui appartenait à M. Brandon[2]. Vers la Saint-Mathias[3], cette petite troupe se retira au Loreau, près d'Epernon. Bourdoise appelé à Chartres, vient la visiter. Ces messieurs « faisaient ensemble leurs exercices de piété dans une chapelle domestique. Comme ces sortes de dévotions n'étaient pas fort du goût de M. Bourdoise, il propose à ces messieurs d'aller à la paroisse afin de chanter une messe solennelle en l'honneur de saint Mathias dont on célébrait la fête. Il choisit sur le champ les officiants. « M. le Curé, dit-il, qui sait chanter, fera choriste, avec M. Bourdon, le R. Père (c'était un Père Jésuite qui se trouvait là par hasard) fera célébrant, je ferai diacre et conduirai les officiers de l'autel ». Le sous-diacre, les acolytes et les thuriféraires furent pris parmi les autres ecclésiastiques de la Compagnie. Le Père Jésuite fit d'abord quelque difficulté, mais enfin il se rendit comme les autres et tout se passa bien. A vêpres, Bourdoise fit mieux. Il associa[4] au Père Jésuite le Père de Condren lui-même et leur fit prendre à l'un et à l'autre le surplis et la chape! Sa tyrannie liturgique s'exerça à Saint-Maur même; ces messieurs durent quitter leur douce chapelle particulière, pour assister aux offices de la paroisse en surplis. Mieux encore, il les invita à exercer leurs fonctions à la paroisse Saint-Nicolas, et aux Bernardins, ce qu'ils firent avec « une sincère reconnaissance » pendant plusieurs mois. C'est sans doute dans cette fréquentation du quartier Saint-Victor qu'ils s'aperçurent qu'un loup était entré dans la bergerie de Bourdoise, ce qui donna lieu à la dénonciation dont nous avons parlé[5].

---

1. Dans les lettres manuscrites conservées à Saint-Sulpice et qui émanent soit du P. de Condren, soit d'Amelotte, il n'est jamais question de Bourdoise.

2. Ou plutôt à la mère de M. Brandon.

3. Conjecture heureuse de M. Monier, ancien supérieur des Carmes, au lieu de la Saint-Mathieu, qui se rencontre dans le texte de Descouraux.

4. A ce trait il dut sourire, car il était d'un naturel gai.

5. La lettre en question était d'Amelotte.

Les temps approchaient où cette petite association allait revêtir, elle aussi, une forme précise et définitive. A la fin de décembre, si le récit de du Ferrier est véridique, de Condren aurait fait à ce narrateur, un peu suspect, une confidence assez étrange [1].

« Etant donc seuls, il commença à me parler : et après m'avoir montré que le fruit des missions, quoiqu'excellent, se perd, s'il n'est pas conservé par de bons ecclésiastiques, parce qu'il n'est que passager, il conclut qu'il fallait nécessairement travailler à en former dans l'Eglise, sans compter sur ceux qui sont déjà avancés en âge, et promus aux Ordres sans préparation, parce qu'il n'arrivait presque jamais qu'un mauvais prêtre se convertît. C'est donc, ajoute-t-il, une raison qui doit nous convaincre de la nécessité d'élever les jeunes gens dans l'esprit clérical, ce qui ne peut se faire que dans des séminaires, comme le Concile de Trente nous l'a saintement montré. Sur cela, je lui exposai des difficultés qu'on croyait alors insurmontables et lui rappelai la persuasion où chacun était qu'inutilement on travaillerait à établir des séminaires, après qu'on avait vu depuis plus de soixante ans que ceux de Toulouse, de Bordeaux, de Rouen n'avaient pu réussir, nonobstant les soins des cardinaux de Joyeuse et de Sourdis. Il me fit voir qu'on se trompait : qu'il n'y avait rien de plus aisé que d'en établir utilement, pourvu qu'on n'y reçut que des jeunes gens avancés en âge et dont le jugement déjà formé, put faire juger, après les avoir éprouvés quelque temps, s'ils étaient appelés au service de l'autel. Il s'étendit beaucoup là-dessus me donnant courage pour attendre le secours que Dieu donnerait indubitablement à cette œuvre. Il ajouta même qu'il ne fallait point perdre de temps pour commencer, parce que l'Esprit malin ne manquerait pas de faire naître des divisions et des troubles pour empêcher de former de bons ecclésiastiques... Enfin, après avoir continué à me parler jusqu'à midi, il me dit alors : Frère Martin (son assistant qui était déjà venu, à 10 heures, l'avertir de dire la messe) se fâcherait, remettons la suite pour demain matin. Il alla donc dire la sainte Messe; je me retirai et ne l'ai jamais plus revu. Car, y étant retourné le lendemain, je trouvai qu'il était malade d'une inflammation de poitrine, et comme les médecins avaient défendu qu'on le fît parler, il ne me fut pas possible de pénétrer jusqu'à lui. »

Et ce récit se complète par des apparitions du P. de Condren à Meyster et à Olier, où il les exhorte à quitter les missions pour établir un séminaire [2].

1. *Mémoires de du Ferrier*, p. 134, 135, 136, Cf. Faillon. *Vie de M. Olier*, I, p. 290. et suiv.
2. Cf. Faillon, I, p. 293 et suiv.

Nous répétons que ce récit nous paraît étrange. Pourquoi donner comme une révélation mystérieuse ce truisme, que de bons prêtres sont nécessaires pour maintenir les fruits des missions? Pourquoi faire cette confidence d'un nouveau régime de séminaire, au moins qualifié pour la recevoir, à savoir, au bavard et vaniteux du Ferrier? Pourquoi s'arrêter à mi-chemin et ne pas aller jusqu'au bout de sa pensée, alors que quelques mots y suffisaient? Pourquoi ne pas la compléter avant de mourir, au risque de la voir à jamais incomprise? Pourquoi, d'ailleurs, ces apparitions que rien ne nécessite et qui donnent à cette fondation du séminaire Saint-Sulpice des allures mystérieuses que n'a même pas connues l'Eglise à sa naissance? Si la chose est si « aisée », pourquoi le P. de Condren ne l'a-t-il pas tentée plus tôt? Il aurait pu faire un essai avec sa congrégation, qui se vantait, au début de son existence, de s'appliquer surtout à la formation du clergé. Pourquoi n'y a-t-il pas employé cette petite congrégation de Saint-Maur où le zèle et le talent se trouvaient réunis? Pourquoi, enfin, ce silence que l'on sent voulu et, à tout prendre, injuste, sur ce qui se pratique à Saint-Nicolas? Détournons d'une main respectueuse tous ces récits où le mystère et le surnaturel interviennent à tel point que le cours naturel des choses, si visible dans les autres fondations de séminaires, risque de disparaître, et suivons avec intérêt la marche des événements.

Une chose est certaine : après la mort du général des Oratoriens (janvier 1641) la petite troupe retourne au Loreau, puis à Chartres où elle prêche une Mission et prête son aide aux Exercices des Ordinands. Elle espère qu'après la clôture de ces exercices, les ecclésiastiques accepteront avec empressement l'invitation qu'elle leur fait de prolonger leur séjour parmi eux (paroisse Sainte-Foi) pour s'y « former aux vertus et aux fonctions ecclésiastiques ». Bourdoise est accouru pour aplanir les difficultés[1] : il reste là quelque temps. On installe comme supérieur Deleris, compagnon obscur de nos missionnaires. Les débuts sont assez heureux[2]. Mais Eléonor d'Etampes, qui favorise l'entreprise, est transféré du siège de Chartres à celui de Reims. De

---

1. Nous empruntons ce détail à un ms. *B. A.* 4010. *Vie de Messire Jean Deleris,... prêtre de Chartres.* Du Ferrier ne mentionne jamais ce Deleris.

2. On voit, d'après cette dernière source, combien serait inexacte l'assertion de Faillon, *Vie de M. Olier*, p. 317. « Personne ne se joignit à eux durant l'espace de huit mois qu'ils demeurèrent à Chartres ».

plus, on procède trop vite dans la réforme des abus, et cela malgré les avis envoyés dans la suite par Bourdoise : l'échec est bientôt complet. On laisse Deleris à Chartres et on se disperse.

Tant de bonne volonté ne pouvait cependant demeurer perdue. Mme de Villeneuve qui vient de fonder à Vaugirard (4 août 1641) une communauté de Sœurs[1], entend parler de cet essai malheureux par son confesseur Picoté, affilié à la petite troupe. Elle propose subitement d'essayer à Vaugirard, l'œuvre manquée à Chartres Après quelques hésitations, bien compréhensibles, Olier accepte, et, avec lui, du Ferrier et Caulet. On s'installe le 29 décembre 1641 au fond du village de Vaugirard[2], on prêche, on catéchise, on confesse. On est encouragé par Bourdoise. Il écrit à ces Messieurs une lettre où il les pousse à croire l'Eglise « dans les règlements que le Saint-Esprit lui a dictés », sans s'occuper des coutumes régnantes. Et, ajoute-t-il : « Oh! si Dieu donnait trois hommes fidèles qui ne se proposassent que son service et à sa façon... pour procurer la réforme du clergé et le salut du prochain, je ferais volontiers cent lieues pour les voir et conférer avec eux. » Il craint que ces hommes du monde, devenus prêtres, ne se laissent séduire par des usages qui ne seraient pas ceux de l'Eglise. Mais il est vite rassuré. Sur une aimable invitation il vint les trouver au mois de février et demeura trois semaines avec eux, et, ajoute du Ferrier, « nous restâmes les plus grands amis », et il en donne la raison : « il nous vit disposés à suivre les règles et les maximes de la discipline ecclésiastique[3] ».

Nos trois solitaires ne pouvaient pas aller à meilleure école. Chez Bourdoise, en effet, l'étude de cette discipline s'alliait à une pratique de plus de quarante ans et à une expérience laborieusement acquise dans le maniement de sa Communauté. S'il fallait en croire Courtin[4], il leur aurait donné des conseils très

1. Les Filles de la Croix : elles subsistent encore rue de Vaugirard, n° 233. Cf. F. Monier : *Les Origines de Saint-Sulpice*. Limoges 1906.
2. Suivant F. Monier, *op. cit.*, p. 9 : « il paraît bien que la petite Compagnie s'établit tout d'abord au n° 383 actuel de la rue de Vaugirard, puis presque aussitôt en face. »
3. Du Ferrier parle quelquefois de Bourdoise avec une légère pointe d'ironie.
4. L'auteur de la biographie manuscrite (*B. M.* 2453). Ses renseignements ne sont pas toujours sûrs. Il a trop d'admiration pour son héros. Cf. *B. M.* 2453, p. 513.

minutieux relativement à l'éducation des jeunes clercs qui commençaient à fréquenter l'humble logis de Vaugirard[1]. S'il est vrai que déjà on y trouvait un enseignement, M. de Bassancourt, qui avait dû profiter à Saint-Maur et à Saint-Nicolas des leçons de Bourdoise, fut chargé, semble-t-il, du cours de liturgie. Quand, au mois d'août 1642, après ces quelques mois passés à la campagne, le séminaire s'installa près de Saint-Sulpice, Bourdoise ne l'abandonna pas : « il continua toujours, jusqu'à la mort, d'en prendre soin autant qu'il pouvait, soit par les conférences qu'il avait avec MM. Deferières[2], Olier, de Lantages, sur les difficultés qui naissaient, soit par ses lettres et ses visites, soit en recevant quelquefois ces jeunes ecclésiastiques sous sa conduite, comme il arriva l'an 1649... M. de Lantages, qui était préfet de ce séminaire, avait aussi de grandes liaisons avec M. Bourdoise. Il lui rendait un compte fidèle du progrès de ces bons ecclésiastiques qui étaient sous sa conduite, il le consultait souvent, il lui demandait avis de la manière avec laquelle il en devait agir envers certains particuliers et le priait de leur écrire lui-même, comme étant plus disposés à recevoir ce qui viendrait de sa part que d'aucun autre, et il lui communiquait les conférences qu'il faisait au séminaire. Il nous en reste encore quelques-unes qui sont dignes de son bel esprit et de sa piété. »

Nous ne savons si Courtin n'a pas exagéré un peu le rôle de Bourdoise dans l'établissement du séminaire Saint-Sulpice, mais il nous semble indubitable que ce nouvel asile de la cléricature bénéficia des lumières, de l'autorité et de l'expérience du solliciteur clérical universel. Il dut y transporter nombre de règlements, consacrés par l'usage à Saint-Nicolas, et, de la sorte, éviter à cette institution naissante les longs tâtonnements[3]. C'est

---

1. Au moment de la translation à Saint-Sulpice (août 1642), cette maison aurait compté 8 séminaristes. Cf. F. Monier, *op. cit.* p. 18.

2. Du Ferrier.

3. A vrai dire, nous n'en avons pas de preuves démonstratives. Mais si les règlements de Saint-Nicolas que nous connaissons, soit manuscrits, soit imprimés, sont postérieurs à 1642, nous n'avons cependant pas trouvé trace de brusque changement dans son organisation intérieure après sa transformation officielle en séminaire (1644). Si donc les règles de Saint-Nicolas et de Saint-Sulpice qui datent de 1670 environ offrent de nombreux points de contact, il nous semble qu'il faut admettre, qu'en 1642, Saint-Nicolas, déjà en possession d'un règlement (condition essentielle du bon fonctionnement de toute maison d'éducation) a fourni à Saint-Sulpice débutant, un code tout fait, que M. Olier a pu modifier au gré de son inspiration personnelle.

ce qui nous explique comment ce séminaire reçut rapidement sa forme. Un peu fils de Saint-Nicolas, il prit modèle sur son père.

Si nous en croyons le même biographe, Bourdoise ne collabora pas moins au gouvernement de la cure de Saint-Sulpice, donnant des conseils, surveillant la paroisse, ou la faisant visiter par quelques anciens de Saint-Nicolas. La Communauté de Saint-Sulpice, fondée par M. Brandon, ne fut satisfaite que le jour où, par la plume de celui-ci, elle put adresser à Bourdoise une lettre-rapport où on rendait compte des efforts accomplis, pour orner la sacristie, clore le cimetière, honorer le Saint-Sacrement. Il ne tint pas à Bourdoise que le séminaire de la rue du Vieux-Colombier [1] ne fut plus ressemblant à celui de Saint-Nicolas, en devenant plus paroissial. Les séminaristes sont, au début surtout, employés à tous les offices de l'église Saint-Sulpice. Olier, ébranlé par les objections de directeurs qui craignaient que cette assiduité nuisît au bon succès des études, alla consulter, en 1647, Bourdoise, qui lui répondit, un peu vivement, par son axiome favori : « Monsieur, mais il faut travailler dans la hiérarchie, et non pas à côté ». En fait, aussitôt le sacerdoce reçu, on passait dans la Communauté de la paroisse où on s'exerçait à l'administration des Sacrements. Mais, en 1650, Bourdoise dut être bien déçu en voyant élever et bénir, rue du Vieux-Colombier, la chapelle du nouveau séminaire.

Les divergences d'avec Saint-Nicolas, en ce qui concerne l'organisation, allaient, comme c'est naturel et légitime, s'accentuer avec le temps. Parmi les caractères qui, dès l'origine, différenciaient l'œuvre d'Olier de celle de Bourdoise, nous noterons, en premier lieu, une sorte d'indépendance à l'égard de la hiérarchie. Le curé fait partie de la communauté et du séminaire, et de plus, le séminaire est situé dans le faubourg Saint-Germain qui dépend immédiatement du pape [2]. Il échappe ainsi au contrôle de l'Ordinaire. Le séminaire sera bientôt séparé de la communauté, qui, elle-même, ne sera qu'une partie de la Compagnie; dans trois ans, il y aura une chapelle dans le séminaire.

En second lieu, Olier vise surtout à former le haut clergé. Sa

---

1. Plus exactement alors : de la rue Férou. Cf. Faillon, III, p. 99.
2. Par hiérarchie, Bourdoise entend avant tout l'Ordinaire. C'est l'abbé de Saint-Germain qui représente le Pape.

naissance, son milieu, ses goûts, ses relations l'y poussent : Saint-Nicolas s'occupe spécialement, surtout depuis la fondation de la Bourse cléricale, des ecclésiastiques pauvres. Olier réunira autour de lui ceux à qui la fortune et l'éducation plus mondaine rendraient bien lourd le joug de Saint-Nicolas. Il ne dissimule pas son ambition : « Je vois que ce dessein[1] ira à donner à l'Eglise beaucoup de bons sujets, que le Roi imbu de nos procédés et de notre façon de vivre tirera de notre maison et je pense qu'à l'avenir on viendra les choisir chez nous. » Or, le Roi disposait surtout de bons bénéfices, dignités, cures, chanoinies, évêchés. Qui dira quelle part eut dans le succès de Saint-Sulpice cette bienveillance royale ? Déjà elle était acquise aux ecclésiastiques qui suivaient assidûment les mardis de Saint-Lazare, et Vincent de Paul s'en félicitait[2]. Richelieu qui, somme toute, n'a jamais été indifférent à cette question des Séminaires, voit d'un œil très satisfait s'établir des maisons où ses futurs évêques se formeront dans la science et dans la piété. Il offrira même son aide pécuniaire à Olier qui, prudemment, la refusera. Sans doute, les subventions lui seraient utiles au début, car, au séminaire, on est un peu dans la gêne. Mais cette gêne sera passagère, et les pensionnaires à quatre cents livres, doublés quelquefois de leur domestique taxés de même, assureront des ressources qui permettront, en 1649, de commencer la construction d'un beau séminaire.

Faut-il aller plus loin, et dire qu'Olier conçut, dès 1642, un type définitif de séminaire destiné à servir de « modèle pour tous les autres diocèses et royaumes ? » On allègue, à l'appui de l'affirmative, une citation extraite de ses œuvres authentiques. Voici le texte[3] : M. Olier, lui-même, parle de la Providence, « laquelle voulant faire faire de ce lieu (Saint-Sulpice) un séminaire universel pour l'Eglise, au moins *un modèle de séminaire* pour les autres diocèses, provinces et royaumes, a voulu que nous ayons été établis », et il insiste sur ce fait que ce séminaire dépend du Pape seul. Nous ne croyons pas qu'il faille prendre

---

1. Du séminaire Saint-Sulpice.
2. Lettre du 8 janvier 1637. « L'assemblée des Mardis de MM. les Ecclésiastiques de cette ville réussit toujours de mieux en mieux, ce me semble. Voilà trois évêques qui viennent d'en être tirés : M. Godeau pour Grasse, M. Fouquet pour Bayonne, M. Pavillon pour Aleth ». *Coll. lazar.*, IV, p. 158.
3. D'après une copie communiquée gracieusement par M. Monier, de Saint-Sulpice.

dans cette sorte de prophétie le terme de modèle avec son sens fort, c'est-à-dire d'idéal. Nous supposons qu'Olier a prétendu dire simplement que la Providence a voulu offrir un type qui pourrait être imité. Saint-Sulpice ne sera pas un séminaire diocésain à forme très spéciale et réservé aux seuls clercs d'un diocèse, mais il recevra des sujets venus de tous les points de la chrétienté, et revêtira une forme qui s'adaptera à cette diversité d'origine. Or, ceci est loin d'être une nouveauté. Depuis longtemps, Saint-Nicolas renferme des clercs venus de bien des diocèses du royaume, voire des Pays-Bas [1], et cela continuera jusqu'à la Révolution. Si donc il n'est pas vrai que cette aptitude à recevoir des clercs, qui n'appartiennent pas exclusivement au diocèse de Paris, constitue un caractère original, propre à Saint-Sulpice, il n'est pas moins inexact de soutenir qu'Olier prétendit donner au monde un modèle tout nouveau de séminaire. Il profite de tous les essais antérieurs, et surtout, nous croyons l'avoir suffisamment indiqué, de l'expérience faite à Saint-Nicolas. Sans doute, il introduisit des modifications exigées, et par la condition plus élevée de ses élèves, et peut-être par l'éloignement de la Sorbonne, et par ses fonctions de curé; mais si l'on compare les règlements élaborés à Saint-Nicolas et à Saint-Sulpice, vers 1665, on voit combien ils se ressemblent.

Ce n'est pas Olier non plus qui a inventé la fameuse distinction entre les petits et les grands séminaires. Elle se préparait depuis longtemps, et même dans les Pays-Bas, elle était entrée dans la pratique [2]. Nous avons vu qu'à Saint-Nicolas, on ne donnait plus l'hospitalité aux écoliers qui faisaient leurs humanités. On ne recevait les laïcs et les tout jeunes clercs que pour des retraites destinées à étudier leur vocation et à les préparer à la tonsure et aux ordres mineurs. On fit même plus : durant un certain temps, on exclut ceux qui allaient à des cours.

Fut-ce Olier qui, le premier, attribua, autant que faire se pouvait,

---

1. Cf. *Vie imp. Des.*, p. 295 et *Dessein de la Bourse cléricale*.
2. Dès 1570, Lindanus, évêque de Ruremonde, préconise, dans un Mémoire, la formation d'un séminaire où on admettrait, non des enfants, mais des jeunes gens pauvres ou de fortune médiocre, âgés de 22 à 23 ans, ou étudiants en théologie ou maîtres ès arts. — En 1621, au séminaire de Douai, on n'admet que des jeunes gens âgés d'au moins 20 ans. — Cf. *Histoire du Séminaire de Bruges*, par de Schrevel. Bruges, 1883, I, p. 629 et II, p. 273. — Saint Charles Borromée, d'ailleurs, avait déjà prélude à cette mesure. Cf. Letourneau, *La Mission de Jean-Jacques Olier*, p. 5 et suiv.

une chambre à chaque séminariste au lieu des salles communes en usage dans les séminaires-collèges [1] ? Nous ne le croyons pas. Pour ne parler que de Saint-Nicolas, il n'est jamais fait mention de salles d'études. Quant aux dortoirs, ou plutôt chambres communes, ils coexistaient, faute d'espace, avec les chambres particulières [2]; mais il faut ajouter qu'à Saint-Nicolas, aussitôt que la maison Compaing fut démolie (1684), on ne connut plus les dortoirs ni les chambres communes.

Pour nous résumer, — et on pressent notre conclusion, — on ne peut pas dire, comme les historiens de Saint-Sulpice le font, à la suite de du Ferrier [3], que l'établissement de Vaugirard a été « le premier Séminaire qui ait été formé en France. » Faillon, après une revue assez complète des séminaires essayés dans le royaume depuis le concile de Trente, ajoute avec une pointe de dédain : « chacun regardait cette entreprise (des séminaires) comme impossible. M. Bourdoise lui-même, qui l'encourageait si hautement, partageait néanmoins l'opinion commune, et avec d'autant plus de raison qu'ayant essayé en vain pendant plus de trente ans d'établir un séminaire, il n'avait pu faire autre chose que former une communauté de prêtres de paroisse à Saint-Nicolas du Chardonnet. » Dans la note qu'il consacre à cette association, il dit encore plus expressément : « la maison de Saint-Nicolas n'était, en 1642, qu'une simple communauté de prêtres. »

Non pas qu'il ignore les faits qui sont opposés à sa thèse, mais, après en avoir énuméré quelques-uns, il tire brusquement la conclusion citée, en donnant comme raison que cette Communauté dépendait entièrement des marguilliers.

Il nous semble que cette dépendance, d'ailleurs exagérée à plaisir, n'enlève rien au caractère de séminaire, si, par séminaire, on entend une institution destinée à la formation cléricale. Jusqu'ici nous avons évité d'appliquer ce vocable à Saint-Nicolas. C'était à dessein. Ce mot a reçu tant d'acceptions diverses que nous avons préféré l'omettre. A s'en tenir au sens étymologique, en effet, et c'est celui du concile de Trente, il désigne un établissement où, comme dans une pépinière, s'élève, entouré de soins

---

1. Cet usage était-il universel? Nous n'avons pu le vérifier.
2. B. M. MM. 475, p. 260.
3. Faillon, III, 19.

vigilants, ce qu'on est convenu d'appeler l'espoir du sanctuaire. Il suppose, dans les sujets, la jeunesse [1] : cependant, d'après le concile, on ne doit pas, pour l'admission, descendre au-dessous de douze ans. Il n'est pas ordonné expressément d'élever dans le même local tous les candidats au sacerdoce, en mêlant les enfants aux jeunes gens. Mais le sens obvie des expressions que le concile emploie, y invite.

Aussi le mot séminaire désigne-t-il bien vite tout noviciat, disons plus, toute école apostolique. Le P. Faure, le plus ancien disciple de Bourdoise, projette de fonder à Nanterre deux séminaires pour les novices de Sainte-Geneviève ; l'un renfermera les enfants de cinq à dix ans, l'autre de dix à quinze ans [2]. Ce mot s'applique même aux noviciats de religieuses. Ce sens primitif, et tout parfumé de poésie, cède ensuite la place à un sens plus général : il s'agira alors, avant tout, de formation. Si cette formation est particulièrement intellectuelle, nous aurons les séminaires-collèges où les études tant classiques que théologiques tiennent la plus grande place, et ce seront des séminaires improprement dits. Quelques-uns cependant, avec le temps, se rapprocheront des séminaires purs, et prêteront plus d'attention à la culture de la vocation et des vertus sacerdotales. Si la formation est surtout morale et pratique, nous arrivons aux séminaires proprement dits. Mais ceux-ci, à leur tour, peuvent prendre des formes variées. Les uns n'accepteront qu'une catégorie d'ecclésiastiques : tantôt on admettra les étudiants en philosophie, tantôt on les exclura, tantôt on logera des curés, tantôt on leur refusera l'accès du séminaire ; on arrivera même à donner le nom de séminaire à une maison de retraite pour les prêtres infirmes ou âgés [3]. De simples communautés de prêtres en prendront le titre. Le sens, on le constate, est singulièrement élargi, est devenu à peu près synonyme d'établissement plus ou moins religieux ou ecclésiastique.

Il nous eût été facile de donner à Saint-Nicolas, au moins depuis 1616, le nom de séminaire : car, dès ce temps, il abritait et formait les PP. Faure et Baudoin, et l'épithète eût été largement justifiée par le développement, non pas de la Communauté, mais

1. A teneris annis, dit le Concile.
2. S. G. ms. 703.
3. Par exemple, à Paris, le séminaire de Saint-François de Sales.

de la clientèle de ses pensionnaires qui venaient, les uns, se faire acceptée à la tonsure, les autres, étudier leur vocation, le plus grand nombre, se préparer aux ordres, d'autres, se retremper dans la retraite, ou se préparer au ministère. Le modéré Descouraux ne peut s'empêcher de dire que la Communauté fondée en 1612 « fut *comme* le premier séminaire de Paris[1] » et les autres biographes de Bourdoise la désignent maintes fois sous le nom de séminaire dans les périodes que nous venons de parcourir.

Aussi, M. Letourneau a-t-il fait une concession. Avec lui, Saint-Nicolas est devenu école cléricale de paroisse, école paroissiale, puis, confondant, croyons-nous, deux termes bien distincts, il ajoute : « Si la conception de M. Bourdoise avait prévalu, la France aurait pu compter nombre de Communautés paroissiales très ferventes : mais elle n'aurait pas facilement inauguré les grandes écoles épiscopales voulues par le concile ». Il nous semble que les faits concordent mal avec cette assertion. Il faut bien distinguer entre la Communauté et le séminaire. De la première, nous ne dirons rien, sinon, qu'à notre avis, le type rêvé par Bourdoise était irréalisable et que ses confrères ont sagement agi plus tard en le modifiant; quant au séminaire, il est indépendant de la forme de la Communauté[2]. Il est paroissial, non pas en ce sens (qui paraît être le sens admis par M. Letourneau) que les sujets sont pris dans la paroisse : nous savons déjà, et nous verrons amplement qu'il n'en est pas ainsi et que Saint-Nicolas mérite presque autant que Saint-Sulpice le surnom de séminaire universel; mais il est paroissial en ce sens que, visant à former surtout le clergé paroissial, d'où qu'il vienne, il veut être une école de préparation, c'est vrai, mais, en même temps, une école d'application, et, pour s'y contraindre, il n'aura pas d'autre chapelle que l'église de Saint-Nicolas du Chardonnet. Et, à ce point de vue, Saint-Sulpice mérite un peu, lui aussi, grâce à Bourdoise, cette épithète : car, lui aussi, dès son origine, est loin d'être sans attache avec la paroisse[3].

1. *Vie imp.* Des., p. 558.
2. Au moins pour les exercices essentiels. Toutefois, il ne nous répugne pas d'avouer que Saint-Sulpice se rapproche plus que Saint-Nicolas de la forme actuelle des grands séminaires, grâce surtout à sa séparation partielle d'avec la paroisse. Mais ce dernier point nous paraît secondaire.
3. *La Mission de Jean-Jacques Olier*, p. 64.

Enfin, et pour ne pas prolonger une discussion et un parallèle qui pourraient être fatigants, Saint-Nicolas, dans la réalité, n'est pas moins séminaire avant 1644 qu'après. De Gondi, dans ses lettres patentes, répète à satiété que pour mériter le nom de séminaire, cet établissement n'a qu'à continuer ce qu'il a pratiqué. Les lettres patentes ne font que constater et légitimer un état antérieur, mais ne lui imposent aucun devoir essentiel nouveau. Si donc, Saint-Nicolas, après 1644, est bien officiellement proclamé séminaire, on ne saurait nier, sans mauvaise grâce, qu'il avait des droits anciens à cette dénomination. Et du même coup, Saint-Nicolas devient le premier séminaire organisé, sinon en France, du moins à Paris. Nous ne voulons pas entrer dans la discussion des titres des séminaires qui, en France, revendiquent ce surnom glorieux. Qu'il s'agisse de celui de Valence, d'Annecy, d'Aleth, Langres, Rouen, Toulouse, Valence, il semble bien avéré ou que ces établissements ne durèrent pas ou qu'ils étaient de simples séminaires-collèges.

A Paris, Saint-Magloire est toujours vide de séminaristes. Il renferme trois religieux ; pour suffire au service de l'église Saint-Magloire on a envoyé huit Oratoriens. Nous pensons qu'aux alentours de 1639 la question du séminaire fut de nouveau agitée. D'après les registres des délibérations (à la date du 30 juin 1639), « la Commission a l'intention d'establir à Saint-Magloire le séminaire conformément à la bulle », mais à la charge de pouvoir renvoyer à son gré « les séminaristes *discoles*[1]. » Un peu plus tard (le 27 juillet), on semble hésiter. On voudrait demander à l'archevêque de « changer les (futurs) séminaristes-étudiants, aux prêtres qui seront nouvellement pourveus de cures en son diocèse. Si cette substitution était agréée, on leur apprendrait la vie ecclésiastique, on leur ferait faire une retraite et on les formerait, si besoin en était, aux fonctions curiales ». En plus, on ferait des missions et on continuerait le service public de l'Eglise: on veut éviter avant tout les dépenses nécessaires à l'entretien des professeurs. Au 17 août, on trouve le marché onéreux et on supprime les missions. Nous supposons, que c'est alors, fin de 1639 ou courant de 1640, qu'intervient la transaction dont parle l'enquête de 1660. « J. F. de Gondi reconnaissant

---

1. Indisciplinés. Cf. *A. N.* M. 228 B : ce registre ne remonte pas au delà de 1634.

raisonnable de différer, de son vivant, la nomination et l'envoi des dits ecclésiastiques pour commencer le dit séminaire », approuvait que les Oratoriens demeurant dans l'abbaye « instituassent et formassent à la piété et aux lettres, plusieurs personnes ecclésiastiques tant de la congrégation que du diocèse de Paris et autres diocèses pour servir l'Eglise sous l'autorité de Nosseigneurs les Evêques ». Le 21 juin 1640 on prend une résolution « pour l'établissement de l'étude de théologie », et à la rentrée de 1640 on envoie à Saint-Magloire des professeurs, mais les élèves sont tous des Pères ou des Confrères. Parmi eux, on compta en octobre (1641) le confrère *Lafontaine*, qui abandonnera les études sacrées pour une littérature plus légère. Une lettre du P. Emmanuel de Gondi, écrite très probablement en 1658, affirme que, depuis quinze ans, par conséquent depuis 1643 ou peut-être 1642, grâce à un léger subside de Richelieu, les Oratoriens forment, à Saint-Magloire, « un grand nombre d'ouvriers dont la meilleure partie est de Paris. »

Ces ecclésiastiques vivaient avec les Oratoriens dans l'abbaye en payant pension et en aidant ces Pères à « célébrer le service divin. » En quoi consistait exactement la formation qu'ils recevaient, c'est ce qui n'est pas facile de découvrir au milieu de l'obscurité des textes — cette obscurité est un peu voulue, croyons-nous. Il fallait prouver au cardinal de Retz, ou plutôt à son représentant, le vicaire général de Hodencq, qu'on avait fait quelque chose, et, dans sa décision, de Hodencq relate, d'une manière générale, que des ecclésiastiques ont été formés à la piété et à la science des choses saintes. Et pour en finir avec Saint-Magloire qui, pendant longtemps, a usurpé, dans l'opinion égarée, une renommée de priorité, ajoutons que les Oratoriens demandèrent, en 1658, l'autorisation d'ouvrir leur séminaire le 1er juillet 1660[1], et d'y admettre pour le moment six ecclésiastiques qu'ils choisiraient eux-mêmes[2]. Quand l'amortissement des dettes, contractées surtout en vue de la construction dudit séminaire dans l'intérieur de Saint-Magloire le permettra, on ira jusqu'à 12 boursiers clercs ou prêtres. Enfin, la décision du vicaire général intervient le 30 juin 1660 à la veille de la rentrée et ces boursiers, tous de

---

1. Et non à la Saint-Remy, comme le dit Faillon.
2. C'est Emmanuel de Gondi qui les choisit et ils nous paraissent se rattacher très intimement à l'Oratoire.

Paris, iront se joindre aux séminaristes de l'institution ou novices qui s'y forment depuis vingt ans aux études de théologie. En définitive, Saint-Magloire, en 1642, ne renferme aucun séminariste proprement dit. En 1643, il s'attachera d'une façon bien vague quelques ecclésiastiques et ce n'est qu'en 1660 qu'il méritera vraiment le titre de séminaire [1].

Jusqu'en janvier 1642, seul, à Paris, Saint-Nicolas offre à tous les ecclésiastiques séculiers, qui veulent en profiter, les bienfaits d'une préparation cléricale. Mais les temps sont arrivés, où ils pourront choisir la maison qui leur convient le mieux.

Descendons de ce plateau de Saint-Jacques, qui bientôt va devenir dangereux pour l'orthodoxie, et passant par la rue Saint-Jacques et les ruelles du quartier latin, frappons à la porte des Bons-Enfants. La topographie du lieu en a passablement changé : la vieille tour Saint-Victor, à laquelle s'adossait le bâtiment, vient d'être démolie, la chapelle qui longeait la rue Saint-Victor a cédé une travée pour l'ouverture d'une porte cochère [2] et une autre travée pour qu'on y puisse pratiquer une cuisine, un office et une petite place pour le portier.

Pénétrons dans la cour. En face subsiste le vieux corps de logis en bois, mais on y a aménagé au rez-de-chaussée, en 1642, une salle d'Exercices et un bûcher : les étages sont partagés en chambres. Dans le corps du logis, en aile à gauche, on a construit au rez-de-chaussée un réfectoire, en 1639 [3]. Ces modifications extérieures indiquent un changement de destination. Dans les quelques années où ce bâtiment a servi aux Exercices des Ordinands, on a tiré parti, comme on a pu, des anciennes dispositions (1631-1636). Vers 1636, Vincent fait occuper les locaux,

---

1. Cf. *A. N.* M. 201. Toute cette procédure nous paraît assez singulière. Qu'on ait voulu éclaircir la question pécuniaire, rien de mieux; mais qu'on ait demandé une deuxième autorisation pour ouvrir ce séminaire, voilà qui infirme passablement l'érection de 1618. — On voit par ce simple exposé combien nous semble peu fondée l'assertion quelquefois véhémentement formulée, (cf. l'article du P. Ingold, *Bulletin critique*, mars 1907), qu'en 1642 le séminaire Saint-Magloire existait depuis quelque temps et qu'il était « le séminaire officiel de l'archevêché ». — De même tombe dans le néant la prétention émise par plusieurs historiens de l'Oratoire (Tabaraud, Houssaye), que de Bérulle, en fondant l'Oratoire, « aurait posé la première pierre de tous les séminaires qui s'élèveront dans la suite ». Cf. Houssaye : *Le Cardinal de Bérulle*, tome III, p. 519.

2. Nous ne croyons pas que ces détails soient oiseux : ils auront plus tard leur utilité.

3. *A. N.* H. 3288 et S. 6850.

demeurés déserts à la suite du transfert de la Compagnie à Saint-Lazare, par de jeunes enfants dans lesquels on remarquait quelque inclination à l'état ecclésiastique. Ce petit séminaire donnait peu de résultats. A l'instigation de Richelieu, Vincent de Paul, quelques semaines après la fondation de Vaugirard, loge aux Bons-Enfants douze clercs que la subvention de mille écus, accordée par le Cardinal, aidera à nourrir. De 1636 à 1647 probablement, petits et grands séminaristes se trouveront ainsi réunis dans ce séminaire-collège. Vincent de Paul retint ses clercs deux ans pour les rendre capables de tout ce qui appartenait à leur condition et plusieurs autres se présentèrent depuis, qui offrirent de payer leur pension pour être élevés de même à la piété et à la science.

C'est ainsi que le séminaire des Bons-Enfants commença sous la sage conduite de saint Vincent avec la permission et l'agrément de feu Mgr l'archevêque de Paris. « Ce bon prélat avait déjà permis aux prêtres de Saint-Nicolas du Chardonnet d'en commencer un autre sur lequel Dieu versait beaucoup de bénédictions[1] ». Nul doute que pour organiser cette institution nouvelle, Vincent ne suivît la rue Saint-Victor pour aller frapper à la porte de la maison Compaing. Nous en avons pour garants, l'amitié qui unissait les deux maisons et qui subsistera, le voisinage et surtout l'humilité et la sagesse de Vincent de Paul. Jamais ce séminaire des Bons-Enfants n'est vide, même aux jours de congé. Depuis 1642, tous les jeudis, les étudiants en théologie qui couvrent la montagne Sainte-Geneviève profitent de leurs congés pour se réunir dans des conférences qui ont le succès des mardis de Saint-Lazare[2]. Bourdoise ne pouvait que se réjouir de toutes ces œuvres cléricales.

Il fit plus que d'approuver, il collabora à l'érection du séminaire des Trente-Trois. On sait que le P. Bernard, plus connu sous le nom de « *pauvre prêtre* », en avait conçu l'idée en 1638, lors de la naissance du Dauphin, qui fut plus tard Louis XIV. D'abord composé de 5 élèves, en l'honneur des cinq plaies de Notre-Seigneur, puis de 12, pour rappeler les Apôtres, enfin, de 33, pour honorer les années de la vie terrestre du Christ, ce séminaire-collège fut, comme la Communauté de Bourdoise à ses

---

1. *Coll. lazar.*, XI, 462.
2. *Coll. lazar.*, I, 293.

débuts, hébergé tantôt dans un collège, tantôt dans un autre. D'après la plus ancienne biographie de Bourdoise [1], celui-ci lui aurait dressé son règlement, ce qui n'a rien que de très vraisemblable. Cependant sa véritable organisation ne date que de 1657.

D'autres créations sollicitaient, entre temps, soit les lumières de Bourdoise, soit son concours ou celui de ses disciples. Il avait contribué à fonder une sorte de séminaire à Beauvais en 1630. Mais de plus en plus on le consultait. Le nouvel archevêque d'Arles, Barrault, un des premiers confrères du Saint-Sacrement, que le Roi avait tiré de l'évêché de Bazas pour le faire archevêque d'Arles [2], connaissait Bourdoise : sans doute qu'un jeudi ou l'autre, Froger leur avait ménagé une entrevue. Dans ses visites à Saint-Nicolas, Barrault fut édifié et voulut, lui aussi, posséder, à Arles une communauté de ce genre. Non sans peine, il obtient que Bourdoise partira pour Arles accompagné de Wyart et d'un autre. Chemin faisant, Bourdoise « ne laissa pas (de) répandre la cléricature » et, arrivé à Arles, il établit, dans la paroisse Sainte-Croix, une communauté qui la rendit telle qu'elle pût « servir de modèle à toutes les autres du diocèse, tant pour le chant, les cérémonies, l'administration des Sacrements, le zèle et le désintéressement que pour l'assiduité, la modestie et la piété de la part des paroissiens. » Là, comme ailleurs, Bourdoise veille à tout. Il pousse une pointe jusque dans la Camargue, bien délaissée au point de vue spirituel, et donne un plan d'évangélisation ; il songe même à aller jusqu'à Rome, en attendant le retour à Arles, de Barrault retenu à Paris par l'assemblée générale du clergé. Celui-ci l'ayant mandé à Paris pour conclure plus rapidement, Bourdoise revient au mois d'avril 1635 et au mois d'août, voyant que Barrault ne songe pas à regagner Arles, il rappelle les deux compagnons qu'il avait laissés là-bas. L'affaire en resta là : toute tentative de réforme aurait fatalement échoué faute de la présence de l'archevêque pour la soutenir [3].

Nous ne connaissons que fort mal l'action de Bourdoise sur le séminaire de Reims en 1630 et 1640 ; guère mieux celle qu'il exerce à Bourges vers 1635. Sur l'invitation du fondateur même de la Compagnie du Saint-Sacrement, il faillit partir pour Uzès

---

1. *B. M.* 2452.
2. *Vie imp.* Des., p. 299.
3. Ce « raid » d'Arles est raconté avec assez d'intérêt par Des., p. 299-321.

où le duc voulait transférer tout son inutile séminaire de Ventadour (1640).

Et cependant sa propre communauté de Villejuif ne prospérait pas : « il y avait peu de sujets » et c'était celle de Paris qui les avait fournis. Aussi avait-il du loisir et du chagrin. Le loisir, il l'employa à assister [1] à des conférences publiques, sur les rubriques et les cérémonies, qui se tinrent dans le collège de Cluny [2], du carême au mois d'août 1642. Son chagrin, c'était de voir la communauté de Villejuif si peu nombreuse; de plus, quelques soins qu'il en prît « les choses n'allaient pas toujours comme il le souhaitait. » Il se contenait pour ne pas condamner la manière de voir de ses confrères de Paris.

Aussi profite-t-il d'une occasion qui s'offre pour quitter Paris et même le diocèse « afin d'exécuter avec plus de liberté le désir qu'il avait d'établir une communauté sur le plan qu'il en avait dans l'esprit. » Depuis quelques années, le duc de Liancourt, messire Roger du Plessis, avait « fondé 3 prêtres pour vivre ensemble sous l'autorité du curé et de Mgr l'évêque de Beauvais. » On peut être surpris des conditions. Le curé pourrait les renvoyer quand il le jugerait à propos. De plus le traitement était bien exigu : 300 livres par prêtre. Aussi les places demeuraient-elles vacantes [3]. Le duc, membre de la Confrérie du Saint-Sacrement cherchait de tous côtés des titulaires. Après avoir essuyé un refus de la part de son confrère Vincent de Paul, il se tourna apparemment vers Froger [4] qui, voyant Bourdoise disposé à s'éloigner de Saint-Nicolas, dut lui en faire la proposition. Il fut peut-être appuyé par le curé de Liancourt, Nully [5]. Celui-ci n'était pas un inconnu pour Bourdoise. Dès 1620, ils s'étaient vus et en 1638, Bourdoise avait séjourné chez lui quelque temps au moment même où on bâtissait la maison destinée à la communauté future voulue par le duc. Bourdoise ne fit donc aucune difficulté d'accepter. Tout, pour lui, semblait marcher à souhait. Aussi vers la fin d'août 1642 [6], après un congé donné en bonne et dûe for-

---

1. Le ms. 2452 *B. M.* p. 891, affirme naturellement que ce fut lui qui les procura.
2. Il ne faut pas le confondre avec l'hôtel (musée) de Cluny.
3. *B. M.* 2453 dit que « très peu de prêtres acceptèrent ».
4. *B. M.* 2453 l'affirme nettement.
5. C'est la version de Descouraux, p. 344.
6. *B. M.* 2453, indique le 1er septembre.

me par la Communauté de Paris, il va loger chez Nully en attendant que la maison de la Communauté soit mise en état d'être habitée. Un de ses amis de Beauvais, Le Clerc, ancien principal de collège, vient s'adjoindre à lui. L'évêque Potier lui fait visite presque aussitôt après son arrivée. Malgré cet accueil bienveillant du curé et de l'évêque, Bourdoise ne s'engage que pour un an et alors commence pour lui ce séjour de 10 ans à Liancourt, coupé par des voyages assez fréquents à Paris.

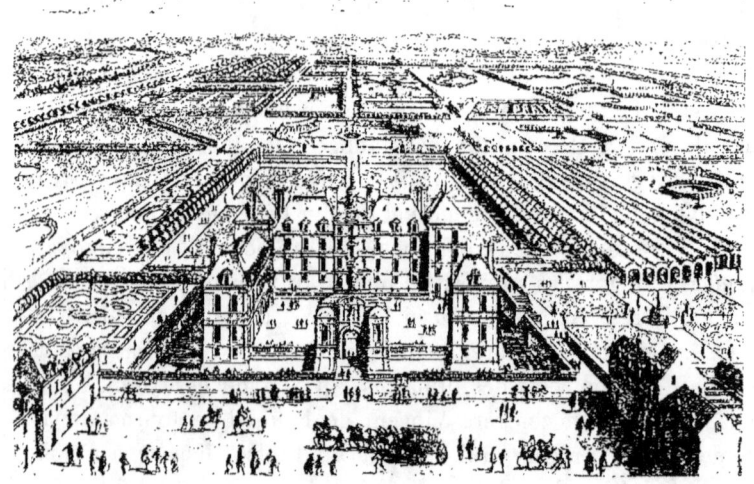

Château de Liancourt au XVIIe siècle.

Nous ne le suivrons pas de près dans cette expérience infructueuse qui n'intéresse pas directement Saint-Nicolas.

Durant ce séjour, il s'en faut que Bourdoise perdît tout contact avec cette dernière communauté. Il avait stipulé qu'on lui donnerait Nicolas Thierry, un des meilleurs sujets. Il est vrai qu'il ne l'emmènera pas, car, réflexion faite, il voudra courir, seul de la Communauté, les risques de sa nouvelle entreprise. Au mois de mai 1643, cependant, il demande un aide. On le lui accorde par un acte signé de Froger, de Wiart, toujours économe, et de tous les membres présents. La tâche à accomplir était rude. Il fallait, sans manquer cependant à son rôle de réformateur, plaire au duc et à la duchesse. Le duc lui fut vite acquis; quant à la duchesse, Jeanne de Schomberg, elle n'était pas « dans les mêmes sentiments. » Elle le regardait comme un homme inquiet et remuant qui ne trouvait rien de bien que ce qu'il faisait, et il fallut deux ans pour la faire revenir de cette prévention. Elle était cependant pieuse et fort charitable. Elle avait pu amener son mari à résipiscence et pour se le mieux attacher, elle avait consacré ses soins à faire, vers 1640, du château de Liancourt une demeure magnifique. Aussi Liancourt était-il un lieu très fréquenté par la haute société. Occasions nouvelles pour Bourdoise de lutter contre des abus, spécialement à l'église, où les nobles s'étaient taillé des privilèges peu édifiants. Il lui fallait de plus, beaucoup se surveiller pour ne point porter ombrage au curé, si bienveillant qu'il fût. Et puis, autour du duc rôdaient, depuis quelques années, des affiliés du Jansénisme qui allaient en faire un peu malgré lui, un des leurs. Ils voudront plus tard accaparer la place que Bourdoise tient à Liancourt ; en attendant, avec des dehors polis, ils contrecarreront son influence.

Mais tous ces obstacles ne peuvent ébranler sa constance. Avec une ardeur surprenante chez un homme de soixante ans il se met à l'œuvre : propreté et décence à l'église, observations des règles liturgiques et canoniques, assistance aux offices paroissiaux, consultations envoyées à Paris non seulement « sur les rubriques mais aussi sur des affaires plus importantes » : il s'occupe de tout et suffit à tout.

Il vient à Paris au mois de mai 1643 pour rendre compte à la Communauté de ce qu'il a fait à Liancourt et demander la permission de continuer[1]. Il quête. Il est de retour à Liancourt

1. Nous aimerions pouvoir affirmer, avec les biographies manuscrites, que ce fut dans ce voyage, que Bourdoise reçut la visite du P. Eudes. Le ms. 2453, p. 591 va même jusqu'à prétendre que ce zélé oratorien (bientôt en rupture d'Ordre), vint loger alors dans la Communauté afin « *de puiser dans cette vive source les lumières du ciel nécessaires pour jeter les heureux fondements de l'édifice qu'il méditait* », et, ajoute le ms. 2452, « afin de voir si on luy pouvoit donner quelque bon sujet ». Le plus récent historien du P. Eudes, le P. Boulay, se fait l'écho de cette tradition. Dans sa *Vie du P. Eudes*, tome I, p. 471, il dit, en effet, « le P. Eudes le connaissait depuis les premières années de son séjour à l'Oratoire... et ne l'eût-il pas connu par sa propre réputation, et ses conférences à Saint-Magloire, dont nous allons parler, l'auraient nécessairement mis en contact avec lui... Quelles vues ces deux serviteurs de Dieu échangèrent-ils, nous ne saurions le dire ». Malheureusement le silence de Descouraux et l'examen minutieux de la chronologie s'accordent mal avec cette supposition. Bourdoise, en effet, quitta Paris vers le 1ᵉʳ septembre 1642, n'y revint qu'en mai 1643, pour retourner à Liancourt avant le 24 juin ; d'autre part, le P. Eudes ne vint à Paris que vers la Toussaint 1642 (cf. le P. Boulay, tome I, p. 458), donna ses conférences à Saint-Ma-

avant la saint Jean-Baptiste où il sait faire la leçon même aux Cardinaux : « Mgr l'évêque d'Alby, qui accompagnait M. le cardinal de Lyon, raconta depuis à M. l'abbé du Ferrier, qu'étant allés à la paroisse pour y entendre la messe, M. Bourdoise leur fit un tour qui les surprit, et les édifia également. Car, s'étant aperçu que M. le cardinal avait dans les plis de son manteau un chien fort petit et fort bien fait, il n'en dit mot; mais comme il devait servir la messe, il pria le prêtre qui s'habillait pour la dire, de ne pas sortir de la sacristie qu'il ne l'avertît, et s'occupa

Cliché Chardon.
Maison de Bourdoise à Liancourt.

cependant à une autre chose. M. le cardinal s'étonnant de ce qu'on ne commençait pas la messe, envoya un gentilhomme pour en savoir la raison. — Dites à Son Éminence, répondit Bourdoise, qu'on attend qu'un chien, qui est dans le chœur, soit sorti de l'église. » M. le cardinal renvoya le chien sur-le-champ, sans se fâcher, et dit en souriant : « C'est M. Bourdoise; il aurait pu nous avertir plus tôt[1]. »

Bourdoise héberge tout ecclésiastique qui a les marques de

gloire probablement en janvier (cf. B. M. 1208) et février 1643 (quoique le P. Boulay le fasse revenir à Caen pour la fête de Noël); dans toute hypothèse, il est de retour à Caen pour le 25 mars. Il ne put donc voir Bourdoise ni en 1642, ni en 1643. Quoi qu'il en soit, le P. Eudes et Bourdoise n'étaient point inconnus l'un à l'autre.

1. *Vie imp.* Des., p. 354.

son état, fait donner des missions, confesse en carême « dès le grand matin jusqu'à huit heures du soir », invite souvent Camus[1] qui, démissionnaire depuis 1629, se livre à la prédication et se plaît dans la société « du serviteur de Dieu. » Mais Bourdoise n'est pas si attaché à Liancourt qu'il ne soit tenté de partir pour Bordeaux où l'un de ses anciens disciples voulait établir une Communauté, ou pour Bourges, où son ancien ami et voisin l'ex-curé de Saint-Benoît, d'Hardivilliers, devenu archevêque sur les entrefaites, l'appelle pour évangéliser son clergé. Mais docile aux conseils de son confrère d'autrefois, Duchesne, grand vicaire de Beauvais, il reste dans le diocèse de Potier.

C'est là qu'une nouvelle désagréable lui parvint dans le courant de juin 1644. Plus d'une fois avant son départ pour Liancourt, il avait eu à lutter pour son idée favorite : refus de recevoir aucun legs par testament, et remise de tous les fonds entre les mains de la fabrique. Mais il ne gagna rien sur les autres, si on ne gagna rien sur lui. Il prit même pour une injure la pression que firent ses amis sur lui pour l'amener à leur sentiment. Aussi, « la Communauté se trouva obligée de lui cacher une partie de ses desseins. Il s'aperçut que quelques-uns agissaient secrètement, il les traita de faux-frères et son zèle pour la dépendance et le désintéressement lui fit dire et écrire plusieurs choses assez dures qu'on aurait peine à excuser, si on n'avait été bien persuadé de la pureté de ses intentions. Aussi reconnut-il bientôt sa faute et il en demanda souvent pardon à Dieu et à ses confrères de vive voix et par écrit; mais il ne changea pas pour cela de sentiment et on n'aurait peut-être jamais rien terminé si la Providence ne l'eût attiré à Liancourt[2] ».

Si notre hypothèse de l'antipathie de Richelieu pour l'œuvre de Bourdoise est exacte, on ne pouvait rien entreprendre du vivant de ce cardinal. Il venait bien, au mois de décembre 1642, d'accorder des lettres patentes au P. Eudes pour son futur séminaire de Caen, mais sa malveillance à l'égard de Saint-Nicolas arrêtait toute démarche. A peine expiré, le 4 décembre 1642, l'espoir pouvait renaître, les chances d'aboutir s'accroissent encore à la mort de Louis XIII, le 14 mai 1643. La réaction s'accentuait : Potier devenait premier ministre, Vincent de Paul était consulté

---

1. L'ami de saint François de Sales.
2. *Vie imp.* Des., p. 369.

par la Reine régente ; il fallait profiter aussi des dispositions plus favorables qu'amène un avènement à la couronne. D'autres renforts ignorés de nous, mais partant de la Compagnie du Saint-Sacrement, durent agir auprès d'Anne d'Autriche. Pourquoi les Nicolaïtes bornèrent-ils leurs efforts à obtenir que la Communauté pût recevoir legs et donations ? Dans leur requête, ils mentionnèrent le séminaire qu'ils dirigeaient, mais semblent n'avoir pas osé demander positivement l'autorisation, sous cette rubrique. Craignaient-ils de porter ombrage aux Oratoriens qui étaient en possession de ce titre depuis vingt-cinq ans [1], et qui précisément essayaient tant bien que mal de le mériter à Paris ? Craignaient-ils plutôt l'humeur soupçonneuse de Gondi, qui, se souvenant des décrets du concile de Trente, où il est stipulé que l'évêque doit subvenir aux frais de son séminaire, ne voulait cependant pas distraire pour cette œuvre une seule de ses cent mille livres de rente ?

Même réduite à cette seule demande d'autorisation, la Communauté avait besoin du désistement de Froger pour résilier les anciennes conventions de 1631. Cet acte fut signé le 13 novembre 1643. Laissons-lui la parole : « Fut présent Vénérable et Scientifique personne Messire Georges Froger, prestre docteur régent en la sacrée faculté de théologie en l'Université de Paris, associé à la maison et au collège de Sorbonne et curé,... lequel, après avoir reveu et meurement considéré les articles et conventions faites et accordées entre lui et les prestres habitués en l'église Saint-Nicolas du Chardonnet, vivant en Communauté, le 26 juin 1631... et recogneu dedans l'expérience, que par certains articles des dites conventions, les moyens de faire subsister la dite Communauté sont ostez aux dits prestres : ce qui auroit été contre l'intérêt dudit sieur Froger et apporteroit un notable préjudice à la paroisse, désirant y remédier, se voyant sur le déclin de sa vie, et ayant sur ce, pris advis et conseil de plus graves personnes pour bonnes et justes considérations, *s'est désisté et departy*, et par ces présentes se désiste et départ en tant qu'à luy est, des articles insérés dans les dites conventions par lesquels est porté, que les dits de la Communauté *n'auront pour tout bien en commun que leurs logements de Communauté meublez* [2] des

[1]. Saint Firmin n'eut ses lettres patentes qu'au commencement du XVIIIe siècle.
[2]. Ces expressions sont soulignées dans le texte.
Saint-Nicolas.

meubles nécessaires et convenables à la condition de simples prêtres de paroisse et ne pourront recevoir en commun ny aucun d'eux en particulier les legs, dispositions testamentaires et autres donations... consent et veut que les dites clauses demeurent nulles [1]. »

Appuyée de cette pièce nécessaire, la supplique de la Communauté fut bien accueillie. Dans la première quinzaine de décembre, il lui est répondu par les lettres patentes où le jeune Louis XIV, de sa main novice, appose une signature déjà très ferme. Dans le préambule, il assure que « le dessein de cette Communauté se monstrant utile, au delà mesme de ce qui pouvait s'en promettre d'heureux succès, par le grand soin que les dits ecclésiastiques apportent au service de la paroisse, au contentement dudit sieur curé, de ses paroissiens [2], et *encore plus fructueux par les exercices qui se font avec la mesme affection en la dite Communauté comme en un Séminaire*, pour instruire et former à la piété et à tous les devoirs et fonctions ecclésiastiques des prestres ou autres clercs ou aspirants à l'estat de l'Eglise non seulement du diocèse de Paris, mais de plusieurs autres diocèses, qu'ils reçoivent et retiennent à cet effet certain espace de temps avec eux domestiquement avec telle satisfaction du public qu'ils sont souhaités en autres lieux [3]... confirmons les concessions faites à la dite communauté par les dites lettres patentes du mois de may 1632... pour tenir par les dits ecclésiastiques et leurs successeurs, corps de communauté ecclésiastique... et pour ce que la longue expérience des dits ecclésiastiques et la conduite de leur communauté leur a fait reconnoistre qu'elle ne peut s'accroistre non pas même subsister si elle n'a pas du bien temporel pour soutenir les charges d'icelle, et mesme pour subvenir aux nécessitez de ceux qu'ils reçoivent et tiennent avec eux pour les instruire, et faire plusieurs autres dépenses utiles à l'Eglise, *lui permettons et authorisons d'accepter et recevoir tous legs, donations et fondations, d'acquérir, tenir et posséder toutes sortes d'héritages et possessions* [4] ».

1. *A. N. S.* 6994.
2. Ceci laisserait supposer, ce qui paraît naturel, qu'il y eut supplique de Froger et de ses paroissiens. Cependant nous n'en avons trouvé aucune trace et plus tard les marguilliers contesteront l'adhésion des paroissiens de 1643. Cf. G^{8*} 2513, p. 434.
3 Le lecteur aura remarqué la valeur de ce texte.
4. *A. N. S.* 6994.

Ces lettres furent *registrées*, à la Chambre des Comptes, le 16 décembre. Mais tout se trouva arrêté par le refus d'enregistrement de la part du Parlement. Quels furent les mobiles et les raisons de cette opposition? Nous l'ignorons. Réduit sous Richelieu à obéir et à se taire, le Parlement voulait-il manifester son indépendance sous une régence qu'il avait lui-même déférée? Peut-être fut-ce le désir aussi, de limiter en général la main-morte, de diminuer le nombre de Communautés qui commençait à devenir considérable. Y eut-il l'intervention de rancunes ou d'appréhensions particulières? Peut-on y voir le résultat de démarches intéressées faites par des rivaux? Devant le silence des textes, nous ne pourrions que faire des conjectures.

Restait un moyen de tourner la difficulté. Il consistait à demander l'autorisation d'ériger officiellement le séminaire. C'était une opinion commune qu'il n'était pas nécessaire d'obtenir des lettres patentes pour l'établissement d'un séminaire. Les ordonnances de Melun et de Blois qui autorisent et même prescrivent ces établissements, étaient en quelque sorte des lettres patentes pour tous les évêchés du royaume[1]. Mais il était d'usage de les demander : on estimait que cette précaution était très sage et presque nécessaire, surtout en vue de la dotation. Or, c'était cette dotation qui, en ce moment, préoccupait la Communauté, et elle espérait bien en obtenir le moyen à titre de séminaire. Mais l'agrément de l'archevêché était, dans ce cas, nécessaire. Non pas que Saint-Nicolas prétendît devenir séminaire diocésain à l'exclusion de tout autre. A Paris, la prétention, outre qu'elle n'aurait point convenu à la modestie des Nicolaïtes, eût été contraire aux intérêts du diocèse; c'était un grand avantage pour l'archevêque de pouvoir disposer, pour les différents besoins de son troupeau, d'asiles différents. Etre admise à devenir un des séminaires de Paris, voilà à quoi se réduisait l'ambition de la Communauté.

Comment l'archevêque fut-il gagné à ce projet? Nous pouvons le présumer d'après le texte même de ses lettres patentes. On mit peut-être à profit l'influence habilement dissimulée du jeune de Retz, devenu coadjuteur depuis un an, peut-être celle de Vincent

---

1. Cf. *Mémoires du Clergé*, tome II, p. 594. Plus tard (1659-1666), la législation varia jusqu'en 1749, où le Parlement exigea, malgré les réclamations du clergé, ces lettres patentes.

de Paul et de quelques confrères moins compromis auprès de l'archevêque toujours hostile à la Compagnie du Saint-Sacrement. Sûrement Froger s'y employa. D'ailleurs, le prélat, fidèle à son origine italienne, prit soin de sauvegarder prudemment tous ses intérêts : ceux de son trésor d'abord : nous verrons avec quel luxe de précautions; ceux de son autorité, ensuite, et en cela on ne saurait guère le blâmer. Enfin, le 20 avril 1644, la Communauté reçut, contresignées du chancelier de l'archevêché, Baudouin, les lettres patentes d'institution de la Communauté-Séminaire.

Après le préambule obligé sur la nécessité, pour les pasteurs, de donner le bon exemple à leur troupeau, sur l'utilité des séminaires pour former ces mêmes pasteurs, sur le mérite qu'ont les directeurs de séminaires de s'occuper de cette œuvre difficile, l'archevêque constate que, nulle part plus qu'à Paris, les séminaires sont désirables, vu le manque d'ecclésiastiques nécessaires pour la capitale et la quantité de ceux qui y viennent faire leurs études. Puis, faisant allusion à deux suppliques, une de Froger, l'autre de la Communauté (elles ne nous sont pas parvenues), il constate que la Communauté de Saint-Nicolas a toujours eu l'intention (et l'a encore) de s'appliquer, non seulement à s'acquitter des fonctions paroissiales, mais aussi à s'adonner, comme ils l'ont fait jusqu'à présent, aux exercices des séminaires.

Et précisant davantage cette dernière occupation, il dit qu'ils ont formé à la piété les prêtres, les clercs, et ceux qui aspiraient à l'état ecclésiastique, qu'ils leur ont enseigné les cas de conscience, l'administration des Sacrements, les rites et les cérémonies, le chant grégorien et tout ce qui fait l'objet d'un séminaire et surtout ils les ont dressés aux fonctions paroissiales. Mais, ajoute-t-il, comme tous les débuts sont lents et que c'est seulement petit à petit qu'on atteint la perfection : des deux buts poursuivis par la Communauté, le premier, qui regarde le ministère paroissial, a été plus vite atteint et c'est ce qui a engagé la susdite Communauté à lui demander, en 1631, des lettres patentes uniquement en vue de ce premier résultat. Elle s'est contentée d'une *autorisation verbale de continuer et de poursuivre les mêmes exercices de séminaire auxquels elle se livrait depuis longtemps*, en vertu d'une permission, également verbale, accordée par son frère et prédécesseur le Cardinal de Retz, d'heureuse mémoire[1], et renouvelée par l'archevêque aussitôt après son avènement. De Gondi rappelle que depuis 1631 jusqu'à ce jour (sans parler des années antérieures), plus de cinq cents prêtres ou clercs, tant de son diocèse que des autres diocèses, sont sortis de Saint-Nicolas pour devenir chanoines, curés, vicaires, prêtres habitués, au grand contentement de l'Eglise de Dieu. *Il constate que le nombre de ceux qui demandent à entrer dans ce Séminaire augmente tous les jours.*

C'est ce qui a poussé la Communauté à demander une autorisation *écrite* de continuer lesdits exercices, et cela par « manière d'érection en Séminaire ». — Arrivant à la question délicate, il stipule que ces prêtres se suffiront, grâce à la libéralité d'hommes généreux, et qu'ils ne seront jamais « à charge ni à Nous ni à Nos successeurs, » obérés déjà par d'autres obligations temporelles[2]. Ils doivent renoncer à leur demander, sous n'importe quel prétexte, soit un fonds, soit une dotation, soit une rente. Quant à lui, étant donné la supplique de Froger et l'esprit de dévouement qui anime la Communauté, il loue, approuve et confirme cet institut en vue de ces exercices de séminaire, et à titre de séminaire. Il va leur donner des constitutions, sujettes à révision ; enfin il prononce les paroles décisives ; il érige ce séminaire dans la Communauté et le place sous sa propre juridiction. Mais il faut ménager Saint-Magloire qui s'essaie, et la Mission qu'il affectionne. Aussi, cette érection de séminaire ne devra porter préjudice à aucun séminaire érigé dans[3] le diocèse, ou à ériger par lui ou ses successeurs.

Venues de Saint-Cloud, naguère tout bruyant de la musique et des équipages que le fastueux archevêque y avait attirés, mais

---

1. Le texte latin de ces lettres d'érection se trouve imprimé dans les *Mémoires du Clergé*, tome II, p. 638. Nous ne donnerons ici que ce passage, le plus important pour la question d'antériorité. « Tunc (1631) debere esse contentos authoritate vivae nostrae vocis oraculo ipsis data *continuandi prosequendique* eadem seminarii exercitia quibus jam longo ante tempore sicuti et praedicto paraeciali ministerio adlaborabant ». Il nous semble, après cela, que la priorité de Saint-Nicolas sur tout autre séminaire de Paris, et pourquoi ne pas le dire, de toute la France, s'impose à tout esprit non prévenu. — Le texte original se trouve dans le précieux carton *A. N. S.* 6994, qui contient les plus intéressantes archives de Saint-Nicolas.
2. On le voudrait un peu plus explicite sur ce point.
3. Ne pas oublier que Saint-Sulpice n'est point encore sous la juridiction de l'Archevêque.

redevenu pieusement paisible, ces lettres patentes, élogieuses et formelles, furent, sans aucun doute, les bienvenues. Tout marchait à souhait, et quelques jours après, mai 1644[1], la régente au nom de l'enfant-roi accordait, à son tour, l'autorisation royale. Elle y rappelait les lettres patentes de 1632, et elle reproduisait, en les résumant, les éloges de l'archevêque. Puis elle

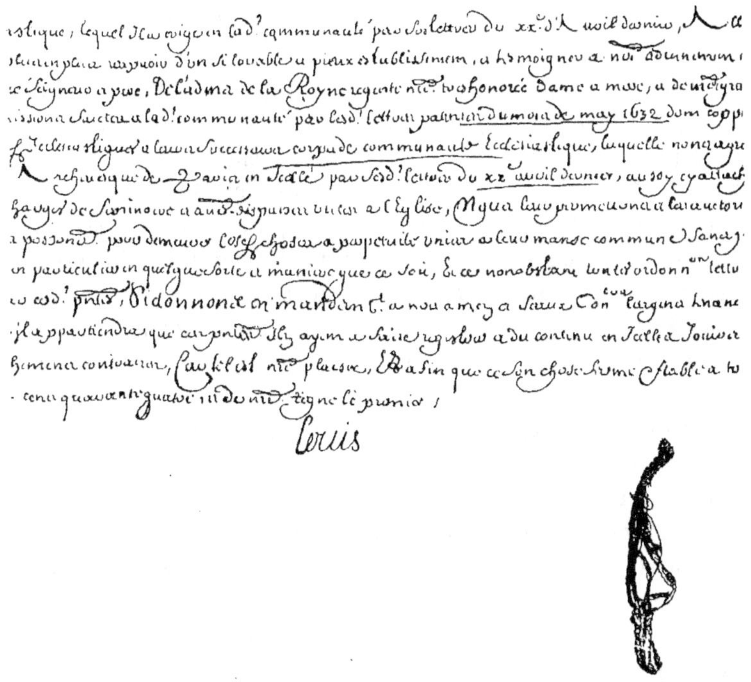

[manuscript facsimile]

A. N. M. 199.

ajoutait : « A ces causes... nous agréons, approuvons et autorisons par ces dites présentes ensemble la susdite érection du séminaire ecclésiastique faite par ledit archevêque de Paris » et pour « donner moyen aux dits ecclésiastiques de s'établir, maintenir et accroître en leur dite institution et supporter les dites charges de séminaire et autres dépens utiles à l'église, nous leur permettons et les autorisons d'accepter et de recevoir tous legs, donations et fondations et d'acquérir, tenir et posséder toutes

---

1. On sait que les lettres patentes royales ne portent pas de quantième du mois.

sortes de fonds, héritages et possessions pour demeurer lesdites choses à perpétuité unies à leur mense commune. Si, donnons en mandement à nos amis et féaux conseillers les gens tenant notre cour de Parlement, chambre de nos comptes, cour de nos aides à Paris et autres nos justiciers et officiers qu'il appartiendra que ces présentes ils aient à faire régistrer. » On devinera avec quelle satisfaction fut reçu, à Saint-Nicolas, ce pli scellé du grand sceau de cire verte en lacs de soie rouge et verte [1].

Enfin, la Communauté allait cesser d'être une arche d'alliance, et elle allait bâtir un temple durable. Hélas ! les amés et féaux conseillers vont encore une fois traverser la générosité royale. Le 4 juin, après-midi, dans la salle des assemblées [2], Froger, avec les membres présents de la Communauté Compaing, Wiart, Thomas Le Juge, Dominique Georges, tous prêtres et habitués, signe un nouveau désistement des conventions rigoureuses de 1631, en maintenant expressément son autorité curiale sur cette Communauté [3]. Ont-ils plus d'espoir que sept mois auparavant? Dans tous les cas, ils supplient humblement le Parlement d'ordonner que les lettres patentes soient enregistrées au greffe de la dite cour [4] ». — Froger, à son tour, rédige et signe une autre supplique, plus longue, plus explicite, où il vante les services rendus, et réclame, « au nom de l'utilité de toute l'Eglise, » la vérification et l'enregistrement [5]. Quelles furent les conclusions du rapporteur général du roi? Nous ne les avons pas découvertes. Elles étaient sans doute défavorables.

Justement dans les premiers mois de 1644, le Parlement résistait aux édits des ministres ; il favorisait même quelques émeutes. Le ministère était en train de négocier avec lui. Est-il téméraire de croire que l'affaire de Saint-Nicolas, survenant dans cette malencontreuse conjoncture, la Communauté devait voir sa cause à moitié perdue. Elle l'était en effet. Le 21 juin, la Cour ordonne « que les dites lettres seront enregistrées au greffe d'icelle, à la charge néanmoins, qu'ils ne pourront accepter et recevoir au-

---

1. *A. N.* S. 6994, pièce originale. Le sceau a disparu.
2. Elle se trouvait dans la maison Compaing qui a fait place au séminaire actuel.
3. *A. N.* S. 6994.
4. *Ibid.*
5. *Ibid.*

cuns dons que par donation entre vifs sans rétention d'usufruit[1] ». Cette dernière clause est singulièrement restrictive. Non seulement les legs testamentaires sont supprimés, mais aussi la plupart des donations entre vifs. On aime si peu donner sans retenir l'usufruit! Et il faudra vivre 16 ans de ce régime. Tant que le Parlement pourra contrecarrer les volontés royales, il sera impossible de modifier cette sentence rigoureuse. La meilleure source de revenus, pour une œuvre qui attendait tout de la charité, était tarie. Il faudra espérer patiemment des temps plus favorables.

Pourtant, bien des avantages sont acquis. D'abord, le titre officiel de Séminaire; ensuite, la faculté de recevoir des donations qui constitueront des bourses; enfin, une constitution solide et authentiquement approuvée. Sans attendre la décision du Parlement, dès le 10 juin, l'archevêque avait, en effet, donné à la communauté un acte officiel qui devient la charte de Saint-Nicolas. Non pas que ce document innove beaucoup : il ne fait guère que codifier des prescriptions formulées quelquefois depuis longtemps, et confirmées par l'expérience. En voici l'analyse[2].

Dans le préambule, de Gondi rappelle l'autorisation écrite donnée par lui à la Communauté en 1631, et l'autorisation verbale octroyée alors relativement aux exercices du séminaire; il affirme que la plupart des articles qu'il va rédiger, ont déjà été soumis à l'épreuve de la pratique, et qu'il a, pour leur révision, fait appel aux lumières d'hommes expérimentés[3], et décide que ces constitutions seront désormais la base de la Communauté-Séminaire de Saint-Nicolas. Cette dernière dénomination est à retenir : elle formera la vraie appellation, et comme la raison sociale de Saint-Nicolas. Très généralement, les deux termes sont indissolublement unis : cependant, pour les fondations et les héritages, on pourra quelquefois distinguer entre la Communauté et le Séminaire.

Dans le premier paragraphe, de Gondi spécifie que ce n'est point là un ordre religieux, ni même une congrégation. C'est une simple Communauté, unie par les seuls liens de la charité; elle reconnaît pour supérieur l'archevêque de Paris, et elle est entiè-

---

1. Cf. *Mémoires du Clergé*, tome II, p. 644.
2. A. N. MM. 473. Le texte est en latin.
3. Nous serions curieux de les connaître : faut-il comprendre parmi eux Olier et saint Vincent de Paul?

rement soumise à l'autorité de l'Ordinaire [1], ce qui la différencie de la Mission, et de l'Oratoire, et même de Saint-Sulpice. Elle se propose trois buts : le premier, qui est la sanctification personnelle de chacun des membres, la rapproche de toutes les autres communautés ; le second est double : d'une part, ils collaboreront dans le service paroissial, avec tous les curés qui voudront bien les recevoir, et par là, on pourrait concevoir des communautés-filles s'installant dans plusieurs paroisses, et la communauté-mère de Saint-Nicolas elle-même pourrait ne pas desservir l'église de ce nom, tout en occupant la maison de Compaing ; d'autre part, et c'est un article bien caractéristique, ils devront, avec la permission des autorités compétentes, entendez principalement celle du grand chantre, faire les petites écoles ; le troisième, enfin, est de former les séminaristes.

Dans le deuxième paragraphe, intitulé : gouvernement intérieur de la Communauté-Séminaire, le caractère démocratique de l'institution est mis en relief : tout se décide par assemblées et à la pluralité des voix. Le supérieur, qui d'ailleurs s'appelle économe, et tient la place du supérieur [2], a deux voix, mais ne fait qu'appliquer les décisions des assemblées. Il a 2 assistants qu'il doit consulter dans les affaires urgentes ou de moindre importance. Au-dessous de lui, s'échelonnent : deux préfets, l'un pour la Communauté, l'autre pour le Séminaire ; les directeurs spirituels en nombre suffisant, les directeurs d'études, deux moniteurs chargés de rendre compte au supérieur des défauts remarqués, soit dans la Communauté, soit dans le Séminaire ; un procureur chargé de l'économat proprement dit ; un *vétisseur* chargé du vestiaire et du mobilier ; enfin on pourra instituer des offices qui seront reconnus nécessaires. Ce n'est pas le supérieur qui nomme aux charges. Elles sont toutes soumises à l'élection, et ne durent que trois ans. Elles ne peuvent être prorogées que pour un second triennat. Ce dernier mode de gouvernement n'était pas nouveau dans les ordres monastiques, mais, dans les séminaires, sauf erreur, il est particulier à Saint-Nicolas et à quel-

---

1. « (Cujus archiepiscopi) authoritati et jurisdictioni, necnon generalium ejus vicariorum plane subjacet ».

2. Le vrai supérieur, on l'a vu, est l'Archevêque. Cependant, le titre de supérieur, appliqué à l'Econome, se rencontre même dans des actes officiels et après quelques signatures.

ques établissements qui ont adopté son règlement[1]. Quels mobiles avaient poussé Bourdoise à ce régime éminemment démocratique, mais nuisible à la stabilité? Inspirer l'amour de l'humilité? parer aux défauts bien connus qu'engendre dans une âme ordinaire l'exercice prolongé de l'autorité? détacher ses disciples des honneurs, comme il le faisait des richesses? les rendre plus souples dans les mains du curé? Il ne nous a pas livré le secret de cette détermination à tout le moins caractéristique.

Le troisième paragraphe s'occupe spécialement de la Communauté. Pour y entrer, il faut être au moins tonsuré, naturellement de bonnes mœurs et instruit de la science qui convient aux clercs, et de plus il faut montrer des aptitudes à cette vie commune. Aucune limite d'âge n'est fixée, mais, en pratique, on ne reçoit pas les jeunes gens. Accepte-t-on des laïques? Le texte donné par de Gondi n'en parle pas. Cependant, en 1655, nous constatons qu'on reçoit parmi les postulants, Martin Leroy « pour vivre en l'estat laïque et servir d'escrivain à l'escholle, et Pelletier, tailleur d'habits de la Communauté[2]. » Mais ils sont seulement « associés à la Communauté[3] » et incorporés à une « assemblée distincte de celle des clercs[4] ». Leur histoire nous est à peu près inconnue, et on peut se demander si cette « assemblée » a continué à subsister durant le XVIIIe siècle. Dans tous les cas, elle n'avait aucune part au gouvernement de la maison. Pour les clercs, l'admission au corps de la Communauté était précédée de deux ans de probation. Trois mois avant l'admission, avait lieu une réunion où l'on examinait les titres des postulants. Pour être incorporé, il fallait avoir obtenu les deux tiers des voix. Si cette incorporation exigeait un long stage et une épreuve difficile, par contre, il était très facile de sortir de la Communauté. Non pas que les cas d'exclusion fussent nombreux : on exige une cause très grave, les deux tiers des voix et, au préalable, deux ou trois monitions. Mais la sortie volontaire est facilitée pour ainsi dire. Il suffit, par simple politesse, de prévenir le supérieur et, en général, la Communauté ne tient pas rigueur à ceux qui l'ont quit-

---

1. Le séminaire de Besançon (actuellement à Delle) est encore régi par ce règlement emprunté à Saint-Nicolas au XVIIe siècle. Mais, en fait, le supérieur est réélu à chaque élection.
2. A. N. MM. 477.
3. A. N. MM. 481, année 1694.
4. A. N. MM. 473, p. 298.

tée. Tout le monde ne saurait y rester. Le régime y est sévère, et, on peut le dire, sans analogue ailleurs, et Saint-Nicolas acquiert très vite un renom d'austérité qui ne manquera pas de s'attacher à ses murs.

L'archevêque ne s'étend pas davantage sur l'organisation de la communauté. Elle a un règlement depuis longtemps établi, et il lui paraît oiseux d'insister. Il n'en va pas de même du séminaire. Là, sans doute, l'archevêque est guidé par le coutumier qui remonte au moins à 1628, et il n'ignore pas les règlements minutieux élaborés depuis longtemps, soit par le cardinal de Reims, soit par les divers conciles. Mais il doit faire un choix, et donner des précisions. C'est la première fois qu'il rédige une pièce de ce genre. Heureusement que le travail lui a été préparé. Brièvement, dans le paragraphe IV, il traite de la réception et du renvoi des séminaristes. En premier lieu, dit-il, on admettra les séminaristes originaires du diocèse de Paris. Ceux-ci introduits, on recevra, si on le peut, des sujets d'autres diocèse, à condition que les intérêts diocésains ne soient pas lésés. Si cependant des ressources sont accordées, du consentement de l'archevêque, en vue de l'éducation d'étrangers, on s'acquittera de cette charge avec soin. On sortira du séminaire, soit après avoir acquis la science et l'expérience nécessaires, soit après avoir passé le temps moralement nécessaire à cette acquisition, soit pour cause d'indiscipline ou d'immoralité.

Les exercices auxquels on doit se livrer retiennent plus longtemps l'attention de l'archevêque : retraites d'entrée et de rentrée ; obligation d'avoir un directeur spirituel ; récitation de l'office ; oraison mentale ; examen de conscience avant midi et le soir ; lecture au réfectoire [1]. Plus spécialement, les membres de la Communauté ou les simples postulants s'adonneront ou aux fonctions paroissiales, ou aux exercices du séminaire, ou enfin à la gestion matérielle. Quant aux séminaristes, il faut distinguer entre les internes et les externes. Les premiers assistent à des exercices, des conférences, des répétitions ; tous ces exercices portent sur l'administration des sacrements, la théologie morale, le catéchisme, la réforme des mœurs, la connaissance et la pratique des vertus, le sacrement de l'Ordre, la tonsure,

---

1. Pour la recommander, l'archevêque emprunte à la poésie son vocabulaire et son style.

les ordres, l'Ecriture Sainte, l'histoire ecclésiastique [1], les rites et cérémonies, le chant grégorien et tout ce qui convient à la formation ecclésiastique.

On remarquera, dans ce programme, l'absence de la théologie scolastique, et spécialement de la théologie dogmatique. Elle ne s'enseigne pas au séminaire, au moins à cette époque-là. On l'a apprise avant d'entrer, ou on l'apprendra après être sorti du séminaire [2].

Quant aux externes, outre les exercices précités, on leur ménagera des instructions particulières, en vue de recevoir, par exemple, la Confirmation ou la tonsure ; on apprendra aux nouveaux ordonnés et aux étrangers entrés dans le diocèse, les rites et rubriques de la messe. Enfin, Saint-Nicolas les préparera à tous les services qui leur seront demandés, soit par l'archevêque, soit par les curés. Mais ce soin des externes ne doit jamais nuire à la bonne formation des internes. De cet article, on est en droit de conclure que la maison recevait, et continuerait à recevoir des internes ou pensionnaires et des externes. Il nous semble cependant que les externes furent toujours les moins nombreux, mais nous n'avons sur eux que des renseignements très rares.

Dans le paragraphe VI, l'archevêque envisage le côté financier. La même Communauté doit fournir à chaque membre du corps et aux postulants la nourriture, le vêtement, les soins en cas de maladie, et des obsèques et une sépulture convenables. On évitera le superflu. Maître d'employer à sa guise son patrimoine, le Nicolaïte doit verser à la mense le revenu de son titre, son casuel et les mensualités scolaires. Quant aux séminaristes, ils devront payer la pension fixée par la Communauté ; s'ils ne le peuvent, la mense commune y pourvoira, alimentée qu'elle sera par les donations, legs, fondations, acquisitions. Pour l'instant, la Bourse cléricale devra y suffire. Le supérieur et ses assesseurs sont aptes à conclure des contrats d'acquisition, mais seul, le procureur signe les papiers officiels relatifs à la gestion. Pour accepter une fondation faite en faveur d'un clerc de Paris, le consentement préalable de l'archevêque est nécessaire, si le

---

1. Ce point nous semble à noter.
2. Ne pas oublier que le séminaire Saint-Nicolas, au moins pendant le XVIIe siècle, est avant tout et presque exclusivement une « *école d'application.* »

taux dépasse 1000 livres tournois. S'agit-il d'une fondation pour les étrangers, ce consentement est exigé dans tous les cas. Par là, l'archevêque sauvegardait les droits de Paris à occuper de préférence les places libres au séminaire. Pour montrer mieux encore la dépendance à l'égard de l'autorité diocésaine, le pro-

A. N. S. 6994.

cureur rendra compte de sa gestion chaque année, et cela, devant le supérieur assisté des délégués, et en présence soit de l'archevêque, soit d'un vicaire général. Nous avons lieu de croire que ce dernier point tomba bientôt en désuétude : il n'en est pas fait mention au XVIIIe siècle.

Dans un dernier paragraphe, il est stipulé que l'élection du supérieur se fera sous la présidence de l'archevêque ou de son vicaire général humblement invités. On ne peut guère marquer plus expressément que ce séminaire est rattaché à l'administration diocésaine par des liens très étroits. Il ne l'est pas moins à la paroisse, car on lui interdit derechef d'avoir une chapelle particulière, même un autel : la défense est très stricte[1]. Ce point, essentiel aux yeux de Bourdoise, ne subit jusqu'à la fin de la Communauté, aucune modification.

Pour terminer, l'archevêque décide (et ceci entrait bien dans les vues de celui qui, à Chartres et ailleurs, eut maille à partir avec les secrétariats d'évêché), que toutes les pièces ecclésiastiques relatives au séminaire, de même que les visites officielles et redditions de comptes, seront gratuites.

Voilà le résumé de ces constitutions qui, pendant un siècle et demi, régiront, sauf, naturellement, modifications introduites petit à petit, la Communauté-Séminaire de Saint-Nicolas du Chardonnet. Désormais, elle sera connue officiellement sous ce double titre. Elle n'est pas tout entière conforme au type voulu de Bourdoise ; ses compagnons, moins héroïques, mais plus prudents, y ont fait entrer quelques clauses qui ménagent davantage le désir légitime de s'affermir et de se perpétuer. Mais telle quelle, elle a un cachet particulier, peu connu du public jusqu'ici[2]. Elle ne sera guère imitée, au moins à notre connaissance, n'ayant rencontré que Besançon qui ait adopté ce régime. Loin de nous la pensée de croire que nous voyons dans cette conception le type le plus parfait de séminaire. L'immixtion de l'autorité épiscopale dans le gouvernement intérieur, la dépendance étroite à l'égard du curé (moins soulignée cependant ici que dans la convention de 1631), pouvaient, dans l'avenir, amener de graves difficultés, le jour où, la divergence dans les opinions théologiques ou l'antipathie des caractères, occasionneraient des froissements. Mais il nous semble indéniable, qu'en juin 1644, Saint-Nicolas apparaît, à Paris, comme séminaire définitivement établi, alors que le séminaire de Saint-Magloire n'est pas encore ouvert, que les Bons-Enfants renferment, à la fois, des humanistes et des prêtres[3], que Saint-Sulpice, organisé, il est vrai, grâce à

---

1. « Inhibet strictissime ».
2. L'érudit Faillon lui-même (tome III, p. 354) commet une singulière erreur en attribuant à M. Olier des idées qui, propres à Bourdoise, étaient déjà passées dans les faits à la date où le fondateur de Saint-Sulpice les auraient exprimées (1651).
3. En 1647, en effet, Vincent de Paul écrivant à l'archevêque de Paris, parle de « séminaire de 40 prêtres externes ». (Cf. Abelly, édit. in-4°, p. 147) : « Quelques années après l'établissement de ce nouveau séminaire au collège des Bons-Enfants, M. Vincent en retira les jeunes clercs qui étudiaient aux

la collaboration de Bourdoise, n'a pas encore trouvé sa forme définitive, et, dans tous les cas, n'a pas encore reçu la sanction de l'autorité spirituelle et de l'autorité temporelle.

Ajouterons-nous que Saint-Nicolas était séminaire diocésain ? Bien des raisons feraient pencher vers l'affirmative, mais la preuve n'en est pas si palpable qu'à l'heure où ce titre sera dangereux, lors de la Révolution, on ne puisse le repousser. On ne saurait nier toutefois que plus que tout autre séminaire, il est dans la main de l'archevêque, et nous constaterons que celui-ci en disposera souvent à son gré. Mais nous verrons Saint-Nicolas ne revendiquer aucun monopole. Les ecclésiastiques de Paris ne sont pas tenus d'y entrer. D'ailleurs aucun règlement ne les contraint à passer un certain temps au séminaire. Pourquoi J. F. de Gondi ne voulut-il pas imposer un séjour obligatoire ? Nous l'ignorons, mais tous ceux qui voudront se préparer sérieusement à la réception des saints ordres continueront à trouver ouvertes les portes de la maison Compaing, et seront sûrs de mériter la bienveillance de l'archevêque qui vient de patronner officiellement une œuvre, depuis longtemps fondée pour le plus grand bien de l'Eglise et la réforme du clergé.

humanités et les transféra dans une maison qui est au bout de l'enclos de Saint-Lazare, hors les faubourgs, qu'il nomma le séminaire de Saint-Charles ».

CHAPITRE V

L'AFFERMISSEMENT DE L'ŒUVRE

(1644-1671)

Toutes ces démarches s'étaient faites en l'absence de Bourdoise. On avait même évité de lui en parler de peur qu'il n'y mît obstacle. Froger, qui, très probablement, avait été le principal agent de toute cette négociation, se chargea de lui en faire agréer le résultat. Il promit d'aller, malgré son grand âge, à Liancourt. Mais des empêchements survinrent qui retardèrent son départ. Et ce fut fâcheux. Bourdoise apprit, par une autre source, ce qui s'était passé. « Il s'en plaignit fort, et ses confrères tâchèrent inutilement de l'apaiser, quoiqu'ils lui écrivissent avec toute l'honnêteté et tout le respect qu'ils devaient à celui qu'ils regardaient comme leur père. Il fut si indigné de leur procédé, qu'il crut qu'on voulait par là l'exclure de la Communauté ». On reconnaît là cette nature droite, ennemie, non seulement de la perfidie, mais même de toute dissimulation. Le coup pouvait lui paraître dur en effet. Après avoir consumé sa vie à réunir en Communauté une élite de prêtres, caressé la réalisation d'un projet tout évangélique, il se voyait menacé de rester, à la fin de ses jours, dans cette solitude qui lui causait tant d'appréhension. A Liancourt, sa mission était pénible et manquait de stabilité; si Saint-Nicolas lui refusait les bienfaits de la vie commune, il n'aurait d'autre refuge que le cloître. Aussi dut-il être bien satisfait, quand, à la fin du mois d'août, il vit arriver le vénérable Froger, accompagné de Raisin et de Calleaux. Celui-ci était son « Benjamin ». Bourdoise lut les Constitutions, y réfléchit à loisir, « avoua que tout y était raisonnable, mais ce qui lui fit plus plaisir fut de voir que la Communauté renonçait aux chapelles domestiques et qu'elle demeurait dans une dépendance entière de M. le curé. » Le caractère paroissial y était donc fortement maintenu, et ce point était capital à ses yeux.

Cependant, il ne retourna pas rue Saint-Victor pour y demeurer. Il persistait à vouloir tenter de nouveau, à Liancourt, l'essai d'une communauté répondant mieux encore à son idéal. D'amères déceptions l'y attendaient. Lui-même était si peu sûr de l'avenir, qu'il n'avait pris d'engagement que jusqu'à juillet 1645. Il le renouvela avant l'expiration. Ce qui l'inquiétait, c'étaient les difficultés mises à l'exécution des fondations de Liancourt.

Une curiosité légitime voudrait connaître quels furent les adversaires de Bourdoise dans cette sainte entreprise. Les biographes ne laissent guère pénétrer ces obscurités. Cependant le plus ancien[1] mentionne expressément les grands vicaires qui multiplient les atermoiements. Potier lui-même semble avoir fait des difficultés. Il exige que l'évêque et les grands vicaires aient le droit de changer les articles d'un règlement que Bourdoise soumet à son approbation. Sur ce point, Bourdoise demeure intraitable, et Potier approuve enfin (13 juillet 1646)[2] le contrat passé par devant notaires le 31 décembre 1645. La communauté de Liancourt est fondée[3]. Elle doit se composer de trois membres au maximum. Ce qui lui manquera le plus ce seront les ecclésiastiques disposés à y entrer. Quelquefois Saint-Nicolas lui en envoie ; le plus souvent, Bourdoise est seul. « J'ai vu, dit-il, un homme qui vivait en communauté, quoiqu'il fût seul. Et comment pouvait-il vivre en communauté, s'il était seul ? Réponse : c'est qu'il faisait comme s'il eût été avec plusieurs ».

Il dirige même un séminaire. Dans l'article 5e de sa règle, il était écrit : « s'il arrive qu'il se présente quelques ecclésiastiques prêtres ou simples clercs pour demeurer en la Communauté durant quelque temps, soit en qualité de pensionnaires, soit pour y faire retraite spirituelle, soit pour y être dressés ès fonctions ecclésiastiques, l'Econome pourra les recevoir ». Il paraît bien que Bour-

---

1. *B. M.* 2452.
2. Le règlement imprimé porte le 23 juillet.
3. Cf. *B. N.* Lk⁷/3975. *Règlement de la communauté parroissiale de Liencourt* (1646). Au fond, c'est le règlement primitif de Saint-Nicolas, sauf les changements exigés par les stipulations de la fondation elle-même. L'exemplaire de la *Bib. Nation.*, est imprimé, car Bourdoise, pour empêcher qu'on y apportât des modifications « en répandit, de tous côtés une infinité d'exemplaires ».

doise avait ménagé dans la maison une vingtaine de chambres, dont une quinzaine meublées[1]. Il fonde une bourse cléricale; il dirige des petites écoles avec grand succès; il groupe en diverses associations les ecclésiastiques du voisinage, en particulier à Senlis; le 23 avril 1648, Potier lui donne même le pouvoir d'incorporer à sa communauté des laïcs sans vocation ecclésiastique, mais après trois ans d'épreuve. Il est presque seul pour soutenir le poids d'une pareille tâche, mais son zèle semble avoir suffi à tout.

La jalousie ne manque pas d'entraver ses efforts. Descouraux est très réservé sur ce sujet. Il parle en termes vagues de cette opposition. On peut deviner qu'il s'agit de jansénistes, mais c'est tout. Les biographies manuscrites, pourtant moins tenues à la discrétion, ne sont guère plus explicites. Vraisemblablement, il y avait contre Bourdoise deux centres d'opposition, l'un à Liancourt, l'autre à Beauvais. A Liancourt, l'oratorien janséniste Desmares et l'abbé Bourzeis circonvenaient le bon duc, et tâchaient de faire revenir la duchesse à sa première impression sur Bourdoise. A celui-ci, ils font bonne mine en sa présence, mais « en arrière » ils insinuent de « grosses plaintes » contre lui. Pour comble de malheur, le 19 juin 1650, Potier meurt et on lui donne pour successeur son neveu, Choart de Buzenval, célèbre bientôt dans les annales du jansénisme.

A Beauvais, la cabale se grossit de plusieurs docteurs. Le nouvel évêque trouve un prétexte facile pour évincer Bourdoise. Il projette de réunir au séminaire de Beauvais celui de Liancourt. Le duc et la duchesse prêtent les mains à cette combinaison. En juillet 1651, l'évêque pousse la froideur jusqu'à venir à Liancourt sans visiter la Communauté-Séminaire.

La position devenait intenable et peu digne. Evidemment la tactique était de forcer Bourdoise à se retirer de lui-même. Il le comprit, et songeait à prendre l'habit blanc des Génovéfains au Château-l'Hermitage[2], quand il reçut une lettre de Saint-Nicolas où ses fils, qui le regardaient comme « le plus beau fleuron » de leur commune, le suppliaient de rentrer pour les conduire. Ils firent mieux. Le Juge, nommé économe pour la deuxième fois,

---

1. *B. M.* 2452, p. 521.
2. A 24 kil de La Flèche.

et que « M. Bourdoise estimait particulièrement », alla avec Thierry[1] à Liancourt et convint avec le duc, que Bourdoise se retirerait avant l'arrivée de ses remplaçants[2].

Enfin, Bourdoise, le cœur meurtri par la fourberie de ses faux amis, revint, à cheval, toucha barre à Saint-Nicolas, et s'en fut demeurer à Villejuif. C'en était fini de ses illusions : à viser trop haut, il avait manqué le but. Plusieurs fois déjà, durant son séjour à Liancourt, il était venu à Paris. Mais à partir de 1652, il ne quittera plus la capitale. Il s'y préparera à la mort, mais en usant, au service de Dieu, le peu de forces qui lui restent. Sa santé est alors devenue chancelante, depuis plusieurs années. Il ne peut plus songer à ses courses apostoliques ; il va s'occuper spécialement des petites écoles, et règle merveilleusement celle de Saint-Nicolas, où même les personnes les plus qualifiées de la paroisse et des environs enverront leurs enfants. Par sa présence, il soutient et encourage la communauté, qui, peut-être, a souffert quelque « déchet » en son absence si longue.

Il ne retrouve plus, en 1651, son vieux compagnon d'apostolat, le doux et zélé Froger. Devenu supérieur des Filles de la Croix en 1641, celui-ci avait achevé sa longue carrière au commencement de septembre 1646. Quelque diligence qu'il fit, Bourdoise ne put arriver à temps pour recueillir son dernier soupir. Mais la Communauté qui perdait, sinon son fondateur, du moins son soutien le plus efficace, le pleura, et prêta généreusement son concours pour les services qui se succédèrent durant une semaine entière[3]. Ainsi disparaissait une des figures les plus sympathiques du clergé parisien, et le meilleur collaborateur de Bourdoise dans l'institution de Saint-Nicolas[4]. On dut se demander, rue Saint-Victor,

1. *Vie imp.* Des., p. 414.
2. Au témoignage de Nully, curé de Liancourt, cette communauté périclita aussitôt après le départ de Bourdoise, et la paroisse se relâcha beaucoup.
3. D'après le règlement (*A. N.*, MM. 474) on dut prévenir immédiatement l'archidiacre, et les Bons-Enfants qui, d'après l'usage, devaient assister aux funérailles. Deux Nicolaïtes veillèrent le corps, et, le jour des obsèques, tout le clergé y assista gratuitement. Le corps de Froger fut porté (figure découverte), par la rue des Bernardins, à la porte Saint-Bernard, puis rue des Fossés-Saint-Victor, et à l'église, par la rue Saint-Victor. Les curés de la ville portèrent les cordons et officièrent.
4. « De Paris, le 8 septembre. Le 3 de ce mois, mourut ici, en sa 73e année, le sieur Froger... qui a gouverné sa cure 43 ans avec une charité et dévotion exemplaires, ayant légué ses biens venant de l'Eglise pour être distribués comme il faisait durant sa vie en œuvres pies et aux pauvres honteux de la paroisse. » *Gazette (de France).* Année 1646.

avec anxiété, quel serait son successeur. Sans doute, la Communauté pouvait « s'habituer » ailleurs. Mais on comprendra aisément où tendaient les vœux de tous, et ce qu'exigeaient les convenances les plus légitimes. Les Nicolaïtes furent exaucés. Vincent de Paul pouvait écrire, dès le 1er mars, à M. d'Horgny, à Rome : « J'avais disposé pour Babylone[1] de M. Ferret[2], mais Mr de Paris, le voulant avoir pour Saint-Nicolas du Chardonnet, m'a fait plainte de ce que je voulais le lui ôter[3] ». Et un peu plus tard (19 mai 1647), il annonce que ce M. Féret va venir pour être curé de Saint-Nicolas. Nous ne pouvons préciser comment les relations de Vincent de Paul et de Féret s'étaient nouées. Ce dernier, né à Pontoise, était docteur en théologie; d'abord oratorien, il devint grand vicaire à Pontoise, puis à Aleth, et enfin revint à Paris. Il fut un des membres les plus actifs de la Compagnie du Saint-Sacrement, et ce détail nous fera mieux comprendre son rôle. Un danger était à craindre. A fréquenter Pavillon qui, d'après Rapin, « avait été cajolé autrefois par l'abbé de Saint-Cyran, du temps qu'il était dans le séminaire de Saint-Nicolas où il fut élevé à la meilleure école qui fût alors pour former les ecclésiastiques[4] ». Féret courait risque d'arriver avec des idées peu orthodoxes. Effectivement, au témoignage de Vincent de Paul[5], « Ferret s'était embarrassé dans ces opinions nouvelles », lisez

Portraits B. N.
Féret.

---

1. Il s'agit de l'évêché de Babylone. La Propagande avait demandé à Vincent de Paul de lui présenter un coadjuteur pour l'évêque en titre. Cf. Faillon. *Vie de M. Olier*. t. III. p. 378.
2. « Seu potius Féret » dit l'abbé Drouyn *B. N.* ms f. 22863; d'ailleurs c'est l'orthographe usuelle. Dans un éloge en latin on lit *loc. cit.* que, par ses ancêtres, il vient d'Italie. Ses aïeux avaient suivi Catherine de Médicis et les Gondi; « relicta Italia sua, Franci esse cœperunt ». D'après le même témoignage, sa famille aurait été bien placée à la Cour.
3. *Coll. lazar.*, V, p. 17.
4. Pavillon aurait donc été élève de Saint-Nicolas.
5. *Coll. lazar.*, V, p. 98.

le jansénisme. Mais à la suite de deux ou trois conférences avec Abelly, alors curé de Saint-Josse, et avec Vincent, il en fut détourné à un tel point qu'il proposa à M. de Saint-Josse de faire « quelque manière de congrégation secrète pour défendre les vérités anciennes ». Après cette ouverture, il était tout désigné, s'il n'en faisait pas déjà partie, pour entrer dans la Compagnie du Saint-Sacrement.

A peine en possession de sa cure, il avait reçu une lettre de Bourdoise où, celui-ci, fidèle à sa vocation, glissait au milieu des compliments d'usage, des exhortations et des conseils. Féret prit fort bien la chose, et répondit en réclamant des prières. Il ne devait voir son correspondant qu'en 1651. Sans doute par déférence pour le vénéré vieillard, il s'était proposé pour aller le chercher lui-même à Liancourt. Mais des affaires importantes le retinrent à Paris. Plein d'attentions, il lui ménagea du moins à Saint-Nicolas, des emplois « selon son inclination ». Devenu « pilier d'infirmerie », comme il le disait gaîment, Bourdoise se trouvait également entouré des soins dévoués de son fidèle Le Juge. Celui-ci était dans son deuxième triennat d'économe : Wiart l'avait précédé, qui, élu en 1639, fut sans doute prorogé jusqu'en 1647, sans élection nouvelle. En 1643, il avait signé à Bourdoise, de concert avec Hallier, une autorisation de rester à Liancourt. Nous n'avons pas de détails sur sa gestion. La situation était assez embarrassante. Son autorité ne devait pas être entière. Pour lui tenir tête, il suffisait d'en appeler à Bourdoise. Les biographies nous mentionnent en effet une révolte jetant le trouble dans la Communauté. Il est assez singulier que l'auteur de l'*Abrégé du règlement* ne fasse pas allusion à l'économat de Wiart. Quoi qu'il en soit, d'après les Constitutions de 1644, une élection devenait nécessaire en 1647, et comme Wiart avait gouverné la Communauté pendant huit ans, il n'était pas rééligible.

Cette élection, la première depuis l'érection en Séminaire, se fit solennellement. Le vieil archevêque (il a un coadjuteur) daigna la présider lui-même. En voici, à titre de spécimen, le procès-verbal[1] : « Ce jourd'huy, vingt septiesme janvier mil sept cent quarante sept, en la présence de Monseigneur l'Illustrissi-

---

1. *A. N.* MM. 472. Ce registre renferme tous les procès-verbaux d'élections d'économe jusqu'à 1786 inclusivement.

me et Révérendissime Jean François de Gondy, premier archevêsque de Paris, M. Thomas Le Juge, prestre de la Communauté et Séminaire Saint-Nicolas du Chardonnet, a esté esleu par la pluralité des voix des prestres d'icelle Communauté suivant leurs constitutions pour tenir lieu de supérieur en ladite Communauté et Séminaire, érigez par l'autorité de mondit Seigneur. Pour témoignage de quoy mondit seigneur a bien voulu signer ces présentes en la salle interne du logis de ladite Communauté et Séminaire de Saint-Nicolas du Chardonnet. Paris, les jours et ans que ci-dessus ».

Le Juge.

Suivent les signatures de l'Archevêque et de Monsieur Le Juge.

Ce choix indique l'estime que faisaient de l'élu ses confrères et amis. C'était un ouvrier de la première heure. Acolythe de la paroisse Saint-Étienne du Mont[1], il fut reçu dans la Communauté en 1621. De santé assez chancelante, il se vit obligé d'aller plusieurs fois aux eaux de Forges, alors à la mode. « Ses prières, d'après Bourdoise, servaient de ciment en sa communauté[2] ». La pieuse admiration de ses confrères lui a consacré ce distique incomplet :

« Judex fortis erat, patiens, benignus et æquus
.... Omnibus : at durus ipse sibi[3] ».

Il fut réélu le 25 juillet 1650, en présence d'un ami de Bourdoise, André du Saussay, official et vicaire général. Quelles fu-

---

1. Nous n'avons pu démontrer qu'il était le fils de Jean Le Juge, marchand de vins à la suite de la Cour, marguillier de Saint-Étienne-du-Mont et donateur du fameux vitrail Le Pressoir, (A. N. L. 635 attribue cette donation à M. Caperon.) qui se laisse encore admirer dans les charniers de cette église, (cf. Bulletin d'histoire et d'archéologie du diocèse de Paris. An. 1884, p. 439). On sait que les registres de paroisse tous transportés à l'Hôtel de ville pour servir d'actes civils, ont été brûlés pendant la Commune de 1871. Une des biographies manuscrites indique que son père « était de robe ». A. N. L. 635 lui donne le titre de bourgeois de Paris.
2. B. M. 2453, p. 1212.
3. B. M. 2452, après la table des matières.

rent ses relations avec Bourdoise après le retour de celui-ci à Paris ? Selon toutes les probabilités, elles furent celles d'un fils respectueux et affectionné. Il se prêta à une révision des règlements qu'entreprit Bourdoise vers 1654. Celui-ci eut peu à modifier dans les résolutions concertées en son absence. Elles étaient conformes à son esprit [1].

Ratifia-t-il également les admissions nouvelles au corps de la Communauté ? Nous avons vu précédemment quelques noms nouveaux augmenter la liste primitive. Ajoutons-y, pour 1649 et 1651 [2], Barrat, Vaillant, Berton. En somme, vers 1651, la Communauté comprend de 12 à 13 membres. Quant aux postulants, ils ne sont pas nombreux : l'année 1649 en compte trois [3], l'année 1650, quatre, dont aucun n'a été admis ultérieurement. Y avait-il, vers cette époque, dans la maison Compaing, des Oblats, c'est-à-dire des prêtres, vivant du régime de la Communauté, mais destinés aux services du diocèse ? C'est à croire, et, dans ce cas, ils recevaient une certaine pension. Nous ne savons pas s'il faut ranger parmi les Associés ou parmi les Conditionnés certains personnages qui vivent à Saint-Nicolas et dont les signatures figurent au bas des actes d'admission. Ils devaient, par leur science, leur sagesse, leur relation et leur conduite, singulièrement édifier et attirer dans l'étroite rue Saint-Victor, des séminaristes de marque.

Nous citerons en première ligne Gaston Chamillard ; sa famille était originaire de Bourges. Son père, avocat, vint à Paris et y fit fortune. Gaston suivit d'abord les traces de son père. Mais devenu avocat, et étant sur le point de traiter d'une charge de conseiller, il se sentit attiré vers l'état ecclésiastique. Le voisinage de Saint-Nicolas fut peut-être l'occasion de cette vocation. Avant de prendre une résolution, il écrivit à Bourdoise à Liancourt, en le priant de lui dire particulièrement sa pensée sur le dessein « qu'il avait d'être en même temps ecclésiastique et conseiller au Parlement ». Bourdoise fut anxieux jusqu'à en avoir la fièvre. Mais dans une lettre de trois pages in-folio écrite d'un caractère « fort menu », il parla si bien, que Chamillard renonça

---

1. *A. N.* MM. 476 en relate quelques-unes.
2. *A. N.* MM. 478. Ce registre in-folio renferme toutes les admissions au corps depuis 1649 jusqu'en novembre 1788.
3. Dont Ange du Blosset : est-ce un fils de Madame du Blosset ?...

au Palais pour se donner tout entier à l'état ecclésiastique. Après un voyage à Liancourt pour régler le détail de sa conduite et de ses études, il reçut la tonsure, « prit l'habit long et se retira au séminaire Saint-Nicolas où il a demeuré jusqu'à sa mort ». Il suivit les cours de Sorbonne et en devint prieur [1].

Or, ce prieur, quand il était bachelier, jouissait d'une préséance qui ressemblait à une présidence. Les bacheliers lui présentaient leur thèse signée avec preuves à l'appui. Assis sur un siège d'honneur, il faisait l'ouverture de l'acte, puis, la tête couverte, haranguait le soutenant et argumentait. En terminant leur argumentation, les bacheliers lui disaient : *Et hæc sunt, dignissime domine prior*; à la fin de l'acte, le bedeau lui demandait ainsi qu'aux autres bacheliers s'ils étaient satisfaits des réponses du soutenant, mais avec cette différence dans les qualificatifs : *Dignissime domine prior, et vos doctissimi domini baccalaurei*. Cette nuance, on le comprend, n'était pas goûtée de tout le monde. Plusieurs fois, depuis un siècle, on avait regimbé. Navarre surtout, rival de la Sorbonne, acceptait difficilement cette inégalité. Or, en novembre 1650, un jeune Navarriste présentait à Gaston sa Sorbonique, non sans protester au sujet de la signature. Le 9 novembre, le candidat récalcitrant, se borne à saluer le prieur du titre de *doctissime et subtilissime prior*, et plus audacieux encore, finit par ne plus donner que du *Domine prior*. Le prieur, fort de ses droits et piqué peut-être par la jeunesse impertinente du bachelier, élève à son tour une protestation et menace d'in-

Gravé par Desrochers.   *Portraits, B. N.*
Bourdoise.

---

[1]. Pris parmi les associés, le prieur venait immédiatement après le proviseur qui était souvent un grand personnage. Le prieur signait tous les actes et chaque soir on lui remettait les clefs de la maison.

terrompre la soutenance. Les Messieurs de Sorbonne et de Navarre se mettent de la partie. Grand tumulte. Le calme se rétablit et la soutenance continue. Mais le fier bourguignon, c'était Bossuet, ne cède pas : Il s'en tient au *doctissime prior*. Nouveau tumulte et suspension de séance. Bossuet, suivi des Navarristes, remonte aux Jacobins et y termine son acte, commencé en Sorbonne. Le Parlement auquel le litige fut déféré, confirma le prieur dans ses privilèges mais tint pour valide la Sorbonique de Bossuet[1].

Gaston Chamillard prit noblement sa revanche. A la licence, il obtient, en 1652, la deuxième place et Bossuet n'a que la troisième[2]. Tous deux, d'ailleurs, sont vaincus par l'abbé de Rancé.

Gaston était déjà prêtre depuis un an. Il se prépara au doctorat. Dans sa Vespérie, soutenue le 2 mai 1652, il présenta une thèse qui avait auparavant obtenu l'approbation de Bourdoise. On devine qu'il y traitait des marques extérieures de la cléricature. Bourdoise en fit distribuer sept cent cinquante exemplaires et Descouraux ose assurer « que jamais thèse ne fut plus célèbre, ni plus utile que celle-là », et il prétend que les ecclésiastiques de Paris en profitèrent[3]. Gaston, qui aurait pu briguer les honneurs, imita André Duval et se contenta de professer à la Sorbonne, et il fut aussi fidèle à Saint-Nicolas qu'à sa chaire de théologie. S'il ne faisait pas partie de la Communauté, il en suivait les exercices et signait très souvent les admissions au corps ou à la postulation. Il devint abbé de Séry[4] et un pamphlétaire janséniste l'accuse d'avoir d'autres bénéfices. Ce doit être une

---

1. Cf. P. Féret. *La Faculté de théologie de Paris*, tome III, p. 25-26. (1904).
2. *B. N.* ms. lat. 15440 fol. 191.
3. En 1659, Gaston la remaniera et la publiera sous ce titre : De corona tonsura et habitu clericorum, que M. Féret qualifie de « recueil important » cf. *La Faculté de théologie de Paris*, IV, p. 356. Ce livre nous montre, en effet, sa propre utilité. Nous lisons dans la préface : « postquam aliis erudiendis præfectum me sensi non levi animi dolore commotus sum, quod in frequenti auditorum numero *plures clericos* ab aliquibus annis observarem, sive majoribus ordinibus initiatos sive pinguioribus Ecclesiæ beneficiis gaudentes, quibus non modo vilis habitus clericalis sanctitas videbatur, verum etiam qui comam ad cervices revelare, crines in annulos digerere, odorario pulvere caput conspergere non erubescebant. » Ce livre renferme, détail à noter, le montant des amendes infligées par quelques évêques (Choart de Buzenval), du Saussay) à ceux qui se dispensent du port de la soutane.
4. Sur les confins de la Picardie et de la Normandie, à 20 kil. d'Eu. Fondée vers 1136, cette abbaye fut unie à la congrégation réformée des Prémontrés en l'année 1636. Gaston en fut le 7e abbé commendataire. Cf. *S. G.* ms. 1850.

calomnie, car un vrai disciple de Bourdoise ne pouvait commettre cette faute[1].

Il fut bientôt rejoint au séminaire par son frère Michel, appelé assez souvent Chamillard le jeune. C'était une recrue précieuse qui devait faire le plus grand honneur à Saint-Nicolas. Né en 1628, il fut élevé dans sa famille et fit paraître beaucoup d'esprit et d'inclination pour les sciences. M. Bourdoise, qui le connut dès l'enfance, l'observa, et par une sorte de vue prophétique lui dit un jour, après avoir tracé sur le sable plusieurs lignes à droite et à gauche mais aboutissant toutes au même point : « Vous pourrez aller par ici ou par là, mais il faudra enfin venir à Saint-Nicolas[2] ». Il se distingua en philosophie. Ses premières thèses, assure Descouraux, étaient en grec « qu'il savait et parlait parfaitement ». En théologie il eut, pour professeur, le janséniste Sainte-Beuve : mais il fut loin d'adopter ses sentiments. Lui aussi, il voulut être de la maison de Sorbonne et si Descouraux est exact « il fut également prieur de sa licence dont il reçut les honneurs nonobstant les brigues qu'on fit contre lui[3] ». Malgré ses succès académiques, Michel restait simple. Il assistait aux offices de la paroisse et catéchisait. Il avait eu l'honneur, en 1654, d'être présenté à la Compagnie probablement pour être associé, comme l'était déjà Gaston. Et désormais les deux frères, inséparables dans la vie comme dans la doctrine, verront leurs destinées intimement liées à celles de Saint-Nicolas.

Leur zèle les eût appelés à se faire inscrire sur les registres de la Compagnie du Saint-Sacrement. Mais nous n'y avons pas trouvé leurs noms. Leur affiliation à Saint-Nicolas qui était peut-être considéré comme congrégation, fut sans doute un obstacle, à moins qu'ils n'aient été passés sous silence par d'Argenson. En revanche, nous trouvons parmi les confrères, un conditionné, fidèle à Saint-Nicolas. Messire Jacques Dumetz[4], docteur en théologie, appose sa signature aux actes de réception dès 1651, et enseigne

---

1. Le pamphlétaire doit attribuer à Gaston, le bénéfice simple de Nanteuil-le-Houduin (Oise) dont jouira bientôt son frère Michel.
2. *Vie imp.* Des. p. 434.
3. Nous nous demandons si Descouraux ne le confond pas avec Gaston. Nous ne savons pas, dans tous les cas, à quelles « brigues » il fait allusion. Cf. *B. N.* ms. lat. 15440.
4. Allier et B.-F. p. 158, (note) croient que le confrère s'appelait Louis Berbier du Metz. Nous croyons qu'ils se trompent et qu'il s'agit bien de Jacques Dumetz ou Dumets.

au séminaire la théologie morale[1]. Dans le règlement de 1674, son ouvrage : *Clavis Theologiæ practicæ*, est seul indiqué comme manuel à étudier. A juger de son activité et de son influence au sein de la Compagnie, on doit conjecturer que c'était un personnage d'importance. Mieux que cela, il était orthodoxe. Dans les votes, son nom se trouve à côté de ceux des Chamillards. Ainsi encadrés, les prêtres de la Communauté et du Séminaire ne pouvaient manquer de se ranger parmi les tenants de la vraie doctrine.

A côté d'eux, ou plutôt un peu au-dessous d'eux, se tenait un humble prêtre dont le nom est pourtant plus connu du clergé français. Né à Marles, qui déjà avait fourni Wiart et Calleaux, Mathieu Beuvelet, après des études de droit qui le firent recevoir avocat, vint, en 1644, demeurer à Saint-Nicolas, où il fut tonsuré. A peine eut-il terminé ses études théologiques, qu'on lui proposa de réduire, sous forme de méditations, les matériaux un peu informes que les prêtres du Séminaire et, paraît-il, spécialement Prévost[2], avaient amassés depuis plusieurs années en vue de s'instruire à fond des obligations de l'état ecclésiastique. « Il voulut bien en faire un essai et, comme il avait beaucoup d'esprit et qu'il se trouva avoir un talent particulier pour ce genre d'écrire, il y réussit si heureusement que des personnes habiles ayant vu son ouvrage (peut-être les frères Chamillards?), l'obligèrent de donner au public ce qu'il n'avait fait que pour le Séminaire de Saint-Nicolas, en particulier ». La première édition in-quarto, est de 1654. En tête, on lit l'approbation des frères Chamillard et de Pérou[3], docteurs de Sorbonne. Elle prône la discipline qui est spécialement requise dans l'état ecclésiastique, et, par là, elle semble inspirée par Bourdoise. « Jamais aucun livre n'eut de plus grands ni de plus justes applaudissements », affirme Descouraux[4], et Bourdoise ne contribua pas

---

1. Nous rappelons que nous n'avons pas de « *Conclusions* » antérieures à 1690. Mais dans la 2me édit. de sa *Clavis theologiæ practicæ* il signe : authore M. Jacobo Dumetz Abbavillaeo Doctore sorbonico et in praedicto Sancti-Nicolai seminario Moralis theologiæ professore ; d'ailleurs sous le titre, il écrit : ad usum clericorum seminarii Sti Nicolai e Cardineto.
2. Cf. *B. M.* 2453, p. 1224.
3. L'acte d'approbation est daté du 3 déc. 1653 ; Beuvelet y est qualifié de prêtre du Sémin. de St-N. d. C. La 2e édition est dédiée à César d'Estrées, évêque-duc de Laon.
4. En 1659, paraissait déjà une 3e édition.

peu à sa diffusion. De nos jours encore, ces « *Méditations sur les principales vérités chrétiennes et ecclésiastiques* », se recommandent par leur belle ordonnance, leur concision, leur plénitude et leur esprit sacerdotal. Au XVIIIe siècle, on put leur reprocher d'être un peu austères et de se rapprocher des idées de Quesnel [1], mais, à ce compte, on pourrait suspecter presque tous ces recueils destinés à stimuler le zèle endormi. A nos yeux, pour Beuvelet, ce reproche de rigorisme n'est pas justifié.

Le 12 janvier 1655, parut, approuvé par Jacques Dumets, chez « Georges Josse, à la Couronne d'Espines », un autre ouvrage de Beuvelet, destiné à une grande vogue parmi les ecclésiastiques. Il était intitulé : « *Instruction sur le Manuel*, par forme de demandes et responses familières, pour servir à ceux qui, dans les Séminaires, se préparent à l'administration des sacrements ». Le Manuel est un sommaire de tout ce qu'un prêtre doit savoir et faire, pour bien s'acquitter de son devoir dans l'administration des sacrements et dans ses fonctions curiales. La première édition du *Manuel de Paris* était de 1574, la seconde de 1646. Beuvelet le commente clairement, brièvement, à l'aide d'ailleurs des Manuels parus tant en France qu'à l'étranger. Ce petit livre eut un grand succès. Dès 1661, il en était à sa cinquième édition. Bourdoise en distribua une grande quantité d'exemplaires. Et cependant Beuvelet ne faisait pas partie de la Communauté, malgré plus de 10 ans de séjour à St-Nicolas. Il témoigna enfin son désir d'y entrer. Il était en ce moment-là en convalescence à Marles. La Communauté fut très honorée de cette demande, mais ne le dispensa pas de se soumettre à l'épreuve ou postulation. Humblement, il souscrivit à cette condition. Mais la Communauté « s'étant assemblée le mardi 13e de juillet, et se contentant de sa soumission, le reçut sans aucune épreuve [2] ». Bourdoise fut chargé de lui en donner la nouvelle. Et il le fit cordialement et « cléricalement ». On croit que c'est la dernière lettre qu'il écrivit.

Un mois auparavant, dans la troisième semaine de la Pente-

---

1. Cf. *B. M.*, 6205. Au mot Beuvelet.
2. *Vie imp.* Des., p. 451. On a encore de lui : *Conduite* pour les exercices principaux qui se font dans les séminaires ecclésiastiques, dressée en faveur des clercs demeurant dans le séminaire St.-N. d. C. L'approbation du docteur Dumets est d'octobre 1657. — *La vraie et solide dévotion*, — livre substantiel. L'approbation de Pérou et de M. Chamillard est de mars 1655.

côte, il avait assisté à l'assemblée où l'on passa enfin les actes de ceux qui avaient été admis, depuis trois ans, à l'épreuve de la Communauté. Sauf Matthieu Prévost, retenu par une longue indisposition, tous les membres étaient présents : « Nicolas Thierry, économe; François Wiart et Thomas le Juge, ses assistants,

Bourdoise, Compaing et Le Juge
présentent à N.-D. de Pitié les règlements de la Communauté-Séminaire.
(Dans le fond, l'ancienne église Saint-Nicolas du C.)

Adrian Bourdoise, Guillaume Compaing, Michel Courtois, Simon Cerné, Hubert Germont, Noël Lesduin, Jean Barat, François Vaillant, Lambert Berton et Gérard le Royer ». Dominique Georges n'est plus là depuis 1647 : il est devenu abbé du Val-Richer, au diocèse de Bayeux, et y a introduit une réforme austère. Mais il conserve d'excellentes relations avec Bourdoise, qui justement vient de lui expédier livres, thèses et cahiers, qui pourront l'aider à répandre autour de lui la réformation ecclésiastique dont, en fidèle disciple, il s'est fait le promoteur dans ce diocèse.

A peu près à la même date, le séminaire semble avoir été florissant. « Il y avait alors de bons sujets, distingués par leur mérite et par leur naissance, qui avaient un très grand désir de s'instruire des obligations de leur état. L'abbé de Nesmond, dont le père habitait l'ancien hôtel de Lorraine, au coin du quai de la Tournelle et de la rue des Bernardins[1], l'abbé Goussaut (sans doute fils de la présidente Goussaut, de bienfaisante mémoire), Michel Chamillard, Robert (probablement le fils du seigneur de l'Hay) étaient de ce nombre[2] ». Bourdoise prenait plaisir à les exercer dans les fonctions de leur ordre sans les détourner de leurs études. A côté de ces abbés de marque, se pressaient, dans la maison Compaing, les pensionnaires d'origine plus modeste et surtout les boursiers.

L'érection de la Communauté en Séminaire avait attiré des bénédictions sur la Bourse cléricale. Plusieurs dames bien connues dans les fastes de la charité vers le milieu du XVIIe siècle, la Présidente de Nesmond, sa sœur, Mlle de Lamoignon, la Présidente de Herse, la Présidente Goussaut, Mesdames Chauvelin, Traversé, de Clermont, eurent connaissance de cette œuvre qui fonctionnait depuis huit ans, et désirèrent y prendre part. Elles se réunirent en l'année 1645 et constituèrent entre elles une assemblée analogue à celle des hommes. Elles donnèrent si libéralement que le nombre des ecclésiastiques pauvres ainsi entretenus en fut dès lors notablement accru. Le chiffre des adhérentes devint rapidement plus grand que celui des Messieurs. Ces deux compagnies s'assemblaient séparément de trois mois en trois mois dans une salle de séminaire. La réunion des hommes avait lieu le matin, celle des dames dans l'après-dîner. Un évêque, ou quelque autre prédicateur célèbre faisait un discours dont le thème obligé était naturellement l'importance et la fin de cette œuvre, et il y avait souvent un si grand nombre d'assistants que le lieu se trouvait trop étroit pour les contenir : on était obligé d'aller à l'église. En 1657, époque où l'opuscule concernant ces assemblées est imprimé, on vante les fruits obtenus, mais on fait remarquer qu'il se présente au séminaire beaucoup plus de candidats que le fonds de la Bourse n'en peut entretenir, et qu'on est obligé d'en refuser. C'est que « le Séminaire de

---

1. Cet hôtel, devenu l'hôtel Nesmond, existe encore; il est occupé par le distillateur Joanne.
2. *Vie imp.* Des., p. 432.

Saint-Nicolas du Chardonnet est pour servir universellement à toutes sortes d'ecclésiastiques et de tous diocèses, d'où il arrive ordinairement qu'en chaque assemblée de la Bourse, l'on en remarque de plus de vingt diocèses qu'on y reçoit, mais, ce qui est de plus considérable et le propre ouvrage de celui-ci (ce séminaire), par le secours de la Bourse, c'est que les pauvres clercs et prêtres sont reçus, desquels on a si grand besoin pour le service des paroisses, surtout dans la campagne [1] ».

Cependant, les recettes devaient être considérables les jours où un Bossuet, un Fléchier appuyaient de leur éloquence, les raisons de concourir à un si pieux dessein. D'après l'abbé Ledieu, Bossuet aurait fait pendant plusieurs semaines de suite des entretiens pour la Bourse cléricale, tant en faveur de Saint-Nicolas qu'en faveur du Séminaire des Trente-Trois. Nous avouons toutefois ne pas comprendre cette série de discours ou méditations si on l'applique aux assemblées trimestrielles de la Bourse cléricale. Elles ne duraient que quelques heures. Il est possible qu'en cette fin d'année 1663, on ait fait coïncider la réunion de la Bourse cléricale avec la fête de sainte Catherine. Bossuet, invité à prêcher, aurait alors remanié un sermon de 1661, en y adaptant une péroraison nouvelle [2]. Il y parle d'âge tendre et de jeunes plantes ; il ne faut pas croire qu'il s'agisse nécessairement là d'élèves d'humanités : nous avons retrouvé à cette époque nombre

---

1. *Dessein*, etc., *B. N.*, D. 32080.
2. « C'est pour ce négoce céleste que cette maison est établie. On leur apprend la science, non pour retentir dans un barreau : c'est la science ecclésiastique destinée pour négocier le salut des âmes. C'est pourquoi on les choisit dès cet âge tendre, pour prévenir le cours du siècle, et donner, s'il se peut, aux autels des ministres innocents. O innocence, que tu aurais de vertu dans les fonctions sacerdotales, que de bénédictions et de grâce ! Mais où te trouvera-t-on sur la terre ? On travaille du moins dans cette maison à te conserver des vaisseaux sans tache. Ça toujours été l'esprit de l'Eglise : « On les doit retenir sous la discipline ; les instruire par la doctrine ecclésiastique. » *Ut ecclesiasticis utilitatibus pareant.* Quelles sont ces utilités ? Ce n'est pas d'augmenter les fermes, ni d'accroître le revenu de l'Eglise ; mais c'est afin de gagner les âmes. C'est dans ce dessein qu'on les élève comme de jeunes plantes, et qu'on les fait instruire dans cette maison.
Que reste-t-il maintenant, Messieurs, sinon que, pendant que la science, comme un soleil, fera mûrir, vous arrosiez la racine ? La science éclaire par en haut la partie qui regarde le ciel ; il reste que vous donniez de la nourriture à celle qui est engagée dans la terre. Cette eau salutaire de vos aumônes, en passant par ces plantes que l'on vous cultive, se tournera en fruits de vie pour leur profit particulier, pour celui de toute l'Eglise, au service de laquelle on les destine, et enfin, Messieurs, pour le vôtre, en vous amassant dans le ciel des couronnes d'immortalité, que je vous souhaite. »
Cf. Lebarq. *Les Sermons de Bossuet*, IV, p. 428-429.

de passages où ces expressions sont employées en parlant d'élèves sûrement engagés dans les ordres mineurs et même dans les ordres majeurs [1]. Dans quelle mesure d'ailleurs le séminaire des Trente-Trois, établi depuis 1657 à l'hôtel d'Albiac, participait-il à la Bourse cléricale, c'est ce que nous ignorons. Nous croyons même qu'il n'y participait pas [2]. Quoi qu'il en soit, Bossuet, en qualité de confrère du Saint-Sacrement, s'intéressait certainement à l'œuvre de Saint-Nicolas, et nous constatons qu'en 1665, la Compagnie, expirante, excitée sans doute par Dumetz et Féret, contribua par ses largesses à faire entrer dans la Bourse cléricale deux ecclésiastiques de Besançon [3].

Les choses étaient assez bien établies, et il se formait un grand nombre d'ecclésiastiques dans le séminaire, lorsque Mme de Miramion devenue, vers 1662, paroissienne de Féret, se joignit aux autres dames de la Bourse cléricale. Cette veuve admirable se prit d'affection pour le séminaire et naturellement favorisa de son influence et de ses deniers l'œuvre fondée en faveur des séminaristes pauvres. Jusqu'à sa mort, elle en fut trésorière. Quant aux assemblées, elles produisirent si peu de chose vers 1670, qu'on fut obligé d'en diminuer le nombre. Mais Mme de Miramion ne pouvait se résoudre à cette décadence, et, d'après Descouraux, elle n'aurait consenti à supprimer ces assemblées un an avant sa mort (1695), « que parce qu'elle vit elle-même qu'on avait de la peine à en retirer les frais qu'il fallait faire pour cela, et qu'on lui fit espérer que Dieu y pourvoirait par quelque autre moyen ». Nous croyons plutôt à la raison donnée par l'abbé de Choisy [4]. Ce serait, d'après lui, les Directeurs du séminaire qui auraient eu l'initiative de cette mesure, en faisant remarquer, « par une modération sans exemple », que les fondations leur fournissant assez pour soutenir leur maison, il n'était pas juste d'abuser de la charité publique. En effet, à cette époque, la Bourse cléricale était, si nous osons employer cette expression, consoli-

---

1. Cependant le texte nous paraît devoir s'appliquer plutôt à des humanistes. Dans ce cas, ce fragment ferait allusion aux Trente-Trois et non à Saint-Nicolas.

2. Il n'est fait aucune allusion aux Trente-Trois, dans la brochure : *Dessein*, etc. Mais il est évident que ce séminaire-collège, consacré exclusivement aux ecclésiastiques pauvres, s'adressait de temps à autre à la charité publique.

3. B.-F. 238.

4. *Vie de Madame de Miramion*, 1706, p. 78.

dée. Elle était constituée par l'ensemble des fondations faites au séminaire et au profit des séminaristes. Comme cette Bourse formait une œuvre autonome, elle était représentée, aux redditions de comptes du procureur de Saint-Nicolas, par un trésorier toujours laïc. On laissa cette charge quelque temps vacante, mais elle fut ensuite rétablie en 1703. Enfin, en 1789, le dernier Econome-Supérieur rédigera une dernière fois un état de la Bourse cléricale et, par là, inconsciemment, favorisera la spoliation totale en indiquant minutieusement le placement des capitaux qu'elle aura fournis.

Après cette digression, où nous avons voulu exposer toute la destinée de cette institution, revenons au promoteur de la Bourse cléricale, heureux de voir ainsi son œuvre prospérer. Il est, vers 1655, hanté par un projet qui répond bien à ses goûts. Il se prépare, au grand effroi des siens, à partir pour la Normandie ; il désire vivement animer de son zèle un clergé déjà travaillé par Georges, abbé de Val Richer, et le P. Eudes. Pour le détourner de ce dessein dangereux vu son état de santé, Féret use d'atermoiements. Il est difficile d'empêcher Adrien Bourdoise d'aller où son prosélytisme l'appelle. Et pourtant, la mort l'a déjà averti plusieurs fois. De tempérament apoplectique, il s'est senti visité à deux reprises. Autour de lui, des vides se sont produits qui lui rappellent la brièveté de la vie. Calleaux, son enfant chéri, Raisin, son disciple de confiance, ont déjà succombé à la peine. Le Clerc, principal du Collège de Beauvais, n'est plus. L'archevêque de Paris a succombé l'année précédente à un accès de goutte.

Mais la mort ne fait point peur à Bourdoise. Devant le crucifix que le moderne Saint-Nicolas conservait comme une précieuse relique[1], il s'y prépare, « en tâchant, comme il disait souvent, de faire chaque jour ce qu'il voudrait avoir fait en ce dernier moment[2] ». Il est heureux, dans cette semaine de la Pentecôte, de signer l'admission de huit postulants qui demandent à renforcer sa troupe. Cette humble signature est tout ce qui nous reste à Paris de cette énorme production épistolaire ou administrative qui se succéda sous sa plume pendant près de soixante ans.

1. Cette relique a suivi les expulsés de Saint-Nicolas.
2. *Vie imp.* Des., p. 452.

Elle est presque dissimulée entre les autres, et ce n'est pas sans émotion que nous l'avons découverte[1].

Le vendredi 16 juillet, après une journée passée sans ressentir aucune incommodité, le vénérable vieillard fut attaqué d'une apoplexie si violente qu'elle lui ôta à l'instant toute connaissance. On lui donna l'extrême-onction à dix heures du soir. La nouvelle s'en répandit bientôt dans la ville, « et on vit aussitôt une infinité de prêtres et de religieux venir à Saint-Nicolas témoigner la part qu'ils prenaient à un si triste accident ». Malgré les soins dont on l'entoura, le malade ne donna pas signe de connaissance pendant les trois jours que dura son agonie. Ses vieux amis et compagnons le veillaient et ne pouvaient retenir leurs larmes. Dieu lui épargna sans doute les tentations qu'il craignait tant à l'heure de ce passage[2]. Enfin, le lundi 19 juillet 1655, à six heures du matin, il expira. Compaing et Wiart disaient leurs matines dans sa chambre. « Il avait désiré mourir au milieu des affaires de son église[3] », et en surplis. Son vœu avait été exaucé. Frappé au moment où il méditait de répandre la cléricature dans la Normandie, on l'avait, avant qu'il n'expirât, revêtu d'un surplis.

Cliché Duhamel.
Crucifix de Bourdoise.

Au-dessous du crucifix, l'inscription porte :
Hunc ex hæreditate P. Bourdoise tenuère ac multos per annos coluêre devotissimi filii. Coortis galliæ tumultibus nefariorum manibus subtractum.

An. Dom. MDCCLXXXXI die vero XIII julii. D. Vaillant.
Tunc temporis in villa Judæorum vicarius reverenter servavit.

---

1. *A. N.* MM. 477.
2. Dans une maladie antérieure, il avait souffert, « à en hurler », des tentations contre la réalité du sacrement de l'Eucharistie. *B. M.*, 2452, p. 640.
3. *B. M.*, 2452, p. 643 ; note marginale.

A peine expiré, le P. Eudes commença à lui baiser les pieds,

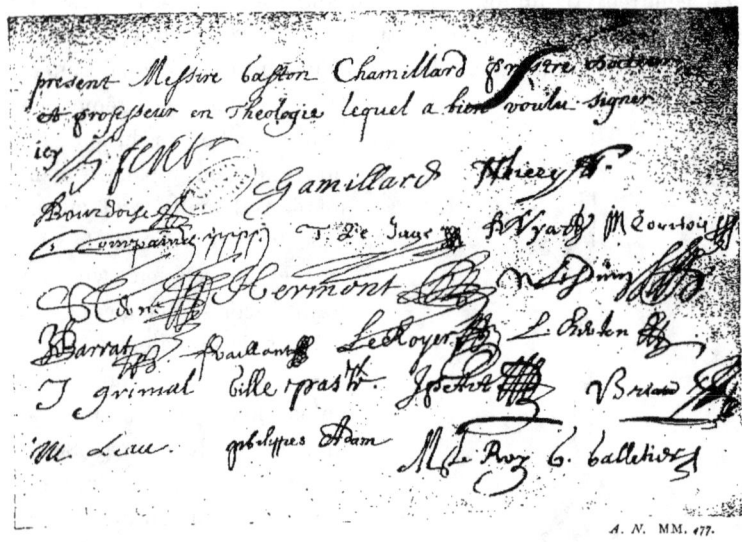

comme à un saint. On l'exposa le visage découvert dans une des salles de la maison, et ce fut pendant plusieurs jours, un

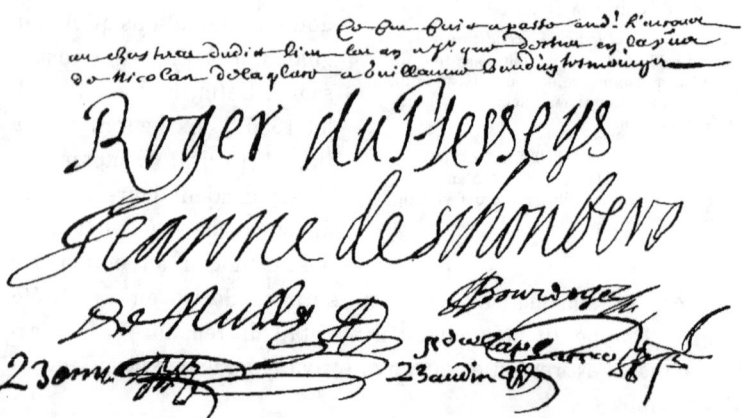

Autre signature de Bourdoise sur un acte notarié (14 Août 1651)[1].
(Communication de M. Charles Renaud, greffier de paix à Liancourt.)

afflux continuel de prêtres, de religieux et de personnes de mérite.

1. Pour les premiers signataires, voir pages 175 sqq.

Le jour des obsèques, Féret voulut officier, assisté des plus anciens de la Communauté. Le corps fut inhumé au cimetière, auprès de la croix, dans l'endroit réservé aux ecclésiastiques. La volonté du défunt avait été formelle sur ce point. Il avait trop recommandé aux autres cette pratique, il s'était trop opposé aux sépultures dans les églises, pour consentir à enfreindre cette règle. Mais bientôt on devait contrevenir à cette volonté. L'année suivante, en effet (1656), on posait la première pierre de la nouvelle église. Celle-ci allait occuper une partie du cimetière ; on fut donc obligé d'exhumer les restes vénérés. Le 22 octobre 1658, six prêtres de la communauté, revêtus du surplis, s'acquittèrent pieusement de cette lugubre tâche. On laissa le corps « dans le même cercueil, qu'on enferma dans un plus grand, fait de bois de chêne, sur lequel on cloua encore deux planches du même bois et on le mit dans une fosse large et profonde qu'on avait faite dans la chapelle de la Communion. Mais lorsque l'église fut bâtie (vers 1659), on mit ces os dans un petit cercueil de bois de noyer qu'on enferma dans un cercueil de plomb, et on le déposa avec une assez longue inscription, dans la cave (caveau) qui est sous la grande porte du chœur, destinée pour la sépulture de Messieurs les curés de Saint-Nicolas [1].

Combien, parmi ceux qui foulent les dalles de cette église, savent qu'elles recouvrent la poussière d'un grand serviteur de Dieu ? et pourtant, au XVIIe siècle, sa renommée égale dans le clergé, celle d'Olier et de Vincent. Celui-ci est plus populaire, mais entendons-le apprécier son vieux compagnon :

« Après la répétition d'oraison : Dimanche 18 juillet 1655, M. Vincent recommanda avec beaucoup d'instance aux prières de la Compagnie, la santé de M. Bourdoise, dangereusement malade d'apoplexie, et nous exalta fort le zèle de ce bon prêtre pour l'état ecclésiastique duquel Dieu s'était servi pour jeter les fondements de cette sainte Congrégation des prêtres de Saint-Nicolas du Chardonnet, quoiqu'il fût d'une naissance si pauvre qu'il n'avait pu faire ses études que par le secours des écoliers qui lui donnaient quelques morceaux de pain et même quand on le jetait à quelque chien, la faim l'obligeait à courir

---

1. *Vie imp.* Des., p. 456. Dans plusieurs Vies (Tricalet, Bouchard, De la Cour) on trouve cette indication qui semble plus précise : sous le chandelier qui est devant la grande porte du chœur. Des fouilles opérées en 1898, n'ont donné aucun résultat relativement aux restes de Bourdoise. Cf. *Commission du vieux Paris*. Procès-verbal 1898, n° 8 p. 11-13.

levant pour le prendre. Monsieur Vincent raconta aussi que M. Bourdoise lui disait que c'était une grande œuvre que de travailler à l'instruction des pauvres gens, mais qu'il était encore plus important d'instruire les ecclésiastiques; puisqu'ils sont ignorants, il faut par nécessité que les peuples qu'ils conduisent le soient aussi. Et il disait vrai. Ensuite, M. Vincent pria Dieu plusieurs fois que nous fussions participants du grand zèle qu'avait ce bon prêtre et des grands biens qu'il a faits à l'Eglise [1]. »

Après ce panégyrique d'un homme de Dieu fait par un saint, nous tairons les témoignages flatteurs, venus de tous côtés, à sa mort, les services célébrés dans une dizaine de diocèses, l'empressement à se procurer des images, qui se montra tel que la planche en fut presque usée [2]. Bourdoise, au soir de sa vie, avait pu écrire : « Nous pouvons dire avec grande vérité que nos yeux sont heureux de tout ce qu'ils voient en ce temps dans l'Eglise de Jésus-Christ; c'est le commencement d'une réforme du clergé, si nécessaire, et que plusieurs saints personnages [3] ont désiré de voir, et n'ont pas vue », et encore : « Ce que l'on voit aujourd'hui de mieux dans l'Eglise est de l'argent en comparaison du passé qui n'était que du plomb ». Non pas qu'il fût complètement satisfait. Son zèle le rendait exigeant, « mais cet argent, ajoute-t-il, en comparaison de l'or qui serait à désirer, n'est que du plomb ». Bien des tares, en effet, restaient à effacer dans le clergé, formé vers 1650, mais tel quel, il méritait déjà le respect.

Pour l'exciter à s'améliorer encore, Bourdoise laissait dans ses écrits, aujourd'hui perdus, les éléments d'un petit livre qui, pendant longtemps, eut une grande vogue. Cet opuscule est tout ce qui a réussi, parmi les nombreuses productions de Bourdoise, à échapper à l'œuvre destructive du temps. C'est Henry de Maupas du Tour, évêque et seigneur du Puy, premier aumônier de la reine qui, le premier, fit réunir et imprimer : *Les sentences chrétiennes et cléricales de feu Mr Bourdoise*. — L'approbation épiscopale est datée du Puy, le 12 mars 1658. Depuis, sous des formats et quelquefois des titres différents, ce recueil de Pensées a été

---

1. *Col. laz.*, VIII, p. 88.
2. *B. M.*, 2452, p. 665.
3. Saint François de Sales ? De Bérulle ?

souvent édité[1]. Involontairement on pense, en les lisant et en les transposant, aux *Maximes* de la Rochefoucauld ; non pas que la forme puisse, en quoi que ce soit, rivaliser avec le style de l'illustre écrivain, mais c'est le même pessimisme, la même clairvoyance, la même netteté de pensée, j'allais dire, le même tour original, et quelquefois, la même concision. En tenant compte de la différence des temps, on trouverait encore son profit à méditer ces âpres maximes[2].

Bourdoise pouvait disparaître. La Communauté-Séminaire était désormais assez fortement constituée et avait suffisamment résisté à l'expérience du temps et des difficultés, pour avoir confiance dans ses propres destinées. Jusqu'à 1671, époque où se place la première rédaction suivie du Règlement, elle voit successivement à sa tête : Thomas le Juge (1647-1654), Nicolas Thierry (1654-1660), Jean Barat[3] (1660-1666) tous, comme on le peut constater, ayant accompli de suite deux triennaux ; Gilles Pasté (1666-1669), et enfin Jean Debeauvais (1669-1672). — Pour présider à ces élections, le vieil archevêque de Paris, député, en 1650, un ami de Bourdoise, André de Saussay, official et vicaire général. Puis, suivent les élections faites en l'absence du cardinal de Retz. En 1654, Féret est député par Chevalier, chanoine et vicaire général. J.-B. de Contes, doyen du Chapitre et vicaire général, préside lui-même les élections de 1657 et de 1660, et ces titres[4] indiquent

---

1. Cf. Darche. *Le saint abbé Bourdoise*, tome II, p. 869-870.
La dernière édition séparée, date de 1879. Elle est due à M. Daix, ancien professeur de Saint-Nicolas.
Nous avons retrouvé deux manuscrits renfermant ces sentences. Le premier, (petit in-4º) appartient à M. Lenert, curé actuel de Saint-Nicolas du Chardonnet. Il semble bien être de la main de Courtin et donc, remonte à la fin du XVIIe siècle ou au commencement du XVIIIe. Il servait sans doute aux lectures du réfectoire le samedi. Le second (in-12 de 508 pages) faisait partie de la bibliothèque de Saint-Sulpice. La rédaction se rapproche, pour le contenu et les divisions, du manuscrit sus-mentionné, mais elle est plus ancienne, plus fidèle et partant plus savoureuse.

2. Faut-il aller plus loin et revendiquer pour Bourdoise les honneurs d'un procès de béatification ? On le pensa dans la communauté et un des rédacteurs du manuscrit *B. M.*, 2452 était de cet avis. Mais un second rédacteur biffa les lignes où cette opinion était exposée. Toutefois, si le P. Eudes est en passe d'obtenir la gloire de la canonisation, peut-être ne doit-on pas désespérer, quand l'heure sera venue, de voir un jour Bourdoise sur nos autels.

3. On lit quelquefois Barrat. Il signe Barrat, cf. p. 195.

4. On sait que pendant la Fronde, de Retz, prisonnier ou fugitif, ne pouvait gouverner que par des vicaires généraux. Cependant, Mazarin, pour lui faire

assez les maux qui troublèrent alors l'Eglise de Paris; en 1663 c'est Claude Thévenin, vicaire général et administrateur du diocèse de Paris. Enfin, en 1666 et 1669, c'est Féret lui-même, revêtu de l'autorité de vicaire général, qui signe les procès-verbaux d'élection [1].

Cette nomenclature peut paraître sèche et l'on voudrait posséder sur tous les personnages qui ont conduit la Communauté des renseignements plus circonstanciés. Malheureusement, les Nicolaïtes n'ont point laissé d'annales et seuls, ou à peu près, les documents officiels fournissent quelques détails. Thomas le Juge devint aveugle sur la fin de ses jours et mourut en 1663. Wiart, son prédécesseur, esprit universel, dit un complaisant biographe, possédant l'esprit de gouvernement, habile en médecine, meurt en 1661, à Laon, son diocèse d'origine, où il est appelé pour établir le séminaire. Nicolas Thierry, du diocèse de Reims, entré dans la Communauté en 1639, était bon et d'humeur gaie; il mourut en 1665. Jean Barat, du diocèse de Toul (Vouxaye), avait passé cinq ans à Cologne, et connaissant l'allemand, en 1643, il était élève au séminaire Saint-Nicolas et devint grand doyen de Saint-Dié : puis, de retour à Paris, il est pendant douze ans, préfet du séminaire [2]. Très désintéressé, très intelligent, il savait pratiquer la pénitence. C'est à lui que revient, après Bourdoise, l'honneur d'avoir donné à Saint-Nicolas, son règlement (✠ 1668). Quant au rémois Gilles Pasté, malgré la délicatesse de sa santé, il fut un excellent préfet du séminaire, et mourut en 1678. Debeauvais, d'Angers, entré en 1658, mourut phtisique en 1684.

Petit à petit, disparaissent les derniers compagnons de Bourdoise. Cerné, du diocèse de Séez (✠1678), avait particulièrement réussi dans l'éducation des jeunes enfants. De plus, il avait été chargé d'examiner les titres des ecclésiastiques qui se présentaient aux saints ordres à Paris. Dès 1662, il avait publié, avec l'approbation des docteurs Dumetz et Grandin, son : *Pédagogue des familles chrétiennes*, où, sous la forme affectionnée en général

---

pièce, avait imaginé de faire administrer le diocèse par l'entremise du Chapitre. Cette situation, peu canonique, ne cessa qu'avec la démission un peu forcée du Cardinal en 1662.

1. *A. N. MM.* 472.

2. Cf. J. Grandet. *Les saints prêtres du XVIIe siècle*. Paris, 2me série.

par les prêtres de Saint-Nicolas, il avait, par demandes et réponses, multiplié des instructions pratiques. La première, intitulée : *Le Catéchisme des Pères de l'Église*, nous a paru particulièrement heureuse par le choix des citations qui forment les réponses. La morale évidemment n'en est pas accommodante, mais elle ne semble pas trop rigoureuse. Plus loin, ces points délicats, à savoir : l'attrition, l'usage des sacrements et surtout la communion fréquente, y sont traités avec une grande sûreté de doctrine. On y trouve aussi des passages intéressants sur les mœurs du temps [1] ; quelques jours après Bourdoise, Prévost avait également terminé sa carrière. Le maladif Beuvelet meurt en 1657. Une poutre écrase Compaing en 1661.

Mais ces vides sont remplis et au delà. Dès 1664, la Communauté renferme dix-neuf membres et ce chiffre se maintient jusqu'en 1671 ; nous ne le verrons dépassé qu'au XVIIIe siècle. La multiplicité des emplois exigerait un personnel plus nombreux. Saint-Nicolas ne peut guère essaimer. Vincent de Paul, répondant par un refus à un ecclésiastique qui lui demande des prêtres pour établir une communauté en Anjou, écrit : « Je ne vois pourtant pas bien où vous pourrez vous adresser, parce que je doute si Messieurs de Saint-Sulpice ou Messieurs de Saint-Nicolas du Chardonnet voudront vous donner des prêtres. Ce sont deux saintes communautés qui font de grands biens dans l'Eglise, et qui étendent beaucoup le fruit de leurs travaux. Mais la première, ayant pour fin les séminaires, ne s'établit pour l'ordinaire que dans les villes principales, et la seconde, étant fort occupée dans un grand nombre d'emplois [2] auxquels elle s'applique pour le service de l'Eglise, ne pourra peut-être pas vous fournir si tôt les ouvriers que vous demandez [3] ». Nous ne pouvons guère donner d'indications précises sur les titulaires de ces différents emplois, et d'ailleurs ce serait peut-être entrer dans des minuties plus dignes d'un annuaire que d'une monographie.

---

1. Citons : Des débauches de la fête des Rois, p. 517 ; sur la Comédie, p. 445, où il se rapproche beaucoup des idées du prince de Conti et de Bossuet sur cette matière ; avis charitables aux jureurs, p. 412 ; le feu de la Saint-Jean, (Saint-Nicolas est, à Paris, une des 7 paroisses où ce feu s'allume solennellement.)

2. Service de l'église St-N. du C. — éducation des clercs, — petites écoles, — supériorités de religieuses, — examens des tonsurés et *visa* pour les prêtres étrangers, etc.

3. *Col. laz.*, VII, p. 136.

Si la Communauté s'accroît, elle est poussée nécessairement à faire des acquisitions. Elle occupe toujours, sans l'avoir payée au propriétaire, la maison Compaing et la maison Bourdon ; mais profitant de la permission royale, enregistrée par la Cour, elle acquiert, le 26 juin 1646, de la veuve Tranchot, une maison et un héritage sis au village de Villeneuve-Saint-Georges et aux environs, là elle établit une Communauté dont le préfet prend place, dans les délibérations, après celui de Villejuif. Le 10 avril 1647 elle obtient, moyennant une rente annuelle de 1800 livres tournois, rachetable pour 36.000 livres, la propriété des deux immeubles de Paris[1] et l'acte est ensaisiné[2] presque aussitôt par le receveur général du revenu temporel de l'abbaye Saint-Victor ; Féret sanctionne ce contrat qui comprend aussi la maison du faubourg Saint-Marcel et celle de Villejuif[3]. La misère des années qui suivent absorbe le surplus des revenus, et on ne peut songer qu'à secourir les malheureux. La Communauté de Villeneuve-Saint-Georges disparaît et nous ne trouvons plus de renseignements sur cette propriété qui fut sans doute abandonnée.

Au mois de mars 1654, une bonne nouvelle survint à Saint-Nicolas : par des lettres patentes scellées du grand sceau de cire verte, Louis XIV, ou plutôt la reine-mère exauçant leur supplique, amortit ces différents biens « comme dédiés à Dieu et à son Eglise et sans que pour raison de ce ils soient tenus nous payer ni à nos successeurs aucune finance... à la charge toutefois de payer par les exposants aux seigneurs particuliers autres que nous, l'indemnité s'il y échet[4] ». La cour des aides enregistra ces lettres à la fin de décembre 1655 ; en reconnaissance de cette libéralité royale, la communauté s'engagea à faire célébrer tous les ans, par l'Econome en personne, une messe basse, le 25 août, et cette messe fut dite jusques et y compris l'année 1790[5].

---

1. Le 28 janvier précédent, était intervenu entre Compaing et la Communauté, un acte de donation desdits immeubles. Sans doute qu'on s'est ravisé ensuite et qu'on a procédé à une vente, la donation entre vifs entraînant plus de frais que la vente ; peut-être que l'administration avait refusé de l'ensaisiner sous prétexte de rétention d'usufruit.

2. L'ensaisinement : mise en possession (par le seigneur de qui le bien dépend) d'un domaine tenu en roture.

3. Cf. *A. N.*, S. 6986. Copie de la vente faite le 11 octobre 1638, par Pollet à Compaing « pour luy et ses hoirs ayans-cause, de la maison en ruines qui a abrité quelque temps la communauté de Villejuif. »

4. *A. N.*, S. 6980-6981. (Le sceau a disparu).

5. *A. N.*, MM. 486.

En l'année 1656, une grande cérémonie s'accomplissait qui devait influer sur l'aménagement de la Communauté. Le matin du 19 juillet, on célébra solennellement l'anniversaire de la mort de Bourdoise. En l'absence de Féret indisposé, ce fut Compaing qui célébra. Sur les trois heures du soir, il [1] bénit une pierre de treize pieds en carré. C'était la première pierre de la nouvelle église. Celle-ci, commencée par la croisée [2] « du costé des Bernardins à laquelle est adossée la sacristie qui se bastit, le tout suivant le dessin de M. Mercier [3]. Cette pierre fut mise sur le bord du pilier de cette croisée, du côté du septentrion [4] ».

L'église, nous l'avons vu, ne pouvait être agrandie qu'en changeant son orientation. Du côté du nord, en effet, on pouvait entamer le cimetière, englober le presbytère et pour dégager un peu les abords de l'abside, demander quelques concessions de terrains aux Bernardins qui avaient un enclos immense. On commence la construction par la croisée et plus exactement, semble-t-il, par la chapelle de la Communion [5], sur l'emplacement de l'ancienne sacristie ; de cette façon le service ne fut pas interrompu et on bâtit une nouvelle sacristie à côté de cette chapelle, en utilisant le charnier [6]. Mais il manquait quatre toises pour donner une entrée au séminaire dans la chapelle de la Communion [7]. Contre 600 livres, le 15 juin 1657, les religieux de Clairvaux cèdent aux marguilliers de Saint-Nicolas une portion d'écurie (18 pieds de long sur 8 pieds de large), dépendant de la

---

1. *Vie imp.* Des. Cependant remarquez que l'inscription (Cf. note 4) mentionne la présence de Féret. Mais l'inscription était gravée d'avance naturellement.
2. Transept.
3. *Bibliothèque d'Orléans*, n° 702. Nous avons pensé qu'il s'agissait de l'architecte Jacques Lemercier (architecte du séminaire Saint-Sulpice et de l'église Saint-Roch). Il mourut en 1654. M. Henry Jouin, l'historien de Charles Lebrun, dans une communication relative à ce sujet, nous écrit que « rien n'indique que les plans soient de la main de Lemercier. » Toutefois, il ajoute : « Le Brun, en 1661, aurait pris la direction de ces travaux (l'église Saint-Nicolas). Ce texte n'implique nullement que les plans soient de Le Brun, ce qui est improbable. » Il y a donc là une question à élucider.
4. On y enchâssa une lame de cuivre avec une inscription qui mentionnait comme ayant posé cette pierre « Christophle Martin, conseiller du Roy en ses conseils, contrôleur général de la marine de Sa Majesté, ancien marguillier et susdigne parroissien, âgé de 81 ans. » (*Biblioth. d'Orléans*, n° 702. — D'après l'abbé Daniel, *Notice sur les ruines et le collège des Bernardins*, Paris 1886, p. 37, Martin aurait habité sur le quai de la Tournelle.
5. *A. S.*, papiers Lazare.
6. *A. N.*, N III, (Seine) n° 112.
7. *A. S.*, papiers Lazare.

maison de Chaalis. Le 6 mai précédent, les religieux avaient vendu le reste de cette maison de Chaalis à la Communauté-Séminaire. L'acte avait été assez solennel. Les abbés de Cîteaux, de Pontigny et de Clairvaux avaient donné procuration à Dom Pierre Bouchu, abbé de La Ferté, de vendre aux prêtres de Saint-Nicolas, la maison de Chaalis devenue d'ailleurs inhabitée et sans locataires. Avec cour et jardin, elle tenait d'un bout à la sacristie (chapelle actuelle de Communion), et au cimetière, d'autre

Église et une partie de l'enclos des Bernardins.
(*Elle demeura toujours inachevée*).

bout, au dortoir des bacheliers [1] et à la remise du carrosse du dit hôtel de Clairvaux.

On y ajoutait le jardin que les prêtres tenaient à loyer et qui contenait 65 toises 1/2. Il était attenant d'une part au dortoir des bacheliers, et d'autre part au cimetière, plus exactement au charnier de Saint-Nicolas; d'un bout à l'écurie de Clairvaux et d'autre bout à la Communauté. D'après Sauval [2] cette vente aurait été forcée. Un arrêt de 1657 aurait condamné les religieux à cette cession. Elle se fit toutefois à un bon prix : 22.000 livres au denier 20 [3], mais sans condition de droits seigneuriaux, cens... ni autres prestations [4].

1. Ce dortoir des Bacheliers (des Bernardins) correspondait à peu près au bâtiment de l'horloge ou Saint-Paul du petit-séminaire Saint-Nicolas: toutefois, il empiétait, en largeur, sur la cour, comme on le verra plus tard.
2. *Antiquités de Paris*, tome II, p. 270.
3. Taux : 5 p. 100.
4. *A. N.*, S. 3663.

L'église avance assez rapidement; on peut déposer le cercueil de Bourdoise dans le caveau ménagé sous l'entrée du chœur. Le mur mitoyen est mis à l'alignement entre la maison de devant du collège des Bernardins et les premières constructions de l'église. L'occasion serait favorable pour acheter, au profit de la Communauté, dans quelques années, les espaces inutilisés de l'ancienne église. Mais il faudrait des fonds. Sans la licence d'accepter les legs et les donations entre vifs, la caisse du séminaire ne peut s'alimenter. Louis XIV le comprendra. D'ailleurs, on a avisé à acquérir cette licence. En première ligne, la Compagnie du Saint-Sacrement. Déjà, en 1659, elle avait « trouvé à propos de s'attacher à la maison de la Communauté de Saint-Nicolas du Chardonnet pour tâcher d'y établir le Séminaire général de Paris. Pour cet effet, on lui destina le fonds qu'on avait fait autrefois pour contribuer à l'établissement du séminaire [1] ». Il est vrai que l'arrêt de dissolution de la Compagnie, provoqué par Mazarin et formulé par Lamoignon (un confrère)[2], la contraignit à se dissimuler encore davantage. Les réunions avaient lieu nonobstant, mais divisées par cantons. A la tête de celui de Saint-Nicolas du Chardonnet se trouvait Dumetz; il comprenait, sans nul doute, Féret, d'Argenson, et de Morangis. Le prince de Conti avait été reçu au mois de juillet 1660. On agirait sur lui, on le rendrait favorable à Saint-Nicolas.

Portraits B. N
Théodore de Nesmond.
Président de la Cour du Parlement de Paris

Il fallait aussi exercer quelque pression sur le Parlement. Au dire de l'abbé de Choisy, Mme de Miramion emploie son crédit auprès du président Nesmond, le futur beau-père de sa fille[3], pour mener à bien cette affaire considérée comme très difficile [4] ».

Et puis Mazarin vient justement de mourir (9 mars 1661). Le

1. B.-F., p. 183.
2. 13 déc., 1660.
3. Et futur beau-frère du président Lamoignon.
4. Choisy. *Vie de Madame de Miramion*, p. 77-78.

soir même, Louis XIV devenait son propre premier ministre et un de ses premiers soins fut de secouer le joug du Parlement. Il dut saisir avec empressement les occasions qui s'offraient de prouver qu'il entendait gouverner en maître absolu.

Toujours est-il que, le 21 mai, il envoie de Fontainebleau, au Parlement, des lettres de *jussion* concernant Saint-Nicolas. Il y rappelle ses lettres patentes de 1644 et fait remarquer qu'elles ne renfermaient rien d'extraordinaire : elles accordaient des facultés octroyées à toutes les communautés ecclésiastiques du royaume. « A ces causes, considérant les grands soins que la dite communauté apporte à l'Eglise tant par les bons exemples de la sainteté de leur vie que par le soin et l'application continuelle qu'elle prend de former des ecclésiastiques, afin qu'ils soient capables des fonctions divines du ministère sacerdotal pour remplir les cures à la campagne, et pour aider les évêques dans les autres emplois auxquels ils les veulent appliquer, et considérant de plus que ladite Communauté a gardé jusqu'ici un désintéressement si parfait qu'encore qu'elle ait commencé il y a plus de quarante années à servir l'Eglise, et que tous les diocèses en aient ressenti les effets par les prêtres qu'elle a formés, elle est néanmoins toujours demeurée dans sa première pauvreté sans avoir pu acquérir jusqu'ici une maison pour se loger, Vous mandons, et très expressément enjoignons par ces présentes signées de notre main, que vous ayez incessamment à procéder à l'enregistrement des dites lettres, purement et simplement sans aucune restriction et modification[1] ».

Portraits B. N.
Prince Armand de Conti.

Après cette « dernière et finale » jussion scellée du grand sceau de cire jaune, le Parlement, sentant son maître, se le tint pour dit. Le rapport fut rapidement rédigé, et, mélancoliquement, d'un

1. *A. N. M.* 199 et *Mémoires du Clergé*, II, 646.

style plus concis qu'en 1644, le Parlement, dès le 25 mai, enregistrait ces lettres, cette fois sans observation.

Un bonheur n'arrive jamais seul. Mme de Miramion, par l'intermédiaire de la princesse de Conti[1], achève de décider son époux, frère de Condé, à secourir un établissement si pauvre. D'un cœur généreux, appliqué à réparer les défaillances de son passé, le prince de Conti, en effet, fit remettre à la Communauté 40.000 livres tournois[2], destinées à payer au patient Compaing la maison paternelle et peut-être les arrérages. La Communauté, dans l'après-midi du 9 mai 1661, signe un acquit en bonne et due forme[3]. Désormais elle était bien chez elle grâce à la générosité de ce prince qui ne lui imposa qu'une charge, celle de n'en parler à personne. On observa la condition pendant la vie de l'insigne bienfaiteur, mais à sa mort, on ne put se taire. On mit son portrait dans la bibliothèque, et tous les ans, on célébra un service à l'anniversaire de son décès.

Évidemment, de Conti n'était pas le seul à subventionner Saint-Nicolas. Mais beaucoup de ces largesses sont demeurées inconnues. La duchesse d'Aiguillon[4], retirée, depuis la mort de son oncle, au palais du Petit-Luxembourg, s'adonnait aux bonnes œuvres. Supérieure (vers 1652) des dames de la Charité, elle ne pouvait oublier la Communauté de Bourdoise, et Descouraux affirme qu'elle venait souvent à Saint-Nicolas, et qu'elle fit « de grandes libéralités au Séminaire pendant sa vie[5] », qui se prolongea jusqu'en 1675.

A son tour, Mme de Miramion, non contente d'employer son crédit en faveur de cette œuvre, la soutient de ses deniers. Elle entretient trois Oblats, et elle n'arrêtera pas là ses bienfaits. De plus humbles personnages versent leur obole. Nicolas Le Pelletier de la Houssaye, ancien disciple de Bourdoise et organisateur du séminaire de Châlons, donne, en 1655, deux cent quatorze livres pour subvenir aux retraites faites aux pauvres ecclésiasti-

---

1. Anne Martinozzi une des nièces de Mazarin.
2. Et non 36000, comme on le dit parfois. Cf. *Vie imp. Des.*, p. 153.
3. *A. N.*, S. 6980-6981.
4. Après l'incident du « carreau » elle « profita de l'avis qu'on lui avait donné et on sut si bon gré au serviteur de Dieu, qu'elle vint beaucoup plus souvent à Saint-Nicolas (église) ». *Vie imp. Des.*, p. 499.
5. *Ibid.*

ques¹, et huit mille livres pour payer une partie de la maison de Chaalis². En 1657, sans doute encore pour solder cette dernière acquisition, on emprunte à Gaston Chamillart, auquel on fait une rente de deux cents livres.

Une donation entre vifs, conclue, en 1659, entre le Nourry, prêtre de Saint-Nicolas et Compaing, procureur, vient augmenter un peu les ressources. Enfin, l'année suivante, 1660, Mlle le Gras, dans son testament, recommande à la bienfaisance de son fils la Communauté de Saint-Nicolas dont il a été l'élève.

De 1660 à 1671, c'est Mme de Miramion qui paraît avoir été d'un plus efficace secours. Elle donne « des calices, des ornements d'église, des habits séculiers aux prêtres qui sortent du séminaire pour aller en Irlande ». « Pendant plus de trente ans, elle fait blanchir tous les surplis de la Communauté et du Séminaire et tous les linges d'église³ », et toujours elle sollicite en faveur de cette œuvre chère à son cœur.

A peine la capacité juridique de Saint-Nicolas mieux établie, la Compagnie reçoit en donation, de René de la Châtre, une maison sise rue d'Argenteuil à condition de nourrir un ecclésiastique qui sera nommé par le Chapitre de Leuroux en Berry, et qui demeurera un an dans le dit séminaire s'il est prêtre, et huit mois seulement s'il est clerc⁴. Cette maison de rapport, située sur la butte Saint-Roch⁵, dans le voisinage de nombreux moulins à vent, n'était pas loin de celle où, en 1666, Corneille devait venir habiter.

Unie à quelques autres de moindre importance, cette fondation va donner un corps à la *Bourse cléricale* et la rendre moins tributaire des fluctuations de la charité. Au XVIIe siècle, il n'est pas toujours facile de placer son argent. Les prêts aux particuliers, les achats d'immeubles sont encore les placements les plus sûrs. Aussi les procureurs de Saint-Nicolas signent-ils d'assez nombreux contrats d'achats de maisons. En cela ils sont aussi guidés par une sage prévoyance qui sait ménager les agrandisse-

---

1. *A. N.*, MM. 484.
2. En fait, cette somme entra dans le bâtiment de la rue Saint-Victor. *A. N.*, MM. 486.
3. Choisy. *Vie de Madame de Miramion*, p. 78.
4. *A. N.*, S. 6984-6985.
5. Cette « butte » a été nivelée naturellement à la suite des constructions qui l'ont couverte.

ments futurs. Compaing, toujours procureur, acquiert, le 15 janvier 1662, la maison Biterne devenue la maison de Pol, marchand épicier. Elle était, on s'en souvient, contiguë au séminaire proche de la porte de la rue St-Victor. Son enseigne était d'abord le Sabot, plus tard « au chef saint Jean ». Sous ce dernier vocable elle abritait la librairie Pierre Trichard qui publia tant d'œuvres sorties de la plume des Nicolaïtes. Nous l'y voyons installée dès 1665 au moins ; nous l'y retrouvons en 1686 [1]. Mais il est probable que, cette année-là, Trichard fut obligé de déménager [2] et d'aller habiter rue des Bernardins [3]. La même année, 1662, acquisition, pour 6.600 livres, d'une autre maison « où était pour enseigne l'Annonciation [4] ». Elle se trouvait, elle aussi, contiguë à l'église et à la Communauté. Deux ans plus tard on achète pour 4.300 livres à Villejuif la maison de l'Epée royale et celle de l'Ecu située dans la grande Rue. On y joint une habitation rue du Moustier proche le Grand Guay [5] ; elle fut occupée plus tard par le jardinier de la Communauté [6].

Une convention plus considérable est conclue en 1666 entre la Compagnie et les héritiers de l'abbé de Saint-Faron [7]. Féret lui-même y préside, assisté de Jean Barat, économe. Il s'agit de deux maisons tenantes ensemble et qui ont face d'un côté, rue Sainte-Anne et de l'autre, rue l'Evêque, proche de la butte Saint-Roch. Elles représentent un capital de 49.000 livres. Sur cette somme la fondation de l'abbé de Saint-Faron compte pour 40.000 livres ; le surplus sera fourni par le rachat de la fondation de Morangis (1669) [8]. Ce dernier, malgré sa tendre affection pour le séminaire des Missions étrangères, ne pouvait délaisser Saint-

---

1. Cf. *Nouveau recueil d'abrégés...* édit., 1686 « des quatre petits ordres » page 2.

2. Quand on rebâtit le séminaire sur l'emplacement de la maison Compaing. D'ailleurs elle était « caduque ». Elle coûta à Compaing 8.500 livres. *A. N.*, S. 6988.

3. Précédemment il avait comme concurrent Simon Langronne, au « Soleil d'or », mais un contrat liait leurs intérêts.

4. Elle tenait d'une part à la Communauté et d'autre part à la dame Chamin. *A. N.*, S. 6988. Nous la placerions à gauche de la maison Compaing. Coût : 6.600 livres. *A. N.*, S. 6982 et 6988.

5. Ces deux achats déguisent une fondation du nicolaïte Pasté, en faveur de ses compatriotes de Reims. Cf. *A. N.* MM. 484.

6. *A. N.*, S. 6986-6987.

7. Il appartenait à la famille de Bullion.

8. Et une fondation d'une carmélite novice. *A. N.*, MM. 484.

Nicolas et lui léguera 400 livres de rente. Ces deux maisons ou plutôt ces deux hôtels constitueront une base solide à la *Bourse cléricale*. Or, ils sont dans la censive de l'archevêché ainsi que la maison de la rue d'Argenteuil. Ce n'était plus de Gondi ni son neveu qui occupaient le siège archiépiscopal. Après l'installation éphémère de Marca, Louis XIV nomme son ancien précepteur Hardouin de Péréfixe.

Portraits B..N.

Celui-ci vient de constater le bon esprit de la Communauté dans l'affaire de Port-Royal [1]. S'il a des raisons de se défier de Saint-Magloire, il sait qu'il peut compter sur Saint-Nicolas. Ne nous étonnons donc pas de lui voir expédier rue Saint-Victor, le 21 août 1666, les lettres patentes suivantes. Après un éloge des séminaires en général, il se déclare toujours prêt à accorder « aux séminaires de cette ville (Paris) toutes les grâces qui lui paraîtront raisonnables, en particulier aux pbres de la Communauté de Saint-Nicolas du Chardonnet qui, depuis 50 ans et plus, con-

---

1. Voir plus loin.

sacrent leurs personnes et donnent tous leurs soins et leurs travaux à l'instruction de nostre Séminaire, estably en cette paroisse. A ces causes, Nous, Archevêque susdit, ayant une entière connaissance de quelle utilité a esté et est à l'Eglise et particulièrement à Notre diocèse ledit Séminaire Saint-Nicolas du Chardonnet, dans lequel quarante-cinq ou cinquante ecclésiastiques par chaque année sont gratuitement nourris et instruits de toutes les fonctions des ordres sacrés, et rendus capables de servir de curez et vicaires, et saisissant avec joye cette occasion de témoigner l'affection que nous portons au séminaire, pour donner auxdits pbres de la Communauté plus de facilité de continuer la charité qu'ils ont si louablement entreprise et continuée envers les pauvres ecclésiastiques qu'ils reçoivent dans nostre dit séminaire par le moyen de la bourse cléricale, et contribuer, autant que nous le pourrons, à l'exécution de ces pieuses fondations, avons modéré et modérons le fond de l'indemnité qui appartient à l'archevêché de Paris, à raison des maisons cy-devant déclarées, estant de la censive de nostre archevêché, à la somme de 8.000 livres, laquelle nous avons donné et donnons, uny et unissons à perpétuité par ces présentes à ladite Communauté de Saint-Nicolas du Chardonnet à la charge de nourrir et d'instruire deux pbres qui seront à notre nomination ». On ne pouvait pas être plus flatteur, de plus on était, cette fois, généreux [1]. Malgré la cession à perpétuité, on prit soin, en 1672, de faire renouveler l'acte par le nouvel archevêque François de Harlay [2].

L'année 1666 n'était pas écoulée, que pour 8.000 livres, on acquiert, rue Saint-Victor, mais de l'autre côté de la rue, presqu'en face du séminaire dans la direction de la rue Saint-Nicolas du Chardonnet, la maison des Héritiers Noël, ayant pour enseigne *la Chaise;* l'année suivante, on y ajoute, dans la même rue Saint-Victor, au coin de la rue du Mûrier, la maison « *de l'Etoile* »: une fondation Martin couvrira les 5/6 des frais d'achat; deux

---

1. *A. N.* M. 199. L'abbaye Saint-Victor, à son tour, diminue le chiffre des indemnités qui lui sont dues pour l'acquisition des maisons de la rue Saint-Victor qui sont dans sa censive « en considération des bons secours qu'ils (les prêtres de Saint-Nicolas) rendent tous les jours et qu'ils ont rendu depuis plus de quarante ans à ladite paroisse de S. N. d. C. », et aussi en considération du mauvais état des maisons achetées et de la « grande pauvreté » de la Communauté Elle se contenta de 8000 livres (Cf. *A. N.*, S. 2161) remboursées le 2 août 1666.

2. Et derechef en 1696, par le cardinal de Noailles.

ans après (1669), on achète, au collège de la Marche, une autre maison, sise encore rue Saint-Victor et à l'autre coin de la rue du Mûrier : il se trouve que la même année, Mercier, ancien principal de la Marche et alors curé de Saint-Germain l'Auxerrois, fonde une bourse de 100 livres pour des étudiants de ce collège qui devront finir leurs études en passant par Saint-Nicolas [1].

Cependant la construction de la nouvelle église s'avance. Le 22 août 1665 elle a coûté la vie à Guillaume Compaing. Ainsi mourut à 72 ans le bienfaiteur principal et on peut dire le cofondateur de la Communauté. Celle-ci le pleura sincèrement. On démolit, au fur et à mesure, ce qui reste de l'ancienne église. L'emplacement de trois chapelles est à vendre. En vue d'un agrandissement qui s'impose, la Communauté l'achète à la Fabrique [2] qui doit en ce moment essayer par tous les moyens d'obtenir de l'argent liquide, pour couvrir les frais de la nouvelle église. Mme de Miramion a beau se montrer prodigue, donner, à plusieurs fois, plus de 50.000 livres et envoyer, le jour où l'église faillit tomber faute de piliers en nombre suffisant, 6.600 livres, se rendre caution de 12.000 livres, les marguilliers seront cependant satisfaits d'ajouter quelques deniers à ces libéralités, en vendant des espaces devenus inutiles. Ils ont d'ailleurs l'honneur de voir Charles Le Brun lui-même, premier peintre du Roi, diriger les travaux depuis quelques années. Le 15 août 1667 enfin, l'archevêque, de Péréfixe, préside à la bénédiction de la nouvelle église [3]. Celle-ci cependant est inachevée. Il lui manque probablement plusieurs travées du côté du portail principal. Telle quelle, elle reçoit, le 30 mai 1668, dans la chapelle Saint-Charles

1. *A. N.*, S. 6985.
2. L'achat est du 16 avril 1667, le coût, de 10247 livres. Cf. *A. N.*, S. 6988. Ce dossier serait assez intéressant à étudier en vue de la restitution du plan de la vieille église. Les trois chapelles étaient celles de Saint-Denis, du Saint-Sacrement et de Notre-Dame. Elles étaient entourées de charniers, dont l'un, le plus éloigné de la rue Saint-Victor, côtoyait la salle Saint-Bernard (chapelle de la Sainte Vierge du petit séminaire,) l'autre, le jardin de la Communauté et le dernier se trouvait entre la chapelle Notre-Dame et la petite cour intérieure. L'église nouvelle n'était pas encore (en avril) ouverte au public. Du chœur de l'ancienne église on fera provisoirement la chapelle de la Communion. D'ailleurs la Communauté a vendu à la Fabrique le 22 Août 1657 « une partie du fond où est bâtie à présent la sacristie » (chapelle actuelle des catéchismes).
3. *Gallia christiana*, tome VII, p. 183. Quelques auteurs croient qu'il s'agit d'une consécration.

Borromée, le corps de la mère[1] du grand peintre. C'est sans doute au milieu de ces travaux que Le Brun connut et apprécia la Communauté de Saint-Nicolas. D'ailleurs, son hôtel était dans le voisinage et ce favori de Louis XIV eut toujours beaucoup

Mausolée de la mère du peintre Charles Lebrun.

d'affection pour la paroisse Saint-Nicolas. En 1669, la façade sur la rue des Bernardins était terminée et le dessin était dû à la main de Le Brun lui-même[2]. Pour agrandir l'église, on vend la

1. Le frère de Lebrun avait été inhumé dès 1660 et probablement à l'église: le cimetière de Saint-Nicolas, était, depuis 1659, transféré rue d'Arras. (Cf. *Bibl. d'Orléans*, n° 702.)

2. Cf. H. Jouin. *Lebrun et les arts sous Louis XIV*. Paris 1890.

chapelle Saint-Roch[1]. Saint-Nicolas l'acquiert en 1670. La veuve Godin, l'année suivante, cède à la Communauté, moyennant 5.000 livres, plus 60 livres de viager, sa maison qui, contiguë au séminaire, aboutit aux murs de l'ancienne église et, par devant, à la rue Saint-Victor[2].

De tout cet exposé, aride à la manière d'un inventaire et d'un budget, il résulte que la *Bourse cléricale* trouve faveur près du public et que la Communauté songe à un agrandissement. Nous savons, en effet, qu'avant 1684, elle a déjà construit deux corps de bâtiment distincts. Le premier que les documents appellent logis Saint-Bernard renferme, au rez-de-chaussée, la salle Saint-Bernard. Il a été édifié probablement vers 1665 sur une partie de l'emplacement de la maison de Chaalis[3] ; le reste formera un petit jardin. Ces bâtiments sont, aujourd'hui, encore debout.

Le logis Saint-Bernard est très reconnaissable ; c'est le bâtiment en retrait, vers l'abside de l'église. La salle Saint-Bernard devint au XIXe et XXe siècles la chapelle de la Sainte-Vierge. Au XVIIe et XVIIIe siècles elle servait de salle publique pour les conférences, et au début, pour la *Bourse cléricale*. C'est là que les casuistes donneront la solution des cas de conscience, que les confesseurs seront quelquefois importunés par leurs pénitentes[4], les séminaristes s'y exercent quelquefois aux cérémonies ; enfin, ce sera le passage des séminaristes pour entrer à l'office et pour en sortir. Aussi, au fond de la salle, vers la moderne boutique des jeux, le mur s'ouvrait pour laisser une baie, et en obliquant à gauche on pénétrait dans l'église par une porte qui, maintenant, à côté de la chapelle de Communion, donne accès à la maîtrise de l'église.

Derrière cette salle, se trouvait une chambre (boutique des

---

1. *A. N.*, S. 6988. Elle devait se trouver à gauche en débouchant de la rue Saint-Victor dans la petite cour intérieure. Elle servit quelque temps de « retraite » au portier avant la continuation de la nef (1706-1709). Cf. *A. N.*, S. 6985. L'acte de vente (*A. N.* S , 6988) est intéressant par la liste des marguilliers signataires Citons : Robert de Laurens, conseiller du Roi ; Guy Chamillard, conseil. d. R., Jérôme Bignon II, avocat général ; Louis François Gourreau, cons., Louis Compaing, cons., Louis Chauvelin, écuyer. — Prix de vente, 1500 livres. Cf. *A. N.*, S. 6984.

2. *A. N.*, S. 6983.

3. *A. N.*, S. 6985.

4. Boutade d'un avocat qui plaide pour les marguilliers de Saint-Nicolas vers 1735. Cf. *A. S.* Papiers Lazare vers la page 190.

jeux) où étaient déposés les registres de l'église tenus par les

Cliché Chardon.
Bâtiment appelé autrefois Bâtiment ou Logis Saint-Bernard.

La porte, la fenêtre à droite, la fenêtre à gauche appartenaient à la salle Saint-Bernard. La porte à droite (moderne boutique des jeux) ouvrait sur un corridor qui menait à l'église.— C'est la partie la plus ancienne du Séminaire.

Nicolaïtes. Quand ce petit bâtiment Saint-Bernard fut réuni au grand corps de logis qui renfermait la salle des exercices (et ce fut apparemment peu de temps après sa construction)[1], on ménagea, aux trois étages, des ouvertures donnant sur un escalier en bois et à balustres, ouvrage dans le style de l'époque, et qui mérite l'honneur d'une visite. Cet escalier aboutissait au coin de la salle Saint-Bernard et conduisait également à l'église. Nous ne savons pour quelle cause, le corps de logis Saint-Bernard n'est pas sur le même plan vertical que le bâtiment de la salle

Cliché Lozet.
Escalier qui conduisait du séminaire à l'église.

des Exercices. Ceux qui connaissent la maison se souviennent de ces trois marches en contre-bas et de ces corridors sombres, qui, dans cette partie nord de Saint-Nicolas, se terminent maintenant par des portes condamnées.

Quant au bâtiment intermédiaire entre ce dernier et l'édifice de la rue Saint-Victor, il a toujours renfermé, au rez-de-chaussée, la salle des Exercices, avec un petit réduit, qui, de nos jours, constituait la sacristie de la chapelle de la Sainte-Vierge. A la différence d'aujourd'hui, un vestibule, limité par un mur léger courait, à l'intérieur de la salle, tout le long de la chapelle actuelle des catéchismes de la paroisse, autrefois la sacristie. La

1. Nous l'inférons de quelques indices fournis par les règlements. Ce fut donc vers 1670 que le bâtiment de la salle des Exercices fut construit sur l'emplacement des chapelles et charniers de l'ancienne église.

vieille porte de communication entre ces deux pièces existe toujours et c'était la seule par où les petits séminaristes passaient, dans la dernière époque de Saint-Nicolas. Enfin, un grand escalier desservait l'extrémité méridionale de ce bâtiment, et se raccordait, nous ignorons comment, avec l'habitation Compaing. La petite cour intérieure semble avoir toujours existé, mais pendant longtemps [1] elle était plus étroite qu'aujourd'hui. Une sorte de cour, faisant suite à la sacristie d'alors et appartenant à la Fabrique, pénétrait presque jusqu'à l'escalier en pierre qui amenait, et amène encore, du vestibule dans cette cour.

Les étages placés au-dessus de la salle des Exercices étaient divisés en chambres, sauf le premier qui paraît avoir contenu la salle des assemblées où se réunissait la Communauté pour ses délibérations. Beaucoup de ces chambres étaient sans feu ; aujourd'hui encore il est très visible que la plupart des chambres exposées à l'ouest n'avaient pas de cheminées [2] ; à l'est régnait un jardin qui donnait de l'air et de la lumière ; plus tard, en 1701, il sera agrandi et désormais subsistera.

Voilà à peu près ce qu'était Saint-Nicolas vers 1671. Mais ce qui constitue les maisons de ce genre, ce n'est pas l'agencement des matériaux, c'est la discipline qui y règne. Les constitutions de Jean-François de Gondi ne pouvaient, on le comprend, suffire à la préciser, il y fallait ajouter des lois organiques ou règlements. Ceux-ci n'avaient jamais manqué ; mais ils se développaient au fur et à mesure des besoins. Barat est dit s'y être appliqué particulièrement ; Pasté y collabora et en édita des abrégés en 1671 et 1674. La version manuscrite qui se trouve dans plusieurs registres [3] nous permet de mieux pénétrer son esprit. Nous n'avons pas la prétention d'en reproduire intégralement les dispositions, nous voudrions simplement en donner les traits les plus distinctifs.

Si vous aviez heurté, en 1671, à la porte du numéro 16 de la rue Saint-Victor, vous auriez trouvé pour vous recevoir un abbé qui, concurremment avec un laïc, fait office de portier. Il prévient

---

1. Cf. *A. S.*, papiers Lazare, *ibid*.

2. Nous n'avons aucun plan détaillé de cette partie de Saint-Nicolas.

3. *A. N.*, MM. 475. C'est le plus précieux, il renferme un coutumier détaillé ; — (nous ne citerons que pour mémoire MM. 471 ; indigence et désordre sont ses caractéristiques) — MM. 474.

sur-le-champ un ecclésiastique, choisi parmi les séminaristes les plus exemplaires.

L'introducteur, c'est son office, vous présentera aimablement à l'*économe* (c'est ainsi que dans cette maison s'appelle le supérieur), celui-ci examinera votre dossier, s'il en a le temps, sinon (et ce sera le cas le plus fréquent), il vous adressera au *préfet du séminaire*, qui est à peu près le maître absolu dans ce département. Vous aurez à fournir un certificat de bonne vie et mœurs; si vous n'êtes pas prêtre, vous aurez fait au moins votre philosophie [1]; si vous êtes prêtre, on vous acceptera, à quelque degré d'études que vous soyez; si les références sont bonnes, le préfet vous fera signer sur un registre d'entrées, et en même temps sur un formulaire, car ici on n'admet point de janséniste. Il vous fera sans doute quelque paternelle recommandation, vous assignera une chambre et vous remettra, pour le reste, entre les mains de l'introducteur, qui vous attend. Le premier soin de celui-ci sera de vous faire lire le règlement, de vous procurer les livres et vêtements nécessaires; puis vous passerez chez le *procureur* payer le premier quartier de votre pension. Celle-ci varie, avec le plus ou moins d'abondance de l'année [2]; elle gravite autour de 500 livres par an. Si vous étiez prêtre, vous ne payeriez que la moitié, à condition de dire des messes à la décharge de la sacristie, mais vous n'êtes que simple clerc [3], et vous sortez de philosophie, vous n'aurez pas de bourse, en général, avant de subir un examen; en attendant, vous payerez et surtout vous prendrez les habitudes de la maison.

Si vos cheveux sont longs, il faudra les couper; si une moustache ombrage votre lèvre supérieure, elle sera rasée impitoyablement par les soins, ou même par la main du préfet; nous ne sommes pas à Saint-Sulpice: ni aiguillettes, ni rubans, ni talons élevés, ni larges manchettes, ni rabats longs ne sont admis. Conduit dans votre chambre [4], vous y trouverez le strict nécessaire [5]. Il faut vous familiariser avec les êtres de la maison; guidé par votre introducteur, vous visiterez d'abord la salle des Exer-

---

1. *A. N.*, MM. 474, p. 81.
2. Spécialement en blé.
3. Un laïc peut être admis, mais à la condition de vouloir se faire clerc.
4. Il y a encore des sortes de dortoirs dans la vieille maison Compaing.
5. Bois de lit, paillasse, matelas, couverture, table, etc.

cices, puis le réfectoire; vous ferez la connaissance du curé, du vicaire, du sacristain (c'est un Nicolaïte du corps)[1]; quelques jours après, grâce à ces indications et à la pratique, vous serez assez vite au courant des usages de la maison.

Vous connaîtrez le personnel et ses fonctions. Mêlé, dans le jardin, pendant les récréations, à vos condisciples, vous serez un peu intimidé par la présence de graves personnages, de docteurs et régents de Sorbonne, de curés, de chanoines, quelquefois d'évêques, qui sont là, à demeure, ou pour une retraite plus ou moins prolongée. Tous les rangs de l'ordre ecclésiastique sont ici représentés. Et tout ce petit univers est régi par quelques *officiers*. Le *préfet du séminaire*, auquel il est recommandé de se transporter partout et « afin qu'il soit toujours veu et aperceu de tous il doit avoir une lumière en main » quand règne l'obscurité; il a pour l'aider ou le remplacer, deux sous-préfets : l'un *pour la maison*, l'autre *pour l'église :* ce sont, généralement, des prêtres de la communauté, ou au moins des postulants. Au premier revient la surveillance du matériel, de plus « il est l'*agent du poil* ». Ne riez pas, car son office est très sérieux et vous le verrez vendredi ou samedi; il est là dans la chambre commune, où, sous ses yeux « se fait le poil », et il veille à ce qu'on ne se rase ni en ville, ni dans sa chambre[2]. Quant au sous-préfet de l'église, il surveillera vos fautes dans les cérémonies et vous fixera les fonctions à remplir. Or, les fêtes chômées sont nombreuses, encore que l'archevêque les ait diminuées en 1666. Les services, les enterrements vous accapareront, et vous formeront aux rites sacrés.

Au-dessous de ces deux officiers, vous trouverez le *directeur spirituel* de la maison. L'économe ne confesse pas, et on s'adresse ordinairement à ce directeur, qui vous guidera pour les retraites, vous confessera, et naturellement vous dirigera. Puis, choisis dans la communauté, ou en dehors, suivant le nombre des membres, se feront connaître à vous, par l'assistance à leurs leçons, les *maîtres de conférences*. L'un présidera des conféren-

---

1. C'est-à-dire incorporé à la Communauté après avoir été postulant.
2. Aux débuts de Saint-Nicolas, on faisait entièrement la barbe avec des ciseaux et non pas au rasoir. (Ce qui explique la présence de barbe dans plusieurs portraits de Bourdoise). Plus d'un murmurait. En 1652, les Séminaristes peuvent user du rasoir. — On leur retire cette permission en 1667. — On la rétablit en 1671. Cf. *A. N.*, MM. 476, au mot : barbe.

ces *spirituelles*, où vous serez interrogé sur les méditations de Beuvelet, qu'il vous faudra expliquer ; l'autre, dans une après-midi, vous demandera quels bons sentiments vous avez eus dans la méditation du matin et vous initiera aux beautés de l'*oraison mentale* ; un autre, sachant bien que la plupart des séminaristes sont des « personnes fort sèches et stériles pour le désir de leur perfection », essaiera par une *lecture édifiante*, entrecoupée de réflexions pratiques, de réchauffer votre zèle. Tous les jours ouvrables, vous devrez assister à une leçon de *théologie morale*. Là, le professeur, qui pendant longtemps aura été l'auteur même vous expliquera en latin le classique : *Clavis Theologiæ practicæ*, du docteur Du Metz ; puis, quel que soit votre âge, on vous posera des questions. Point d'explications hautes et subtiles, comme dans les cours de Sorbonne et de Navarre ; mais comme la plupart des séminaristes sont « d'une petite, ou d'une médiocre capacité », la méthode catéchistique, un peu terre à terre, est plus profitable. Puis, pour entrer davantage dans la pratique et faire de vous, au cas échéant, un bon confesseur, vous aurez, dans la conférence des *cas de conscience*, à résoudre, une fois la semaine, un cas affiché, au préalable, et dans la salle des Exercices, et dans la salle Saint-Bernard. Une fois la semaine encore, vous assisterez à une explication dialoguée de l'*instruction sur le Manuel*, et vous y apprendrez à fond ce qui est nécessaire pour l'administration des sacrements ; le dimanche et le mardi vous appliquerez ces notions théoriques en *administrant fictivement* les différents sacrements. Un exercice surtout vous intéressera, et pourra vous porter à la dissipation, mais la surveillance se fera alors plus rigoureuse : une fois tous les quinze jours (et vous serez quelquefois le patient), vous entendrez une sorte de confession publique, où un confesseur, assis dans une chaire, tour à tour, posera des questions à un pénitent désigné, ou répondra à des demandes formulées par le président ou les autres séminaristes. Quant aux *cérémonies*, à Saint-Nicolas, vous le savez, « on a toujours été dans l'usage de les faire exercer très soigneusement ». Tous les jours, exercices ; toutes les semaines, conférence explicative. Deux fois par jour, explications des *rubriques* du bréviaire et de la messe ; une ou deux fois la semaine, conférence où on explique les règles générales. Tous les quinze jours, vous verrez également monter dans une petite chaire, à la salle des Exercices, un séminariste, qui, sur un sujet indiqué par le préfet, prononcera un prône dont il aura digéré la composition avec « netteté, ordre et méthode ». La critique suivra, faite par le professeur. Quelquefois vous entendrez débiter sur des tons convenus des morceaux composés *ad hoc*. Tout cela s'appellera l'*exercice du prône*. Et comme tout le monde sait l'attrait qu'ont sur les fidèles les offices bien chantés, on vous exercera spécialement au *plain-chant*. Ici vous n'aurez plus le choix qu'avaient vos devanciers jusqu'à l'année précédente (exactement 1669), vous n'apprendrez pas à chanter suivant l'ancienne méthode des *muances*[1]; il vous faudra solfier par la nouvelle méthode de *si*.

Puis, passant à des occupations plus intellectuelles, vous verrez, dans la *conférence des controverses*, un séminariste hérétique, et un séminariste orthodoxe discuter sur des points en litige avec la religion réformée; on en exclura les thèses qui sont fondées sur l'opinion probable[2], comme : l'infaillibilité du pape, la conception immaculée de la Sainte Vierge et l'union spirituelle et corporelle de Notre-Seigneur dans l'Eucharistie[3]. Ainsi armé, vous pourrez plus tard, surtout dans certains diocèses de France, essayer de ramener les frères égarés. Mais ce rôle de controversiste est difficile, et il faut le laisser à Véron et même à des laïques habiles[4]. Vous serez probablement curé de campagne, et il vous suffira alors de prêcher la doctrine chrétienne, et les conférences sur le *catéchisme romain*, vous y préparerez plus directement. Quant aux catéchismes vous y serez rompus : non seulement vous en ferez un le dimanche à la paroisse; (vous y appliquerez une méthode nicolaïte publiée par M. du Perche en 1669)[5]; mais tous les quinze jours, au soir du dimanche, vers 7 h. 1/2, le préfet des catéchismes, qui aura, dans la journée, circulé d'une chapelle à l'autre, vous fera part de ses observa-

1. *A. N.*, MM. 476 au mot : chant. Voir dans des traités spéciaux, par ex. celui de Lavignac la définition de ce mot d'une explication arduë.
2. Probable est pris ici, dans son sens étymologique : qui peut se soutenir par de bons arguments.
3. On sait que les théologiens ne sont pas d'accord sur le mode d'union avec le Christ dans la Sainte-Eucharistie. Cf. Hurter. *Theologiæ dogmaticæ compendium*, t. III, p. 355 note.
4. Cf. *Vie imp. Des.*, p. 463.
5. « Méthode familière pour faire le catéchisme à toutes sortes de personnes dans toutes sortes de paroisses et diocèses. » Nous ne l'avons pas trouvée.

tions; plus encore, tous les vendredis non empêchés, soit à l'église, soit à la salle des Exercices, vous catéchiserez, surtout par manière d'exercice et en dehors des fidèles, les enfants des petites écoles. Il faudra bien vous surveiller, car les observations seront formulées sur-le-champ.

Enfin, en vue surtout de votre profit personnel, et comme aliment à votre piété, vous étudierez l'*Ecriture Sainte*: Le professeur, choisi avec un soin particulier, vous expliquera les Evangiles en vous donnant l'interprétation traditionnelle et vous aurez, un jour ou l'autre, à commenter vous-même un passage. Vous le constaterez, dans tous ces cours, il n'est nullement question de *théologie scolastique*. Elle est considérée ici comme ne faisant pas partie de la formation ecclésiastique. Elle est trop haute, trop subtile. Libre à vous de l'étudier; mais il vous faudra pour cela sortir de Saint-Nicolas, aller ailleurs; on n'accorde que rarement la permission d'aller au dehors prendre des leçons de théologie, presque jamais de philosophie, quelquefois de Droit canon; dans ce cas, vous reviendrez, soit pour vous préparer aux ordres, soit, une fois votre théologie terminée, et peut-être vos grades conquis, compléter par la pratique et une sainte retraite vos notions abstraites et théoriques. On vous acceptera ici le temps qu'il vous plaira d'y passer; évidemment si vous êtes boursier, vous avez tout avantage à demeurer; dans le cas contraire, vous pouvez faire des séjours de durée variable. A Paris, l'autorité n'a pas encore jugé bon de contraindre les ecclésiastiques à passer un temps déterminé dans les séminaires. Et il faut du courage pour entrer et rester à Saint-Nicolas qui possède une certaine réputation d'austérité.

Cependant, le règlement s'est un peu adouci. Le lever est fixé à 4 heures $3/4$ au lieu de 4 heures $1/4$. En hiver, on le reculera d'un quart d'heure; mais, tous les dimanches (comme cette journée est chargée), on se lève à 4 heures et demie. Un coup discret frappé à la porte de votre chambre par l'*Excitateur* vous réveillera. *Quasi ad judicium Dei*, dira la voix de l'Excitateur, vous répondrez : *In nomine Domini*, et à partir de ce moment, vous serez tenu en haleine jusqu'à 9 heures et $1/4$, heure du couvre-feu. La semaine s'écoulera laborieuse, entrecoupée par les con-

---

1. Il ne s'agit pas des exercices des Ordinands, mais d'une préparation plus éloignée.

gés du mercredi, où vous aurez la licence de sortir en ville, pour vaquer à des visites et à vos affaires, mais vous éviterez soigneusement le Luxembourg, la Foire Saint-Germain, les jeux de boules, les comédies, et vous porterez toujours le manteau long. Il vous sera loisible aussi d'aller vous promener aux champs, par exemple à Villejuif, où vous trouverez encore quelques séminaristes. Il n'y a pas de vacations (vacances) proprement dites. Officiellement, elles durent de Notre-Dame de septembre jusqu'à l'octave de saint Denys, mais les conférences, un peu plus rares toutefois, ne cessent pas.

Comme vous êtes bon séminariste, vous serez à votre tour investi de quelque charge de confiance : vous pourrez devenir, introducteur, excitateur, *sonneur*, *vêtisseur* et vous serez logé dans une chambre spéciale par la fenêtre de laquelle vous passerez les objets de linge et les fournitures que vous serez prié de distribuer; *chambrier*, et, à ce titre, chargé de veiller à la propreté des chambres et des quartiers publics; *hôtelier*, et vous prendrez garde que la chambre des hôtes soit bien préparée; *lampiste*, et cette fonction n'est pas une sinécure à cette époque où les chandelles sont presque un objet de luxe : il vous faudra moucher les lampes « et mettre de grosses chandelles dans les lanternes du grand escalier et les retirer le matin afin que le soleil ne les fonde pas ou qu'on ne les prenne pas ». *Agent de la salle des Exercices*, vous veillez à sa propreté et aux objets qu'elle renferme : bréviaires, chandeliers, matériel de coiffeur, livres de chant, ustensiles servant à l'administration (fictive) des Sacrements. *Asperseur*, vous aspergerez tous les soirs toutes les portes des chambres; peut-être aurez-vous la charge importante de *visiteur* qui vous obligera, après 9 heures ¼, à ouvrir les portes des chambres, voir si chacun est couché, et si la chandelle est éteinte, et vous éteindrez les lampes communes. Si vous avez le cœur compatissant, on vous choisira pour être *infirmier*. Ce mot est un peu sec et inquiétant : on y ajoutera deux épithètes : *solliciteur et consolateur*. Les malades deviennent volontiers paresseux, vous les exciterez à la piété, et au besoin, s'ils sont attristés, vous leur donnerez « un petit mot de consolation ». Pendant le repas du *portier*, vous pourrez, d'une façon intermittente, être obligé de le remplacer, et même, pour vous exercer à l'humilité vous contribuerez de vos mains au *balayage* général de la maison ou au *lavage* de la vaisselle. Épreuve moins difficile mais encore délicate, vous irez, même si vous êtes prêtre, pendant une semaine ou quinze jours, passer quelques heures à l'*école paroissiale* pour apprendre à tenir la classe. Une fois dans votre village, vous saurez diriger la petite école qui, sans vous, manquerait peut-être de titulaire.

Arrivent les Ordinations, couronnement de cette vie de recueillement et d'étude : votre directeur vous a permis d'avancer aux ordres, vous redoublerez de ferveur, on vous exhortera à faire des pèlerinages : au préalable, vous subirez, à Notre-Dame ou à l'Archevêché, un examen : puis, dix jours avant l'ordination, couronne et cheveux proprement faits, vous vous réunirez, un petit paquet à la main, aux autres ordinands[1] et à deux heures vous partirez pour Saint-Lazare où vous arriverez pour trois heures. Là, vous serez édifiant. Le samedi, vous descendrez à l'Archevêché pour recevoir l'Ordination, et le dimanche vous reviendrez tout droit à Saint-Nicolas. Si vous quittez alors définitivement le séminaire, vous ferez une retraite de 3 jours, vous remercierez publiquement, d'après une formule, la Communauté, et muni de bons conseils, vous appliquerez en province ou à Paris la science sacerdotale que vous aurez acquise.

Mais, Saint-Nicolas, où, comme dit Michel Chamillard, « il est dur de vivre mais doux de mourir », vous semblera peut-être le séjour où vous ferez le mieux votre salut. Vous demanderez à être *postulant*. Après trois mois de postulation à la postulation[2], on vous acceptera à la suite, d'une délibération solennelle. Vous signerez le procès-verbal conjointement avec tous vos confrères, on chantera le Te Deum et, après le baiser de paix donné par l'Econome, vous irez à Notre-Dame faire votre action de grâces[3]. Vous serez alors à moitié de la Communauté. Cependant, il vous faudra payer votre pension et subir deux ans[4] d'épreuves avant d'être admis au corps et ce laps de temps sera consa-

---

1. Tous n'y vont pas. L'archevêque, pour décharger les prêtres de la Mission et pour soutenir les offices de Saint-Nicolas, permet de conserver un certain nombre d'ordinands à Saint-Nicolas où, d'ailleurs, ils suivent les mêmes exercices qu'à Saint-Lazare.
2. Depuis 1657.
3. Les postulants laïcs sont formés par le dépensier et reçus dans une assemblée, distincte de celle des clercs.
4. Depuis 1662; au lieu de trois.

cré aux emplois de la Communauté ; dans la deuxième année, vous serez surtout dirigé vers les écoles. Si on ne vous continue pas, en d'autres termes, si votre postulation n'est pas prolongée, on votera votre *admission au corps*. Zélé comme vous l'êtes, vous serez facilement élu, d'autant que vous êtes peut-être de Paris, et que vos anciens maîtres vous connaissent bien. Une cérémonie solennelle succède à ce vote, précédée de retraite, jeûnes, pèlerinages, prières. Vous êtes reçu à l'église par l'Econome et le Curé ; vous signez le dernier, un procès-verbal et le Curé vous donne le baiser de paix, puis vous bénit. Vous irez rendre grâces à Notre-Dame et à la chapelle de la Sainte Vierge, à l'église Saint-Nicolas [1]. Mais vous n'aurez voix délibérative que l'an prochain [2].

Dès maintenant, vous pourrez vaquer à tous les emplois de la Communauté et être nommé à toutes les charges. Celles-ci varient souvent. Tous les trois ans, dans la grande assemblée de la sixième semaine après la Pentecôte, après une préparation très sérieuse [3], et avec des précautions qui assurent la sincérité des votes [4], auront lieu les nominations aux différents postes. Voici les dignitaires dans leur ordre hiérarchique : Econome, sous-économe, vicaire de la paroisse, deux assistants ordinaires, deux assistants extraordinaires, le procureur, le préfet du séminaire, le directeur spirituel, le directeur du bréviaire, le préfet de Villejuif, le vicaire de Villejuif, les deux ou trois sous-vicaires ou sacramentaires, le sacristain, le sous-préfet du séminaire, le sous-préfet de l'église, le dépensier, le directeur des postulants, le professeur de théologie morale, les préposés aux différentes conférences, le secrétaire, le préfet et le sous-préfet des catéchismes, le prêtre des galériens et, enfin, le confesseur du Séminaire. Il est clair que plusieurs cumulent et, qu'en cas de besoin, on se fait aider par des postulants et des conditionnés. Si vous avez monté et descendu les échelons de cette hiérarchie, travaillé

---

1. Sous le vocable de : Regina cleri ?
2. L'admission des laïcs se fait sans la présence du Curé.
3. Prières, jeûnes, pèlerinages nombreux, stations devant le Saint-Sacrement discours de l'Econome, rénovation des 3 états (acte solennel, institué par Bourdoise, et par lequel on renouvelait les promesses faites au baptême, à la tonsure, à l'entrée dans la Communauté) etc.
4. Secret de vote ; dépouillement par scrutateurs choisis par l'assemblée L'Econome vote le premier, puis rentre dans le rang.

constamment au service de Dieu, vous irez un jour, non à l'église, mais au cimetière de la rue d'Arras, attendre, dans une humble tombe, le jour de votre glorification.

Avec une organisation à la fois aussi complexe et aussi souple, après l'afflux des ressources qui commence à se diriger vers la rue Saint-Victor, Saint-Nicolas peut compter sur un bel avenir. Il ne sera pas trompé dans ses prévisions. Même dans la période que nous venons d'étudier, en nous confinant pour ainsi dire dans la vie intérieure du Séminaire, son rôle à l'extérieur n'aura pas été sans gloire.

INFLUENCE EXTÉRIEURE

Au XVIIe et au XVIIIe siècles, l'influence extérieure de Saint-Nicolas est, sans exagération, notablement plus grande qu'au XIXe. Nous voudrions la mettre dans la lumière qu'elle mérite.

Les calamités publiques, qui désolent la première partie de la période que nous venons d'examiner à un autre point de vue, trouvent un écho dans la Communauté. Au début de 1649 éclate la première Fronde ou Fronde parlementaire.

Dans la nuit du 5 au 6 janvier, la cour se retire à Saint-Germain, et bientôt la guerre civile s'allume entre Mazarin et le parlement. Celui-ci demeure rebelle, s'empare de la Bastille, met les compagnies bourgeoises sur le pied de guerre, fait appel à la province. Beaucoup de Parisiens effrayés sortent de la capitale. Les ecclésiastiques semblent avoir donné le signal de la fuite; peut-être d'ailleurs voulaient-ils montrer qu'ils n'embrassaient pas le parti de leur coadjuteur, fauteur de la révolte. Evêques, vicaires généraux, ecclésiastiques et religieux, au dire du manuscrit 2.452,* s'évadèrent et beaucoup se réfugièrent à Liancourt, où, peut-être, un mot d'ordre, et sûrement la générosité du duc, les attirèrent. Il avait dû offrir l'hospitalité à son curé, Olier. Aussi, le 12 janvier 1649, celui-ci écrivit à Bourdoise la lettre suivante : « Monsieur et très honoré Père. Qui a Dieu, a tout. Je vous prie d'avoir agréables les services que nos clercs vont rendre à Dieu en votre église. Ils sont obligés de se retirer de Paris, mais ils cherchent un lieu de discipline et d'exemple, ce qu'ils espèrent trouver chez vous. Et, dans leur désolation, ils se consolent de s'approcher d'un lieu où se pratique la cléricature exactement. Ils ont fait leur premier apprentissage à Paris, mais ils vont se perfectionner à Liancourt, auprès de celui qui a donné les premières teintures à leurs serviteurs et entre autres à ce pauvre novice qui vous écrit et qui se tiendrait bienheureux d'être en votre approbation et sainte charité.... »[1]. Olier avait fait visite à Liancourt deux ans auparavant, et Bourdoise lui avait inculqué ses sentiments sur la hiérarchie. Treize séminaristes de Saint-Sulpice furent reçus au château et Bourdoise recueillit le plus possible d'ecclésiastiques fugitifs dans sa maison. Bourdoise fut l'oracle des uns et des autres. On ne signale aucun fugitif de Saint-Nicolas.

La maison de Villeneuve-Saint-Georges, acquise en 1646[2], était-elle habitée par une partie de la Communauté et eut-elle à souffrir des troupes royales qui formaient le blocus de Paris sous le prince de Condé, nous n'avons pu l'éclaircir[3]. Nous sommes mieux renseignés sur les ravages commis, en 1652, dans ces régions, tant par les troupes royales commandées cette fois par Turenne, que par les mercenaires de Condé et ceux du duc de Lorraine. Les environs de Paris, tour à tour occupés par les royalistes ou les frondeurs, sont pillés par les uns comme par les autres. On avait vu arriver, le soir du 20 juin, sur le quai de laTournelle, un bateau qui portait, fardeau précieux, le Saint Sacrement, que les gens de Thiais avaient, à grand peine, sauvé des insultes des soldats. Beaucoup de ceux-ci étaient Allemands ou Hongrois. La Communauté, plus prudente, avait déjà fait évacuer Villejuif et en avait retiré les meubles. L'armée royale, campée « à Villeneuve-Saint-Georges et aux environs, empêchait qu'on ne pût avoir des nouvelles de M. Raisin et des autres prêtres de la Communauté, qui servaient la paroisse de Villeneuve-Saint-Georges en l'absence de M. le Curé qui était en Anjou. Il n'y avait aucune sûreté, sur les chemins ; on fouillait les prêtres comme les autres, on les dépouillait et on leur ôtait souvent jusqu'à leurs souliers. M. de Turenne, ayant décampé la nuit du 4 au 5 d'octobre, les soldats de l'autre parti vinrent, dès le lendemain, piller Villeneuve et ne laissèrent que les murailles dans la maison de la Communauté, car n'y ayant trouvé qu'un curé du voisinage et

1. *B. M.* 2452, p. 515.
2. *A. N.*, S. 6980-6981.
3. Limay (Limeil actuel) près de Villeneuve, vit, cette année, les soudards profaner le Saint-Sacrement. Cf. B.-F., p. 108-109.

un capucin qui étaient si malades, qu'ils n'avaient pu s'enfuir, ils les mirent par terre, pour avoir leurs matelas et traitèrent fort mal un domestique de la Communauté pour l'obliger à leur enseigner où l'on avait caché les autres meubles : mais voyant qu'ils n'en pouvaient rien tirer, ils le contraignirent de leur aider à porter à leur camp ce qu'ils avaient ainsi volé et lui permirent ensuite d'aller où il voudrait. Il arriva enfin à Paris le soir, assez tard, n'ayant encore ni bu ni mangé. M. Raisin et ceux qui étaient restés à Villeneuve n'étaient pas mieux. Ils n'avaient rien trouvé chez eux, quand ils y étaient revenus, et on ne savait comment leur envoyer quelque chose, le pays étant couvert de soldats qui volaient également les amis et les ennemis »[1].

Le Juge, alors économe, put utiliser largement ses dons de consolateur[2]. D'où venaient les ressources ? De la charité des Parisiens. Mais qui la provoquait et en dirigeait les bienfaits ? Sans nul doute, la plupart du temps ce fut saint Vincent de Paul à la tête des vaillantes dames de la Charité. Que vers 1650, les Jansénistes aient essayé d'accaparer ce beau mouvement, c'est possible[3]. Mais, en 1652, c'est Vincent qui centralise les dons et les distribue. Il est puissamment secondé par la Compagnie du Saint-Sacrement qui « servit en cette occasion d'instrument à la divine Providence pour soulager, consoler et soutenir les pauvres et les affligés ». Et « sur l'avis qu'on eut qu'il se trouvait dans la campagne grand nombre de malades abandonnés de tous secours, à cause de la guerre, la Compagnie résolut d'envoyer des ecclésiastiques aux villages circonvoisins de Paris pour consoler et confesser ces pauvres gens réduits à la dernière consolation »[4] Sur la fin du mois d'octobre « le zèle de la Compagnie se réchauffa pour soulager les misères des lieux où les armées avaient campé dans le diocèse de Paris et pour réparer les profanations et les insultes qu'on avait faites dans les églises au Très-Saint-Sacrement. Elle fit pour ce sujet une contribution fort considérable qu'elle redoubla plusieurs fois et qui servit à l'entretien des ecclésiastiques qu'on envoya dans les lieux les plus désolés »[5].

1. *Vie imp. Des.*, p. 424.
2. « Mœrentium et infirmorum solatio addictissimus ». Cf. *A. N. MM. 476*, au bas de son portrait.
3. Cf. Feillet. *La misère pendant la Fronde*, p. 242 à 244.
4. B.-F., p. 131.
5. B.-F., 132.

En effet, à peine Condé eut-il quitté Paris (13 octobre), et se fut-il éloigné avec ses troupes, dans la direction de l'Est, que Vincent décida le vieil archevêque à provoquer une levée en masse des réguliers et des séculiers (16 octobre). Ils doivent se répandre dans les campagnes environnantes et faire un rapport. Féret, grand vicaire, signe et publie dans les premiers jours de novembre, un résumé de ces rapports dans un *État sommaire* des besoins à secourir [1]. Tableau navrant entre tous. En voici un trait. « Les uns ont été vus enfouis dans des fumiers comme des bêtes et s'exposant le jour au soleil, pour en recevoir la chaleur, déjà tous remplis et pénétrés de vers et morts auparavant que de mourir ; l'on en a amené cinquante à l'Hôtel-Dieu qui, à peine ont pu survivre deux ou trois jours ; ils étaient tellement infectés, que les bateliers ne s'en voulaient charger qu'après de très instantes prières des Prestres du Séminaire Saint-Nicolas du Chardonnet qui leur rendaient cette assistance charitable [2] ».

Saint Vincent de Paul.

En vrai stratégiste de cette admirable charité, Féret, qui n'est peut-être qu'un porte-parole de la Compagnie, indique qu'on va établir des magasins dans chaque paroisse pour recueillir les différents dons. Un magasin central sera établi vers le quartier Saint-Paul ou de la Tournelle. En fait, ce sera M. de Bretonvilliers qui prêtera à cet effet son hôtel de la pointe de l'île Notre-Dame. La direction en est confiée à la Compagnie. En janvier 1653, apparaît le premier numéro du « *Magasin charitable* » qui, outre les renseignements donnés sur la distribution des secours et leur urgence, indique les postes attribués à chaque groupe de missionnaires. A Villeneuve-Saint-Georges opèrent les prêtres de Saint-

1. *B. N.*, Lb 37 3176.
2. Pour toute cette question voir Feillet : *La misère pendant la Fronde* et Allier : *La Cabale des dévôts*.

Nicolas[1]. « Les prestres de la Compagnie de Saint-Nicolas du Chardonnet les ont secourus (les habitants) au milieu des armées tout autant qu'il était possible dans une telle confusion. L'on ne peut dire néanmoins combien il en est mort sans sacrements depuis que les armées se sont retirées. Ils ont visité avec quelques Pères Jésuites ce qui restait de maisons dans vingt-deux villages qu'elles occupaient; ils en ont trouvé 374 dans la dernière extrémité... L'on espère établir un hospice à Villeneuve-Saint-Georges qui est le lieu de la principale résidence de ces bons prêtres[2] ». Pour cette mission générale, la Compagnie fit encore « une contribution fort considérable ».

Mais il y avait aussi, à Paris, des misères à secourir : prêtres, religieux, religieuses, bourgeois et paysans avaient quitté les environs, dès le mois de mai 1652, pour se réfugier dans la capitale. Il faut subvenir à leurs besoins matériels et moraux. Les gens de la campagne seront rassemblés dans le cimetière de Saint-Hippolyte[3], au faubourg Saint-Marcel. Cependant on leur donne une mission à Saint-Nicolas du Chardonnet et elle est prêchée par un Lazariste[4]. Les religieuses, les femmes sont recueillies, et quelquefois renfermées dans des asiles, ménagés par Olier, Drouard ou tel autre confrère. Les prêtres seront réunis à Saint-Lazare.

On peut facilement supposer que le séminaire Saint-Nicolas ne fut pas plein dans ces années de désolation. Vincent de Paul lui-même avait été obligé de faire évacuer ses séminaristes. La Communauté se trouva donc presque seule chargée des services nombreux auxquels les Nicolaïtes furent affectés par Vincent et Féret.

Ce fut écrasant : « les grands employs et embaras de la Communauté ayans osté le moyen aux prestres d'icelle de vaquer en temps et lieu à passer les actes de ceux qui ont esté admis depuis trois ans à l'espreuve de la Communauté[5] », ce ne fut qu'en 1654,

1. B. N. Recueil Thoisy, tome 318.
2. Ibid., p. 156. Nous laissons au lecteur le soin d'admirer la conduite des Nicolaïtes dans ces douloureuses circonstances.
3. B.-F., p. 127. Sur cette église voir l'étude très documentée publiée par un ancien élève de Saint-Nicolas : Saint-Hippolyte, par l'abbé Jean Gaston. Paris, librairie des Saints-Pères, 1908.
4. Col. laz., V, p. 440.
5. Cf. acte d'admission à la postulation (1655), celui précisément que signa Bourdoise.

qu'eut lieu l'élection de M. Thierry. Elle aurait dû se tenir l'année précédente, et, en 1655, on ratifia par un acte tardif, les admissions à la postulation.

Enfin, avec le retour définitif et triomphal de Mazarin (janvier 1653), le séminaire Saint-Nicolas put un peu respirer, et désormais il n'y aura plus qu'à subvenir, par des aumônes régulières ou extraordinaires, aux misères du quartier ou aux maux de la famine, hélas! trop fréquente.

La Communauté connaîtra d'autres tribulations. Ne voulant ou ne pouvant faire ordonner ses séminaristes dans un diocèse en proie à l'anarchie depuis la mort de Jean-François (1654), elle envoie les ordinands dans les diocèses voisins. Nous connaissons mal sa conduite dans cette période troublée (1654-1661)[1].

A côté de ces secours temporaires, la Communauté continue à donner dans ses écoles paroissiales l'instruction primaire. En 1647, elle en dirige une de 80 élèves riches ou pauvres. Plus tard (nous ne savons à quelle date précise), on sépare les riches d'avec les pauvres, à cause de leur grand nombre. La première école comprend 100 élèves avec deux maîtres; la seconde 80 élèves avec un maître (1668); mais à ces derniers on n'apprend pas l'écriture[2]. La réputation des Nicolaïtes maîtres d'école s'établit de plus en plus[3]. Nous supposons qu'ils se plièrent aux règlements de 1641 et de 1666, publiés par l'archevêque ou le grand chantre. En 1649, profitant sans doute du séjour des Messieurs de Saint-Sulpice à Liancourt, Bourdoise avait fondé l'*association de Saint-Joseph*, laquelle avait pour but de soutenir les petites écoles et de procurer des maîtres[4].

Jamais les Nicolaïtes n'ont accepté des écoles mixtes; mais, indirectement, ils ont contribué à l'instruction des filles. Mlle du Blosset, issue d'une ancienne famille du Nivernais, était venue à Paris et s'était établie sur la paroisse Saint-Nicolas. Edifiée par la régularité des offices, elle s'était mise sous la conduite de

---

1. Voir *A. N.*, MM. 474, p. 165, le règlement des ordinands « lorsqu'ils vont aux champs, prendre les ordres. »

2. *A. N.*, MM. 476, art. écoles.

3. Vincent de Paul renvoie à Saint-Nicolas pour se renseigner sur la manière de tenir les petites écoles. (*Coll. lazar.*, VIII, p. 373.)

4. *B. M.*, 2453, p. 1209. L'auteur ajoute qu'à la date où il écrit (1694) cette association a porté d'excellents fruits.

Bourdoise, et, en l'absence de celui-ci, sous celle de Compaing. Elle essaya de se faire religieuse à l'abbaye de Montmartre. Incapable, par sa santé, d'en supporter la stricte observance, elle assembla, vers 1636, quelques filles dévotes qu'elle mit sous la protection de la Sainte Vierge et qu'elle appela la communauté des *Filles de Sainte-Geneviève*. Habit simple, vie très pauvre, assistance aux offices de la paroisse, instruction des jeunes filles, c'étaient là leurs traits caractéristiques. Elles furent bientôt connues de Paris[1] et leurs écoles se remplirent aussitôt.

On les obligea même à prendre en pension plusieurs filles qui n'étaient pas de la paroisse. La fondatrice mourut en 1642. La Communauté qui ne se composait que de trois ou quatre maîtresses se soutint cependant jusqu'en l'an 1650 sans autre lien que celui de leur bonne volonté. En 1650 elles s'engagent pour toujours dans cet institut par un acte fait par devant notaires. Compaing, qui était leur directeur, en envoya la copie à Bourdoise, alors à Liancourt, en le priant de dresser le règlement.

Portrait B. N.
Madame de Miramion.

Bourdoise fut heureux de voir s'établir solidement ce séminaire de maîtresses d'écoles, et plein de son sujet, acheva en un jour cette règle. Érigées en Communauté le 20 août 1658, le Roi leur accorda des lettres patentes au mois de juillet 1661.

De son côté, l'admirable veuve de M. de Miramion[2], après le mariage de sa fille avec le fils du président Nesmond, avait fondé, en cette même année 1661, dans la rue Saint-Antoine, et sous le nom de Sainte-Famille, une Communauté destinée à secourir les pauvres et à instruire l'enfance. Elle avait pris pour supérieur, son confesseur, Féret, déjà supérieur des Grandes Carmélites. Celui-ci, également supérieur des Filles de Sainte-Geneviève, lui

---

1. A l'angle de la rue des Boulangers et de la rue Saint-Victor.

2. Pour étudier cette héroïne de la charité, voir sa vie par l'abbé Choisy (1706) et par Bonneau-Avenant (Poussielgue 1868). On y lira avec intérêt le récit romanesque mais, tout à son honneur, de son enlèvement par Bussy-Rabutin.

propose la fusion de ces deux institutions. Elle accepte, et cette fusion s'accomplit en 1662, où, quittant son ancien quartier, Mme de Miramion vient, avec ses compagnes, habiter auprès de sa fille [1], la maison Desgranges [2]. Mais le contrat d'union n'est signé que le 14 septembre 1665 et il est confirmé en 1668 par le cardinal de Vendôme, légat *a latere*.

Décidément la paroisse Saint-Nicolas est privilégiée entre toutes : elle attire la sainteté et le dévouement; elle peut être fière des œuvres qu'elle abrite.

Son séminaire peut revendiquer une part des éloges décernés en 1652 par Henry de Maupas, évêque du Puy aux « grands séminaires de Paris qui sont comme des sources perpétuelles où grand nombre des Nosseigneurs ont puisé abondamment, avec grand fruit et bénédiction, les séminaires qu'ils ont établis dans leurs diocèses ». Non pas que Saint-Nicolas puisse se charger d'autres établissements : il a quelque difficulté à se suffire à lui-même. Mais il continue à contribuer, d'une façon plus ou mions directe, à l'érection des séminaires de Laon (1641 et 1661) [3], où Wiart est envoyé, et meurt; de Coutances (1648), Noyon (1654 et 1662), Lyon (1654), Angers (1659) [4], enfin, Besançon, et probablement d'autres encore [5].

Mais la petite société de Bourdoise est bien vite dépassée par ses jeunes sœurs : trois congrégations [6] surtout s'y emploient avec succès. Les *Lazaristes* occupent le Mans et Saint-Méen 1645; Agen et Tréguier 1648; Montauban 1652; Agde 1654; Narbonne 1661; Amiens, Noyon 1662; Saint-Brieuc 1666. — Les *Eudistes* fondent, en 1644, Caen; en 1650, Coutances; en 1653, Lisieux; en 1657, Rouen; en 1667, Évreux; en 1670, Reims. Leur zèle les

---

1. Hôtel de Nesmond.

2. Sur le quai de la Tournelle. (Pharmacie centrale des hôpitaux.)

3. 1641 indique le premier établissement; 1661 la date des lettres patentes du Roi.

4. Cf. *Les Mémoires de Joseph Grandet sur la fondation du séminaire d'Angers.* Letourneau. Paris 1893. Roger et Chernoviz, 2 vol. in-8°.

5. Cette question n'est pas encore éclaircie pour nous; il faudrait pour la résoudre, le concours de monographies bien faites.

6. Ce nom peut sembler impropre, appliqué à la Compagnie de Saint-Sulpice; mais, somme toute, il nous paraît juste. Cf. Letourneau. *La Mission de J.J. Olier*, p. 230. La nuance qu'il essaie d'établir est imperceptible à nos yeux. Nous ne parlons pas ici des *Oratoriens* dont la plupart des créations, dans cet ordre d'idées, ne semblent pas avoir vécu, ni des *Prêtres de la Congrégation du Saint-Sacrement.*

avait rendus, au début, plus ambitieux. A peine sorti de l'Oratoire, le Père Eudes présente à l'assemblée générale du clergé de 1645, une requête où il demande l'approbation de sa nouvelle congrégation et propose un plan nouveau relativement aux séminaires. Ceux-ci, créés dans chaque diocèse, et réservés exclusivement aux ecclésiastiques, devront tous reconnaître pour chef, l'assemblée elle-même. Elle désignera un chef subalterne chargé de veiller à l'observation des règlements prescrits par elle-même, et de recevoir les rapports. Le P. Eudes offre naturellement sa société pour conduire ces séminaires : cette direction, d'ailleurs, est un des buts de sa Congrégation : toutefois il ne prétend pas à l'hégémonie de tous les séminaires. Il se propose mais ne s'impose pas. Au 6 septembre, le promoteur Hallier (qui avait donné le règlement de 1612 à l'association de Bourdoise), présente cette requête à l'assemblée, et avec trois évêques est chargé de l'examiner. Le 7 novembre ils donnent leur avis. « L'assemblée ayant remarqué plusieurs difficultés qui se rencontrent dans ces propositions ne les a pas jugées convenables »[1], cependant elle est demeurée satisfaite du zèle des suppliants et les exhorte à continuer de travailler dans les diocèses où ils seront appelés. En somme, elle ne veut pas patronner officiellement une congrégation plutôt qu'une autre[2].

Cet échec du P. Eudes ne décourage pas *Olier*. Celui-ci a passé enfin, le 6 septembre 1645, un contrat d'association avec deux de ses prêtres, a obtenu de l'abbé de Saint-Germain des lettres patentes datées du 27 octobre 1645; il bénit, le 15 août 1651, le nouveau bâtiment de Saint-Sulpice, et présente cette même année (1651), à l'assemblée du clergé, dont la session s'était prolongée, un projet général d'établissement de séminaires diocésains. Sa congrégation, dit-il, « s'estimera bien heureuse si le clergé la regarde comme sienne », et comme elle se voit « destinée pour le clergé de France », elle lui demande une approbation générale avec prière d'insérer dans les archives du clergé[3] les règlements qu'elle lui soumet[4]. L'assemblée, naturelle-

1. *Vie du vén. P. Eudes*, par le P. Boulay. Haton. 1906.
2. Nous croyons devoir rattacher à cette assemblée de 1645, ce que nous rapportent les biographies manuscrites de Bourdoise, touchant un projet de quatre séminaires généraux. Bourdoise aurait approuvé ce projet tout en prédisant son échec. Cf. *B. M.*, 2452 (1643), 2453, p. 970.
3. Au couvent des Grands-Augustins.
4. Cf. Faillon. *Vie de M. Olier*, III, p. 551 et suiv.

ment, approuve les règlements, accorde même à la Compagnie le nom de *prêtres du clergé de France*, nom qu'elle ne gardera pas, mais ne donne pas le monopole qui, d'ailleurs, n'est pas demandé. Les évêques, pour leurs séminaires diocésains, s'adresseront à qui bon leur semblera.

En réalité, beaucoup ne s'adresseront à personne. Si notre calcul n'est pas inexact, en 1671, les Lazaristes dirigent quinze séminaires, les Eudistes, six, les Sulpiciens, sept, d'autres associations, ou des prêtres diocésains, environ une dizaine, ce qui fait à peu près une quarantaine d'établissements, dont quelques-uns sont bien installés. Les deux tiers des diocèses en sont totalement dépourvus. Il semble que le gouvernement en ait plus souci que les évêques. Les lettres patentes, accordées par le jeune roi, inspiré par sa pieuse mère, sont édifiantes à cet égard, et le P. Theiner a bien raison de lui en être reconnaissant[1]. Celles accordées en 1650 pour le diocèse de Châlons font particulièrement l'éloge « des ecclésiastiques qui y (au séminaire) travaillent avec édification, fruit et bénédiction ». Un de ces ecclésiastiques est Nicolas Le Pelletier, disciple de Bourdoise et bienfaiteur de Saint-Nicolas[2]. L'éloge de Wiart n'est pas moins explicite dans les lettres patentes du séminaire de Laon 1661[3]. Cependant, en 1659, Louis XIV, ou plutôt Mazarin, inspiré peut-être par Colbert, défend d'ériger des séminaires et autres établissements sans lettres patentes de sa Majesté ; cette restriction est levée pour les séminaires en 1666 ; et dans cet édit et dans toutes les lettres patentes royales se retrouve la même insistance à exhorter les évêques à fonder des séminaires.

La Compagnie du Saint-Sacrement, elle aussi, traite, mais prudemment, cette question. Elle rêvait, en 1659, d'un séminaire général, à Paris, qu'on aurait fixé à Saint-Nicolas[4]. Si elle entendait par là un séminaire unique, elle devait fatalement échouer. C'eût été une entreprise colossale, et, à tout prendre, infructueuse. Ne valait-il pas mieux offrir aux bonnes volontés la possibilité du choix ? En 1671, les abbés, soucieux de leur formation, pouvaient s'adresser à Saint-Nicolas, à Saint-Sulpice désormais sous la ju-

1. *Histoire des institutions d'éducation ecclésiastique.* Paris, 1841.
2. Archives de la Marne ; G. 994.
3. Cf. *Mémoires du clergé*, II, 656-659.
4. B.-F., p. 182.

ridiction de l'archevêque, depuis la transaction de 1668. Il est augmenté d'un autre séminaire pour les pauvres ecclésiastiques qui payent une pension réduite ; ce dernier est appelé Petit-Séminaire ; ils pourront ainsi frapper à la porte des Bons-Enfants, à qui on essaye d'imposer le nom de Saint-Firmin [1]. Les clercs auront aussi la faculté d'entrer à Saint-Magloire, désormais en plein exercice, mais devenu suspect ; aux Trente-Trois, installés définitivement sur la rue de la Montagne Sainte-Geneviève [2], et érigés en séminaire en 1657 ; c'est un séminaire-collège, il est vrai ; mais en sortant de là, on sera facilement admis à Saint-Nicolas [3]. Si on a la vocation de missionnaire, on pourra, grâce au zèle de la Compagnie du Saint-Sacrement, et spécialement du dévoué de Morangis, entrer aux Missions étrangères, reconnues et dotées depuis 1663 [4]. D'ailleurs un certain nombre de petites communautés, improprement appelées séminaires, s'élèvent en divers points ; par exemple à Saint-Étienne du Mont, le curé régulier Beurrier en fonde une dont il combine le règlement avec Bourdoise, Féret et Le Juge, mais dans un sens mitigé [5].

Si les clercs ont le choix, ils peuvent aussi se contenter des exercices d'ordination.

En province, il est vrai, plusieurs évêques ont déjà stipulé qu'un certain séjour continu ou intermittent serait obligatoire. A Paris, nulle sanction, au moins officielle ; sans doute qu'une pression officieuse la remplaçait.

A plus forte raison, n'y avait-il pas de petit séminaire proprement dit, tel que nous l'entendons de nos jours [6]. Ceux que l'on qualifie de la sorte sont des séminaires-collèges, destinés surtout aux ecclésiastiques pauvres et Chanciergues en fonde plusieurs

---

1. C'est en vain. A la veille de la Révolution, les Lazaristes se plaindront de ce que l'on continue à l'appeler, plus volontiers, séminaire des Bons-Enfants, ce qui nuit à sa réputation.
2. Au n° 34 actuel.
3. Des lettres chiffrées et non chiffrées, qui se trouvent dans le carton *A. N.*, M. 208, sont compromettantes et indiquent qu'en 1670 la direction de ce séminaire était janséniste.
4. Cf. Allier. *La cabale des dévots*, p. 140 et suiv.
5. *S. G.* ms 1886, p. 842. Ce passage est intéressant et vivant.
6. Bourdoise reconnaît la nécessité des petits séminaires. « L'on ne voira jamais de vrays Ecclésiastiques, que quand on voira de parfaits séminaires ; tels que seroient ceux, dans lequels on esleveroit les enfans dès leurs plus tendres années dans l'étude et les exercices d'une piété solide. » *Manuscrit des Sentences de Bourdoise*. (St-Sulpice), p. 243.

que nous rencontrons plus tard. Paris, grâce à l'entremise des particuliers, est donc, de toute la France, le mieux doté pour la formation ecclésiastique.

Cependant un clerc prudent fera bien de consulter avant de choisir; l'orthodoxie rigoureuse ne règne pas partout. Il sera en sûreté à Saint-Nicolas. L'ennemi a pourtant rôdé autour et tâché d'y pénétrer. Un ancien disciple de Bourdoise, Le Féron, approuve, en 1640, la deuxième édition de l'*Augustinus*, imprimé cette fois à Paris en 1641. Les doctrines qui s'y trouvent reproduisent en partie les erreurs de Baïus déjà condamnées. La bulle *In Eminenti* d'Urbain VIII (6 mars 1641), condamne spécialement cette œuvre posthume de Jansénius, comme contenant des opinions déjà réprouvées. Le roi, en 1643, intime l'ordre à la Faculté de Paris d'enregistrer cette bulle. La Faculté regimbe. La bulle, un peu sévère, interdisait de disputer et d'écrire sur ces questions de grâce, prédestination et libre arbitre. Une députation est envoyée au nonce pour réclamer contre cette mesure disciplinaire, qui restreignait considérablement le champ de la théologie. Hallier, Habert en font partie. Elle obtient gain de cause : l'interdiction portée par la bulle doit se restreindre aux propositions condamnées. Bourdoise connut l'*Augustinus*; s'il faut en croire le manuscrit 2453, il l'aurait, avant la réception de la bulle en France, fait examiner par Duchesne l'aîné[1] qui aurait demandé deux ans pour effectuer ce travail.

Cette même année 1643, apparaissait le livre de la *Fréquente communion*, revêtu de l'approbation de onze évêques (entre autres Vialart), et de nombreux docteurs, parmi lesquels toujours Le Féron, puis Loisel, curé de Saint-Jean en Grève, à Paris, Mazure, curé de Saint-Paul, Grenet, curé de Saint-Benoît, et Duhamel, curé de Saint-Maurice. La lutte devint aussitôt très ardente, car elle mettait aux prises deux tendances, foncièrement différentes, dans la pratique des sacrements.

Les Jésuites surtout, recommandaient la fréquentation des sacrements et particulièrement de celui de l'Eucharistie; Arnauld, Port-Royal et une école de confesseurs, exigeaient, pour la réception de ce sacrement, une pureté de cœur qui ne pouvait s'obtenir que par une pénitence prolongée et incompatible avec l'absolu-

---

[1]. p. 687. On sait que nous n'accordons pas une grande autorité à ce manuscrit.

tion immédiate. De là, de nombreux refus d'absolution, qui amenaient, dans les âmes ordinaires, le découragement et le dégoût. Bourdoise était un confesseur assez couru. Cette question le touchait donc de plus près que celles qu'agitait l'*Augustinus*. Au château de Liancourt, ces thèses, sur la nécessité d'une longue préparation à l'absolution et partant, à la communion, sont à l'ordre du jour. A Paris, il le sait, la Communauté est divisée sur ce point de doctrine. Il a recours à Duchesne qui, après un examen de deux ans, condamne le livre de la *Fréquente communion*. Bourdoise lui avait écrit qu' « il était de ce livre comme de la boutique d'un apothicaire dans laquelle il y a de très belles boëtes pleines d'excellentes drogues, mais que, dans ce nombre, il s'en trouve toujours quelque petite dans un coin, qui contient du sublimé capable de gaster le reste [1] ». Il avait donc découvert au moins une partie des erreurs contenues dans le livre au titre captieux. Rome ne se prononçant pas explicitement, la querelle s'envenime [2].

Arnauld, animé par la haine héréditaire de sa famille contre les Jésuites, se lance à corps perdu dans la mêlée. Il écrit des apologies de Jansénius, de Saint-Cyran ; il ne respecte guère la bulle *In Eminenti*, qui devrait le maintenir dans le silence. L'oratorien Desmares prête à l'abbé le secours de son éloquence [3], son confrère, le Père Esprit, celui de sa parole agréable [4].

Mais les adversaires ne lui manquent pas. Habert, en sa qualité de théologal, l'attaque en pleine chaire de Notre-Dame. Abra de Raconis, disciple de Bourdoise, vers 1618, essaie une réfutation, et sans crainte des rancunes qu'il va s'attirer, attaque, un des premiers, le jansénisme naissant. La Sorbonne se divise. Hallier semble indécis ; il a cependant, vers 1633, avec André Duval, Morel et Cornet, condamné le *Chapelet secret du Saint Sacrement* [5]. Mais il vient de répondre avec vivacité au jésuite

---

1. *M. B.*, 2452, p. 672.
2. D'après Féret. *La Faculté de théologie de Paris*, III, p. 360, Rome n'aurait jamais condamné directement ce livre. Cependant l'opinion du Saint-Siège ne saurait être mise en doute surtout après un récent décret sur la matière.
3. Nous sommes bien obligé, après tant d'autres de citer le vers de Boileau :
    Desmares dans Saint-Roch n'aurait pas mieux prêché.
4. Cf. Rapin. *Mémoires*, I, 101 et suiv.
5. Série de 16 actes d'adoration du Saint-Sacrement, rédigés en partie par la Mère Angélique de Port-Royal (vers 1633). L'obscurité est leur moindre défaut. Cf. *Histoire de Port-Royal*. Cologne 1752. tome I, p. 166 et suiv.

Pinthereau qui, sous le pseudonyme d'abbé de Boisic, s'est permis d'attaquer son livre déjà ancien sur la *Hiérarchie*[1].

Le Féron est entraîné du côté d'Arnauld et s'y trouve en compagnie de Sainte-Beuve, Bourgeois, de l'abbé académicien de Bourzeis, de Feydeau, Hermant, Lalane. On fait le siège du duc et de la duchesse de Liancourt et c'est de Bourzeis, leur « domestique », qui est chargé de les conquérir. Notre docteur flatte le goût de la duchesse dont l'esprit grand, aisé, solide, curieux, pénètre facilement les questions les plus abstraites de la théologie. Elle gagnée, le duc est vite subjugué. Mais des adversaires résolus se déclarent : Lescot, Grandin, le Moyne, Cornet, Morel. L'assemblée du clergé semble pencher vers ces doctrines : elle renouvelle un règlement qui restreint l'exemption des réguliers et « modère »[2] l'exposition du Saint-Sacrement. Cependant, ces deux mesures peuvent se justifier et elles répondent aux idées de Bourdoise. A l'archevêché même, Arnauld trouve des amis dans l'archevêque et surtout dans son neveu de Retz que Jean-François vient de faire nommer son coadjuteur (1644).

Dans les paroisses, le jansénisme s'installe, en 1645, en la personne de Duhamel à Saint-Merry dont il est devenu curé en 1644. Si on s'en rapporte à Rapin[3], ce curé avait « dans sa manière un air souple, insinuant, et patelin si propre à gagner les femmes, et un visage si populaire et si caressant qu'il fut bientôt le maître dans cette paroisse quoi qu'il eût un collègue (Barré) avec lequel il partageait les fonctions de sa charge et son autorité ». C'est chez lui que se tiennent des conférences que l'on pourrait peut-être appeler des conciliabules, où fréquentent Feydeau, vicaire à Belleville et d'autres notabilités jansénistes. Ce Feydeau, s'il faut en croire ses propres *Mémoires*[4], aurait reçu au mois de janvier 1646, dans sa maison de Belleville, Bourdoise qui avait momentanément quitté Liancourt. Celui-ci y au-

---

1. Voir dans Hermant. *Mémoires*, 1, 312 et suiv., les causes qui auraient fait cesser les indécisions d'Hallier.

2. Bourdoise trouvait lui aussi, qu'on abusait des expositions du Saint-Sacrement. « Il savait avec quelle indécence elles se faisaient, non seulement à la campagne, mais aussi dans les villes et dans Paris même. » *Vi imp.* Des., p. 478.

3. *Mémoires*, 1, 62. Cf. 219 et suiv.

4. *S. G.*, 1932; édités à Vitry-le-François, en 1905.

rait même séjourné trois ou quatre mois [1] et aurait confié au docteur hétérodoxe la mission d'instruire un ancien élève de Saint-Nicolas sur la matière de la grâce [2]. Ce qui paraît bien avéré c'est que Bourdoise passa quelque temps dans la Communauté de Saint-Merry dont Duhamel était curé. Descouraux croit que ce fut à la fin de 1645. Il venait voir « par lui-même si ce qu'on lui avait dit de cette fameuse Communauté était véritable. Il fut si peu édifié de la manière dont on y disputait sur les questions du temps qu'il crut être obligé d'en sortir au plus tôt, disant, pour raison de sa retraite, qu'il n'avait trouvé là, ni humilité, ni charité, ni vérité. C'est pour cela sans doute que M. Duhamel, curé de Saint-Médéric (Saint-Merry) et quelques autres ne furent pas contents du serviteur de Dieu qui leur disait souvent des vérités qui ne leur plaisaient pas [3] ».

Les discussions ne restaient pas confinées entre théologiens. Les poètes, les ruelles, le grand public s'en mêlaient. Deux ans auparavant, Polyeucte avait parlé doctement de la grâce, car Corneille, ancien élève des Jésuites, était orthodoxe. Qui pis est, ces doctrines délétères étaient passées dans la pratique. Vincent de Paul est effrayé; il craint « l'anéantissement de l'Eglise en Europe »; d'après lui, les opinions nouvelles font un tel ravage qu'il semble que « la moitié du monde soit là-dedans ». Il pouvait redouter qu'elles ne vinssent à dominer dans la paroisse Saint-Nicolas qui comptait nombre de gens de robe. Féret lui-même, penchait un peu de ce côté. Deux ou trois conférences avec Vincent de Paul le rétablirent dans la voie droite.

Mais il était difficile de réagir contre cette doctrine qui pouvait facilement se propager dans l'ombre du confessionnal. L'année suivante, Vincent écrit que depuis le livre de la *Fréquente communion*, « plusieurs curés de Paris se plaignaient de ce qu'ils ont beaucoup moins de communiants que les années passées. Saint-Sulpice en a 3.000 de moins; Monsieur le Curé de Saint-Nicolas du Chardonnet, ayant visité les familles de la paroisse après Pâques, en personne, et par d'autres, nous dit dernière-

---

1. La narration de Descouraux, p. 383-384 nous semble un peu embarrassée. Les détails fournis par Feydeau, paraissent véridiques.

2. Feydeau rendit à Bourdoise sa visite et prêcha à Liancourt, la Saint-Martin bouillant de 1646.

3. *Vie imp.* Des., p. 464-465.

ment qu'il a trouvé 1.500 de ses paroissiens qui n'ont point communié et ainsi des autres »[1]. Pas plus à Saint-Nicolas qu'à Saint-Sulpice, la faute n'en peut être imputée aux prêtres habitués. Cependant, les biographes nous parlent d'une exclusion faite d'un Nicolaïte en 1647. Il semble, malgré l'obscurité du texte, que ce soit pour sa doctrine. Peut-être, est-ce à la suite d'une incartade de ce genre qu'est résolue la conclusion de 1648, qui interdit aux Nicolaïtes d'imprimer un livre, sans la permission de l'Econome. Au sein de la Compagnie du Saint-Sacrement règne la division. Mais les jansénistes sont en minorité. Olier, Vincent, probablement Féret, prennent une part active à la lutte.

Il faudrait obtenir une nouvelle condamnation à Rome. La cour la verrait d'un œil favorable, car les jansénistes ont, presque tous, des allures de frondeurs et bon nombre se compromettent en ce moment dans la guerre civile. C'est par la Sorbonne qu'on pourra mettre Rome en mouvement. Le 1er juillet, le syndic Cornet lui soumet sept propositions extraites de l'Augustinus et demande que l'on mette en face les censures théologiques qu'elles méritent. Il faut aussi, pour atteindre ce résultat, un bon syndic qui remplacera Cornet sortant de charge. Par une savante manœuvre, c'est Hallier qui obtient cette dignité, au 1er octobre 1649, malgré les protestations du janséniste Saint-Amour. On profite de la présence, à Paris, des évêques venus pour l'assemblée générale du clergé en mai 1650; on fait signer par 85 d'entre eux, une demande au pape, par laquelle, on le prie de condamner les propositions, réduites cette fois aux cinq premières, c'est-à-dire aux principales. L'affaire s'instruit à Rome : onze prélats, parmi lesquels Vialart de Chalons, écrivent au pape une lettre en faveur de la doctrine augustinienne, en réalité en faveur de Jansénius. Les deux camps envoient une députation à Rome, Hallier fait partie de celle qui appuie Cornet. Les prêtres de Saint-Nicolas entrent délibérément dans la voie suivie par leur aîné de 1612. Le 18 juillet 1651, en effet, Bourdoise écrit à son ami Le Clerc[2] : « Quant à ce que vous me dites que Messieurs de la Communauté Saint-Nicolas du Chardonnet et Messieurs de Saint-Sulpice ont levé le masque, je ne puis pas être leur caution... Pour ce qui regarde les questions contentieuses ce n'est pas à Adrien

---

1. *Col. laz.* V, p. 98.
2. Il est encore à Liancourt.

Bourdoise d'en juger. Il n'est pas lettré et il est connu pour tel... le jugement doit être réservé à celui qui a le droit d'en juger »[1]. Avant même que Rome eût prononcé sa sentence, il renouvelle, le 5 février 1653, une protestation de soumission à l'Eglise catholique, apostolique et romaine déjà écrite par lui en 1629 et se soumet « par ces présentes, à l'Eglise pour retrancher et condemner tout ce qu'elle trouvera bon estre de tout ce qu'aurait dit, fait ou escrit ledit Adrian Bourdoise »[2].

Bourdoise put être fier du rôle de son ancien confrère du collège de Reims : Hallier fut à la hauteur de sa mission. Enfin, après deux ans d'examen, le 9 juin, la bulle d'Innocent X : *Cum occasione*, fut affichée aux portes de Saint-Pierre et au poteau du Champ de Flore : elle condamnait les cinq propositions en les qualifiant. Nous croyons qu'à l'église Saint-Nicolas du Chardonnet comme à Saint-Sulpice, on chanta le *Te Deum*, quand la nouvelle fut connue à Paris. Le clergé, dans son assemblée, puis la Faculté de Théologie souscrivirent à cette condamnation.

Portraits B N.
Fr. Hallier,
Évêque de Cavaillon.

Arnauld cependant ergotait. Le duc de Liancourt lui fournit l'occasion de se démasquer. Le sulpicien Picoté avait refusé au duc de l'admettre au sacrement de pénitence avant d'avoir donné des marques d'une soumission parfaite à la bulle d'Innocent X et d'avoir rompu avec ses amis les jansénistes, notamment le P. Desmares[3]. Arnauld écrit deux lettres à ce sujet. La deuxième est la plus répréhensible. Non content de nier, qu'en fait, les cinq propositions se trouvassent dans Jansénius, il justifiait l'*Augustinus*, prétendant qu'il contenait la vraie doctrine de saint

---

[1]. Cf., la lettre qu'il écrit le lendemain à la communauté de Paris : elle est plus alerte et plus complète. *Vie imp. Des.*, p. 466.

[2]. Manuscrit des *Sentences* appartenant à M. Lenert, curé actuel de Saint-Nicolas d. C., p. 5-6.

[3]. Il avait été envoyé à Rome par la faction janséniste, lors de la discussion de 1651-1653.

Augustin. Il renouvelait même en quelque sorte la première proposition condamnée. Grand fut l'émoi dans la Faculté de Théologie. Gaston Chamillart prend part à la lutte avec deux lettres « *touchant la possibilité des commandements aux justes* »[1]. Il déplore toutes ces querelles qui affaiblissent l'Eglise : « Il paraît évident, dit-il, que le démon, lorsque le clergé travaillait un peu à se réformer, a semé la zizanie parmi nous pour arrêter le cours et le progrès du bien qui était commencé ». Dans la seconde, particulièrement, il aborde la question de fait et soutient que la première proposition, condamnée par le pape, est de Jansénius[2]. La condamnation d'Arnauld est imminente. Pour amortir le coup, Pascal prend la plume et le 23 janvier 1655 lance sa première lettre à un provincial. Le jour même où la censure est décidée, paraît la deuxième. Dès le 14 janvier, on avait voté sur la question de fait et parmi les 130 suffrages qui prononcent la condamnation d'Arnauld, nous lisons, cela va sans dire, les noms de Morel, Cornet, Bail, Grandin, Hallier, Gaston et Michel Chamillard, de Nesmond[3]. Au 29 janvier, alors qu'il s'agit de la question de droit, se retrouvent les mêmes noms[4]. Les *Provinciales* continuent la lutte; Hallier, en particulier, y est assez souvent malmené, au moins dans les premières. L'opiniâtre Arnauld, exclu de la Sorbonne, ne se tient pas pour battu. Il maudit ses juges, il les récuse, il récrimine. L'assemblée du clergé arrête, le 2 septembre, un formulaire à signer par les évêques. Par un bref du 16 octobre 1656, le nouveau pape, Alexandre VII, aggrave encore la condamnation portée par Innocent X. Le 17 mars 1657, nouveau formulaire, arrêté par l'assemblée générale.

Arnaud regimbe et affirme que « quelque désir que nous ayons de nous soumettre à l'autorité du pape, tout ce que nous pouvons faire pour témoigner notre obéissance envers le Saint-Siège est de recevoir sa décision avec un silence respectueux, et non pas d'y adhérer par une créance intérieure ». La formule du silence respectueux va faire fortune et permettra de rester dans l'Eglise

---

1. Paris, Targa, 1655, in-4°. *B. N.*, D. 3796.
2. Les jansénistes, jamais à court, répondent à ces lettres mais en conservent l'anonymat. Moréri (art. Desmares) en attribue une au P. Desmares: les autres sont probablement d'Arnauld. Cf. *B. N.*, D. 3798, et Féret: *La Faculté de théologie de Paris*, III. p. 224.
3. Le docteur Gillot, que nous rencontrerons plus tard, vote pour Arnauld.
4. Cf. Féret, *op. cit.*, 499-503. Le nom de Dumetz ne figure sur aucune liste.

malgré l'Eglise. C'est là une nouvelle tactique : ce sera la plus perfide et la plus utile aux intérêts de la secte[1]. Le 7 septembre 1660, avec Bail, Grandin et d'autres, G. Chamillard condamnera, en qualité de censeur, les *Provinciales*, et leur traduction latine par Nicole. Le 1er février 1661, l'assemblée du clergé, stimulée par le jeune roi, prend à l'unanimité la décision suivante : « Tous les ecclésiastiques du royaume signeront le formulaire, absolument conforme aux jugements portés dans les constitutions d'Innocent X et d'Alexandre VII. Les auteurs qui ont écrit contre ces constitutions seront en outre astreints à une rétractation ». Un arrêt du conseil d'Etat autorise le formulaire et exhorte les évêques du royaume à le faire signer.

A Paris, il n'y a point d'évêque; le cardinal de Retz, toujours exilé, n'a pas encore donné sa démission. Ses vicaires généraux, de Contes et de Hodencq, sont des premiers à exécuter l'arrêt royal. Le 8 juin 1661, ils font une ordonnance pour exiger la signature, mais ajoutent malencontreusement : « nous enjoignons qu'à l'égard même des faits décidés par les Constitutions et contenus au dit formulaire, tous demeurent dans le respect entier et sincère qui est dû aux dites Constitutions ». La distinction entre le fait et le droit était un peu enveloppée. Les jansénistes en profitèrent pour interpréter le mot respect dans le sens du silence respectueux.

Les Curés de Paris publient cette ordonnance et la font signer par leurs ecclésiastiques. Nul doute qu'à Saint-Nicolas on ne s'empressât de signer. Les registres de formulaires ont disparu, mais nous savons que sur la question du jansénisme on est rigoureux à Saint-Nicolas[2]. Ce mandement est attaqué par l'assemblée du clergé, puis cassé, comme nul, par un arrêt du roi. De Rome, le pape envoie, le 1er août, pour ce mandement, un ordre de révocation. Enfin, le 31 octobre, après bien des négociations, les grands

---

1. C'est au milieu de ces contestations que G. Chamillard publie, en 1659, son traité latin (in-8º) : *De corona, tonsura et habitu clericorum*.

2. De même à Saint-Sulpice et aux Bons-Enfants. Cela nous paraît douteux pour les Trente-Trois et les Gillotins (communauté fondée par le docteur Gillot) puisque Gillot a voté en faveur d'Arnauld. — Quant à Saint-Magloire, on y signa le 1er mandement (27 nov. 1661). Au 7 juillet 1662, le nombre des signataires diminue considérablement : Abel de Sainte-Marthe, supérieur, n'a pas signé. Le 19 juin 1664 nombreuses signatures au mandement d'Hardouin de Péréfixe; le nombre n'en a pas diminué pour le 2e formulaire d'Hardouin 21 juin 1665. Cf. *A. N.*, MM. 500.

vicaires se soumettent et obligent à la signature pure et simple du formulaire de l'assemblée. Quelques jours après, l'abbé de Bourzeis fait sa rétractation. Mais Pavillon, Caulet, Choart, de Buzenval, Arnauld, évêque d'Angers et frère du grand Arnauld, refusent de signer, pour plusieurs raisons. La principale, sans être nouvelle, va acquérir beaucoup d'autorité par l'appui de ces quatre évêques, renommés par la rigidité de leurs mœurs. « La deuxième raison, disent-ils, est que ceux de l'assemblée obligent leurs confrères de tenir pour hérétiques et de procéder contre toutes sortes de personnes, comme telles, lesquelles, bien qu'elles reconnaissent et tiennent les cinq propositions comme hérétiques, n'osent assurer qu'elles soient dans Jansénius, puisqu'il semble qu'on ne peut être hérétique pour une question de fait seulement, quoiqu'il puisse y avoir témérité, ignorance ou présomption ». Les Jansénistes, qui craignaient plus les rigueurs du roi que les menaces du Pape, furent bien embarrassés. Il y eut schisme parmi eux ; les uns penchant pour la signature, les autres, Pascal en tête, la refusant énergiquement.

Parmi eux, il est un groupe qui va retenir quelque temps notre attention : c'est Port-Royal, la forteresse du Jansénisme. Depuis 1656, Port-Royal des Champs est à moitié vide. On a expulsé les solitaires et dispersé l'école des Granges. A Port-Royal de Paris, on jouit d'un calme relatif. Mais le 23 avril 1661, le lieutenant civil d'Aubray fait sortir des deux maisons toutes les pensionnaires et toutes les postulantes. Un ordre de la cour enjoint aux grands vicaires de substituer à Singlin un autre supérieur. A Port-Royal de Paris, parmi les sept qu'ils proposent se trouvent Bail et Michel Chamillard. Bail est choisi par les grands vicaires, et ce fut pour trois ans. Il nomma deux confesseurs à Paris dont l'un était Thomas Le Juge[1]. Bail va faire sa visite régulière en juin, et ne paraît pas en avoir été mécontent. Le roi, pour atteindre les théologiens de Port-Royal et réduire cette place-forte, avait ordonné que le formulaire serait signé même par les religieuses. Après bien des difficultés, les religieuses de Port-Royal de Paris signent le premier mandement des grands vicaires.

Elles mettent « une tête[2] à leur signature pour témoigner que

---

1. *Histoire de l'abbaye de Port-Royal*, 1752, I, 421.
2. C'est-à-dire une observation préliminaire. Quelquefois c'est une « queue » qu'elles ajoutent.

la présente signature ne servira à autre chose qu'à marquer uniquement qu'elles condamnent les erreurs des cinq propositions et toutes celles qu'on leur attribue ». Elles apprennent bientôt que le nonce agit sur les grands vicaires[1] pour leur faire retirer leur premier mandement. Elles prient Dieu d'accorder à ces grands vicaires « les lumières et les forces nécessaires dans cette occasion critique ». Après la révocation de ce premier mandement, elles consultent les théologiens leurs amis, pour savoir si elles peuvent signer le second mandement (fin novembre). Ceux-ci le leur conseillent; mais nos théologiennes ne veulent pas « en-

Port-Royal de Paris.

gager leur conscience ». La mère abbesse cependant, les exhorte à s'exécuter mais en ajoutant encore une tête : « considérant que dans l'ignorance où nous sommes de toutes les choses qui sont au-dessus de notre profession et de notre sexe, tout ce que nous pouvons faire est de rendre témoignage à la pureté de notre foi, déclarons très volontiers par notre signature qu'étant soumises avec un très profond respect à Notre Saint-Père le Pape et, n'ayant rien de si précieux que la foi, nous embrassons sincèrement et de tout cœur tout ce que Sa Sainteté et le Pape Innocent X en ont décidé, et rejetons toutes les erreurs qu'ils ont jugé y être contraires ».

Le grand vicaire de Contes n'est pas satisfait : il charge une personne de porter aux religieuses un autre modèle de signature

1. Retz a donné enfin sa démission en février 1662. De Marca, transféré du siège de Toulouse à celui de Paris, arrive dans la capitale juste pour y mourir (29 juin). En attendant qu'Hardouin de Péréfixe obtienne ses bulles, c'est le chapitre qui administre *sede vacante*.

pure et simple. Il vient à Port-Royal le 9 décembre ; le même jour « Monsieur Le Juge estant venu pour confesser, parla à quelques sœurs de la signature et particulièrement à la Supérieure », et avec tant de chaleur qu'il surpassa même M. Bail. Rien n'y fit[1]. Devenues encore plus hardies, les religieuses répondent, le 22 juillet, par un appel en forme juridique à la sommation faite par Bail de souscrire à un troisième mandement publié cette fois au nom des sept grands vicaires du Chapitre. Ce mandement renchérit sur le précédent par rapport à la signature. De guerre lasse, les grands vicaires laissent la Communauté en repos jusqu'en 1664. Mais le 29 avril est enregistrée au Parlement une déclaration du Roi qui exige, sous des peines sévères, que l'on souscrive au formulaire de l'Assemblée. A la faveur de cette déclaration, de Péréfixe qui, depuis peu, a pris possession de l'archevêché de Paris, publie, le 7 juin 1664, un mandement autour duquel les Jansénistes vont faire grand bruit. Il y exige seulement, pour ce qui regarde le fait, « une foi humaine et ecclésiastique qui oblige à soumettre avec sincérité son jugement à celui des supérieurs légitimes[2] ». Cette distinction entre la foi divine et la foi humaine ou ecclésiastique paraît avoir été inspirée à de Péréfixe par les docteurs Chamillard et Grandin[3]. D'autres, et spécialement les Jésuites, soutenaient que le fait lui-même était l'objet d'une foi divine. Ces deux opinions sont encore libres. Leurs défenseurs d'ailleurs s'accordent pour affirmer que cette adhésion doit être interne et entière. Les Jansénistes restreignant le champ de l'infaillibilité de l'Eglise et chicanant sur le sens du mot « foi », repoussèrent cette distinction et maintinrent que pour les faits dogmatiques modernes, l'Eglise ne pouvait demander que le silence respectueux qui doit suivre toute sentence proclamée par un juge compétent. A Port-Royal de Paris, on reçut avis que l'archevêque viendrait faire sa visite le lendemain de la publication de son mandement. On se prépara à repousser l'assaut.

Le prélat arrive dès six heures et demie du matin et, à la grille du chœur fait un sermon où il exalte l'obéissance et affirme que, contester le fait, est un faux-fuyant pour se réserver un moyen

1. *B. N.*, fr. 17774, p. 54.
2. *Histoire des cinq propositions*, tome II. p. 8-9.
3. *Collectio judiciorum de novis erroribus.* Du Plessis d'Argentré, tome III. par. II, p. 314.

de contester aussi le droit. Puis, il défend aux religieuses, pour tout le temps que durera la visite, de s'entretenir de ce qui se sera dit, et d'avoir aucune communication avec les personnes du dehors. Il commence le scrutin, c'est-à-dire la visite de toutes les religieuses, chacune en son particulier. Elles sont soixante-cinq. Et alors commence une lutte où éclate l'entêtement féminin uni à une érudition et à une subtilité d'esprit indéniables [1]. Le patient prélat [2] indique pour le lendemain la clôture de sa visite. Il vient, fait rassembler la Communauté ; sur un réchaud brûlent les notes qu'il a prises dans les entrevues de la veille ; puis il commence un discours : « Ce furent, disent les relations jansénistes, des reproches et des déclamations contre l'opiniâtreté des religieuses, contre l'esprit séduisant des Jansénistes leurs amis ; des redites sans fin de tous ses *dictums* ordinaires, que c'est faire injure au Pape, qui a tout examiné, comme s'il n'était pas capable d'examiner un livre ; que de signer, ce n'est pas juger, mais se soumettre au jugement ; que quand il y aurait du péché, il en charge sa conscience, lui archevêque ; puis, il leur donne trois semaines pour y penser. Après le discours on récita le *Confiteor*. L'archevêque leur donna l'absolution et leur enjoignit pour pénitence des fautes commises au sujet de la signature, de dire pendant les trois semaines de répit le *Veni Creator* et d'écouter les personnes qu'il leur enverrait pour les éclaicir dans leurs difficultés. Et tout de suite il leur présenta M. Chamillard, vicaire de Saint-Nicolas du Chardonnet, qu'il leur donna pour conseil et pour confesseur » [5]. Tâche bien lourde pour les épaules du docteur qui avait à peine trente-deux ans [3]. Il n'appartenait pas encore à la Communauté et n'était pas vicaire [4]. Il devait, comme son frère, habiter le Séminaire. Sa maturité d'esprit, quoiqu'il n'eût que dix ans de prêtrise, l'avait fait choisir par De Péréfixe, peut-être à l'instigation de Féret, devenu grand vicaire. Sa divergence d'opinion sur les questions doctrinales l'année

1 Cf. *Hist. de P. R.*, 1752, I, p. 485.

2. Sainte-Beuve : (P. R., tome IV, 3e édit., livre Ve) est assez favorable à l'archevêque.

3. *Hist. de P. R.*, 1752, I, p. 488. Sainte Beuve s'étend fort peu sur cette période de P. R., et se contente d'apprécier d'une manière générale les Relations (1661-1665.)

4. Le passage ci-dessus antidate cette nomination.

précédente[1] ne lui avait pas nui dans l'esprit du bon archevêque. Nommé ainsi supérieur à la place de Bail, il se met à faire le siège des récalcitrantes. Il serait bien long d'en raconter toutes les péripéties parfois égayées par la malice assez souvent impertinente des religieuses, mais, somme toute, bien monotones. Ceux qui en auront le courage pourront lire les deux volumes in-quarto intitulés « les relations de Port-Royal », ou mieux encore le recueil manuscrit[2]. Ils comprendront mieux la patiente longanimité du confesseur et la ténacité extraordinaire des religieuses.

Michel commença par une visite générale de la Communauté et une visite particulière de chaque religieuse. Mais il trouve à qui parler. La Sœur Christine Briquet en particulier est frottée de théologie et a la répartie prompte.

Tout Paris s'intéresse à cette lutte que d'aucuns trouvent piquante. Les solitaires soutiennent, par leurs exhortations, les combattants. Les grandes dames, de Liancourt, de Longueville, leur font visite. Les lettres partent nombreuses de la forteresse assiégée et divulguent tous les secrets, ceux du confessionnal en particulier[3]. Chamillard appelle à son secours, même des amis de Port-Royal ; il amène un jour le P. Esprit, frère de l'académicien ; l'oratorien s'ingénie à trouver des accommodements ; peine perdue. Il y gagne seulement un jeu de mots facile sur son nom. On mande cette victoire aux Champs, où on la souligne d'un *Te Deum*.

Une seconde fois, le 8 juillet, Chamillard essaye d'investir la place ; il recommence sa visite générale et particulière. Les assiégées proposent une convention : c'est un projet de signature formulé par les religieuses, où, comme on le pense bien, elles ne capitulent pas. Chamillard refuse de se faire le porteur de cette missive. Philippe de Champagne, peintre, port-royaliste, se charge de la commission. L'archevêque n'accepte pas la condition. Alors on a recours aux armes de la prière. On s'adresse successivement, suivant les fêtes, à saint Joseph, à saint Pierre, à saint Paul, à sainte Marie-Madeleine, à saint Laurent, à la Sainte Vierge, à saint Bernard et on arrive ainsi au 21 août. L'archevêque vient

---

1. Cf., p. 266.
2. *B. N.*, fr. 19711.
3. Les religieuses n'étaient pas tenues au secret, il est vrai, mais il y a souvent indiscrétion à révéler ce qui s'est dit au confessionnal.

encore donner de sa personne. « Le discours qu'il leur adressa ne fut ni long ni gracieux ». Il se termina en effet par une péroraison où il déclara « toutes les religieuses rebelles à l'Eglise et comme telles, indignes de la participation des sacrements, leur faisant défense d'en approcher [1] ». Aussitôt qu'il eut prononcé la sentence, il tourna le dos et sortit brusquement. Cris et sanglots. Il rentre, vitupère les révoltées, et, en partant, leur lance ce trait qui portera éternellement : « Oui, vous êtes pures comme des anges, mais orgueilleuses comme Lucifer [2] ». On ne perd pas courage. Restent pour se défendre pied à pied, les ressources d'une savante et inlassable procédure. Pour plusieurs, filles de robe, cette science n'a pas de secret et d'ailleurs elles ont derrière elles leurs parents, stratégistes consommés, dont plusieurs sont paroissiens de Saint-Nicolas. Par un acte solennel, on proteste et on en appelle à Dieu. Toutes les religieuses signent cet acte.

Des bruits sinistres circulent, qui leur parviennent à travers la grille. Le 25, l'archevêque est sorti en carrosse de grand matin pour aller, de couvent en couvent, marquer des logis et retenir des places pour les filles de Port-Royal. Les temps sont proches. A une heure de l'après-midi, on se groupe, on se soutient par la lecture de lettres réconfortantes. « Dans le moment, on vient dire que M. l'archevêque approche. Dans les gémissements universels, on embrasse la mère Abbesse. L'archevêque arriva donc sur les deux heures, suivi de sept ou huit carrosses. Dans les premiers étaient l'archevêque, M. Godin, official, M. de la Brunetière, grand vicaire, M. Chamillart et plusieurs autres ecclésiastiques; dans les suivants, le Lieutenant civil, le Chevalier du guet, le prévôt de l'Ile, des commissaires en robe; dans un autre, quelques femmes pour accompagner les religieuses qu'on devait transférer. Les derniers étaient vides. L'archevêque était dans son carrosse, en rochet et en camail, avec sa croix archiépiscopale, arborée devant lui. Il trouva la cour, remplie d'archers, rangés en haie, le mousquet sur l'épaule, sans compter ceux qui s'étaient postés au coin des rues et à la porte de la maison. Les exempts y étaient avec des bâtons... L'archevêque entra dans l'église, et, après avoir fait sa prière, il passa dans l'intérieur de

---

1. *Histoire de P. R.*, p. 1752, I, p. 508 et suiv.
2. Autre version : comme des démons.

la maison, accompagné seulement des ecclésiastiques et alla droit au Chapitre où l'on avait assemblé la communauté. Il ne fit pas grand préambule et vint tout d'un coup au fait. Il nomma celles qui devaient être conduites dans des maisons étrangères : comme toutes les religieuses se jetaient au cou de leur chère mère pour lui dire adieu, versant sur elle des torrents de larmes, elle les embrassait pour ne les revoir peut-être jamais ; toutes ces tendresses déplurent au prélat». Il brusqua le départ des douze professes et après une rapide inspection des jardins avec l'aide de la police, il alla lui-même ouvrir aux six filles de la Visitation de Sainte-Marie qui allaient remplacer les religieuses expulsées. Elles avaient la mère Eugénie à leur tête.

Il envoya toutes les religieuses au Chapitre et y conduisit les nouvelles venues. Désormais l'ennemi avait des intelligences dans la place. Mais Port-Royal, par un mouvement habile, prend soin d'occuper les hauts sièges du Chapitre pour ne pas les laisser vacants. Les Visitandines ne peuvent occuper que les sièges inférieurs. Alors, prenant un ton radouci, l'archevêque dit à la communauté que leur supérieure n'y étant plus, il leur donnait la sœur Eugénie pour les gouverner. Les protestations ne manquent pas. En fin de compte, il leur signifia, en les quittant, qu'il leur laissait M. Chamillard pour confesseur et supérieur. Mais toutes, d'une voix, elles lui déclarèrent que n'ayant point élu de supérieur suivant le droit qu'elles en avaient, elles n'en reconnaissaient pas d'autre que lui-même. Comme bien on pense, à peine l'archevêque sorti, un acte fut dressé et signé pour conserver à la postérité le récit de cette journée. Puis, conseil, où elles prirent leur parti, d'un côté, de demeurer fermes pour ne rien faire contre leur conscience, et de l'autre, d'employer toutes les voies permises, pour se défendre contre les violences présentes et à venir.

Dès les premiers jours de l'enlèvement, l'archevêque fit dire aux religieuses par Chamillard qu'il les rétablissait dans l'usage des sacrements ; c'est pourquoi elles ne firent pas difficulté de s'adresser à lui pour la confession, sans le reconnaître cependant pour supérieur. Il essaye néanmoins de faire des actes de supériorité, mais on ne s'incline pas. Alors commence une série de ruses pour échapper à son autorité et à celle de la mère Eugénie. Dans les confessions, où, de l'aveu des sœurs, il se conduit avec « une sorte de modération », dans les conférences, où il parle plus librement[1], le supérieur essaye, en vain, de les ramener à la raison. Elles sont soutenues et par des visions et par les avis qu'elles reçoivent du dehors, avec lequel elles correspondent activement. Du 24 août au 15 décembre, on réussit à faire passer 171 lettres[2], malgré le changement de serrure opéré à la fin de septembre. La trahison était dans les deux camps. Dans celui des religieuses, sœur Flavie livre à Chamillard les décisions prises dans les conciliabules, tenus naturellement en dehors de la sœur Eugénie. De son côté, en septembre, Chamillard fait venir à Port-Royal un confesseur pour l'aider dans cette entreprise ardue. Il s'appelle Saint-Aubin et appartient au séminaire Saint-Nicolas : il est encore plus intransigeant que son supérieur. Celui-ci lui substitue Pieddevache, dit Boisbuisson, qui fait partie de la communauté. Ce sera le traître. Il s'abouche avec le janséniste de Sainte-Marthe[3], au faubourg Saint-Antoine, et c'est lui qui se chargera de communiquer au dehors, de porter et de recevoir les missives. Il le fit jusqu'à l'envoi de toutes les religieuses à Port-Royal des Champs. Il donna même les sacrements à une religieuse impénitente et cela, sans que Chamillard et la sœur Flavie, qui étaient dans la chambre, s'en aperçussent. Lors de la translation à Port-Royal des Champs, il quitta la Communauté de Saint-Nicolas qui, d'ailleurs, l'aurait déjà sûrement rejeté de son sein avec horreur si elle avait connu sa conduite.

Enfin, après bien des marches et des contre-marches, mines et contre-mines, une douzaine de religieuses consentent à capituler. Pour se prémunir contre les défections possibles, le bataillon fidèle signe, le 31 octobre, un acte par lequel il désavoue d'avance toute signature, comme entachée de violence. Depuis un mois, les sacrements leur sont de nouveau interdits, et plusieurs, depuis quelque temps s'en abstenaient volontairement. Cette interdiction durera jusqu'en 1669. Pendant ces cinq années, elles supporteront, avec une farouche opiniâtreté, cette longue privation. On parvient à leur faire passer de petits traités sur l'excom-

---

1. « Il déclamait avec un fiel et une amertume sans égale, contre les Messieurs qui avaient conduit les religieuses jusqu'alors. » On sait ce qu'il faut penser de ces accusations passionnées.

2. La plupart à P. R., des Champs, et les autres, aux amis et conseillers.

3. Auparavant, confesseur ordinaire de P. R.

munication, qui leur apportent « lumière et consolation ». Mais aux alentours de Noël circule une fâcheuse nouvelle; il va venir de Rome une bulle et un nouveau formulaire. Chamillard peut espérer que cette fois les rebelles vont céder, mais sœur Elisabeth Agnès écrit, le 23 janvier 1665, que ce supérieur « est épouvanté de la fermeté de nos sœurs ». Le 15 février paraît cette bulle qui foudroie à nouveau le jansénisme et exige de la part des ecclésiastiques et des religieuses la signature d'un formulaire plus précis. Il se termine par un serment qui le rend « plus sérieux ». Il fallait le temps à cette bulle de franchir les monts, et, mieux encore, les barrières habituelles qui se dressaient devant les communications de Rome. La bulle, secondant les intentions de Louis XIV, est assez rapidement autorisée par le Roi, le 25 avril. Il impose de plus, à tous les évêques, l'obligation de l'exécuter. Un mandement de l'archevêque, daté du 13 mai, publie et commente la bulle. Entre temps, Chamillard multiplie ses démarches auprès des religieuses. Celles-ci refusent d'assister à ses conférences. Pâques approche. On se raidit contre les avances charitables du supérieur; on est obligé d'avouer « qu'il ne prend que trop de peine pour séduire les simples par des paroles de douceur et de flatterie ». Mais on ajoute immédiatement « puisque c'est pour nous perdre nous ne lui devons pas d'obligation[1] ». La Reine-mère, elle-même, leur fait visite, mais cela augmente leur effroi sans diminuer leur ténacité. Pâques se passe dans l'insubordination et l'absence de sacrements. Chamillard essaye de préparer les voies à l'archevêque. « Il s'y prit avec une grande affectation de douceur et de bonne volonté ». Mais la lecture de ce formulaire leur avait inspiré de l'« horreur ». L'archevêque vint en personne présenter la Bulle et son Mandement. Il ordonna d'assembler la Communauté au parloir, fit faire la lecture des deux pièces par le malheureux supérieur. Après un discours, il dit que celles qui voulaient signer n'avaient qu'à demeurer. Les Visitandines signent. Pour les autres, neuf seulement consentent à le faire. Quatre autres, qui avaient signé par le passé, ne signèrent point. L'archevêque leur donne un délai de trois mois pour aviser. C'était un ultimatum. On y répond par un acte signé de quarante religieuses où elles protestent de

---

1. *B. N.*, fr. 19711, p. 78.

nouveau et d'avance contre toute signature qu'on pourrait obtenir d'elles. Seules, au milieu de tout le catholicisme livré aux Jésuites, elles demeurent inébranlables, petit mais fidèle troupeau du Christ. Contre ce petit bataillon se heurtent en vain et la toute-puissance royale et l'autorité suprême du Chef de l'Eglise.

On est dans une impasse. Pour en sortir à tout prix, de Péréfixe imagine une combinaison. Les religieuses de Port-Royal de Paris récalcitrantes se réuniront à celles des Champs. Tout le monde y trouvera son compte. Le 3 juillet 1665, l'archevêque qui ne craint pas de se compromettre dans cette lutte inouïe, arrive avec six carosses à quatre chevaux. A sept heures du matin, en présence de Péréfixe et de Chamillard qui regardent en silence, les six carrosses sont remplis : le reste suivra le lendemain. Ce dernier cortège est accompagné de deux confesseurs nouveaux : l'un est un savoyard, M. Biord, prêtre de Saint-Nicolas du Chardonnet[1], qui, ayant imité Boisbuisson dans sa défection fut renvoyé par l'archevêque et remplacé. Après ce départ, le calme revient à Port-Royal de Paris et Chamillard, le cœur agité par des sentiments contraires de tristesse et d'allègement, peut se consacrer à la direction des religieuses revenues à résipiscence. Celles-ci élisent une nouvelle abbesse, la sœur Dorothée, et personne ne sera surpris en apprenant qu'aussitôt, Chamillard reçut des Champs un acte de protestation. Cependant, Alexandre VII était mort; avec son successeur se négocie dans des conditions encore mal éclaircies, la paix dite de Clément IX qui accorde le 5 octobre 1668 aux quatre évêques récalcitrants, de signer un formulaire où le Pape se contente d'une *déférence* pleine et entière pour le fait. Après quelque résistance, la petite garnison des Champs rend les armes : elle croit avoir obtenu tous les honneurs de la guerre; c'est une paix qu'elle conclut et non une capitulation. Toute la communauté signe, le 14 février 1669, un formulaire qui se rapproche de celui des quatre évêques, mais, il fallait s'y attendre, avec une tête et une queue. Pour faire taire leurs scrupules, Arnauld, dans une consultation, les assure que les mots de soumission et d'obéissance qui sont renfermés dans le formulaire ne signifient « point autre chose que la déférence

---

1. Non de la Communauté mais du séminaire.

de respect »[1]. L'acte est accepté par l'archevêque. Le grand vicaire, M. de la Brunetière, va leur annoncer la bonne nouvelle. Un *Te Deum* est chanté. « Le Père Bouchard de l'Oratoire confessa ensuite toutes les religieuses des Champs qui voulurent se présenter. C'était pour cela que l'archevêque l'avait envoyé, ne voulant pas rendre à la Communauté ses anciens directeurs ».

Ceux-ci n'en furent probablement pas fâchés. Il n'était guère possible que l'union pût exister entre les premières et les dernières *signeuses*. Aussi, « le 7 juin, un huissier du Conseil vint à Port-Royal des Champs et signifia aux religieuses l'arrêt du Conseil daté du 13 de mai par lequel le Roi séparait à perpétuité les deux maisons de Port-Royal en deux abbayes indépendantes l'une de l'autre; l'une à Paris pour être de nomination royale, l'autre aux Champs pour être élective et triennale. Par une suite de cette séparation le Roi faisait aussi le partage des biens. Il ordonnait que les deux tiers appartiendraient pour toujours à l'abbaye de Port-Royal des Champs et l'autre tiers à celle de Port-Royal de Paris ». Ce partage fut confirmé deux ans après par une bulle de Clément X que Louis XIV autorisa à son tour par des lettres patentes en 1672. Un acte secret de protestation souligna ce partage que les non-signeuses d'autrefois trouvèrent inégal. Grenet, curé de Saint-Benoît, leur fut donné comme supérieur; elles élurent une abbesse, pendant que la sœur Dorothée avec Chamillard, dirigeait les sœurs qui, au nombre de dix environ, restaient à Port-Royal de Paris.

Pendant quelques années, la lutte va s'assoupir, et Chamillard pourra s'adonner plus tranquillement à ses nombreuses occupations, laisser reposer sa plume et rentrer dans le recueillement qui lui est si cher. Il a été postulant le 29 juillet 1665 et par faveur exceptionnelle, eu égard aux emplois que l'archevêque lui a donnés, cet acte aura le même effet à l'égard de son épreuve que s'il avait été passé en 1664. Compaing vient à mourir en 1665. Michel « qui aurait pu prétendre aux plus hautes dignités, sans y monter par les degrés de la calomnie et de l'injustice, comme lui reprochaient Messieurs de Port-Royal, borna toutes ses prétentions à succéder à ce saint prêtre et voulut bien faire les fonctions de vicaire de la paroisse de Saint-Nicolas sous

---

1. *Histoire de l'abbaye de P. R.*, 1752, II, p. 443.

M. Féret qui en était curé. Pour cela, il fallait être de la communauté et accomplir entièrement la prédiction de M. Bourdoise. M. Chamillard n'en faisait aucune difficulté, mais sa famille, dont il se séparait, en eut beaucoup de peine et M. son frère l'abbé, qui demeurait au séminaire depuis plus de vingt ans, fit ce qu'il put pour l'en empêcher, jusqu'à lui faire dire qu'on le priverait des droits de la Faculté, s'il s'engageait dans ce nouvel institut; mais la communauté fit voir que n'ayant pas d'autre supérieur que M. l'archevêque de Paris, elle ne faisait pas un corps différent du clergé et ne pouvait, par conséquent, être confondue avec les congrégations que la Faculté n'avait pas voulu reconnaître; on leva cet obstacle qui n'aurait pas même arrêté M. Chamillard. Sa science, sa piété, le zèle qu'il fit paraître en cette occasion, et les autres rares qualités, que tout le monde reconnaissait en lui, furent cause que la Communauté

Portraits B. N.
Michel Chamillard.

le dispensa de l'épreuve ordinaire. Il fut reçu sur-le-champ[1] avec une satisfaction réciproque. Il commença aussitôt ses fonctions, faisant le prône tous les dimanches, et se trouvant fidèlement à tous les exercices de la communauté. Il ne laissa pas d'aller une fois la semaine à Port-Royal; il était non seulement supérieur de cette abbaye, mais quoique les religieuses eussent un confesseur ordinaire, elles avaient une si grande confiance en M. Chamillard qu'il était obligé d'en confesser la plus grande partie. M. l'archevêque, l'ayant ainsi voulu, pour les conserver dans les bons sentiments où elles étaient[2] ».

Outre ces devoirs de confesseur et de vicaire, il lui incombait

---

1. L'admission au corps est du 20 juillet 1666 (*A. N.*, MM. 478). En réalité elle avait été précédée d'une année de postulation et d'épreuve. Descouraux confond probablement l'admission à la postulation avec l'admission au corps. (Cf. *A. N.*, MM. 477).

2. *Vie imp.* Des., pp. 436-437.

une tâche qui répugnait à sa modestie, il n'y manqua pourtant pas. Le public, en effet, était mis au courant de tous ces lamentables incidents de Port-Royal. En juin, en juillet, en novembre 1664, des mémoires et des apologies discutent la question théologique et ne ménagent ni la personne de l'archevêque, ni celle de Chamillard. Nicole commence, en 1664, ses dix *Imaginaires*, où la neuvième, publiée, vers la fin de 1665, roule sur la conduite de la mère Eugénie et justifie les révoltées. Pour contrebalancer ces pamphlets, Chamillard publie, en décembre 1665[1], un opuscule intitulé : « *Response aux raisons, que les religieuses de Port-Royal proposent contre la signature du formulaire, avec leurs maximes et leur esprit*[2] ». Le ton en est calme, les arguments convaincants. Nous y relevons ces deux citations, qui nous paraissent caractéristiques. « La véritable et l'unique raison, qui les empêche de signer, est cette union, si funeste à l'Eglise, de Jansénius, évêque d'Ipres avec M. l'abbé de Saint-Cyran, de cet abbé avec M. Arnauld, de M. Arnauld avec ce monastère, où ses sœurs et sa nièce, qui ont tenu le premier rang, et où ceux de son parti, qui en ont eu de tout temps la conduite, se sont autorisés dans l'esprit de ces filles et ont travaillé depuis plusieurs années à leur persuader de s'unir à eux, pour soutenir, comme ils disent, la vérité, dans un temps où tous les autres l'abandonnent ». Voici tout ce qu'il dit pour se justifier lui-même. « Est-ce un crime à un prêtre, qui a promis, le jour de son ordination, de demeurer dans le respect, et dans l'obéissance qu'il doit à son prélat, de se soumettre aux ordres qu'il en reçoit ; ou a un docteur, qui jure sur l'autel, le même jour que l'Eglise l'honore de cette dignité, de mourir pour la foi, d'en soutenir la vérité contre ceux qui l'attaquent ? C'est le crime que j'ai fait[3] ».

Les réponses arrivèrent rapides et copieuses. La principale fut celle de Barbier d'Aucourt dans ses trois lettres à Chamil-

---

1. L'achevé d'imprimer est du 9 décembre.

2. Naturellement il ne se sert pas, dans ses écrits de ce qu'il a entendu en confession, mais il allègue parfois des documents plus ou moins confidentiels. Il ne faut pas oublier que les religieuses divulguaient tout et que le public n'ignorait rien de ce qui se passait à P. R.

3. *B. N.*, Ld 4/401.

lard qu'il crut spirituel d'appeler Chamillardes[1]. Les aménités habituelles aux Jansénistes, y abondent. « Tout le monde est d'accord que vous avez répondu sans jugement. » « Votre écrit fait voir que vous n'avez eu ni loi, ni raison ». « Ce n'est pas le zèle de la maison de Dieu, qui vous dévore, mais plutôt le zèle de dévorer la maison de Dieu et d'attraper quelque bénéfice »; et enfin l'argument suprême : « vous ne portez un petit collet qu'afin de vous rendre plus semblable aux Jésuites qui n'en portent pas du tout ». A cette attaque Chamillard ne riposta pas. Racine répondit pour lui et à Barbier d'Aucourt et à Nicole. Dans ses deux fameuses lettres à l'auteur des *Imaginaires*[2], il raille sans pitié l'un et l'autre. « Savez-vous qu'il y a d'assez bonnes choses dans ces Chamillardes ? Cet homme (Barbier d'Aucourt) ne manque pas de hardiesse, il possède assez bien le caractère de Port-Royal; il traite le pape familièrement, il parle aux docteurs avec autorité ».

Et surtout il reproche à ces sombres Jansénistes de s'essayer à la plaisanterie : « Vous croyez dire, par exemple, quelque chose de fort agréable quand vous dites, sur une exclamation que fait M. Chamillard, que son grand O est un O en chiffre, et quand vous l'avertissez de ne pas suivre le grand nombre, de peur d'être un docteur *à la douzaine*, on voit bien que vous vous efforcez d'être plaisant; mais ce n'est pas le moyen de l'être[3] ».

Chamillard, lui, ne plaisante jamais. Sa plume grave produit en mars 1667, son deuxième et dernier écrit : « *Déclaration de la conduite que Mgr l'Archevêque de Paris a tenue contre le monastère de Port-Royal.* » Il y reconnaît « que l'inclination naturelle nous porte à prendre le parti de ceux qui paraissent misérables », mais il affirme que les deux puissances devaient « s'unir contre les religieuses désobéissantes de Port-Royal, parce qu'elles avaient désobéi au Pape et au Roi ».

Si on les a séparées c'est « que l'Eglise fait ce qu'elle peut

---

1. On dit aussi : chamillades.

2. Nous savons que la deuxième lettre n'a pas été publiée du temps de Racine, mais les coups n'en portent pas moins.

3. Même plus tard, dans son *Histoire abrégée de P. R.*, il ne reprochera à Chamillard que sa croyance à l'infaillibilité du Pape. Cf., *Œuvres complètes*, Hachette, III, p. 96. Cependant il traitera alors les *Imaginaires*, d'ouvrages solides et convaincants. *Ibid.*, p. 107. Les jansénistes avaient reconquis leur ancien pupille.

Saint-Nicolas.

pour dissiper cette faction » ; « les principales sœurs, qui gouvernent la maison, sont bien instruites de toutes les questions dont il s'agit et savent les intrigues du parti ». Après une discussion doctrinale serrée, il rapporte le dire autorisé de Beurrier, curé de Saint-Etienne, qui affirme que deux ans avant sa mort, Pascal avait rompu avec les Jansénistes. Il termine en remarquant, avec raison, que tous les [1] hérétiques aiment à s'appeler les disciples des Pères, cherchent des faux-fuyants et des excuses. Ayant dit ce qu'il avait à dire, il garda désormais le silence.

1. Pour ne pas allonger ce chapitre, nous n'avons rien dit du rôle de Féret dans cette affaire. Le P. Rapin dans ses *Mémoires*, III, p. 268, maltraite passablement notre curé et dit de lui qu'il était « souverainement patelin ». Il aurait introduit à P. R., vers 1664, un abbé Chéron qui aurait joué un rôle semblable à celui de Boisbuisson. Cette conduite, une fois mise à jour, aurait fait perdre à Féret beaucoup de son crédit auprès de l'archevêque. Il l'accuse *ibid.*, p. 274, d'avoir « un penchant secret... pour le parti ». Nous savons qu'ancien vicaire général de Pavillon, Féret avait conservé d'excellentes relations avec celui-ci, qu'il fût même mêlé à l'affaire de la paix de Clément IX ; mais nous soupçonnons que le jugement sévère du P. Rapin vient surtout de ce que Féret « ordonnait aux Ursulines où il était un peu le maître, qu'on traitât doucement les religieuses et les pensionnaires de P. R. » qu'on y avait reçues après la première expulsion. Ce reproche serait plutôt, à nos yeux, un éloge.

CHAPITRE VI

LE PLEIN ÉPANOUISSEMENT

(1671-1710)

PREMIÈRE PARTIE

Le 1er janvier 1671, mourait de Péréfixe; le 2, Louis XIV adresse à François II de Harlay de Chanvallon, le brevet de sa nomination à l'archevêché de Paris. Le prélat arrivait de Rouen, où, à 26 ans, il avait succédé à son oncle. Sa réputation était mêlée. On s'accorde pour vanter ses belles manières et les qualités solides et brillantes de son esprit; mais la malignité de ses contemporains s'est exercée, à tort ou à raison, sur le chapitre de ses mœurs. Ce qu'il y a de sûr, c'est que s'il ne prit pas Féret, pour vicaire général, il continua à Michel Chamillard la confiance que de Péréfixe lui avait toujours témoignée. Nous n'avons aucun détail sur les « autres commissions » dont le précepteur de Louis XIV avait honoré Michel[1], mais l'assurance que nous en donne Descouraux nous suffit. De Harlay le maintint dans la supériorité de Port-Royal de Paris, et lui confia successivement celle des chanoinesses de Picpus, des filles de Saint-Thomas, de la Visitation rue Saint-Antoine, de la Visitation au faubourg Saint-Jacques et des Ursulines de Saint-Denis. La vie de Michel était très édifiante : « il était continuellement occupé à la composition de ses prônes, ou à la conduite des maisons, dont il était supérieur ; il sortait souvent, et toujours à pied, tantôt pour une vêture, et tantôt pour une profession, sans ce que ces mouvements troublassent tant soit peu la sérénité de son visage, ou l'empêchassent de se trouver à tous les exercices

---

1. *Vie imp.* Des., p. 437.

de la communauté, si ce n'est que pour ménager son temps, il ne prenait aucune récréation après ses repas[1] ». Il vit à côté de son frère, qui, vers 1674, devient syndic de la faculté de théologie. Ils sont, tous deux, l'objet d'attaques passionnées de la part des Jansénistes. Ces gens, qui prêchent toujours la charité, ne l'observent guère! Le 5 mars 1677, un pamphlet, lancé d'Orléans, par une main anonyme, qui est probablement celle du docteur Lalane, les injurie tous deux, quoiqu'il soit spécialement adressé à Gaston. « Vous jurez, y dit-on de celui-ci, aussi très souvent sur le sentiment de Monsieur votre frère, le docteur, comme si c'était un Apollon en science, et comme s'il n'était pas aussi décrié que vous, pour le défaut de sincérité et de bonne foi... vous êtes une harpie qui souille tout ce qu'elle touche. Vous ne savez pas le latin. Il n'y a personne qui ne soit surpris de vous voir faire le réformateur en toutes choses. C'est pour cela que vous vous êtes mis dans le séminaire de Saint-Nicolas du Chardonnet, où l'on ne vous souffre que parce qu'on n'y connaît pas encore que tout votre zèle n'est qu'un pur pharisaïsme[2] ».

Ces injures gratuites ne devaient plus émouvoir Michel, après la tempête de 1665. Mais il avait ressenti une réelle douleur en perdant son curé, le 16 janvier 1677[3]. Son vicaire depuis douze ans, il avait su apprécier les hautes qualités d'intelligence de ce docteur qui lui firent confier, à plusieurs reprises, par le Parlement, des missions délicates[4]. Féret était entré avant, dans les conseils de Péréfixe; délaissé par de Harlay, il s'était consacré plus spécialement à la direction des Miramiones[5]; sa santé d'ailleurs, l'avait empêché d'avoir désormais un rôle bien actif. L'élection de N. Thierry, comme économe (16 juillet 1675), s'était faite « en la chambre de mon dit sieur Curé, à cause de son infirmité ». Quand Féret mourut, Mme de Miramion fit embaumer son corps et renfermer son cœur dans un vase d'argent, pour être déposé, selon ses désirs, dans le chœur de l'Eglise. Elle fit,

---

1. *Ibid.*, p. 437-438.
2. *B. N.*, Ln 27 3840.
3. Nous trouvons çà et là, que Féret avait démissionné en 1675. Cela ne nous paraît pas prouvé. Dans tous les cas, il signe l'élection de N. Thierry le 16 juillet 1675. Il avait 67 ans quand il mourut.
4. *S. G.*, ms. 277, p. 125-205.
5. *Vie de Mme de Miramion*. Bonneau-Avenant.

à ses frais, rendre à cette dépouille mortelle tous les honneurs dûs à un personnage, qui avait occupé une position si élevée dans le diocèse. Elle témoigne avoir, au lendemain des funérailles, obtenu, par son intercession, la guérison d'une maladie invétérée. Le poète académicien, Colletet, compose à l'occasion de cette mort, un sonnet, où il loue spécialement le désintéressement et la patience du défunt [1].

L'archevêque lui donne, comme successeur, Charles de Hennique de Benjamin, docteur ès-saints décrets, conseiller du Roy en ses conseils, official et vicaire général : c'est ainsi qu'il signe lui-même dans l'acte de postulation de Nicolas Courtin [2]. Il devait être fort connu de Chamillard et de Féret, car celui-ci le met au nombre de ceux à qui Mme de Miramion pourra, lui disparu, remettre le soin de sa direction et de celle de ses religieuses. Un nouveau sonnet élogieux de Colletet célébra cette nomination en janvier 1677. Mais la paroisse perdait dans l'année même ce nouveau pasteur. Celui qui le remplaça, imita la longévité de Féret et de Froger.

La Communauté s'était en somme bien accommodée de ces derniers. L'harmonie régna généralement entre elles et leurs successeurs, mais il y eut parfois (et c'était inévitable) dans ces rapports, quelques moments de tension.

Le parisien Joseph Boucher, docteur en théologie, et ci-devant professeur en Sorbonne, nouveau curé de Chamillart [3], prit vite contact avec la communauté, car, avant la fin de cette année 1677, il recevait à la postulation Firmin Pollet, dont le nom reviendra souvent dans cette histoire. L'année suivante, il préside, en qualité de commissaire de l'Archevêque, les élections de juillet, et signe le procès-verbal de nomination de Michel Chamillard à la charge d'économe. En pleine maturité d'âge et de talent, Michel était une notabilité du clergé de Paris. En sa faveur, on dérogea à l'usage, suivi jusqu'alors, de ne point élire le vicaire en qualité d'économe. On n'eut pas lieu de s'en repentir, car il gouverna avec beaucoup de prudence, de sagesse

---

1. *B. M.*, 10877 pièce 38.

2. *A. N.*, MM. 478. Il avait été grand vicaire de Sens. Cf. *B. N.*, fr. 22863.

3. Ce nom s'écrit indifféremment Chamillart ou Chamillard. Michel signe ordinairement Chamillart.

et de douceur[1]. Il perdit, l'année suivante, 1679[2], son frère Gaston ; la mort seule avait pu les séparer et elle est touchante cette affection fraternelle qui fut aussi durable qu'exempte de toute envie. Volontiers le professeur consultait son jeune frère, suivait ses avis et le soutenait dans ses luttes. Michel ne porta pas le deuil de son frère, car Bourdoise l'avait défendu et avait fait, de cette prohibition, un article du règlement. Un ecclésiastique, selon lui et selon les canons, est mort au monde et ne doit pas suivre ses usages[3].

On ne s'étonnera pas de voir Michel prorogé dans ses fonctions d'économe aux élections du 8 juillet 1681, présidées, cette fois encore, par J. Boucher. Un même sort allait bientôt unir ces deux docteurs. Depuis quelque temps, ils suivent avec inquiétude une campagne contre le Saint-Siège, menée à la fois par les Jésuites, le roi et le haut clergé.

Michel n'en était pas à sa première alerte. Quand, au mois d'août 1662, la garde corse d'Alexandre VII avait résisté à main armée aux attaques des gens de Créqui, le jeune Louis XIV avait, par ses prétentions et ses dures exigences, envenimé l'affaire qui n'aurait pas dû dépasser les limites d'un accident. Une thèse, passée en Sorbonne sur ces entrefaites, lui fournit l'occasion de s'appuyer, pour cette lutte, sur la Faculté de Théologie. Le 19 janvier 1663, Drouet de Villeneuve devait soutenir sa *principale ordinaire*. Parmi les propositions[4] se trouvaient celles-ci : Le Christ a donné à saint Pierre et à ses successeurs la suprême autorité sur l'Eglise. Les Souverains Pontifes ont accordé des privilèges à certaines Eglises, comme à l'Eglise gallicane. Les conciles généraux sont tout-à-fait utiles, mais non point absolument nécessaires pour extirper les hérésies, les schismes et autres graves malheurs. L'avocat général Talon, dénonce cette *thèse* au Parlement, dans un violent réquisitoire.

Le 22 janvier 1663, la Cour supprime la *thèse* et défend de soutenir « aucunes semblables propositions ni autres ». Le 31, une députation du Parlement, à la tête de laquelle se trouve Achille de Harlay, se transporte à la Sorbonne, et demande que son

---

1. *Vie imp.* Des., 438.
2. Et non 1690 comme le dit Féret. *La Faculté de théologie*, IV, p. 361.
3. *Vie imp.* Des., p. 418.
4. Subdivisions d'une thèse.

arrêt soit inscrit sur les registres de la Faculté. Celle-ci, pour des motifs divers, n'accède pas immédiatement à cette injonction. On atermoie. Enfin dans la séance du 15 février, la discussion s'échauffe. Grandin, qui a signé la thèse [1] s'explique, Morel proteste, et dit que « si l'on registrait, la Faculté serait semblable à la statue de Memnon [2] ». MM. Bail, Joisel [3], Chamillard [4], et tous les docteurs de Saint-Sulpice et du Chardonnet furent de cet avis, et déclamèrent fort contre la harangue de M. le substitut du Procureur général [5]. M. Chamillard le jeune dit que le concile de Constance n'était point reçu, et que toute sa doctrine n'était que probable [6], mais la plupart des docteurs s'étant élevés contre lui, il fut obligé de dire « qu'il avait été reçu en partie [7] ». La majorité est d'avis d'enregistrer.

Le 1er mars, nouvelles protestations énergiques de la part de tous les professeurs de Sorbonne qui, hélas! ne forment que la minorité [8]. Cette opposition ne dut pas surprendre Colbert, l'âme de cette intrigue. Un de ses affidés gallicans avait envoyé des notes confidentielles sur chacun des membres de la Faculté. Voici celles qui nous concernent : M. Chamillard (Gaston) est homme d'esprit, de savoir, et d'une piété vraiment exemplaire. Il est vénéré comme un oracle dans la Communauté de Saint-Nicolas du Chardonnet où il demeure, et l'on voit reluire les mêmes qualités d'esprit, de science et de vertu en la personne de M. son frère. » Et un peu plus loin : « Chamillard le professeur, naturellement chaud, aimant sa réputation, ferme et vigoureux, quand il entreprend quelque chose, n'en démordant point si ce n'est que des vues essentielles l'en détournassent; d'une grande régularité extérieure, et, aussi sans doute intérieure; qui a du revenu en bénéfices; homme de sens et de conduite, attaché au sentiment de Rome et d'inclination et à cause de la dévotion

---

1. Pour la patronner.
2. Qui n'émettait des sons que sous l'influence directe du soleil.
3. Avec Hallier, il avait été député en 1652 à Rome dans l'affaire du Jansénisme.
4. Evidemment il s'agit de Gaston.
5. Achille de Harlay.
6. On sait que la valeur doctrinale de ce concile est limitée à certaines sessions approuvées par le Saint-Siège.
7. Le rôle de Bossuet ne nous a point paru clair dans cette circonstance.
8. Cornet, par contre, quoique valide, n'assista pas à ces assemblées.

et des connaissances qu'il a prises, et principalement par les grandes déclarations qu'il en a faites dans ses leçons publiques. Aimant la discipline de l'Ecole et de la Faculté, en faisant un grand capital, naturellement enclin à la sévérité pour la discipline de l'Eglise. Il s'absentera plutôt que de faire quelque chose qui déplaise à la cour, mais aussi, sans la dernière violence, il ne se déclarera point contre Rome. Il chercherait volontiers un milieu. Le meilleur est de ne pas songer à lui pour le syndicat, à moins qu'il ne fût nécessaire de pousser les Jansénistes par la Faculté, auquel cas il faudrait prendre beaucoup de mesures pour s'assurer qu'il ne souffrirait pas que l'on fît rien pour détruire ce qui est fait [1]. » L'éloge dans la bouche d'un adversaire, modéré, il est vrai, ne pourrait, à notre avis, qu'être affaibli par des commentaires.

Celui de Michel n'est pas moindre. « Sage, mesuré, dévot, bel esprit, laborieux, aimant uniquement ses livres, savant, naturellement timide, régulier, n'a point la connaissance du monde, le fuyant par dévotion, qui juge sainement sur les sciences, et qui se donnerait assez de liberté dans ses sentiments et dans ses paroles sans l'obsession des dévots et de son frère [2] ». Sauf ce dernier trait, nous croyons que cette « image ou blason » n'est que conforme à la réalité.

L'éloge, d'ailleurs, ne doit pas se limiter à ces deux frères. « M. Dufournel demeure en la Communauté de Saint-Nicolas du Chardonnet, et se propose, par conséquent, d'imiter en tout M. Chamillard dans les règles de sa doctrine et de sa piété ». « M. Dumay passe pour habile, mais il a suivi dans cette occasion les sentiments de la Communauté de Saint-Nicolas où il demeure ». La Communauté « de Saint-Nicolas du Chardonnet n'est pas moins remplie (que celle de Saint-Sulpice) de personnes de vertu et de zèle ecclésiastique, mais elle a peut-être un peu trop d'inclination pour les sentiments d'au-delà des monts. Elle a grand'part dans l'intendance spirituelle du diocèse de Paris,

---

1. *B. N.*, 500. Colbert, vol. 155 ,p. 105. Cf. Ch. Gérin. *Recherches sur l'assemblée de 1682*, 2ᵉ édit, p. 518 et suiv.

2. Etait-il de la Compagnie du Saint-Sacrement ? Nous n'avons pu le découvrir. Par Féret en particulier et Dumetz et peut-être d'autres, il communiquait certainement avec elle, peut-être sans le savoir. D'ailleurs en 1663, elle était mourante et Dumetz avait besoin de tout son zèle pour faire vivre le canton de Saint-Nicolas d. C.

où elle donne, par exemple, des examinateurs de ceux qui se présentent pour les ordres, des confesseurs et des directeurs en beaucoup de communautés religieuses [1] ».

Avec de tels sentiments, il est à présumer que nos docteurs de Saint-Nicolas furent de l'avis de Blanger qui dit « qu'il fallait tous aller en prison », plutôt que de céder. Hélas! ils étaient la minorité. Le Parlement suspend, pour six mois, Grandin, de ses fonctions de syndic, et soixante-dix docteurs consentirent enfin, le 4 avril, à signer, plusieurs, « par lâcheté et crainte des puissances temporelles », comme le leur reprochait Leblanc, de Saint-Sulpice.

Le Parlement, fier de sa victoire, fit enregistrer cet arrêt solennellement dans toutes les Universités. Son triomphe fut encore plus complet le 2 mai suivant. Comme Drouet n'était pas seul à présenter des thèses ultramontaines, la Faculté de Paris, décidément inclinée vers le gallicanisme épiscopal et même parlementaire, rédige des articles destinés à se rendre favorable la Cour : c'est l'affirmation de l'indépendance absolue de la royauté, et, sous une forme négative, l'affirmation de la supériorité du Concile sur le Pape, de la légitimité des libertés de l'Eglise gallicane, de la non-infaillibilité papale. Cela ne se fait pas sans protestations. Un mémoire du temps [2] dit : « On sait de bonne part qu'il y a vingt-deux docteurs de Sorbonne qui ont fait, le 28 mai, des protestations (qui ne peuvent être que criminelles et séditieuses) contre l'enregistrement de l'arrêt du Parlement au sujet de l'infaillibilité du Pape; que les dites déclarations et protestations ont été envoyées au nonce qu'on a fait sortir l'année dernière de France, depuis le différend de Rome. MM. Chamillard frères, le curé de Saint-Sulpice sont du nombre de ces docteurs protestants, qui disent être prêts de mourir pour le contenu de leurs dites protestations... Les mêmes docteurs ont fait de semblables protestations contre les articles naguère (8 mai) présentés au roi par la Faculté;... il est même à prendre garde que le dit sieur Chamillard l'aîné [3]... n'ait eu quelque entrevue sur l'affaire que dessus avec le sus-dit nonce qu'on dit s'être arrêté en Savoie à Chambéry ».

1. *Ibid.*
2. *B. N.*, 500 Colbert vol. 155.
3. Gérin et Féret, *op. cit.*, confondent de temps à autre les deux Chamillards.

Portés au roi par l'archevêque [1], proviseur de la Sorbonne, ces articles de 1663 furent enregistrés, avec plaisir, par la cour souveraine, le 30 mai, et, le 4 août, le roi étendit cet enregistrement « à tous parlements, justices, juridictions et Universités du Royaume, avec défense de lire, dire et enseigner rien qui y soit contraire ». La défaite était complète [2]; « les bons Français », l'archevêque en tête, l'avaient emporté !

Cependant, il eut le bon goût de ne pas faire à Michel Chamillard un crime de son attitude : il se l'adjoignit dans l'œuvre pénible de la conversion de Port-Royal. Enfin, le 18 février 1664, Alexandre VII est obligé de signer, à Pise, un traité humiliant. Louis XIV, satisfait dans son orgueil, entend que cette première déclaration de la Faculté reste un peu lettre morte.

Mais une autre affaire, plus considérable, celle-là, vient encore le mettre aux prises avec la Papauté et une nouvelle crise de gallicanisme éclate plus forte et plus efficace que les précédentes. Nous ne voulons même pas esquisser cette lutte qui laissa de part et d'autre au cœur des combattants une animosité persistante. Dix ans étaient à peine écoulés depuis les premiers démêlés, que Louis XIV veut étendre aux églises de tout le royaume le droit de *régale* que les Papes lui ont accordé pour la plupart des diocèses. La raison qu'il met en avant est très simple : la couronne royale est ronde, et elle doit tout renfermer. Messieurs de Pamiers et d'Aleth, qui ont déjà résisté au Roi dans l'affaire du formulaire, lui refusent ce droit à administrer le temporel des évêchés pendant les vacances des sièges et à nommer pendant ce temps aux bénéfices simples. Cette fois, Pavillon et Caulet sont soutenus par Innocent XI [3]. Ce vieillard énergique, après plusieurs avertissements, menace par un bref, en 1679, de recourir aux mesures extrêmes. Louis XIV, enivré de sa puissance et de sa gloire, s'irrite. Il sent qu'il a besoin de son clergé pour le soutenir dans cette lutte où, chose étrange pour plusieurs, il est

---

1. Qui attendait toujours ses bulles.

2. Jusque-là, à la Faculté, les opinions sur ces matières étaient libres. Mais dans les articles 2 et 3, la Faculté restreignait cette liberté au profit du gallicanisme. De plus, bon nombre de théologiens français, interprétèrent dans un sens affirmatif, ce qui n'était présenté que sous une forme négative.

3. Il y avait encore d'autres causes de dissensions, en particulier la suppression du monastère de Charonne où Innocent XI soutint les religieuses contre le roi, le parlement, l'archevêque de Harlay.

poussé par son confesseur, le Père La Chaise. Nous sommes assez de l'avis de Mme de Sévigné, écrivant à sa fille le 4 août 1680 : « Votre comparaison est divine, de cette femme qui veut être battue. Oui, disent-ils, (les membres du clergé) je veux que l'on me batte. De quoi vous mêlez-vous, Saint-Père ? Nous voulons être battus. Et là-dessus, ils se mettent à le battre lui-même [1] ». On ne saurait, à notre avis, mieux résumer la position équivoque prise, trop souvent, depuis cette époque, jusqu'au Concile du Vatican par le clergé de France dans la question des rapports de l'Eglise et de l'Etat.

En mars et mai 1681, « la Petite Assemblée » prépare la Grande Assemblée de 1682. Nous n'avons pas à examiner ici le rôle de cette dernière réunion qui, à distance, paraît si douteux, et, pour tout dire, si humiliant. On sait assez quelles en furent les conclusions : Le 19 mars, soixante-douze évêques ou prêtres présents à l'assemblée signèrent les quatre articles dont le quatrième surtout devait déplaire souverainement à Saint-Nicolas. Le voici : « Quoique le Pape ait la principale part dans les questions de foi et que ses décrets regardent toutes les églises et chaque église en particulier, son jugement n'est pourtant pas irréformable à moins que le consentement de l'Eglise n'intervienne ». Ainsi donc, l'opinion de l'infaillibilité qui, jusque-là, est demeurée libre, même à la Faculté de Paris, est condamnée doctrinalement. L'Assemblée ne s'en tient pas là : elle demande au Roi d'ordonner, par un édit, l'enregistrement des quatre articles dans toutes les Cours et leur enseignement dans toutes les universités du royaume [4]. Cette fois, ce n'est plus le Parlement qui a l'initiative de cette mesure odieuse et néfaste, c'est le clergé lui-même.

La déclaration est souscrite le 19 mars 1682; le lendemain, Louis XIV, fier de sa victoire, signe son édit, que le Parlement s'empresse d'enregistrer le 23. C'est une manière de schisme qui commence. La riposte d'Innocent XI ne se fait guère attendre. Quoique sa bulle du 11 avril ne parlât pas explicitement des quatre articles et qu'elle eût pour but de répondre à la lettre où les évêques, le 3 février, approuvaient l'extension de la régale, c'était néanmoins et manifestement la réponse de Rome à la

---

1. Allusion spirituelle à la farce de Molière : *Le Médecin malgré lui*.
2. Loyson lui-même (*L'assemblée du clergé de France de 1682* p. 373-374) reconnaît qu'en cela l'assemblée eut tort.

Déclaration[1]. Elle fut lue à l'Assemblée le 9 mai. On voulut y répondre, et on chargea Bossuet de cette réplique. Heureusement que Louis XIV, plus sage que les prélats de sa création, arrêta la lettre, suspendit les séances le 9 mai, et le 29 juin renvoya sèchement chacun chez soi. Ses ordres furent obéis. La seule résistance qu'il rencontra, ce fut celle de la Faculté de théologie. Dans ce combat inégal, mais glorieux pour le vaincu, Saint-Nicolas, comme on va le voir, se signala.

L'arrêt du Parlement avait aggravé encore l'édit royal : Un droit d'inspection et de contrôle sur l'enseignement de la théologie des collèges et des maisons dépendantes des universités, était conféré aux procureurs royaux. C'était l'asservissement de l'enseignement théologique à la tyrannie des légistes. Même parmi ceux qui admettaient les quatre articles, les raisons de résister à l'enregistrement ne manquaient pas. Les attributions et le prestige de la Faculté étaient, en effet, par là, notablement diminués. Prévoyant une résistance, le gouvernement voulut emporter de haute lutte et sans discussion, l'enregistrement de l'édit du Roi et de la Déclaration. Chose tout à fait insolite, le premier président De Novion, assisté du procureur général de Harlay, et de six conseillers, se rendit lui-même en Sorbonne pour frapper les esprits, intimider les timorés et réclamer l'enregistrement. Grâce à une comédie diplomatique, ces légistes sortent avant toute discussion ; l'assemblée de la Faculté se dissout sans rien résoudre. Le 16 mai, Louis XIV interdit par une lettre écrite au syndic Pirot, de laisser d'ici à la prochaine réunion (1er juin) mettre en discussion, les matières « depuis si longtemps décidées ». Cet ordre est renouvelé la veille de la séance (31 mai).

Cependant, on se concerte de part et d'autre. Le 1er juin, séance orageuse, où, par un point de procédure, habilement employé, l'enregistrement n'est pas voté. Colbert, ému, écrit au procureur, qu'il paraissait que « tout était perdu ». Le lendemain, ce procureur propose une loi de rigueur. « Si l'on veut remédier véritablement au désordre essentiel à la Faculté de théologie et sans violence inutile, c'est de pourvoir, comme on le doit, à la maison de Sorbonne ; c'est de faire faire les devoirs (sic) aux professeurs,

---

1. Loyson *op. cit.*, p. 332, la trouve d'une « sévérité excessive ». Il est certain qu'elle est énergique et que le rôle du clergé français y est sévèrement qualifié.

et de faire, à l'égard des séminaires de Saint-Sulpice et des Missions étrangères particulièrement, et si l'on veut, de ceux *de Saint-Nicolas du Chardonnet* et des Bons-Enfants, le règlement que l'on fit en 1663 à l'égard des mendiants, qu'il n'y entre que deux dans les assemblées de la Faculté [1] ». On voulait, à tout prix, éviter le scandale d'une résistance ouverte de la Faculté et on retenait, sans oser les lancer, les lettres de cachet déjà toutes prêtes.

Le Parlement ordonne une assemblée extraordinaire pour le 15 juin. La veille de ce jour, d'accord avec le roi, l'archevêque, qui avait joué un grand rôle dans l'assemblée de 1682, et en avait habilement dirigé les débats dans un sens favorable au roi, réunit quelques docteurs et, par des paroles doucereuses, essaya de les gagner et, par eux, tous les docteurs récalcitrants. On atteignit ainsi le 15 juin. Rarement il y eut une pareille affluence de docteurs : il en arriva de plusieurs provinces et bon nombre qui ne venaient jamais à la Sorbonne s'y rencontrèrent. La séance commença à 7 heures du matin. « On remarqua qu'il n'y avait personne de Saint-Sulpice. Plusieurs qui ne savaient pas la raison pour laquelle ils ne s'y trouvèrent pas, furent surpris, ne croyant pas qu'ils dussent s'absenter dans une occasion de cette conséquence où il s'agissait de soutenir les intérêts de la Faculté ; mais ceux qui étaient plus instruits du détail de l'affaire, savaient qu'une personne qui avait autorité et caractère pour leur parler de la part du Roi, leur avait témoigné qu'il ferait plaisir à sa Majesté de ne s'y pas trouver ». M. Michel Chamillard [2] qui n'allait plus à la Sorbonne depuis plusieurs années, crut se devoir trouver à celle-ci et quoique Mgr l'Archevêque lui eût témoigné qu'il lui ferait plaisir, aussi bien que M. Boucher (curé de Saint-Nicolas) de n'y point aller, s'ils ne croyaient pas pouvoir opiner en conscience comme il désirait, parce qu'il serait fâcheux que les chefs de *son* séminaire se distinguassent en cette occasion, il ne laissa pas de s'y trouver [3] ».

Il lui aurait cependant été facile de s'abstenir, lui aussi : sa dé-

---

1. Le procureur de Harlay, n'a pas la plume élégante, on peut le constater. Cf. *B. N.*, fr. 17417.

2. Gaston est mort.

3. *B. A.*, ms. 2291 nommé communément manuscrit de Saint-Sulpice, tome IV, cf. Gérin, *op. cit.*, p. 591.

pendance étroite à l'égard de son archevêque, la situation pénible qu'il y a, en matière doctrinale, à être en désaccord avec ses chefs, les intérêts de son séminaire, dont il était supérieur et auquel de Harlay pouvait enlever ses prérogatives diocésaines, les intérêts de ses proches, spécialement de ses neveux, dont plusieurs avaient des emplois dans l'administration et l'armée, sa timidité naturelle, la crainte de sévices ; rien ne l'arrêta. Evidemment, il tenait à sauvegarder l'honneur et le privilège de la Faculté de théologie, mais, avant tout, il voulait, par un dernier effort, s'opposer à ce qu'il regardait comme une erreur fondamentale et une tentative de schisme. En cela, il se trouvait d'accord avec son curé. Celui-ci était soutenu, à son tour, par ses deux frères, l'un docteur de Navarre, l'autre, chanoine de Notre-Dame[1]. Nous avons, dans la fameuse relation du manuscrit dit de Saint-Sulpice, un tableau exact, croit-on, de cette séance mémorable. Grandin, second opinant, fut d'avis d'enregistrer, mais sous forme mitigée et ajouta qu'étant bientôt près de mourir (il avait quatre-vingts ans), il ne consentirait jamais à enseigner les 4 articles. Après qu'un certain nombre de docteurs eurent donné leur avis, Chamillard prononça un discours que Loyson qualifie « d'événement de la séance » et il le transcrit en disant que c'est « une des pièces capitales du procès historique » qu'il examine :

Il y a deux choses qui paraissent fâcheuses dans l'enregistrement qu'on nous demande de l'édit du Roi et des propositions du Clergé.

L'une, que plusieurs grands personnages de ce royaume et de cette sacrée Faculté, également célèbres et par leur doctrine et par leur piété, et même des plus attachés aux intérêts du Roi très-chrétien, ont soutenu avec vigueur la partie contraire à quelques-unes de ces propositions, je dis à quelques-unes et non pas à toutes.

Le Clergé de France, dans sa dernière Assemblée, n'a pu les déterminer de manière qu'elles puissent passer pour être tout à fait certaines et d'une créance indubitable. C'est un pouvoir réservé aux seuls évêques assemblés en un Concile œcuménique. Il n'a pu même les établir de telle manière que la sacrée Faculté, qui juge souverainement des points de doctrine et dont l'autorité n'a rien de commun avec celle

---

1. Dans *A. N.*, M. 208 se trouve une note d'inspiration janséniste qui doit se référer à la date de 1703. Il n'y est plus question que de deux Bouchers, l'un, l'aîné, curé de Saint-Nicolas, l'autre demeurant en Sorbonne. « Ils sont sujets aux vapeurs et le puis-né regardé comme un si petit esprit, que, parmi ses confrères, on l'appelle tout communément Fanchon-Boucher ». Les confrères dont il s'agit sont probablement jansénistes.

du Clergé, soit obligée de les recevoir. Que si un bachelier ou quelque professeur se sent fortement persuadé de la vérité des propositions contraires, comment peuvent-ils être obligés de défendre dans leurs thèses ou d'enseigner en public des choses qu'ils ne croient pas ? Il est donc de notre devoir de délivrer nos bacheliers et nos professeurs de ce poids qui ne chargerait pas moins notre conscience que la leur.

L'autre chose qui fait de la peine est qu'il sera plus dangereux qu'utile d'enseigner publiquement quelques-unes de ces propositions. Car qui est celui qui voudrait donner des louanges à un homme qui dirait aux enfants d'une famille : « Enfants, gardez-vous bien de croire toujours à votre père, parce qu'il peut mentir quelquefois ? » Je veux qu'il puisse mentir ; ne serait-il pas toujours plus sage de le taire que de le déclarer en la présence des enfants ?

Pardonnez-moi, mes très-sages Pères, si j'ose appliquer ici un exemple profane à des choses sacrées. Les Perses, qui adoraient le soleil, n'osaient le regarder dans son couchant; ils appréhendaient, dit saint Jérôme, que la lumière défaillante de cet astre mourant ne laissât dans leurs esprits quelques impressions désavantageuses à sa divinité. Que le Souverain Pontife puisse quelquefois faillir ou qu'il ne le puisse pas, qu'est-il nécessaire non seulement d'examiner ce défaut, mais même de le divulguer ouvertement partout ? L'esprit de religion n'est-il pas déjà assez affaibli parmi les peuples fidèles, sans qu'il soit besoin de l'affaiblir davantage ?

Ces choses étant si véritables, je juge qu'il est à propos de députer quelques-uns de la sacrée Faculté vers Mgr l'illustrissime archevêque de Paris, qui lui redisent ce qui embarrasse dans cette affaire la sacrée Faculté, afin ou qu'il lui soit permis de présenter dans un placet une très-humble remontrance au Roi, ou, s'il le juge à propos, qu'il ait la bonté de lui demander qu'elle en soit délivrée, et principalement de l'obligation qu'on veut imposer à nos bacheliers de soutenir les propositions dans leurs thèses, et à nos professeurs de les enseigner publiquement, et que, cependant, l'enregistrement soit différé.

Voilà mon sentiment, que je ne crois point contraire ni à l'édit du Roi ni à l'arrêt du Parlement; car, s'il vous souvient de ce qui se passa dans la sacrée Faculté, l'an 1663, le 9e février, au sujet de la thèse du sieur de Villeneuve, alors bachelier, comme l'on signifia l'arrêt du Parlement à la Faculté, elle déclara dans une assemblée extraordinaire que cet arrêt, comme il était conçu, ne devait pas être inséré dans les registres, mais qu'il fallait aller à M. le premier Président lui demander, avec l'honneur et le respect qu'on lui doit, qu'il voulût bien avoir la bonté d'expliquer son véritable sentiment là-dessus, après lui avoir fait connaître qu'il ne lui appartenait pas de porter un jugement de doctrine en matière de foi et dans les dogmes de l'Eglise, ni de blesser les droits de la Faculté [1].

---

1. Cf. Loyson, *op. cit.*, p. 414-415 et *B. A.*, 2291, p. 2465-2468. Elle se trouve en latin, *ibid.*, p. 2797.

On nous permettra de faire plusieurs réflexions sur ce texte. On en remarquera d'abord la clarté et la concision. Le but de l'orateur est non pas d'exposer ses propres sentiments sur les points en litige, mais d'indiquer les raisons qui empêchent de faire des 4 articles, une doctrine imposée. La première est que les opinions opposées à plusieurs de ces quatre articles ont été soutenues par de graves autorités et que cela les rend *probables* dans le sens théologique du mot. Remarquons cependant cette réserve « non pas à toutes » Il entend par là très probablement les articles où la puissance *temporelle* est affirmée indépendante de la puissance spirituelle. En France, depuis l'affaire Santarel, on n'ose presque plus soutenir le pouvoir indirect des Papes, tant on craint d'ailleurs de donner prise à des interprétations facilement qualifiées de séditieuses. Nous savons que le Père La Chaise est un des premiers à appuyer de son autorité ces articles délicats. Chamillard, par cette réserve, répondait d'avance à une grave objection qui aurait pu détruire tout l'effet de son discours.

Loyson donne du second paragraphe une interprétation qui nous paraît absolument détournée du vrai sens : « Sur le fond même de la doctrine, dit-il en effet, M. Chamillard allait non seulement aussi loin, mais plus loin que le quatrième article de la Déclaration. Il disait que le pouvoir de rendre des propositions tout à fait certaines et d'une créance indubitable, était réservé aux seuls évêques assemblés en concile œcuménique. La déclaration parlait simplement du consentement de l'Eglise soit réunie, soit dispersée. Si M. Chamillard (ajoute-t-il) est le type des ultramontains français d'alors, il faut convenir qu'ils étaient bien différents de nos ultramontains d'aujourd'hui ».

Si l'abbé Loyson vivait encore, nous lui ferions remarquer que Chamillard, dans ce passage, ne dogmatise pas, il argumente contre l'enregistrement. Il constate que, seuls, au moment où il parle, les décrets dogmatiques sanctionnés en conciles œcuméniques, sont, par tous, reconnus comme de foi, et il en conclut que la déclaration d'évêques réunis par le Roi dans une assemblée qui n'est pas même un concile national ou provincial, ne peut être regardée comme une obligation de foi. Si elle n'oblige pas les fidèles, à plus forte raison n'oblige-t-elle pas la Faculté qui, grâce à ses privilèges, juge souverainement[1] des points de doctrine. Enfin, au nom de la liberté des opinions, au moins tolérées par l'Eglise, il réclame pour les professeurs et les bacheliers de la Faculté, de ne pas défendre dans leurs thèses ou dans leurs leçons, des choses qu'ils ne croient pas. Nous ne voyons pas ce qu'on pouvait répondre de solide à ces raisons dictées par le bon sens. Chamillard n'a pas à s'occuper ici du consentement de l'Eglise dispersée, cher aux gallicans ; c'est là une question de controverse et il s'agit ici d'un enregistrement qu'il faut éviter

Vue de la Sorbonne. *B. N.*
Au milieu : l'église ; à gauche de l'église : la Sorbonne.

à tout prix. Loyson n'a pas raison d'ajouter presque immédiatement que « sans doute la phrase de Chamillard ne traduisait pas exactement sa pensée ». Elle la traduisait, mais non pas son arrière-pensée, bien connue d'ailleurs de tous. Pour la deviner, il suffisait d'entendre la deuxième partie, si pathétique, dans sa brièveté. Là encore, il ne donne pas son opinion complète : il tire argument d'une vérité d'ordre naturel et c'est vouloir dénaturer l'argument, que de dire avec Loyson, que Chamillard ne nie pas le défaut d'infaillibilité dans le pape et qu'il « y consent au contraire ». Qui ne voit qu'en disant « je veux qu'il puisse mentir », Chamillard n'accepte que par hypothèse l'opinion des gallicans : même dans ce cas, dit-il, il faudrait refuser l'enregis-

---

1. Evidemment il s'agit ici, simplement d'indépendance à l'égard du chancelier de N.-D., de l'archevêque et des assemblées du clergé.

Saint-Nicolas.

trement, par suite du respect que les enfants et les chrétiens doivent à leur Père et à leur Souverain Pontife[1].

Quant aux résolutions, formulées par le vaillant docteur, elles nous paraissent réunir la modération et la fermeté. Aussi, la proposition de Chamillard fut-elle « fort écoutée et plusieurs témoignèrent qu'ils entraient dans son sentiment ». La *triade* des Bouchers fut aussi d'avis de présenter une requête (au Roi) avant que d'enregistrer. Le curé de Saint-Nicolas, poussé par quelques évêques un peu honteux d'eux-mêmes, fut particulièrement pressant Il reproduisit quelques-unes des raisons de Chamillard, mais avec plus de mordant. Il ajouta quelques arguments plus directement dirigés contre les assemblées du clergé. Il argua de ce fait, que, dans l'affaire du Jansénisme, ce fut la Faculté qui reçut de l'Assemblée un formulaire, le loua, l'approuva et obligea d'y souscrire. Puis il agitait la menace d'excommunication papale. « Enfin, on lui demanda son sentiment et il conclut que son avis était qu'on suspendît l'enregistrement et qu'on ferait ses très humbles remontrances au Roi[2] ». « Toute l'assemblée se passa dans le calme. Jamais il n'y eut plus d'audiences et moins de tumulte. Comme on entendit sonner onze heures et demie, on voulut se séparer, mais Monsieur le syndic dit qu'il ne fallait pas et qu'il y avait ordre du Parlement de terminer l'affaire ce jour-là ». On continua donc d'opiner... (puis le syndic Pirot) « ayant vu que la pluralité des voix allait à l'enregistrement[3], il donna les mains, peu de temps après, à ce que l'assemblée se séparât et qu'on remît au lendemain les conclusions de cette affaire. Il y avait 35 voix pour l'enregistrement et 29 contre. Le soir même, le procureur de Harlay, alarmé, écrivait à Colbert : « Je ne doute point que vous ne soyez déjà informé de ce qui s'est passé ce matin dans la Faculté de théologie : mais pour plus grande précaution, je ne laisserai pas de vous informer que le sieur Grandin ayant ouvert l'avis d'obéir aux ordres du Roi et de faire ensuite

---

1. Loyson avoue lui-même, *op. cit.*, p. 418, que la question de l'enregistrement était « le cercle prescrit d'où l'on ne devait pas sortir et chaque fois qu'un docteur en opinant le franchissait ostensiblement, il soulevait des protestations » car « le parlement l'avait défendu ». Mais derrière cette question d'enregistrement, nul n'ignorait, qu'au fond, s'agitait une question de doctrine.

2. *Manuscrit Grandet.*

3. Il nous semble qu'on attendrait là une négation.

des remontrances à sa Majesté, sur la difficulté d'enseigner et de soutenir les propositions du clergé, le sieur Chamillard et plusieurs autres de cette secte après lui, ont été d'avis de faire ces remontrances avant d'obéir et particulièrement sur l'article IV qui regarde l'infaillibilité du Pape ». Puis, craignant que la coalition des deux fractions de la Faculté n'amène le rejet de l'enregistrement, il conseille de ne pas achever le lendemain une chose qui ne peut « finir que très mal ». A la suite de cette alarme, le lendemain, 16 juin, « sur les six heures du matin, l'huissier vient signifier au doyen [1] de la Faculté, un arrêt du Parlement, donné le même jour (il y avait urgence!) par lequel la Cour défendait aux docteurs de continuer leur assemblée et mandait au doyen et aux six professeurs de Sorbonne, au grand-maître et aux quatre professeurs de Navarre, et à tous ceux que le procureur général indiquerait, de se trouver au Parlement, au parquet des huissiers, à sept heures du matin. Messieurs Chamillard, Blanger, Humblot, etc., furent du nombre des indiqués. La Cour ne pouvait avoir été assemblée assez matin pour donner cet arrêt et l'on dit qu'il avait été résolu le lundi au soir fort tard, entre M. l'Archevêque, Monsieur le premier Président, le Procureur général et Monsieur le marquis de Seignelay que le Roi avait chargé de cette affaire et qui, sur les nouvelles qu'on avait portées à Versailles, de ce qui s'était fait à la Faculté, était venu exprès de Paris pour y mettre ordre. Les docteurs étant entrés, Monsieur le premier Président les traita d'une manière fort sèche ». L'épithète nous paraît douce et rarement l'outrecuidance des légistes éclata davantage. Il termina sa mercuriale par ces mots tranchants : « La Cour, persuadée que vous ne méritez plus sa confiance, vous défend de vous plus assembler jusqu'à ce qu'elle vous en ait prescrit la manière : ce qu'elle aura soin de faire avant le 1er juillet ». Il demanda ensuite si le greffier de la Faculté était présent et, comme on l'eut fait approcher et qu'on lui eut demandé s'il avait apporté ses registres, « on lui ordonna de passer au greffe et d'y aller faire l'enregistrement de l'édit du Roi, de la déclaration du clergé et de l'arrêt qui lui serait dicté par le greffier de la Cour. Ce qui fut exécuté à l'heure même et les docteurs s'en retournèrent [2] ».

1. Le très âgé Pancrace Bétille.
2. B. A., 2291, tome IV.

L'appareil de la justice, la gravité solennelle de Harlay ne les avaient pas trop intimidés. Le soir même, peu fier de cet enregistrement forcé, Harlay écrit au chancelier le Tellier une lettre où, entre autres remèdes à la situation, il préconise de nouveau « la réduction des séminaires et de toutes les Communautés à certain nombre pour entrer dans les assemblées de la Faculté [1] ». Louis XIV ne pouvait souffrir une pareille résistance au moment où les prélats créés par le concordat de François Ier étaient à genoux devant lui. « Le lundi suivant, 22 juin, deux valets de pied du Roi allèrent, dès le matin, chez Monsieur Boucher, curé de Saint-Nicolas du Chardonnet [2] et Monsieur Chamillard, vicaire et supérieur du séminaire de ladite paroisse, leur porter un ordre de Sa Majesté [3], de se retirer incessamment, le premier à Guingamp en Basse-Bretagne (où le français était inconnu) et le second à Issoudun, en Berry ». Un anonyme fait remarquer justement qu'on en avait usé plus humainement envers Chamillard, car Issoudun était le lieu originaire de sa famille. « Mais comme ils ne purent partir le jour même à cause que les carrosses d'Orléans étaient déjà partis, ils furent visités d'une infinité de personnes et *partirent avec joie* [4] le lendemain, s'estimant honorés de ce traitement qu'ils recevaient pour avoir voulu défendre les intérêts de la Faculté et de l'Église. Dans le jour où ils demeurèrent à Paris, Monseigneur l'Archevêque envoya leur faire compliment et leur témoigner la douleur qu'il avait de ce coup et les assurer du soin qu'il avait pris de le détourner. Sitôt qu'ils furent partis, il manda la Communauté de l'église Saint-Nicolas : il leur témoigna les mêmes choses et leur dit de continuer leurs fonctions ordinaires, soit pour l'administration de leur paroisse, soit pour les affaires du diocèse, jusqu'à samedi qu'il leur enverrait ses ordres [5] ».

Après le départ de Chamillard et de Boucher qu'un abbé fidèle

---

1. Par exemple à deux docteurs par communauté, comme on l'avait déjà fait pour les ordres mendiants.
2. Le ms. B. N., f. 11615, ajoute: grand vicaire.
3. A. N., O 1 * 26, p. 191. « Ordre du Roy au sieur Boucher pour lui dire de se rendre à Guingan. Il est ordonné au sieur Boucher de partir aussitôt notre ordre reçu pour se rendre à Guingan et d'y demeurer jusqu'à nouvel ordre. Fait à Versailles le XXI juin 1682. — Pareils ordres ont été expédiés ledit jour pour le sieur Chamillart, pour Issoudun. »
4. Ces mots rappellent invinciblement le fameux : *Ibant gaudentes...*
5. B. N., f. 14615.

suivit en exil, on porta des lettres de cachet successivement à huit autres docteurs qui, semblables aux apôtres dispersés par la première persécution, contribuèrent à maintenir l'unité de l'Eglise, dans les différentes provinces du royaume [1].

Revirement soudain : Le 21 juin, Louis XIV signe les ordres d'exil, et, par une décision qui surprend, le 29 du même mois, il envoie à l'assemblée du clergé une lettre de cachet lui ordonnant de se dissoudre. Armé de la déclaration et débarrassé d'une réunion qui prendrait volontiers les allures d'un concile schismatique, il aura plus de liberté pour négocier avec Rome [2]. Tant bien que mal, on obtient d'une centaine de docteurs la signature d'une requête pour *réouvrir* les assemblées de la Sorbonne. Le procureur Harlay ne lâche pas sitôt sa proie. Il revient sans cesse sur cette idée qu'il faut punir la Faculté, la rendre plus malléable, et spécialement réduire les docteurs des communautés, « de la Compagnie de Saint-Sulpice, du séminaire des Missions étrangères, de la communauté de Saint-Nicolas [3] ». Une campagne dirigée par des ecclésiastiques, seconde ces efforts de Harlay. Ils dénoncent comme unis aux Sorbonistes les docteurs « de Saint-Sulpice, des Missions étrangères et de Saint-Nicolas ». Enfin, sous le poids d'une coalition puissante, la Faculté cède, petit à petit : vers la fin du XVIIe siècle, elle est inféodée au gallicanisme épiscopal et penche vers le gallicanisme parlementaire.

Cependant, en 1682, l'opinion publique est pour les exilés. « On louait ces docteurs du zèle qu'ils avaient témoigné pour les intérêts de la religion, on prenait même leur parti à la Cour contre le Parlement et les Evêques du clergé et jamais la Sorbonne n'avait été dans un si haut point d'estime et de réputation [4] ». Malgré les sympathies du public, les exilés partirent le 22 juin, cha-

---

1. Cf. Gérin, *op. cit.*, p. 398. Les ordres de départ avaient été signés le 21 juin également. Cf. *A. N.*, O 1 * 26 p. 191.

2. On sait que ces négociations furent pénibles et durèrent longtemps.

3. Gérin. *op. cit.*, p. 410.

4. Manuscrit de S. Sulpice, *B. A.*, ms. 2291, tome IV; Cf. *Nouvelles ecclésiastiques*, *B. N.*, f. 23510. p. 45. « Vous ne sauriez croire comme ces exils sont improuvés dans le public; c'étaient des processions de gens qui accompagnaient les exilés. »

cun pour sa destination. Une lettre de la main[1] était lancée, la veille, pour recommander à l'évêque de Tréguier de prendre garde à la conduite de Boucher. Probablement que de pareils ordres parvinrent aux autres évêques dont les diocèses furent, cette fois, des lieux d'exil. Chamillard partit au milieu de l'affliction de la communauté, mais sa disgrâce le toucha moins que personne. A Issoudun « il passa cinq ans entiers aussi tranquille que s'il eût été chez lui, donnant une partie de son temps à la prière, et employant le reste à revoir ses prônes, qu'on lui conseillait de faire imprimer[2]. Il ne laissa pas de se charger de la conduite de plusieurs personnes, qui avaient confiance en lui, et il leur rendit de très grands services pour leur avancement spirituel, particulièrement aux religieuses de la Visitation, qui, l'ayant logé auprès d'elles et le voyant plus souvent, eurent aussi plus de part à ses conseils. Elles lui firent plaisir en le débarrassant du soin qu'il eût été obligé de prendre pour sa nourriture, mais il ne leur fut pas à charge; car, outre qu'il leur paya une pension plus forte qu'elles n'eussent osé lui demander, il voulut qu'on le traitât comme à Saint-Nicolas et il ne permit pas qu'on lui servît autre chose que du bœuf, du veau ou du mouton, et jamais de gibier ni de volaille[3] ».

Revenons à la Communauté, qui doit être bien en émoi. Elle attend impatiemment le samedi, jour fixé par l'archevêque, pour statuer sur son sort. Le dimanche 28 juin paraît la sentence sous forme de mandement[4].

Mandement de Monseigneur l'Archevêque François, par la grâce de Dieu et du Saint-Siège apostolique, archevêque de Paris, duc et pair de France, Commandeur des Ordres du Roy, proviseur de Sorbonne.

---

1. *A. N.*, O1 * 26, p. 191. « Lettre de la main à M. l'Evêque de Tréguier, à Versailles le 21 juin 1682. Monsieur. La conduite que le sieur Boucher a tenue à Paris, ayant obligé le Roy de l'envoyer à Guingan (Guingamp) Sa Majesté m'ordonne de vous écrire que son intention est que vous ayez attention à celle qu'il tiendra dans lad. ville et que vous preniez la peine de m'en informer afin que j'en rendre compte à Sa Majesté. Je suis, etc... »

« Lettre de la main au sénéchal de Guingan. A Versailles, le 21 juin 1682. Le Roy ayant ordonné au sieur Boucher de se rendre à Guingan, Sa Majesté m'ordonne de vous écrire que son intention est que vous fassiez savoir le jour qu'il sera arrivé que vous preniez garde qu'il n'en sorte point et qu'en cas qu'il se donnât cette liberté, vous m'en donniez aussitôt avis. Je suis... »

2. Nous ne croyons pas qu'il ait été donné suite à ce projet.
3. *Vie imp.* Des., p. 439.
4. *B. A.* ms. 2991. Tome IV, p. 2808.

Sa Majesté ayant jugé à propos d'éloigner de Paris les sieurs Boucher, curé de la paroisse Saint-Nicolas du Chardonnet, commis par Nous à l'examen des Confesseurs de notre diocèse, et Chamillard, œconome de nostre séminaire de Saint-Nicolas; nous nous trouvons d'autant plus obligez de pourvoir à ces emplois avec choix et diligence, qu'il s'agit de la direction spirituelle d'un peuple considérable, de la discipline d'une Communauté établie pour former les mœurs des jeunes Ecclésiastiques et de la mission des prestres ausquels Nous confions la conduite des âmes. A CES CAUSES, estans informez du mérite du sieur Cocquelin, prestre docteur de la maison (de Sorbonne) et de l'Université de Paris, dont la capacité et l'expérience ont paru depuis plusieurs années, tant dans l'administration d'une des principales cures de cette ville, que dans l'exercice dudit office de chancelier; Nous l'avons commis et commettons par ces présentes pour faire les fonctions de Curé de ladite Paroisse et

Portraits B. N.
Fr. de Harlay.

d'œconome dudit séminaire, au lieu et place desdits Boucher et Chamillard et pendant leur absence seulement. Ordonnons tant aux paroissiens dudit Saint-Nicolas, qu'à tous les Ecclésiastiques dudit Séminaire, de le reconnoître en qualité de préposé par Nous auxdites fonctions. Nous déclarons encore que tous les Lundis et les Vendredis de l'année, à deux heures de l'après-midi, Nous tiendrons, dans la Chapelle de nostre Palais Archiépiscopal, une assemblée composée de personnes que Nous choisirons et à laquelle ledit sieur Cocquelin présidera en nostre absence, pour l'examen des Curez, Vicaires, Confesseurs et Prédicateurs qui se présenteront pour être admis en nostre Diocèse; laquelle Assemblée Nous tiendrons pour la première fois le Lundi 6 juillet. Et à l'égard de la Conférence pour les cas de conscience, Nous ordonnons que ledit sieur Cocquelin ou, en son absence, celuy qui sera préposé par Nous, la tiendra tous les lundis en ladite Chapelle de nostre Archevesché, à l'heure ordinaire qu'elle se faisoit audit séminaire. Et afin que les Ecclésiastiques de nostre diocèse en soient deuëment avertis, Nous voulons que cette Ordonnance soit envoyée dans toutes les Paroisses, à la diligence des Archiprestres de Sainte-Marie-Magdeleine et de Saint-Séverin et de nos Doyens ruraux en la manière ordinaire. Donné à Paris, en nostre Palais Archiépiscopal, le 28 juin 1682. Signé : François, archevesque de Paris.

Et plus bas : Par Monseigneur, MORANGE.

Trois mesures graves sont donc prises par l'archevêque courtisan. Il enlève d'abord à Saint-Nicolas, l'examen des prêtres étrangers, qui demandent à être admis dans le diocèse; ensuite, la conférence des cas de conscience, qui est transférée à l'archevêché.

De plus, il impose, à la paroisse[1] et à la communauté, un chef nouveau. Ce chef n'est pas inconnu rue Saint-Victor. Le manceau Nicolas Cocquelin avait été répétiteur de l'abbé Le Tellier, fils du ministre, et, plus tard, archevêque de Reims. D'après le P. Rapin[2], il aurait cherché à faire fortune par la nouvelle doctrine de Jansénius et aurait tâché de devenir quelque chose en se donnant à cet abbé. Docteur de Sorbonne (1658), il avait remplacé à Saint-Merry, de 1664 à 1668, le fameux Duhamel, assagi et devenu signataire; il fut ensuite nommé chanoine et chancelier du Chapitre. Dans le dossier secret de 1663, il est favorablement traité par l'agent de Colbert. D'ailleurs, c'est lui qui dresse les six propositions de 1663. Intrigant et intelligent, tel il nous paraît être. « Il avait de l'esprit », dit Descouraux[3]. Grâce à l'archevêque Le Tellier, il devint promoteur de l'assemblée de 1682. En cette qualité, il introduisit la grave question des six articles de 1663; il exhorta l'assemblée à préciser sa doctrine. « Changez, dit-il, ce qui n'est qu'une simple déclaration d'un jugement doctrinal de la Faculté de théologie, en une décision de l'Eglise gallicane, qui tienne lieu de chose jugée, au moins pour toute la France[4] ».

1. « Le peuple en est si fort mécontent qu'il a dit qu'il sortirait de l'église s'il entreprenait d'y dire la messe ou d'y faire le prône. » *B. N.*, f. 23510, p. 46 bis.
2. *Mémoires*, tome III, p. 141. Ne pas oublier que cet auteur est un jésuite.
3. *B. M.*, ms. 2451. *Abrégé de la vie de Messire Firmin Pollet.*
4. Procès-verbal de la séance du 26 nov. 1682.

Et ce porte-parole du gallicanisme avait obtenu gain de cause. L'archevêque ne pouvait donc faire un choix plus significatif et les mesures qu'il prenait démentaient la courtoisie de ses paroles et de ses démarches...

La Sorbonne fit-elle des remontrances au Roi pour le rappel des 10 docteurs exilés ? Les *Nouvelles ecclésiastiques* le prétendent [1]. Sûrement, cette démarche, si elle eut lieu, ne fut suivie d'aucun résultat. L'exil dura 5 ans. Au mois d'août 1687, la même feuille [2] insinue que des négociations sont ouvertes entre Louis XIV et le pape Innocent XI. L'affaire des *Franchises* était arrivée à un état aigu. Mais le roi d'Espagne, pour faire pièce à Louis XIV, vient de céder sur ce point au Pape et de renoncer par conséquent aux franchises. « Les sbires (du Pape) ont incessamment visité la place d'Espagne, se contentant de saluer les armes du Roy catholique en passant ; et il y a grande apparence que les Vénitiens feront de même et qu'on laissera à la France seule (le soin) de démêler cette fusée. Je ne sais si on n'a point voulu contrecarrer cette finesse d'Etat par une autre, car ou notre accord est fait [3] avec Rome, ou on le montre fort avancé ; le rappel des docteurs de Sorbonne exilés en est une preuve certaine ; M. le Cardinal-Nonce se donne la gloire de l'avoir négocié et M. de Paris de l'avoir obtenu de la bonté du Roy. Quoi qu'il en soit, il (le rappel) fut déclaré au commencement de ce mois, et Sa Majesté donna des ordres pour les faire revenir tous [4]... »

Quand, au mois d'août 1687, Chamillard revint frapper à la porte de la rue St-Victor, il trouva dans la maison bien des modifications, sauf dans le personnel. La Communauté qui s'était, avant son départ, définitivement agrégé Debeauvais, l'habile calligraphe Nicolas Courtin, Firmin Pollet, qui deviendra bientôt une manière de célébrité, Descouraux, le futur historien de Bourdoise, Louis Lefébure, Delzons, a vu ajouter à cette liste un seul nom, et

---

1. *B. N.*, f. 23510, 12 sept. 1682. Le Pape n'avait pas été insensible à la mesure de rigueur prise par Louis XIV. « Le cardinal d'Estrées ne perdait aucune occasion d'adoucir l'esprit du Pape, mais il eut bien de la peine à le contenir dans les termes de la douceur sur le chapitre des docteurs exilés et ce fut beaucoup d'avoir pu obtenir qu'il n'éclaterait point en leur faveur. » *Mémoires* de Sourches, tome 1, p. 95.
2. *B. N.*, f. 23498, 6 août 1687.
3. Il faudra attendre encore 5 ans.
4. Cf. *A.N*., O 1 * 31. p. 161 bis. « Du 5 août 1687 à Versailles. Ordre du Roy... pour rappeler les sieurs Boucher, de Berlize, Chaillou, Humbelot et Joysel docteurs de Sorbonne exilés. » Il n'est pas question de Chamillard mais, sans nul doute, il fut compris dans la mesure.

celui qui le portait se retira deux ans après. Il semble qu'en l'absence du chef naturel, elle n'ait pas voulu s'adjoindre des membres nouveaux. De 18 qu'ils étaient en 1680, les Nicolaïtes du corps ne sont donc plus que 15 en 1688. Le nombre des postulants est également plus restreint que de coutume.

Nous n'avons que peu d'indications sur les dignitaires. En 1678, le préfet du séminaire était Pierre Polot[1]; le sous-préfet, Firmin Pollet. Le premier, natif d'Ussel, avait été élevé chez les Jésuites de Limoges et son admiration pour les Pères fut cause, au dire de Courtin, que la Compagnie de Saint-Nicolas fit toujours grand cas de leurs livres. Quant au second, il mérite une notice plus détaillée, car il succède à Chamillard dans la direction générale de la maison et illustrera cette petite Compagnie[2]. Né à Montreuil-sur-Mer en 1652, d'une famille bourgeoise, il eut pour parrain un abbé Pollet, qui aurait figuré parmi les associés de Bourdoise. Il vint faire sa philosophie au collège du Plessis, où il eut pour condisciple Michel de Chamillart, le futur ministre de Louis XIV[3]. Entré au séminaire de St-Nicolas en 1673, il renonça à conquérir des grades. Reçu postulant en 1675, il fut admis au corps en 1678, et nommé sous-préfet. Mais le préfet Polot lui laissa faire une partie des fonctions de la préfecture. Pollet se livre au travail avec acharnement, étudie saint Thomas, l'Ecriture sainte, l'histoire, le droit canon, et même le droit civil. — En 1681, il devient préfet. Ses conférences au séminaire ont de la vogue.

Arrive la crise de 1682. « Pollet eut besoin de toute sa sagesse et de sa modération pour se soutenir avec M. Cocquelin ». Mais comme M. Cocquelin « avait de l'esprit », il connut « bientôt le mérite de M. Pollet et eut de grands égards pour lui pendant le temps qu'il fut à Saint-Nicolas[4] ». La situation devait être très

---

1. Nicolas Courtin a commencé sa *Vie* dans le ms. fr. 14470 *B. N.*
2. Il existe deux biographies de Firmin Pollet. L'une, manuscrite et datée de 1771, se trouve à la *B. M.*, 2451. Elle a été commencée par Descouraux et continuée par Le Vallois. L'autre, imprimée, mais tirée seulement à 100 exemplaires : *L'abbé Firmin Pollet*. Abbeville, 1895, par Aug. Braquehay. L'auteur y a utilisé, en partie seulement, le susdit manuscrit et les autres sources imprimées.
3. Neveu de Compaing, car Guy Chamillard, son père avait épousé la sœur du vicaire de Saint-Nicolas, Catherine Compaing. Cf. *B. N.*, pièces originales, n° 659. Ce même manuscrit indique que le père de Guy, Michel et Gaston, habitait dans une maison du cloître des Bernardins.
4. *B. M.*, 2451.

délicate, et nous sommes tentés de croire que Cocquelin eut assez de tact, en effet, pour ne pas la compromettre. Quoique nommé économe par l'archevêque, nous sommes convaincus qu'il n'en exerça pas les fonctions. Dans une réception de postulant, en mars 1684, on énumère tous ses titres sans omettre celui de « préposé de la part de Monseigneur l'archevêque à la conduite de la paroisse de Saint-Nicolas du Chardonnet, » mais il n'est pas fait mention de sa charge d'économe. Le 8 juillet, il préside comme « député par commission » de l'Archevêque, l'élection de Pierre Pillon à l'économat, et le 1er juillet 1687, à celle de Lambert Berton. Sans doute que l'archevêque est revenu sur sa décision. Il fit bien. Pollet, après une maladie causée par le surmenage, fut nommé procureur, quelques jours avant le retour de Chamillard. Il put donc mieux que quiconque lui exposer l'état de la Communauté surtout au point de vue matériel et financier.

La *Bourse cléricale* s'est enflée et on peut recevoir plus d'ecclésiastiques pauvres. Elle a été, il est vrai, privée, par un testament de 1672, des libéralités stipulées par un testament antérieur de la princesse de Conti. Mais une fondation de Polot, 600 livres (1675), une autre (1676) de Le Prestre (300 livres de rentes, destinées spécialement « à payer le premier quartier des élèves pauvres »), une de 2.000 livres provenant d'une novice carmélite; une rente de 60 livres laissée par le prêtre Chomel (1678), visiteur général et perpétuel des Carmélites de France, en faveur « des clercs ecclésiastiques que l'on élève dans le séminaire Saint-Nicolas du Chardonnet avec un soin tout particulier[1] »; une donation de 3.000 livres par Mlle Dubois, une autre de 12.000 livres par Louise Biterne, femme Pole[2] (1680) procurent une large compensation. En 1685, Louis Fouquet, évêque d'Agde et frère du malheureux surintendant, accorde 150 livres à prendre sur la vicomté de Melun et de Vaux en faveur de son diocèse[3]. En 1686, Mme de Miramion donne 10.000 livres pour un prêtre et un clerc du séminaire.

Quelques fondations de messes viennent aussi au secours des séminaristes-prêtres. En les acquittant, ils diminueront le prix

---

1. *A. N.*, S. 6995.
2. Propriétaire d'une maison achetée par la Communauté.
3. *A. N.*, S. 6995.

de leur pension. Elles sont dues à la générosité de la veuve Noyaux (1675), du marquis de l'Aigle (1675), de Nourry, prêtre de la Communauté (1676), de M. de Nesmond, en l'honneur de Notre-Dame de Pitié (1678), une autre pour son frère Saint-Dizan (1678), de Mme de Miramoin pour la Communauté (1676); il est vrai que par le même acte, cette bienfaitrice a annulé « toutes les fondations et dispositions particulières qu'elle avait fait dans la Communauté de Saint-Nicolas, et surtout les fondations des oblats, des petites écoles et des titres ecclésiastiques en faveur des pauvres clercs, au lieu de quoi, elle a fondé une messe basse chaque jour pour le repos de son âme, des supérieures et des sœurs de la Communauté de Sainte-Geneviève pour la célébration de laquelle messe, la Communauté de Saint-Nicolas retiendra 100 écus par an [1] ». Mais en 1686, elle est revenue en partie sur les décisions de 1676; les fondations de Gaston Chamillard, mars 1679, de Mlle Duprés, de M. de Maugis (560 messes basses par an), de Courtin, de Legendre, Daniel Regnault, Anne Chantemerle augmentent encore cette source de revenus pour les ecclésiastiques pauvres. Quelques-unes sont faites à la fabrique, mais elles doivent être acquittées par la Communauté. Enfin l'assemblée du clergé se décide, en 1683 [2] à accorder, en principe, 1.000 livres à titre « d'*aumône* » annuelle. La première allocation sera délivrée le 1er janvier 1686 et elle sera régulièrement continuée [3]. C'est probablement à cette époque que, grâce à Mme de Maintenon, éclairée par Mme de Miramion, le Roi prit la « coutume d'accorder, tous les ans, une ordonnance de 1.200 livres en faveur du séminaire pour la Bourse cléricale [4] ». De plus, le grand aumônier de France prend « en faveur du Séminaire pour la Bourse cléricale, une ordonnance de 300 livres des aumônes que le Roi fait distribuer à Pasques [5] ».

Mais si les recettes ont augmenté, les dépenses se sont aussi accrues dans des proportions considérables. En 1674, Thierry,

1. *A. N.*, MM. 487.
2. *A. N.*, M. 199.
3. *Ibid*. L'assemblée avait déjà accordé accidentellement aux Nicolaïtes des allocations (par exemple en 1670, pour « leur aider d'achever un grand bâtiment »). Cf. Procès-verbaux du clergé, tome V, p. 148.
4. *Ibid*.
5. *A. N.*, S. 6995.

procureur, moyennant 4.800 livres, a acheté à Villejuif, du marquis d'Enonville, une ferme qui est appelée à grouper autour d'elle d'autres acquisitions et à fournir à la Communauté un asilo plus grand que celui de la maison du Moustier. Enfin, et surtout, Saint-Nicolas est obligé à de fortes dépenses par une mesure administrative. Un arrêt du lieutenant de police en 1679, puis un autre en 1684, ont décidé l'élargissement de la rue

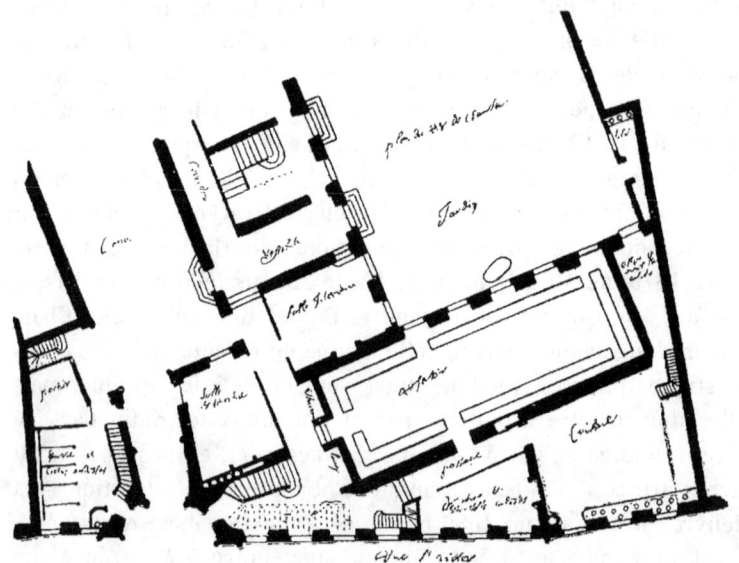

Devis du rez-de-chaussée (bâtiment de la rue Saint-Victor).

Saint-Victor. C'était du même coup décréter la démolition des maisons Compaing et autres, achetées en bordure de cette rue.

Si la pensée d'abattre le vénérable hôtel Compaing, si cher à leur souvenir, devait rendre nos Nicolaïtes mélancoliques, ils se consolaient à la pensée de pouvoir agrandir un bâtiment devenu décidément trop étroit. D'ailleurs, en 1704, dans ses lettres patentes de confirmation d'établissement, Louis XIV constatera qu'il « n'est pas même suffisant ». Mais, en ce moment-ci, on est poussé par une raison encore plus pressante : on va incessamment démolir les cinq maisons qui empiètent sur le tracé des géomètres du Roy[1].

1. Compaing, Biterne, Bourdon, Boucher, Godin.

On dresse un devis le 12 juillet 1684 : « Le corps de logis qui sera faict sur la rue Saint-Victor aura 20 toises 2 pieds environ de longueur sur la mesme rue et outre la largeur qui est marquée sur les plans, qui est en biais selon la disposition et la place avec le corps de logis ci-devant faict[1], dans la partie du dit mur de face, vers l'entrée de l'église, sera fait la principale porte d'entrée qui respondera dans la cour qui est, entre la dite église et le dict bâtiment cy-devant faict, laquelle porte d'entrée sera faite en demye ovalle... Et en la main droite du passage de la cour sera une salle externe à cheminée qui aura son entrée dans la continuation du corridor dudit corps de logis cy-devant faict, et au derrière de la mesme salle; et, à côté de la porte d'entrée, sera un escalier de dégagement, pris dans le biais de la place par-dessous lequel l'on passera de la rue dans la cuisine et dans les caves; et sur la continuation de la dite face sur la rue sera un passage et une dépense; puis la cuisine qui occupera le reste de la place, laquelle aura toute la hauteur de l'estage pour avoir de l'air, qui sera de 17 pieds et dans la même cuisine sera faict un puis... Dans la partie qui regarde la cour sera faict le réfectoir dont le rez-de-chaussée sera de trois pieds plus bas que celui du corps de logis cy-devant faict, qui sera encore plus haut que la rue, pour l'écoulement des eaux, pour avoir à peu près 17 pieds sous plancher. L'on descendra au mesme réfectoire par trois marches du vestibule... et dans la partie du corps de logis en retour du premier qui rejoindra le corps de logis cy-devant faict, sera une salle interne du côté du jardin laquelle salle aura une cheminée qui pourra servir de chauffoir dans l'hiver et aura son dégagement dans la continuation de l'ancien corridor faict du costé de la cour et dans le vestibule à côté... On raccordera le bâtiment neuf avec le bâtiment cy-devant faict qui s'arrête à la cage d'escalier »[2].

On stipule que le maître-maçon Saint-Denis, avec lequel on traite, se chargera de la démolition de tous les anciens bâtiments, que les fouilles seront profondes; on entre dans le détail des matériaux à fournir. Les ouvrages devront être commencés à la Saint-Martin d'hiver prochain (1684). On paiera au fur et à mesure des travaux. Dans l'acte conclu le 12 juillet interviennent pour la signature, Pilon, économe, Briard, sous-économe et premier assistant, Roussel, deuxième assistant et procureur et Polot, « aussi procureur ». Pourquoi deux procureurs ? Nous ne le savons. Peut-être se défiait-on des capacités financières de Roussel[3] ? Cocque-

---

1. Il s'agit du bâtiment de la salle des Exercices; il a été bâti vers 1670. Cf. Procès-verbaux du clergé, tome V, p. 148.
2. *A. N.*, S. 6994.
3. On pourrait le croire, d'après *B. M.*, 2451.

lui n'a pas signé; c'était pourtant là un acte considérable : il se contente de ses fonctions de curé[1].

Ce devis du rez-de-chaussée appelle quelques remarques. La construction commencera par la partie ouest du bâtiment, la plus rapprochée de l'église. Évidemment, il fallait d'abord établir une porte d'entrée sûre et nous verrons que le réfectoire

Porte d'entrée rue Saint-Victor.

actuel ne fut achevé que plus tard; Brice[2] trouve, à la porte d'entrée, « quelque chose de beau et celui qui en a donné les proportions a marqué qu'il était capable d'une entreprise plus étendue ». Le maître-maçon Saint-Denis ne se serait peut-être pas attendu à cet éloge. Dans tous les cas, elle ne répond pas au devis qui demandait un demi-ovale, mais elle indique bien l'époque à laquelle elle appartient. Seule, cette porte et les fenêtres

1. Peut-être même qu'il les remplit le moins possible.
2. Brice. *Description de la Ville de Paris*, 1732.

à 72 carreaux du troisième étage, relèvent un peu cette façade où l'esprit nicolaïte a marqué son empreinte modeste et sévère. La salle externe, comme il appert du plan de 1718, commença par être une boulangerie ; elle deviendra, au XIXᵉ siècle, le réfectoire des maîtres ou petit réfectoire. Primitivement, elle avait son entrée sur le passage de la cour. Le grand réfectoire n'a pas été construit en contrebas comme l'exigeait le plan. Point de marches pour y descendre. D'après le plan de 1718, on entre du jardin dans la maison par un large escalier unique, au lieu de deux, prévus dans le devis ; devant cet escalier s'ouvrent deux portes, l'une conduit à la cage d'escalier qui, elle-même, est adossée, à main droite en entrant, à une avant-salle qui précède la salle des exercices. Cette avant-salle devint de nos jours le vestiaire ; l'autre porte conduit dans un petit vestibule qui aujourd'hui encore, aboutit sur un corridor dont la partie de droite longeait alors la salle des exercices, et dont la partie de gauche devait par trois marches heureusement supprimées, avant 1718, conduire, comme de nos jours encore, au réfectoire. Quant à la salle interne, qui fut la première construite du bâtiment neuf, elle a vu disparaître sa cheminée qui se trouve adossée au mur du réfectoire ; elle finit par devenir de nos jours la procure, vulgairement appelée la boutique.

Elle ouvrait sur le corridor conduisant au réfectoire et n'avait pas deux entrées comme l'exigeait le devis. A main gauche de la grande porte d'entrée seront les écuries ; au-dessus de celles-ci et de la chambre du portier devaient se trouver les écoles [1]. Au-dessous du rez-de-chaussée, on creusera les caves dans toute l'étendue de la place occupée par ledit bâtiment. Au premier étage, un grand corridor divisera le grand corps de logis en deux rangs de chambres, dont quelques-unes à cheminée, et il y aura un autre corridor entre la cour et la rue. Au troisième étage, il y aura aussi deux corridors ; dans la partie située du côté du jardin, il y aura trois chambres d'infirmerie dont deux seront élevées dans les combles le plus haut que faire se pourra pour donner plus d'air, et sur la rue seront six chambres. Entre la rue et la cour sera faite la bibliothèque [2] avec un grand cabinet,

---

1. En réalité, elles furent, au moins au XVIIᵉ siècle, placées dans les salles situées au-dessus du réfectoire (étude des grands).
2. Au XVIIIᵉ siècle la bibliothèque se trouvait au 3ᵉ étage, dans l'emplacement qu'elle occupait encore avant 1900.

quant aux galetas, on les distribuera comme il sera jugé à propos pour l'usage et la commodité de la maison. Ledit grand corps

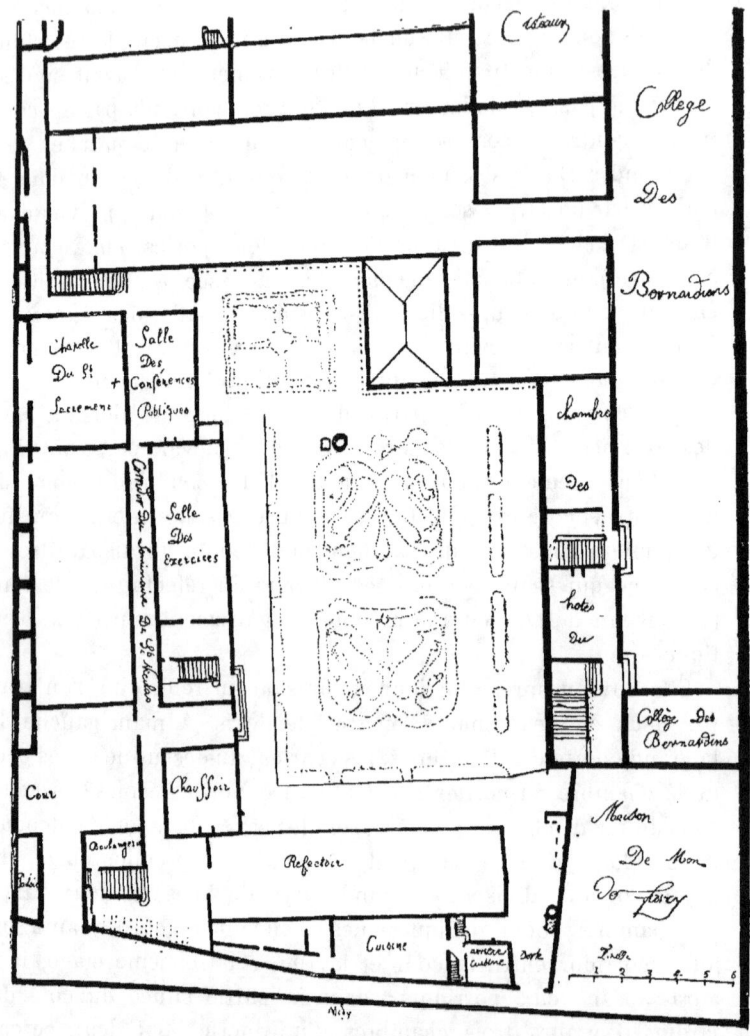

Plan général du séminaire Saint-Nicolas, 1718.

de logis sera donc, à tous ces étages, raccordé avec le bâtiment ci-devant fait, afin que tout « soit uni[1] ».

1. *A. N. S.* 6994.

Suivent les prescriptions minutieuses pour les fouilles et pour les matériaux à employer. Le 2 février 1685, de Saint-Denis se soumet « à la visite qu'on fera pour les bâtiments construits par lui ci-devant depuis peu ». Il semble donc que les travaux s'avançaient assez rapidement. Mais pour payer ce qui a été bâti, il faut de l'argent. Le 5 juin 1685, la Communauté, à l'instigation

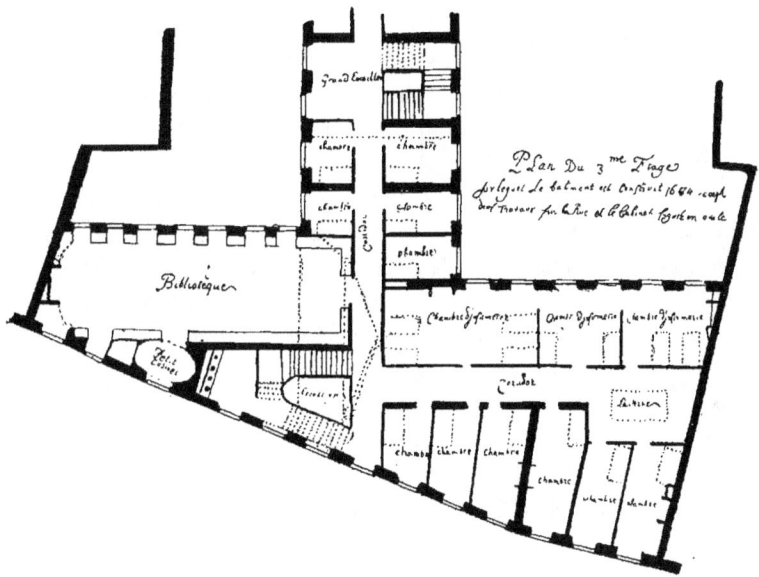

Devis du 3ᵐᵉ étage (bâtiment de la rue Saint-Victor).

du procureur Roussel, adresse au Parlement une requête pour demander la permission de faire un emprunt de 60.000 livres. Le Parlement réduit la somme à 17.000 livres. Le 5 juillet, on accorde à Saint-Nicolas 6.000 livres d'indemnité pour l'expropriation opérée des deux côtés de la rue Saint-Victor. Le procureur peut, le 22 juin 1886, payer à Nicolas Saint-Denis, maître-maçon, demeurant rue Saint-Nicolas du Chardonnet, la somme de 16.000 livres en louis d'argent et autres monnaies ayant cours [1]. L'année suivante, c'est Pollet qui gère les fonds de la Commu-

---

1. Le procureur en cette année est Laurent de la Salle, natif de N.-D. de Vaugirard. Il n'avait rien de commun avec le fondateur des Frères des écoles chrétiennes.

nauté. Son esprit clair et pratique lui fait vite découvrir les vices des combinaisons financières de son prédécesseur. Malgré l'avis de plusieurs, il rembourse 19.000 livres empruntées sans la permission du Parlement alors qu'on avait de l'argent en caisse [1]; de plusieurs petites rentes sur l'Hôtel de ville, il fait faire un unique contrat de 1.960 livres; il règle certaines contestations, et classe les papiers et archives de la maison.

Quand donc, au mois d'août 1687, Michel Chamillard vint frapper à la porte de la rue Saint-Victor, une façade à peu près régulière et blanche s'élevait à la place de constructions anciennes et inégales. Les dispositions intérieures étaient nouvelles pour lui.

Pénétrant ensuite dans l'église par la rue des Bernardins, il peut aussi remarquer quelques changements. Il reconnaîtra le portail latéral dessiné par Lebrun et exécuté par Legendre en 1669 [2] et saluera les deux statues de sainte Geneviève et de saint Nicolas qui se dressent alors à la base des contreforts en console, qui arc-boutent le premier étage. A l'intérieur, il admirera une fois de plus, la chapelle de saint Charles Borromée que la Fabrique a donnée en 1667 au premier peintre du roi, en récompense de ses services et qu'il a rétrocédée en partie à l'Académie de peinture [3]. Il y verra le tombeau que la piété filiale de Lebrun a élevé à sa mère, et le tableau qu'il a peint lui-même [4].

Peut-être Chamillard est-il au courant des difficultés qui viennent de s'élever entre Cocquelin et l'artiste. « Au commencement du mois de janvier 1685, dit un auteur anonyme, j'étais avec M. Lebrun, lorsqu'il put voir M. Cocquelin, préposé à la cure de St-Nicolas du Chardonnet. Il continua ses prières auprès de M. Lebrun pour tâcher à l'obliger à donner des avis sur les ouvrages de sculpture et d'architecture qui se font pour le maître-autel et les autels à côté. M. Lebrun en avait déjà été prié par Mr

---

1. En particulier 16000 livres empruntées à Antoine Petit, seigneur de Passy. *A. N.*, S. 6994, et *B. M.*, 2451.

2. Cf. *Hist. et Descrip.* S.-N. d. C., par M. le Cte L. Clément de Ris. Plon. p. I. Cette date de 1669 est aussi donnée par M. H. Jouin, *op.cit.*, p. 165. Cependant Cousin, place l'achèvement du portail en 1688. Cf. *Revue universelle des arts*, mars 1863.

3. Cf. H. Jouin, *op. cit.*, pièces justificat. docum. III.

4. Saint-Charles Borromée et la peste de Milan : il se voit encore dans l'église Saint-Nicolas.

l'Archevêque et par M. Robert, docteur en Sorbonne[4]. M. Lebrun répondit qu'après la manière dont on avait agi avec lui au sujet de ces ouvrages, il n'y avait pas d'apparence qu'il s'en mêlât, que, cependant, quoique l'on eût fait tout le contraire de ce qu'il avait projeté, il ne laisserait pas de dire son sentiment, mais que, faisant les choses comme on les faisait, il ne voulait pas qu'il parût qu'il s'en fût mêlé[1] ». Chamillard fut peut-être de l'avis de Lebrun, surtout en voyant ce maître-autel décoré d'une gloire à la Bernin. La chaire et le tabernacle dessinés par Lebrun eurent sans doute l'heur de lui plaire. Après un coup d'œil à la chapelle de la Pitié, où sont enterrés plusieurs membres de sa famille, il peut rentrer par la sacristie (chapelle des catéchismes) dans son cher séminaire. Saint-Nicolas, séminaire et église, voilà désormais les lieux où il va achever pieusement ses jours.

Il reprend modestement ses fonctions de vicaire ; il a de nouveau Boucher comme curé. La Communauté toute joyeuse de le revoir, le prie de vouloir bien prendre la place de second assistant qui vaque par la mort de M. Polot (9 février 1688). Le 27 juin 1670, le grand-maître de Navarre, Guischard, préside aux élections où, au contentement de tous, Michel est nommé pour la troisième fois économe, avec Pollet comme préfet du séminaire. Aucun événement considérable ne vint troubler le soir de sa vie. En qualité de vicaire, il eut à s'occuper des funérailles de Lebrun. Celui-ci fut inhumé dans sa chapelle dédiée à son patron saint Charles. Il n'avait pas oublié Saint-Nicolas dans son testament. Il y stipule en effet, à la date du 7 février 1690, que, d'une part il lègue 4.000 livres pour contribuer lui et son épouse à la fondation d'une messe à dire « pour chaque jour à perpétuité ». Le chapelain chargé de dire cette messe sera choisi par les enfants mâles de son neveu François. D'autre part, le testateur veut qu'il soit payé par chacun an, à la Communauté et Séminaire des Prêtres dudit Saint-Nicolas du Chardonnet, 600 livres de rente dont il fait don et legs audit séminaire... et laquelle rente de 600 livres servira de pension perpétuelle et d'entretien à deux pauvres prêtres qui seront reçus audit Séminaire pour s'instruire et qui demeureront pendant le temps accoutumé ». La délivrance

---

1. M. H. Jouin, *op. cit.*, p. 326, ne croit pas cependant que Lebrun ait rompu définitivement avec la paroisse. — Il lui attribue le tabernacle et la chaire de l'église Saint-Nicolas. La chaire fut vendue à l'époque de la Révolution.

de ce dernier legs souffrit des difficultés de la part de ses deux neveux constitués ses héritiers. La transaction réduisant la fondation à 12.000 livres une fois données, ne fut conclue qu'en 1711[1].

Ce qui préoccupe davantage Chamillard, c'est la composition de la Communauté. Les vides, laissés par la mort, sont assez difficilement remplis. La Communauté ne renfer-

Ch. Lebrun. *Portraits B. N.*

me, en 1690, que 14 membres et pourtant les emplois se multiplient et les séminaristes sont plus nombreux; on est obligé de faire, toutes les semaines, l'exercice du prône et de la pénitence. Ce n'est pas que les postulants fassent défaut. Dans la seule année 1688, on admet trois candidats à la postulation. Un seul persévère : c'est qu'il avait déjà passé 25 mois au séminaire. Mais si la Communauté est peu nombreuse, elle renferme

---

1. *A. N.*, M. 199. Quant au choix du chapelain il devint bientôt l'objet d'une contestation. Le curé et les marguilliers réservèrent cette messe au séminaire et enlevèrent ainsi au neveu le droit de nomination. Le neveu fit faire un plaidoyer, *B. N.*, P. O. 539, f. 70. Il fut sans doute débouté de sa demande, car le séminaire continua à acquitter cette fondation.

d'excellents sujets. Descouraux est procureur : Pollet continue à être préfet du séminaire et chargé de la conférence des cas de conscience. Celles-ci se font à Saint-Nicolas, l'essai tenté par de Harlay dans son archevêché n'ayant pas réussi. Mais les séminaristes seuls assistent à celle de Saint-Nicolas. L'archevêque tient probablement toujours rigueur à la Communauté.

Chamillard peut se reposer sur ses lieutenants, d'une partie des soucis de l'administration, et se préparer à la mort. Celle-ci lui avait envoyé un avertissement dès son séjour forcé à Issoudun. Une attaque d'apoplexie l'y avait frappé et elle s'était renouvelée à son retour à Paris. Cependant depuis 1690, sa santé s'était rétablie. Dans le commencement d'octobre 1692, il avait dit à Descouraux, qu'à sa mort, on trouverait tout en ordre. Toujours prêt d'ailleurs, il se confessait deux fois la semaine. Le dimanche 5 octobre, sur les 4 heures et demie du matin, au sortir de la retraite annuelle du commencement de l'année scolaire, il eut une troisième attaque si violente, qu'elle lui ôta, tout d'un coup, la connaissance et le sentiment. Il ne put recevoir que l'extrême onction, et mourut vers les 4 heures du soir. Le meilleur panégyrique que nous puissions en faire, est de rapporter les paroles de Descouraux qui, dans leur sécheresse, nous paraissent suffisamment éloquentes : « La consternation où cet accident mit la Communauté ne pouvait guère être ni plus juste, ni plus grande. M. Chamillard était non seulement estimé et respecté comme un supérieur, mais il était aimé comme un père, et il nous aimait comme ses enfants et comme ses frères. La Communauté lui doit une partie de ce qu'elle est aujourd'hui (1714) et on peut dire que s'il ne l'a pas établie, il a beaucoup contribué à la renouveler et à la perfectionner.

C'est lui, après Dieu, qui en a le plus éloigné les nouvelles opinions et qui, évitant également la trop grande sévérité et le relâchement, y a conservé la pureté de la morale. Mais ses exemples, aussi bien que ses discours, ont beaucoup servi à y entretenir la régularité et l'uniformité.

Tout spirituel qu'il était, il ne négligeait pas le temporel. Il conserva le bien de la Communauté par ses soins et il l'augmenta par ses libéralités, puisque pendant tout le temps qu'il y demeura, il paya toujours mille livres de pension par chaque année, lui qui travaillait plus que beaucoup d'autres et qui ne pouvait souffrir qu'on fît aucune dépense à son occasion ; outre que son désintéressement, qui lui faisait refuser tout ce qu'on voulait lui donner du dehors, a souvent été cause que plusieurs personnes ont fait des présents et des legs considérables à la Communauté [1] ».

DEUXIÈME PARTIE

Avec Chamillard, disparaissait un appui et une gloire de Saint-Nicolas. La Providence le remplaça par Firmin Pollet qui, pendant près de quarante ans, sera l'âme de la Communauté. Pour étudier cette période, nous avons le registre des *Conclusions* [2] commencé en 1690 [3]. Désormais, nous pourrions suivre, année par année, la vie de Saint-Nicolas, avec une précision moins grande qu'à l'aide d'annales, mais plus intime qu'à l'aide des documents purement officiels. Nous allons, jusqu'à l'époque de la Révolution, puiser à pleines mains dans cette mine précieuse.

A la mort de Chamillard, la place d'économe fut tenue par le sous-économe. A cause de difficultés survenues dans les délibérations, on décida que le sous-économe aurait deux voix en l'absence de l'économe. Pollet, que Boucher vient d'accepter comme vicaire, sera en même temps directeur du séminaire jusqu'aux élections, qui auront lieu à la date ordinaire. Quand, au 22 juin 1693, sous la présidence de Guischard, Pierre Pillon fut nommé économe pour la deuxième fois, Pollet, grâce à sa réputation d'habile théologien, conserva la conférence si importante des cas de conscience. Dans un généreux élan, la Communauté conclut, le 16 novembre 1693 « qu'elle donnerait pendant huit mois la somme de 800 escus, sçavoir : 100 escus par mois aux pauvres, vu la misère extrême, où ils sont actuellement réduits, et que pour cet effet, on ne donnerait plus de dessert les jours que l'on mange de la viande, mais seulement les jours maigres et

---

1. *Vie imp.* Des., p. 440-414. Un de ses neveux, Michel de Chamillart, était en 1682 conseiller au Parlement ; la disgrâce de son oncle ne retentit pas sur lui. Son affabilité et la grâce de ses manières, la protection de Mme de Maintenon, sans compter de réelles qualités, lui permirent de devenir successivement maître des requêtes, intendant de Rouen, et vers 1690 intendant des finances ; contrôleur général, et enfin ministre de la guerre et secrétaire d'Etat. Il avait trois frères. Cf., *Vie imp.* Des., p. 418-419.
2. Décisions prises en assemblée.
3. A. N., MM. 481.

de salade, excepté les dimanches, le soir... et que l'on prendra sur le bled de la ferme (de Villejuif) l'argent nécessaire pour cette aumône, le retranchement ci-dessus n'étant pas suffisant ».

Cette conclusion est signée par le secrétaire Nicolas Courtin. Celui-ci, né au diocèse de Chartres, est depuis près de vingt ans, dans la communauté, et il est appelé à être le biographe de Saint-Nicolas. Il vient (en 1694) de terminer une vie manuscrite de Bourdoise et de rédiger une édition plus complète des *sentences* du fondateur. La biographie d'où la critique est quelquefois absente, n'a dû satisfaire ni Pollet, ni Descouraux. Les « sentences », avant d'être lues au vieux réfectoire, vont être examinées par Pollet et Lefébure[1]. On vient d'admettre au corps un sujet de choix : Claude Bonnedame ; on le croira plus apte que Courtin à un travail historique, et en 1698, « la Communauté ayant jugé à propos de travailler à la vie de feu M. Bourdoise, elle a nommé M. Descouraux et Bonnedame pour lire l'ouvrage et examiner les faits rapportés dans les Mémoires, et M. Courtin, pour en fournir la vérification ». L'ouvrage en question doit être la première rédaction de 1694, qui porte en surcharge une foule de corrections. Mais probablement pour l'usage exclusif de la maison, Courtin rédige, cette même année (1698), une autre vie de Bourdoise, où il met toute son âme de fervent Nicolaïte et toutes les ressources de son habile calligraphie. Auparavant, il a contresigné des mesures, où se reflète la fidélité de la Communauté à l'esprit de sa règle. En 1695, par amour de cette propreté, si chère dans presque tous les temps à Saint-Nicolas, on fera blanchir « tous les collidors et les montées de la maison ». « Par bonté », on remet 1.700 livres à la fermière de Villejuif.

La Communauté vaque tranquillement à ses occupations, quand au soir du 6 août, une nouvelle inattendue arrive du château de Conflans. François de Harlay vient de mourir subitement frappé d'apoplexie, avant qu'on ait pu lui porter secours. Nous ne croyons pas que, malgré leur charité, les confrères de Saint-Nicolas aient ressenti une grande douleur. Ils souffraient trop des bruits fâcheux qui couraient sur le compte de ce grand seigneur.

---

1. C'est le manuscrit conservé à Saint-Sulpice qui nous paraît avoir été soumis à cette censure.

Ce château de Conflans, acquis du duc de Richelieu [1], était devenu, grâce au goût et à la prodigalité de l'archevêque, une résidence magnifique qui passa à ses successeurs dans l'archevêché de Paris. Il y a tout lieu de croire que, pour organiser la pompe funèbre, on eut recours aux Nicolaïtes, si experts dans les cérémonies et si voisins de Notre-Dame.

Quel serait son successeur ? On comprend l'intérêt que pouvait avoir cette question pour la Communauté. Ce successeur arriva d'Aurillac en passant par Cahors et par Châlons-sur-Marne où il fut successivement évêque. Nommé le 19 août 1695, grâce à l'influence de Mme de Maintenon, De Noailles prenait possession de son siège, le 10 novembre, avec ses quarante-quatre ans et une expérience de l'épiscopat qui remontait déjà à plus de quinze

---

1. Le village de Conflans se peuple, à la fin du XIIIe et au commencement du XIVe siècles, de résidences d'été. Mahaut comtesse d'Artois y possède un important manoir où elle reçoit fréquemment son gendre, Philippe le Long. Ce domaine passe ensuite aux ducs de Bourgogne. Philippe le Hardi y séjourne longtemps entouré d'une cour presque royale. Charles le Téméraire en fait son quartier général pendant la guerre du *Bien public* terminée par le traité de Conflans (5 nov. 1465). Ce château revient ensuite à la couronne car la lignée des ducs de Bourgogne s'est éteinte avec Charles le Téméraire. Conflans est délaissé : les rois lui préfèrent les bords de la Loire. Le château passe entre les mains de Dodieu, évêque d'Amiens. (D'après une communication de M. Hartmann qui publie un travail sur ce château, dans les *Mémoires* de la Société de l'histoire de Paris, tome XXXV 1908).
En 1609, cette demeure appartenait à M. de Villeroy secrétaire d'Etat. Cf. *Les Antiquités* par A. Duchesne, 1609, *B. N.*, L. 20/8. En 1656 nous le trouvons entre les mains du duc de Richelieu qui y reçoit la reine Christine de Suède. (Cf. Gazette de France an. 1656, p. 932.) En mai 1673, Louis XIV, par des lettres patentes datées d'Arras (Cf. *A. N.*, S. 1129) concéda, la somme de 137.600 l., en échange d'immeubles dépendant du prieuré de Versailles, annexe de l'archevêché de Paris, immeubles, « dont la plus grande partie se trouve comprise en l'accroissement et bâtiment de notre château-parc de Versailles », et « l'accroissement de notre château du Louvre ». Cette somme doit servir à acquérir « au profit dudit Archevêché de Paris la terre et maison de Conflans, ses circonstances et dépendances pour lui servir de maison de campagne et à ses successeurs ». De Harlay l'embellit et cent ans après, nous en lisons la description suivante (Cf. Thiery 1786, tome I) : « La situation de cette maison sur la pente du coteau lui donne une vue charmante sur la rivière (la Seine) et la plaine d'Ivry. Les jardins en sont beaux et composés de 3 terrasses, l'une sur l'autre ; ils ont été plantés sur les desseins de Le Nôtre. Un moulin (Quiquengrogne), placé sur la rivière, à l'extrémité d'une île dépendant de cette maison, y fait monter l'eau en abondance dans deux grands réservoirs construits au plus haut du village, au delà de l'église paroissiale dans la cour d'une espèce de ferme où sont les remises et les écuries ; de là, elle se répand tant dans le château que dans les jardins et fournit le petit bassin de marbre blanc qui occupe le milieu du pavillon qui s'avance vers la Seine, en forme de bastion, et dont l'intérieur disposé en grotte est orné de peintures de Le Sueur. » Quant à la disposition des bâtiments, elle se trouve détaillée dans le rapport des experts de 1792 (*A. N.* Q² 121). Dans le courant du XVIIIe et du XIXe et même du XXe, nous aurons à parler plusieurs fois de cette propriété.

ans. Il avait dit au roi : « qu'il aurait pour ennemis les Jésuites dont il n'épouserait pas les passions, et les Jansénistes, dont il combattrait les sentiments ». A l'user, il devait être prophète pour la première partie de son assertion, mais moins clairvoyant pour la seconde.

L'inaction est son moindre défaut. A peine installé sur le quai de Notre-Dame, il s'occupe activement de son clergé. Le 1ᵉʳ avril 1696, il renouvelle la défense aux prêtres étrangers, de dire la messe sans en avoir obtenu la permission par écrit de lui, ou de ses vicaires généraux, ou des directeurs du séminaire de Saint-Nicolas [1]. Le 30 juin de la même année, l'archevêque publie un mandement pour la préparation aux saints Ordres [2]. Ce document marque une date pour le clergé parisien. « Nous espérons, y dit le nouvel archevêque, que tous ceux qui, dans la suite, seront présentés aux ordres, se soumettront volontiers à un règlement si juste... A ces causes, nous ordonnons que nos diocésains, qui se croiront appelés à l'état ecclésiastique, se retireront dans l'un des séminaires ci-dessous desnommés, pourvu toutefois qu'ils aient achevé leur philosophie et demeureront dans lesdits séminaires le temps que nous jugerons nécessaire, suivant le rapport qui nous sera fait par les directeurs dudit séminaire. Ceux de notre diocèse qui aspireront aux Ordres sacrés, prendront la permission de nous, pour entrer dans l'un des séminaires, où ils demeureront au moins neuf mois avant le sous-diaconat, trois mois avant le diaconat, et trois mois avant la prêtrise ». Après avoir fait les mêmes prescriptions pour les ecclésiastiques venus d'autres diocèses, il ajoute : « Les séminaires que nous nommons pour l'exécution de la présente ordonnance sont ceux de Saint-Magloire, de Saint-Sulpice, de Saint-Nicolas du Chardonnet, de Saint-Firmin, établi au collège des Bons-Enfants, et de Notre-Dame des Vertus [3]. Les ecclésiastiques de notre diocèse seront reçus préférablement aux autres ». Voilà enfin arrivée la sanction depuis si longtemps attendue. De Noailles ne se contente pas d'édicter des ordres, il agit. Pour montrer sa sollicitude effective, il vient lui-même présider, le 31 juillet, la troisième élection de Pierre Pillon, et, sans nul doute, il apprend, dans cette

---

1. *Synodicon dioec. paris.* 1777.
2. *B. N.*, D. 57.986.
3. A Aubervilliers ; il était dirigé par les Oratoriens.

assemblée, à mieux connaître le personnel de Saint-Nicolas et particulièrement les talents de Pollet. Il complète sa première ordonnance par une autre, datée du 1er octobre où il stipule que ceux qui veulent recevoir la tonsure doivent avoir fait leur première communion, être au moins dans leur quatorzième année. « Ceux qui seront dans Paris, assisteront assidûment à tous les exercices des clercs, s'il y en a d'établis dans leur paroisse ; sinon, ils iront à ceux de la paroisse la plus voisine, ou s'il leur est plus commode, au séminaire de Saint-Nicolas du Chardonnet, où l'on fait depuis longtemps des conférences pour l'instruction de ceux qui se disposent à la tonsure [1] ».

Le 5 novembre 1697, il donne un essor nouveau aux conférences ecclésiastiques [2]. Il rend publiques celles qui se feront à Saint-Nicolas, tous les vendredis, en hiver, à 2 heures et demie ; en été à 3 heures. D'autres auront lieu les mardis à Saint-Sulpice, les mercredis à Saint-Magloire, sans préjudice de celles qui se font depuis plusieurs années au séminaire des Bons-Enfants, les mardis et les jeudis. Pollet, devenu confesseur du cardinal, en l'absence du confesseur ordinaire, aurait dû présider à celles de Saint-Nicolas. Il en remet le souci et l'honneur à Boucher, son curé. Il a besoin de se concilier les bonnes grâces du vieux docteur, qui, devenu infirme, était peut-être jaloux des succès de son vicaire non gradué. Sa susceptibilité de curé était aussi un peu en éveil. L'année précédente, au mois de mars, Pollet avait assisté à ses derniers moments, Mme de Miramion, dont il était devenu le confesseur. La vaillante chrétienne pouvait affronter « avec assurance le terrible passage ; ses aumônes, ses libéralités, l'œuvre des Filles de Sainte-Geneviève avec leurs écoles, leur chambre de travail », leur salle réservée aux retraites des dames, leurs soins donnés aux malades et aux blessés ; sa maison de refuge et celle de Sainte-Pélagie, destinée aux filles repenties et de bonne volonté, plaident puissamment en sa faveur. Il faut lire le récit de cette mort, où Pollet, assisté des abbés de Brisacier et Tiberge, des Missions Etrangères, trouve plus à s'édifier qu'à consoler [3].

L'année suivante (1697), mourut le supérieur des Miramiones,

1. B. N. D. 57.986.
2. Relatives surtout à la morale pratique.
3. *Madame de Miramion* : Bonneau-Avenant p. 339 à 348.

M. Joly. Pollet, déjà supérieur du couvent des Ursulines de la rue Sainte-Avoie, va être nommé pour le remplacer, par la majorité des sœurs. Boucher prend ombrage. Une scène assez orageuse a lieu entre le curé et le vicaire. La fierté de Pollet lui fait tenir tête à cette injuste prévention et bientôt le curé apaisé ne parle plus de cette affaire. La nomination, agréée par l'archevêque et la présidente de Nesmond, fille de Mme de Miramion, devient définitive. Mais deux ans après (1699) peut-être par dépit, Boucher cherche chicane aux Miramiones. Celles-ci, pour venir de leur maison du quai à l'église, sont obligées, pour ne pas suivre avec leurs pensionnaires, la rue des Bernardins, de longer à plusieurs reprises d'étroits couloirs qui les amènent assez peu directement à leur double chapelle de Sainte-Geneviève[1]. Le dernier passage, « par la cour de la maison de M. le curé », débouchait, croyons-nous, dans le cimetière, dit des Miramiones[2]. Le curé réclame subitement la remise d'une douzaine de passe-partout qui étaient entre les mains des sœurs. Sur les conseils pacifiques de Pollet, on rend les passe-partout et on ne traverse plus cette cour. Mais cela ne peut satisfaire la présidente de Nesmond, patronne de l'œuvre des Miramiones. Elle fait agir son mari et l'archevêque, et on opère un « retranchement pour ménager un passage aux Sœurs ». Boucher garde le silence.

Pollet, lui, le 21 juillet 1699, vient d'être élu économe, en présence d'Edmond Pirot[3], chancelier de l'Université de Paris, et vicaire général de l'archevêque. Il sera réélu le 27 juin 1702 et cette fois, grand honneur! le cardinal lui-même présidera l'élection. Plusieurs mesures d'ordre financier signalent ses deux économats. En 1701, Michel de Chamillart obtient du roi l'arrêt du Conseil qui met les Nicolaïtes sur le domaine[4] pour la desserte de la chapelle des galériens; des lettres patentes du 27 décembre 1702 confirment cette décision. Pollet commet l'imprudence de prêter ces pièces à Boucher qui ne les rend pas, car il croit son

---

1. Elle existe encore et sous ce vocable. On peut encore voir le passage cintré qui faisait communiquer une partie de la chapelle avec l'autre.

2. Ce tout petit cimetière se trouvait vers la partie droite du chevet de l'église.

3. Le syndic gallican de 1682.

4. C'est-à-dire que désormais ce sera « le domaine » qui fournira les 300 livres de la desserte.

autorité amoindrie, craint qu'on ne fasse une nouvelle paroisse aux galériens et réclame la rétribution pour lui et ses successeurs. Après bien des discussions, qui doivent peu contribuer à l'harmonie des rapports, l'affaire se conclura en 1706 par un arrêté du

Séminaire Saint-Nicolas du Chardonnet.
Façade rue Saint-Victor.

Conseil d'Etat « qui porte expressément que les prêtres de Saint-Nicolas seront payés chaque année par le domaine du Roy sur le certificat de M. le Curé ». Boucher, à moitié vaincu, donna le certificat de bonne grâce[1].

Le bâtiment de la rue Saint-Victor a subi un arrêt dans sa

1. *B. M.* 2451.

construction en 1698. On avait cependant acheté, en 1693, la maison de Luquet, sieur de Perseville, qui tenait d'un côté au séminaire, d'autre, au sieur Maurice, d'un bout, à la rue Saint-Victor, et d'autre bout, au collège des Bernardins. Cette maison Luquet devait se trouver probablement vers la vieille porte charretière actuelle, qui donne accès au hangar [1]. Nous croyons que les travaux furent repris dès l'année 1699, car en mars, « la Communauté désirant de se maintenir dans son premier esprit de simplicité chrétienne et ecclésiastique, a conclu que l'on mettrait dans le nouveau réfectoire non un plafond, mais des poutres et des solives qui seront pourtant guarderonnées [2] ». En juillet, on décide un nouvel arrangement de la salle des exercices. Le 21 février 1701 [3] une nouvelle acquisition vient agrandir assez notablement le jardin. Le pignon du dortoir des bacheliers (collège des Bernardins) « qui regarde le grand bâtiment, que les sieurs du séminaire ont fait construire *depuis peu*, menace ruine évidente et prochaine ; le grand mur de face qui règne le long du jardin de Saint-Nicolas depuis ledit pignon jusqu'à celui du logis de Clervaux est salpêtré, corrompu, crevassé », il faut donc réédifier entièrement ce dortoir et on peut en aliéner une partie aux Nicolaïtes qui, voulant avoir plus d'air, désirent agrandir leur jardin. Les religieux leur cèdent pour 5.700 livres une bande de terrain laissée libre par la démolition. Elle a une largeur de quinze pieds et contient trente-huit toises de superficie. Mais les Nicolaïtes ne devront y construire aucun bâtiment [4].

1. Elle fut cédée contre échange d'une rente de 400 livres. « constituée par très haute, très puissante et illustre princesse Mademoiselle Marie de Lorraine duchesse de Guise et de Joyeuse, paire de France, sénéchalle héréditaire de Champagne pour et au profit de ladite Communauté, sous le nom de dame Marie Bonneau (Mme de Miramion) veuve de Messire Jean Jacques de Beauharnais. (Napoléon III se rattachait à cette dernière famille)... 12 déc. 1676. » Cf. *A. N.* S. 6980-6981... Puis on se libéra de cette rente en versant 9000 6ivres au sieur Luquet. *Ibid.*, cf. *A. N.* S. 6982 et 6995.
2. Mieux : Quarderonnées, c'est-à-dire que les arêtes seront adoucies par une moulure en quart de rond. Claude Bosc, seigneur d'Ivry, commissaire pour la distribution des eaux, appuie notre assertion relativement à la date de 1699. Il concède, en 1700, aux Nicolaïtes, 6 lignes d'eau à prendre à la fontaine Sainte-Geneviève « leur maison estant ordinairement composée de plus de 80 ecclésiastiques et ce nombre s'augmentant de jour en jour, à cause de l'ordre de Mgr l'Archevêque de Paris, (il fut créé cardinal, le 19 déc. 1699), qui oblige les clercs de son diocèse à demeurer 15 mois dans un séminaire pour se disposer aux saints ordres et *à cause des bâtiments considérables qu'ils ont fait depuis peu.* » *A. N.* S. 6980.
3. Et non en 1650 comme l'affirme l'abbé Daniel *op. cit.*, p. 47.
4. Encore aujourd'hui, cette clause est observée, et le bâtiment Saint-Paul a respecté cet alignement.

D'ailleurs, à ce moment-là, ils ont fini de bâtir. Leur préoccupations se portent vers deux objets connexes : l'amortissement et la confirmation de leur établissement. En 1695, ils ont obtenu des lettres patentes qui constatent qu'ils ont payé 22.163 livres 7 deniers 8 sols, plus 2.216 livres, 6 sols, pour les deux sols par livre, afin d'amortir toutes les acquisitions faites depuis 1647[1]. En 1704 (29 juillet), le roi, par lettres patentes, données à Versailles, déclare amorties pour 5.141 livres les acquisitions faites depuis juillet 1689, ou à faire, jusqu'à concurrence de 40.000 livres, et ajoute, phrase précieuse aux yeux des légistes : « et estant pleinement informés du proffit et de l'édification que l'Eglise en général et nos sujets, même ceux des souverains nos voisins, reçoivent de l'establissement de la Communauté et séminaire, *confirmons* autant que besoin est cet establissement[2] ». Deux acquisitions récentes se trouvaient, par ce fait, en sûreté. Le 26 juillet 1697, la veuve Giguet, née Galland, donne à la Communauté qu'elle a en « singulière vénération », une petite maison, rue de la Barillerie, adossée contre les murs du Palais, vis-à-vis la porte de l'église Saint-Barthélemy[3]. Son enseigne a varié souvent : tantôt elle est à Saint-Claude, tantôt à Saint-Cosme ou bien à Sainte-Geneviève, ou bien aux « bâtons royaux ». Elle est dans la censive du roi, et la veuve, en échange de cette propriété, demande douze messes par an. Aux sieurs Tiercent, on achète, en 1698, pour 30.000 livres de terres à Villejuif.

Pour satisfaire à tous ces déboursés, il fallait beaucoup d'argent. On fit quelques sages emprunts, et on reçut, presque chaque année, une ou deux fondations de bourse. Il ne conviendrait pas de s'étonner de nous voir rapporter avec une fidélité un peu minutieuse, ces dons généreux. Comme toutes ces libéralités sont, par suite de mesures connues de tous, devenues nulles ou détournées de leur affectation, il nous a paru de toute équité de les consigner ici : de cette façon, elles n'auront pas péri tout entières. On remarquera combien elles sont rapprochées et combien variée est leur origine. Nous n'avons pas toujours indiqué les motifs qui ont inspiré les donateurs, mais ils sont très flatteurs pour Saint-Nicolas.

1. *A. N.*, S. 6984.
2. *A. N.*, S. 6994.
3. *A. N.*, S. 6984. Près de la tour de l'horloge du Palais de Justice actuel.

En 1694, nous trouvons la fondation de Joisel, doyen de la Faculté de Paris, qui « fait choix du séminaire Saint-Nicolas, où la vie ecclésiastique s'exerce avec tout le soin que l'on doit avoir pour la gloire et le service de Dieu » (6.000 livres).

: en 1695, celle de Mlle d'Orléans, sœur d'un avocat au Parlement (4.000 livres).

: en 1696, celle de Paul, curé de Magny (près de Pontoise), 200 fr. de rente; et celle de Mlle de Micha, fille du médecin ordinaire de Monseigneur le Prince (4.000).

: en 1698, celle de Gratien,, bachelier en théologie, pour la bourse de Troyes (7.000 liv.).

: en 1699, celle de Desprez, ancien professeur du cardinal Lemoine; après avoir consulté des personnes « doctes et sages » il s'adresse à Saint-Nicolas (400 livres de rente).

: en 1701, celle de Dupont de Carles, avocat (30.000 livres).

: En 1702, celle de la veuve Boulanger, conseiller du Roi en ses conseils (10.000 livres), et celle de Huart, docteur de Sorbonne, qui se fait enterrer au cimetière de la paroisse, avec les prêtres de la Communauté (300 livres).

: en 1703, celle de Hunault, prêtre d'Angers, habitué à Saint-Jacques du Haut-Pas; de Mlle Fournier, de Mme Goudin.

: en 1704, celle de Le Nud, curé de la paroisse Saint-Pierre d'Alençon (4.500 livres)[1].

Ajoutez-y quelques fondations de messes, et apparemment des dons manuels, et vous comprendrez comment on put couvrir les dépenses considérables effectuées depuis une quinzaine d'années[2]. Il faut croire que le mérite personnel de Pollet fut pour quelque chose dans cette vogue de la charité pour Saint-Nicolas.

Mais cet économe ne pouvait être réélu en 1705; on avait déjà fait pour lui la même exception que pour Chamillard, en le nommant économe malgré sa qualité de vicaire. On lui donna, pour successeur, le 20 juillet, sous la présidence d'Edmond Pirot, Pierre Pillon, qui en était à sa quatrième supériorité; le 10 juillet 1708, ce fut Gilbert Gandolin, dit Descouraux, natif de la paroisse de Notre-Dame de Montluçon, diocèse de Bourges, qui prit cette charge. D'après son essai de biographie de Firmin Pollet,

1. *A. N.*, M. 199.
2. *A. N.*, MM. 486.

on voit en quelle vénération Descouraux avait ce prêtre, qui lui survécut.

Plusieurs événements devaient marquer cette période de six ans. Celui qui les domine tous fut le rôle que joua Pollet dans la deuxième ruine de Port-Royal. Il n'est pas sans analogie avec celui de Chamillard.

On nous pardonnera de rappeler brièvement les circonstances, au milieu desquelles il fut obligé d'agir. Nous avons laissé Port-Royal des Champs séparé de Paris, et jouissant d'une tranquillité relative, après la paix de Clément IX. Cette paix ne pouvait plaire à Louis XIV, toujours désireux d'en finir avec les Jansénistes, qu'il considérait comme des ennemis particuliers et des fauteurs de trouble, surtout après l'affaire de la Régale. L'archevêque de Harlay, pour diverses raisons, avait surveillé les religieuses avec peu de bienveillance. Cependant, Port-Royal des Champs, en 1679, commençait à prospérer de nouveau. Le 17 mai, de Harlay y arrive lui-même vers 9 heures du matin, et, avec des formes polies, signifie à la mère Angélique de Saint-Jean qu'il faut renvoyer toutes les postulantes et les pensionnaires ; puis, un pied dans le carrosse, au moment de partir, il dit à M. de Sacy : « A propos, j'allais oublier de vous dire qu'il faut que vous et les autres (confesseurs) vous sortiez de céans ». Tout cela de la part du roi. Plus de soixante personnes sont obligées de quitter la place. La mort, d'ailleurs, diminue, chaque année, le nombre des combattantes. En février 1705, il est tombé à 25. Cependant, à la nouvelle de la nomination de Noailles, Port-Royal se reprend à espérer. Il leur fait visite en 1697, et, séduit par la régularité du couvent, demande au roi la permission, pour les religieuses, de rétablir leur noviciat. La demande est repoussée. Louis XIV ne veut pas renforcer la troupe qu'il regarde comme une ennemie irréductible. La Mère Boulard a succédé, en 1700, à la Mère Racine [1]. La guerre va bientôt se rallumer. Elle n'a jamais complètement cessé entre les Jansénistes et leurs adversaires. Mais, le 20 juillet 1701, une plaquette paraît qui mettra tout le monde aux prises. Elle est intitulée : *Cas de conscience*. Un confesseur de province y consulte pour savoir s'il avait bien fait de donner pendant longtemps l'absolution à un ecclésiastique,

---

1. Tante de Racine.
Saint-Nicolas.

qui avouait ne pas s'en tenir au jugement de l'Eglise sur les textes, ne pas s'y soumettre intérieurement et ne lui déférer qu'une soumission extérieure, faite de silence et de respect. La décision, donnée par le casuiste, était qu'on ne devait pas inquiéter cet ecclésiastique sur sa foi, ni le tenir pour suspect. Quarante docteurs de Paris signent cette décision; un bref de Clément XI la condamne. Le cardinal de Noailles, d'une part, se prononce contre les docteurs, d'autre part, flétrit comme calomnieux tous les écrits publiés contre eux à ce sujet. Par son jeu de bascule, il ne contente personne.

Le P. Quesnel, dont de Noailles avait imprudemment approuvé les *Réflexions morales*, alors qu'il était évêque de Châlons, soutient le *Cas de conscience* et, par ses ruses et son entêtement, met aux abois les polices de France et d'Espagne. Les évêques de France demandent une bulle au Pape. Le 16 juillet 1705 paraît la bulle « *Vineam Domini* » qui reproduit toutes les condamnations antérieures et décide nettement que, par le silence respectueux, on ne satisfait nullement à l'obéissance qui est due aux bulles des Souverains Pontifes. Les Quesnellistes, suivant la tactique ordinaire des hérétiques, disent que la bulle est obscure, puis finalement l'attaquent de front. Les jeunes gens, entraînés par la mode et l'attrait de la nouveauté, se rallient à eux. Le péril apparaît plus menaçant aux puissances. Si on ne peut saisir tous les fauteurs de l'hérésie, il est un ennemi facile à trouver, et on veut le réduire, c'est Port-Royal des Champs : pauvre forteresse bien démantelée, mais toujours debout malgré les brèches et les sapes. Le cardinal de Noailles a présidé l'assemblée du clergé, qui a reçu la bulle « *Vineam* ». Il y va de son mandement. Le 21 mars 1706, Marignier, confesseur des religieuses, lit les deux pièces à la grille du couvent. Habituées aux sommations, les sœurs y répondent par un acte de soumission, il est vrai, mais additionné d'une queue. Elles font déclarer qu'elles reçoivent bulle et mandement « avec le respect dû à Sa Sainteté et à Son Eminence sans déroger à ce qui s'est fait à leur égard, à la paix de l'Eglise sous Clément IX [1] ».

1. Le cardinal avait simplement exigé que le confesseur lui donnât un certificat sur la manière dont les religieuses avaient accepté les deux pièces; ce sont les sœurs qui font ajouter la queue : *sans déroger*, etc. C'était, de gaieté de cœur, rouvrir les hostilités.

Cet acte du 21 mars 1706 est appuyé d'une lettre de l'abbesse où cette formule, concertée d'avance avec les conseillers, est réitérée.

Laissons la parole à Sainte-Beuve, qui n'est pas suspect de sévérité pour P. R. « Franchement et à voir les choses par le dehors, des yeux du simple bon sens, lorsqu'une bulle sollicitée par le roi était arrivée en France, avait été reçue sans difficulté par l'Assemblée générale du clergé, enregistrée

Port-Royal des Champs. *B. N.*

sans difficulté par le Parlement, acceptée avec de grands témoignages de soumission par la Faculté de théologie, publiée avec mandement par les Evêques du Royaume, il était singulier et ridicule que, seules, une vingtaine de filles, vieilles, infirmes, et la plupart sans connaissances suffisantes, qui se disaient avec cela les plus humbles et les plus soumises en matière de foi, vinssent faire acte de méfiance et protester indirectement en interjetant une clause déguisée, restrictive. Mais P. R. ne serait plus lui-même s'il n'était ainsi jusqu'au bout[1] ».

A cette fin de non-recevoir, Louis XIV répond par un acte officiel qui renouvelle à P.-R. la défense faite oralement de recevoir des novices.

L'abbesse, la mère Boulard, meurt, mais, avant de mourir, nom-

1. *Histoire de P. R.*, VI, p. 184.

me prieure la sœur Du Mesnil. En vain P.-R. demande à l'archevêque la permission d'élire une nouvelle abbesse. Pour comble de malheur, P. R. de Paris trouve l'occasion bonne pour demander la révocation de l'ancien acte de partage, la suppression de P.-R. des Champs, la réunion de ses biens à l'abbaye moyennant pension viagère aux religieuses restantes. Les protestations ne manquent pas, parties de P.-R. des Champs. Mais le 9 février 1707, un arrêt du Conseil acquiesce aux demandes de P.-R. de Paris, tout en renvoyant l'exécution au cardinal de Noailles qui devra y procéder canoniquement. Protestations réitérées. Appel. D'ailleurs, l'affaire qui ne peut être conclue sans la participation de Rome, doit traîner quelque temps. Dans ces conjonctures, le 18 août 1707, Havart, confesseur de P.-R. et naturellement favorable au Jansénisme, est renvoyé à Rouen dans son diocèse d'origine, par l'archevêque. Le 11 septembre, les religieuses reçoivent de Vivant, vicaire général, une lettre qui notifie que l'Archevêque leur a choisi deux Messieurs pour demeurer quelque temps dans leur maison; ils auront tous les pouvoirs nécessaires pour l'administration des sacrements et les autres fonctions. Par des affidés de Paris, on apprend rapidement que « le chef de cette bande apostolique était le P. Pollet, vicaire de Saint-Nicolas du Chardonnet et supérieur de ce séminaire[1]: qu'on ne savait pas le nom de l'autre, mais qu'ils étaient partis de Paris le mercredi 14 septembre à six heures du matin dans une chaise du cardinal; que le sieur Pollet avait préparé plusieurs discours pour faire aux Religieuses, qu'il avait lu le premier à M. l'Archevêque, qui l'avait trouvé trop doux; que le sieur Pollet avait répondu qu'il voulait d'abord employer la douceur et qu'en quinze jours qu'il comptait passer à P.-R., il saurait parler avec fermeté[2] ». On voit que la police secrète de P.-R. est difficilement prise au dépourvu. « Pollet, au témoignage du rédacteur janséniste des *Mémoires*, eut trois longues conférences avec de Noailles et un entretien de deux heures avec Vivant. Au dire du même narrateur, décidément bien informé, les Nicolaïtes « offraient d'ardentes prières à Dieu pour conserver le Roi, de crainte que les

---

1. Nous savons que c'est inexact, puisqu'en 1705 il ne l'était déjà plus, et qu'il ne devait le redevenir qu'en 1714.
2. *Mémoires sur P. R.*, IV, 401. Utrecht, 1760.

choses ne changeassent sous un autre gouvernement. Ils auraient désiré que M. Pollet n'eût pas été chargé de la commission ; mais l'intérêt de la maison ne permettait pas de refuser M. l'archevêque. On apprit même le 1er octobre, d'un des principaux Nicolaïtes, qu'on était fâché de la commission donnée à M. Pollet parce que, quoique les Religieuses fussent opiniâtres et désobéissantes, elles avaient cependant beaucoup d'amis, qui tombaient sur le corps de ces Messieurs de la Communauté mais qu'on n'avait pu résister ; que le Roi l'avait voulu et que M. de Pontchartrain avait écrit une lettre très pressante pour faire partir ces deux Messieurs [1] ». Descouraux [2] nous affirme, en effet, que Pollet fit ce qu'il put auprès du cardinal pour se dispenser de ce voyage. Mais il fallut obéir.

Pollet, à peine arrivé à P.-R. avec Chevrolat, son confrère, professeur de théologie au séminaire, demande la Mère prieure qui le reçoit froidement. Elle lui représente que, pouvant se contenter d'une messe les jours ordinaires, il n'était pas besoin de deux prêtres. Il déclare qu'il ne vient pas seulement pour dire la messe, mais aussi pour prêcher et confesser. « L'usage, dit la prieure, est de prêcher le dimanche à la messe. — A la bonne heure, dit patiemment Pollet, je le ferai aussi le dimanche. Mais je serais bien aise de vous expliquer à toutes ensemble les intentions de Son Eminence. » Le lendemain, 15 septembre, Pollet ne manque pas l'occasion de parler à la Communauté après Tierce. Le premier discours nous est parvenu en deux versions, l'une, nicolaïte, l'autre janséniste [3]. Elles s'accordent pour le fond. Dans un exorde des plus insinuants, il les compliments : « Pour peu que l'on considère tout ceci, on se sent attendri, on est touché pour les vierges qui se trouvent renfermées dans une campagne déserte, privées de tout secours et néanmoins toujours fidèles, aux austérités de la vie, à l'esprit d'oraison et à toutes les observations de votre règle ». Il continue en faisant l'éloge de l'Archevêque dont la charité dirige toutes les actions. C'est lui qui l'envoie pour qu'en attendant le choix d'un autre confesseur, elles ne manquent point de ce ministre nécessaire. Puis, dans des termes pleins d'humi-

1. *Mémoires sur P. R.*, IV, p. 402.
2. *B. M.*, 2451.
3. *B. M.*, 2451, cf. *B. N.*, f. 15807, et *Mémoires sur P. R.*, IV, p. 406.

lité et même d'une touchante complaisance, il se met, lui et son compagnon, tout entiers à leur pleine disposition pour la célébration de la messe, la confession, la prédication. Il va même jusqu'à dire qu'il compte tirer un grand profit spirituel au spectacle de tant de vertus qu'il leur reconnaît, puis termine naturellement en les conjurant d'être obéissantes intérieurement aux ordres de leurs supérieurs. Les religieuses trouvèrent, dans ce discours, « l'Ecriture profanée, les Pères et la Tradition méprisés, les premières notions de la saine théologie ignorées, les sentiments de l'Eglise de France déshonorés, surtout dans les quatre fameux articles de 1682[1] », et prirent en conséquence le parti de laisser ces Messieurs fort en repos. Le dimanche survenu, Chevrolat prêche, mais ne mêle à son discours aucune affaire du temps. Par une démarche aussi charitable qu'habile, Pollet a un entretien particulier avec la Mère prieure. Il lui représente qu'elle a le cœur de ses filles, que si elle voulait leur conseiller de faire ce qu'on souhaitait, elles y acquiesceraient.

Portraits B. N.
Firmin Pollet.

« Je n'aurai garde, répondit la Prieure, de demander aux Sœurs ce que je ne voudrais pas faire ». Le lendemain, sa requête est rejetée. « Il reçut fort civilement ce refus et se retira de même », est obligé d'avouer le narrateur janséniste.

Le 20 septembre, deuxième discours; Pollet attaque plus directement le sujet principal : nous n'en avons que la rédaction janséniste, mais elle nous paraît exacte. Avec beaucoup de clarté et de précision, il y affirme que l'Eglise a le pouvoir de statuer sur les choses qui regardent la foi, les mœurs et la discipline, et, dans ces trois cas, il faut lui obéir. La signature du Formulaire est une chose de discipline, dit-il; d'où on doit changer la

---

1. La mauvaise humeur n'excuse pas cette appréciation injuste. Quant aux articles de 1682, on ne voit pas bien ce qui les amène ici, car cette fois, les deux puissances étaient bien d'accord.

manière de signer « selon qu'il plaît aux supérieurs ». Evidemdemment, il ne s'agit ici que de la formule proprement dite, qui, selon les cas, est plus ou moins explicite. Peu scrupuleusement notre janséniste interprète ces paroles de la façon suivante : « Le fait de Jansénius est un point de pure discipline : or la discipline est variable, et on ne peut signer avec serment ce qui est variable ». C'est travestir grossièrement la pensée de Pollet qui prêche invariablement la certitude du *fait*[1]. Rien n'avan-

Chœur de Port-Royal des Champs.

çait donc à P.-R. et la cour s'impatientait. De Noailles, inquiet, a peur de mourir avant d'avoir conclu cette affaire qui ne va pas au gré de ses désirs... Pour réduire ce petit bataillon, il faut recourir à des armes plus terribles. On médite l'excommunication et la dispersion. Pollet a envoyé à de Noailles un rapport. L'Archevêque y répond par l'envoi d'une commission où il lui donne tout pouvoir (24 septembre). Le 26, troisième discours de Pollet, qui dure cinq quarts d'heure. Il reproduit, en les fortifiant, les considérations du premier. Nous ne pouvons le juger que d'après le résumé donné vraisemblablement par une religieuse ; mais, même dans cette rédaction, il nous paraît très juste et

---

1. Dans un entretien avec M. de Sainte-Claude, un des solitaires de P. R., l'historien janséniste dépasse vraiment la mesure, car il représente nos deux Nicolaïtes comme doués de facultés intellectuelles inférieures à la moyenne. Cf. *Mémoires sur P. R.*, tome IV, p. 419.

très convaincant[1]. Un refus unanime de signer fut l'effet de cette éloquence aussi précise que sincère. Le même jour, Pollet voit toutes les Religieuses en particulier par manière de *scrutin*. Peine perdue. On ne retranchera « pas une virgule » du certificat. Cependant, on communie sans se confesser. Pollet ne peut se résoudre à surveiller les allants et les venants : aussi peut-on se confesser en contrebande. Le 27, il va rendre compte au cardinal du fruit de sa mission. De Noailles, malgré sa répugnance, se décide à faire un pas de plus dans la voie de la répression. Pollet est chargé, par lui, de notifier verbalement le lendemain, 28, l'interdiction des sacrements. Pollet le fait, en adoucissant les termes de la mesure. On en est très peu ému. On s'y attendait, et puis on a Jésus-Christ « pour consolateur et soutien ». Mais le cardinal a manqué à la forme. Doctement on le lui rappelle. Il eût fallu un acte juridique pour priver quelqu'un de la communion publique. Pollet affirme que, nonobstant, il ne les communiera pas. A Paris et à Fontainebleau, où se trouve la cour, on s'impatiente de plus en plus. Pollet envoie au cardinal un deuxième rapport.

L'Archevêque lui expédie du château de Conflans, par un exprès, une longue lettre. Pollet en communique une partie aux Religieuses. Les menaces, les reproches, les exhortations s'y entremêlent. L'interdiction des sacrements y est exprimée. On prépare une requête que la crainte de la dispersion fait reculer jusqu'au 20 octobre. Entre temps, un anonyme envoie, le 6 octobre, à Pollet, une lettre et la collection des *Chamillades*. Auparavant, le 28 septembre, il avait, par commisération, demandé à la prieure, un Mémoire où elle aurait pu exposer les mauvais traitements qu'elles recevaient de la part de P.-R. de Paris. « Monsieur l'Archevêque nous ôtant le pain du ciel, avait répondu fièrement la prieure, nous nous mettons peu en peine de l'enlèvement du peu de bien temporel que nous pouvons avoir ». Durant les mois de septembre et d'octobre, en effet, les saisies et les procès accablent les Champs. Depuis un an, c'était la Dame de

---

1. *Ibid*. Cf. *Histoire de P. R.*, Sainte-Beuve, VI, 194: « Il faut convenir cependant que les discours qu'on a de M. Pollet ne sont point si déraisonnables, et l'un des historiens les plus aveuglément jansénistes, Guilbert(l'auteur des Mémoires cités) a dit de lui : on doit cette justice à M. Pollet, qu'excepté ses préventions sur la doctrine, on ne pouvait lui reprocher aucune mauvaise façon, et qu'il n'était nullement incommode à la Communauté. »

Châteaurenauld qui était abbesse à Paris. Avant elle, la sœur même de l'Archevêque, puis sa nièce, avaient remplacé la sœur Dorothée, morte en 1685. La dame de Châteaurenaud pressait la réunion des deux maisons et usait de moyens procéduriers. « M. Pollet ne pouvait être suspect dans ses plaintes sur ces vexations. Sincèrement dévoué, ainsi qu'il l'avouait, aux vues

Portraits B. N.

du Cardinal, il aurait probablement approuvé tout ce qui n'aurait pas eu le caractère d'une injustice monstrueuse ». Sous la plume de Guilbert, ce trait qui veut être méchant, est, à le bien prendre, un éloge. Enfin, le 20 octobre, partent de P.-R. deux requêtes adressées, l'une, au roi, l'autre, au cardinal. On en devine facilement le contenu. Le ton en est presque cavalier et on traite de puissance à puissance. Suivant Guilbert, elles auraient déplu au Roi, au Cardinal et à Pollet. Nous le croyons sans peine. Voulant obstinément prétendre que l'expédition de ces requêtes frappaient de nullité, l'interdiction des Sacrements, les religieuses prennent la résolution téméraire d'approcher de la table Sainte le jour de la Toussaint.

« Le sieur Pollet rappelé par son devoir à la paroisse de Saint-Nicolas du Chardonnet, était, depuis quelques jours, occupé aux fonctions de son vicariat, et ne retourna à Port-Royal des Champs qu'après les fêtes. La Mère prieure se présenta la première ; le sieur Chevrolat ne regardant que la Sainte Hostie, la communia, et allait continuer à communier les autres, selon qu'il l'a dit depuis, lorsque celui qui l'accompagnait, dont les Mémoires ne disent ni le nom ni la qualité, l'avertit que c'était une religieuse de chœur, car les converses n'étaient point comprises dans l'anathème. Arrêté alors peut-être dans son bon dessein, car il avait toujours paru porté à adoucir les peines des religieuses, et probablement avait affecté de ne regarder que le Saint Ciboire, il refusa la communion à la religieuse qui suivait. Elle lui représenta qu'elle ne faisait rien qui pût l'empêcher de communier, et le pressa même de l'administrer. Mais M. Chevrolat, qui avait moins de courage qu'il n'avait peut-être de bonne volonté, répondit qu'on leur refusait la communion parce qu'elles n'avaient pas reçu simplement la Constitution comme les autres communautés, et retourna à l'autel. Les Religieuses ne purent se dispenser de dresser un acte de refus, et de se pourvoir en réparation du scandale public. Elles présentèrent à cet effet une requête à l'Official de Paris pour obtenir la permission d'assigner ce prêtre »[1].

Pollet, bien à contre-cœur, sans doute, retourne le 5 novembre aux Champs et y retrouve Chevrolat. Le lendemain, il reçoit, toujours par un exprès, une commission du Cardinal. Il doit visiter toutes les religieuses en particulier, et les sommer une dernière fois de signer et dresser un procès-verbal de leurs réponses. Il commence sur-le-champ cette visite qu'il continue le lendemain. Nous laissons à penser ce que fut son procès-verbal. On refuse de signer ; on dresse un acte de protestation. La mission de Pollet est terminée ; ce n'est pas sans un soupir de soulagement qu'il dut quitter, avec son *socius* le désert de Port-Royal. Les vacances qu'il venait de passer là, avaient été bien pénibles et bien troublées.

Mais il ne trouve pas immédiatement le repos à Paris. Quoiqu'il se fût comporté avec toute la prudence et la modération qu'on

---

1. *Mémoires sur P. R.*, t. IV, p. 512. La scène nous semble typique et le lecteur, croyons-nous, ne se demandera pas où vont ses sympathies.

pouvait attendre, on ne laisse pas de faire de grosses affaires à lui et à la Communauté;

« Car le roi ne fut pas plutôt revenu de Fontainebleau qu'il fit des reproches à Son Eminence de ce que le prêtre qu'il avait envoyé à Port-Royal s'était laissé surprendre par les Religieuses qui l'avaient attiré à leurs sentiments. Pour répondre à cette accusation, son Eminence fit voir le procès-verbal que M. Pollet avait fait de l'état et des dispositions des religieuses. Le roi en parut satisfait. Mais la semaine suivante, son Eminence étant retourné à Versailles, le roy lui dit, qu'à la vérité, son prêtre avait fait son devoir, mais qu'il était d'une communauté qui avait des sentiments contraires aux intérêts de son Etat. Son Eminence donna avis de tout cela à M. Pollet qui en fut d'autant plus mortifié qu'il eut peur que cela ne portât préjudice à la Communauté, et qu'on ne lui imputât d'y avoir donné occasion en obéissant aux ordres de son supérieur. Il pria son Eminence de nous justifier auprès du roi. Il dressa un mémoire pour cela, et parce qu'on y avait insinué qu'on n'avait jamais empêché les bacheliers qui étaient au séminaire de soutenir les propositions du clergé [1]; on demanda la preuve de cela; nous n'avions pas accoutumé de garder les thèses, parce que nous ne prévoyions pas que nous en aurions besoin. Cependant on en trouva un assez bon nombre où les propositions du clergé avaient été soutenues par des ecclésiastiques qu'on savait avoir été élevés au Séminaire Saint-Nicolas. Monseigneur l'évêque de Chartres [2] qui était alors en faveur et qui avait des bontés pour la Communauté, prit nos intérêts. M. La Chétardie curé de Saint-Sulpice qu'on avait chargé de s'informer de notre doctrine était de nos amis, et se comporta dans cette occasion avec toute l'affection et la prudence qu'on pouvait souhaiter. Les thèses qu'on nous avait fournies furent examinées devant le roy, et une personne de considération étant allée voir Mme de Maintenon fut surprise de voir dans sa chambre tant de papiers qui ne paraissaient pas d'usage à la cour. Mais ce qui acheva de nous justifier dans l'esprit du roy, fut que M. Pollet ayant fait connaître à M. d'Argenson, l'embarras où nous nous trouvions (sans que Monseigneur le Cardinal qui y avait donné occasion pensât à nous en tirer, se contentant de nous rapporter ce qu'on disait de nous et ce que nous avions à craindre sans y apporter de remède), ce magistrat [3], qui a toujours eu beaucoup de bonté pour la Communauté et qui voyait le roi, une fois par semaine, ayant été à Versailles en ce temps là, après avoir parlé

---

1. Il s'agit des propositions de 1682. Elles étaient encore « libres », et on remarquera la largeur de vues des Nicolaïtes qui, malgré leurs préférences bien connues, n'empêchent pas leurs élèves de soutenir des opinions contraires à ces préférences.

2. Desmarets.

3. Lieutenant de police.

de ses affaires ordinaires, dit, comme par occasion, qu'il connaissait un prêtre honnête homme et habile qui était dans une fort grande peine, parce que des personnes malintentionnées s'efforçaient de le mettre mal dans l'esprit de sa Majesté et lui suscitaient tous les jours de nouvelles affaires sans qu'il leur en donnât aucun sujet. M. d'Argenson expliqua ensuite au roi ce qu'on imputait à M. Pollet, et dit que tout cela venait de ce qu'il avait mis à jour tous les mystères de Port-Royal des Champs. — Est-ce, dit le roy, le prêtre qui a dressé le procès-verbal de Port-Royal? — Oui, sire, dit M. d'Argenson. Il ne doit donc pas s'étonner, dit le roi, de tout ce qu'on dit ni de tout ce qu'on fait contre lui, car il a dû s'attendre à tout cela en acceptant cette commission. Dites-lui donc de se consoler et de ne se faire plus de peine, car je ne croirai rien de tout ce qu'on pourra me dire contre lui. M. Pollet se tint fort en repos sur de telles paroles, et effectivement on n'entendit plus parler de rien »[1].

Quant au cardinal, il riposta à la requête du 20 octobre par une ordonnance que lut aux sœurs le vicaire de Magny, assisté du bourrelier du village et d'Escolan, prêtre orthodoxe, qui remplaçait les Nicolaïtes. Datée du 18 novembre 1707, elle déclarait les religieuses contumaces et désobéissantes et leur interdisait la fréquentation des sacrements. Les dix-sept vieilles religieuses en appellent au primat de Lyon et sont ainsi, au dire de Guilbert, un « grand spectacle au monde, aux anges et aux hommes ». Mais elles ne sont pourtant pas ennemies des petits moyens et de la supercherie. Elles prennent subrepticement l'habit des converses pour communier. Escolan s'en aperçoit, le mande à Pollet, qui, d'après les instructions reçues du cardinal, lui défend (18 février 1708) de confesser et de communier les sœurs converses.

A Pâques, Pollet et Chevrolat tentent une dernière démarche auprès des religieuses qui viennent de s'adresser à la primatie pour obtenir la communion pascale. Ils trouvent la même résistance opiniâtre; et il y a vraiment je ne sais quoi de farouche et même de grand dans cette opiniâtreté féminine, qui ne cède ni aux menaces, ni aux mesures vexatoires, ni aux paroles de douceur. Navrés, les deux prêtres, se retirent après l'octave de Pâques et sont remplacés par un fidèle exécuteur des volontés de l'Archevêque.

1. *B. M.*, 2451.

Enfin parut une bulle, en mai 1708, qui supprimait la maison des Champs et unissait tous ses biens à ceux de Port-Royal de Paris. Elle fut enregistrée le 14 novembre 1708. Le 13 février 1709, P.-R. de Paris signifie la sentence à P.-R. des Champs. Les protestations et les appels se multiplient infatigablement. Le 1er octobre, la Dame de Châteaurenauld prend possession; le 29 octobre, le lieutenant de police, d'Argenson, accompagné de commissaires et d'exempts, arrive, ouvre une cassette qu'il a apportée et distribue la liste des villes et des lieux d'exil. Quinze professes de chœur et sept converses furent ainsi réparties dans divers couvents. La plus jeune avait cinquante ans. La citadelle ne s'était pas rendue, elle avait été forcée. De Noailles protesta qu'il n'était pour rien dans cette expulsion, où la politesse d'Argenson masquait mal la violence. Louis XIV lui, pouvait être satisfait; il en était venu à ses fins. Pollet vint dire un dernier adieu à cette maison où son zèle avait été tenu en échec. Il reçut du cardinal le mandat de faire la translation des reliques qu'on ne pouvait laisser dans le Chapitre abandonné. Deux litières du roi y furent employées et Guilbert ne peut s'empêcher de dire que Pollet « s'acquitta avec zèle de cette honorable commission »; il est vrai qu'aussitôt après, il lui reproche un discours tenu à Port-Royal de Paris au moment où il remettait ce précieux dépôt aux religieuses. Il y aurait exalté la justice des traitements que les réfractaires avaient éprouvés. Nous aimerions en avoir la preuve. Ce qui est plus sûr, c'est qu'il fut chargé par le cardinal de vérifier les reliques, le 22 janvier 1710[1], et qu'il présida, en présence de l'abbesse, à une procession solennelle où chaque relique fut portée par une religieuse au lieu qui lui était préparé. Le même jour, paraissait l'arrêt du Conseil d'Etat, qui décrétait la démolition de Port-Royal des Champs[2]. Le Doux, prêtre de Saint-Nicolas, est commis par le cardinal, à la fin de 1711, pour présider, au cime-

1. Il le fit de concert avec le Nicolaïte Le Doux. Le procès-verbal comportait 104 articles. — Un certain nombre de reliques avaient été notées comme douteuses par le cardinal. B. M., 2451.

2. D'après les jansénistes, ce sont les Sulpiciens, qui, afin d'éviter que les Jésuites n'achetassent P. R. de Paris pour y établir un grand séminaire, engagèrent le Roi, par l'intermédiaire de Mme de Maintenon, à faire démolir P.-R. des Champs, qui, de cette façon, ne pourrait plus abriter de communauté. *Mémoires sur P.-R.*, VI, 260.

tière, à l'exhumation des corps, afin qu'elle se fasse avec décence. Il sut, pour cette lugubre besogne, unir le tact à l'obéissance. Et puis un long deuil s'étend sur ce vallon, redevenu désert[1]...

Comme épilogue à toute cette lamentable affaire, Pollet reçut, à la fin d'avril 1711, une lettre du P. Le Tellier, confesseur du roi. Elle l'informait qu'en raison des services qu'il avait rendus, le roi venait de lui attribuer une pension de 1.500 livres sur l'évêché de Lombez. Pollet répond au révérend Père, en priant de faire trouver bon au roi son refus d'accepter cette pension. « Elle est incompatible, dit-il, avec le parti que j'ai pris de vivre et de mourir en pauvre prêtre dans un séminaire, où je trouve tout ce qui m'est nécessaire... cela servira à confondre ceux qui m'ont reproché que j'attendais des récompenses temporelles en exécutant les ordres de mes supérieurs[2] ». Ici, Pollet et Chamillard se rencontrent encore une fois, et il me semble qu'il faut les saluer bas. Le P. Le Tellier, qui tenait la feuille des bénéfices, peu habitué à trouver tant de désintéressement, et n'y pouvant croire, insista. Louis XIV lut la lettre de Pollet, et fut « édifié ». La Communauté, à son tour, à la date du 4 mars 1711, consacra le fait dans ses *conclusions*, afin « qu'un exemple si désintéressé et si conforme à son esprit, qui ne permet pas de posséder de bénéfice, si ce n'est pour servir de titre[3], apprît à tous ceux qui viendront dans la suite, à se maintenir dans son esprit[4] ». Connaissant la susceptibilité du cardinal, Pollet et Descouraux lui firent visite pour l'informer de ce qui venait de se passer. Le cardinal, déjà au courant de l'affaire, était mécontent de n'avoir pas été consulté ; il leur demanda brusquement s'ils n'étaient point jansénistes. Voulait-il leur tendre un piège ? C'est à croire. Assez ironiquement, Descouraux répondit qu'ils n'avaient pas « assez de mérite pour cela » — « Vous êtes donc rigoriste ». C'étaient des termes dont il se servit dans une ordonnance, qu'il publia quelques jours après. — « Je répondis, narre Descouraux, que nous n'étions ni l'un ni l'autre, mais que, grâce à Dieu, je

---

1. Pour en finir avec P. R. des Champs, indiquons une lettre de l'Evêque d'Amiens, adressée vraisemblablement à Pollet (19 nov. 1710), où cet évêque annonce la conversion d'une religieuse expulsée. *Ibid.*, p. 347.
2. *B. M.*, 2451.
3. Titre clérical.
4. *A. N.*, MM. 481.

croyais que la morale était aussi pure et aussi exacte à Saint-Nicolas qu'en aucun autre endroit ; j'ajoutais qu'on aurait cru [1] que M. Pollet se serait vendu pour une pension et que les prêtres de Saint-Nicolas ne se donnaient pas à si bon marché. Son Eminence demanda agréablement ce qu'il fallait donner pour les avoir ». — « J'aurais volontiers dit, qu'une confiance proportionnée à l'obéissance et aux services que M. Pollet avait rendus, lui aurait tenu lieu d'une grande récompense ». — « M. Pollet répondit plus sagement que le monde entier ne serait pas capable de le faire agir contre son devoir ». Belle parole, et, mieux que cela, belle devise ; car, chez Pollet, l'action s'ajoutait aux paroles. « Heureux devoir, dit Descouraux, car s'il avait accepté (cette pension), on se serait servi de cela pour prouver qu'il s'était entièrement livré aux Jésuites, puisqu'on n'a pas laissé de lui reprocher. Quelques Jansénistes semblent néanmoins lui avoir rendu plus de justice, lorsque, ayant appris que M. Pollet avait refusé cette pension de 1.500 livres, ils ont dit que c'était une action très glorieuse pour le destructeur de Port-Royal. Je ne sais s'il s'en trouverait beaucoup parmi eux qui poussassent jusque-là la sévérité de la morale [2] ».

Cet entretien aigre-doux n'était pas le premier où l'ombrageux cardinal, qui ouvrait aux racontars jansénistes une oreille prévenue, avait jeté l'inquiétude dans la Communauté. L'année précédente, Pollet et Descouraux avaient déjà été obligés, dans des audiences réitérées, de se justifier. Toujours les mêmes reproches : Pollet a des relations avec les ennemis du cardinal ; quoique supérieur des Miramiones, il n'assiège pas l'archevêché pour des solutions faciles. Or, dit de Noailles, avec une naïveté qui désarme, j'aime « qu'on vienne me dire qu'on n'a rien à me dire ». Et finalement on se prépare sur une paix boiteuse qui sera rompue au premier rapport de la police jansénienne. Ainsi, après ce dernier entretien, l'archevêque, sur le conseil du roi, il est vrai, nomme Pollet, supérieur de Port-Royal de Paris [3], quitte, par un retour d'humeur, à lui chicaner plus tard d'autres supériorités [4].

1. Si Pollet avait accepté.
2. *B. M.*, 2451.
3. Il ne le fut pas longtemps. A la dame de Châteaurenauld avait succédé Madame de Montpérou qui n'en fit qu'à sa tête. Pollet, voyant ses conseils dédaignés, abandonna P. R. qui bientôt obtint un autre supérieur.
4. *B. M.*, 2451.

Les relations ne sont pas, non plus, toujours faciles avec le curé de la paroisse, et pourtant la Communauté se montre généreuse envers la fabrique. En 1702, on accepte, en principe, l'offre de 17.000 livres, faite par les marguilliers de la Fabrique pour payer les dettes qu'elle a contractées vis-à-vis de la Communauté, et, aussitôt après, la Communauté les lui remet, « voulant marquer l'affection que la Communauté a toujours eue pour la paroisse [1] ». La Fabrique, en effet, est assez pauvre, et il lui faut essayer de continuer l'église demeurée inachevée, faute de ressources. Elle va en obtenir, grâce à une loterie qui permet de reprendre les travaux, probablement dès 1705 [2]. C'est à l'occasion de cette loterie que la Communauté accorde, mais sans responsabilité, une chambre destinée à mettre le coffre-fort qui recevrait l'argent provenant de la vente des billets [3]. On sait que ce moyen d'obtenir de l'argent ne plaisait pas à tous les moralistes, particulièrement aux Jansénistes, qui y voyaient une forme de l'usure. Pollet, qui devait faire des conférences sur l'usure, ne semble pas s'être opposé à ce service rendu par la Communauté à la Fabrique. Cette loterie paraît avoir été assez considérable. Nous y voyons, par exemple, que Mme de Maintenon gagne un lot de 1.000 livres avec le numéro 341.433. Le gros lot s'élevait à la somme de 30.000 livres [4]. C'est de cette époque que doit dater la chapelle de la communion; car, par une conclusion du 7 mai 1708, la Communauté accorde plusieurs facilités pour le dépôt des matériaux dans la petite cour qui se cache entre l'église et et le bâtiment de Saint-Nicolas et, en échange, « demande deux vues sur la chapelle de la communion à construire ».

En ce moment même, le curé Joseph Boucher, accablé d'infirmités, ne pouvait surveiller les travaux. Il avait déjà résigné sa cure en 1701 à M. Delamare [5]. Mais il découvre bientôt que celui-ci a signé le *cas de conscience* du 20 juillet. Le souci de l'orthodoxie ne laisse pas de repos à l'exilé de 1682, qu'il n'ait enfin décidé Delamare à donner sa démission. En 1708, Boucher

---

1. *A. N.*, MM. 481.
2. Cf. *Manuel complet du voyageur dans Paris*, par Lebrun. Paris 1828.
3. *A. N.*, MM. 481, 30 août 1706.
4. *B. N.*, Lk[7] 7138. Ce gros lot fut gagné par le billet n° 260.744 qui portait comme devise : *j'espère sur ma bonne aventure*.
5. Docteur de Sorbonne et, depuis, curé de Saint-Benoît.

songe à Pollet, son vicaire, pour le remplacer dans sa cure[1]. Celui-ci déclare ne pouvoir accepter que si le cardinal le lui ordonne. De Noailles entre dans les vues de Boucher. Cette fois, l'humble et discipliné Pollet se retranche derrière les Constitutions, qui défendent aux Nicolaïtes d'accepter une cure. De Noailles exerce une pression sur l'économe Pillon, qui déclare que, dans ce cas, il faut consulter la Communauté. Celle-ci, assemblée extraordinairement, oppose un premier refus. L'archevêque persiste dans sa demande, mais sans imposer sa volonté. Nouvelle assemblée, où sont convoqués les confrères de Villejuif. Elle supplie Son Eminence « de ne pas accepter une chose qui irait contre les Constitutions de la Communauté ». Le cardinal cède. Il nous semble que cet épisode est tout à l'honneur de Pollet et de Saint-Nicolas.

Enfin, Boucher, conseillé par Pollet[2], résigne sa cure à Ludron, docteur de Sorbonne « qui avait eu soin des études de l'abbé Catinat »; mais il se réserve une pension de 1.000 livres, dont il ne jouit guère, car il meurt en septembre (le 28). Comme le presbytère exige des réparations, Ludron demande à être pensionnaire pendant trois ou quatre mois. Nous savons que Bourdoise avait interdit ce point à sa Communauté. Comme le cas est exceptionnel, on finit par accorder cette faveur. Les quatre mois s'allongent et la gêne produite par la présence de cette sorte de supérieur s'accentue. Pollet et le procureur lui font comprendre discrètement que les réparations doivent être terminées; Ludron fait la sourde oreille. A la fin, Descouraux le prie poliment de s'en aller. Ludron se récrie en disant « qu'il n'est pas en état de soutenir un ménage ». — « On ne demeure pas chez les gens malgré eux, réplique Descouraux ». Ludron s'irrite, l'affaire va au cardinal, qui donne raison à Descouraux. Enfin, après 18 mois de séjour, Ludron est obligé de quitter Saint-Nicolas. Descouraux nous dit confidemment qu'il craint bien que le curé ne soit pas revenu de ses préventions contre lui[3].

---

1. On voit comment le procédé de la *résignation* rendait quelquefois assez illusoire, le droit de collation. Il est vrai que le consentement de l'évêque est requis, et même celui de Rome quand le bénéfice est grevé d'une pension à fournir à celui qui vient de le résigner.

2. *B. M.*, 2451 et *A. N.*, MM. 481.

3. *B. M.*, 2451.

Cependant Ludron prend d'abord Pollet comme son confesseur, mais le quitte deux ans après, et choisit Courtin. La jalousie avait prise sur cette âme. Un jour, à table, le curé de Saint-Eustache s'avise malheureusement de dire que M. Ludron « n'était que le petit garçon de Pollet, qui faisait tout l'ouvrage de la paroisse, mais qui en avait aussi tout l'honneur et l'estime et la confiance des paroissiens. » Ludron, pour riposter, se plaint à Pollet, soi-disant au nom de ses ouailles, de la longueur de ses sermons. Pollet, connaissant l'origine de cette observation, n'en tint pas compte.

Ces démêlés n'empêchèrent pas la Communauté, fidèle à ses anciens usages, de se transporter, le 13 janvier 1710, « le surplis sur le bras, » chez le curé, « pour lui demander sa bénédiction pour la continuation des services » que l'on rendait à la paroisse[1].

Ces services, cette année-là, s'étendirent à d'autres qu'aux paroissiens. Le 15 septembre, la Communauté accepta « la conduite et direction de la petite Communauté des clercs étudiants en philosophie et en théologie ». Ce fut un peu à son corps défendant. En 1697, François Boucher, le frère puîné du curé, lui avait proposé de se charger de la petite Communauté « de pauvres écoliers, étudiants en philosophie et en théologie dans l'Université », moyennant une certaine rente. Après mûre délibération, elle avait conclu « que, sans avoir égard à la modicité du revenu, ni aux charges de la dite fondation, que n'étant point de la fin principale de la dite Communauté et pouvant la distraire de ses emplois ordinaires qui sont de disposer prochainement aux saints Ordres et de former aux fonctions ecclésiastiques des gens qui ont déjà fait leurs études, sans parler de plusieurs autres inconvénients qui ont été rapportés, elle remercierait M. Boucher ». Cependant, elle avait dû, dans l'intervalle, accéder en partie au désir du bon chanoine, car, le 13 février 1708[2] elle refuse de se charger de la petite Communauté de Saint-Nicolas, mais quelqu'un du corps continuera « d'en prendre soin comme

---

1. *A. N.*, MM. 481.

2. François Boucher est mort le 20 janvier 1708. Cf. *B. N.*, f. 32590, p. 45. Il était docteur en théologie de la maison et société de Sorbonne et vicaire général de l'évêque de Chartres. Son frère Joseph, le curé, le suivra bientôt dans la tombe.

auparavant[1] ». Où était logée cette Communauté ? Près de l'église Saint-Hilaire[2].

François Boucher n'était pas le seul à s'occuper ainsi, à Paris, des ecclésiastiques pauvres. Chanciergues[3] avait créé pour eux, à Paris, plusieurs établissements. D'après le *Gallia christiana*[4], l'un se trouvait hospitalisé à Montaigu, l'autre, à Saint-Marcel et le troisième, près de l'église du Saint-Esprit[5]. Après quelques migrations, quelques-uns de ses élèves se fixèrent enfin, rue d'Enfer, dans une maison léguée par l'abbé de Marillac, en 1695. Elle prit alors le nom de séminaire Saint-Louis. L'abbé Chansiergues, mort en 1691, légua son œuvre à de Lauzi, curé de Saint-Jacques-la-Boucherie qui obtint du roi, en 1696, par l'intermédiaire de l'Archevêque de Noailles, nouvellement promu, des lettres patentes d'érection d'un petit séminaire où on sera autorisé à « enseigner les humanités, philosophie et théologie » sans pouvoir cependant prétendre aux degrés[6]. C'est ce titre de petit séminaire qui, on le voit, possède ici un sens spécial, que Saint-Nicolas donne à la petite Communauté dont il va se charger. Le séminaire de Saint-Louis, devait, avec le temps, se développer et donner de bons résultats à l'Eglise.

En ce moment, le Roi pousse, énergiquement et de nouveau, à la création de séminaires, tant petits que grands, qui, après une évolution assez lente et assez confuse, se trouvent officiellement différenciés. Par une déclaration du 15 décembre 1698, il exhorte et enjoint à tous les archevêques et évêques de son royaume « d'établir incessamment des séminaires dans les diocèses où il n'y en a point, pour former des ecclésiastiques et d'établir autant qu'il sera possible, dans les diocèses où il y en a déjà pour les clercs plus âgés, des maisons particulières pour l'éducation des jeunes

---

1. *Ibid.*
2. A. N., K. 1243. *Généralité de Paris.* 1re liasse. « La petite Communauté de S. N. d. C... a été un grand nombre d'années, dans le cul-de-sac deSaint-Hilaire, en la maison où logent à présent les étudiants dont le curé de cette paroisse prend soin ».
3. Né à Pont Saint-Esprit (1634) il vint à Paris dans l'intention de secourir, lui pauvre, les jeunes clercs les plus nécessiteux. Il appartenait, par sa mère, aux Colonna d'Italie, affirme Lelong : *Bibl. hist. de la France*, tome I, n° 11038.
4. Tome VII, p. 1040.
5. Il en aurait fondé 38 dans d'autres villes de France. *Ibid.*
6. *Mémoires du clergé*, II, p. 679.

clercs pauvres, depuis l'âge de 12 ans[1] ». Il stipule qu'en outre pourront y être envoyés en pénitence les curés et autres ecclésiastiques délinquants, pour des causes graves mais qui ne méritent pas une instruction dans les formes de la procédure criminelle. Généralement, cette dernière clause est mal vue des supérieurs de séminaires et, en 1708, la Communauté de Saint-Nicolas, refuse très humblement au cardinal de recevoir, à Villejuif, les prêtres déréglés.

On ne saurait dire que de Noailles néglige ses séminaires. Nous l'avons vu s'en occuper activement. Peut-être même que son zèle devient intempérant. Il remanie les règlements. Nous ne savons pas exactement dans quelle mesure il le fit pour Saint-Nicolas avant 1710. Cependant, nous lisons qu'en 1701 « Sa Sainteté Clément XI, dans le dessein qu'Elle a de régler le clergé d'Italie sur le modèle de celui de France (quel éloge pourrait être préférable à celui-là!) demande à M. le cardinal de Noailles, archevêque de Paris, les règlements de ses séminaires; Son Eminence a voulu avoir celui de ce séminaire, ce qui a obligé la Communauté de joindre à l'ordre des exercices qui se pratiquent à présent comme Monseigneur l'Archevêque l'a réglé, les avis qui sont dans l'ancien règlement et la conduite des exercices, afin qu'on vît, plus en particulier quel est l'esprit de ce séminaire[2] ». Cet ancien règlement, en effet, a été modifié dès 1696 et nous pouvons constater quelques additions.

On défend, par exemple, aux membres du corps, d'être exécuteurs testamentaires, — on refuse d'admettre des professeurs de philosophie comme pensionnaires, — on prohibe les perruques.

Au temporel, nous relevons, dans cette période de six ans, six fondations : la première est celle de Joseph Boucher, curé de Saint-Nicolas, 75 livres de rente; la seconde, celle de son frère, Sulpice[3], 150 livres de rente; la troisième, celle de la dame Riobé, 50 livres de rente à la Bourse cléricale (1708); la quatrième, celle de Mlle Benard, 150 livres de rente (1710); en 1707, celle de Hunault, prêtre demeurant dans la Communauté des Prêtres habitués de Saint-Jacques du Haut-Pas, 500 livres de rente (spéciale-

---

1. *Ibid.*, p. 606-607.
2. *A. N.*, MM. 481.
3. Le 3e frère, docteur de Navarre.

ment pour les ecclésiastiques d'Angers), plus, sa bibliothèque et une horloge faite par Vittard ; la sixième, en 1710, à savoir : l'importante fondation Gaillard, prêtre habitué de la paroisse Saint-Jacques du Haut-Pas, 1.554 livres de rente [1].

Ces fondations, assez avantageuses, comme on peut le constater, permettent d'acheter des biens-fonds dont le rendement est plus stable que les rentes qui commencent à subir des réductions sérieuses. Le 29 janvier 1711, moyennant 34.500 livres, on achète de Guy-Carré, seigneur de Montgeron, un domaine à Villeneuve-le-Comte, consistant en un grand corps de logis y compris le fief du pré, écurie, bergerie et un parc de 25 arpents de bois de haute futaie sur taillis formés en allées ; environ 12 arpents de bois taillis tenant à la forêt de Crécy ; environ 360 arpents de terre labourable et 140 arpents de prés de pâturages et 80 livres environ, tant de loyers que de rente. Plus la ferme des « Petites Hermières » consistant en un bâtiment, fief de Merlan et 950 arpents de terre [2] ». Cet achat faisait pendant à celui de la ferme de Villejuif et consolidait une partie de la Bourse cléricale.

On est obligé de faire cependant des économies. Le 13 octobre 1709, la Communauté « vu la misère des temps et les dépenses extraordinaires où le ménage qu'elle tient à Villejuif l'engage », conclut que « l'on renverrait non seulement le chapelain et le maître d'école, mais aussi qu'on ferait revenir les deux Messieurs qui y sont demeurants, jusqu'à ce que les temps soient moins difficiles à vivre [3] ». La raison d'économie n'était pas la seule qui entrât dans cette mesure. Il devait exister quelques malentendus, car la conclusion ajoute : « et que toutes choses soient mieux réglées pour les fondations et les fonctions ecclésiastiques de la dite paroisse ». Sans doute que le curé craignait qu'on empiétât sur ses droits. Un an après, le 28 octobre 1710, on y envoie deux Nicolaïtes, « d'autant que les raisons qui avaient fait discontinuer sont cessées ». Suit un règlement qui restreint leur liberté à Villejuif, surtout relativement aux réceptions à table

---

1. Cf. *B. M.*, 2451. On y verra, dans le détail, les négociations relatives à cette fondation et on y constatera, une fois de plus, la susceptibilité du cardinal.

2. *A. N.*, S. 6992. Il y a dans ce carton quelques renseignements qui pourraient servir à l'histoire de Villeneuve-le-Comte.

3. *A. N.*, MM. 481.

et aux aliments admis. Mais ces économies n'ont pas nui à la charité, au contraire : le 18 octobre 1709, on avait décidé « à cause de la grande misère », de donner, tous les mois, 300 livres en argent et en grain soit à la paroisse, soit à Villejuif. Jusqu'à la fin de son existence, nous verrons la Communauté fidèle à cette charitable pratique.

Désormais, la voilà qui possède presque tous ses moyens d'action, et, d'ici aux approches de 1789, nous n'aurons guère qu'à étudier le développement de chacune de ses institutions particulières. Elle subira, sans doute, les vicissitudes de tout établissement humain, mais rien d'essentiel ni d'important n'y sera altéré dans le cours de ce XVIIIe siècle si monotone et parfois si douloureux pour tout cœur de chrétien.

CHAPITRE VII

PLEIN DÉVELOPPEMENT

(1711-1786)

Avant de nous enfoncer dans cette longue période, il nous paraît utile de donner la liste des économes et des curés qui se sont succédé. Cette nomenclature, un peu aride, aura au moins le mérite de nous fournir quelques jalons, qui pourront guider notre route.

Economes : 6 juin 1711, Gilbert Descouraux ; 2 juillet 1714, Firmin Pollet ; 2 juillet 1717, Firmin Pollet ; 1er juillet 1720, Gilbert Descouraux ; 1er juillet 1723, Firmin Pollet ; 23 juillet 1726, Firmin Pollet ; 19 juillet 1729, Firmin Pollet ; 15 juillet 1732, Jean Chevrolat ; 12 juillet 1735, Jean Chevrolat ; 8 juillet 1738, Philippe-Léonor Le Vallois ; 4 juillet 1741, Philippe-Léonor Le Vallois ; 4 juillet 1744, Charles Tachard ; 4 juillet 1747, Hugues Bégille ; 1er juillet 1750, Hugues Bégille ; 23 juillet 1753, Charles Tachard ; 20 juillet 1756, Charles Tachard ; le 17 juillet 1759, Nicolas Nommel ; le 3 juillet 1762, Nicolas Nommel ; 9 juillet 1765, Charles-Ferdinand Lelarge ; 5 juillet 1768, Nicolas Nommel ; 2 juillet 1771, Nicolas Nommel ; 9 juillet 1774, Nicolas Nommel ; 2 juillet 1777, J.-B. Destregard ; 27 juin 1780, Vincent Houet ; 22 juillet 1783, Vincent Houet.

Curés : Pierre Ludron, 1708-1723 ; Michel Garnot, 1723-1759 ; Antoine Hylaire, 1759-1780 ; Jean-François Brunet, 1780-1785 ; Joseph-Marie Gros, 1785-1792.

Après cette accumulation de noms propres et de dates, il nous reste, pour plus de clarté, à indiquer l'ordre des questions que nous allons traiter.

Nous étudierons :

1° Le budget de Saint-Nicolas ;
2° La succursale de Villejuif avec sa ferme ;
3° Le petit séminaire ;
4° Le grand séminaire ;
5° La Communauté de Paris, et concurremment le Séminaire de Laon.

I. — LE BUDGET

1° RECETTES. — Pour suffire à toutes les œuvres entreprises par St-Nicolas, il fallait, de plus en plus, de l'argent. Les recettes doivent augmenter graduellement, car le chapitre des dépenses s'enfle progressivement de plusieurs paragraphes. Une école, au moins, est gratuite ; les deux séminaires, le grand surtout, s'ils veulent être fidèles à leur passé, doivent pouvoir accepter facilement des jeunes gens pauvres, qui ne peuvent payer leur pension entière. La Communauté, elle-même, avec son personnel assez nombreux, absorbe une partie des revenus. Ceux-ci proviennent toujours des mêmes sources. Au risque d'aligner de nouveau des chiffres et des noms propres, nous allons, par conscience, rappeler les noms des généreux bienfaiteurs d'autrefois.

1° *Bourse cléricale.* — 1713, fondation de Mlle Gravet, de la paroisse Saint-Germain l'Auxerrois ; 1718, fondation Grémiot, docteur en théologie, ci-devant grand vicaire d'Auch ; on transige avec les héritiers pour la somme de 35.000 livres en faveur des ecclésiastiques suisses [1] ; 1723, fondation de la Rue, docteur en théologie, en faveur des prêtres du diocèse d'Amiens. En résumé, en 1725, l'état produit par le procureur, sans doute en vue d'une déclaration, accuse 36 fondations, et Pollet, économe, constate que les fonds appartenant aux fondations subsistent en entier et sont placés, partie en terre, partie en maisons, et la plus grande partie en rentes sur l'Hôtel de ville de Paris, et que les dits fonds et ressources sont exactement marqués dans un petit registre in-folio, relié en basane verte [2]. On peut encore

---

1. Son père était bourgeois de Vauditan, en Franche-Comté. Lui-même demanda à être inhumé dans la partie du cimetière réservée aux prêtres de Saint-Nicolas. Il avait été vicaire général de Castres, puis d'Auch. *A. N.*, M. 199.
2. *A. N.*, MM. 483.

voir dans plusieurs de ces registres[1] les noms des concessionnaires de ces bourses. A l'état de 1725, ajoutons une fondation de 10.000 livres provenant d'une demoiselle Dufour. Aux alentours de cette époque, nos renseignements sont plus incertains ; nous n'avons pas de relevé complet ; nous trouvons cependant un legs de Robert de la Châtre, qui a pour tante maternelle une dame de l'Estang (1727)— et même auparavant (1720) une donation de 500 livres de rente par Mme de Miramion, veuve Nesmond. Dans la déclaration de 1729, Firmin Pollet avoue que la Bourse cléricale, qui comprend trente-huit fondations, s'élève à 10.183 livres de rente. Plus tard, en 1760, Jean-Charles Bouchard, de la Communauté de Saint-Nicolas, donne 200 livres de rente pour des lits en faveur des séminaristes pauvres ; mentionnons un legs de Faverays (1734), également membre de la communauté

Bref, le montant total se trouve être, en 1780, de 14.257 livres[2]. C'était là un joli denier qui, distribué surtout en demi-bourses, pouvait faciliter, à une trentaine au moins d'ecclésiastiques pauvres, l'entrée au séminaire. L'œuvre inaugurée par Bourdoise ou du moins établie par lui, continuait à être solide et même prospère, malgré les différentes réductions de rente opérées au cours du XVIII siècle.

2° *Fondations de services et de messes.* — Soixante-treize fondations, s'échelonnant de 1660 à 1778, viennent augmenter ces ressources. Elles fournissent, en 1729, 2.374 messes basses, huit annuels[3] de messes basses et quatre services solennels. Elles contribuent surtout à alléger la pension des prêtres qui trouvent là, des honoraires assurés. Non pas que ceux-ci soient très élevés ; ils sont en moyenne de 0.75 c. par messe, mais c'est le taux ordinaire d'alors, au moins à Paris. Fatalement, la Fabrique devait, un jour ou l'autre, revendiquer pour elle, une partie de ces fondations, comme faites à la paroisse et non à la communauté. C'est ce qui eut lieu vers 1748. Le curé, Michel Garnot, et les marguilliers intentent un procès à la Communauté et réclament contre l'abus par lequel elle *s'approprie* les fondations dont l'ad-

1. *A. N.*, MM. 483, 484.
2. *A. N.*, H^5 3323.
3. Soit une messe toutes les semaines.

ministration ne peut lui appartenir légitimement. La Fabrique, disent-ils, est, grâce à cette sorte de détournement de fonds, ruinée au point qu'ayant pour 10.000 livres de charges annuelles, elle n'a pas plus de trois à quatre mille livres de revenu fixe. Les Nicolaïtes, cependant, acquittent ces fondations dans la paroisse, sans frais, et sans contribuer aux réparations de l'église, ni aux autres charges. Dès 1720, ils avaient déjà pour 6.185 livres de rente sur la ville, provenant de fondations, *qui doivent s'acquitter dans l'église* et ce qui le prouve « c'est, au dire des marguilliers, que le roi ayant, en l'année 1719, ordonné le remboursement des rentes de l'Hôtel de ville, il créa depuis, par un édit du mois de juin 1720, de nouvelles rentes sur l'Hôtel de ville, au denier 40, destinées et affectées par préférence au remploi des récépissés, provenant des remboursements des anciennes rentes : c'est même le meilleur emploi qu'on en ait pu faire. Mais par là les rentes avaient souffert une réduction du denier 25 au denier 40[1] et les revenus des fabriques et des charités des Paroisses de Paris, se trouvèrent diminués de 88.141 livres, 0 sol, 9 deniers. Les curés et marguilliers des paroisses de Paris firent leurs représentations au roi et lui exposèrent que ce retranchement les mettait hors d'état de subvenir aux dépenses... Sur quoi Sa Majesté, par arrêt de son conseil du 11 mars 1721, voulut bien accorder aux fabriques et aux pauvres des paroisses[2], un *supplément* sur les fermes, pour tenir lieu du retranchement de leurs rentes... La Fabrique de Saint-Nicolas fut employée dans cet arrêt pour 3.466 livres, 13 s., 6 d. et les pauvres et charités de cette paroisse pour 1.476 l., 15 s., 10 d.[3] ».

La Fabrique a touché, comme elle le devait, depuis 1721, ce supplément de 3.466 l., 13 s., 6 d.; mais elle en a peu profité et voici pourquoi. Au moment du remploi, la Communauté joignit ses contrats de fondations de messes à ceux de la Fabrique et les demandeurs[4] appuyent sur ce fait que tous ces contrats ont été examinés de près par les commissaires du roi et, par conséquent, ils ont été reconnus comme appartenant à la fabrique. Or, en

---

1. Nous appelons aujourd'hui cette opération : une conversion. Celle-ci était forte : du 2 1/2 environ au lieu de l'ancien 4 %.
2. C'était l'Eglise, on le sait, qui était chargée de l'assistance publique.
3. *A. N.*, G 8 * 2513, p. 434 et suiv.
4. Les marguilliers.

1721, les Nicolaïtes ont exigé que les marguilliers leur remissent annuellement une somme de 2.219 livres pour leur part. En 1735, les marguilliers, à l'occasion d'une tribune qu'ils ont permis, aux prêtres de Saint-Nicolas, d'avoir dans l'église, en faisant percer une fenêtre dans la chapelle de la communion, firent un compte devant notaire avec la Communauté, et ils eurent, eux et le curé (Garnot) « la complaisance » de reconnaître que dans le supplément, il revenait 2.219 l. à la Communauté. C'est seulement en 1748 que les yeux des marguilliers se sont ouverts, et ils ont obtenu des lettres de rescission contre l'acte du 5 avril 1735. Ils réclament et les contrats et le supplément et sont d'avis que les services rendus à la paroisse par les prêtres de Saint-Nicolas se sont pas suffisants pour dédommager la Fabrique des pertes qu'elle subit. Les pauvres, d'ailleurs, réclament aussi leur part; et le troupeau des fidèles, « privé de son pasteur [1] », ne peut que « soupirer et se plaindre ». Les traits mordants ne manquent pas dans cette requête où s'exhale la rancune janséniste des marguilliers [2].

La réponse ne se fit pas attendre; elle parut dans un Mémoire solide [3]. Elle prouve la capacité des prêtres de Saint-Nicolas d'accepter, de posséder et d'exécuter les fondations faites dans l'église même de la paroisse. Cette capacité est établie sur trois moyens également décisifs et sans réplique : le premier se tire des lettres patentes enregistrées; le deuxième, d'une possession de plus de cent ans, et le troisième résulte de l'aveu de la reconnaissance précise des curés et marguilliers. En passant, ils affirment qu'il est de notoriété publique que, dans cette paroisse, « les prêtres de Saint-Nicolas font acquitter journellement vingt ou trente messes pour lesquelles ils fournissent pain, vin, linge, cierges, missels, ornements, blanchissage; ils fournissent encore les diacres, les sous-diacres, le vicaire, trois sous-vicaires, tous les prêtres et chantres de l'Eglise. C'est du sein de cette même communauté que sortent les confesseurs, les sacristains, huit catéchistes, huit sous-maîtres, trois maîtres d'école, et le reste.

1. Michel Garnot est en exil.
2. Le *Mémoire* des prêtres de Saint-Nicolas l'indique suffisamment : « aujourd'hui une prévention injuste et le désir de se venger sur le séminaire, d'un prétendu tort qu'il n'a pas », dirige les vues et les démarches des marguilliers. Ce tort, nous le verrons plus tard, était l'exil de Garnot.
3. *A. N.*, G 8 * 2513. Cf. *A. N.*, M. 199.

Voilà, comme on le voit, toute l'église desservie, tous les offices faits et remplis par les prêtres de la Communauté, à la décharge de la Fabrique ». Ils font observer également que, de 1735 à 1748, la Fabrique a remis régulièrement les quartiers à Saint-Nicolas. En 1748, les Nicolaïtes font signifier au receveur des fermes, qu'ils entendent « recevoir par eux-mêmes ». D'ailleurs, si la Fabrique refusait de payer ce supplément, il lui faudrait remettre à Saint-Nicolas 15.000 livres, dont celui-ci, pour la paix, a gratifié la Fabrique dans la transaction de 1735.

On le constate, la bonne entente n'existe plus entre la Fabrique et la Communauté, et celle-ci dut se réjouir que la conception de Bourdoise, qui voulait la placer tout entière dans la main des marguilliers, n'eût pas été adoptée. Avant même la rédaction de ce Mémoire, la Communauté avait fait, le 20 octobre 1749, arrêter le *supplément* entre les mains de M. de Maizières, receveur général à l'hôtel des fermes, chargé de payer le supplément. D'où le procès intenté par les marguilliers. Ils le perdent, au Châtelet, le 28 juillet 1751[1]; ils interjettent appel au Parlement[2]. Enfin, un arrêt du Parlement rendu « le 22 may 1756 » donne gain de cause à la Communauté[3], qui continue à percevoir le *supplément*. Elle fournit à Houet, procureur de la Communauté, la procuration pour affirmer au Châtelet que ladite Communauté ne possède aucune fondation faite directement ou indirectement[4] à la Fabrique; et l'harmonie ne fut plus troublée sous les successeurs de Garnot.

3° *Casuel.* — La question délicate du casuel ne pouvait manquer d'être réglée d'une façon précise. En 1644, comme il n'y avait encore sur cette matière aucun règlement dans le diocèse de Paris, il intervint une convention provisoire entre le vénérable Froger et Compaing. On sera peut-être curieux d'en connaître quelques fragments[5].

    Les convois de six personnes (prêtres)   40 sols.
    Les convois de douze personnes (prêtres).   6 livres.
    La grand'messe.   6 livres.

1. *A. N.*, V. 1302.
2. *A. N.*, H5 3323.
3. *Ibid.*
4. *A. N.*, MM. 481, 15 juillet 1756.
5. *A. N.*, MM. 476, *art.* tarif.

Les parements sans pavillon.	40 sols.
Pour M. le curé.	40 sols.
Les grands convois de trente prêtres.	20 livres.
Pour les droits de M. le curé.	3 livres.
La grand'messe.	6 livres.
Pavillon et parements communs.	6 livres.
Pour veiller une personne.	3 livres.
Les convois de cinquante ou soixante prêtres.	50 livres.
A M. le Curé.	20 livres.
Vigiles et grand'messe.	8 livres.
Les beaux parements.	8 livres.
Messes basses.	15 sols.

Pour les baptêmes, M. le curé donne au prêtre chargé d'administrer les sacrements, 5 sols.

Pour les mariages, 40 s. — 60 s. — 6 livres, et bien souvent rien du tout.

On donne, aux mariages de 40 sols : à M. le curé, 20 ; au vicaire, 15 ; au clerc, 5. — A ceux de 60 : à M. le curé, 30 ; au Vicaire, 20 ; au clerc, 10. — A ceux de 6 livres : à M. le curé, 3 liv. ; au vicaire, 20 s. ; au clerc, 15 s.

Les offrandes des mariages et services sont à M. le curé, tout le luminaire aussi.

« Quand l'on porte le Saint Sacrement ou l'Extrême-Onction, cela appartient au vicaire ou au clerc ; mais, quand M. le curé les porte, il donne quelque chose à celui qui lui sert de clerc.

» Toutes les offrandes des grand'messes, comme des deux grand'messes des fêtes, dimanches, convois, bouts de l'an, confréries, grand'messes d'écoliers et d'écolières, appartiennent au curé ».

On voit par ces extraits, que le casuel est assez minime ; dans la déclaration de 1790, la part de St-Nicolas est estimée de ce chef s'élever à 1.178 livres. Ce casuel ne paraît donc pas s'être amélioré beaucoup par la suite. Dans les comptes de Nommel, nous voyons que pour les trois années 1747-1750, la recette totale, provenant de l'église est de 7.746 livres. En 1756, on n'en fait pas mention dans la déclaration, car là, les rétributions sont inférieures aux dépenses, d'autant que la Communauté fournit « les charbons pour la sacristie, les chandelles pour l'église, les catéchismes et la sacristie[1] ». En 1790, voici le casuel d'un service : diacre et sous-diacre, une livre ; M. le vicaire, une livre ; 20 ecclésiastiques, 10 livres ; receveur, une livre ; dix messes basses, 10 liv. — Le casuel de 1644 est même réduit en 1783 ; la Communauté renonce aux cinq sols par baptême que les curés lui avaient donnés jusque-là ; elle fera ces baptêmes *gratis* et se contentera du cierge offert par les parrains. Pour les mariages, elle renonce également à une partie des émoluments. Il semble donc bien, en résumé, que si les offices se célébraient à l'église Saint-Nicolas, avec une décence et une ponctualité proverbiales, la Fabrique n'y perdait rien ; le curé, déchargé de presque tout souci du côté du ministère, recevait un casuel suffisant mais non excessif et la Communauté rentrait à peine dans ses frais. Seuls, les séminaristes et les fidèles semblent avoir trouvé quelque bénéfice dans cette combinaison. Les uns y trouvaient un supplément précieux pour les aider à payer leurs quartiers ; les autres jouissaient, à peu de frais, d'un culte bien desservi.

4° *Titres ecclésiastiques et pensions.* — Les membres de la Communauté doivent, conformément aux lois canoniques, avoir un titre ecclésiastique ou clérical, c'est-à-dire un bénéfice simple[2] de la valeur de 100 livres au moins ; ils sont obligés, d'après leurs statuts, d'en verser le produit à la caisse commune.

Les pensions, comme par le passé, sont sujettes à des variations, suivant la cherté des vivres[3]. En août 1720, on augmente la pension de 60 livres à cause « de la rigueur des temps, où l'on est ». Cinq ans après, on la ramène à 520, et, en 1727, à 500 l., chiffre normal. En 1732, on réduit à 450 l. la pension des boursiers, mais on se voit obligé de la remettre à 500, en 1739, toujours à cause de la cherté des vivres. L'année suivante, nouvel accroissement de 20 l. pour le grand séminaire et de 40 pour le petit. On revient au taux normal en 1743. Les années 1747, 1749 sont mauvaises, et la pension augmente. En 1760, on use d'un autre procédé. D'après le désir de l'archevêque, on diminue de 50 l. la pension élevée à 550, mais on réduit à 3 1/2 septiers

---

1. Les marguilliers dans leur *Factum* ou *Mémoire*, prétendent que c'est la Fabrique qui fournit le luminaire. Nous croyons qu'ils exagèrent.
2. Sans charge d'âmes.
3. On se base surtout sur le prix du blé.

la pinte, et on se décharge du blanchissage des séminaristes[1]. Pendant les vingt-cinq ans qui suivent, nous n'avons pas rencontré de changement, mais en 1789, nous retrouvons le taux de 550[2]. Si on veut comparer ce chiffre à celui des autres grands séminaires de Paris, on saura qu'à cette date de 1789, Saint-Sulpice réclamait 580 l. au grand séminaire, 450 au petit[3]; Saint-Louis, 300 l.; les Bons-Enfants, 550; la Sainte-Famille, ou les Trente-Trois, 400; Saint-Magloire, 600; Saint-Marcel du Cloître, 300[4]. On peut donc constater que la pension de Saint-Nicolas est à un taux moyen qui permet à peine de subvenir à l'entretien des séminaristes d'autant qu'il n'y a pas de vacances proprement dites, ce qui augmente sensiblement la dépense. Aussi, fallait-il un appoint pour combler le déficit et surtout pourvoir à l'entretien de la Communauté et de l'école gratuite. On le trouvera dans le paragraphe suivant.

5° *Fermes et rentes*. — Nous ne savons pas exactement ce que pouvait rapporter la ferme de Villeneuve-le-Comte, où les Nicolaïtes n'avaient retenu que deux chambres[5]. Ils durent être frustrés de leur location par le fermier Raoult qu'on fut obligé de faire expulser en 1745, après treize ans de fermage. Dans la déclaration des biens, faite en 1756, on estime à 4.541 livres les revenus tant de la ferme que du bois taillis et de quelques petites rentes. Dès 1773, c'est Tavernier qui est fermier et il le sera fidèlement jusqu'en 1789 et au delà.

Quant à la ferme de Villejuif, elle rapporte 4.400 livres en 1729; en 1756, le revenu en a beaucoup diminué, « par le grand dégât que fait le gibier dans la plaine[6] »; il est de 3.500 livres, mais le fermier Barre est chargé en plus « de faire les voitures pour la provision des vivres et des bois nécessaires à la maison de Villejuif, de lui fournir 100 bottes de paille de 12 livres pesant, un quartier de longue paille de seigle en grosses bottes

---

1. *A. N.*, MM. 481. *passim*.
2. Tableau universel et raisonné de la ville de Paris. 1789.
3. Il était à peu près semblable au grand, sauf la pension.
4. Nous ne parlons pas des séminaires spéciaux : Missions étrangères, 600; Eudistes, 500.
5. Ils ont vendu les *Petites Hermières* en 1778 à M. Morin de Tourville. A. N., S. 6992.
6. *A. N.*, S. 6984-6985. On sait assez que c'est là un des griefs qui se rencontreront souvent dans les cahiers du Tiers-État en 1789.

et 12 voitures de fumier conduit dans le jardin de ladite Communauté. En revanche, la Communauté lui fournira les choux et les poireaux nécessaires pour son ménage[1] ». En 1773, le loyer fourni par Charles-Nicolas Radot, monte à 5.500 livres. La location des maisons est aussi une source importante de revenus. Audit Villejuif, on loue, en 1729, pour 250 livres et pour 270 livres, deux maisons situées respectivement, l'une, en la grande rue, l'autre, rue du Moustier; ce prix varie peu dans la suite. A Paris, la Communauté possède deux maisons, rue du Mûrier, en face du séminaire; elles rapportent 360 et 400 livres. La maison, rue de la Barillerie, est louée 400 livres[2]; celle des rues Sainte-Anne et l'Evêque 3.300, et celle de la rue d'Argenteuil 500 livres. En 1756, il faut ajouter une maison, rue Saint-Victor, en face de l'église Saint-Nicolas, louée 200 fr. La maison de la rue d'Argenteuil est toujours inscrite au rôle des immeubles de Saint-Nicolas; en réalité, elle a été vendue, dès 1717, contre une rente foncière[3] de 500 livres. Plus proche, et attenante au grand séminaire, près de la porte charretière, la maison acquise de M. Romillé est louée pour 1.700 livres environ. En totalisant tous les revenus de cette sorte, on arrive à une somme globale de 17.000 l. Mais il ne faut pas oublier que la Bourse cléricale a fait entrer plusieurs de ses fonds dans ces acquisitions et qu'elle réclame en conséquence une partie des locations.

Ajoutez à cela, quelques coupes de bois à Villeneuve-le-Comte. Mais pour recourir à cette source de revenus, il faut, depuis l'ordonnance de Colbert (1669), une permission de l'Administration des Eaux et Forêts. Elle fut accordée par lettres patentes, en 1713, « à condition d'en user comme de bons pères de famille[4] »; en 1763, « à la charge de planter en place 500 jeunes ormes[5] ». En 1785, Socquard, géographe et arpenteur de la maîtrise royale des Eaux et Forêts des bailliages de Meaux et de Crécy, reçoit[6] une plantation d'arbres au lieu dit Pré

---

1. *Ibid.*
2. Par lettres patentes du 10 mai 1778, Louis XVI, lors de la reconstruction du Palais, accorda une indemnité de 480 l. de rente sur le domaine de la généralité de Paris, en dédommagement de la maison de la Barillerie qu'on fut obligé de démolir pour agrandir le Palais. *A. N.*, H[5] 3324.
3. Et non remboursable.
4. *A. N.*, M. 199.
5. *Biblioth. de Melun*, n° 2139.
6. Fait la *réception*, c'est-à-dire accepte officiellement.

de la Bonde[1] ; on reconnaît là le soin jaloux avec lequel l'administration du roi empêchait la destruction des forêts et pourvoyait au reboisement.

Les rentes sont d'un revenu plus aléatoire que les fermes ou les locations. Elles étaient au denier 25 en 1714, mais en 1719, elles furent réduites, comme nous l'avons dit, au denier 40. Cependant on en possède, en 1729, pour 19.413 livres sur l'Hôtel de ville ; pour 806, sur l'ancien Clergé. Les rentes sur particuliers ont presque toutes été remboursées ; et c'est le chapitre le plus variable des revenus de la Communauté. Nous ne pouvons en suivre toutes les fluctuations ; nous rappellerons seulement qu'un certain nombre de ces rentes appartenaient à la Bourse cléricale.

6º *Enfin les allocations royales* de 1.000 l. et de 300 l. (pour la desserte de la chapelle des galériens), ainsi que la *subvention du clergé* continuent à s'ajouter aux précédentes ressources. Elles subissent assez souvent du retard. *La bourse du grand-aumônier* (de 400 l.) a été transférée, en 1784, au séminaire Saint-Louis, où s'était retiré celui qui jouissait de cette bourse. On n'en est pas fâché à Saint-Nicolas. Les sujets présentés pour cette bourse ne donnaient pas satisfaction en général. « Nous n'avons fait, écrit le procureur Hure, aucune démarche pour la faire rentrer à notre séminaire par la raison que les sujets qui y étaient nommés, étaient presque toujours très faibles et intriguants[1] ». Il faut supposer que quelques dons manuels venaient, par surcroît, permettre à Saint-Nicolas d'affermir sa situation financière. Elle n'a jamais été très brillante. On ne fait pas de dettes, mais on n'accumule pas richesses sur richesses. D'ailleurs, la deuxième moitié du XVIIIe siècle semble bien avoir été ingrate ; la charité ne fleurissait plus dans ce monde aristocratique, plus enclin aux plaisirs et à l'irréligion qu'à l'aumône inspirée par la piété.

2º *Dépenses*. — Le chapitre des charges sera moins long que celui des recettes.

A) *Dépenses ordinaires*. — Mettons en premier lieu : 1º l'alimentation du personnel. — Celui-ci est variable, mais il ne des-

1. *Arch. départ.*, Seine-et-Marne. G. 140.
2. *A. N.*, 115 3333. Sans doute que la recommandation avait plus d'influence que le mérite sur le grand-Aumônier.

cend guère au-dessous de 130 membres, comprenant un minimum de cinquante élèves au grand séminaire, une moyenne de trente au petit; une vingtaine de membres de la communauté en général; à peu près autant de postulants et de professeurs étrangers, et enfin une dizaine de domestiques.

2º Si nous prenons comme base la déclaration de 1756, qui a l'avantage de se placer au milieu du XVIIIe, nous y verrons les autres charges à peu près réparties ainsi qu'il suit :

a) Entretien des bâtiments : grand séminaire, 1.891 l.; petit séminaire, 1.500; Villejuif, 1.500; Gentilly[1], où les bâtiments sont dans un grand état de vétusté, 1200; Villeneuve-le-Comte, 2672; sans compter l'entretien des autres maisons louées.

b) Rentes à fournir pour des objets bien différents : par exemple : 400 l. au chapelain de Coubron,[2] (fondation de Mme la présidente de Nesmond, dont le mari était seigneur de cette localité); somme fournie pour des offices à l'église, pour l'entretien de la chapelle de saint François de Sales; pour les lampes du chœur et de la chapelle de la communion, dont l'une doit brûler jour et nuit, et l'autre pendant le jour.

c) Services et messes de fondations. La Communauté se charge de la plus grande partie des fournitures [3].

3º Depuis 1747, on donne 150 livres à chacun des prêtres de la Communauté de Paris et cette somme sera élevée à 300 livres en 1779.

B) *Dépenses extraordinaires.* — Au budget des dépenses extraordinaires il faut inscrire de temps en temps d'assez fortes sommes.

a) La nécessité ou la convenance poussent, tour à tour, à de nouvelles acquisitions d'immeubles. En vue d'une installation plus complète du *petit séminaire*, on achète à Broichot, en 1726, une vieille masure, « au Lion d' or », attenante à la maison du coin droit de la rue du Mûrier (4.800 livres)[4], *item* à la nation d'Allemagne, une maison à l'image Notre-Dame (1727) attenante à la précédente. A peine la maison Broichot acquise, on décide, le 22 décembre 1727, « de fixer rue du Mûrier, la petite Com-

---

1. Maison de campagne du petit séminaire.
2. Près de Gentilly.
3. Cf. page 33.
4. Qui, on s'en souvient, provenait du collège de La Marche.

munauté[1] qui se soutient depuis plus de cinquante ans et dont la Communauté s'est chargée d'une manière plus particulière qu'auparavant depuis l'année 1710 ». Le 18 avril 1730, la Communauté conclut que la petite Communauté habitera, à la Saint-Rémy, le bâtiment qui est fait[2] auquel on ajoutera une maison qu'on louait à Mme Houdaille. Un mois après, on revient sur cette décision et on se résout, malgré la dépense, à acheter

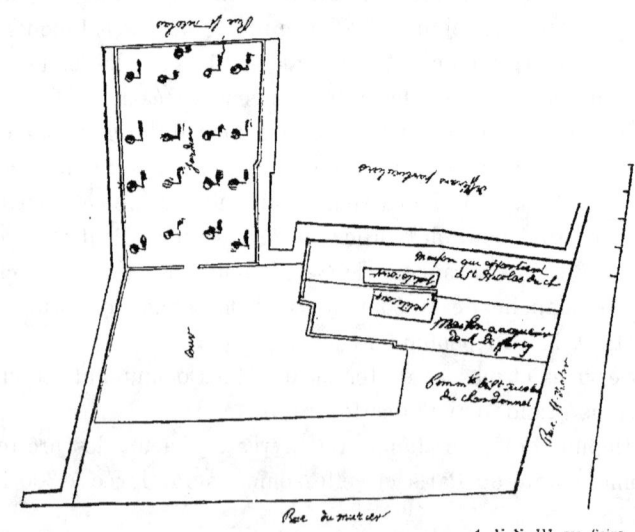

Plan par terre du petit séminaire, 1728.

la maison de la Houssaye, aux deux Boules (1730), et à la faire entrer dans le bâtiment. Ce dernier édifice, mieux construit que le grand séminaire, est achevé au commencement de 1732[3]. On agrandit le jardin en 1736 et en 1743, par l'achat successif d'une maison Tabourin[4] qui tombait en ruines, rue Saint-Nicolas du Chardonnet (5.000 livres), et de la maison Collon ou, plus exactement, d'un terrain vide, où se trouvait autrefois

1. Premier nom du petit séminaire.
2. Avec les maisons : de la Marche, Broichot, d'Allemagne, Cf. le plan. p. 340. Il est du 27 avril 1728. A. N., N. III. Seine 530. Avec ce plan, on trouve à cette cote les devis.
3. A. N., MM. 481.
4. Prêtre titulaire de la chapelle N.-D. en l'église Saint-André des Arcs.

une maison à l'image de saint Pierre[1]. De la sorte, ce séminaire, bâti sur ces divers emplacements, possède sa principale entrée sur la rue Saint-Victor, mais fait le coin de la susdite rue et de la rue du Mûrier : il comprend 251 toises de terrain[2] et consiste en corps de logis élevés de plusieurs étages. Il coûta soixante mille livres[3] et on pouvait y loger quarante-cinq étu-

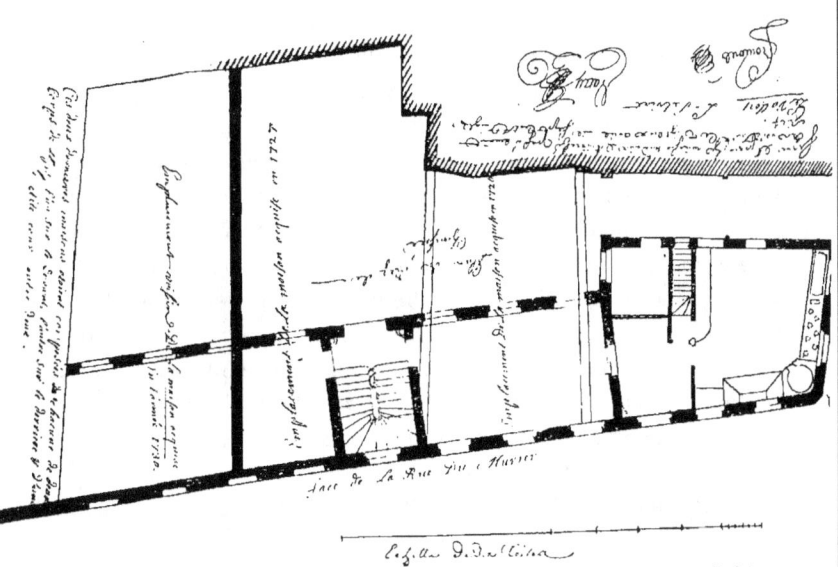

diants ; quand ils étaient trop nombreux, on les mettait dans la maison de la Chaise, située à côté et en face de l'église. Le petit séminaire faisait partie de la censive de Sainte-Geneviève, comme toutes les acquisitions de ce côté de la rue Saint-Victor[4]. De ce chef, la Communauté payait à la riche abbaye « trente-trois sols parisis de cens qui font, au tournois, deux livres, un sol, cinq deniers, une obole ».

Mais souvent, une dépense en entraîne une autre. Il faut, à

---

1. *A. N.*, S. 6984.
2. Ce chiffre est réduit à 185 toises dans la déclaration de 1790.
3. *A. N.* S. 6980.
4. La censive de Saint-Victor comprenait le côté droit de la rue Saint-Victor.

ces séminaristes-étudiants, un lieu de promenade où ils puissent séjourner, surtout dans les soirées d'été. Depuis Pâques 1729, ils passent le temps des vacances et leurs jours de congé, dans une propriété, au *Grand Gentilly*, qu'on loue pour neuf ans, moyennant cinq cents livres par an [1]. Elle appartenait aux Dames religieuses de la Miséricorde de Jésus, établies à Saint-Mandé. Elle était contiguë à leur ancienne habitation et elles l'avaient achetée aux héritiers de messire le Rageois de Bretonvilliers, supérieur du séminaire de Saint-Sulpice. Cette maison comprenait plusieurs bâtiments, une cour, un jardin, et un enclos. Entre celui-ci et la maison, passait la rue qui allait de Gentilly à Arcueil. Sous cette rue, se trouvait une sorte de tunnel qui faisait communiquer la maison avec ledit enclos. Au haut de celui-ci, un regard de l'aqueduc d'Arcueil donnait naissance à une quantité de lignes d'eau courante. A l'orient, la propriété, qui renfermait un petit étang et même quelques bois taillis, aboutissait à la Bièvre; au midi, à une maison appartenant au séminaire du Saint-Esprit de Paris. Tricalet [2], avec l'autorisation de l'archevêque de Vintimille, s'entremit, en 1731 (26 septembre) pour l'acheter. Elle coûta 14.005 livres [3]. Les bâtiments étaient en assez mauvais état et, comme on l'a vu, exigeaient des réparations fréquentes.

Enfin, deux achats closent définitivement le cycle de ces acquisitions. A Villejuif, on démembre en quatre parties l'ancienne demeure de la Communauté et on achète, en 1733, une maison aux Cochois et Barillet, habitants du village. En vertu d'une ordonnance royale concernant les greniers à blé, la Communauté se voit obligé d'acheter à Paris, la maison Romillé. Elle lui a coûté trois mille livres et une rente viagère de mille deux cents livres (1739) [4]. Cette maison était attenante au séminaire; par derrière, elle touchait au couvent des Bernardins et aboutissait, par devant, à la rue Saint-Victor. Elle était composée de deux corps de logis : l'un sur le devant de la rue à quatre étages, et l'autre, sur le derrière à deux étages outre le rez-de-chaussée. Une cour

---

1. *A. N.* S. 6984.
2. Supérieur de la Petite Communauté ou Petit Séminaire.
3. *A. N.*, S. 6980.
4. *A. N.*, S. 6984.

séparait les deux corps de logis ; dans cette cour se trouvait un puits et par derrière, il y avait encore la place pour une petite cour [1]. Ce bâtiment sera loué et deviendra une assez bonne maison de rapport. C'est la dernière acquisition de Saint-Nicolas et, jusqu'en 1789, on ne pourra pas l'accuser d'augmenter la liste des biens de main-morte [2].

b) Comme suite naturelle à ces achats, succèdent les *droits d'amortissement*. C'est une charge assez considérable. Voici les sommes déboursées : pour Villeneuve-le-Comte, 3.881 l. ; pour le petit séminaire, 1.000 ; maison Tabourin, 866 ; maison Collon, 687 ; maison Cochois, 75 ; maison de Gentilly, 1.287 ; maison Romillé, 1.200. Ces droits s'élevant à peu près au dixième du prix d'achat, ne nous semblent pas excessifs si on considère surtout que les biens, tenus en roture [3], payaient un cinquième. Il n'y avait à payer de droits ni pour les rentes sur le clergé, ni pour les rentes sur la ville. Mais fallait-il en payer pour les améliorations apportées à un immeuble servant à la Communauté ? La question était litigieuse et Saint-Nicolas fournit l'occasion de la trancher.

La déclaration du 3 avril 1736 avait ordonné aux communautés de Paris d'avoir une provision de blé pour leur subsistance de trois années. Saint-Nicolas profita de cette circonstance pour achever le bâtiment de Villejuif, dont les croisées seulement, donnant sur le jardin, avaient été construites 50 ans auparavant ; on avait laissé, à fleur de terre, les fondements du reste. En 1738, on compléta l'édifice en y ajoutant cinq croisées, et on y éleva trois étages dont le dernier devait servir de grenier pour contenir la provision prescrite. Les sous-fermiers du Roi virent là une matière à imposer et réclamèrent les droits d'amortissement. La Communauté résiste. D'une part, les greniers qu'on est obligé de faire pour l'exécution de cette ordonnance sont exempts du droit d'amortissement, de plus, on ne retire aucun bénéfice de ce bâtiment « n'y ayant à présent, comme autrefois, que trois des

---

1. Nous l'identifions avec la maison du teinturier (n° 22) attenante au séminaire.
2. L'édit de *main-morte* (1749), qui contraignait les corporations religieuses à demander des lettres patentes pour toute nouvelle acquisition, est sans doute pour quelque chose, dans cette cessation d'achats.
3. Fief acquis par un roturier et soumis aux impôts.

leurs qui demeurent ordinairement dans cette maison, et que les chambres qu'on y a bâties en plus, ne sont d'aucune utilité, sinon quand quelques-uns d'eux ou de leurs séminaristes y vont passer quelques jours pour y prendre l'air et du repos, ou pour y rendre quelque service à l'église de Villejuif; qu'ils n'ont aucuns pensionnaires dans ce lieu et moins encore de locataires; qu'ils n'en ont jamais eu, voulant être libres chez eux; de plus, cette maison leur est une source de dépenses et non de revenus [1] ». Le sous-fermier, à son tour, prétend que l'exemption ne regarde que les greniers faits à Paris, et qu'en 1742, le séminaire Saint-Nicolas a été obligé de payer l'amortissement d'une maison (Romillé) acquise par eux, pour contenir leur provision de blé « à la déduction des lieux pour serrer ces blés »; puis la Communauté a été obligé de payer l'amortissement du petit séminaire, « quoiqu'elle n'en retire aucun loyer ». Les Agents généraux du clergé prennent naturellement en main l'affaire de Saint-Nicolas : elle offre un caractère général qui la rend intéressante pour toutes les communautés de France. Le procès traîne en longueur malgré les sollicitations des agents généraux [2]. Le rapporteur de l'affaire au conseil du roi est Le Pelletier de la Houssaye : il ne nous paraît pas avoir été favorable à Saint-Nicolas [3]. Déjà en 1742, il avait conclu contre cet établissement dans une cause d'amortissement; il a bien promis, en novembre 1745, à l'agent général, de Nicolay, que l'affaire ne souffrirait aucune difficulté : cette promesse ne l'empêche pas de conclure, au conseil, contre Saint-Nicolas (14 mars 1746) [4]. Mais l'abbé de Nicolay, fidèle à sa mission de défenseur du clergé, ne se tient pas pour battu et il peut bientôt écrire au supérieur, Nommel, que le contrôleur général vient de signer devant lui la décision qui déboute le fermier. Ce n'a pas été sans peine. Les deux agents [5] ont payé de leur personne; ils ont assiégé le contrôleur général le jour où il travaillait avec M. de la Houssaye [6]. Aussitôt, (16

1. *A. N.*, S. 6984-6985.
2. G 8 * 2570, no 35 et G 8 * 2569, nos 240, 275.
3. Nous le croyons apparenté à Nicolas Le Pelletier, ancien compagnon de Bourdoise, qui essaya de fonder un séminaire à Chalons-sur-Marne.
4. *A. N.*, S. 6984-6985.
5. L'autre agent était l'abbé de Breteuil qui s'occupa aussi de l'affaire cf. G 8 *, 2570. n° 35.
6. *A. N.*, S. 6984-6985; à la fin du billet, nous trouvons un post-scriptum d'un caractère moins officiel : « Le roi a nommé M. l'archevêque d'Arles (M. de Bellefonds) archevêque de Paris ».

avril 1746), vu sa portée générale, ils communiquent cette décision à tous les évêques.

c) A ce procès, à celui contre les marguilliers, que la Communauté a gagné, il faut en ajouter un troisième qui est en instance dans cette même période qui va de 1735 à 1756. En 1736, les Dames de Saint-Cyr prétendent que 4 fiefs de Villejuif (d'Orsay, Sacaty, Beauregard, dame Agnès) qui forment le domaine de Saint-Nicolas, relèvent de leur maison. Ils dépendaient de la châtellenie de Saint-Denis. Cette châtellenie est maintenant attribuée à Saint-Cyr. Saint-Nicolas doit donc à ces dames le quint[1] et une indemnité de leurs acquisitions, la foi, l'aveu, et un homme vivant et mourant[2]. Or, les Nicolaïtes ont payé les droits afférents, à Duret, en sa qualité de seigneur. Ils obligent donc le nouveau seigneur de Villejuif à défendre ses intérêts qui sont les leurs. Enfin, après une contestation qui dure 10 ans, intervient, le 29 août 1746, un arrêt du Grand Conseil, qui décide en faveur de Saint-Nicolas et déboute Saint-Cyr de sa plainte[3]. « Par amour de la paix, » la Communauté, dans une conclusion du 12 septembre 1746, consent à « la compensation des dépens », sauf le coût de l'arrêt qui sera payé tout entier par ces dames. On ne pouvait être plus courtois[4]. On renoncera également à une contestation avec le comte d'Eu, devenu seigneur de Villeneuve, et cela, « pour obvier aux frais d'un procès que la modicité des objets ne mérite pas de tenter ». On est un peu plus processif en janvier 1785 où on décide d'intenter une action au sujet d'un cabinet d'histoire naturelle que réclamaient les héritiers de Nommel. Le cabinet resta à Saint-Nicolas.

d) Outre les frais de procédure, tous ces démêlés avec l'admi-

---

1. *A. N.*, S. 6986. Quint: cinquième partie du fief vendu.
2. « On appelait homme *vivant et mourant* pour une église ou une abbaye, celui que les mainmortables ou possédant bien de main-morte présentaient au seigneur, afin qu'il fit hommage et qu'à sa mort le seigneur pût exercer ses droits. Cet usage qui nous paraît étrange, tient à ce que les communautés de main-morte ne mourant pas, le seigneur n'aurait pu exercer les droits auxquels donnait lieu l'ouverture de la succession d'un fief... Par la fiction de l'homme vivant et mourant pour la communauté, le seigneur n'était plus privé de ses droits ». Chéruel. *Dict. hist.*, etc. I, p. 551.
3. *A. N.*, S. 6986.
4. *A. N.*, MM. 481. Nous trouvons cependant, en l'année 1783, une expédition d'un engagement du procureur de la Communauté (Chartier) à payer aux dames de Saint-Cyr les cens, etc., dûs pour les terres de Vitry-sur-Seine dépendant depuis un temps immémorial de la ferme de Villejuif. *A. N.*, S 6984.

nistration ou les particuliers occasionnent des dépenses pour des expertises et des arpentages, des levées de plans[1], des aveux et

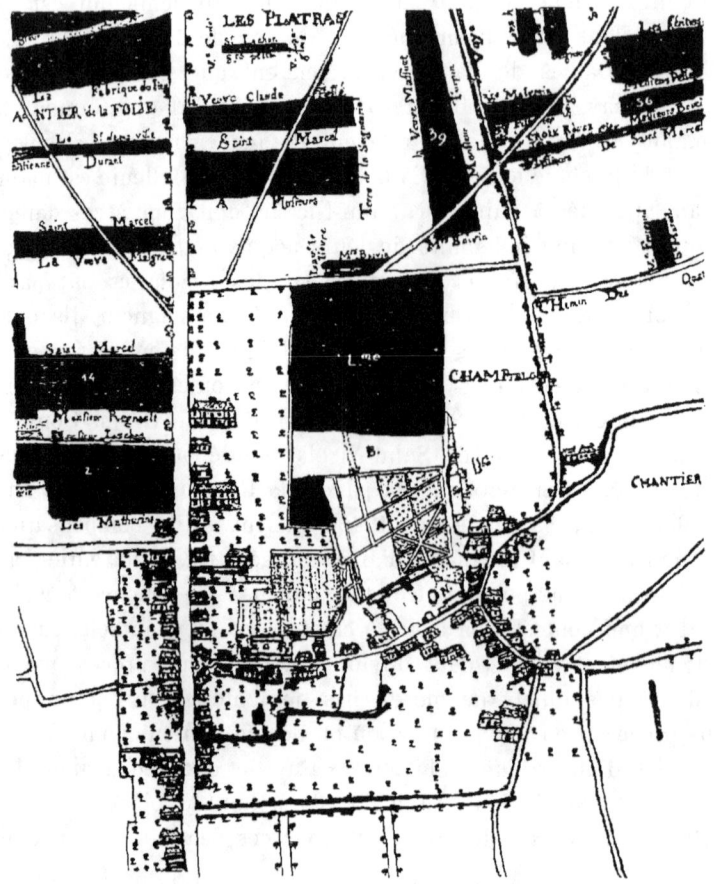

A. N. N. II. 53. Seine.

Plan (partie du)... des maisons, jardins, fermes et biens appartenant aux MM. de Saint-Nicolas... dans l'étendue des villages de Villejuif, Gentilly, Saint-Marcel, Ivry, Vitry, Chevilly... arpenté par E. F. Galliers, juré-arpenteur royal... par l'ordre de Messire N. Nommel, procureur, janvier 1847.

   A : Maison et jardin de la Communauté.
   G : La maison et le jardin où sont les sœurs d'école dit, l'ancien séminaire.
   N : La ferme et le jardin.

dénombrements[2]. Complétez ce budget extraordinaire par le paye-

1. Cf. *A. N.*, N. III. Seine 532, plans de la maison et de la ferme de Villejuif. Cf. *A. N.*, N. II, Seine 54.
2. *A. N.*, S. 6987. Aveu de Villejuif (1744) en 33 articles. Molin, médecin ordinaire du Roi, sert de témoin.

ment de quelques taxes pour boues et lanternes, quelques aumônes plus généreuses dans les années de disette, par des contributions à l'aménagement ou à l'embellissement des églises de Saint-Nicolas, de Villejuif ou de Villeneuve[1], et vous aurez, croyons-nous, une idée assez exacte de la situation financière de Saint-Nicolas durant ce XVIIIe siècle, qui fut, pour beaucoup de communautés religieuses, un siècle d'appauvrissement et de ruine.

Tous ces intérêts à surveiller faisaient que la fonction de procureur n'était pas une sinécure. Celui-ci, d'ailleurs, était tenu en haleine, accidentellement, par des déclarations de biens[2] à fournir aux chambres ecclésiastiques auxquelles incombait la répartition de l'impôt sur les biens d'église, régulièrement, par des comptes à fournir, au sortir de sa charge. Grâce à ces comptes, dont les plus anciens, malheureusement, ne remontent qu'à 1747, nous pouvons mieux établir le bilan de cette communauté. En 1750, pour le triennal passé, le total des recettes s'élève à 233.262 l.; celui de la dépense, à 233.271 l. : excédent de dépense, 9 livres. En 1762, pour une période de cinq années, dépenses : 347.361 l.; recettes : 344.625 l. : excédent de dépenses : 2.836 l. Enfin, le compte de 1774, qui porte sur trois triennals, accuse : dépenses : 584.460 l.; recettes : 598.809 l., d'où excédent de recettes : 8.649 l. Comme type d'un budget annuel, mentionnons la balance des comptes s'étendant du 1er octobre 1756 au 19 décembre 1757 :

Recettes : 115.144 l.
Dépenses : 108.977 l.
Excédent de recettes : 6.167 l.

Et cette reddition de comptes se fait scrupuleusement. Y assistent les dignitaires du séminaire, et ils en signent les procès-verbaux. Il va sans dire que ces registres, où les chiffres s'alignent prosaïquement, peuvent offrir quelque intérêt à l'économiste, et, çà et là, des renseignements au lecteur curieux de détails.

---

1. En 1761, 2863 l. à M. le Curé de Saint-Nicolas, pour le pavé en marbre du chœur de l'église et pour les piliers de Saint-Denis et de la Pitié. — La même année, 100 écus pour la décoration de l'église de Villejuif. *A. N.*, H⁵ 3323.

2. Deux surtout nous ont servi, celle de 1729 et l'autre de 1756.

II. — VILLEJUIF

Villejuif, très vraisemblablement, vers 1690[1], à la suite de la construction du bâtiment Saint-Victor, a perdu son séminaire, mais n'est pas complètement abandonné. Si, à Gentilly, nous ne voyons personne de Saint-Nicolas à demeure, à Villejuif, il existe une petite communauté qui, elle aussi, se trouve placée

« Passage » de la maison à l'église de Villejuif.

sous la tutelle du curé. Elle comprend, en temps normal, un préfet et un vicaire; dans les assemblées, à Paris, ce préfet a voix immédiatement après le sous-économe. Leur rôle est de garder la maison de campagne et surtout d'aider leur curé. Celui-ci voulut sans doute être trop exigeant, car dès 1693, on décide que le préfet et le vicaire seront exemptés de chanter, sauf les dimanches et les jours de fête. Le curé devra se procurer un chantre. Mais pour montrer de la bonne volonté, la Communauté s'oblige à donner 800 francs pour l'entretien d'un chapelain et d'un maître d'école. On va même plus loin : on accorde à M. le curé de Villejuif, en 1734, de demeurer et de manger à la maison de Villejuif jusqu'à ce que le presbytère soit rétabli. Le préfet

---

1. Le livre des *Conclusions*, commencé en 1690 ne fait plus allusion à un séminaire de Villejuif.

doit rendre compte tous les trois ans de sa gestion[1] et il n'est pas autorisé à avoir l'initiative des mesures un peu importantes. Un jour de février 1730, « la Communauté est indignée de ce que le préfet et le vicaire de Villejuif ont enclos de fossés et entouré d'arbres une partie du terrain » et elle fait à tous « inhibition et défense de les imiter ».

C'est elle qui négocie, en 1740, la cession d'une nouvelle tribune à édifier dans l'église. Déjà, en 1699, messire Claude Bosc, chevalier seigneur d'Ivry, procureur général du Roi en la Cour des aides, prévôt des marchands, avait fait construire une tribune sur le plancher de l'église, depuis le grand portail jusqu'au second pilier. Elle avait vue sur le grand autel. Comme il avait demandé en grâce, à la Communauté, de pouvoir se retirer de temps en temps à la maison de Villejuif, on lui avait, par reconnaissance des services rendus, accordé toutes les chambres du second étage donnant sur le jardin. Il avait pratiqué un passage de la maison à la tribune, suivant une concession faite par le curé et les marguilliers (1698). Cette tribune avec tous « les ajustements » « et meubles meublants », des chambres était revenue à la Communauté après la mort du pieux magistrat[2]. Lorsqu'en 1764, les habitants de Villejuif répareront leur église et continueront la voûte de pierre, ils démoliront cette tribune et la Communauté renoncera à ses droits, à condition qu'on lui en concède une autre qu'on a fait bâtir vers 1740. Elle en avait demandé la permission au curé et aux marguilliers, et l'acte avait été signé le deuxième jour de l'année 1740. En faveur des vieillards et des infirmes qui venaient là finir leurs jours ou chercher la santé, la Fabrique accordait le droit « de faire construire une tribune en saillie dans l'encoignure de la nef au bas de l'église, au-dessous du plancher (plafond) de la nef, de cinq pieds de largeur à prendre depuis l'angle jusqu'au pied droit de la croisée, sur la longueur qui conviendra (elle sera un peu augmentée en 1767[3]); de percer, à ce sujet, dans le gros mur une porte de deux pieds et demi de large, pour communiquer sur le bas-côté

---

1. Nous n'avons trouvé aucun de ces comptes; Houet, procureur, déclare cependant avoir fourni de 1759 à 1762 20.764 livres à la maison de Villejuif. A. N., H5 3323.
2. A. N., S. 6987.
3. A. N., MM. 481.

des fonts, de rabaisser de deux pieds le plancher dudit bas-côté, y faire une fenêtre au bout pour l'éclairer... le tout aux frais et aux dépens desdits prêtres, pour en jouir à toujours pour eux et leurs successeurs[1].

Quelques années après, (1746), Tricalet, le plus fécond écrivain

Église de Villejuif.
Au fond, à gauche, la tribune de Tricalet.

de Saint-Nicolas, voudra, lui aussi, se retirer à Villejuif; à cause de ses infirmités, « il ne serait pas en état de descendre à l'église de la paroisse pour y dire la messe ». Mais le règlement de Saint-Nicolas est formel : point de chapelle domestique. Comme le siège de Paris est vacant par la mort de Vintimille, la communauté propose aux grands vicaires un accommodement. On élèvera une chapelle auprès de la tribune, mais de manière à ce

1. *A. N. S.* 6987.

que cette chapelle soit renfermée dans l'église par un gros mur de l'église même, et l'accès en sera permis à Tricalet mais à plusieurs conditions : seul Tricalet y dira la messe ; ni les séminaristes ni les domestiques ne devront y assister et cette chapelle sera détruite à la mort du concessionnaire. Cette dernière clause n'a pas été exécutée, car la chapelle subsistait encore au moment de la Révolution[1]. On saura d'ailleurs se concilier les sympathies du curé par les dons réitérés faits à l'église ; 600 livres en 1767, 300 en 1768, 120 en 1775 et probablement quelques subventions lors de la reconstruction du presbytère en 1759[2].

Nous ne savons quels étaient les sentiments des habitants de Villejuif pour les Nicolaïtes. Les fermiers appartiennent depuis quelque temps à la famille des Radot. En 1781 et en 1784, ils ont renouvelé leur bail (de 6.000 livres) et on vient, en 1782, de leur accorder la faculté de construire une grange. Nous les retrouverons plus tard et nous verrons quelle fut leur attitude vis-à-vis de la Communauté.

III. — PETITE COMMUNAUTÉ, PETIT SÉMINAIRE DES PHILOSOPHES

Le but de cet établissement[3], qui, du cul-de-sac de Saint-Hilaire[4], s'est transporté, au commencement du XVIIIe siècle, dans la rue des Boulangers et de là, rue du Mûrier[5], est de fournir un asile sûr à ceux qui veulent fréquenter la Sorbonne ou Navarre. Parmi les motifs d'entrée, soigneusement relevés dans le registre officiel[6], nous remarquons que la plupart des élèves viennent pour faire leur logique, c'est-à-dire leur première année de philosophie ; d'autres, pour faire leur physique ; un certain nombre veut y étudier la philosophie ; un contingent moins nombreux y étudiera

1. *A. N.*, T. 1493 [12].
2. *A. N.* MM. 481.
3. Pour les plans, voir pages 339 et 340.
4. Voir page 323.
5. *A. N.* K. 1243. Généralité de Paris, 1re liasse. « La Petite Communauté de St. N. d. C. est composée du directeur, du sous-directeur, et de 33 pensionnaires étudiants en théologie et philosophie... Il y a deux ans et quelques mois qu'elle est établie dans la rue des Boulangers... La maison où ils demeurent, est tenue à loyer et chacun de ceux qui y sont paye pension ».
6. *A. N.* MM. 479. « Registre contenant les noms des clercs entrés dans la petite communauté de St. N. d. C., depuis son rétablissement au mois de décembre 1710 ».

la théologie ; un petit groupe y entre pour son quinquennium, c'est-à-dire pour y passer ses deux années de philosophie et ses trois années de théologie. Il n'en manque pas qui ne fréquentent ce séminaire que pour acquérir leurs grades, spécialement le baccalauréat... Ils sont moins nombreux ceux que le désir de se préparer soit à la tonsure, soit aux ordres, soit à la postulation, ou d'attendre une chambre au séminaire, amène à la rue du Mûrier. Il ne faut pas oublier, en effet, que le séjour dans ce séminaire n'est point valable pour satisfaire aux ordonnances épiscopales. Il leur faudra donc passer en plus, le temps nécessaire, au grand séminaire.

Au fond, ce n'est qu'un séminaire-collège [1], ou mieux encore, une petite communauté qui offre à ses hôtes non l'instruction proprement dite (ils iront la chercher dans les établissements voisins), mais un lieu où ils trouveront une discipline amie de la piété et de l'étude. Pour maintenir cette discipline, trois maîtres suffiront : le préfet qui, souvent, se trouve être en même temps procureur, a, pour le seconder, deux directeurs [2], mais ceux-ci ne sont pas nécessairement à demeure et peuvent cumuler des emplois qui les appellent de l'autre côté de la rue Saint-Victor. On fait appel à des professeurs étrangers pour les répétitions.

Nous n'avons que des indications insuffisantes sur le règlement [3]. En 1723, « la Communauté étant informée que les ecclésiastiques de la petite Communauté n'étaient point assez exacts à s'approcher du sacrement de pénitence, et qu'ils abusaient de la permission que leurs supérieurs leur donnaient de venir pour cela à la paroisse, elle a jugé à propos que dorénavant, selon la permission de Son Eminence le cardinal de Noailles, on irait les confesser dans la salle de leur Communauté [4] ». On leur donne pour patron saint François de Sales, alors que le grand séminaire reconnaît saint Charles comme patron principal. A Gentilly on leur accorde d'entendre la messe dans la chapelle, les jours

---

1. Comme il n'est pas agrégé à l'Université on n'a pas le droit de disputer publiquement sur des thèses. *A. N. M.* 199.

2. Au début, il n'y en avait qu'un appelé sous-directeur.

3. En 1739, on nomme Le Vallois, Tricalet, et Tachard (préfet) pour examiner le règlement de la Petite Communauté et le mettre en état d'être imprimé. *A. N. MM.* 481. Nous ne l'avons pas trouvé.

4. *A. N. MM.* 481.

ouvriers[1]. On poursuit sans relâche la vanité séculière qui tend à s'introduire partout.

Vers 1770, il est stipulé que « tous les ecclésiastiques, tant du séminaire que de la petite communauté, auraient désormais les cheveux si courts, qu'il serait impossible de les friser ». On avait décidé, auparavant, en 1759, que le préfet pourrait donner, mais rarement, aux « écoliers » de la troisième année de théologie, la permission de ne pas assister aux conférences d'études, et, (petit détail qui montre que l'appétit est, de tout temps, l'apanage de la jeunesse), on convient de leur « donner du pain à goûter[2] » s'ils en demandent. Ce n'est pas s'écarter de la vraisemblance que de conjecturer que le règlement de la petite communauté se rapprochait de celui du grand séminaire.

Malgré la gravité bien connue des Nicolaïtes, ce petit établissement ne fut pas sans vogue. Pour la première décade, 1710-1720, nous avons relevé respectivement 18, 29, 34, 37, 31, 19, 29, 21, 26, 25 entrées. Cette moyenne augmente dans la deuxième décade[3], mais diminue dans la troisième; de 1750 à 1760, il y a fléchissement. A partir de 1774, le nombre s'accroît assez sensiblement, pour atteindre son maximum (50) en 1779. En 1785, il est de 29. Quant à l'âge, on conçoit qu'il est très variable. Il peut s'abaisser jusqu'à treize ans et demi pour s'élever près de la maturité. On y vient de bien des diocèses. Fournissent de 1 à 10 élèves : Aix, Agde[4], Alais, Arles, Albi, Arras, Auxerre, Avranches, Agen, Angoulême, Auch, Avignon, Bayeux, Bazas, Bayonne, Belley, Blois, Béziers, Cambrai, Castres, Cahors, Châlons-sur-Marne, Carcassonne, Condom, Comminges, Dax, Embrun, Fréjus, Gap, Lyon, Luçon, Lodève, Lombez, Marseille, Mâcon, Metz, Mende, Montauban, Narbonne, Nantes, Nancy, Perpignan, Pamiers, Périgueux, Poitiers, Le Puy, Oléron, La Rochelle, Reims, Rennes, Saint-Malo, Saint-Papoul, Saint-Jean de Maurienne, Sens,

---

1. Ceci est caractéristique, et montre que ce Petit-Séminaire est bien distinct de la Communauté-Séminaire qui jamais n'aura de chapelle particulière, ni à Paris, ni à Villejuif.

2. A. N. MM. 481.

3 Remarquez que le diocèse d'Aleth n'envoie personne : la distance n'est pas une raison suffisante. Ce diocèse, infecté de jansénisme, ne peut fournir de recrues à un séminaire aussi orthodoxe que Saint-Nicolas.

4. Il y a une hausse considérable en 1737 où le supérieur Delasalle accuse la présence de 60 étudiants. A. N., M. 199.

Séez, Strasbourg, Sarlat, Tréguier, Tulle, Toulon, Toulouse, Vabres, Vienne, Viviers, Valence, Vaison, Verdun, Versailles, Xaintes, Uzès ; de 11 à 40 : Angers, Autun, Beauvais, Besançon, Boulogne, Bourges, Bordeaux, Chalon-sur-Saône, Coutances, Evreux, Grenoble, Léon, Langres, Lisieux, Limoges, Le Mans, Orléans, Quimper ou Cornouailles, Sens, Senlis, Soissons, Troyes, Tarbes, Tours, Toul ; Noyon, 42 ; Laon, 45 ; Clermont, 48 ; Meaux, 49 ; Chartres, 113 ; Amiens, 186 ; Rouen, 188 et enfin Paris, 280. Il en vient même quelques-uns de l'étranger : Lausanne, Genève, Ypres, Tolède, Liège, Trèves, Québec, et de plusieurs diocèses d'Irlande.

Cependant, on n'accepte pas indifféremment tous ceux qui se présentent. On a soin de mentionner, pour chaque nouveau, quels sont ses protecteurs ou garants ; nous signalerons parmi ces derniers, le cardinal de Rohan (le grand négociateur entre de Noailles et Rome), Christophe de Beaumont, les agents généraux, de Beauvais, de Talleyrand, les Jésuites, quelques Oratoriens, les derniers supérieurs du séminaire des Trente-Trois. On s'attend bien à ce que ce registre, qui n'était pas destiné à la publicité, renferme sur chaque élève, non seulement des détails biographiques, mais aussi des notes sur la science, la piété, les mœurs, le caractère [1]. Ces notes confidentielles reflètent la pensée intime de ceux qui les ont rédigées, et si elles sont justes, elles sont assez souvent sévères. Rédigées la plupart du temps en latin, quelquefois en un latin élégant et même périodique, elles nous révèlent cette jeunesse studieuse avec ses qualités et ses défauts. Ceux-ci, vers la fin, semblent y devenir plus graves et plus généraux. Mais de tout temps on y trouve les fautes contre la discipline et les mœurs. Pénétrer dans une chambre sans permission, déjeuner dans sa chambre, manquer la classe, être indocile, c'est s'exposer à être renvoyé. D'autres causes plus graves de renvoi ne sont pas rares ; les erreurs de doctrine, l'attachement au Jansénisme surtout, sont incompatibles avec l'esprit de la maison ; quelques cas d'ivrognerie (à propos d'Irlandais en particulier, et la remarque est soulignée), quelques tentatives d'assassinat, des cas assez nombreux où la morale est

---

1. Souvent ces chefs divers sont indiqués par leurs initiales : S. P. M. I. Scientia, pietas, mores, indoles.

aussi sérieusement outragée, se lisent dans ces muets et implacables témoins. L'ignorance et l'inaptitude à la science exposent aussi à sortir d'une maison où l'étude est l'œuvre principale. Les Nicolaïtes n'ont égard ni au rang, ni aux protecteurs ; de Rocheblave est expulsé en 1760, malgré l'appui des archevêques de Paris et de Toulouse.

Toutes les classes de la société y sont représentées. Vers 1730, l'aristocratie semble fréquenter plus volontiers le petit séminaire; plus tard (vers 1745), elle cède le pas à la haute bourgeoisie; celle-ci, à son tour, le cède à la petite bourgeoisie (vers 1765); enfin, à la veille de la Révolution, les laboureurs y envoient leurs enfants. Voici, en suivant le cours du XVIIIe siècle, quelques noms relevés dans cette liste qui, à plusieurs titres, pourrait être intéressante : de la Martinière, fils du secrétaire d'ambassade en Suisse (1723); de Montenach, du diocèse de Fribourg; Louis de Chamillart, fils de l'ancien ministre (1730); de Joyeuse, fils du lieutenant général de Champagne et de Brie; Claude de Tissard de Rouvre, fils du comte de Rouvre (Langres, excellent certificat); de Rozenberg, fils de l'envoyé extraordinaire de Cologne; de la Tour du Pin, qui devient jésuite; de Prunières, futur évêque de Grasse; de Jumillac, agent général du clergé, et plus tard, évêque de Lectoure; Moreau, évêque de Vence, puis de Mâcon; de Grasse, sacré évêque de Vence; de Saint-Simon de Sandricourt, évêque d'Agde; de Rohan-Polduc (*ab ecclesia omnino amovendus*); de Clermont-Tonnerre (*fort peu studieux et peu fervent pour la piété*); Billecocq, fils d'un conseiller d'Etat; de Nicolay, évêque de Cahors; Chalabre, évêque de Saint-Pons; de Villedieu, évêque de Digne (*plein de probité et de prudence*); Legris-Duval, futur jésuite[1]; de Malide, évêque d'Avranches; le Mintier, évêque de Tréguier; de Beauvais, neveu de l'agent général, futur évêque de Senez (*Humaniorum litterarum nimis, non sat sacræ theologiæ amator, a de la politesse et de la piété*); Villevielle, évêque de Bayonne; de Caux, expulsé pour son indiscipline, la rudesse de ses manières et sa paresse, deviendra évêque d'Aire, mais on ajoutera à ses premières notes cette surcharge : « il s'est changé bien avantageusement »; de

---

1. Il ne faut pas le confondre avec l'abbé Legris-Duval, qui parfuma de ses vertus la fin du XVIIIe siècle et le commencement du XIXe.

Blignière (*mauvais sujet à tous égards*); Duvoisin, prêtre du diocèse de Langres, futur docteur et professeur de théologie de la maison et société de Sorbonne, controversiste de premier ordre [1] et évêque de Nantes, est entré dans cette communauté en qualité de directeur et de maître de conférence de théologie, 1767-1770, nommé le premier de sa licence; d'Osmond, évêque de Comminges; d'Hautpoul (1775); de Ligonès (1777) (*peut bien faire en travaillant*); Martinaut de Préneuf, futur curé de Vaugirard (1781); Lebrun, fils du directeur général des postes; de la Roche-Aymon; Gerdil de Samoens, neveu du cardinal Gerdil, (mauvaises notes).

Le bon grain, on le voit, était mélangé au mauvais, mais les Nicolaïtes semblent, par des renvois judicieux, contribuer à faire le départ. Ils n'étaient pas retenus par des motifs d'intérêt. La pension est de 500 l.[2] et, partant, la maison devrait peut-être se suffire par elle-même. En réalité, elle fait appel à la Bourse cléricale, qui, de 1757 à 1762, lui a, du consentement de l'archevêque, fourni 8.944 l.; c'est une moyenne annuelle de 1.000 à 2.000 livres, nécessaires pour équilibrer le budget. A titre d'exemples, citons le bilan du 7 juin 1784 au 18 décembre 1785. Dépenses : 31.148 l. Recettes : 31.136 l. Le procureur de la petite communauté, distinct du procureur du grand séminaire, et cumulant quelquefois la charge de supérieur, est tenu, tous les trois ans, à une reddition de comptes. En somme, on peut dire que cet organisme, surajouté à la Communauté-Séminaire, se suffit à peu près à lui seul, financièrement parlant; mais il est obligé d'emprunter son personnel à celui du grand séminaire, ce qui, dans les moments où la communauté est un peu réduite, peut être une cause de gêne. On est obligé, alors, de faire appel à des auxiliaires dont on se croit sûr. Mais, en revanche, ce petit séminaire alimente pour sa part le grand séminaire et si sa discipline est nécessairement plus large, elle prépare cependant à un régime plus sévère.

1. On pourra faire des réserves sur certains points de sa doctrine et de sa conduite, particulièrement lors du pseudo-concile de 1811.
2. *A. N.* MM. 481. 15 août 1757.

IV. — LE GRAND SÉMINAIRE

a) Si nous interprétons bien nos documents, il y eut deux phases bien distinctes dans cette période. Dans la première phase, on subit le règlement modifié par de Noailles et enfin imprimé en 1714[1]. Il innove sur plusieurs points. Il déplace le jour de congé et le fixe au jeudi ; mais surtout, et c'est un changement des plus importants, il fait admettre au séminaire des étudiants qui fréquenteront les écoles ; ils iront prendre des leçons en Sorbonne, mais devront suivre toutes les règles du séminaire pour tout le reste. Manquer une classe sans permission, est un cas d'exclusion. Les bacheliers en licence devront également ne se dispenser d'aucune des règles générales du séminaire ; la liberté qu'ils ont de sortir pour aller aux thèses, ne leur sera point un prétexte pour aller ailleurs ; ils sont dispensés des conférences de théologie et du Nouveau Testament. Avant de recevoir les ordres, ils subiront un examen dans la maison et un autre à l'archevêché. Ce règlement enlevait à Saint-Nicolas son cachet d'originalité et tendait à le rapprocher des séminaires-collèges.

Nous croyons que peu après la mort de Noailles, on revint à l'ancien règlement. Cependant, au mois d'octobre 1732, on décide encore que « les séminaristes qui sont en théologie iront prendre les leçons des professeurs de Navarre, l'après-midi et non en Sorbonne, pour une plus grande récollection et une moins grande dissipation[2] », et on dresse un règlement pour ces étudiants en Navarre. Ils suivent, à peu près, le règlement général de la maison, mais, dans l'après-midi, ils vont au cours de 1 heure 3/4 à 4 heures et ils sont obligés au retour de porter leur cahier au préfet ou, en son absence, au sous-préfet. Nous conjecturons que, vers 1735, on renonça à ces cours. Dans des fragments de correspondance entre l'évêque d'Angers (de Vaugiraud) et de la Salle, économe, nous voyons, en effet, que l'évêque veut faire entrer un de ses clercs au grand séminaire, à la condition de pouvoir suivre les cours, pour prendre ses degrés. Le brouillon des deux réponses (1737) nous montre l'économe refusant poliment, insistant sur ce fait, que le principal objet de Saint-Nico-

1. *B. N. D.* 57.992.
2. *A. N.* MM. 481.

las est de former de bons vicaires et de bons curés de campagne, et non des docteurs. « Nous avons toujours dix ou douze prestres qui y demeurent un ou deux ans au plus ». « Pour ce qui est des clercs qui sont sur quelque fondation, nous exigeons qu'ils ayent fini leur cours de théologie, ou qu'ils l'interrompent[1] ». La communauté décida, en 1751, de s'en tenir aux anciens règlements et aux conclusions anciennes, et en 1755 de reviser les règlements tant généraux que particuliers. Sur quels points porta

Entrée du collège de Navarre.

cette révision, c'est ce que nous ne saurions préciser. Mais nous constatons, de nouveau, en 1760, la présence, au séminaire, d'étudiants de Sorbonne. Le doyen du chapitre, de Leuroux, prétend en 1774, qu'à sa connaissance, quantité de pensionnaires, la plupart boursiers ou demi-boursiers, vont étudier la théologie au collège de Navarre[2].

Ainsi donc, après la mort de Noailles, le règlement paraît avoir été flottant, relativement à l'admission des étudiants proprement dits. Dans tous les cas, ceux-ci formaient la minorité et la

---

1. *A. N.* M. 199. Incidemment, il affirme qu'en cette année 1737, il y a 90 ecclésiastiques au grand séminaire. Une conclusion du 18 nov. 1737, postérieure de quelques mois à ce brouillon, décide que les élèves, tant de la petite communauté que du grand séminaire, ne se présenteront aux grades (maîtrise ès arts, baccalauréat, thèses) qu'après examen et autorisation de leurs professeurs sur les matières qu'ils enseignent. Mais il faut remarquer qu'il s'agit ici d'examens et non pas de cours externes.

2. *A. N.* S. 6984.

plupart se contentaient des cours faits à Saint-Nicolas. Les études, en effet, n'y étaient pas négligées, il s'en faut. Le 14 octobre 1760, « la Communauté étant extraordinairement assemblée pour délibérer des moyens nécessaires pour exercer davantage ceux qui étudient la scholastique et mettre parmi eux une plus grande émulation, on a décidé qu'on établirait deux conférences scolastiques qui se feraient toutes les deux à la même heure, cinq fois par semaine : l'une, dans la salle ordinaire des exercices, l'autre, dans le chauffoir d'en bas, et qu'il y aurait, tous les jeudis, une thèse où les étudiants des deux conférences assisteraient pour soutenir et argumenter, chacun à leur tour, lesquelles conférences se feront même les jours de fête lorsqu'on ne chante point matines à l'église. De plus, on a nommé M. Dumont pour *grand maître des études*, dont on réglera les fonctions à l'assemblée prochaine [1] ».

Cette étude de la scolastique, qui rapproche complètement Saint-Nicolas de nos grands séminaires modernes, y est instituée depuis 1696, à l'arrivée de Noailles. C'est une chaire importante, surtout à cette époque de luttes théologiques; aussi, est-elle confiée à des hommes de valeur qui, généralement, ont leurs grades : Bonnedame, Le Faverays, Tachard, Le Vallois, Lelarge l'ont successivement occupée.

En théologie morale, dont les cours durent cinq quarts d'heure, le manuel toujours obligatoire est la théologie de Dumetz. A partir de 1732, l'abrégé des attributs de la Trinité, par le célèbre Tournély sert aux conférenciers de théologie scolastique [2]. Mais les professeurs aiment désormais à dicter leurs cours [3]. Dans le catalogue de la bibliothèque de Saint-Nicolas [4] nous relevons les traités manuscrits de Chevrolat, Tachard, Le Vallois. Ce dernier avait ainsi rédigé vingt et un traités in-4°, tous manuscrits. La production de Chevrolat n'avait pas été moindre. Faute d'avoir pu retrouver quelqu'un de ces manuscrits, nous sommes dans l'impossibilité d'analyser la doctrine qui s'y trouvait développée; mais, et nous en administrerons bientôt la preu-

1. *A. N.* MM. 481.
2. *A. N.* MM. 481.
3. L'esprit pratique de saint Vincent de Paul était, on le sait, hostile aux « dictateurs ».
4. *B. A.* 6205; il date de 1772.

ve, elle était non seulement conforme aux décisions de l'Eglise, mais, de plus, dirigée dans le sens des futures définitions du Vatican.

Malgré ces préoccupations théologiques, on ne se désintéresse

Autel de la chapelle de la Communion.
Église Saint-Nicolas du Chardonnet.

cependant pas de l'enseignement primaire; il est probable que l'on n'oblige plus tous les séminaristes à passer une quinzaine de jours ou un mois à l'école, mais nous voyons cependant des élèves entrer au séminaire en vue de se former à cet humble ministère. En revanche, tous les séminaristes s'occupent des catéchismes de la paroisse. Vers 1738, neuf cents enfants, répartis en huit catéchismes, sollicitent leur zèle et leur fournissent amplement le moyen de se former eux-mêmes. La paroisse, depuis quelques années, augmente. Il y a plus de dix mille communiants [1] et on a été obligé, faute d'espace, de renvoyer plusieurs enfants. Il est vrai que les Nicolaïtes n'attendent pas que les enfants viennent; ils vont les chercher. Ces catéchismes se font surtout le dimanche, d'où grande difficulté pour placer tous ces enfants; les réunions se font et dans la chapelle de la communion, et vis-à-vis du grand portail et sous les charniers; pour ne pas trop déranger les offices, les séminaristes, pour qui le dimanche est une journée pénible, se multiplient.

Debout à 4 heures du matin, ils entendent une messe basse à 5 heures; puis les séminaristes-prêtres, qui sont approuvés pour la confession, confessent. Première grand'messe à 8 heures et demie; deuxième grand'messe à 10 heures, toutes deux avec prône [2]. On en sort à midi sonné [3]. Après le repas, ils ne prennent guère qu'une demi-heure de récréation, écoutent un sermon avant les vêpres, assistent à ces dernières, puis consacrent leur soirée aux catéchismes. Avant de prendre leur repos, ils auront à 7 h. et demie, une conférence du préfet des catéchismes, qui leur fera part de ses remarques. C'est une excellente préparation à leur futur ministère et cela ne les distrait guère de leurs études théologiques; pour un bon nombre, d'ailleurs, celles-ci sont terminées.

b) Quant aux autres points du règlement, nous relevons quelques rares prescriptions, qui la plupart du temps, sont des retours à l'ancienne discipline et maintiennent ce qu'on appelle si justement l'esprit de la maison. On y lutte, par exemple, contre l'envahissement des perruques, et cette lutte est décisive. Il faut une permission spéciale de l'archevêque (et encore est-elle accordée rarement) [4] pour entrer au séminaire avec sa perruque. Ailleurs [5], on permet facilement aux abbés de faire loger avec

---

1. C'est-à-dire paroissiens faisant la communion. Ce chiffre a dû être donné par le *Status animarum* recommandé par Bourdoise.
2. *A. N.* MM. 473. Les chiffres donnés par ce document sont inexacts; nous les avons rectifiés.
3. *A. S.* Papiers Lazare, plaidoyer de 1739.
4. La permission est accordée en 1740 à l'abbé de Tavannes, neveu de l'archevêque de Rouen, d'y entrer « avec sa perruque et son docteur ».
5. Par ex. : à Saint-Sulpice.

eux, au séminaire, leur précepteur ou leur domestique ; on se fait, à Saint-Nicolas, une règle de refuser cette permission [1]. On n'accorde même pas la licence « de jouer d'instruments dans le séminaire, ni pendant le temps d'étude, ni pendant le temps de récréation [2] ». Même sévérité pour le régime : seules les viandes *grasses* ordinaires sont admises : bœuf, mouton, veau ; cependant les infirmes ont droit à la volaille [3].

Le menu des jours maigres est assez varié ; et si on tient la main à ce que le carême soit rigoureusement observé, si même on refuse, à plusieurs reprises, de profiter des permissions accordées par l'archevêque, on sait cependant être humain : la fatigue, la maladie sont des raisons qui font toujours fléchir ce règlement austère. Veut-on connaître la quantité d'aliments fournie aux séminaristes ? En voici un aperçu : au déjeuner, un petit morceau de pain et un petit chopinot de vin, c'est-à-dire la moitié d'un demi-septier ; à dîner et à souper, pain, à volonté ; vin, un demi-septier, mesure de Saint-Denys ; une livre de viande par jour ; dessert, aucun à dîner ; à souper, tous les jours de la semaine. Quelquefois, vu la hausse considérable des vins, on réduit la ration, d'une pinte à trois demi-septiers, « excepté les jours de jeûne et de matines à l'église, auxquels on continuera de donner la chopine entière, au dîner, sans coup de grâce [4] ».

c) Nous voudrions pouvoir donner des détails sur la manière dont la discipline fut observée dans le courant de ce siècle, où l'influence délétère du monde se fit sentir jusque dans les séminaires [5]. Les registres que conservent les archives ne nous laissent guère pénétrer dans l'intimité du séminaire [6]. Cependant de la lecture de ces documents un peu arides, il nous est possible de tirer quelques conclusions. Le chiffre des élèves a dû se maintenir dans les environs de quatre-vingt-dix, maximum qu'il ne peut dépasser, vu le peu d'ampleur du bâtiment. En 1700, une pièce officielle constate que cette maison est « ordinairement

---

1. *A. N.* MM. 481 an. 1713.
2. *Ibid.*, an. 1774.
3. On nous pardonnera d'entrer dans ces détails qui, mieux que tout développement d'un genre oratoire, donnent la physionomie d'une maison.
4. *A. N.* MM. 481, an. 1740.
5. On sait qu'Emery trouva Saint-Sulpice en état de décadence.
6. Un peu plus loin nous pouvons faire, à ce sujet, quelques conjectures.

composée de plus de quatre-vingts ecclésiastiques » et que ce nombre augmente de jour en jour à cause de l'ordonnance de Mgr l'archevêque de Paris, « qui oblige les clercs de son diocèse à demeurer quinze mois dans un séminaire [1] ». Quelquefois des élèves attendent au petit séminaire qu'une place devienne libre au grand. Quoi qu'il en soit, la moyenne annuelle des entrées (de 1758 à 1785) oscille entre les deux extrêmes : 34 (de 1765 à 1766) et 86 (de 1761 à 1762). Le total des entrées pendant cette période de 27 ans est de 1.507 élèves, ce qui donne une moyenne annuelle de 55. Il y a, dans les entrées, un fléchissement marqué et constant de 1765 à 1778 [2]. Nous n'avons pu en deviner la cause. Mais, ce qu'il ne faut pas oublier, c'est que la durée du séjour au séminaire est très variable. Nous avons vu que ce séjour n'est pas nécessairement continu. Si les élèves qui n'aspirent pas aux grades restent plusieurs années à Saint-Nicolas, beaucoup n'y entrent que pour examiner leur vocation, recevoir la tonsure, puis traversent la rue Saint-Victor, s'installent à la rue du Mûrier ou dans les séminaires-collèges qui pullulent sur la montagne Saint-Geneviève, reviennent à Saint-Nicolas pour se préparer à recevoir les différents ordres, finissent par un séjour un peu plus prolongé à la veille de la prêtrise. Ils reviendront plus tard se retremper dans une bonne retraite, ou même quelquefois y finir leurs jours en qualité de pensionnaires [3]. Plaise à Dieu que vous n'y veniez jamais, sur l'ordre de votre archevêque, transformer, pour trois ou six mois, ces braves directeurs en geôliers malgré eux! Voici, à titre de spécimen, les allées et venues d'Oviefve, future victime des massacres de septembre; entré clerc le 1er octobre 1767; sorti le 3 octobre 1768. Rentré le 31 décembre 1769, sorti le 31 mars 1770; rentré le 23 février 1771, sorti le 25 mai 1771; rentré le 16 mars 1772 en qualité de diacre, sorti prêtre le 13 juin. Ce qui lui fait vingt-trois mois de séminaire en tout.

Nous ne retrouvons plus ici les noms sonores qui ont retenti

1. *A. N.* S. 6980-6981.
2. *A. N.* MM. 480. Le registre ne commence qu'en l'année 1758, mais à la page 5, il est fait mention d'un ancien registre que nous n'avons pu retrouver.
3. Au 1er octobre 1760, par exemple il y a dans le grand séminaire, 6 prêtres, 6 diacres, 2 sous-diacres, 23 clercs. (La rentrée n'est pas encore faite à cette date.)

dans les corridors de la rue du Mûrier. Fidèle à ses traditions, Saint-Nicolas abrite toujours de préférence la bourgeoisie ou l'humble roture. Nous ne relevons guère de personnalités dignes d'être citées : en 1759, Ignatius Staininger [1], âgé de 31 ans, docteur de l'Université de Vienne, et grand pénitencier dans cette capitale, arrive, envoyé par son archevêque, pour « former un séminaire dans la ville de Vienne ». Mathieu Dantel, de Ligonès, y séjourne en 1777; Valentin Haüy, de 1763 à 1766. La clientèle est donc presque exclusivement roturière, mais, d'après les registres, de bonne qualité. Les renvois sont rares, et les notes, en général, satisfaisantes. Nous n'avons trouvé qu'un élève taxé d'incrédulité, et un autre, suspect de jansénisme. La bonne renommée de Saint-Nicolas, attestée déjà à la fin du XVIIe siècle [2], n'a subi en somme aucune atteinte à la fin du XVIIIe [3]. N'y doivent entrer que les jeunes gens décidés à se soumettre à une formation sérieuse, nous dirons même austère. Aussi, quand viendront les tribulations, ces hommes fortement trempés sauront faire honneur à leurs anciens maîtres. Ils seront venus de tous les points de la France, pour bénéficier de cette culture ecclésiastique. D'après notre statistique, établie naturellement sur les registres authentiques, et n'englobant que les années comprises entre 1758 et 1791, les diocèses d'Albi, d'Angers, d'Angoulême, d'Auxerre, d'Auch, d'Arles, d'Agen, d'Aire, d'Aix, de Bastia, de Bayonne, de Blois, de Bourges, de Bordeaux, de Béziers, de Brioude, de Castres, de Cahors, de Chalon-sur-Saône, de Condom, de Comminges, de Conserans, de Cambrai, de Cavaillon, de Carpentras, Dax, Dijon, Dol, Evreux, Fréjus, Grasse, Grenoble, Lavaur, Léon, Lombez, Luçon, Lyon, Mâcon, Mende, Marseille, Montauban, Mirepoix, Metz, Namur, Nantes, Orléans, Pamiers, Périgueux, Poitiers, Le Puy, Quimper, La Rochelle, Rodez, Reims,

1. Voir dans les *Nouvelles ecclésiastiques* année 1783 p. 129, un résumé, tendancieux évidemment, de l'histoire de ce séminaire. Il n'y est point fait mention de Staininger, mais il est question, vers 1759 d'un remaniement dans le personnel, sous l'épiscopat de Migazzi.

2. Brice. *Description de Paris*, 2e édition. 1687. Le séminaire de Saint-Nicolas « est le plus ancien de Paris; il est composé d'ecclésiastiques très sages, capables de s'acquitter des fonctions les plus difficiles de l'Eglise ». Il est vrai que cet éloge tombe surtout sur la Communauté que le public distingue mal du Séminaire.

3. « L'office divin s'y fait (à l'église St. N. d. C.) avec beaucoup de piété par les ecclésiastiques du Séminaire... qui est un des plus célèbres de Paris ». *Les Curiosités de Paris*, tome I. édit 1778.

Rennes, Saintes, Saint-Brieuc, Senlis, Séez, Sarlat, Saint-Claude, Saint-Omer, Saint-Pons, Saint-Dié, Strasbourg, Toulon, Toulouse, Tours, Tréguier, Tulle, Uzès, Vannes, Vabres, Vienne, Viviers, Valence, Vaison, Verdun, fournissent de 1 à 10 sujets. — Les diocèses d'Autun, de Bayeux, Besançon, Beauvais, Châlons-sur-Marne, Clermont, Langres, Lisieux, Limoges, Le Mans, Meaux, Soissons, Troyes, Saint-Flour, Toul, Versailles sont représentés par un nombre qui varie de 11 à 30. Boulogne envoie 32 élèves, Laon 34, Sens 39, Noyon 41, Chartres 46, Coutances 55, Rouen 85 (venant surtout du grand vicariat de Pontoise), Amiens 131 et enfin Paris, qui s'est taillé la part du lion, 404 [1]. L'étranger procure aussi quelques recrues. L'Allemagne, avec Trèves, 5; l'Angleterre ou plutôt l'Irlande, avec Cloyne, Corkeen, Dublin, Derry, Exhel, Lilmore, Hillalo, Méath, Midien, Leihglin, Lemerich, Cor, Ossory, Raphœ, Tuan, Witterforde, Armagd, quelques unités; l'Autriche, avec Vienne, Ypres, Cassel; la Suisse, avec Bâle, et surtout Fribourg et Lausanne apporte un contingent de 82 élèves. Les bourses fondées, en premier lieu, puis des relations anciennes, ou encore, l'influence d'un économe sur son pays d'origine, expliquent, dans son ensemble, ce recrutement si divers.

On voit, par ce rapide exposé, quelle place tient, dans le diocèse de Paris, le séminaire Saint-Nicolas. Pour le nombre de pensionnaires, il ne le cède qu'à Saint-Sulpice [2] et peut-être parfois à Saint-Magloire. Quant à la sûreté de la doctrine, il n'a rien à envier à son émule de la rue du Vieux-Colombier et, pour le zèle, il semble bien n'être inférieur à aucun de ses rivaux.

V. — LA COMMUNAUTÉ DE PARIS. LE SÉMINAIRE DE LAON

Durant cette période, le sort de la Communauté proprement dite est assez agité. Nous l'avons laissée toujours sur le qui-vive dans ses relations avec son archevêque. De Noailles, mal conseillé par son entourage, ses propres préventions et l'entêtement de sa

---

1. On se souvient que le total des entrées pour cette période est de 1507 élèves.
2. Saint-Sulpice, renferme, dans son grand Séminaire, 120, et dans son petit, 80 élèves. Cf. *Tableau universel et raisonné de la ville de Paris*. S. d. p. 249.

race, entre définitivement dans une voie dangereuse. Elle devrait normalement le conduire au schisme, sinon à l'hérésie. Il va emprunter aux Jansénistes avérés, leur tactique qui consiste à faire partie de l'Eglise malgré elle, à communier avec Rome tout en lui désobéissant. Il s'agit toujours, pour obéir à Rome, de condamner les *Réflexions morales*. D'autres évêques (La Rochelle et Luçon), par des mandements, devancent de Noailles [1], qui, blessé, et ne pouvant se résoudre à brûler ce qu'il a adoré et qu'il continue vraisemblablement d'adorer, s'élève contre ces évêques. Néanmoins, il finit par promettre qu'au cas où le Pape condamnerait ce livre par une bulle, il serait un des premiers à souscrire à cette décision. Rome, sollicitée et guidée par le vieux Roi, se prépare à rendre un jugement solennel. A Saint-Nicolas, le sens de la sentence future ne fait pas l'objet d'un doute. On y connaît la saine théologie. L'archevêque apprend que les Nicolaïtes pronostiquent une condamnation. Vite, le 3 novembre 1712, il mande l'économe Descouraux et Pollet. Ils commencent à connaître le chemin de l'archevêché. — « Enfin, les prestres de Saint-Nicolas ont levé l'étendard contre leur archevêque », leur dit brusquement de Noailles. — « Un tel début ne laissa pas de nous surprendre, raconte Descouraux ; je demandai pourtant en faveur de qui nous avions levé l'étendard, et on dit que c'était en faveur des Jésuites ; — des Jésuites, dis-je, nous n'attendons rien d'eux... Je déclare avec vérité que je ne connais aucun Jésuite en particulier... — Monsieur Pollet prit la parole, pensant bien que c'était principalement lui, que cette accusation regardait, et dit qu'ayant été obligé de voir le Père Le Tellier, touchant les affaires de P.-R. et qu'ayant eu occasion de parler des mandements des évêques de la Rochelle et de Luçon, il l'avait fait de manière que Son Eminence n'aurait pu le blâmer et qu'en toute occasion, il aurait pris le parti de son archevêque ; qu'à la vérité, il croyait qu'on aurait pu condamner le livre des *Réflexions morales sur le Nouveau Testament* du Père Quesnel, puisque tant de personnes s'élevaient contre. — Son Eminence dit que la cause étant portée à Rome, ce n'était plus à lui à en prendre connaissance ; mais dès que le Pape aurait parlé, il se soumettrait

---

[1]. On avait publié ces mandements avec fracas, sous les fenêtres même de l'archevêché.

et qu'il ne ferait jamais de schisme. — Votre Eminence voit bien que les prestres de Saint-Nicolas ne sont pas si criminels qu'on le dit... — Comme nous nous retirions, Son Eminence nous dit qu'il n'avait pu empêcher qu'on envoyât un prestre d'Argenteuil au séminaire. C'était M. Le Sée qui y fut effectivement amené le lendemain d'une manière scandaleuse, par des archers, suivis d'une grande foule de peuple, comme si c'eût été un scélérat; tout son crime était qu'il était plus aimé dans la paroisse que le curé [1] ».

Tous ces bruits, toutes ces menées, partaient du camp janséniste qui surveillait Saint-Nicolas et voulait le perdre dans l'esprit du cardinal, qui, faible et impérieux, n'était que l'instrument de ces factieux. On prend la résolution d'être prudent, d'autant qu'on est obligé à une démarche délicate. Descouraux vient d'achever la vie de Bourdoise. Saint-Nicolas, toujours modeste, avait bien tardé à produire au grand jour la vie laborieuse et féconde de son fondateur. Sans doute, on a relevé avec soin dans un coutumier, la liste des écrits de Bourdoise que l'on conserve jalousement à la maison; on les a même communiqués au P. Lallemand pour composer la vie du P. Faure (un des premiers élèves de Bourdoise, on s'en souvient), mais, alors que tous les serviteurs de Dieu, au XVIIe siècle, voient le récit de leur vie succéder rapidement à leur mort, seul, Bourdoise attend le sien depuis plus de cinquante ans. Une biographie manuscrite a cependant été rédigée en 1694. Elle est conservée à la bibliothèque Mazarine. C'est un petit in-quarto où nous devons reconnaître à coup sûr l'habile main de Courtin. Il comprend 1.098 pages. Est-ce Courtin qui l'a rédigé ? nous le croyons. C'était un peu l'hagiographe de Saint-Nicolas. Outre sa participation certaine à la vie imprimée de Bourdoise, nous avons trouvé de lui quelques essais de biographie [2] demeurés inédits. Le ton y est bien celui que nous retrouvons dans ce manuscrit de 1694. Il est pieux, édifiant. L'auteur plaide naturellement pour son héros; la chronologie n'est pas très sûre et les développements semblent quelquefois

---

1. *B. M.* 2451.
2. *Vie de Deleris*, chanoine de Chartres (Courtin est chartrain). *B. A.* ms. 4010. — *Vie de Roussard*, prêtre de Laval. *B. A.* ms. 3394 et à la suite *Abrégé de la vie de Marie Bodin*, en religion, Marie Thérèse de la Conception. — *Abrégé de la vie de Messire Louis de Marillac* et, à la suite, *Abrégé* (inachevé) *de la vie de Messire Polot*, prêtre de St. N. d. C. B. N. f. 14470.

plus empruntés à l'imagination qu'aux documents. Nous ne l'avons suivi qu'avec réserve. Et nous y étions poussés par les corrections nombreuses qu'on fit à cette œuvre. Le 14 juillet 1698, en effet, « la Communauté ayant jugé à propos de travailler à la vie de feu Monsieur Bourdoise, elle a nommé Messieurs Descouraux et Bonnedame pour lire l'ouvrage et examiner les faits rapportés dans les *Mémoires*, et Monsieur Courtin pour en fournir la justification ». Nous pensons que par ces *Mémoires*[1] il faut entendre et ce manuscrit in-quarto et un autre manuscrit in-folio de mille deux cent cinquante-trois pages. Ce dernier est un chef-d'œuvre de calligraphie dû à la plume de Courtin. Il n'a point de rature. Nous croyons qu'il était destiné à la lecture du réfectoire. Plus homilétique[2] que la rédaction de 1694, il abonde en digressions, n'est pas toujours heureux avec ses incursions dans l'histoire générale et demande à être consulté avec précaution. Mais il n'est pas dépourvu de critique. En manchettes, il donne des références nombreuses et quelquefois précieuses. Nous le croyons aussi l'ouvrage de Courtin. Mais autre chose est une œuvre destinée à l'intimité d'un séminaire, autre chose est une vie destinée à la publicité. La Communauté s'en rend compte et député en conséquence Descouraux et Bonnedame pour soumettre à une critique plus sévère ces deux travaux préparatoires.

Claude Bonnedame semble avoir mérité ce choix. Natif de Noyon[3] et docteur *ubiquiste* du collège Cardinal-Lemoine, il avait été admis à la postulation à Saint-Nicolas en 1692 et au corps en 1694[4]. En 1695, il avait fait l'inventaire de la bibliothèque du collège Cardinal-Lemoine, ce qui semble indiquer le goût de recherches historiques. La Communauté de Saint-Nicolas lui confia, en mars 1799, la tâche de composer la vie de Bourdoise : l'examen des essais de Courtin lui avait été une préparation directe. Mais il dut bientôt abandonner ce travail, appelé qu'il fut, par son évêque, pour devenir grand-vicaire.

1. Les auteurs qui attribuent la vie imprimée à Descouraux en disant qu'il l'a faite sur les *Mémoires* de Courtin, sont de notre avis, sans peut-être en connaître la raison.
2. Les pieux développements abondent et sont remplis de textes d'Ecriture.
3. *A. N.* MM. 477.
4. *A. N.* MM. 478.

D'après les constitutions de 1644, il était par le fait même, exclu de la Communauté. L'œuvre menaçait de péricliter.

Le 16 mars 1705, la Communauté, un peu inquiète, nomme Courtin et Descouraux pour y travailler de concert; afin de stimuler leur zèle, elle leur enjoint de lui proposer « devant Pâques » le projet qu'ils auront pris pour composer cette vie [1]. Malgré leur bonne volonté, Descouraux et Courtin ne peuvent satisfaire, aussitôt qu'ils l'auraient voulu, la légitime impatience de tous. En 1708 et en 1711, Descouraux est élu économe et des affaires nombreuses (Port-Royal, la petite communauté, les mesquines querelles de l'archevêque) viennent encore lui ravir une partie du temps libre que peuvent lui laisser les soucis de sa charge. Il a déjà fait une révision de l'essai de 1694 et le manuscrit 2452 [2] porte de nombreuses corrections de sa main. Nous pouvons y saisir sur le fait, les préoccupations et les principes qui le guident dans ce travail de critique. Il élague, abrège, rend le style plus concis et supprime des récits un peu trop anecdotiques. Il exige des preuves et note sévèrement les erreurs. En un mot, il nous a paru un correcteur très sérieux. La collaboration de Courtin ne peut prétendre qu'à fournir des documents. Pour sauvegarder l'unité de l'œuvre, il faut qu'un seul la compose et ce sera Descouraux. Enfin, en 1712, il achève cette biographie. Le cardinal lui en a souvent demandé des nouvelles. On ne pourrait donc « pas honnêtement se dispenser de la lui dédier ». Descouraux lui propose de faire lire à quelque censeur l'épître qu'il lui adresse. Le cardinal la renvoie à Edme Pirot qui y fait quelques menus changements [3]. L'approbation du manuscrit est datée du 28 septembre 1712 et le docteur Regery y loue l'auteur d'avoir « fait sentir dans la simplicité de son style, la vérité de son histoire ». Le privilège du Roi accordé au sieur *** est enregistré le 29 novembre 1712 et enfin, l'ouvrage paraît, sans nom d'auteur, chez Fournier, et forme un volume in-quarto.

Pour apprécier cette œuvre, nous ne saurions mieux faire

---

1. *A. N.* MM. 481.
2. *B. M.*
3. Cette épître ne se rencontre pas dans les exemplaires imprimés que nous avons consultés, mais nous l'avons trouvée dans un exemplaire manuscrit (*A. D.*) qui paraît bien par la présence de cette épître, par l'écriture, par la signature abrégée D. E. (Descouraux), l'approbation signée Regery, être le manuscrit soumis à l'approbation.

que reproduire le jugement que l'auteur en a porté lui-même dans son *Avertissement*. Demeurant dans la Communauté depuis 1678, et séparé de Bourdoise par une seule génération, il héritait de toute la tradition de la maison. Les emplois qu'il y avait exercés et qu'il y exerçait, le préparaient indirectement à mieux comprendre et à mieux raconter la formation d'une œuvre entourée d'une certaine obscurité. S'appuyant sur les travaux de Courtin, sur les nombreuses lettres de Bourdoise[1], sur différents écrits de Bourdoise aujourd'hui perdus, il produisit une œuvre fortement documentée. Sa piété filiale ne semble pas avoir fait tort à son impartialité. Sans insister sur les faiblesses de son héros, il ne les tait pas entièrement et, à ce point de vue, il est bien plus véridique que le pieux Courtin. Il ne nous a pas paru exagérer le rôle de Bourdoise; le témoignage qu'il apporte en sa faveur est confirmé par les historiens ou les biographes renseignés. Il n'exalte pas outre mesure l'œuvre qu'il est appelé lui-même à diriger, mais il se rend bien compte du mérite du fondateur. On ne verra, dit-il, dans cette vie, « ni révélations, ni miracles qui prouvent la sainteté de celui dont on écrit l'histoire, et c'est cela même qui nous le fait admirer, car y a-t-il rien de plus surprenant et on peut dire de plus miraculeux que de voir un homme sans nom, sans bien, sans crédit, avec des talents fort médiocres et assez peu d'études, faire tant et de si grandes choses, bannir une infinité d'abus, rétablir les anciens usages de l'Eglise, réformer le Clergé et le peuple, presque par tout le royaume, contribuer à l'établissement de tant de séminaires, et instituer une Communauté qui subsiste depuis plus d'un siècle[2]? »

Cette vie racontée par Descouraux, offre, en effet, une saveur particulière. Quand on la compare à d'autres vies de *serviteurs de Dieu*, elle nous semble plus humaine, plus rapprochée de nous. Aussi bien, Descouraux se sait épié par la secte et cela le rend plus

---

1. Les recueils de lettres provenaient de différentes personnes et principalement de Deslions (ami compromettant par son jansénisme), qui avait envoyé 5 volumes de lettres et de Le Clerc, principal du collège de Beauvais; tout cela composait un fonds de lettres (quelques-unes étaient de véritables *Mémoires*), tant in-folio qu'in-octavo, toutes très amples et remplies de faits importants. Cf. *Avertissement*. Nous redisons que toute cette correspondance est perdue, sauf quelques fragments insérés dans la Vie imprimée ou dans les biographies manuscrites.

2. Cf. *Avertissement*.

Saint-Nicolas.

réservé et plus prudent. De plus, il est de son temps « où il est nécessaire d'écrire avec sincérité ». Dirons-nous qu'il partage un peu les préventions rationalistes des hagiographes dénicheurs de saints : ce serait lui faire une injure gratuite. Il raconte ce qu'il a lu et Bourdoise n'a pas écrit qu'il ait eu des révélations... Où nous pourrions peut-être plus facilement reconnaître l'influence du siècle, ce serait dans l'attitude que prend le biographe vis-à-vis de la Ligue et du Jansénisme. Avoir de la sympathie pour la Ligue est, alors, devenir suspect non seulement à Louis XIV, ce qui est naturel, mais à la foule des Gallicans renforcée de celle des Jansénistes ; c'est évoquer le spectre du pouvoir indirect et même direct des Papes, c'est être, au suprême degré, un *mauvais Français*. Aussi, Descouraux, peut-être par conviction, est-il nettement contre la Ligue [1]. Il est gêné également dans les questions qui touchent au Jansénisme. Sa position est fausse. Nul doute qu'il ne soit l'adversaire de cette doctrine tant de fois condamnée, mais sa condition d'Econome en face d'ennemis impitoyables qui raillent et dénigrent tous ceux qui s'opposent à leurs desseins et surtout en face d'un archevêque qui visiblement penche du côté où il va tomber, lui impose des précautions, qui, de loin, paraissent être presque des accommodements [2]. Ferme sur les principes, il est très charitable pour les personnes, et Vincent de Paul, qui avait réservé pour Port-Royal et le Jansénisme ses épithètes les plus dures, pourrait peut-être trouver dans cette indulgence, une fâcheuse condescendance.

Descouraux a sacrifié avec plus de profit aux exigences de l'époque, pour la composition de son livre. Il en a reconnu la difficulté, ce qui est déjà un grand mérite. Il a suivi « l'ordre des années, plutôt que celui des matières, à l'exemple des meilleurs écrivains de ce temps qui en usent ordinairement ainsi [3] ». Il sait que, dans son siècle, il « faut que le langage soit extrêmement pur » et que le « style ait de l'exactitude ». Enfant du XVIIe siècle, il en parle la langue avec assez d'aisance. Parfois la phrase courte et alerte indique qu'on est au début du XVIIIe siècle et, parmi les hagiographes, nous estimons qu'il tient un bon rang.

1. *Vie imp.* Des., p. 5.
2. Cf. surtout p. 458 sqq.
3. *Avertissement*.

Nous ne savons pas exactement quel accueil fit à ce livre la critique d'alors. Nous ne connaissons que l'appréciation du « *Journal de Littérature* » d'Amsterdam (1714). Cette feuille protestante raille « le détail vétilleux de dates et de cérémonies » et conclut que Bourdoise « se fit une réputation digne d'un meilleur écrivain et d'un historien plus judicieux ». On comprend d'ailleurs que l'esprit calviniste, ennemi des cérémonies du culte, soit peu sympathique au récit de tout ce que fit Bourdoise pour restaurer cet appareil extérieur de la foi catholique. On y rend cependant hommage au héros, « homme d'une simplicité originelle, d'une droiture chrétienne, d'une piété édifiante et en qui des mœurs antiques tenaient lieu d'études et de lumières ». Ce dernier trait nous plaît, quoique tracé par une main suspecte. Tel quel, le livre de Descouraux n'eut qu'une édition. Il ne venait guère à à son heure. Bourdoise, par sa conduite un peu indécise dans les affaires du Jansénisme, ne satisfait ni les Jansénistes, ni les Molinistes, c'est-à-dire les anti-Jansénistes. Et puis, le livre était bien gros et sentait son XVIIe siècle. Cependant, quelque cinquante ans après son apparition, il était devenu presque introuvable.

Plusieurs tentatives sont faites pour rendre cette lecture plus rapide et plus intéressante. Le fécond Tricalet compose, vers 1750, un *Abrégé* de cette vie, resté manuscrit [1]. La rédaction en est accommodée au goût du temps : la brièveté et la correction en sont les qualités principales. On peut en dire autant de l'*Abrégé* inédit du P. de la Cour, S. J., écrit en 1760 [2]. On comprend que ces œuvres, faites de seconde main, ne nous aient été de presque aucune utilité. A la rigueur, Tricalet aurait pu utiliser les manuscrits de Bourdoise, mais il ne paraît pas qu'il l'ait fait.

Pour répondre, sans doute, aux désirs des dévots de Bourdoise, parut, vers 1774, en Avignon, chez Joseph Doumergue, à la suite d'autres biographies, un « *Abrégé de la vie de M. Bourdoise* ». L'auteur, l'abbé de la Tour [3], l'a entreprise pour remplacer la *vie*

---

1. *B. M.* 2454.
2. *B. M.* 2451. Louis Corvizart de la Cour, né à Soissons 1702, entra au noviciat en 1723, professa la grammaire, la littérature et la philosophie. En 1762, il était à la Flèche. Cf. *Bibliothèque de la Compagnie de Jésus*.
3. L'abbé Bertrand de la Tour, (et non pas de la Tour du Pin comme le répète à satiété J. Darche dans sa *Vie* de Bourdoise) prédicateur et fécond écrivain. Né vers 1700 à Toulouse, mort en 1780. Cet ouvrage joint à d'autres opuscules, est presque introuvable. *B. N.* Ln⁴ 1.

in-quarto « qui effraye le commun des lecteurs [1] » et vraiment, un style alerte, un choix judicieux d'anecdotes, des réflexions personnelles, rendent cette lecture, maintenant encore, très agréable. La Communauté songea, vers 1784, à donner au public une seconde édition du livre de Descouraux, mais considérablement abrégée. Les anecdotes raccourcies y perdent de leur intérêt et le récit est assez sec [2].

Et, pour en finir avec cette bibliographie, mentionnons, au XIXe siècle, « *Le saint abbé Bourdoise*, par Jean Darche, en deux volumes, publiés chez Oudin, Paris 1884 [3] ». Nous aurions mauvaise grâce à nous appesantir sur les défauts de cette publication après que, dans sa préface et dans sa conclusion, l'auteur les a signalés avec une ingénuité qui désarme. Disons que, résultat d'une compilation hâtive où l'on a utilisé les manuscrits de la bibliothèque Mazarine, cette *Vie* se recommande surtout par une admiration sans bornes pour Bourdoise et son œuvre [4].

A peine son livre sorti de la presse, Descouraux en offre un exemplaire au cardinal qui le reçut « avec bonté », à ses grands vicaires, à quelques-uns de ses officiers, à des chanoines de ses amis ; la plupart, constate mélancoliquement l'auteur, « n'ont pas daigné m'en parler depuis ce temps-là, parce qu'ils n'avaient pas lu l'ouvrage, qu'il n'était pas de leur goût, M. Bourdoise leur paraissant trop opposé aux nouveautés [5] ».

En effet, le moment était assez mal choisi, De Noailles s'engageait définitivement dans une mauvaise voie et les curés du diocèse de Paris le suivaient avec enthousiasme. Le 8 septembre 1713, avait enfin paru la bulle *Unigenitus* par laquelle Clément XI condamnait 101 propositions extraites des *Réflexions morales*. Le coup était porté droit. Pour l'esquiver, de Noailles, avant

---

1. Il l'attribue à Paulet (Pollet). Il est dans l'erreur, mais on ne saurait douter que Descouraux ait soumis son œuvre au jugement autorisé de l'éminent conférencier.

2. In-18. Publiée chez Morin, Paris, 1874. Volume de 374 pages. La *Biographie universelle* de Michaud l'attribue à Bouchard, bibliothécaire de Saint-Nicolas. Cette attribution nous paraît vraisemblable.

3. Malgré sa date récente, cette édition ne se trouve plus chez le libraire Oudin, Paris.

4. A tout prendre, réserve faite d'un travail qui serait nouveau, nous aimerions voir réédité l'*Abrégé* de l'abbé de la Tour : il ferait encore assez bonne figure au commencement de ce XXe siècle.

5. B. M. 2451.

qu'on en reçût aucun exemplaire en France, avait publié un mandement le 28 septembre. Il y condamnait mollement les *Réflexions*. A la réception de la bulle, grande consternation et grandes clameurs dans le camp des Quesnellistes. Louis XIV s'y attendait. Pour rompre leurs desseins et sentant sa fin prochaine, il fait convoquer à la hâte les prélats que le hasard et leurs intérêts avaient groupés à la suite de la Cour. L'assemblée, sur le vœu de l'archevêque, se tient à l'archevêché. Le 23 janvier 1714, de Noailles et 8 autres évêques sur 49, déclarent que leurs sentiments sont entièrement opposés à ceux de l'assemblée qui accepte la bulle, indépendamment de l'*Instruction pastorale* qu'elle prépare. C'est sur ces entrefaites que Descouraux présente malencontreusement son livre. Il doit suivre avec inquiétude la conduite tortueuse et téméraire de son supérieur. Malgré les lettres patentes du roi, délivrées pour faire observer la bulle, malgré l'acceptation de 72 évêques qui n'avaient pas assisté à l'assemblée, de Noailles, avec quatorze autres, persiste dans son attitude. A la mi-février, il publie un Mandement où il défend, sous peine de suspense encourue *ipso facto*, « de rien statuer sur la *Constitution*[1], indépendamment de son autorité ». Lassé des atermoiements et de la résistance de l'archevêque, Louis XIV veut le traduire en concile national ; mais avant d'avoir pu *indire* ce concile, le Roi tombe malade et meurt le 1er septembre 1715. Il meurt, et le Jansénisme qu'il a cru plusieurs fois écraser, lui survivra et jettera la division dans les esprits pendant tout le XVIIIe siècle.

A peine le Régent s'est-il fait adjuger le pouvoir absolu, que le parti janséniste relève la tête. De Noailles promet d'accepter la bulle, mais les mois se passent sans que l'acceptation soit publiée. La Faculté de théologie de Paris prétend que, dans son décret du 5 mars 1714, elle a, enregistré, mais non accepté, la bulle : faux-fuyant peu honorable. Le 5 mars 1717, les quatre évêques, de Mirepoix, Montpellier, Boulogne, Senez, dressent le fameux *Acte d'appel* qu'ils interjettent de la bulle. De Noailles interjette le sien secrètement le 3 avril, et l'année précédente, il a lancé un mandement contre les Jésuites, où il leur retire tous les pouvoirs. Saint-Nicolas sent aussi l'orage gronder au-

---

1. Synonyme de : bulle *Unigenitus*.

tour de lui. Il lui faut un chef capable de soutenir la lutte avec autant de modération que de fermeté. En 1714, François Vivant, chancelier et chanoine de l'église de Paris, vicaire général, a présidé à l'élection de Pollet, réélu pour la troisième fois ; dans le même mois, le cardinal nomme notre éminent Nicolaïte, supérieur de la Visitation du faubourg Saint-Jacques : mais allant contre l'usage qui était que le supérieur fût élu pour toute la vie par les religieuses, « le cardinal ne donne en général les commissions que pour trois ans, afin de tenir tout le monde dans sa dépendance, dans l'obligation de recourir à lui quand le temps de la commission est expiré [1] ». Tant il est vrai que souvent ceux qui réclament le plus haut la liberté et l'indépendance, sont les premiers à les enlever aux autres.

Vivant a, de nouveau, en 1717, vu réélire Pollet, devenu ainsi quatre fois économe. On sentait qu'il fallait une main habile et sûre pour conduire la barque de Saint-Nicolas au milieu des agitations qui se préparaient. Au mois de septembre (1717) est publié l'acte d'appel du cardinal, demeuré inédit jusqu'alors. Ce document est précédé d'un mandement où il attribue à la bulle *Unigenitus* tous les maux de l'Eglise. Le cardinal ne dit cependant pas, comme ses collègues, qu'elle renverse le Symbole, mais il la taxe d'obscurité, il n'en appelle au concile qu'au cas où des négociations avec le Pape échoueraient. Il y annonce une instruction où il tâcherait de prouver que le moyen des appels est une voie canonique et légitime.

Presque aussitôt, le Chapitre, quarante-huit curés de la ville, des faubourgs et de la banlieue adhèrent à cet appel, tant pour eux que pour les ecclésiastiques qui leur aident à desservir leurs paroisses [2]. Heureusement que Ludron n'est pas du nombre de ces adhérents. Il a, sur ces questions, les mêmes sentiments que ses prêtres habitués [3]. La Faculté de théologie confirme sa propre adhésion à l'appel des quatre évêques et du cardinal. Le Pape, à bout de patience, et ne pouvant amener la cardinal à résipiscence par la douceur, se décide, le 8 septembre 1718, cinq ans jour pour jour

---

1. *B. M.* 2451.
2. *Histoire de la Constitution Unigenitus*, II, 62, par Pierre Lafiteau, évêque de Sisteron. C'est un ancien Jésuite, et il a été mêlé très intimement à cette affaire, comme chargé d'affaires du Roi, auprès du Saint-Siège.
3. *Nouvelles ecclésiastiques*, 1722, p. 108.

après la publication de sa bulle *Unigenitus* à faire afficher dans Rome une bulle (*Pastoralis officii*) où il avertit tout le troupeau de n'avoir plus aucune communication avec les opposants

Collège des Lombards.

qu'il déclare séparés de la charité de la Sainte Eglise Romaine. En conséquence, il les privait de la communion avec lui et avec l'Eglise de Rome. La riposte ne se fait guère attendre. Le cardinal publie, le 3 octobre, un nouveau mandement pour protester contre cette Bulle « qui violait, disait-il, les droits les plus essentiels de l'Episcopat » et pour interjetter appel, non plus seulement au Pape, mieux conseillé, et au futur concile général, mais seulement au futur concile général, seul juge désormais compétent. Le Chapitre, le Parlement approuvent ce mandement et condamnent la bulle. Les *Appelants* deviennent donc des *Réappelants*. Le 14 janvier 1719, le cardinal lance une Instruction pastorale où, d'après Lafiteau[1], on lit deux cents propositions censurables. La position de Saint-Nicolas devenait de plus en plus délicate Les Carmélites de la rue Chapon élisent Pollet pour la seconde fois. Il n'y a pas de nonce en France en ce moment; il faut avoir recours à l'archevêché pour faire accepter cette élection. De Noailles en profite pour mander Pollet. — Aujourd'hui, lui dit-il, je suis « le maître » de cette élection. Pollet proteste qu'il n'acceptera la charge que du consentement de Son Éminence. — « Je vous donnerai pourtant votre commission, mais d'où vient que vous empêchez une carmélite d'aller à confesse à un appelant? » et Pollet d'expliquer que la sœur veut surtout se confesser en dehors de la communauté et que la règle s'y oppose. Et ces taquineries, indignes d'un grand esprit, recommencent souvent. « Il y avait longtemps que bien des gens faisaient différents rapports à M. le Cardinal contre les prêtres de Saint-Nicolas, comme s'ils eussent été ses plus grands ennemis quoique, au fond, on ne leur reprochât pas autre chose que de n'avoir pas voulu se déclarer contre la Constitution; enfin, se voyant pressé par quelques prélats, soit qu'il voulût les contenter sans nous faire beaucoup de mal, ou faire voir qu'il n'avait plus la même confiance en nous, il commença par faire dire au collège des Lombards, qu'on eût à envoyer à l'archevêché les prêtres qui viendraient d'Irlande pour y être examinés; on ne nous défendit pas pour cela de recevoir ceux qui se présenteraient. Mais, au mois de décembre 1719, M. Chevalier, secrétaire de Son Eminence, écrivit à M. le Doux un billet en ces termes: « Le 10 décembre, Monsieur, Son Eminence m'ordonne de vous dire qu'il n'est pas nécessaire que vous veniez pour examiner les papiers des ordinands, vous pourrez en avertir votre confrère; il vous décharge aussi du soin que vous preniez de la tonsure. Ainsi, après que les prêtres de Saint-Nicolas avaient travaillé à ces

---

1. *Hist. de la Const. Uni.*, II, 125.

sortes d'œuvres, avec édification pendant plus d'un siècle, on leur dit qu'on n'a plus besoin d'eux sans en donner d'autres raisons[1] ». Tout le monde comprendra l'étonnement douloureux de Descouraux en face d'une vengeance aussi mesquine. Puis, par une contradiction qui semble accuser un des traits les plus profonds de son caractère, le cardinal consent à s'occuper du temporel de la Communauté et donne sur ce point de bons conseils.

Si la Communauté est scandalisée de l'attitude doctrinale de son archevêque, elle se console en contemplant au milieu d'elle un modèle de sainteté. Le bon renom de Saint-Nicolas amène rue St-Victor, le 4 octobre 1717, un pensionnaire de marque, qui l'embaumera de ses vertus. M. de la Salle, fondateur des Frères des Ecoles chrétiennes, appelé à Paris pour affaires, choisit entre toutes, la Communauté de Saint-Nicolas pour y séjourner. Pendant cinq mois, il l'édifie, comme le raconte mieux que nous ne saurions le faire, une lettre de Descouraux[2], écrite peu après la mort du saint (7 avril 1719). C'est un document précieux comme une relique. Nous en extrayons quelques passages qui montreront à la fois le régime des pensionnaires et la sainteté de notre hôte.

Saint J.-B. de la Salle.

« Nous avons eu l'honneur et l'avantage de posséder ce saint prêtre dans notre séminaire, depuis le 4 octobre 1717 jusqu'au 7 mars 1718. Ce temps a été court, comme vous voyez; mais il n'en a pas fallu davantage pour reconnaître en lui les dons particuliers que Dieu y avait mis, et les grâces mêmes qu'il s'étudiait le plus de cacher aux hommes. Nous avons surtout remarqué en lui un zèle et une ferveur extraordi-

---

1. *B. M.* 2451.

2. Blain : *La Vie du bienheureux serviteur de Dieu, J.-B. de la Salle*, édit. 1887. (1re édit. 1722). L'auteur dit seulement que cette lettre vient « d'un des supérieurs du Séminaire ». Nous pensons (p. 785) que c'est l'économe qui l'écrivit. L'économe était, en 1721, Descouraux.

naires pour sa propre perfection, une humilité profonde et un grand amour pour la mortification et la pauvreté. Le zèle pour sa propre perfection a paru : 1º en ce que, non content de se trouver tous les jours sans en manquer un seul, à tous les exercices de piété : à l'oraison du matin, aux conférences spirituelles, aux divins offices, etc. ; il m'a avoué qu'il donnait encore régulièrement chaque jour deux heures et demie ou trois heures à la méditation ; 2º dans l'assujettissement entier où il a voulu vivre au règlement du séminaire, car il se rendait toujours des premiers à tous les exercices, et il n'y avait pour lui aucun article qui ne fût important. Il n'aurait pas voulu, je ne dis pas sortir en ville, mais même parler à un externe sans en demander la permission. En vain lui ai-je déclaré plusieurs fois qu'il avait chez nous toute permission, et que ce point de règlement n'y avait point été mis pour lui, il n'a pas été possible de lui en faire accepter la dispense........

Plein d'horreur et de mépris pour la mondanité qu'affectent plusieurs ecclésiastiques dans leur extérieur et dans leurs habits, rien de plus simple que les siens, qui n'étaient que d'une serge la plus commune......

Sa mortification, enfin, nous confondait, en nous édifiant. Il ne voulut jamais accepter de chambre à feu, quand il entra au séminaire ; et au lieu de se chauffer avec les autres, au moins pendant le temps de la récréation, il aimait mieux s'entretenir dans les salles ou dans le jardin, avec quelques séminaristes, pour avoir occasion de leur inspirer quelque sainte maxime et le détachement des choses de la terre ; et comme sa modestie, son air recueilli et l'onction de ses entretiens ne laissaient point douter qu'il n'en pratiquât encore beaucoup plus qu'il n'en inspirait, on ne saurait exprimer le fruit qu'il a fait dans ce séminaire.

On a eu bien tort aussi de vouloir le faire passer pour un homme qui avait du penchant pour les doctrines nouvelles ; sage et prudent comme il était, il en parlait rarement, parce qu'il savait que ces discours servent de peu et nuisent souvent ; mais il était des plus soumis et des plus attachés aux décisions de l'Eglise.

Au Séminaire de Saint-Nicolas, le 1ᵉʳ mars 1721[1].

Blain, historien de saint J.-B. de la Salle, ne manque pas de souligner l'importance de ce témoignage en faisant remarquer qu'il est donné par des gens « qui s'entendent en vertu » et, ajoute-t-il un peu hyperboliquement, « il faut être bien parfait pour briller parmi les parfaits et passer pour saint ». A Saint-Nicolas on aurait voulu conserver un personnage aussi édifiant, mais les Frères craignirent qu'il « ne mourût hors du sein de sa propre

---

1. Nos archives possèdent la copie (remise par le frère Asclépiade, bibliothécaire) d'un reçu signé Berton (procureur de Saint-Nicolas) et daté du 5 mars 1718, de « soixante livres, cinq sols, pour portion du second quartier de Monsieur de la Salle. » *A S N*.

famille » et, par une manœuvre adroite, employèrent « Messieurs les Supérieurs du séminaire » à le décider à partir pour Rouen où, au milieu des siens, il mourut treize mois après [1].

Le cardinal de Paris, moins édifiant, nomme, en août 1719, pour mieux marquer son attitude d'opposant, trois nouveaux vicaires-généraux qui, « tous ont beaucoup de mérite », disent les « *Nouvelles ecclésiastiques* », et nous savons ce que signifient ces éloges [2]. Nombre de Bénédictins, d'Oratoriens se glorifient d'être des appelants ou des réappelants. Le cardinal de Bissy, évêque de Meaux, abbé commendataire de Saint-Germain des Prés, et adversaire des Jansénistes, avait d'abord songé à sacrer à l'abbaye le nonce Masséi, nommé archevêque d'Athènes. Mais devant le refus des religieux de revenir en quoi que ce fût sur leur appel, il se décida à faire le sacre à Meaux, et ce fut le Nicolaïte Ledoux [3], que nous avons déjà rencontré à Port-Royal, qui conduisit la cérémonie. Plus tard, le nonce lui donna une médaille en or de la valeur de 105 livres. Elle sera mentionnée dans le livre des Conclusions avec celle que le jeune Louis XV fit envoyer à Pollet lors de son sacre (1722) [4]. Pollet, à son tour, était appelé au chevet de Michel de Chamillart, l'ancien et malheureux ministre de Louis XIV. « Ayant été élevé sur la paroisse de Saint-Nicolas, il regardait toujours les prêtres de la Communauté comme ses maîtres et ses pères spirituels [5]. Il l'avait dit ouvertement au Roi et même à de Noailles dans les conférences qu'il eut avec lui pour essayer de dissiper ses préventions contre les Nicolaïtes ». Souvent il avait prouvé par d'heureuses interventions (affaire des Galériens, amortissements, confirmation d'établissement) que sa gratitude n'était pas seulement verbale. D'une honnêteté au-dessus de tout soupçon [6], il eut la consolation d'être visité souvent par Pollet dans sa dernière maladie (carême 1721) et de mourir entre ses bras le jour de Pâques.

1. Blain, *op. cit.*, p. 794 sqq.
2. *N. E.* Août 1719, p. 22. Ces 3 vicaires généraux étaient Couet, Dubourg, Guéret.
3. On écrit Ledoux ou Le Doux.
4. *A. N.* MM. 481. 23 janvier 1723.
5. *B. M.* 2451.
6. « Ayant été rapporteur d'un procès perdu par sa négligence (il) rendit à la partie 20.000 livres qui en faisaient l'objet et renonça à sa profession ». Cf. *L'abbé Firmin Pollet*, par Braquehay. Abbeville 1895.

D'autres encore ont recours à Pollet. C'est d'abord le précepteur du Roi, Fleury, évêque de Fréjus, que le jeune Louis XV veut créer archevêque de Reims, pour être sacré de sa main. Fleury consulte son confesseur Pollet, qui lui donne l'avis d'accepter. Cet avis, quoique appuyé d'autres autorités, ne peut décider le précepteur à donner son consentement. A-t-il des visées plus hautes ? on pourrait le croire. L'autre Fleury, l'historien, et, par surcroît le confesseur du Roi, veut être déchargé de cette dernière tâche si délicate. On comprend sans peine de quelle importance devait être le choix de son successeur. Parmi les candidats proposés, Pollet est mentionné par Descouraux [1]. Mais il affirme que ce fut à l'insu de son collègue. L'honneur de confesser le jeune Louis XV échut au jésuite Delinière (mars 1722). Cela ne faisait pas le compte de l'archevêque toujours en guerre contre la Compagnie. Il refusa les pouvoirs au R. Père, malgré une visite que celui-ci lui fit à Conflans. Il est vrai qu'il n'avait pas voulu le recevoir. La situation était assez piquante et pouvait confiner au ridicule. On songea à un biais qui pourrait permettre de se passer de l'approbation épiscopale : le Roi irait à Saint-Cyr et là, le P. Delinière pourrait tenir ses pouvoirs de l'évêché de Chartres. Et pour parer à toute éventualité, on va faire demander à Rome un bref qui permette à Sa Majesté de choisir tel confesseur qu'elle voudra. Avant de faire partir le courrier, le cardinal Dubois qui, dans un mois, va être premier ministre, consulte Pollet [2]. D'après les *Nouvelles ecclésiastiques* [3] Pollet aurait décidé que si le Roi se confessait hors du diocèse, comme à Saint-Cyr, ce serait une fraude [4]. Dans tous les cas, c'eût été, croyons-nous, une démarche humiliante. Cette affaire menaçait de s'envenimer. On a recours de nouveau aux lumières de Pollet. Au mois de mai, il est appelé par l'évêque de Fréjus qui le conduit au vieux maréchal de Villeroy, gouverneur du prince. Celui-ci le présente au Roi. Et ces visites ou plutôt ces consultations se multiplient, tantôt avec Villeroy, tantôt avec le cardinal Dubois, tantôt avec

---

1. *B. M.* 2451.
2. *Ibid.*
3. An. 1722, p. 111.
4. *B.M.* 2451. Il faut se souvenir que l'interprétation de l'expression *propre pasteur* était alors beaucoup plus stricte qu'aujourd'hui quand il s'agissait de la confession pascale.

le Régent qui l'écouta « tout debout pendant une demi-heure et parut très content[1] ». Il y fut question du bref concernant le P. Delinière et de la manière de le recevoir. L'avis de Pollet semble avoir prévalu, puisque, le 19 mai 1722, Innocent XIII qui vient de succéder à Clément XI, expédie au roi un bref où il donne au P. Delinière pleins pouvoirs pour le confesser. C'était la solution la plus heureuse et la plus digne [2].

Mais on comprend que de Noailles en tient rigueur à Pollet. Dans une entrevue qu'il a avec lui, il revient sur une question qu'il a à cœur. Pourquoi défend-il aux religieuses Carmélites de se confesser à un appelant? Cette question de la confession qui va bientôt entrer dans une phase aiguë, était alors assez nouvelle. Pollet répond avec modération qu' « il n'avait jamais cru que les confessions faites à des appelants dussent être recommencées précisément pour cela, mais qu'il croyait que pour recevoir l'absolution, il fallait non seulement ne parler pas mal du Pape et des Evêques, mais avoir du respect et de la soumission pour la constitution *Unigenitus* et pour le mandement de Son Eminence[3] ». Et les chicanes recommencent. Nous n'entrerons pas dans le détail des négociations ennuyeuses imposées à Pollet à propos de la Visitation du faubourg Saint-Jacques où, par ses démarches peu franches, le cardinal contribue à entretenir dans leur obstination jansénienne, les religieuses atteintes de l'erreur qui a fini par envahir presque tout ce plateau Saint-Jacques.

Depuis quelque temps, nous fréquentons beaucoup Conflans, l'archevêché, le Louvre et Versailles; revenons à la rue Saint-Victor.

Le 21 avril 1722, meurt le curé de Saint-Nicolas, Ludron, « grand constitutionnaire[4] », sans avoir résigné sa cure, ce qui fait, disent les *Nouvelles ecclésiastiques*, « beaucoup de peine à ceux de son parti, étant persuadés que le cardinal de Noailles[5]

---

1. *Ibid.*
2. Au mois de mars 1723, le cardinal finit par céder et par accorder les pouvoirs au confesseur qui lui était si antipathique.
3. *B. M.* 2451. Ce mandement était de 1720 et contenait une adhésion peu catégorique à la Bulle.
4. Mot janséniste qui désigne ironiquement les partisans de la Constitution *Unigenitus*.
5. On se souvient que la cure de Saint-Nicolas était à la collation de l'archevêque de Paris.

y nommera un curé qui leur sera opposé. Son Eminence y a nommé M. Garnot, autrefois principal du collège de Dinville et grand-vicaire d'Arras[1] ». Le rédacteur des *Nouvelles* était bien renseigné. Garnot était janséniste, mais il semble bien qu'on pouvait avoir pire.

Descouraux, élu supérieur pour la troisième fois, ne dut pas voir cette nomination sans crainte : mais l'habile Pollet était là pour le seconder. A la vérité, le 13 décembre, il avait eu une sorte d'attaque de paralysie qui donna l'occasion de voir dans quelle estime il était tenu. Si de Noailles semble ne s'être enquis de son état que pour des raisons administratives[2], Fleury, l'évêque de Fréjus qui, bientôt, va devenir premier ministre, fait prendre de ses nouvelles par un de ses aumôniers ; le cardinal de Bissy, le Nonce, de Nesmond, archevêque de Toulouse, Voyer de Paulmy d'Argenson, archevêque de Bordeaux, viennent en personne lui faire visite. Le cardinal Dubois, premier ministre depuis le 22 août, lui envoie le médecin du Régent, Helvétius ; Molin, médecin du Roi, et Chomel[3], médecin de Saint-Nicolas, accourent et parviennent à conjurer le mal[4]. Guéri, Pollet pourra assister aux funérailles de son fidèle compagnon de luttes, Descouraux, mort d'apoplexie le 12 janvier suivant, et soutenir le poids de l'intérim. C'est en cette qualité qu'il conduit, le 19 février 1723, la Communauté, « surplis sur le bras », auprès du nouveau curé pour « lui demander au nom de tous s'il avait pour agréable le service des prêtres de la Communauté comme avaient fait ses prédécesseurs. A quoi mondit sieur curé ayant répondu qu'ouy, tous les prêtres se mirent à genoux et reçurent la bénédiction[5] ».

Environ un mois après, il admettait au corps un postulant de marque qui devait faire quelque honneur à Saint-Nicolas. Pierre-Joseph Tricalet, né à Dôle en 1696, était entré au séminaire à la fin de 1720 ; il fut admis à la postulation en 1721. Après une jeunesse orageuse, il était venu à Paris se réfugier d'abord dans la communauté de Saint-Josse, puis à Saint-Nicolas, « qui

---

1. *N. E.* an. 1722, p. 108.
2. Pour savoir qui remplacerait Pollet aux conférences du vendredi au séminaire.
3. Fondateur de l'Ecole de Pharmacie.
4. *B. M.* 2451.
5. *A. N.* MM. 481.

était plus conforme à son goût et à ses liaisons [1] ». Il devient professeur de la petite Communauté, puis procureur et supérieur de ce même établissement, et sa signature de procureur se retrouve dans les actes de propriété qui regardent les acquisitions faites par cette maison. Son aspect extérieur était froid et austère; mais à peine avait-on pris contact avec lui que sa bonté et son aménité corrigeaient la première impression. Son rôle dans la Communauté de Saint-Nicolas n'a pas eu l'ampleur de celui de Chamillard et de Pollet, mais il fut très honorable. Sa santé délicate ne lui permettait guère les grandes fonctions de l'administration. Il se réservait pour la publication d'ouvrages qui venaient à leur heure. La Communauté d'ailleurs comptait vers cette époque, d'excellents sujets. Descouraux, il est vrai, n'est plus. Nicolas Courtin le suivra de près dans la tombe [2], mais Louis Le Doux, Guillaume Le Faverays, Jean Chevrolat, du diocèse de Langres et compagnon de Pollet à Port-Royal des Champs, Charles Tachard, Roch Deselus, Léonor Le Vallois continuent à rendre des services à l'Eglise. En 1722, on a admis au corps, Lelarge, en 1723, De Girac [3], et ces noms vont bientôt revenir sous notre plume.

Le 30 juin 1723, Pollet est réélu économe pour la cinquième fois. La Communauté vit toujours dans la même union et l'évêque d'Angoulême s'en porte garant parce que, dit-il, « la vertu y réunit davantage les esprits, que tous conspirent à faire le bien ». Cette renommée de charité et d'orthodoxie va lui imposer bientôt une charge nouvelle. On se souvient que les Nicolaïtes avaient été autrefois appelés au diocèse de Laon pour fonder le séminaire et que Wyart y était mort. Mais, en 1676, l'évêque César d'Estrées qui avait bâti le séminaire dans sa ville épiscopale (1670), y avait appelé les Oratoriens. Vers 1723, bon nombre de directeurs étaient appelants. A peine sacré, l'évêque, de Saint-Albin, pria le général des Oratoriens de faire sortir de ce diocèse les appelants et d'en envoyer d'autres à leur place. Arrivé à Laon, il pressa

---

1. Gouget. *Relation abrégée de la vie de M. Tricalet* 1762, in-12. Cette vie a été faite d'après des mémoires fournis par Mgr de Tinseau, évêque de Belley et ancien condisciple de Tricalet à Besançon. Cf. *Biographie Michaud*.

2. Mort le 2 décembre 1724, à l'âge de 75 ans.

3. C'est un des rares noms à particule que nous pouvons signaler comme représentant des membres de la Communauté.

tout le monde de signer le formulaire[1]. Il trouve un imitateur dans son successeur, Etienne-Joseph de la Fare, qui prend possession de son siège le 24 août 1724. Voulant à tout prix se débarrasser des Oratoriens, La Fare avait offert, le 2 août, aux Sulpiciens, son diocèse de Laon[2]. Ceux-ci refusent; il se tourne du côté des Nicolaïtes. Il y trouve de la résistance. Nous n'en connaissons pas expressément les motifs; ils doivent être les mêmes que ceux qu'on mettra en avant un peu plus tard.

Mais La Fare est tenace et expéditif. Il obtient du roi la lettre de cachet suivante adressée à Pollet : « Le Séminaire de Laon étant vacant depuis la sortie des PP. de l'Oratoire, Monsieur le Roy désire que des personnes sûres et habiles le rétablissent, et Sa Majesté m'ordonna, dans le dernier conseil ecclésiastique, de vous écrire que Monsieur le Cardinal de Noailles, ayant consenti qu'on prît à cet effet deux sujets dans le séminaire de Saint-Nicolas, son intention est que vous fassiez cesser les difficultés qui se sont trouvées à l'exécution et que vous disiez de sa part aux sieurs Faverays et Girac qu'ils feront chose agréable à Sa Majesté d'aller pour deux ans seulement, à compter du 1er octobre prochain, administrer ledit séminaire pour le remettre sur pied, de vous prier de me mettre en état de rendre compte à Sa Majesté de ce que vous aurez fait à ce sujet... Je suis tout à vous. — Maurepas[3] ». Cet ordre royal fut lu en assemblée le 6 septembre 1724. Il ne comportait pas de délibération. Le moyen employé par La Fare était un peu violent mais efficace.

Sur-le-champ, on députa Le Doux et Faverays pour aller visiter ledit séminaire et ce qui en dépendait, afin de prendre les mesures nécessaires à l'exécution des volontés royales. Le 21 octobre, Faverays et Girac reçurent leur nomination par Louis XV et on leur adjoignit le suisse Latina, pour leur aider et rétablir sa santé. Depuis longtemps, Saint-Nicolas n'avait pas essaimé, et, s'il le faisait aujourd'hui, c'était sur l'invitation royale, car la Communauté ne comprenait guère qu'une vingtaine de

---

1. On y souscrivait sans distinction du fait et du droit. *N. E.* 1722, p. 109-111.
2. Cf. Faillon : *Vie de M. Olier*, tome III, p. 310.
3. *A. N.*, MM. 481.

membres. La perspective de s'introduire presque de force dans un diocèse où le jansénisme avait fait beaucoup de ravages, ne devait guère plaire ni à la Communauté ni surtout aux deux membres arrachés à Saint-Nicolas. Cependant Faverays écrit à Pollet le 22 novembre 1724... « Je vous dirai d'abord, en général, que l'on paraît très content de nous et que nous le sommes réciproquement de tous ceux à qui nous avons eu affaire jusqu'à présent. 1° Nous avons aujourd'hui trente-huit séminaristes... 2° la retraite s'est passée avec beaucoup plus de succès qu'il n'était permis d'espérer, eu égard au degré de dissipation et de dérangement où les avait jetés la longue anarchie où ils ont vécu. M. Guyart, le docteur, a eu la bonté de venir nous aider à confesser. Il a eu plus de pratique (sic) que nous ou du moins autant, ce qui nous a beaucoup soulagés et a donné à ces pauvres enfants une liberté qu'on ne leur laissait pas, ce qui leur est cependant bien nécessaire; 3° le dimanche, nous avons assisté à l'office de la paroisse, et un grand nombre a communié. Les marguilliers nous ont aussi laissés les maîtres du chœur, de sorte qu'il n'y entrera plus de laïques... et enfin, samedy dernier, depuis midi, et dimanche tout le jour, on ne fit que carillonner la feste du retour du séminaire à la paroisse, et Monsieur le Curé voulut que l'office se fît avec la solennité des premières classes ; 4° Nos professeurs de théologie entrenne (entrent) lundy avec trente-trois écoliers ; 5° nous avons absolument fermé notre chapelle aux séculiers et nous fesons tous nos exercices de piété dans la partie qui servait de nef et que j'augmente de plus d'un tiers ; les dévotes du quartier murmurent de ce parti, mais le public et Monsieur le Curé de la Cathédrale, entr'autres, en sont extrêmement réjouis et édifiés. Et les dévotes ne murmurent que tout bas, car, comme on leur donne ordinairement tous les jours deux messes à la paroisse[1], outre celle de Monsieur le Curé, il ne leur reste aucun prétexte de se plaindre ». Puis, après quelques renseignements d'ordre très pratique, il ajoute : « Je viens à ce que vous me faites le plaisir de m'écrire de l'habileté toujours active de Monseigneur de Laon sur la négociation des lettres patentes. Peut-on s'empêcher d'y reconnaître des marques aussi miraculeuses de la volonté de Dieu que l'exigeait notre incrédu-

---

1. De la cathédrale ? Saint-Nicolas.

lité et notre peu de confiance; serait-il possible après cela qu'on ne se livrast pas à cette œuvre, qui est d'ailleurs si fort dans notre esprit et dans notre sphère [1] ? »

On voit, par ces extraits, que le séminaire de Laon possède une chapelle, contrairement aux prescriptions de Bourdoise; mais on n'est là que provisoirement, croit-on ; on accepte un état de choses antérieur; on assiste le dimanche aux offices de la paroisse, et on ferme cette chapelle au public. Ce provisoire était destiné à devenir définitif, et, Faverays l'indique, La Fare s'y employait activement. Dans une correspondance malheureusement incomplète, que nous avons trouvée aux Archives [2], on peut surprendre ces négociations. Une lettre de Pollet à La Fare, sans date, mais écrite au début de ces pourparlers, fait savoir au prélat impatient, que Pollet n'est point le maître, relativement à l'acceptation définitive : « Tout ce que j'ai pu faire, dit-il, a été d'assembler hier au soir ceux de nos confrères qui composent le conseil ordinaire et extraordinaire de la Communauté. Je leur ai communiqué votre lettre, et, après y avoir réfléchi, ils ont dit : 1° qu'il faut que Votre Grandeur ait de fortes raisons pour prévenir ainsi les deux années marquées par les lettres de cachet de Sa Majesté; 2° que cette affaire étant fort importante en elle-même et dans ses suites, il fallait observer en cette occasion les usages de notre maison qui sont de proposer la chose lundy prochain pour la conclure huit jours après, et informer aussitôt Votre Grandeur de ce qui y aura été conclu. De ma part, j'observerai exactement tout cecy. Mais l'attachement très sincère que j'ai toujours eu pour vous me presse de vous avouer que, pour ce coup, vous prévenez le temps, et je crains que l'état où se trouve notre Communauté ne lui permette pas de satisfaire à ses désirs et de se contenter elle-même ». Pollet s'effrayait de démembrer définitivement sa petite Communauté; son respect pour les Constitutions et la sage lenteur qu'inspire la vieillesse, le poussaient également à temporiser. Mais l'impatient évêque lui répond courrier pour courrier. « En diligence. Dans le moment, je reçois votre lettre et j'y fais réponse; vous savez que vous êtes depuis longtemps le maître absolu; aussi ne faites que ce que vous croyez pour le plus grand bien. Je n'ai d'autre raison que

1. *A. N.*, MM. 478.
2. *Ibid.*

mes sentiments d'attachement pour votre Communauté et vous en particulier... Fixez-moi aussi ma situation... » Puis, quelques jours après, répondant sans doute à une lettre de Pollet où celui-ci paraît s'être défié de la constance du prélat, il griffonne à la hâte[1] un billet où s'exhale une plainte douloureuse : « Vous m'avez traité durement et jamais je n'ay mieux esprouvé que je vous aimais plus que moi-mesme, car personne au monde n'aurait entendu parler de moi davantage, si on en avait usé à la moitié près, avec moi... » Puis, en post-scriptum : « Tout va ici doucement, mais non sans peine ; je n'en dis pas davantage, vous savez par d'autres ce qui en est ». Ces ennuis ne devaient pas finir de sitôt. Réduire les Jansénistes de son diocèse n'était pas une tâche facile, et La Fare y devait mourir à la peine.

La Communauté prend le temps de réfléchir et tous ces atermoiements irritent son impatience. Le 10 juin, il écrit une nouvelle lettre à Pollet où nous lisons en post-scriptum : « Vous me direz sans doute encore, en me répondant, que vous avez de bonnes raisons pour les délais que vous me demandez, mais sûrement vous n'en avez point d'aussi fortes que j'en ay de vous presser à finir, et je vous prie de nouveau de vous décider ». Et un peu plus haut : « Nous avons ici des affaires de religion tant et plus ; mais nous espérons, avec l'aide de Dieu et de Notre-Dame de Liesse, en venir à bout[2] ». Enfin, le 10 octobre, la Communauté accepte la proposition « faite par l'évêque-duc de Laon de donner à perpétuité la conduite et la direction tant de son séminaire de Laon que de son collège fondé en l'Université de Paris, montagne Sainte-Geneviève, pour y fixer la demeure de la petite Communauté d'estudiants en philosophie et en théologie dont elle s'est chargée suivant les intentions de Son Eminence le cardinal de Noailles, par conclusion du 15 septembre 1710, à condition que ledit évêque obtiendrait le consentement de Son Eminence et se chargerait de faire toutes les démarches nécessaires pour en obtenir les lettres patentes et les faire enregistrer au Parlement ». Faverays pouvait écrire un mois après (25 octobre) : « Mgr de Laon ne se possède pas de joie de nous voir enfin dans son séminaire et ses vœux seront accomplis quand

---

1. Cela se voit à l'écriture nerveuse et mal formée.
2. *Ibid.*

il nous y verra établis par des lettres patentes sur lesquelles, de l'avis de l'évêque de Soissons, il insiste plus que jamais. Il partira le lendemain de la Toussaint pour Paris, et il compte ne point revenir qu'il n'ait terminé cette affaire. Mgr de Soissons[1] est aussi édifié que nous l'avons été dans notre voyage, du zèle, de la charité, de la sagesse et de toute la conduite de ce prélat... Nous trouvons le prélat dans toutes les mêmes dispositions où nous l'avons laissé à notre égard, c'est-à-dire, confiance entière, abandonnement total du gouvernement de son séminaire à à notre prudence, ne voulant pas admettre ni pour les bourses ni pour les pensions entières, que ceux qui nous en paraîtront dignes, se remettant, tout de même dans la suite, à notre conscience, de l'ordination ; plus résolu que jamais, à son retour, de vivre au séminaire... Il nous expédiera, dès demain matin, une commission pour la conduite de son séminaire. Mgr de Soissons est chargé de la dresser[2]... »

Il ne restait donc plus que les formalités juridiques à remplir. Le 24 novembre 1725, de Noailles, qui commence à négocier un accommodement avec Rome, consent[3] à une transaction conclue entre l'évêque et la Communauté. Elle porte qu'elle aura à perpétuité la conduite et la direction du séminaire de Laon[4] et que les directeurs y jouiront « de tous les biens, honneurs, droits, fruits et revenus attachés au dit séminaire ». Mais la Communauté devra fournir quatre prêtres : comme elle ne le peut maintenant, elle en enverra d'abord deux, puis dans deux ans, trois, et dans trois ans, quatre. Ces directeurs seront sous la juridiction de l'Ordinaire. « Au surplus, en ce qui regarde leur personne et l'administration de leurs revenus et jouissances dont lesdits prêtres ne sont comptables au dit impétrant (La Fare) ils seraient et demeureraient[5] soumis à ladite Communauté de Saint-Nicolas, dont ils feraient toujours partie, conserveraient l'esprit et tout l'intérieur de son institut, *item* observeraient les usages et emplois de la maison de Paris et auraient aux élections la voix passive, même l'active, s'ils se trouvaient à Paris lors des élections qui s'y font tous les

---

1. Languet, plus tard, archevêque de Sens. Adversaire déclaré du jansénisme.
2. *A. N.*, MM. 478.
3. *A. N.*, M. 199.
4. L'affaire du collège de Laon à Paris n'a pas réussi.
5. Conditionnels juridiques équivalant à des futurs.

trois ans; que si quelqu'un d'eux était élu à une des charges ou employs de la maison de Paris, il serait tenu de revenir, à condition néanmoins que la dite Communauté enverrait à sa place à Laon un autre prestre de son corps, agréable audit impétrant et à ses successeurs [1] ». De plus, la Communauté de Laon devait envoyer aux élections un député.

Nous ne savons si Bourdoise aurait souscrit à toutes ces stipulations et s'il n'y aurait pas vu une dérogation à son idéal de séminaire. Sans doute, à Laon, on était rattaché à la paroisse et on y préparait nécessairement aux fonctions paroissiales, mais, à parler franc, on n'y était plus dépendant du curé. De prêtre habitué, on devenait, en arrivant à Laon, directeur d'un séminaire dont le type était assez différent de celui de Saint-Nicolas. On risquait, si on s'engageait dans cette voie, d'aboutir à être une congrégation, à se rapprocher de Saint-Sulpice pour s'éloigner de Saint-Nicolas et du clergé purement séculier. En fait, il n'en fut pas ainsi. Seul, Laon fut dirigé par des Nicolaïtes et la facilité avec laquelle on pouvait revenir à Paris obviait en partie aux inconvénients qui auraient pu résulter de cet éloignement, la plupart du temps, momentané.

Le consentement de l'archevêque obtenu, il fallait impétrer le plus vite possible les lettres patentes du Roi. Nous pensons que Pollet, cette fois, ne laissa pas faire toutes les démarches à l'évêque. Depuis le mois de décembre, l'évêque de Fréjus a reconquis l'influence prépondérante qu'il avait sur son jeune élève et qu'avait voulu lui ravir le nouveau premier ministre, le duc de Bourbon [2]. Il n'est pas premier ministre, mais il en a tout le pouvoir et, en juin 1726, il sera débarrassé par l'exil, de son princier compétiteur. Il est vraisemblable que si Pollet demanda à Fleury cette faveur qui, d'ailleurs, secondait les projets du gouvernement, redevenu hostile aux jansénistes, Fleury ne put la lui refuser. En vue d'obtenir ces lettres patentes, les parties contractantes signent leur transaction devant le notaire et en la salle du conseil de Saint-Nicolas (12 février 1726). On y lisait : « que le feu roi, Louis XIV, d'heureuse mémoire, ayant eu la bonté

---

1. *A. N.*, M. 199.
2. Il avait succédé le 2 décembre 1723 au duc d'Orléans, (ancien régent) qui lui-même n'avait pas dédaigné de succéder à Dubois, mort le 23 août 1723.

d'accorder à Son Eminence le cardinal d'Estrées, évêque-duc de Laon et pair de France, des lettres patentes, au mois d'août 1661, pour l'établissement, fondation et dotation d'un séminaire en la ville de Laon, au gouvernement duquel ledit seigneur cardinal d'Estrées aurait appelé les RR. PP. de l'Oratoire dont ils se seraient acquittés jusqu'en l'année 1722 et comme lesdits prêtres n'avaient point été établis à perpétuité audit séminaire, n'ayant obtenu sur ce aucunes lettres patentes du Roy, il plust à Monsieur de Saint-Albin, lors évêque de Laon et présentement archevêque de Cambray, de renvoyer les PP. de l'Oratoire et de préposer à la garde de son séminaire quelques prestres particuliers, qui, n'y étant point non plus fixés[1], ledit seigneur de La Fare aurait prié Monsieur le cardinal de Noailles, archevêque de Paris, de luy accorder des prêtres de son séminaire de St-Nicolas, auxquels... ledit seigneur évêque de Laon souhaitait confier la conduite de son séminaire[2] ». On y convenait aussi que la pension serait de 300 livres par an, mais cette pension serait variable au gré de l'évêque suivant la cherté des vivres. Et dans ce même mois, paraissent les lettres demandées. Le Parlement les enregistre, sans difficulté, semble-t-il, dès le 6 avril. Enfin, après cet essai de deux ans, la Communauté approuve définitivement le 28 octobre 1726, les conventions déjà signées[3].

Un mois après, Pollet, qui vient d'être élu économe pour la sixième fois, reçoit un billet de Fleury. Celui-ci, se contentant d'un chapeau de cardinal, a supplanté, à soixante-douze ans, le duc de Bourbon et possède tous les pouvoirs de premier ministre sans en avoir le titre. On verra, dans ces quelques lignes, la simplicité et la cordialité des relations de Pollet et du puissant ministre : « Fontainebleau, ce 24 novembre 1726. J'accepte avec plaisir, Monsieur, le gîte que vous me pro*posés*, supposé que vous puissiez vous y trouver. J'irai coucher, en ce cas-là, vendredi prochain à Villejuif et j'y arriverai entre cinq et six heures du soir. Je ne souppe point d'ailleurs, c'est un jour de jeûne. Ainsi une croûte de pain, au plus, vous suffira. Le lendemain, je ne vous demande

---

1. Dans l'acte de consentement de l'Archevêque, il est précisé que « le séminaire... était entièrement tombé ». *A. N.*, M. 199.

2. *A. N.*, M. 199.

3. *A. N.*, MM. 481.

qu'une messe pour pouvoir partir à sept heures du matin, et m'en aller à Versailles sans m'arrêter à Paris. Je serai ravi, Monsieur,

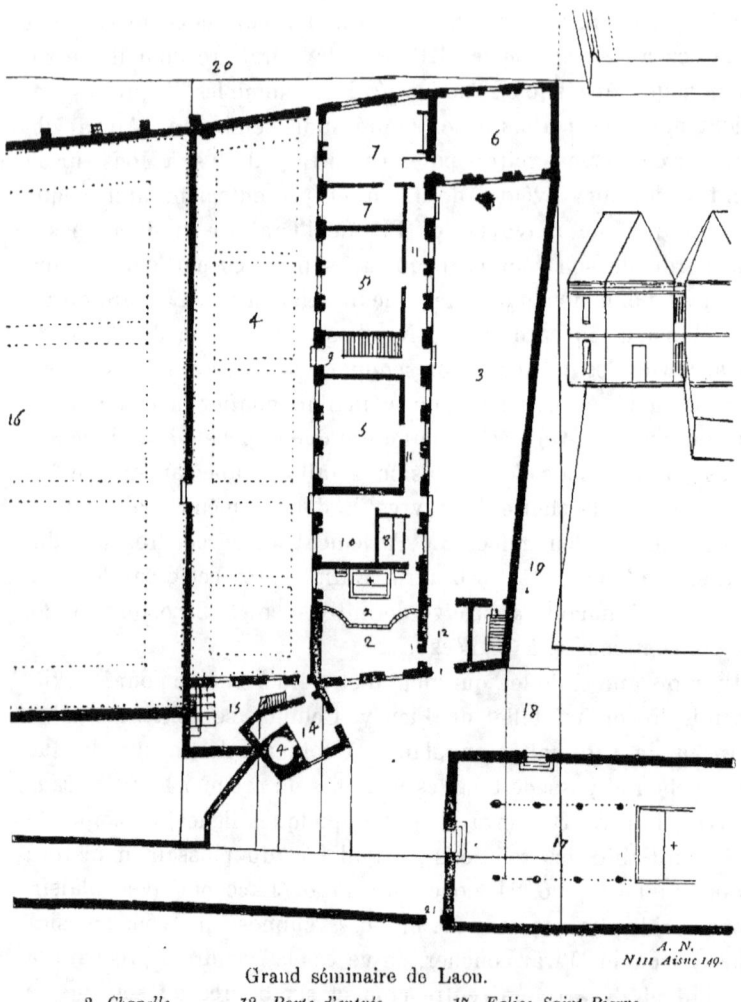

Grand séminaire de Laon.
2. Chapelle...   12. Porte d'entrée...   17. Église Saint-Pierre...

de causer une heure avec vous en arrivant. — A., cardinal de Fleury[1] ». Il ne se peut que dans cet entretien il n'ait été question de l'affaire de Laon récemment conclue. Quoi qu'il

---

1. *A. N.*, MM. 478. C'est sans doute depuis ce temps, qu'une chambre, à Villejuif s'appelait la *Chambre du Cardinal*.

en soit, un an après, Pollet alla, malgré son âge, faire dans ce séminaire sa visite générale.

Il est possible qu'il ne connût pas cette ville qui ne se trouvait point sur le chemin d'Amiens. S'il partageait les goûts de ses contemporains, il ne dut guère goûter le pittoresque de cette cité, assise sur un monticule qui se dresse isolé dans la plaine ; ses rues tortueuses et étroites, ses églises et surtout sa magnifique cathédrale gothique lui semblèrent apparemment surannées. Après une prière à la cathédrale, il s'arrêta sans doute à l'évêché qui, à gauche, développait ses bâtiments où le gothique s'accordait mal avec le style plus lourd du XVIIIᵉ siècle. Du jardin de l'archevêché, il aurait pu communiquer directement avec ses chers collaborateurs du séminaire. Peut-être longea-t-il les remparts et heurta-t-il à la petite porte qui s'ouvrait de ce côté. Plus vraisemblablement, La Fare le conduisit, respectueux et triomphant, par les courtes rues de la ville ; par la droite de la cathédrale, elles les amenèrent en face d'un bâtiment solidement construit en 1670[1], mais dont la façade irrégulière, n'a rien d'imposant[2]. Cet édifice se compose ensuite, à gauche, d'une aile et au bas de cette aile, d'un autre bâtiment en retour. Le côté droit du quadrilatère n'est pas construit. Entre ces quatre côtés, la cour et le jardin. A gauche, en entrant, la chapelle reblanchie depuis deux ans, est, nous l'avons vu, interdite au public. Faverays, de Girac, et, en remplacement de Latina, Ménage, sont, pour le moment, directeurs.

Faverays est à la fois supérieur et procureur. En cette qualité, il rend compte des finances de la maison. Les revenus se résument ainsi : 1° les pensions à 350 livres ; 2° une allocation de 2.000 livres fournie par le diocèse ; 3° le prieuré de Gizy ; la chapelle d'Anizy-le-Châtel[3], la ferme de Cordeaux, la ferme de Molinchart, la maison Thierret et dépendances, et enfin la prestation de trois pièces de vin par l'abbaye Saint-Martin[4]. En l'absence de docu-

---

1. Cf. Archives de l'Aisne G. 23, pièce de 1670 où d'Estrées demande la permission d'abattre les bois de Versigny pour pouvoir achever le bâtiment.
2. Elle donne sur une petite place irrégulière en bordure de laquelle se trouve l'église Saint-Pierre au Marché.
3. Bénéfices *unis* au séminaire. Grâce à l'incurie de l'administration, les archives de l'Aisne ont, depuis longtemps, été à peu près anéanties. Nous n'y avons trouvé que très peu de renseignements. Nous n'avons même pas pu mettre la main sur la déclaration de 1790.
4. Située à l'autre extrémité de la ville.

ments, nous ne pouvons indiquer d'une manière plus précise comment s'équilibrait alors ce budget. Mais on nous affirme que Pollet revint bien content de l'état où il avait trouvé et laissé ce séminaire [1].

De retour à Paris, Pollet ne tarde pas à apprendre la nouvelle de la sentence du concile d'Embrun qui déclarait suspendre de tout pouvoir et juridiction épiscopale l'appelant Soanen, évêque de Senez [2]. C'était un acte solennel pour lequel avaient concouru les deux puissances, ecclésiastique et séculière. Il devait faire réfléchir de Noailles. Les approches de la mort, (il avait 80 ans), l'aidèrent, d'après Lafiteau, à venir à résipiscence. Les instances de sa nièce, la duchesse de Gramont, y contribuèrent aussi.

Le 18 juillet 1728, il écrivait au Pape une lettre de soumission absolue : « Depuis que, par la grâce de Dieu, y disait-il, j'ai pris cette résolution, je me sens infiniment soulagé ». Le 11 octobre, il publiait son mandement, qui condamnait les cent une propositions avec les mêmes qualifications que le pape. On devine la joie de Pollet, enfin complètement en communion avec son archevêque qui, depuis quelques années, lui avait rendu ses bonnes grâces [3].

Il avait reçu, peu de temps auparavant, une lettre de Faverays où celui-ci lui disait : « Mgr l'évêque a tenu son synode [4] en juin, dont il y a lieu d'espérer qu'on verra des fruits tant pour la doctrine que pour les mœurs [5] ». Le plus clair résultat, ce fut quelques recrues forcées pour le séminaire. L'évêque aurait pu

---

1. *B. M.*, 2451. Le continuateur de Descouraux : Le Vallois.

2. D'après le continuateur de Descouraux, l'abbé Pollet aurait été consulté plus d'une fois, dans cette affaire, par l'archevêque d'Embrun.

3. Un jour qu'il avait été appelé à l'archevêché au sortir de sa conférence sur les *cas de conscience*, il prenait congé de son Eminence; M. le Cardinal lui dit qu'il était bien pressé. « M. Pollet répondit qu'il avait besoin d'aller étudier son prône pour le dimanche suivant. Sur quoi, son Eminence dit à ceux qui étaient présents : Ah! M. Pollet qui prêche tous les dimanches depuis plus de quarante et un ans, croit avoir besoin d'apprendre son prône! » — « Oui, Monseigneur, je prêche devant le peuple et ce grand nombre d'ecclésiastiques que vous commettez à nos soins; il faut estimer la parole de Dieu et la faire estimer et aux uns et aux autres. Je ne m'expose point sans avoir bien prévu ce que j'ai à dire; et toutes les fois que je prêche, mes genoux battent la garde pendant tout l'exorde ». *B. M.* 2451.

4. Voir dans les *N. E.* an. 1728 le récit très détaillé de ce synode. Evidemment, il n'y faut pas attendre d'impartialité. Le nom de Faverays, jamais bien orthographié dans les *Nouvelles*, y est à peine reconnaissable sous le nom de Fauret.

5. *A. N.*, MM. 478.

demander le secours du bras séculier, il préférait ce mode de punition qui offrait cependant pour les séminaristes quelques inconvénients, atténués, il est vrai, pendant la période des vacances. Le nombre des appelants diminuait à Laon. Après la rétractation du cardinal, on aurait pu croire que le calme allait régner désormais dans la capitale. Cet espoir s'affermissait à la mort du cardinal (9 mai 1729), mort qui devait irrévocablement arrêter ses tergiversations[1]. Pollet prononça son oraison funèbre en son prône[2].

Mais il était écrit que tout ce XVIIIe siècle serait agité par des querelles qui, sous le couvert théologique, cachaient, pour beaucoup, à n'en pas douter, une forme d'irréligion et de perfide hostilité au christianisme. La lutte est partout : dans le conseil du Roi, dans l'épiscopat, dans le Parlement, dans la Faculté de théologie, dans les séminaires, parmi les curés et parmi les paroissiens. Saint-Nicolas, malgré sa modestie, y est nécessairement impliqué, tant à Paris qu'à Laon. Ici, des curés récalcitrants sont envoyés au séminaire par lettre de cachet; s'il faut en croire les malveillants, le nombre des séminaristes aurait diminué à cause de ces troubles. L'évêque défend aux confesseurs d'entendre les appelants, et Faverays intervient souvent, qui distingue entre la croyance due au point de *droit* et celle due au *fait*. Cette lutte pied à pied pourrait décourager La Fare à qui on offre l'archevêché de Sens. Mais Pollet, consulté, lui conseille de rester à Laon parachever l'œuvre si bien commencée. La Fare, plein d'abnégation, suit ce conseil. De l'aveu des *Nouvelles ecclésiastiques*[3] de quatre cents curés et soixante-dix chanoines appelants, il n'y a plus qu'une vingtaine des premiers et une douzaine des seconds, y compris les exilés. Pour activer ce mouvement, l'évêque qui vient de confier

---

1. « Avec des vertus et des qualités infiniment estimables (de Noailles) avait ce mélange d'entêtement et de faiblesse, apanage trop ordinaire des caractères plus recommandables par la droiture des sentiments et des intérêts, que par la rectitude et l'étendue de ses idées. » *Histoire de Fénelon*, par le cardinal Bausset.

2. Heureusement que l'oraison funèbre, même après Bossuet, n'a jamais passé pour un genre rigoureusement historique et Pollet sut probablement esquiver les difficultés du sujet. Le cardinal, d'ailleurs, possédait quelques qualités éminentes qui permettaient des éloges sans restrictions. On est assez unanime sur sa charité.

3. *N. E.* an. 1730, 21 déc.

son collège aux Jésuites, visite toutes les paroisses de son diocèse, écrit des mandements que le Parlement poursuit et condamne, que le Roi supprime lui-même par arrêt du conseil, car l'évêque y maintient les droits de l'épiscopat en face de ceux de la puissance séculière. On l'exile, à son tour, au séminaire Saint-Nicolas [1] ; mais il ne désarme pas : « rien au monde, dit-il fièrement dans une lettre ouverte, au cardinal de Fleury, ne m'empêchera de faire mon devoir ». Le cardinal, par voie de suppression [2], lui indiquait bien qu'il lui faisait trop d'affaires : l'intrépide lutteur trouvait, à Laon, appui et soutien dans les Nicolaïtes [3]. La Communauté de Paris, en 1740, lui prête une crosse avec la permission d'y faire graver ses armes, mais, en cas de décès, cette crosse doit revenir à la Communauté. En 1741, Tricalet est envoyé là-bas comme préfet du séminaire, et, sur le désir de La Fare, on introduit au séminaire la théologie de Poitiers qui a le privilège d'exciter les sarcasmes des Jansénistes. Enfin, le combattif évêque meurt en pleine visite pastorale à Leschelles (23 avril 1741), à l'âge de 51 ans et laisse le siège au pacifique de Rochechouart de Faudoan, qui l'occupera pendant trente-six ans.

Ces dissensions qui s'étendaient à toute la France sévissaient particulièrement à Paris. Le lendemain de la mort du cardinal, on sut que le roi avait disposé de l'archevêché de Paris en faveur de Mgr de Vintimille du Luc, archevêque d'Aix. La charge était lourde pour les épaules de ce vieillard qui, d'ailleurs, avait commencé par refuser modestement de l'assumer. S'il est vrai que le Chapitre adhère maintenant à l'acceptation de la Bulle donnée par le cardinal de Noailles, vingt-cinq curés, tant de la ville que de la banlieue, écrivent une lettre impertinente à l'archevêque [4]. Le curé de Saint-Nicolas, Garnot, n'est point du nombre de ces signataires. De Vintimille, devant cet affront, essaye de ramener les égarés, par une ordonnance du 29 septembre où, mettant à couvert la doctrine thomiste de la grâce, il accepte

---

1. *N. E.* an. 1736, p. 28.

2. En ce temps on *supprimait* les écrits, qui d'ailleurs continuaient à courir sous le manteau.

3. Cf. *N. E.*, 18 juillet 1729. Cf. aussi 1731, p. 57 ; où la feuille janséniste attribue aux Nicolaïtes un mandement de l'évêque de Laon.

4. Ce ne sera pas leur dernière démarche en ce sens.

la Bulle, fait une loi à tous les fidèles de s'y soumettre, en menaçant d'interdit les prêtres rebelles. On fait signer des formulaires aux ordinands, on oblige les prédicateurs et confesseurs à venir faire renouveler leurs pouvoirs. S'il faut ajouter foi aux *Nouvelles ecclésiastiques*, ce fut Pollet qui, le premier, eut le courage de lire l'ordonnance en chaire. Elles vont même jusqu'à appeler cet incident « *la journée de Saint-Nicolas du Chardonnet* ». « A peine la célèbre ordonnance de l'archevêque eut-elle vu le jour, que M. Paulet[1], vicaire de cette paroisse, en hasarda la publication. On ne pouvait mieux choisir pour faire la première attaque ; c'était l'endroit faible de la place : l'ennemi n'y fut nullement repoussé[2] ». C'est dire qu'il y avait peu de jansénistes sur la paroisse, et il est bien permis de voir dans ce fait le résultat des prédications orthodoxes de Pollet. Quand, pour mettre un terme aux extravagances qu'occasionnait le tombeau du diacre Paris, de Vintimille publia un mandement contre les *Vies* qui circuculaient du nouveau saint janséniste, Pollet, au commencement de son prône du premier dimanche de Carême, 1732, fit une déclaration catégorique contre ce culte interdit et son objet. Les confesseurs nicolaïtes l'aidaient dans cette campagne en refusant l'absolution aux pénitents qui allaient à Saint-Médard, non par curiosité, mais par dévotion[3].

Il allait laisser à d'autres le soin de préserver des erreurs courantes cette Communauté qu'il avait gardée si honorablement. Elu économe le 19 juillet 1729 pour la septième fois[4], chiffre unique dans les fastes de Saint-Nicolas, il a trouvé bon accueil auprès du nouvel archevêque qui « enchérit encore de considération pour lui sur le cardinal défunt ». Il est le conseil de quelques évêques[5]. Nous comptons parmi eux, outre l'évêque de Laon, le cardinal de Bissy, évêque de Meaux, de Tencin, archevêque

---

1. C'est l'orthographe adoptée par les *N. E.*
2. *N. E.*, 22 déc. 1729.
3. *N. E.*, 1732, p. 64.
4. Cette élection a encore ceci de caractéristique, qu'elle était la 3e de suite. C'était, jusque-là, le seul exemple. La chose se répétera avec Nommel. Toutes les élections, depuis 1714 jusqu'à 1729 inclusivement se sont faites en présence de F. Vivant, vicaire général, qui, on s'en souvient, avait désigné Pollet pour la pénible mission de P. R.
5. « Episcopis ac principibus passim a conciliis erat, vir prudens in consiliis proponendis, fortisque in exequendis. » *Gallia christiana*, VII, p. 1016.

d'Embrun, qui le consulte lors du fameux concile qui dépose Soanen, de Beaumont, évêque de Saintes ou Xaintes, qui est fréquemment un des hôtes de Saint-Nicolas, Languet, archevêque de Sens, qui soutient si courageusement la lutte dans son diocèse, Henriau, évêque de Boulogne. Ce dernier, par ses éloges, avait excité la curiosité de la reine Marie Leczinska. Elle lui dit, un jour de 1730, combien elle serait heureuse qu'il lui fût présenté. Pollet accepta, à la condition toutefois qu'il reviendrait dîner au séminaire. « La reine, le voyant fort charmé d'elle, le conduisit à Monsieur le Dauphin [1], qui n'avait pas encore six mois, pour le bénir. Monsieur Pollet dit mille choses sur cet auguste enfant, le prit entre ses bras, le baisa avec une respectueuse tendresse, le bénit et lui souhaita toutes les bénédictions célestes [2] ». Et il revint dîner à Saint-Nicolas. Cette fidélité à la règle se remarquait aussi dans l'exercice de ses fonctions de vicaire.

Depuis juillet 1732, Jean Chevrolat, son ancien compagnon de Port-Royal, lui a succédé dans la charge d'économe; mais il est toujours vicaire et il fait régulièrement ses prônes. Au mois de janvier 1733, une blessure faite à la plante des pieds par un clou, occasionne une fièvre qui le conduit au tombeau. Il demande à être mis sur la cendre, ce qu'on ne juge pas à propos de lui accorder, et meurt pieusement le 22. C'était une grosse perte pour Saint-Nicolas. Aux obsèques, assistèrent toute la paroisse de Saint-Nicolas, quantité de seigneurs, Languet et La Fare. Celui-ci « était si pénétré de douleur qu'on lui vit verser des larmes [3] ». Toute l'assemblée, malgré la pluie, suivit le corps qui fut inhumé au cimetière de la rue d'Arras. Ce dimanche, au retour, le curé, Michel Garnot, déclara qu'il avait choisi pour vicaire M. Deselus, prêtre de la Communauté [4]. C'était le quatrième

---

1. Il devait mourir en 1765 en laissant 3 fils: Louis XVI, Louis XVIII et Charles X.

2. *B. M.*, 2451.

3. *N. E.*, 1732, p. 52. A part un discours aux religieuses de P. R.,rien ne nous est parvenu de Pollet, qui d'ailleurs, n'a rien publié. Quant aux ouvrages manuscrits, nous ne pouvons avoir aucune indication à leur sujet. Les pages du catalogue de la Bibliothèque de S.-N. (*B. A.*, 6205.) qui pourraient nous renseigner sur l'œuvre de Pollet sont enlevées avec un soin qui donne champ à plusieurs hypothèses. Cf. Braquehay, *op. cit.*, p. 55.

4. Faverays devenu procureur à Saint-Nicolas, fit l'éloge funèbre de Pollet, le dimanche des Rameaux, 20 mars. Les *Nouvelles* se moquent du prédicateur (1733, p. 72) : il aurait défendu aux fidèles d'invoquer ce saint nouveau. Allusion au culte du diacre Pâris, qui sévissait alors.

vicaire à Saint-Nicolas depuis plus d'un siècle, et il ne devait avoir la notoriété ni d'un Pollet ou d'un Chamillard, ni même d'un Compaing.

Aussitôt l'intérêt se déplace. Il se transporte à la Faculté de théologie où Saint-Nicolas ne sera pas au-dessous de son passé. Assez sage sous Louis XIV, à peine Louis XIV mort, la Faculté s'était déclarée pour le rebelle de Noailles. D'office, par lettre de cachet, Louis XV, ou plutôt le Régent, lui avait imposé pour syndic de Romigny. En octobre et décembre 1729, Louis XV, conseillé par le cardinal de Fleury, envoie au syndic une nouvelle lettre de cachet, pour exclure de la Faculté tous les Quesnellistes, et faire nommer une commission à l'effet d'examiner les moyens de ramener à l'unité les égarés. Au nombre de ces commissaires étaient Tournély, l'illustre théologien [1] et le nicolaïte Le Vallois. Celui-ci jouit d'une certaine autorité, puisque nous voyons, dans une affaire délicate, un docteur proposer que désormais Le Vallois contresigne les thèses à soutenir. On aura « autant d'égard » à cette signature qu'à celle du syndic [2]. En 1737, de Romigny, qui a présidé aux élections de Saint-Nicolas, en 1732 et 1735, donne sa démission et c'est l'ancien nicolaïte, Bonnedame, qui est élu à la presque unanimité [3]. L'année suivante, Le Vallois, que de Romigny a vu élire économe, seconde les jeunes gens qui veulent entrer dans la Faculté des Arts et maintient fermement à Saint-Nicolas l'intégrité de la doctrine.

Seuls, à cette heure, semble-t-il, Saint-Sulpice et Saint-Nicolas sont indemnes. L'esprit d'erreur essaye de s'insinuer partout ailleurs. Nous ne parlons pas des Bénédictins, des Chartreux, qui se laissent trop facilement gagner par la contagion. L'Oratoire continue à donner bien des inquiétudes. Un trop grand nombre de ses membres a passé à l'ennemi, et, qui pis est, presque tous les professeurs de Saint-Magloire. En novembre 1729, l'archevêque suspend les pouvoirs de tous, sauf d'un seul [4]. L'air de cette maison est renouvelé cependant quelques années après,

---

1. Il mourut au mois de janvier suivant.
2. *N. E.* 1733, p. 37.
3. Le *Nouvelliste* le fait membre de la Communauté; nous croyons qu'il se trompe. Ce nom ne se trouve plus sur les registres après la démission. Peut-être Bonnedame est-il devenu pensionnaire?
4. *N. E.*, 21 nov. 1729; cf. 2 avril, 1730.

et si le Nouvelliste est exact malgré son antipathie contre le nouveau Saint-Magloire, il n'y a plus guère de sujets en 1740 : sept ou huit en dehors des douze boursiers de fondation[1]. Les aspirants à l'épiscopat qui, depuis la mort de Louis XIV, y avaient afflué, se sont dirigés ailleurs[2]. Chez les Lazaristes, et c'eût été pour saint Vincent de Paul un grand sujet de douleur, les défections ne sont pas rares. En 1725, soixante quittent Saint-Lazare pour n'avoir pas voulu accepter la Bulle, mais on réagit à temps. Les Doctrinaires sont entamés. La Communauté-séminaire de Gillot, fondée il y avait soixante-dix ans, et qui était logée au collège de Sainte-Barbe, est dissoute par la force le 7 octobre 1730 et les directeurs sont remplacés par des Sulpiciens[3]. Au 30 décembre de l'année suivante, on expulse les administrateurs des Trente-Trois et on leur substitue des Acceptants. Trois ans plus tard, on détruit la communauté de Saint-Hilaire (du Mont)[4] qui était véhémentement soupçonnée de fournir un asile aux insaisissables rédacteurs des *Nouvelles ecclésiastiques*. Cette feuille avait été sévèrement condamnée en 1732 par l'archevêque, mais elle se vante d'être lue par les trois quarts de Paris. Elle est plus particulièrement hostile aux Sulpiciens et aux Nicolaïtes, « ennemis, dit-elle, par état, des maximes du royaume et de l'ancienne doctrine, qui est comme l'héritage et le patrimoine spécial de l'Université de Paris[5] ».

En revanche, cette feuille allait bientôt triompher avec l'inexpliquée conduite de Vintimille dans l'affaire du bréviaire. Jusqu'en 1736, on disait le bréviaire parisien-romain. « Bourdoise eût souhaité qu'il n'y eût qu'un bréviaire dans toute l'Eglise... et il avait, pour cela, dressé le plan d'un bréviaire universel ; mais, ajoute Descouraux, avec un grand bon sens, l'Eglise qui autorise les bréviaires particuliers, non seulement dans la plupart des diocèses, mais encore en tant d'ordres religieux, nous fait assez connaître que cette diversité d'offices a son utilité... N'est-il pas

---

1. *N. E.*, 1740, p. 150.
2. *N. E.*, 1748, p. 201.
3. *N. E.* 1730, 9 oct. et 26 oct.
4. « On y recevait de toutes les villes du royaume, des étudiants en théologie qu'on exerçait dans les cérémonies de l'église et parmi lesquels on choisissait les prêtres du clergé de Saint-Hilaire. » Cf. Faudet et de Mas-Lastrie, *Notice sur Saint-Etienne du Mont*, Paris 1840.
5. *N. E.* 1739, p. 125.

juste que les saints de chaque diocèse soient honorés dans les lieux où ils se sont sanctifiés ?... Aussi Bourdoise était-il bien persuadé que le respect qu'il devait à l'Eglise Romaine ne l'obligeait pas à dire le bréviaire romain. Il croyait même que les églises, qui étaient en possession d'avoir des bréviaires particuliers, pouvaient non seulement s'en servir, mais qu'elles devaient même préférer le leur à tout autre, et qu'un ecclésiastique qui fait un séjour considérable dans un lieu, doit, autant qu'il le faut, se conformer à l'office qui s'y fait. M. Bourdoise savait ce que les Conciles et les Papes ont dit sur cette matière...,s'appuyait sur les autorités des théologiens et canonistes lesquels, quoique italiens pour la plupart et très attachés au Saint-Siège, enseignaient positivement qu'un prêtre ne peut, sans péché, quitter le bréviaire de son diocèse... Au mois de mai 1642 (aux débuts du séminaire des Bons-Enfants, par conséquent) M. Bourdoise, ayant convaincu plusieurs ecclésiastiques de condition, de l'obligation de dire le bréviaire diocésain, ils voulurent encore savoir le sentiment de M. Vincent qui, ayant entendu les raisons de M. Bourdoise, leur conseilla de quitter le bréviaire romain qu'il avait fortement soutenu jusque-là [1] ».

Ces principes devaient demeurer ceux de Saint-Nicolas. On y pratique le bréviaire parisien, sauf cependant à expliquer également le bréviaire romain. Dans la salle des Exercices, l'un et l'autre se trouvent à la disposition de tous [2]. Ce bréviaire parisien est d'ailleurs parfaitement orthodoxe jusque vers le dernier tiers du XVIIe siècle. C'est le bréviaire romain auquel sont ajoutés quelques offices et usages propres, et en tête, on se réclame du bréviaire romain. Bourdoise en vit plusieurs éditions : celle de Henri de Gondy, 1607 ; celle de Jean-François de Gondy, 1634. Le cardinal de Retz en fit donner une autre en 1658. — De Harlay commence la transformation, en un sens qui s'éloigne non seulement du type, mais aussi des idées ou doctrines romaines. Cocquelin et Benjamin l'aident dans cette œuvre dont il prend d'ailleurs la responsabilité. Le 1er juin 1680, il promulgue un nouveau bréviaire qui suscite des critiques légitimes. D'autres éditions, données par le cardinal de Noailles 1698-1714 accentuent légère-

1. *Vie imp.* Des., p. 506.
2. *A. N.* MM. 474.

ment ce mouvement, et enfin, en 1736, apparaît le bréviaire de l'archevêque de Vintimille. Œuvre critiquable à bien des points de vue. Composé par des gens suspects, l'Oratorien Vigier, supérieur de Saint-Magloire, l'acolythe Mésenguy, qui, plus tard, sera l'objet de condamnations doctrinales, le laïque Coffin, habile latiniste, mais *appelant* et destiné à mourir sans sacrements, faute de rétracter ses erreurs, ce recueil contenait des innovations vraiment trop hardies et dissimulait des tendances perfides. Vigier l'avait présenté auparavant à de Noailles qui l'avait refusé. Et par une contradiction singulière, c'est de Vintimille, peu favorable aux Jansénistes, qui l'adopte. Il y eut quelques réclamations, mais elles furent peu nombreuses : deux ou trois évêques, deux séminaires : Saint-Sulpice et Saint-Nicolas du Chardonnet ; quelques docteurs, entre autres, Nicolas Regnault. L'auteur (jésuite) d'une lettre sur ce bréviaire, affirme que le séminaire de Saint-Nicolas du Chardonnet ne cacha point ses justes répugnances, mais le curé (Garnot), ayant voulu absolument qu'il fût chanté dans son église, il n'avait pas été possible de lui résister[1]. Une chose certaine, c'est que le 1er juin 1736, « la Communauté a conclu que, pour se conformer au mandement de Mgr l'Archevêque touchant le nouveau bréviaire (ce mandement est du 3 décembre 1735) qu'il vient de donner à ce diocèse, la Communauté le prendrait au *plutôt* (sic) et que, pour cet effet, Monsieur le Procureur en fournirait aux Particuliers, membres de la susdite Communauté[2] ». Ainsi donc, Saint-Nicolas avait accepté, malgré qu'il en eût, la première édition. La seconde, un peu amendée à l'aide de cartons, est postérieure à la conclusion du 1er juin. Nous n'avons pas trouvé trace de protestations. On s'inclinait devant le fait accompli et imposé, quitte à interpréter, dans le sens catholique, les passages susceptibles d'une interprétation moins orthodoxe. Et bientôt, ce bréviaire de Vintimille fut adopté par la France presque entière. Il en fut de même pour le missel publié en 1738[3].

A la Faculté de théologie on est plus attaché aux saines doctri-

---

1. Dom Guéranger. *Institutions liturgiques*. Palmé. II, p. 303.
2. *A. N.* MM. 481. — Le P. Vigier avait remédié par des cartons à quelques défauts dus à la précipitation. « Mais les autres cartons, dit le *Nouvelliste*, en bien plus grand nombre faits par les Nicolaïtes et non par les Sulpiciens, ont gâté plusieurs parties de son ouvrage ». *N. E.* 1784, p. 71.
3. Nous lisons et chantons encore à la Toussaint (à Paris) la préface composée par ce Boursier, dont la mort fut l'occasion de l'exil de Garnot.

nes. Au mois de septembre 1741, le nouveau syndic de la Faculté, Le Rouge, successeur de Bonnedame, convoque ses confrères. C'était pour leur proposer d'exiger de chaque docteur, à mesure qu'il serait appelé, suivant le catalogue, d'exprimer de vive voix et d'une manière expresse, son adhésion à la Constitution *Unigenitus*. Le jour fixé pour cette cérémonie fut le *prima mensis* [1] d'octobre. — Delamare, l'éphémère curé de Saint-Nicolas, devenu chanoine et pénitencier de Notre-Dame, abjurant ses anciennes erreurs jansénistes, adhéra, mais Garnot, qui, pourtant, s'était refusé à signer les factums impertinents des curés de Paris, ne parut pas et fut exclu d'office. La divergence d'opinions s'accentuait donc entre le curé et ses prêtres habitués. Il assiste cependant avec beaucoup d'exactitude aux admissions au corps. Il a, depuis 1723, reçu successivement Nicolas Nommel, de Bourbonne-les-Bains (alors du diocèse de Besançon), Hugues Bégille, du même diocèse, Le Houistel, de Coutances, d'Advisart, de Viviers, Vincent Houet, de Riccy-Hauterive (diocèse de Langres), Claude Dumont, de Roanne, Destregard, d'Amiens, Paul Froger, du diocèse de Léon, Maximilien Le Tellier, de Rouen, Charles Bouchard, de Saint-Denis, Grégoire Simon, de Saint-Eustache. Il voit à la tête de la Communauté en 1738 et 1741, Le Vallois, du diocèse de Coutances, et, à la dernière élection de celui-ci, présidait Nicolas Regnault, official et vicaire général. Le Vallois meurt le 17 octobre 1741, et Charles Tachard, de Clermont en Auvergne, qui le remplace, est élu en 1744. Depuis six ans, Tachard est vicaire de la paroisse, à la place de feu Deselus. La Communauté s'affaiblit. La mort, quelques sorties de membres du corps [2] et surtout de nombreuses sorties de postulants, inexplicables pour nous, la réduisent, vers 1740, à quatorze. Le départ de l'infirme Tricalet pour Villejuif lui enlève, à Paris, un excellent sujet.

Elle est cependant en faveur auprès de l'Archevêché qui renouvelle, en 1743, l'ordonnance plus que séculaire ordonnant aux prêtres étrangers de demander aux prêtres de Saint-Nicolas la permission de célébrer la messe [3].

Quand de Vintimille mourut en 1746 (13 mars), Boyer, ancien

1. La 1re assemblée qui a lieu dans les premiers jours de chaque mois.
2. De Girac, par exemple, devient doyen d'Angoulême.
3. Le retrait de cette fonction, effectué par de Noailles mécontent, n'avait probablement duré que peu de temps.

évêque de Mirepoix, et chargé de la feuille des bénéfices après le cardinal de Fleury, qui disparut lui aussi de la scène en 1743, fit nommer Gigault de Bellefonds; celui-ci ne fit que passer sur le siège de Paris.

Le 7 novembre 1746, en prenait possession, Christophe de Beaumont du Repaire, qui devait l'illustrer par la sûreté de sa doctrine et la fermeté de son caractère [1]. Une première escarmouche à la Faculté de théologie lui fit connaître l'esprit de Saint-Nicolas. On venait d'y déposer un gros ouvrage « sur les Pouvoirs légitimes du premier et du deuxième ordre». Il méritait amplement la censure par ses allures protestantes et presbytériennes. On avait dressé une liste ou *Indicule* des propositions condamnables, mais on en avait omis une que les *Nouvelles ecclésiastiques* avaient cependant signalée. « Il n'est pas de foi, disait cette proposition, que les Evêques soient, de droit divin, supérieurs aux prêtres ».

Grand débat sur cette omission. Les Sulpiciens et les Nicolaïtes demandent que la proposition soit censurée. Lelarge est l'orateur des Nicolaïtes. Une lettre du ministre de Maurepas au syndic vient brusquement étouffer l'affaire [2].

Christophe de Beaumont.

L'Archevêque députe, le 4 juillet 1747, le chanoine Urbain Robinet, son vicaire général, pour présider à l'élection de Bégille. Dans cette réunion, on prend, sur l'initiative de Robinet, une décision importante, dont les motifs malheureusement nous échappent. On donne 50 écus (150 livres) par an et par manière d'honoraires, à chaque prêtre de la Communauté et la Communauté sera toujours tenue de donner à « chacun de son corps pour les besoins nécessaires, comme la vie, l'habit, les ports de lettres, encre, plumes, papier, etc., sauf ceux qui ne sont pas d'un usage uni-

1. Il était archevêque de Vienne, après avoir passé sur le siège de Bayonne.
2. *N. E.* 1747, p. 14.

versel, comme voyages particuliers, tabac et autres choses semblables[1]. Ces cent cinquante livres seront doublées en 1759 et en 1764, on fera, dans une conclusion, une énumération exacte de ce qu'on entend par ces mots : vie, habits et chambres. Pour celles-ci, on exige : « lits garnis de paillasses, matelas, draps, couvertures ordinaires, selon le besoin, chaises, tables, tablettes, et autres meubles, selon qu'il y en aura en la disposition de la Communauté, chandeliers communs, mouchettes[2] et porte-mouchettes, chandelles ou huile d'olive commune pour brûler, petites bougies, surtout pour le préfet du séminaire, papier, encre, plumes, cire d'Espagne et pains à cacheter, brosses pour habits, décrottoirs et cire pour les souliers, peignes de corne ou de buis, ceintures de laine et manchons d'étoffe noire doublés de peaux, à poils ou gands[3] ». Nous nous demandons si Bourdoise aurait accepté tous ces adoucissements à sa règle qui prêchait tant la communauté des biens. Sans doute que des raisons impérieuses avaient amené cette détermination insolite.

Nous ne croyons pas facilement à une décadence, car, le 18 novembre 1748, on lut à la Communauté assemblée à son ordinaire, une lettre du frère Malachie, abbé de la Grande Trappe, où nous remarquons ce passage : « L'estime singulière dont nous sommes prévenus pour vous et la profonde vénération que nous avons pour votre sainte maison, nous faisant désirer d'entrer avec vous en communauté de prières et de bonnes œuvres, nous vous accordons et nous vous promettons, par le pouvoir que nous en avons, que pendant le cours de votre vie et à l'heure de votre mort, vous aurez part à toutes les actions de piété, de religion et de pénitence, ensemble aux saints sacrifices de nos autels, aux communions de nos frères et généralement à tout ce qui se fait et se fera à l'avenir dans ce monastère par le mouvement de l'esprit de Dieu, et qu'après votre mort, aussitôt que nous en aurons appris la nouvelle, nous aurons soin de lui demander avec instance qu'ils vous accorde le repos de ses saints. Nous espérons que, réciproquement, vous voudrez bien nous accorder la même part dans les vôtres et nous vous la demandons avec ardeur[4] ».

1. *A. N.* MM. 481.
2. Cela nous reporte au temps des « chandelles ».
3. *A. N.*, MM. 481.
4. *Ibid.*

On devine quelle fut la réponse. Cette communion de prières a été rompue par la disparition violente de la Communauté, mais elle a dû la soutenir dans cette fin du XVIII⁰ siècle si fatale pour elle.

Un événement important pour Saint-Nicolas allait le placer dans une situation nouvelle. L'Archevêque, dans une ordonnance, avait prescrit d'exiger de tout malade qui demanderait le Viatique et l'Extrême-Onction, un *billet* constatant qu'il avait été confessé par un prêtre orthodoxe. Garnot ne pouvait passer pour tel, surtout depuis son exclusion de la Sorbonne. Or le mercredi des Cendres (1748), à sept heures du matin, nombre d'ecclésiastiques du séminaire accompagnaient, cierge en mains, les funérailles d'un prêtre décédé sur la paroisse. Comme par hasard, il se fait un grand concours d'assistants, et on enterre ce prêtre près de la chapelle de la sainte Vierge. Dans l'après-midi, arrivent à Saint-Nicolas M. Dondel, évêque de Dol, et Roussel, curé de Vaugirard. Stupéfaction des Nicolaïtes quand ils entendent, de la part de ces deux personnages, envoyés par l'Archevêque, des reproches très vifs. Ils ont prêté leur concours à l'enterrement de Boursier, fameux appelant, traqué par la police. Elle le soupçonne d'être l'imprimeur des *Nouvelles*. Il s'est réfugié dans la rue des Bernardins, sous l'égide du curé. Mourant, il est administré par Garnot et meurt le lundi de la Quinquagésime. Saint-Nicolas est naturellement invité à l'enterrement, sous quelle forme, nous ne le savons. Le rédacteur des *Nouvelles* affirme que le billet d'invitation portait le nom de Boursier. Dans tous les cas, les Nicolaïtes répondent aux reproches en affirmant qu'ils ont été *trompés* par le Curé. Le Nouvelliste ajoute : « Ils avaient raison ; mais la tromperie était louable : et il fallait être bien animé de l'esprit de schisme pour en faire un crime au curé ». O franchise janséniste !... Les Nicolaïtes vont à l'archevêché pour se justifier : De Beaumont exige un mémoire sur cette affaire et leur ordonne de le présenter à M. de Mirepoix et au cardinal de Tencin. De leur chef, ils ajoutèrent le Nonce et le Nouvelliste est tout près de leur en faire un crime. S'il rapporte exactement les faits, il y aurait eu partage à Saint-Nicolas sur la conduite à suivre : « MM. Tachard, vicaire de la paroisse,

Lelarge et Lormel (évidemment Nommel), anciens supérieurs[1], étaient du parti modéré. Ils estimaient Garnot, pour sa modération et pour un caractère de douceur qui lui a toujours concilié les esprits et les cœurs de ses paroissiens. Mais MM. Begil (Bégille) supérieur actuel et Davizart (d'Avisard), préfet des séminaristes, se mirent à la tête des zélés, c'est-à-dire des schismatiques[2] ». Ils auraient fait beaucoup de courses à l'archevêché pour stimuler le zèle de l'archevêque, « trop lent et trop facile à leur gré ».

Vers le milieu du Carême, l'archevêque fit venir Garnot et lui demanda de ne pas dire de grand'messes. Le prétexte mis en avant aurait été l'état précaire de sa santé.

Le jour de Pâques éclata le scandale : « Le jour de Pâques, raconte le rédacteur qui nous paraît bien renseigné, MM. de Saint-Nicolas craignirent que le curé ne voulût la dire, et ils préparèrent sa chapelle de leur mieux, comme pour l'inviter à dire une messe basse. Une demi-heure avant l'heure de l'office, le curé alla à la sacristie, et le sacristain lui demanda s'il comptait dire la grand'messe. Il ne répondit ni oui ni non, et, de dessein prémédité, il laissa le questionneur dans l'incertitude. Celui-ci, (ou peut-être un autre émissaire), vint dire au curé que le préfet avait un mot à lui dire avant la grand'messe, et qu'il le priait de vouloir bien passer chez lui. M. de Saint-Nicolas répondit : S'il a quelque chose à me dire, il peut venir me trouver. — Le préfet (le sieur Davizart) y alla effectivement, et fit encore au curé la même question que le sacristain. Sur la réponse affirmative de ce pasteur fidèle à ses devoirs : « Monsieur, lui dit le préfet, vous devez vous ressouvenir de ce que M. l'archevêque vous a dit. — Puisque vous êtes si bien instruit, reprit le curé, vous devez savoir aussi ce que j'ai répondu à M. l'archevêque. — Mais, Monsieur, j'ai mes ordres. — Et de qui donc ? — de M. l'archevêque. — Je n'en crois rien. Vous savez, Monsieur Davisart, que je vous connais : je vous ai surpris plusieurs fois en mensonge. M. l'archevêque est trop instruit pour faire passer par d'autres que par moi, des ordres qui concernent le gouvernement de ma paroisse ; encore moins les ferait-il passer par votre canal, vous

---

1. Tachard seul avait été supérieur-économe. Il s'agit pour les deux autres de la supériorité du séminaire seul.
2. On comprend ce que signifie ce mot sous la plume de notre janséniste.

qui êtes ma partie, et qui agissez ouvertement contre moi. — Je ne puis, (dit enfin M. Davizart), consentir à ce que vous disiez la grand'messe ni y concourir en conscience. Je m'en vais chez M. l'archevêque ».. Le curé s'habilla, chanta la messe, assisté du clergé ordinaire, mais les séminaristes ne communièrent pas et allèrent, après la grand'messe, communier dans une chapelle. Garnot monta en chaire et prêcha, malgré ses infirmités et sa timidité naturelle.

Le mardi de Quasimodo, il reçut une lettre de cachet, apportée par un exempt, lui enjoignant de se retirer incessamment à Senlis pour y rester jusqu'à nouvel ordre. Tachard, son vicaire, aurait été lui dire adieu en fondant en larmes. Une pétition à l'archevêque, signée des marguilliers (ils étaient, en ce moment, on s'en souvient, en procès avec Saint-Nicolas), essaye de représenter les Nicolaïtes « comme les vrais auteurs de cet exil ». L'archevêque, au dire du Nouvelliste « se chargea bonnement, pour décharger ses chers Nicolaïtes dont il ne pouvait souffrir, disait-il, qu'on dît du mal ». « C'est moi, dit-il, qui ai demandé cette lettre de cachet ». Puis il nomma pour desservant Tachard, quoique celui-ci fît beaucoup de difficultés pour accepter. En effet, la position était difficile : les marguilliers lui fermèrent la porte de leurs assemblées [1] et mirent en dépôt chez un notaire les papiers de la fabrique qui, auparavant, étaient dans une chambre qui tient au séminaire. Garnot ne devait plus revenir à Paris [2].

A la Faculté de théologie, Saint-Nicolas soutient toujours le bon combat. Un jeune lutteur fait ses premières armes. C'est Froger qui, du premier coup, dès 1752, s'impose à l'attention de ses confrères. Dans l'affaire de l'abbé Prades [3], il parle longuement et dénonce les *Lettres philosophiques* de Voltaire comme la source empoisonnée de plusieurs propositions à censurer.

Puis, le 26 janvier 1753, le Parlement ordonne aux Universités, Facultés et Ecoles de théologie d'enregistrer un de ses arrêts qui a condamné au feu une thèse des Carmes de Lyon, contraire

---

1. Qui se tenaient dans la chambre au deuxième étage et au-dessus de la chapelle de la Communion.
2. Pour tout ce *schisme*, voir les *N. E.* 1749, pp. 49, 149, 193. Garnot ne voulut jamais donner sa démission. Cf. *N. E.*, 1753, p. 145.
3. Qui, dans une thèse, soutenait des propositions hétérodoxes spécialement à l'endroit des miracles de Jésus-Christ. Il fut naturellement condamné.

aux libertés gallicanes. Dans le réquisitoire du substitut Pierron, on lisait : « La puissance souveraine et législative attribuée au Pape, sa supériorité sur les Conciles, le droit qu'on lui donne de déposer des évêques, sont des opinions aussi contraires à l'antiquité qu'à l'indépendance de l'Eglise de France ». Le 12 février, réunion de la Faculté de théologie, convoquée par le syndic Gervaise, aux tendances gallicanes et jansénistes. Il propose l'enregistrement. Nous voilà reportés aux séances de 1682. Lelarge sera fidèle aux leçons de Chamillard. Mais il ne trouva pas, en Sorbonne, les mêmes dispositions dans ses confrères « M. Lelarge de Saint-Nicolas, l'un des plus scientifiques personnages de la nouvelle Sorbonne, s'éleva fortement contre la proposition du syndic : conséquemment contre M. le Procureur général et contre les arrêts de la Cour (Saint-Nicolas est, comme on le sait, le séminaire de prédilection de M. l'Archevêque). Le prétexte dont le docteur nicolaïte couvrit son opposition réelle aux quatre propositions du clergé, de 1682, dont il s'agissait uniquement, c'est qu'il y avait, disait-il, des hérésies dans le réquisitoire... Le docteur nicolaïte fut appuyé par un grand nombre d'ennemis de nos libertés, qui dominent aujourd'hui dans cette Compagnie [1] ».

Hilaire, futur curé de Saint-Nicolas [2] est aux côtés de Lelarge. De Beaumont, le Nonce, Boyer les appuyent. Lelarge, par une tactique habile, propose, dans une séance ultérieure, de nommer huit députés qui « examineraient ce qui s'était passé en 1682 par rapport aux quatre articles et qu'il était convenable de faire dans les circonstances où l'on se trouvait : avis qui fut fortement appuyé par un nombre de docteurs ». Cependant, ils sont vaincus : le syndic, pour enlever la majorité, avait eu recours à un argument puissant. « Le Nouvelliste, dit-il, avait employé plus d'une fois cette accusation d'ultramontanisme pour prouver que la Faculté n'était plus qu'une *carcasse* [3] ». On sait quelle est, en France, la puissance d'un mot. On enregistra l'arrêt, quitte à terminer « par un beau compliment au Pape [4] ».

1. *N. E.* 1752, p. 41.
2. Et alors vicaire à Saint-André des Arcs.
3. Ce mot injurieux faisant surtout allusion à l'état réduit de la Faculté après l'expulsion des appelants et réappelants, est attribué à l'abbé Pucelle, fougueux janséniste.
4. *N. E.* 1753, 12 juin.

« A la *relute*[1] de la conclusion (2 mai), il y eut encore des opposants en assez grand nombre : et trois ne se bornèrent pas, comme les autres, à faire éclater leur opposition de vive voix dans l'assemblée : ils eurent la témérité de l'écrire et de la signer et de la mettre sur le bureau. Ces hardis ultramontains sont MM. Lelarge, Froger, de Saint-Nicolas du Chardonnet et M. Chambry, prêtre habitué de Saint-Nicolas des Champs[2] ». Mélancoliquement, le Nouvelliste ajoute « lors de l'enregistrement de 1682, Louis XIV exila ceux des docteurs qui avaient témoigné le plus d'opposition. Aujourd'hui qu'il est question du même objet, non seulement les brouillons ne sont pas exilés, ils sont même favorisés par M. l'Archevêque dont ils ont tous les pouvoirs[3] ! »

Cette fois, c'est le Parlement (ou du moins la Grand'Chambre) qui tâte de l'exil à Pontoise. Les « *Grandes Remontrances* » au Roi, faites, d'après les robins, pour le bien de la Religion et la tranquillité de l'Etat, n'ont pas plu à Louis XV et il le leur fait voir. Mais à peine de retour à Paris, cette assemblée poursuit avec ténacité sa lutte contre l'Eglise. Elle supprime des thèses et s'immisce dans les questions les plus exclusivement religieuses. Aussi, toujours sur la brèche, Lelarge propose, le 21 juin 1756, que, dans une conclusion, le syndic qui était maintenant l'orthodoxe Roche, fût exhorté à veiller plus que jamais *avec fidélité et fermeté*, à ce qu'on adhérât au décret de 1729 (qui reconnaît la Bulle *Unigenitus*)[4] ». Et comme une thèse, répréhensible aux yeux des magistrats, avait été condamnée par eux, Lelarge « propose de nommer des députés pour examiner la thèse en question, afin que, si elle se trouvait irrépréhensible aux yeux des *sages maîtres*[5], comme il y avait lieu de le présumer, la sacrée Faculté fût en état de recourir au Roi pour se plaindre de la conduite du Parlement[6] ». Le syndic, effrayé de cette hardiesse, esquive la difficulté en se plaignant « de ce qu'on opinait sur des objets qu'on ne lui avait point com-

---

1. Pour qu'une décision de la Faculté fût définitivement ratifiée, il fallait la *relire* à l'assemblée suivante et la faire approuver de nouveau.
2. *N. E.* 1753, 18 sept.
3. *Ibid.*
4. *N. E.* 1756, p. 170.
5. Expression consacrée pour désigner les membres de la Faculté de théologie.
6. *N. E.* 1756, p. 170.

muniqués avant l'assemblée et qui n'avaient point été mis en délibération par le président ». Froger revient à la charge, soumet à l'assemblée, par écrit, des propositions « si révoltantes contre le Parlement », dit le Nouvelliste, que l'auteur lui-même, sachant qu'elles ne passeraient pas, avoua qu'ils ne les faisait que pour « l'acquit de sa conscience ». Les conscripteurs [1] demandent les papiers pour en faire les extraits sur le plumitif [2]. Froger est prêt à les faire, mais un ami l'en empêche. On voit que Saint-Nicolas suit vaillamment les traces de Chamillard.

Lelarge, chez qui la constance ne se laisse rebuter ni par l'insuccès, ni par la monotonie des efforts, prend la parole à la réunion d'octobre, et, entre autres propositions, demande qu'on envoie au Roi une députation de douze anciens docteurs pour réclamer la liberté d'enseigner « l'ancienne et saine doctrine [3] ». Il s'agit ici de la doctrine antijanséniste. Comme la partie « était liée avec le syndic Roche, celui-ci dit qu'il n'empêchait pas que la proposition du savant M. Lelarge ne fût mise en délibération ». Cette fois, Lelarge est vainqueur [4]. Mais le Roi n'accepte pas d'entendre la députation. Il faudra plus d'un an pour que cette démarche puisse se faire, et ce sera le chancelier et non le roi qui recevra la députation.

De Beaumont, exilé, tantôt dans son château de Conflans, tantôt à Lagny-sur-Marne, puis de nouveau à Conflans, est bien le vaillant évêque qui ne se contente pas de gémir ou de discourir, mais qui guide, encourage et agit lui-même. Il vient de féliciter, dans un mandement, la Faculté de théologie et la venge des vexations du Parlement. Ces encouragements soutiennent Lelarge et ses compagnons. Le 31 juillet 1757, ils reviennent encore à la charge. Le docteur Lelarge « se signala entre tous par l'exposé qu'il fit de ce qu'il fallait demander au ministre (le comte de Saint-Florentin) et obtenir de lui, disait-il, par *importunité*. Il ne s'agit de rien moins, dit le Nouvelliste, que de secouer ce qu'ils appellent le joug insupportable du Parlement et de traiter directement avec la personne du Roi. Le sieur Lelarge voulait

---

1. Nous dirions aujourd'hui les *secrétaires* ou les *rédacteurs*.
2. Sorte de *résumé analytique* des séances.
3. Louis XV avait, par un édit du 2 sept. 1754, interdit les questions relatives à la bulle *Unigenitus*.
4. *N. E.* 1756, p. 201.

que les députés insistassent beaucoup sur la permission de mettre dans les thèses ce qu'on y avait mis jusqu'en 1752. Tant il est vrai que ces docteurs sont déterminés à ne pas se soumettre, non seulement à la Déclaration de 1754[1], et aux arrêts du Parlement, mais encore à l'arrêt du Conseil qui leur enjoint ainsi qu'à toutes les facultés de théologie, « d'empêcher qu'on insère dans les leçons ou dans les thèses aucunes propositions... au sujet de la Constitution ».

Cette attitude de Lelarge et de Froger était-elle approuvée par tous leurs collègues de Saint-Nicolas ? Nous ne le croyons pas et la chose ne nous paraît guère vraisemblable. Il semble bien que des dissensions assez graves se soient fait jour au sein de la Communauté. Nous en avons pour indice une conclusion du 21 novembre 1757. « La Communauté rassemblée à l'ordinaire, après avoir fait lecture d'une lettre de Mgr l'Archevêque en date du 7 novembre 1757, a conclu que M. l'Econome[2] et M. Lelarge iraient ensemble en remercier Sa Grandeur et l'assurer que la Communauté exécutera tout ce qui est contenu dans sa lettre, savoir : que chaque confrère aura 1º un exemplaire des Constitutions ; 2º une copie de l'ancien règlement des prêtres de la Communauté ; 3º le règlement particulier de son emploi ; 4º un recueil des principales conclusions touchant la discipline ; 5º que toutes ces pièces seront lues une fois l'année dans les assemblées et qu'on tiendra la main à ce que chacun s'y conforme exactement ; 6º *que préalablement à tout, la Communauté cherchera le moyen de faire observer dans les assemblées, le bon ordre, la modération et la tranquillité.* »[3]

Si notre interprétation n'est pas inexacte, il y avait deux camps à l'intérieur de Saint-Nicolas : celui des modérés avec Tachard[4] et Nommel pour chefs, et celui des intransigeants : Lelarge[5] et Froger. La discipline pouvait souffrir de cette désunion. L'archevêque, très attentif à ce qui se passe à Saint-Nicolas, son séminaire de prédilection, leur envoie une lettre affectueuse et ferme

---

1. Edit de Louis XV mentionné plus haut.
2. Nommel.
3. *A. N.* MM. 481.
4. Il meurt le 20 mai et Nommel, élu sous la présidence de Robinet, le remplace.
5. Le *Nouvelliste* l'avait rangé parmi les modérés.

où il rappelle les uns et les autres à l'observation de la règle, qui sera leur meilleure sauvegarde, et à la modération, qui devra présider à leurs discussions. Nous pensons qu'il fut écouté.

Enfin, la députation votée, il y a un an, est admise à se présenter le 30 novembre devant le chancelier. « Le *senieur*[1] de Sorbonne, Tamponnet, s'était associé Lelarge et Marcilly. Tamponnet veut commencer sa harangue. Le chancelier l'arrête court en lui disant qu'il n'est pas question de discours, mais d'entendre ce que le roi l'avait chargé de leur intimer de sa part; et tout de suite il en fit lecture aux douze députés et leur remit le papier pour être porté à l'Assemblée du lendemain, 1er décembre ». Le roi y déclare 1º qu'il regarde toutes les disputes et contestations survenues au sujet de l'affaire de la Constitution *Unigenitus* comme terminées, et Sa Majesté veut qu'elles soient regardées ainsi ; 2º le roi ordonne qu'il ne soit fait aucune mention de cette affaire, ni dans les leçons, ni dans les thèses, ni dans aucun acte ou délibération de la Faculté[2] ». Quand, le lendemain, le syndic fit son rapport, « une multitude de voix étourdissantes s'éleva tout à coup et le docteur Lelarge en particulier s'écria de toutes ses forces que tout était perdu, et qu'il fallait faire au roi une députation pour se plaindre de ce que la religion était renversée ». Le Corgne de Launay, professeur de Sorbonne, requiert la lecture du papier même du chancelier. Le syndic Gervaise est obligé, bien malgré lui, de déférer à cette réquisition. Il lit les ordres et met en délibération l'avis du sieur Lelarge, de députer de nouveau au roi. Cette fois encore, une très belle majorité se range du côté de Lelarge. La députation est votée par 126 voix contre 24... Dès le surlendemain, 3 décembre, une lettre de cachet ordonne de réunir l'assemblée pour le 5. On y commence par la *relute* de la conclusion précédente, et on ouvre la lettre de cachet. Naturellement elle enjoignait d'enregistrer les ordres déjà notifiés par le chancelier et de s'y conformer. On délibère. Lelarge met encore sur le tapis la question d'une nouvelle députation au roi et s'élève fortement contre le silence ordonné que l'on ne pouvait, disait-il, garder en conscience et sans blesser la foi[3].

1. Doyen d'âge.
2. *N. E.* 1758, p. 15.
3. *N. E.* 1758, p. 16.

Froger vient « à la rescousse ». Mais cette fois, c'était trop demander à la majorité. Il est décidé qu'on enregistrera, mais avec cette mention, qui masquera la retraite : « du très exprès commandement du roi ».

« Le lendemain, 6 décembre, M. l'archevêque officia à Saint-Nicolas du Chardonnet, y dîna et y félicita le sieur Lelarge sur le personnage qu'il avait fait la veille à la Sorbonne, l'assurant que s'il venait à être inquiété, il le soutiendrait [1] ». Fragile appui, car de Beaumont lui-même est persécuté. Comme la Cour royale prévoit que de nouvelles protestations vont s'élever au milieu de la Sorbonne, elle y pourvoit pendant les fêtes de Noël en envoyant des lettres de cachet qui défendent à la Faculté de s'assembler jusqu'à nouvel ordre.

Quelques jours après, 4 janvier 1759, De Beaumont, qui vient ainsi de réconforter un de ses meilleurs soldats, reçoit, à son tour, une lettre de cachet qui l'envoie de nouveau en exil, mais cette fois au château de la Roque, dans le Périgord, son pays natal. Il n'a point voulu céder devant les Hospitalières [2] de la rue Mouffetard, soutenues par le Parlement. Il laisse des vicaires généraux : Régnault, qui présidera, en juillet, l'élection de Nicolas Nommel ; Robinet, qui a déjà vu quatre élections ; Jacques de l'Ecluse, que nous trouvons plus tard dans ces assemblées d'élection. Le 6 janvier, de Beaumont part, mais il laisse derrière lui quelques fidèles serviteurs pour soutenir la bonne cause dans cette lutte contre le Parlement.

Lelarge est à leur tête. A l'assemblée du 3 février 1758, faite avec la permission du roi, il demande, aussitôt après la *relute*, qu'on délibère sur la dernière conclusion. Il obtient gain de cause. Il déduit les raisons qu'il y a de réformer la conclusion reluc. Il les « avait apportées par écrit et en fit la lecture. Cet écrit qui a fourni la conclusion du 3 février avait pour but de prouver que la Faculté ne peut en aucune sorte être astreinte à la loi du silence par rapport à la bulle *Unigenitus*, parce que 1º c'est approuver l'erreur que de ne pas lui résister ; c'est opprimer la vérité que de ne pas la défendre ; 2º le silence exigé sur la bulle introduirait l'ignorance ; 3º il tendrait à anéantir la

---

1. *N. E.* 1758, p. 16.
2. On sait que le jansénisme fit ses plus durables recrues dans les maisons de religieuses.

Faculté [1] ; 4° il est contraire au serment que chacun des docteurs fait sur l'autel des Martyrs [2] de défendre la vérité jusqu'à l'effusion de son sang ». Suivirent les discours des opinants. « Parmi les brûlots qui délibérèrent », deux sulpiciens se signalèrent ; de même le « petit docteur Hilaire » et l'Ecluse.

Une instruction pastorale, datée du château de la Roque, est venue leur communiquer, vers la fin de janvier, le courage qui anime l'archevêque. Bref, de 137 docteurs opinants, 81 embrassent l'avis de Lelarge et on vote la fameuse conclusion qui reproduit celle du 5 décembre, mais *embellie*, comme l'avait demandé Lelarge [3]. Cette attitude devait irriter la cour. Dès « que M. de Saint-Florentin en fut instruit, il ordonna au syndic de lui apporter, le 6 à midi, le plumitif contenant les avis de chacun des opinants avec leurs demeures respectives. On lui en apporte une copie. Il exige l'original ; conséquence : Lelarge reçoit, seul, l'ordre de s'exiler à Semur-en-Auxois [4].

On charge M. de Jarente [5], pour lors évêque d'Orléans, et détenteur de la feuille des bénéfices, de mander « les supérieurs respectifs des maisons où demeurent ces *Zelanti*. Ce fut le mercredi 15 février qu'un grand nombre de ces personnages comparurent au Louvre, où le prélat donnait ses audiences... Le supérieur de Saint-Nicolas est mandé le premier ». C'est toujours Nommel. De Jarente lui reproche « que les docteurs les plus rebelles étaient des membres de son séminaire. Il l'avertit que si l'on continue à y semer des principes de fanatisme, le roi saurait y mettre ordre en le supprimant ». Puis il parla de l'exil de Lelarge, et ajouta que ses confrères du même séminaire, Dumont, Simon, Froger, qui se faisaient honneur de marcher sur ses pas,

---

1. Car la Faculté est établie par l'Eglise « afin qu'elle soit capable d'exhorter selon la saine doctrine » (*N. E.* 1758, p. 42), comme il est dit dans l'*embellissement* proposé par Lelarge.

2. « Qui est celui de la chapelle Saint-Denis à côté de la grille du chœur ». *Journal de Barbier*, IV, 225.

3. « Quam petiit exornari in modum qui sequitur ». *N. E.* 1758, p. 41.

4. Barbier consigne le fait dans son *Journal* : « Par lettre de cachet le roi a exilé ces jours-ci le sieur Lelarge docteur de Sorbonne et doyen de la Faculté de théologie (Barbier se trompe sur ce dernier titre) à plus de cent lieues de Paris, dit-on. C'est lui, qui, à la dernière assemblée, a ouvert l'avis sur l'impossibilité qu'il y avait d'obéir. Il était ancien supérieur du Séminaire de Saint-Nicolas d. C. *Journal de Barbier*, IV, 256.

5. Oncle du futur constitutionnel qui fut son successeur sur le siège d'Orléans.

pourraient bien éprouver le même traitement[1]. Les Sulpiciens, les Irlandais (ou Hibernois) et d'autres encore, que soutient le nouveau supérieur des Trente-Trois, de la Roche, comparaissent ainsi, pour être semoncés. Tout le reste du mois de février, les Largistes (c'est le nom que leur donne le Nouvelliste) s'agitent. La cour a peur d'un nouvel éclat. Nouvelle lettre de cachet. Le roi y marque tout son mécontentement contre la fameuse conclusion, dit qu'il en garde la minute, voulant qu'il n'en reste pas le moindre vestige, réitère l'ordre du silence absolu sur la bulle, intime celui d'enregistrer la présente lettre sans aucune délibération. Les docteurs devront s'assembler le 6 mars pour procéder à leurs exercices ordinaires. Mais on craint pour ce jour une manifestation des Largistes. Nouveau délai enjoint pour l'assemblée de la Faculté.

Fin mars, permission de s'assembler pour permettre aux bacheliers en souffrance, de passer leurs licences. Car les docteurs se sont obstinés depuis 1754, à ne laisser soutenir « ni *Majeures* ni *Sorboniques*, jusqu'à ce qu'on pût y faire mention du Baïanisme, du Jansénisme, du Quesnellisme. Cette mesure avait amené des retards et de la confusion, mais c'était une manière de résister au roi et au parlement. On se réunit donc en Sorbonne et on lit une courte lettre de l'Archevêque qui félicite les docteurs, du zèle et de la fermeté qu'ils témoignent pour la foi et pour la religion » et les exhorte à continuer. Il était défendu, de par le roi, de délibérer. Froger s'embarrassa peu des menaces de Jarente et du roi et avança « clairement et précisément que, quand il s'agissait de la bulle *Unigenitus*, on ne devait point obéir à la loi du silence. Le doyen lui fit remarquer qu'on ne devait opiner que sur ce qui était mis en délibération, c'est-à-dire les affaires courantes. A quoi le jeune opinant, haussant encore le ton, répliqua que sa conscience le forçait de réclamer et qu'il protestait contre ce qui avait été fait en Faculté depuis le mois de décembre ». Il ajouta qu'il formait donc opposition à ce que la loi du silence fût exécutée et qu'il demandait acte de son opposition. On ne pouvait être plus courageux. Quelques docteurs l'appuient, entre autres, un sulpicien[2]. Le Nouvelliste prétend que le courage

1. *N. E.* 1758, p. 61.
2. *N. E.* 1758, p. 81-82.

manqua à Froger quand il fallut se présenter au Bureau pour écrire son opposition laquelle, par là, n'eut aucune suite. Nous ne savons comment interpréter cette assertion. Cependant il ajoute lui-même, un peu plus loin, que le sieur Froger avec quatre autres « ont reçu des défenses de se trouver aux assemblées jusqu'à nouvel ordre [1] ». Plus précis, il écrit dans le numéro du 29 mai : « L'opposition du sieur Froger à la loi du silence l'avait fait exclure des assemblées le 8 avril ainsi que quelques autres docteurs de sa clique (nous demandons pardon aux lecteurs de citer ces expressions) et il ne fut averti de son exclusion que par une lettre de M. de Saint-Florentin au supérieur de Saint-Nicolas ». Cette lettre portait simplement que « le roi, ayant appris que l'avis du sieur Froger dans l'assemblée du 1er avril, tendait à empêcher l'exécution de ses ordres, il eut (le ministre) à lui faire savoir que l'intention de sa Majesté était qu'il fût exclu des assemblées jusqu'à nouvel ordre. C'est par la même voie que l'exclusion fut notifiée à quatre autres *brûlots* qui avaient adhéré à l'avis ouvert par le nicolaïte : savoir trois sulpiciens... et le Sieur Jacquin... Le sieur Froger, chef de la bande et le plus coupable de tous, ne s'est pas trouvé au *prima mensis* de mai et il n'a pas cessé d'être compris parmi les examinateurs qui ont été tirés au sort dans cette assemblée [2] ».

Et ces examens vont lentement. On sent que la Faculté s'y prête de mauvaise grâce.

Des négociations s'entament avec la cour. En novembre, le doyen Tamponnet et quelques docteurs, députés vers le chancelier, demandent le rappel des exclus et la permission d'enseigner « la saine doctrine ». Le doyen Tamponnet ne craint pas, dans sa harangue de vanter « les lumières, la prudence, le zèle » des exclus « sans en excepter même le sieur Lelarge ». Le chancelier transmet la demande au roi et le 29, il peut livrer aux mêmes députés « un papier qu'il disait avoir écrit sous les yeux de Sa Majesté et qui portait en substance que le roi voulait bien leur rendre leurs exilés et leurs exclus [3] ». Au *prima mensis* de décembre, on décide habilement d'envoyer une nouvelle députation au

---

1. *Ibid.*, p. 83.
2. *Ibid*
3. *N. E.* 1859, 20 fév. p. 33

Chancelier « pour témoigner la gratitude de la Faculté de ce que le roi lui rendait toute liberté... c'est-à-dire que ses exilés et ses exclus lui sont rendus, qu'elle peut reprendre ses exercices avec confiance; qu'elle a la liberté de traiter et disputer de tous les mystères, de toutes les vérités catholiques, de l'autorité de l'Eglise, assemblée ou dispersée (et, pour se mettre à couvert), des *libertés gallicanes*[1] ». On chante un *Te Deum* et on célèbre une messe solennelle en action de grâces du retour de Lelarge et des exclus parmi lesquels se trouvait Froger.

Celui-ci allait être appelé à jouer un rôle important dans l'*affaire Berruyer*, qui contribua à jeter du discrédit sur la Compagnie de Jésus, alors attaquée de toutes parts. Le jésuite Berruyer avait publié, dès 1728, une *Histoire du peuple de Dieu* qui, malgré quelques corrections, avait été mise à l'Index, en 1734. Nous ne croyons pas mieux faire que de reproduire ici l'appréciation du P. Régnault, S. J., historien de Christophe de Beaumont[2]. « Doué d'une imagination brillante à laquelle il ne sut pas toujours tenir la bride haute, le religieux écrivain n'avait pourtant d'autre dessein que de rendre la lecture des Livres inspirés plus attrayante aux gens du monde. Il dépassa le but. Nous n'irons pas jusqu'à dire avec Voltaire que Berruyer changeait l'Ancien et le Nouveau Testament en un roman de ruelle dans le goût de Clélie; mais il nous sera permis de regretter qu'il ait, en plus d'un passage, dénaturé la noble simplicité des divines Ecritures par certaines recherches de bel esprit ». Malgré la condamnation de l'Index, avait paru une nouvelle édition de cette première partie, en 1753, augmentée de la publication de la deuxième partie, qui, au jugement du même confrère de Berruyer, « donnait prise à des critiques plus fondamentales ». De Beaumont, malgré ses tendresses pour la Compagnie, fut obligé d'interdire la lecture de cette deuxième partie. Berruyer, récidiviste, fait une rétractation écrite; mais, malgré cela, le Parlement condamne son livre à être brûlé par la main du bourreau[3]. En 1757, se publie la troisième partie,

---

1. *N. E.* 1759, p. 33. Nous ferons remarquer encore une fois qu'il y avait bien des manières d'entendre ces *libertés gallicanes*.

2. Tome II, p. 360.

3. Le P. Régnault se tait sur la suite de l'affaire et il n'y revient que dans un appendice (II, p. 440) assez confus, où il glisse rapidement sur le rôle de la Sorbonne dans cette affaire. Nous allons le compléter.

Saint-Nicolas.

presque aussitôt condamnée par Clément XIII (1758). Il semble bien que toutes ces condamnations n'empêchaient pas la diffusion du livre.

C'était au moins une grande imprudence à ce moment critique de la Compagnie. Ses meilleurs amis ne pouvaient la défendre sur ce terrain. Les Jansénistes et les Parlementaires ne manquèrent pas l'occasion de fondre sur l'ennemi abhorré. La situation, pour les docteurs orthodoxes de la Sorbonne, était délicate. Ne pas condamner ce livre, c'était s'exposer à s'attirer le reproche de partialité. Le condamner, c'était faire le jeu des adversaires acharnés de ces Jésuites avec lesquels, cependant, on était généralement en communion d'idées. La Sorbonne s'occupait, en ce moment-là, du livre d'Helvétius, l'*Esprit*. Le docteur Guéret, adversaire des Jésuites, fait remarquer, avec apparence de raison, qu'il ne suffit pas de condamner un livre aussi notoirement mauvais que celui-là, mais qu'il est obligatoire de censurer des livres plus perfidement pernicieux comme par exemple, celui du P. Berruyer. Mais sa motion n'est pas acceptée car elle part d'un ennemi de la Société. Pour avoir quelque chance d'aboutir, il faut qu'elle soit reprise par quelqu'un de plus autorisé : « D'abord, on jeta les yeux sur le docteur Lelarge. Celui-ci, avant d'accepter la commission, consulta entre autres Jésuites, le fameux Père Latour qui ne se montra pas favorable à son confrère Berruyer. Cette fâcheuse affaire, disait-il, avait causé une grande division dans la Société. Mais, ajoute le Nouvelliste, la division a cessé, et il n'est plus permis chez les Jésuites de se déclarer contre le P. Berruyer. M. Lelarge craignant donc de se brouiller avec les RR. PP., se déchargea de l'honorable commission sur le sieur Froger, son confrère et son disciple [1] ».

Cette dénonciation en forme eut lieu le 15 mars 1759, et Froger insista spécialement sur ce que dit le P. Berruyer de relatif et contraire au mystère de la Trinité et il en lut un texte qui montre que ce Jésuite ne reconnaît point la génération éternelle du Verbe. Sur la demande de Lelarge, on conclut qu'on fera droit à la dénonciation. Froger, le 2 mai, revient à la charge, apporte des textes où il prouve que l'inculpé avait entrepris de détruire les mystères de la Sainte Trinité et de l'Incarnation du Verbe

1. *N. E* 1759, p. 115.

et il fait sa dénonciation en forme. L'affaire est donc engagée. Les Pères et leurs amis se sont entremis. Aussi, à la Sorbonne, dans les rangs des orthodoxes, les avis sont partagés. Les uns veulent épargner cette humiliation à l'ordre si attaqué ; les autres, plus intransigeants, et désireux de ne pas paraître inféodés au parti des Jésuites, persistent dans leur résolution de poursuivre l'affaire. Une commission de douze membres est nommée, dont fait partie Simon, de Saint-Nicolas[1]. Le rapport n'est pas prêt pour l'assemblée suivante de juillet. On fait la *relute* de la conclusion précédente, qui stipulait l'examen du livre par les douze. Nouvelle discussion, où « le petit docteur Hylaire », transféré de Sainte-Marine à la cure beaucoup plus considérable de Saint-Nicolas du Chardonnet[2], attaque la conclusion. La majorité enlève la connaissance de la cause à la commission des douze, pour la remettre aux députés ordinaires qui devront se contenter d'une censure générale (*in globo*). C'est une demi-victoire pour les Pères.

Elle est due, affirme le Nouvelliste, à la pression exercée par l'archevêque. Le docteur Villevieille, ami de ce dernier, aurait fait en ce moment, à Lelarge, « des reproches très vifs d'avoir mis l'affaire Berruyer en mouvement[3] ». Nous le croyons. Comme il devait arriver, on attaque Froger par la presse. Il répond, en juillet, à la Sorbonne, en rapprochant les textes du P. Berruyer de ceux des Sociniens, des Ariens et des Nestoriens et en montre la ressemblance. Lelarge lui prête son appui, mais il observe que l'examen du livre sera long et pourra bien demander une année ; malgré les efforts d'Hylaire[4] qui voudrait remettre l'affaire, cinquante-trois voix contre quarante décident qu'on fera la censure détaillée « dans la même forme qu'avait été faite celle du livre de l'*Esprit*[5] » (août 1759). A Rome, on appuie la Sorbonne par des décrets qui condamnent, en particulier, un libelle contre Froger[6], et confirment toutes les condamnations an-

---

1. *N. E.* 1759, p. 129.
2. Les prêtres de Saint-Nicolas la géraient en fait depuis l'exil de Garnot (1748). Cf. *Journal de Barbier*, IV, 301.
3. *N. E.* 1759, p. 130.
4. Plus désireux que Lelarge d'être agréable à celui qui venait de lui conférer la cure importante de Saint-Nicolas.
5. *N. E.* 1759, p. 158.
6. *N. E.* 1759, p. 203. *Lettre à un docteur de Sorbonne sur la dénonciation des ouvrages du P. Berruyer*, 1759.

térieures des trois parties de l'ouvrage. Battus à Rome, les Jésuites voudraient amener la Sorbonne à adhérer simplement aux brefs du Pape, sans procéder à la censure détaillée. Un auxiliaire puissant allait seconder leurs efforts. De Beaumont, rappelé d'exil, en octobre, pouvait plus facilement, étant à Paris, user de son influence. Le 9 novembre, le doyen Tamponnet, accompagné d'une députation, lui fit visite, lui offrit les félicitations de la Sorbonne et parla de l'honneur qui rejaillissait sur la Sorbonne, par l'engagement qu'elle avait pris de censurer le livre du P. Berruyer. L'archevêque, moins préoccupé de la question doctrinale que de la situation politique si défavorable à la Compagnie de Jésus, répondit évasivement[1].

Mais nos Nicolaïtes, pour avoir osé s'attaquer à un Jésuite, ne faisaient pas grâce aux Jansénistes : Froger, en décembre 1759, prétendit que les bacheliers qui finissaient leur licence, étaient indignes de la grâce qu'ils demandaient d'être dispensés des *paranymphes*, et la raison qu'il en donnait, c'est que, dans la cinquième colonne de leur thèse *sorbonique*, ils n'avaient rien dit de la Constitution *Unigenitus*. Le Corgne et Lelarge opinèrent dans le même sens. Mais ils reçurent « de la cour, des avis qui leur annonçaient que, s'ils troublaient davantage la paix, le roi saurait bien les punir et les mettre hors d'état de faire les fonctions de docteurs[2] ». L'affaire s'apaise, et Froger retire son opposition, mais en faisant d'expresses réserves sur les thèses.

L'instruction relative au livre de Berruyer va lentement. On présente, en avril 1760, un *indicule* qui reproduit les propositions malsonnantes extraites de cet ouvrage. Lelarge le trouve incomplet. Toujours sur la brèche, il réclame avec Hylaire, en septembre, la liberté pour l'élection d'un syndic à la place de Gervaise, imposé par le roi. Une lettre de cachet intervient aussitôt et le comte de Saint-Florentin « enjoint au supérieur de la Communauté (Nommel) d'admonester le sieur Lelarge et de veiller à l'avenir sur ses procédés[3] ».

1. On pourrait soutenir, qu'après les décrets de Rome, la question doctrinale était tranchée, mais il faut remarquer que pour beaucoup, ces décrets n'avaient pas force de loi en France et que, de plus, la Faculté de Théologie de Paris, était très jalouse de son droit de censure.
2. *N. E.* 1760, p. 42.
3. *N. E.* 1760, p. 206.

Nous n'avons malheureusement aucun document nicolaïte qui puisse nous indiquer la répercussion de tous ces événements sur la Communauté. Le registre des *Conclusions*, qui est loin d'être un mémorial ou un annuaire, n'en fait pas mention. Avait-elle assisté, le 26 août 1759, au service solennel que les curés de Paris firent célébrer à Saint-Louis-en-l'Ile, pour le repos de l'âme de leurs confrères défunts, en particulier de Garnot (26 juin)?
C'est ce que nous ne pouvons savoir. Elle apprit sûrement avec satisfaction que ce prêtre égaré s'était rétracté à l'heure de la mort et avait pu être inhumé dans la cathédrale de Senlis [1]. Le 10 mars 1760, elle s'est présentée devant M. Hylaire, curé de Saint-Nicolas depuis le 24 juin 1759. Comme il demeurait en ce moment-là au séminaire, il fut prié de se rendre au premier étage de Saint-Nicolas « à la salle des Assemblées et tous les prêtres, surplis sur le bras, lui demandèrent s'il avait pour agréables les services de la communauté [2] ». On devine la réponse flatteuse que leur fit ce compagnon de lutte, en accord avec eux sur tant de points.

Le roi lui-même ne tenait pas rigueur à Saint-Nicolas de son attitude dans les querelles du temps. A la consécration de l'église de Choisy-le-Roi, que Louis XV venait de bâtir, de Beaumont, qui officiait, avait amené le séminaire de Saint-Nicolas « pour former le clergé inférieur et en remplir les fonctions ». Louis XV était de bonne humeur. Il fut charmant pour l'archevêque, lui versa lui-même à boire; puis, après dîner, il voulut « voir et fit venir tous les ecclésiastiques du séminaire » qui furent aussi « bien régalés avec perdrix et petits-pieds [3] ».

Cependant l'examen de l'*Histoire du peuple de Dieu* se prolonge, et sur la hâte à y mettre, Lelarge et son curé diffèrent toujours d'opinion. L'instance de Lelarge déplaît à l'archevêque qui s'épuise en efforts pour sauver la Compagnie menacée de toutes parts. Il l'aurait dit à Lelarge qui aurait répondu, d'après le malintentionné Nouvelliste, que deux choses s'opposaient à ce qu'il changeât de ligne de conduite : « Monseigneur, ma conscience d'abord, et ma tête qui n'en veut pas démordre [4] ».

---

1. Les *Nouvelles*, 1760, p. 125, cherchent à jeter un doute sur la sincérité de cette rétractation.
2. *A. N.* MM. 481.
3. *Journal de Barbier*, IV, 364. Petits pieds : volaille et même gibier.
4. *N. E.* 1762, p. 41.

Et il continue à presser la censure. Le premier avril 1762, les Jésuites cessent d'enseigner en France, et les novices commencent à sortir des noviciats. Enfin, le 6 août, est lancé contre la Compagnie le fameux arrêt du Parlement que n'ont pu empêcher les démarches des évêques, de Beaumont en tête. Et comme un trait qui est demeuré dans une blessure, l'incident Berruyer ajoute et à leurs douleurs et à leur discrédit. Par une ironie du sort, se succèdent, en août, deux censures éclatantes. Celle de l'*Emile* à laquelle a collaboré Lelarge[1] et celle de la première partie de l'*Histoire du peuple de Dieu*. Rapprochement cruel pour les Pères ! La première condamnation est soulignée par un mandement de l'archevêque qui, d'ailleurs, comme la Sorbonne, a été devancé par le Parlement, désireux de ne pas se laisser accuser d'indifférence pour la foi, au moment où il s'immisçait de si près et si continuellement aux choses religieuses ; mais l'autre censure déplaît à de Beaumont.

Les Nicolaïtes, eux, sont trop engagés pour reculer. Froger, dans le courant de 1763, pousse toujours à condamner les deux autres parties. Il encourage la Sorbonne en disant qu'aussitôt la censure terminée, la Faculté recevra un bref laudatif du pape Clément XIII[2]. Enfin, la deuxième partie de l'*Histoire du peuple de Dieu* est censurée. Nous ne voyons pas que le bref promis ait été reçu. Cette deuxième condamnation, dont le bruit se perdit un peu dans le fracas fait autour de la Compagnie, ne dut pas être du goût de l'archevêque. Il va lui-même reprendre le chemin de l'exil. Par son mandement du 28 octobre 1763, il a protesté énergiquement contre l'arrêt d'expulsion des Jésuites. Une lettre de cachet lui ordonne de quitter Paris et Conflans et l'exile à 40 lieues. Avant son départ, il confie l'administration du diocèse à Henry Hachette des Portes, évêque de Cydon, qu'il nomme grand vicaire diocésain avec un conseil composé de quatre chanoines de Notre-Dame et de quatre curés de Paris, dont Hylaire, curé de Saint-Nicolas du Chardonnet. Les décisions doivent se prendre à la pluralité des voix. Maintenant, il peut partir pour la Trappe, qu'il a choisie pour résidence forcée, et où il va trouver dom Malachie.

1. *N. E.* 1763, p. 21.
2. Benoît XIV est mort en 1758.

Il doit être plus favorable aux efforts de Lelarge, en vue d'obtenir, à la mort de Gervaise, un bon syndic. Hélas! pour lui succéder, le roi impose, par lettre de cachet, un homme de son choix, Ribalier. Lelarge « jugea qu'en obéissant par provision, il était nécessaire qu'il y eût, de la part de la Faculté, une réclamation, pour s'assurer la liberté de soutenir la bonne doctrine, de maintenir sa discipline et de se nommer un syndic. Des remontrances au roi sur tous ces objets lui parurent indispensables [1] ». Froger l'appuie en déclarant que sous le syndicat de Gervaise, la Faculté a été dans la plus grande captivité. Le Corgne précise ce que contiennent ces mots : la bonne doctrine. Ce sont, dit-il, « tous les décrets du Souverain Pontife tant anciens que modernes, spécialement des deux dernières années ». Les courageux protestataires sont vaincus par 60 voix contre 40, et il est décidé qu'on remettra à plus tard les respectueuses représentations. Point découragés, Lelarge et Froger demandent, au 4 juin, qu'on fasse entrer dans les *Remontrances* « un tableau de ce qu'ils appellent, l'un et l'autre, les entreprises de l'autorité séculière ». Ribalier leur fait observer qu'il ne s'agit pour l'instant que de l'élection du syndic, mais, ajoute le Nouvelliste, « le petit Froger, fort entêté, par caractère, » soutient qu'il a le droit de parler sur d'autres questions. Le roi répond aux *Remontrances* par l'exclusion d'un docteur [2]. Hylaire revient à la charge, l'année suivante, flanqué de Lelarge qu'il vient de voir nommer économe, en présence de l'évêque de Cydon, député par commission. Ce dernier n'est plus chargé du soin de gouverner le diocèse solidairement avec ses huit collaborateurs. Depuis le 16 décembre 1764, de Beaumont est rentré dans son palais à Conflans. L'exilé n'est pas étonné en voyant un nouvel ordre de la cour interdire à la Sorbonne une assemblée, en vue de demander, avec Lelarge, la libre élection de son syndic [3].

Il a la douleur, une année plus tard, décembre 1765, de préparer à la mort le Dauphin, qui, ayant répondu pleinement aux vœux qu'avait faits pour lui Pollet, le tenant dans ses bras, emportait avec lui l'espoir des honnêtes gens.

1. *N. E.* 1765, p. 84.
2. *N. E* 1765, p. 121.
3. *N. E* 1766, p. 166.

Enfin, en 1767, il suit de près l'affaire du *Bélisaire* de Marmontel. Elle eut, à cette époque, un grand retentissement et les Nicolaïtes s'y trouvèrent mêlés. A peine Marmontel avait-il publié son *Bélisaire*, que le chapitre XV⁰ qui traitait des vertus naturelles des païens et surtout de la tolérance civile, fut attaqué vigoureusement et par les Jansénistes pour la première question, et par les orthodoxes pour la seconde. Marmontel, pour conjurer l'orage, court à l'archevêché; tout lié qu'il est avec les Encyclopédistes, il n'a pas rompu en visière avec le catholicisme. Le résultat de cette entrevue est une note qui vise surtout à justifier le premier point, le plus facile à défendre. Mais, peu satisfaits de cette justification, nombre de docteurs déclarent au syndic Ribalier qu'ils le dénonceront s'il ne dénonce pas *Bélisaire* à la Faculté. Après quelques vaines négociations entre Ribalier et Marmontel, le syndic dénonce le livre à l'assemblée de la Faculté, le 2 mars 1767, tout en ménageant l'auteur qui, dit-il, pour éviter la censure, a offert à l'archevêque de souscrire à telle profession de foi qu'il croirait devoir exiger de lui. L'archevêque, en conséquence, désire que la Faculté nomme des députés pour en conférer avec lui. La Faculté se rend à cette invitation et nomme huit députés parmi lesquels, comme ubiquistes, le nicolaïte Froger et le sulpicien Legrand. Ils examinent le livre et dès le cinq mars, se rendent chez le prélat pour l'amener à l'idée d'une censure détaillée [1]. Le doyen Xaupi représente à l'archevêque que la Faculté a déjà été dupée par de Montesquieu et de Buffon, qui ont su se soustraire à la censure, en proposant des explications. Celles-ci n'ont pas été connues du public et les livres ont été achetés à profusion par les gens du monde. Il faut une censure. L'archevêque écoute avec politesse; il leur fait ensuite le détail des offres que Marmontel a réitérées. De Beaumont ajoute que le sentiment de la Faculté sera le sien et prie les dix [2] députés d'opiner à l'instant en sa présence. « Tous, à l'exception de deux, furent d'avis que l'on pouvait se contenter d'une bonne et suffisante exposition du dogme, pourvu qu'elle fût suivie d'une explication de M. Marmontel qui valût une rétractation [3] ». Marmontel était, dans ce moment-là, dans le cabinet

1. *N. E.* 1768, p. 44.
2. Xaupi (doyen) et Ribalier (syndic) font, de droit, partie de la députation.
3. *N. E.* 1768, p 45.

du prélat, où il attendait le résultat de la négociation. De Beaumont va le rejoindre et revient bientôt déclarer aux députés « que cet académicien souscrivait de bon cœur à l'arrangement qui venait d'être conclu [1] ». La Faculté, à la lecture du compte-rendu, incline d'abord à accepter cet accommodement, mais, le 6 avril, l'ayant reconnu insuffisant, décide de l'abandonner et de procéder à la censure raisonnable et détaillée et en la forme qu'elle avait observée dans tout son passé et établit même une commission de douze membres pour veiller sur les livres contre la religion [2].

Cette dernière décision est un signe des temps. Elle indique combien grand était déjà le ravage exercé par l'incrédulité. Suivant l'antique procédure, on dressa d'abord un *Indiculus*, c'est-à-dire une liste des propositions destinées à la censure. Il est fait trop à la hâte : les trente-sept propositions condamnables sont rangées maladroitement sous deux chefs au lieu de cinq, ce qui amène des confusions regrettables. Voltaire saisit avidement l'occasion de se moquer de ce qu'il appelle le « *Ridiculus* » et de ceux qui l'avaient composé. Bientôt, « il pleut de Hollande des ouvrages sans nombre contre l'Infâme [3] ». La Faculté elle-même désavoue le malencontreux *Indiculus* dans son assemblée du 5 mai, mais poursuit l'examen du *Bélisaire*. Le projet de censure est terminé dans le courant du mois. On le réduit à quatre chefs principaux. Le quatrième concerne la tolérance civile. Mais ce premier projet subit des remaniements qui l'abrègent et en changent la rédaction. La tolérance civile n'est plus rangée sous un chef, elle forme une déclaration où, en cette matière délicate, on essaye de ne donner que les principes incontestables. La censure est datée du 26 juin 1767. Le coup qu'avait voulu esquiver Marmontel, allait être porté. On imprimait la censure quand le Parlement, auquel elle fut communiquée, substitua à la déclaration, un appendice que, d'après le Nouvelliste, les députés auraient approuvé et qui, toujours d'après le même auteur, ne différait pas sensiblement du premier projet. Ainsi transformée, la censure est imprimée et distribuée aux docteurs ainsi qu'à un grand

---

1. *Ibid.*
2. De cette commission font partie les 8 membres de la commission *Bélisaire*, puis 4 nouveaux membres.
3. Lettre du 6 sept. 1767. Cf. Régnault, *op. cit.*, II, 161 et *N. E.* 1768, p. 46-47.

nombre de personnes considérables. Au *prima mensis* de décembre, cet appendice suscite des difficultés. Lelarge, premier opinant, dit qu'il y avait une proposition qui lui faisait de la peine et qu'il ne pouvait approuver la censure à cause de cet article. Voici la proposition : « Ainsi, lorsqu'il s'agit d'erreurs contraires à la religion, l'Eglise peut bien réclamer la protection du prince pour les réprimer, mais ce n'est pas à elle à lui prescrire (c'est-à-dire à déterminer) l'usage qu'il doit faire de la puissance souveraine. C'est à lui à juger, selon les lumières de sa sagesse et de sa prudence[1] ». L'exilé de Semur n'avait guère confiance dans ces lumières et dans cette sagesse. Froger, à son tour, proteste contre l'admission d'une proposition très vicieuse, dit-il. Le syndic Ribalier, dans l'assemblée du 3, feint de s'étonner des protestations soulevées. Trente docteurs improuvent la censure. Au 2 janvier, une lettre de cachet interdit toute nouvelle délibération sur ce sujet et toute réclamation. Les murmures éclatent. Lelarge appuie le docteur Gaillande qui apostrophe le syndic ; l'indomptable nicolaïte se récrie sur une addition (l'appendice) faite sans l'avis de la Compagnie et, « comme le syndic lui représentait qu'il n'y avait point de délibération ouverte sur cet objet, il lui répéta plusieurs fois qu'il ne lui convenait pas de dominer ainsi : *tibi non licet sic dominari* ». Froger, à son tour, soutint que cet appendice était erroné. Onze heures et demie sonnèrent pendant qu'il parlait et l'assemblée fut remise au 15, malgré les réclamations d'un certain nombre.

Lelarge, cette fois, n'arrive qu'après la délibération commencée, ce qui ne lui permet pas d'opiner. Mais Froger continue le combat, proteste contre la lettre de cachet : elle ôte la liberté aux docteurs, porte atteinte aux droits de la Faculté et même à ceux de l'Eglise. Malgré la défense royale, il réclame contre l'appendice et affirme qu'il faut s'exposer à tout pour soutenir la vérité[2]. Quinze jours après (24 janvier 1768), l'archevêque, qui a épuisé les voies de conciliation, se lance enfin dans la mêlée avec un mandement doctrinal qui, au dire de son historien, produisit un effet remarquable et tel, que *Bélisaire* ne s'en est jamais relevé[3].

1. *N. E.* 1768, p. 58. Il ne faut pas oublier que le XVIIIe siècle est plein des entreprises du Parlement et de la justice sur le pouvoir de l'Eglise. Les assemblées du clergé, la Sorbonne, luttent sans cesse contre cette invasion.
2. *N. E.* 1768, p. 60.
3. Régnault, *op. cit.*, II, p. 162.

Au *prima mensis* de février, nouvelle lettre du ministre de Saint-Florentin, en réponse à la lettre du syndic, où celui-ci lui rendait compte des deux assemblées précédentes. Après délibération, et malgré certaines protestations, ces deux lettres furent enregistrées. Froger avait élevé la voix avec force, réclamant contre le roi qui s'attribuait des droits qui ne lui appartenaient pas, sur la doctrine de l'Eglise et de la Faculté. La conséquence de cette attitude courageuse, presque téméraire, n'eut rien d'inattendu. Froger fut mandé par le lieutenant de police et « *prié* par ce magistrat de se dispenser à l'avenir des assemblées de la Faculté [1] ».

A partir de ce moment, nous ne le voyons plus participer à ces discussions où il s'était montré si rigoureusement orthodoxe. Le syndic, en 1773, demande au ministre, au nom de la Faculté, que la liberté d'assister aux assemblées soit rendue aux deux docteurs exclus : Froger et Lebreton. Le ministre fait répondre que « Sa Majesté n'était point disposée à leur accorder cette grâce, attendu que c'étaient des esprits factieux qui fomentaient dans la Faculté le trouble et la division [2] ». Froger avait, à ce moment-là, perdu, depuis quatre ans, Lelarge, son maître et son vaillant compagnon d'armes, âgé de 77 ans.

Depuis le 5 juillet 1768, Nicolas Nommel, élu pour la quatrième fois, exerçait la charge d'économe en remplacement de Lelarge. C'est Le Corgne, devenu archidiacre de Paris, qui préside à cette élection et il le fera encore deux fois, c'est-à-dire en 1774 et en 1777. En vieil ami de la maison, il y retourne volontiers [3]. Si nous consultons les registres à cette date de 1772, nous trouvons la Communauté réduite à douze membres et nous constatons que, depuis 1764, il n'y a pas eu d'admission au corps. Les sorties des postulants sont devenues nombreuses dans les années qui précèdent. La pénurie de bons sujets semble bien s'être fait sentir là comme ailleurs. Plusieurs sont morts qui honoraient Saint-Nicolas. Hugues Bégille s'est fait ermite dans la

---

1. *N. E.* 1768, p. 72. Il faut, pour être juste, rappeler que Marmontel, fidèle aux principes de tolérance qu'il avait préconisés, se proposait de réclamer le libre exercice du culte quand son élection fut cassée au 18 fructidor. Cf. Sainte-Beuve, *Causeries du lundi*, tome IV, p. 53.

2. *N. E.* 1773, p. 162.

3. *A. N.* MM. 477 ; les originaux des commissions données à ce sujet, par l'archevêque à Le Corgne et à Hachette des Portes, pour les années 1765, 1768, se trouvent dans ce registre.

forêt de Sénart[1] depuis 1761, et, après un an d'épreuve, se retire pieusement de la Communauté. Le 31 octobre 1761, Tricalet a fini par succomber à ses infirmités qui l'accablent depuis plus de quinze ans. C'était une figure intéressante qui disparaissait. Avait-il été grand vicaire de Mgr de Vintimille en 1735 ? Goujet[2] l'affirme et raconte avec intérêt les relations du modeste Nicolaïte avec le duc et la duchesse d'Orléans douairière, sa charité, sa patience, au milieu de souffrances atroces, les lumières de son esprit, et la fécondité de sa plume, malgré le peu de répit que lui laissaient ses rhumatismes. Le malade recevait assez souvent à Villejuif la visite de l'archevêque et du saint évêque d'Amiens, Mgr La Motte. Avec l'aide d'un malheureux estropié qui venait de Bicêtre chaque matin, et qui, n'ayant plus de mains, écrivait avec ses deux moignons, Tricalet achevait de composer sa *Bibliothèque portative des Pères de l'Eglise*, quand la mort vint mettre un terme à son martyre. Il fut inhumé au cimetière de Villejuif, et, « lorsque la Reine eut appris sa mort, elle en fit témoigner ses regrets[3] ». Hylaire prononça son éloge en chaire. Il put louer en lui le savant docteur, le directeur souvent consulté, l'administrateur et surtout l'écrivain. Avec Beuvelet, c'est lui qui, à ce dernier point de vue, fait le plus d'honneur à l'ancien Saint-Nicolas. Aujourd'hui encore, sa *Bibliothèque portative* peut rendre des services.

Dans les années qui vont suivre jusqu'en 1786, peu d'événements, sauf un, vont être saillants. C'est cependant vers le début de cette période qu'entrent à Saint-Nicolas les personnages que nous verrons assister aux débuts de la Révolution ; quelques-uns en seront les victimes. Nous nous permettrons, surtout pour ces derniers, d'entrer dans quelques détails biographiques. Si minutieux soient-ils, ils prennent dans ce cas, une certaine importance.

Voici quelle est, en 1775, la composition de la Communauté proprement dite : Nicolas Nommel, économe, et vicaire de Saint-Nicolas du Chardonnet, d'Advisard, sous-économe, Jean Junot, Vincent Houet, Claude Dumont, Paul Froger, Lafontan, Le Tellier, Chartier, Loreau, Grégoire Simon (le docteur), Bonnet, Anne-An-

---

1. « Il existait autrefois, dans la forêt de Sénart et aux Camaldules de Gros-Bois, une société de frères Hermites, qui, s'occupant d'un travail utile, trouvaient dans une grande fabrique un moyen d'existence. » *Ami de la religion*, IX. (An. 1816), p. 152.
2. *Vie de M. Tricalet*, 1762. in-12.
3. Goujet, *op. cit.*

toine Hure, Nicolas Bize, Pannetier, P.-Paul Balzac. Dans la décade suivante vont s'adjoindre successivement : en 1775, René-Marie Andrieux; en 1777, Pierre-Joseph Girardin qui sortira en 1783; en 1780, Pierre-Honoré Silvy, mort en 1785; en 1781, François-Auguste Hébert; en 1784, Jacques-Aubin Piton; en 1785, Joseph-Louis Oviefve et Alexis Saussot.

Le premier, René-Marie Andrieux, dont la conduite nous paraîtra, dans la suite, si digne d'éloges, naquit à Rennes, le 16 février 1742, et fut baptisé le lendemain dans l'Eglise Saint-Sauveur [1]. Il était le dernier enfant de René Andrieux, marchand « faillancier », et de demoiselle Jeanne Poitrino, son épouse [2]. On le retrouve en 1759, élève de grammaire, probablement de troisième, au collège des Jésuites de Rennes. Sur le programme d'une séance de fin d'année, on voit son nom avec ceux des élèves choisis parmi les meilleurs, qui allaient interpréter, en public, un certain nombre de passages d'auteurs latins et grecs. Sa part était considérable. Il devait, en outre, pouvoir expliquer de mémoire le deuxième livre de l'Enéide [3]. Les maîtres le virent avec plaisir entrer dans leur noviciat à Paris, après sa rhétorique, le 27 septembre 1761 [4]. Que devient-il, au 1er avril 1762, lors du fameux arrêt qui, dans le ressort du Parlement de Paris, fermait les noviciats? Nous ne le savons pas. L'édit de novembre 1764 portait « qu'il serait seulement permis à ceux qui composaient la Compagnie de vivre en particulier dans les Etats du Roi sous l'autorité spirituelle des ordinaires des lieux ». Andrieux, sans doute, continua à être formé par ses maîtres; il reçut la prêtrise à l'ordination de la Trinité 1766 [5] et nous perdons sa trace jusqu'au 1er février 1773 où il entra au séminaire Saint-Nicolas. Il y devançait de quelques mois le bref du franciscain Clément XIV qui abolissait la Compagnie de Jésus. Les Jésuites avaient la permission d'entrer dans d'autres ordres ou de se mettre à la disposition de l'évêque pour exercer le ministère comme prêtres séculiers. Cinq jours après ce bref, fameux entre tous, Andrieux était admis à la pos-

---

1. *Registres paroissiaux de Saint-Sauveur*, 1741-1742, conservés à la Bibliothèque municipale de Rennes, fol. 32, recto.
2. *Extraits des actes de la paroisse Saint-Etienne* : Rennes, 14e regist. an. 1727, fol. 21 verso.
3. *Archives d'Ille-et-Vilaine*, série D.
4. *Catalogue de la Compagnie de Jésus* : communication de Mgr de Teil.
5. Cf. son acte de réception au corps. A. N. MM. 478.

tulation à l'âge de 34 ans et demi. Ce choix qu'il avait fait de Saint-Nicolas montre de quel bon renom cette maison jouissait auprès de la Compagnie. Après ses deux années de postulation, il fut admis au corps (8 mai 1775)[1]. Au mois d'octobre suivant, il est nommé supérieur du séminaire de Laon. Il est continué dans ces fonctions par la confiance de la communauté et il y joint quelquefois celle de professeur de morale. Les jansénistes irréductibles de Laon, durent en frémir d'horreur. C'est là que nous le retrouverons quand surgira un incident dramatique qui le mettra encore davantage en vue.

François-Auguste Hébert lui succède. De la paroisse Saint-Séverin et docteur en théologie, il postule en 1780, est admis en 1781[2]. Il présidera aux dernières destinées du séminaire de Laon. Deux ans auparavant, avait postulé Louis-Jean-Matthieu Lanier[3], né à Château-Gonthier, diocèse de Laval[4]. Il était entré à Saint-Nicolas sur la bourse d'Angers, le 17 février 1773, quelques jours après Andrieux; il y fait, à plusieurs reprises, de longs séjours, obtient en 1765 une lettre dimissoriale, lors de son sous-diaconat; il est admis en 1777. Jacques-Aubin Piton, diacre du diocèse d'Avranches, âgé de 23 ans, postule en 1782, est admis en 1784; il avait fait sa philosophie et deux années de théologie au séminaire Saint-Louis[5]. Joseph-Louis Oviefve est de la paroisse Saint-Eustache[6]. Il est entré à Saint-Nicolas en 1767 à l'âge de dix-neuf ans, après avoir fait sa philosophie aux Quatre-Nations. Il trouve un puissant protecteur dans l'archevêque de Beaumont qui paye quelquefois sa pension. Ce n'est pas un sujet brillant, mais, chez lui, les qualités morales rachètent ce qui peut manquer du côté de l'intelligence[7]. Prêtre en 1772, il ne postule qu'en 1784, et il est admis en février 1785, avec Alexis Saussot, du diocèse de Lavaur. Pour enfreindre ainsi les Constitutions, il a fallu l'ordre de l'archevêque qui les a dispensés des deux ans de postulation[8].

1. *A. N.* MM. 477-478.
2. *A. N.* MM. 477-478.
3. Et non Lasnier, comme on le rencontre souvent écrit. Il signe toujours *Lanier.*
4. *A. N.* T. 1456. On y trouve son acte de baptême.
5. *A. N.* MM. 480.
6. Il est cependant qualifié de « diacre de Saint-Gervais » dans le registre *A. N.* MM. 490, p. 16.
7. A son nom, nous lisons dans *A. N.* MM. 480.
   P. (pietas) *bon.*
   C (capacitas). *levissima.*
   I (indoles) *bona.*
8. *A. N.* MM. 481.

La mère d'Oviefve se rapproche de son fils et habite l'ancienne maison Romillé, que la Communauté loue à des particuliers [1]. Oviefve restera fidèle à Saint-Nicolas jusqu'à la mort, mais dès 1786, Saussot le quittera. Moins inconstant que Saussot, connaîtront à Saint-Nicolas avec Andrieux, les émotions de la Révolution, quelques-uns de ceux qu'il aura rejoints à la Communauté en 1775. Le plus ancien d'entre eux est Jean-Charles Bouchard, de Saint-Denis. Postulant dès 1743, il a été admis en 1745. En 1760, il donne au séminaire 200 francs de rente. Il est longtemps bibliothécaire, et, en 1784, publie une *Vie abrégée de Bourdoise*. Jean-François Lafontan, sous-diacre de Paris, et Jacques-Antoine Bonnet suivent Bouchard de près à Saint-Nicolas (1748-1749). Le premier, reçu en 1750, est directeur à Laon d'où il envoie à l'économe (Charles Tachard) en 1755 un billet pour réclamer la nomination d'un supérieur « tel que les circonstances le demandent [2] ». Nous n'avons pas malheureusement d'indications sur ces circonstances. Nous avons entrevu, par contre, Grégoire Simon dans les assemblées de la Faculté. Né sur la paroisse Saint-Eustache, il a été admis en 1747 et il aura la douleur de voir les débuts de l'église constitutionnelle. Plus jeune, Anne-Antoine Hure, de St-Médard, survivra à la Communauté et vivra des jours plus heureux sous le Consulat et l'Empire. Il est fait membre du corps en 1759. Jean Antignac échappera aux massacres, mais nous perdrons sa trace aussitôt après. Natif de Trizac, au diocèse de Clermont, c'est un ancien élève du grand séminaire où il a payé régulièrement ses quartiers de pension. Il était auparavant à Saint-Louis. Il sera admis au corps en 1770. Enfin, parmi ses confrères plus anciens, Andrieux verra Bize et Balzac, victimes déjà marquées par le destin. Nicolas Bize, natif de la paroisse Notre-Dame de Versailles, est un ancien élève de la maison. Il y rentrera comme postulant en 1762 tandis que Pierre-Paul Balzac, dont le père est orfèvre au bas du Pont-au-Change, vis-à-vis de l'horloge du Palais [3], est né sur la paroisse Saint-Jacques la Boucherie [4]. Il a été admis en 1772.

1. *A. N.* H [5] 3333.
2. *A. N.*, MM. 478.
3 *A. N.* MM. 480.
4. *A. N.*, T. 1456, où on trouve son diplôme de maître ès arts (« Laudabiliter et honorifice adeptus est »), (1777), et son acte de baptême.

Voilà les confrères que rencontre Andrieux à Saint-Nicolas, chaque fois qu'il y revient de Laon pour les élections. Il a vu Jacques de l'Ecluse présider en 1774 à la cinquième élection de Nommel qui rivalise presque avec Pollet pour le nombre de ses supériorités.

Que devient la Communauté et surtout le séminaire sous la conduite de Nommel qui était déjà postulant en 1727 ? Sa modération naturelle et son âge lui permettaient de remplir avec prudence ses deux charges d'économe et de vicaire. Mais peut-être sa main, affaiblie par les ans, lui fit-elle tenir un peu mollement les rênes du gouvernement. On pourrait l'inférer de certains indices. Çà et là, dans les conclusions, il semble que certains usages voisins de l'abus se sont introduits dans le séminaire [1]. Plus encore (quoiqu'ici le renseignement confine à la diatribe), nous trouvons dans les *Nouvelles ecclésiastiques*, mention de jeux que n'auraient certes permis ni Bourdoise ni sans doute Pollet. Le 5 octobre 1775, les élèves de la petite communauté de Saint-Nicolas jouèrent, à la fin des vacances, et à la maison de campagne de Gentilly la tragédie de *Mahomet*. Singulière époque, où, un peu partout, dans les séminaires de Paris, à Saint-Sulpice, petit et grand séminaire, à Saint-Louis et surtout à Sainte-Barbe, on joue la comédie, et dans le répertoire, Voltaire tient une bonne place. Le patriarche, en l'apprenant, devait, à Ferney, sourire bien ironiquement. Il est vrai qu'il avait eu l'habileté de dédier son *Mahomet* à Benoît XIV qui, surpris, lui avait répondu par un bref laudatif. Quoi qu'il en soit, la petite communauté aurait donc joué Mahomet. Le premier rôle, celui du prophète, aurait été confié à un auvergnat, nommé Laparo, mais celui-ci s'en serait tiré fort mal. Et pourtant, l'auditoire était de marque. « Trois supérieurs animaient les acteurs par leur présence : c'étaient M. Hure, supérieur de la maison, M. Baduel, supérieur de Sainte-Barbe, qui n'avait pas manqué de s'y rendre avec tout son séminaire [2]; le troisième était aussi, dit-on, supérieur de

---

1. Par ex : On y joue quelquefois des instruments de musique, on frise sa chevelure. *A. N.* MM. 481 *passim*. Cependant, c'est en 1772 que nous lisons cette conclusion : « ayant entendu la lecture de la lettre de M. Pochard, prêtre et supérieur du séminaire de Besançon (la Communauté) a agréé qu'il y eût une association de prières entre les deux séminaires sçavoir celui de Besançon et de Saint-Nicolas, surtout pour les défunts des deux dites maisons. » *Ibid.*

2. Sainte Barbe avait aussi une maison de campagne à Gentilly. On avait

Saint-Nicolas, mais on n'a pas su son nom [1]. Cette tragédie fut suivie d'une comédie intitulée *Amphitryon* [2] (évidemment accommodée). « C'étaient les mêmes acteurs, et ils réussirent encore moins bien dans le comique que dans le tragique. Les supérieurs s'en consolèrent par l'espérance que les choses iraient mieux une autre fois ». Comme Saint-Louis avait aussi sa maison de campagne à Gentilly, les trois troupes de Saint-Nicolas, de Saint-Louis et de Sainte-Barbe s'invitaient mutuellement. Les Louisons (élèves de Saint-Louis) remportèrent la palme. Les Nicolaïtes eurent le second rang et le Nouvelliste assure que leur troupe est exercée car elle est « fort ancienne dans sa profession ». Les paysans et les paysannes de Gentilly étaient reçus gratis aux spectacles des trois troupes, et l'affluence était si grande que les salles des représentations ne pouvaient les contenir [3]. On devine les commentaires qu'ajoute le Nouvelliste. Nous ferons seulement remarquer qu'il ne s'agit là que des élèves du petit séminaire, où se trouvaient des ecclésiastiques, il est vrai, mais qui n'était pas un séminaire proprement dit et n'en tenait pas lieu.

Il semble que cependant, plus tard, le grand séminaire eut aussi sa troupe : « Le 3 juillet dernier (1786), dit le Nouvelliste, on a joué deux pièces de théâtre à la maison de campagne du séminaire Saint-Nicolas du Chardonnet, à Gentilly : une tragédie et une comédie. La tragédie était *La mort de César*, de Voltaire, et la petite pièce : *Le Retour imprévu*. Nous ne connaissons point cette dernière. Mais des personnes plus instruites que nous en ce genre, prétendent qu'il a été impossible de la dénaturer de manière à ne pas y admettre les personnages de femmes. Le séminaire de Saint-Nicolas du Chardonnet est partagé en deux communautés : la grande et la petite. C'est cette dernière qui a voulu donner un divertissement à son supérieur, le sieur Lasnier, pour célébrer sa fête. Comme il s'appelle Louis et que le 25 août, son triennal devait être expiré, on a cru devoir avancer la fête, sauf à réitérer pour le nouveau supérieur. La cérémonie commença dès le dimanche par un feu d'artifice et le lendemain fut un jour

---

osé y jouer la comédie au mois d'avril, pendant la maladie de Louis XV, ce qui attira une condamnation du bailli de Gentilly.
1. Il s'agit probablement du préfet du grand séminaire.
2. Est-ce affectation, le *Nouvelliste* n'a pas l'air de connaître le théâtre français.
3. *N. E.* 1776, p. 13-14.

de spectacle auquel assistèrent les supérieurs des deux Communautés, excepté deux ou trois qui restèrent à Paris pour veiller sur les ecclésiastiques du grand séminaire. On ne revint que le mardi 4, à deux ou trois heures du matin, après un souper splendide et trop prolongé pour qu'on n'y oubliât pas les règles de la tempérance chrétienne dont ces Messieurs se croient sans doute dispensés de donner l'exemple. Malheureusement, les comédiens n'étaient pas bien exercés : plusieurs ne savaient pas leur rôle, surtout dans la petite pièce, et, comme il y a rivalité entre les deux troupes (la grande et la petite), les acteurs du grand séminaire se permirent de chansonner leurs émules du petit. Nous ne voulons pas déshonorer nos Mémoires en copiant ces chansons que nous avons sous les yeux, et où l'on célèbre le grand Voltaire comme auteur tragique [1] ».

Dans ces lignes, d'où la méchanceté n'est pas exclue, se lisent, à n'en pas douter, les marques d'une certaine décadence. Quand Emery devint supérieur du grand séminaire Saint-Sulpice, en 1782, il le trouva également dans un état inquiétant [2]. Et nous serions tentés de partager, cette fois, les préventions du sévère janséniste à l'égard du théâtre au grand séminaire. Les Jésuites, amateurs de spectacles, en vue d'égayer la jeunesse, avaient fini par se voir imités couramment dans les communautés où l'on s'attendait à une plus grande austérité. Parmi les griefs qu'articule notre Nouvelliste contre cette invasion du théâtre dans les séminaires, il en est un auquel il est difficile de répondre. La dissipation, en effet, est volontiers la compagne de ces exercices et la discipline s'en ressent. Aussi, quoique nous soyons persuadés que l'adversaire obstiné de Saint-Nicolas ait exagéré les faits, nous croyons avec lui qu'il y eut, vers ce dernier tiers du XVIIIe siècle, un fléchissement dans la discipline. Il cite Honoré Silvy, prêtre de Saint-Nicolas, (1785), qui gémissait « des désordres qu'il était à portée de connaître d'une manière particulière [3] », et plus loin, il prend violemment à partie Saint-Nicolas. Dans ce séminaire en particulier, dit-il, « il n'y a pas l'ombre de discipline. Sur quatre-vingts séminaristes, il n'y en a pas souvent le quart à la prière du matin. Souvent personne ne veille

---

1. *N. E.* 1786, p. 177.
2. Gosselin, *Vie de M. Emery*, 1861, I, p. 157.
3. *N. E.* 1786, p. 3.

sur eux pendant la récréation... Autrefois, on faisait au moins semblant d'exercer ces jeunes ecclésiastiques à faire un catéchisme, un prône, à résoudre des cas de conscience ; tous ces exercices ont disparu : on n'en a pas fait un seul cette année ». Puis, ne pouvant se retenir sur cette pente, il ajoute : « Les maîtres de conférences sont deux ou trois ecclésiastiques sans talent, dont un sait à peine lire, et dont les jeunes gens se moquent même en sa présence ». Il prévoit bien que « ces messieurs de Saint-Nicolas se récrieront sans doute contre ce portrait », mais il ajoute avec assurance : « les traits n'en sont pas moins vrais, et ils doivent voir que nous sommes instruits par des témoins oculaires et habituels [1] ».

Ce que nous voyons sûrement, c'est la haine implacable dont le Nouvelliste poursuit Saint-Nicolas. Il épie les moindres actes pour les dénaturer, les moindres faiblesses pour les exagérer.

Il reste toujours que la physionomie austère des débuts s'est faite plus avenante, trop rapprochée de celle des gens du siècle. — La frivolité avait pénétré jusque dans le grave séminaire de Bourdoise et la faute en est peut-être un peu au conciliant Nommel. Mais il n'est pas le seul coupable. Comment résister à cette poussée formidable de l'incrédulité et de la légèreté licencieuse qui, depuis la régence, a pris sa revanche de la compression où l'avait maintenue la main ferme de Louis XIV ? Dès 1776, l'archevêque de Toulouse, dans son rapport au « *Bureau pour la Religion* » se plaint amèrement de ce que « le nombre des ecclésiastiques qui s'appliquent aux fonctions de leur ministère diminue tous les jours ». Le monde, de plus, est entré jusque dans le sanctuaire, et il faudra la tempête révolutionnaire pour l'en chasser.

Pour contre-balancer cette funeste pénétration, on aurait pu compter sur une dévotion nouvelle capable de ranimer le zèle endormi. En 1769, de Beaumont avait donné à son diocèse un office du Sacré-Cœur, en latin et en français. Il n'ordonnait point de célébrer cette fête, il se contentait d'user d'exhortation. Inutilement, il voulut faire agréer ce culte au Chapitre, mais par contre, Saint-

---

1. *N. E.* 1786, p. Cf. 1785, p. 11, où le *Nouvelliste* fait une charge à fond sur les catéchismes de Saint-Nicolas qu'il ridiculise, et sur l'ignorance des élèves dont il réduit les occupations à l'étude « de la scholastique erronée de Collet et à faire des enterrements ».

Sulpice et Saint-Nicolas s'empressèrent de le recevoir[1], au grand mécontentement des Jansénistes, ardemment hostiles aux « Cordicoles », comme ils les appelaient injurieusement.

Nous n'avons aucune preuve que Jean-Baptiste Destregard, élu économe le 2 juillet 1777, ait contribué à resserrer les liens de la discipline. La seule mesure que nous voyons prendre sous son économat, c'est la hausse des honoraires portés de 150 livres à 300 livres. Elle ne nous paraît pas être l'indice d'un retour en arrière. Nous n'avons également aucune explication sur la sortie de ce supérieur qui, à peine son triennal terminé, quitta la Communauté pour aller mourir chanoine d'Amiens en 1785. C'est le seul fait de cette espèce que nous ayons constaté dans toute l'histoire de l'ancien Saint-Nicolas. Son successeur, Vincent Houet, né à Ricey Hauterive, alors dans le diocèse de Langres, était entré comme postulant en 1735, à l'âge de 23 ans. Ses quarante-cinq ans de présence à Saint-Nicolas lui assuraient une autorité suffisante. Sut-il en user ? Nous venons de le voir pris à partie par le Nouvelliste. Les documents officiels ne peuvent nous fournir un démenti. Les mesures prises sous sa supériorité revêtent plutôt un caractère financier. Nous y voyons cependant que l'exercice du prône « se fera dans la chaire du réfectoire pendant le temps du dîner » ce qui nous paraît moins bien placé qu'à la salle des Exercices, où il se faisait auparavant.

Toutefois, son gouvernement ne devait pas être trop défectueux, puisque le 22 juillet 1783, « Mgr l'Illustrissime et Révérendissime Père en Dieu, Antoine-Eléonor-Léon Le Clerc de Juigné, archevêque de Paris, duc de Saint-Cloud, et pair de France[2] » daigna venir lui-même dans la salle des assemblées, présider à sa réélection. Le 13 décembre 1781, en effet, de Beaumont avait suivi Louis XV dans la tombe. C'était un ami que perdait Saint-Nicolas. Un autre, plus intime, allait le remplacer. Paris avait échappé à Loménie de Brienne qui, un moment, faillit devenir son archevêque. Grâce à la pressante recommandation de Beaumont, le choix irrévocable de Louis XVI s'était fixé sur de Juigné, évêque de Châlons, qui, malgré les résistances de sa modestie, est obligé de plier. « Mon intention, lui dit le roi,

---

1. *N. E.* 1769, p. 107, et *N. E.* 1777, p. 179.
2. *A. N.* MM. 472.

est que vous acceptiez ce siège sans observation. Vous ne m'en devez aucun remerciement. Car, si j'eusse trouvé quelqu'un plus digne que vous du siège de Paris, vous ne l'auriez pas [1] ». Après ses études faites à Navarre [2], il était entré au grand séminaire de Saint-Nicolas en 1747 [3]. Nous ne savons combien de temps il y resta. Il en sortit pour faire sa théologie à Navarre. Nommé évêque de Châlons, il se fit louer, même par les Jansénistes, grâce à la douceur de son caractère et à l'aménité de ses manières. Mais il montra bientôt que cette douceur savait s'allier à la fermeté, et le Jansénisme s'en aperçut. De retour à Paris, il est permis de croire qu'il voulut revoir la modeste maison où il s'était affermi dans sa vocation, et, chose que n'avait jamais faite Christophe de Beaumont, il tint à venir assister lui-même à une élection. (La 2e de Houet). Moins indifférent que d'autres évêques à la question des séminaires, il avait, à l'aide d'une lettre pastorale de 1779, érigé à Châlons un vrai petit séminaire tel que nous l'entendons aujourd'hui en vue d'y élever des enfants pauvres; toutes les places y étaient gratuites [4].

Portraits B. N.
De Juigné.

Il ne trouva plus à Saint-Nicolas Hylaire comme curé [5]. Cet

---

1. Régnault, *op. cit.*, II, p. 421. Jalabert, dans l'oraison funèbre qu'il prononça le 13 avril 1811, attribue cette nomination aux rapports faits à Versailles par les gardes du corps qui avaient, à Châlons, une garnison permanente. Cf. *B. N.* Ln [27] 10474.
2. Reçu maître-ès-arts, le 1er sept. 1746.
3. Nous disons grand séminaire; car d'une part nous n'avons pas trouvé son nom sur le registre complet du petit séminaire et d'autre part, il est dit que de Juigné, à Saint-Nicolas, ne suivait pas les cours. Son entrée à Saint-Nicolas (omise par Jalabert) est certifiée 1° par le mémoire manuscrit de Mlle de Juigné, nièce de l'archevêque; ce mémoire a été communiqué par le petit-neveu du prélat, Mgr d'Hulst, à Madaune, auteur d'un article inséré dans l'éphémère *Bulletin d'Histoire et d'Archéologie du diocèse de Paris*, an. 1884. Cet article n'eut malheureusement pas de suite, du moins à notre connaissance. 2° par l'abbé Lambert : *Vie de Mgr de Juigné*, 1821. Nous rappelons que le registre du grand Séminaire ne commence qu'en 1758.
4. *Archives de la Marne*. G. 14.
5. Mort le 25 octobre 1777. Cf. *A. N.* Y. 13279.

intrépide champion de l'orthodoxie est mort. Il est remplacé par Jean-François Brunet[1], docteur de Navarre, dont le passage à St-Nicolas ne semble avoir été marqué par aucun fait important. Il avait dû être auparavant curé de Charonne et les Nouvelles le signalent comme un docteur « archiépiscopal[2] », ce qui pour nous est un brevet d'orthodoxie. D'ailleurs, de Beaumont n'aurait pas placé à Saint-Nicolas un nouveau Garnot. Brunet aura bientôt un successeur qui, après avoir donné quelques inquiétudes, finira glorieusement par le martyre. Joseph-Marie Gros, docteur de la maison et société royale de Navarre, signe les actes d'admission de 1785, comme curé de Saint-Nicolas. Né en 1742, sur la paroisse de Saint-Pierre et Saint-Saturnin, à Lyon, il avait été d'abord supérieur du séminaire de la Sainte-Famille ou des Trente-Trois, et, à ce titre, avait assez souvent envoyé des sujets à Saint-Nicolas pour la réception des Ordres. Un de ses premiers actes fut de procéder (le 18 novembre 1785), de concert avec Hébert, alors sacristain et sous le cautionnement de Houet, à un inventaire détaillé de la sacristie de Saint-Nicolas[3] et le récolement eut lieu le 7 mai 1786. C'était, sans le vouloir, et même sans le prévoir, faciliter plus tard la tâche des spoliateurs de 1793.

Quelques jours après, mourait Houet (18 mai). La Communauté rassemblée le 22, « se plaint de ce que l'on n'exécute pas toujours ses conclusions » et « défend à tous et à chacun de ses membres de rien entreprendre qui ne soit conforme à ce qui a été décidé par la pluralité des voix[4] ». Ce texte, malgré son obscurité, nous fait entrevoir que le gouvernement de la maison laissait à désirer et que le besoin d'une main plus ferme mais respectueuse toutefois des droits de chacun, commençait à se faire sentir. Parmi les anciens, très claisemés d'ailleurs, Froger a disparu à son tour en 1784.

La Sorbonne, dont le rôle, gêné à chaque instant par l'intervention royale, s'est considérablement amoindri depuis plus de dix ans, n'a plus retenti de ses énergiques protestations.

Aux élections du 12 juin 1786, présidées par Antoine d'Ar-

---

1. Mort le 8 mai 1785. Cf. A. N. Y. 13694.
2. N. E. 1773. p. 161.
3. Il existe intégralement. A. N. S. 6994
4. A. N. MM. 481.

gent, docteur de Navarre et official de Paris, le choix des Nicolaïtes va tomber sur Andrieux, qui est dans la maturité de l'âge et sur lequel un événement tragique vient d'appeler l'attention.

C'était en décembre 1782. Andrieux, supérieur du séminaire de Laon, était depuis quelque temps bien inquiet. Dans son troupeau, il se trouvait certainement une brebis galeuse [1]. Au commencement de l'été, on lui a volé deux cents livres ; au 29 novembre, il a trouvé la serrure de sa porte forcée, et un bout de clé cassée, resté dans cette serrure, atteste les mauvais desseins d'un inconnu. Arrive le 6 décembre. En raison des liens qui unissent le séminaire à celui de Paris, on célèbre solennellement la fête de Saint-Nicolas. C'est Andrieux lui-même qui officie à dix heures avec de Ferrant, professeur de théologie, comme diacre, et le séminariste Floquet comme sous-diacre. Soudain, après avoir pris le précieux Sang, Andrieux éprouve une douleur âcre dans le gosier, douleur qui se communique à l'estomac. Il demande à ce que l'on goûte le vin qui reste dans la burette. De Saint-Aubin, clerc, qui se trouvait à portée de la sacristie, le portier et de Ferrant, en prennent quelques gouttes et se sentent incommodés à leur tour. Andrieux demande un autre vin pour les ablutions. Mais des vomissements incoercibles surviennent [2] ; il a encore la force de donner la bénédiction, mais il ne peut lire le dernier évangile et regagne sur-le-champ la sacristie [3]. Là, les vomissements continuent. En hâte, on fait venir médecin et chirurgien. Le médecin arrive à onze heures dans la chambre du malade [4]. Andrieux est assis, pâle et décomposé dans un fauteuil, au coin du feu. Pour se rendre compte des causes de la maladie, le médecin descend à la sacristie, prend la burette où il reste deux gouttes de couleur gris cendre. En les

---

1. Tout le dossier de cette affaire se trouve aux *Archives de l'Aisne* à Laon. B. 2754. Il comprend 116 pièces. Il provient du greffe de Laon.

2. D'après certaines dépositions il est, par suite d'une salivation abondante, obligé de cracher dans le calice, puis dans une cuvette apportée sur l'autel.

3. Cette chapelle et cette sacristie se trouvaient à gauche en entrant au séminaire par la grande porte. Elles ont été transformées depuis en un salon et un passage. La chapelle actuelle date du XIXe siècle et a été bâtie sur le côté libre du quadrilatère, à savoir, à droite en entrant. Voir plan, page 391.

4. « Chambre haute dominant sur une cour ». Nous croyons qu'elle sert maintenant encore de chambre à la supérieure des sœurs de « l'Institution Notre-Dame pour les jeunes filles sourdes-muettes ou aveugles » qui occupent aujourd'hui le bâtiment.

dégustant, il s'aperçoit vite qu'il s'agit d'un poison corrosif, et aussitôt avise aux remèdes. Le chirurgien arrive à son tour à onze heures et demie. Bientôt ils partent tous deux chez l'apothicaire pour faire l'analyse du résidu. Plus de doute, ce poison est du sublimé corrosif. Ils retournent au séminaire et affirment à Andrieux qu'il est tenu de déposer une plainte. Celui-ci, dans sa générosité, répond qu'il « pardonne de toute son âme à l'auteur de ce forfait ».

Survient le procureur du roi, prévenu par la voix publique[1], et il fait un grief à l'un et à l'autre de ne pas l'avoir saisi de ce pénible incident. Il est impossible maintenant d'étouffer l'affaire. Le lieutenant criminel au bailliage de Vermandois, envoie un médecin et un chirurgien jurés pour constater l'état du malade. Il s'est aggravé. D'une complexion délicate, Andrieux éprouve des frissons accompagnés de fréquentes nausées. Il tombe en faiblesse. Après un évanouissement de quatre minutes, il subit de la part de ces émissaires du procureur une sorte d'interrogatoire. Il donne quelques indications, mais affirme « qu'il ne peut se douter qui a pu ainsi attenter à sa vie, qu'il n'en veut à personne, qu'il n'a rien fait pour se faire des ennemis, qu'il vit avec un chacun dans la plus grande amitié. » Les hommes de l'art concluent qu'Andrieux a besoin d'être bien soigné et « nous craignons, « disent-ils, qu'après le traitement le plus avantageux, sa santé ne soit affaiblie ». A huit heures du soir, nouvel interrogatoire par devant Leleu, conseiller du roi au bailliage de Vermandois en l'absence du lieutenant criminel et à la requête du procureur du roi. Andrieux, « gisant dans son lit », est obligé de recommencer sa déposition. On se perd en conjectures sur l'auteur de l'attentat. L'autorité civile qui, depuis longtemps, empiète sur l'autorité religieuse, s'empare de l'affaire et procède à des interrogatoires.

Les langues se délient. Les accusations se précisent. Elles visent spécialement deux séminaristes. L'un est acolythe, et se nomme Bécret, l'autre, qui s'appelle Le Cerf, est diacre. Régulièrement, l'instruction dirigée désormais contre des ecclésiastiques, devrait être remise à l'officialité. Mais le procureur de roi entend

---

1. Probablement grâce aux personnes du dehors qui avaient assisté à l'office. La chapelle, fermée par Faverays, était donc redevenue publique.

bien profiter de ses avantages. Il dirige le procès au criminel. Tous les séminaristes comparaissent vers les 14 et 15 décembre devant le lieutenant. Un d'entre eux, Terrien, a vu Bécret apporter les burettes sur la crédence quelques minutes avant la Messe ; un autre aurait rencontré l'inculpé remontant dans sa chambre au moment où lui-même descendait pour assister à l'office. Puis on rappelle des propos antérieurs et compromettants. Bécret et Le Cerf auraient à plusieurs reprises parlé de leur supérieur en termes méprisants et menaçants. Le Cerf aurait dit « qu'il était barré par le sieur Andrieux, pour parvenir aux ordres » et aurait « désiré que le feu prît à la chambre dudit supérieur pourvu qu'il fût brûlé seul ou qu'il fût empoisonné ». Les témoins ne sont pas tous du séminaire. Il en est de la ville. On peut se figurer tout le bruit qui se fait autour de cette cause, où le mystère s'ajoute à l'odieux. Enfin, la conviction du lieutenant criminel s'établit. C'est Bécret le coupable, et Le Cerf est probablement le complice chargé de faire le guet. Pour ce dernier, il n'y a guère que des présomptions et on peut attendre, mais il est bon de s'assurer de la personne de Bécret.

Une ordonnance de perquisition et de prise de corps est lancée. Le 15 décembre, à sept heures de relevée, Charpentier, premier huissier audiencier, arrive avec le capitaine-lieutenant de maréchaussée et sa brigade, pour arrêter Bécret. Trois cavaliers sont placés aux trois portes extérieures du séminaire. L'huissier demande si Bécret est au séminaire ; le directeur Lanier répond qu'il ne l'a point vu depuis six heures de relevée, et que le séminariste s'est absenté du bréviaire. L'huissier dépité, pénètre dans l'établissement, entre dans le réfectoire et fait l'appel. Vingt-quatre séminaristes répondent, mais Bécret n'est pas là. Fureteur, Charpentier observe que le couvert de l'inculpé n'a pas été mis et en fait la remarque ; « c'est que, puisqu'il n'est pas là, son couvert ne doit pas être mis ». L'huissier soupçonne qu'on veut faire évader Bécret. Il place une sentinelle à la porte du réfectoire, consigne tous les séminaristes, adresse une réquisition de lui prêter main-forte au commandant du régiment en quartier à Laon. Dix-huit cavaliers renforcent la petite troupe. On les place à l'intérieur et à l'extérieur du séminaire : puis s'exercent les perquisitions en commençant par la chambre de Bécret, sans omettre celle du chanoine Baukaine, oncle de l'accusé[1]. Peine perdue. A part une lettre un peu compromettante de Le Cerf, les recherches n'amènent aucun résultat. Bécret s'est enfui. Sans doute, Andrieux et Lanier ont favorisé son évasion, peut-être même lui ont-ils donné de l'argent[2]. Il est parti avec une redingote bleue empruntée à un condisciple, un bonnet de coton sur la tête et son chapeau par-dessus. A la faveur de la nuit, il a pu sortir facilement de Laon, et s'est dirigé immédiatement sur Erlon, où il est arrivé à 10 heures du soir, chez sa sœur, qui est au courant des rumeurs. Un vicaire que celle-ci a été chercher immédiatement essaye, mais inutilement, d'arracher un aveu à Bécret. En rentrant, après une courte absence, il surprend les parents de Bécret qui disent au fugitif : « Allez-vous-en, vous êtes un malheureux ». Puis peu après, Bécret continue sa fuite en disant qu'il va gagner les Etats de la Reine[3] et qu'on n'entendra plus parler de lui. Il paraît bien qu'il tint parole.

Il était temps pour lui de sortir d'Erlon. Charpentier, accompagné de deux cavaliers de la maréchaussée, s'était mis à sa poursuite dès 11 heures du soir et avait touché barre à Autremencourt, chez les parents de Bécret qui n'avaient point vu leur enfant et dont la douleur, à l'arrivée des gens de justice, se devine. Il se rend aussitôt à Erlon où il trouve la sœur et le beau-frère en pleurs. Bécret l'avait gagné de vitesse, et, vers dix heures du matin, Charpentier revient à Laon, sans avoir pu obtenir de renseignements importants. Dans cette ville, l'enquête se poursuit ; cette fois elle est dirigée contre Le Cerf. Natif de Guise, il avait été auparavant novice chez les Chartreux. Il a beau se défendre d'avoir trempé dans le crime, on le soupçonne d'avoir fait le guet. L'autorité religieuse, émue sans doute de la quasi-usurpation du pouvoir civil et du scandale occasionné par l'appareil militaire dont on avait entouré les perquisitions, se décide, par l'organe du promoteur, à évoquer l'affaire, puisque c'est un acolyte et un diacre qui sont accusés. Le 21 décembre, le lieutenant évincé, se dessaisit et le 31 décembre, l'official continue l'en-

1. Tresvaux (chanoine de Paris) affirme dans son *Histoire de la persécution révolutionnaire en Bretagne*, Paris 1845, I, p. 389-390, que Bécret convoitait le canonicat de cet oncle.
2. Tresvaux *op. cit.* l'assure.
3. Probablement les Pays-Bas qui appartenaient à la maison d'Autriche dont était issue Marie-Antoinette.

quête commencée. Le 2 janvier, Le Cerf est incarcéré dans la prison royale, sur la demande du promoteur, en attendant que que les prisons de l'officialité soient rétablies [1]. Mais sur la protestation du prisonnier, l'official accorde l'élargissement le 15 janvier. Pour faciliter l'enquête, on avait, dès le 7 décembre, publié dans les différentes paroisses de Laon, des monitoires, pendant trois dimanches consécutifs; restait à les fulminer et à prononcer la sentence de l'excommunication contre ceux qui ne viendraient pas déposer, suivant leur conscience, auprès du tribunal ecclésiastique. Cela s'exécute. L'instruction traîne un peu.

Le procès contre Bécret se fait nécessairement par contumace. On entend de nouveau les témoins, on les confronte. Maintenant que Bécret est en sûreté et que les monitoires sont fulminés, les accusations se précisent. Au récolement, Andrieux lui-même est obligé de dire « en augmentant, qu'ayant depuis réfléchy aux causes qui y pouvaient avoir donné lieu (à ce forfait), il s'était rappelé que quelque temps auparavant, il avait fait craindre pour causes graves [2] au sieur Bécret [3], qu'il n'irait jamais au sous-diaconat et par conséquent ne pourrait entrer dans l'état ecclésiastique; que s'il entre dans ces détails, ce n'est nullement par animosité ni esprit de vengeance, mais seulement pour l'acquit de sa conscience et satisfaction à justice ».

Enfin, ce lamentable épisode se termine, le 14 août 1783, par une sentence où l'official décide « que la contumace est déclarée bien instruite et que pour le profit d'icelle il soit plus complètement informé, indéfiniment, des cas mentionnés au procès et que cependant il (Bécret) demeurera interdit de toutes les fonctions de ses ordres et bénéfices ». En somme, c'était une demi-absolution : les charges n'étaient pas trouvées suffisantes au point de vue légal, quoique la conviction des juges fût faite. Quant à Le Cerf, il est renvoyé absous. Nous ne savons pas ce qu'il est devenu. Andrieux ne se remit jamais complètement, et, au dire d'un historien peu éloigné des événements « l'effet du poison lui laissa une contraction nerveuse qu'il conserva jusqu'à la mort [4] ».

---

1. Nous ne voyons, dans cette formule qu'une formule de droit.
2. Le dossier précise.
3. Tresvaux prétend qu'Andrieux l'aurait dit au chanoine Baukaine. Les deux versions peuvent facilement se concilier.
4. Tresvaux. loc. cit.

Il continua à diriger le séminaire et dans la visite officielle que fit Hure, en octobre 1785, celui-ci constata « que la discipline du séminaire s'observait avec exactitude, que les exercices prescrits par les règlements étaient toujours en vigueur et surtout qu'il y avait toujours eu « beaucoup d'union entre MM. le supérieur, directeur et professeurs [1] ». Il termina par une exhortation à M. le supérieur à « continuer de vivre en bonne intelligence avec les directeur et professeurs ». Qu'il en fût ainsi, c'est ce que nous permet d'affirmer légitimement l'élection du 12 juin suivant où « la vertu et les mérites de ce digne prêtre » déterminèrent ses confrères « à le choisir pour leur supérieur [2] ». D'autres tribulations l'attendaient à ce poste qu'il devait remplir avec tant de zèle et dignité.

1. *A. N.*, M. 199. Ce document, un des rares que nous connaissons relatifs au grand séminaire de Laon, nous apprend que les directeurs furent pendant la dernière année « scholastique », Andrieux, supérieur; Claude Génissiat, directeur; Claude Couturier, professeur de théologie. Le nombre des élèves pendant les trois dernières années a été habituellement de 30 ou 36, tous du diocèse de Laon.

2. Tresvaux, *loc. cit.*

CHAPITRE VIII

L'AGONIE. — LA MORT

Le quartier, dans lequel l'ancien Saint-Nicolas va vivre ses dernières années, présente quelques modifications survenues sur-

Ancien hôtel de Nesmond.

tout depuis un demi-siècle. Elles affectent particulièrement la partie septentrionale du quadrilatère situé en deçà de la rue des Fossés-Saint-Bernard. Le quai de la Tournelle qui, avant 1650, n'était qu'un terrain en pente avait vu, à cette date, le pavé remplacer la terre sur une largeur de dix toises. En 1738, on a enlevé ce pavé, on a dégagé le quai par la suppression de quelques maisons qui se trouvaient devant les Miramiones. C'est maintenant un port qui sert d'entrepôt pour le bois, la tuile, la brique, etc.[1] En bordure de ce large quai, se trouvent, toujours en remontant le cours de la Seine, d'abord l'hôtel de Nesmond qui appartient aux héritiers de la fille de Mme de Miramion, puis le bâtiment, en carré, un peu irrégulier, qui forme la demeure des Miramiones et qui contient surtout les pièces destinées aux retraites données six fois par an aux personnes du sexe. Ces pièces comprennent

Bâtiments et cour intérieure des Miramiones.
(*Pharmacie centrale des hôpitaux*).

un réfectoire, une salle pour les Exercices, et cinquante chambres ou cellules. Les Nicolaïtes ne semblent plus diriger, comme supérieurs, cette communauté charitable. La chapelle des Miramiones est située le long de la rue de Pontoise actuelle, vers une grande porte d'entrée.

C'est ici que l'aspect a considérablement changé. Un vaste espace rectangulaire, bordé de rues sur ses quatre côtés, a été pris, moyennant compensation, sur le jardin des Bernardins, par une ordonnance royale de 1772. On y a construit une halle cou-

---

[1]. Jaillot, *Op. cit.*, IV, p. 118

verte [1], destinée au commerce des veaux qui se faisait auparavant de l'autre côté de l'eau, au quai des Ormes (quartier Saint-Paul). Aux quatre rues qui l'entourent, on a donné le nom du lieutenant de police, M. de Sartine. Plus tard, deux d'entre elles prendront les noms de rue de Pontoise et rue de Poissy [2], mais pour le moment, elles ne dépassent pas la hauteur méridionale de la Halle. Si, de la chapelle des Miramiones qui se trouve ainsi sur l'amorce de la future rue de Pontoise, nous revenons sur le quai nous longerons un hôtel dont la façade porte encore aujourd'hui l'inscription suivante : *Hôtel ci-devant du président Rolland.* Ce président

Halle aux veaux.

n'est pas le Girondin, mais un président au Parlement de Paris, farouche janséniste [3]. Enfin, on a rencontré la porte Saint-Bernard. Elle est toujours flanquée, à gauche, de la geôle de la Tournelle, qui contient les malheureux galériens [4]. La rue actuelle du Cardinal-Lemoine n'est pas encore percée et il vous faut prendre la rue des Fossés-Saint-Bernard pour rejoindre la rue Saint-Victor. A votre gauche, vous verrez la halle aux vins, installée là depuis plus d'un siècle, et une série de maisons particulières

---

1. Sur les dessins de Lenoir architecte, en 1774, aux frais d'une compagnie de citoyens. Cf. les inscriptions au Musée Carnavalet.
2. Localités qui expédiaient les veaux les plus estimés.
3. Barthélemy Gabriel Rolland d'Erceville qui périt sur l'échafaud : Cf. Abbé Daniel, *op. ci*., p. 37.
4. Il n'était pas nécessaire d'avoir commis de grands crimes pour être condamné aux galères : la contrebande suffisait.

bâties sur les anciens doubles fossés. A votre droite, vous apercevrez d'abord des chantiers de bois flotté[1], puis, après avoir longé quelques maisons particulières, vous contournerez quelques maisons appartenant au collège des Bons-Enfants, et, descendant la rue Saint-Victor, vous pourrez entrer dans le séminaire Saint-Firmin.

Il a perdu les deux boursiers d'humanités qu'il abritait, de temps en temps, en vertu de la fondation Pluyette[2]. Après l'expulsion des Jésuites, l'Etat a mis la main sur le collège Louis-le-Grand. Il en a fait le siège de l'Université et lui a réuni tous les collèges alors sans exercice. Ils étaient assez nombreux. L'ordonnance royale du 21 novembre 1763 a fait une exception pour le collège des Ecossais et celui des Lombards que leur nationalité protège. Mais les commissaires de l'Université ont réclamé la *réunion* du collège des Bons-Enfants. C'était donc du même coup la disparition du séminaire des Bons-Enfants. Dans un factum de 1762[3], cette communauté représente au Parlement, qu'à part les deux boursiers, on ne reçoit au séminaire que des ecclésiastiques qui vont prendre des leçons, soit au collège de Sorbonne, soit aux écoles de droit, réclame le maintien du séminaire, et prétend appartenir au clergé séculier aussi bien que Saint-Sulpice et que Saint-Nicolas. Le roi, par ses lettres patentes du 22 avril 1773, ordonne qu'il soit fait droit à cette requête et Saint-Firmin échappe à la réunion. Mais dans leur déclaration de 1778, les Lazaristes sont contraints d'avouer qu'ils sont obligés de construire un bâtiment neuf. Deux causes les y poussent : la première, c'est le désir d'attirer à Saint-Firmin les ecclésiastiques. Ce séminaire, en effet, est en pleine décadence et les Lazaristes l'avouent. Dans un mémoire voisin de la Révolution, ils disent qu'il « ne s'y présente que peu de sujets » et qu'il est « presque sans réputation »; « il est fort notoire, ajoutent-ils, que le séminaire Saint-Firmin est fort déchu depuis cinquante ans [4] ». Ils attribuent cette décadence au défaut d'un petit séminaire (philosophes et théologiens) qui pourrait alimenter le grand séminaire, au défaut de bourses, et au délabrement des bâtiments qui mena-

---

1. D'où le nom moderne de la rue des « Chantiers ».
2. On les plaçait souvent dans des collèges voisins.
3. *A. N. S.* 6850.
4. *Ibid.*

cent ruine. Avant 1777, nous nous trouvons, en effet, en face des mêmes constructions qu'à la fin du XVIIIe siècle. Un bâtiment longe la rue Saint-Victor : à gauche, il est flanqué d'un pavillon qui donne sur la rue ; au centre, il renferme la chapelle, puis la porte cochère, et, à l'extrême droite, la cuisine, l'office et

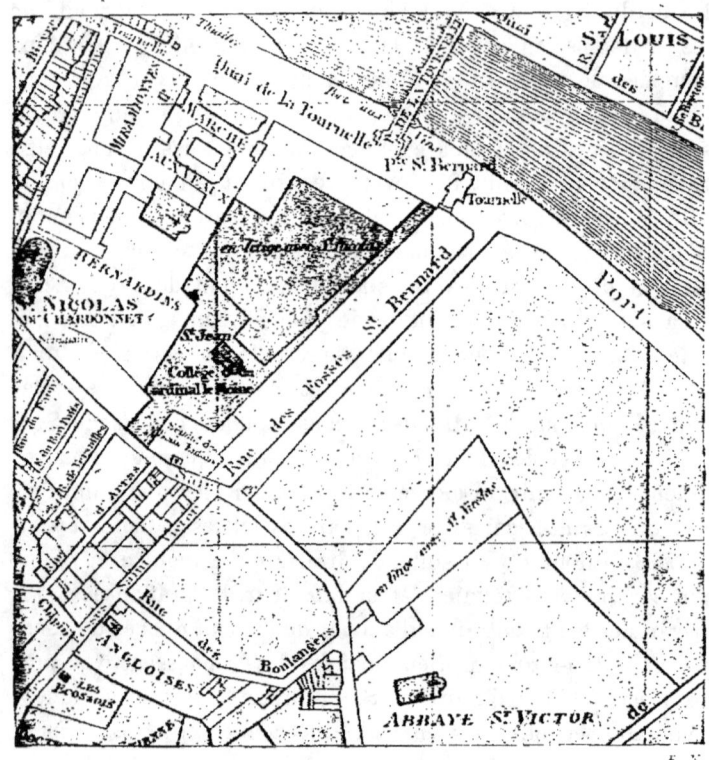

Plan des paroisses de Juigné. 1786.

la loge du portier. Puis, en aile à droite, un corps de logis sur la cour d'entrée, probablement à quatre étages, mais à peu de travées[1]. C'est là que bientôt s'assembleront les comités de la section. Revenons à gauche, au pavillon sur la rue. Là, commence l'aile gauche qui forme un angle légèrement aigu avec le

---

1. On voudra bien nous suivre dans cette description minutieuse, car, dans la suite ces détails serviront à mieux suivre la marche des événements.

bâtiment de la rue Saint-Victor ou bâtiment de l'Horloge. C'est le plus considérable. Il a été réparé, on s'en souvient, en 1625 : il n'a que 17 pieds de large sur 68 de longueur [1]; il est à quatre étages et six travées et la dernière, c'est-à-dire celle qui est la plus éloignée de la porte d'entrée est occupée du haut en bas par l'escalier. Il aboutit à un corps de logis ou bâtiment du fond, déjà réparé sérieusement en 1661 [2]. Les chambres y sont très petites, séparées qu'elles se trouvent par un corridor.

Tous ces bâtiments sont donc très caducs et peu engageants [3]. La Congrégation s'émeut et voudrait sauver ce premier établissement de Saint-Vincent de Paul. Elle s'engage donc dans une œuvre de reconstruction. Respectant, pour le moment, le bâtiment sur la rue (désigné désormais sous le nom de bâtiment vieux ou de bâtiment de l'Horloge) on démolit l'aile gauche et le bâtiment du fond, mais on en gardera le dessin général et la distribution. Le 5 septembre 1777, Jacquier, supérieur général, en place la première pierre en présence de son assistant et du supérieur Cousin [4], et les travaux commencent. Ce bâtiment (connu désormais sous le nom de bâtiment neuf et qui, cher aux Nicolaïtes, subsiste seul [5]) était double en épaisseur. La partie de droite, donnant sur la grande cour, comprend environ sept mètres en largeur ; l'autre a vue sur une cour étroite qui la sépare du collège du Cardinal-Lemoine, et ne mesure guère que cinq. Cette cour qui règne tout le long de l'ancien bâtiment en aile n'a que trois mètres de largeur sur une longueur de près de vingt-cinq mètres : elle existe encore. Puis, s'ajoutant à l'extrémité septentrionale, s'élève de nouveau le bâtiment du fond, composé en somme d'une sorte d'aile carrée flanquée d'un recoin qui formera des réduits (Voir p. 541).

Si nous entrons dans ces détails, qui se compléteront plus tard, c'est pour faire connaître, comme une relique trop ignorée, ce

---

1. Nous ne croyons pas nous tromper en disant que dans l'édifice actuel, il représente la partie du bâtiment neuf donnant sur la grande cour et renfermant le réfectoire.
2. Il est encore facilement reconnaissable dans le bâtiment neuf : il formait le petit corps de bâtiment qui fait suite au bâtiment neuf et qui le déborde à gauche.
3. Tout cet ensemble de bâtiments n'offrait que 45 chambres. On y pouvait à peine, en dernier lieu, y loger 20 ecclésiastiques. Cf. A. N. H^5 3288, S. 6850.
4. Cf. H^5 3289, où on pourra voir le texte de l'inscription qui fut gravée sur une lame de plomb.
5. Rue des Ecoles, n° 2 : aujourd'hui Garde-meubles de l'Etat.

futur théâtre de la tuerie du 3 septembre. Ce bâtiment neuf ne fut terminé que vers 1785, et même le dernier compte date du 6 juillet 1788 et porte que le total de la dépense s'éleva à 79.660 l.[1] Après ce coup d'œil un peu minutieux donné à Saint-Firmin, continuons notre promenade par la rue Saint-Victor, longeons l'entrée du collège du Cardinal-Lemoine, presque contiguë à l'extrémité occidentale du bâtiment vieux de Saint-Firmin ; plus loin,

Façade actuelle du bâtiment neuf de Saint-Firmin.

rien d'intéressant pour nous : là se trouvent des maisons particulières, dont un certain nombre appartiennent, on s'en doute, à l'abbaye Saint-Victor, à Saint-Firmin, aux Bernardins. Pour rentrer à Saint-Nicolas, il nous faudra descendre jusqu'à la porte charretière au moins, car la rue de Pontoise n'est pas percée, pas plus d'ailleurs que la rue de Poissy. Les Bernardins s'étalent toujours amplement au milieu de ce quadrilatère, dont ils occupent aisément une bonne partie. Vous pouvez cependant laisser de côté la porte charretière de Saint-Nicolas et même la grande

---

1. Le registre *A. N.* H⁵ 3289, en contient tout le détail.

porte cochère, entrer dans une petite et misérable cour et pénétrer dans l'église, grâce à une porte taillée grossièrement dans un mur qui masque provisoirement la dernière travée de l'édifice inachevé. Ce provisoire dure depuis près d'un siècle. On a bien essayé, en 1763, de le faire cesser. « Le curé, le clergé et les marguilliers » ont représenté au roi « que l'édifice de leur église

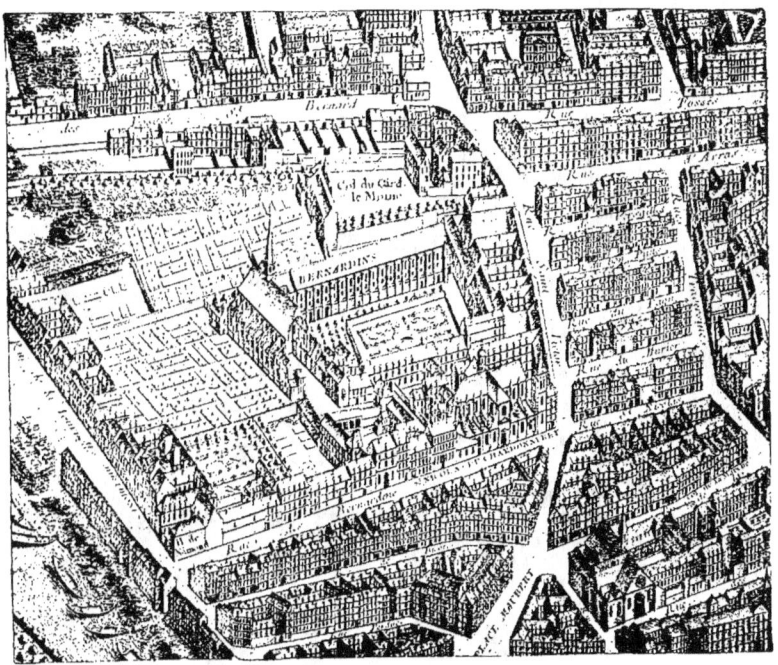

Plan dit de Turgot.

commencé en 1661 sur les dessins de M. Lebrun[1], repris en 1707 et presque achevé en 1716, souffre extraordinairement du défaut de portail. Une forte charpente travaille sur les piliers qui s'écartent du côté où ils ne trouvent pas de résistance. Il y a quelques années que MM. Gabriel et Boisfranc en firent d'office la visite, et ordonnèrent, vu le péril pressant, que, sur-le-champ, on mettrait à tous ces piliers, des clés de fer pour les retenir dans

---

1. Cette dernière indication doit être corrigée par ce que nous avons dit plus haut.

leur assiette, ce qui fut exécuté : mais ces soutiens ne font qu'un effet passager et les réparations que l'on est forcé de faire montent à des sommes considérables. Dans ces circonstances, les suppliants ont recours aux bontés de Votre Majesté qui, seule, peut leur procurer les secours suffisants par le moyen de quelqu'une des loteries ou tel fonds qu'il lui plaira d'indiquer, pour

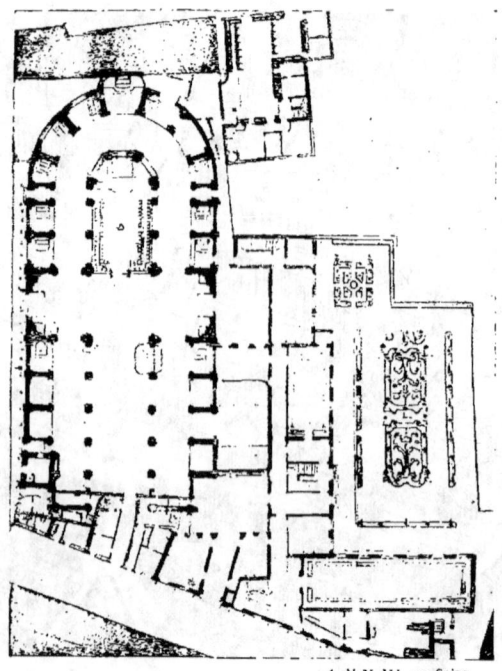

A. N. N. 111, 529, Seine
Eglise et séminaire de Saint-Nicolas du Chardonnet.
(Plan adressé à Gaugé, à Villejuif).

conserver une église absolument nécessaire, très belle[1], d'une parfaite architecture et dont la clôture fera un embellissement de Paris, rue Saint-Victor, sur la route de Fontainebleau ». Cette supplique est signée de la main d'Hylaire, curé, du maréchal de Tonnerre, marguillier d'honneur, et de Nommel, économe[2].

1. C'est l'opinion courante au XVIIe et XVIIIe siècle. On sait qu'elle a changé.
2. Le *Dictionnaire administratif et historiq. des rues et des monuments de Paris*, par les frères Lazare, 1845, porte Hommels, ce qui est une erreur manifeste.

Le roi, par une note écrite de sa main, se contenta de renvoyer la requête à M. de Sartine qui, à son tour, écrivit au-dessous : le Roi m'a remis ce placet le 4 mai 1763. Et ce fut tout[1]. Le nicolaïte Bouchard, qui paraît bien avoir possédé une certaine fortune, aurait, d'après un document inédit, dépensé 80.000 francs pour cette église[2]. A la date de 1778, l'auteur des «*Curiosités de Paris*», signale que « depuis quelques années, on a fait de grands embellissements dans cette église. Elle a été blanchie en entier à l'échelle et sans aucune espèce d'échaffaudage, les piliers du chœur, de la croisée et de la nef ont été cannelés. L'autel, surmonté d'une gloire dorée, laisse voir, à jour, au bout de l'église, au chevet, une chapelle de la Sainte Vierge, brillante par beaucoup de dorure[3] ». Il mentionne également la construction nouvelle des chapelles Saint-Pierre et Saint-Vincent de Paul[4] et l'embellissement de la chapelle de la Communion. Nous savons déjà que, sur la demande des Nicolaïtes, on pratiqua une tribune dans cette dernière chapelle et on en voit encore des traces à l'intérieur des bâtiments du séminaire.

Ceux-ci, à part cette légère modification, offrent le même aspect qu'au début du XVIIIe siècle. Une mesure nouvelle est prise pour leur sécurité. La Communauté consent, le 2 janvier 1787, à ce que Rivière, docteur en médecine à Paris, prenne « à ses dépens, une assurance contre les incendies, pour les maisons de la dite communauté, à la Compagnie établie à cet effet et jouisse des privilèges qu'elle aurait pu y prétendre si elle avait fait assurer elle-même les dites maisons[5] ».

Il semble bien, qu'avec Andrieux, un certain renouveau se manifeste à Saint-Nicolas. Les décisions prises en commun revêtent un caractère éminemment pratique. Les unes concernent la communauté et le séminaire. On nomme une commission de trois membres pour la revision du règlement. « Les prêtres de la communauté et du séminaire n'iront pas célébrer la Sainte Messe ailleurs qu'à Saint-Nicolas. Les prêtres pensionnaires au séminaire

---

1. Les choses sont encore en l'état.
2. *Souvenirs d'un prêtre échappé au massacre de Saint-Firmin.* Pour l'histoire de ce manuscrit, voir p. 456.
3. *Curiosités de Paris* : 1778, tome I, p. 396.
4. Toujours existantes naturellement.
5. *A. N.* MM. 481. La Communauté ne voulait pas courir elle-même les risques d'une expérience sans doute nouvelle.

ne la célébreront qu'à l'heure qui leur aura été indiquée et M. le sacristain sera autorisé à leur refuser des ornements s'ils veulent l'anticiper[1] ». Les autres s'adressent plus spécialement à la communauté et visent les postulants. « Les postulants prêtres, employés dans les fonctions de sacramentaires (chargés par conséquent d'administrer les sacrements sous la direction du vicaire), de préfets, sacristains ou autres, qu'on confie ordinairement aux confrères, percevront, outre la pension alimentaire, 200 livres pour honoraires de leurs messes, auront en outre 2 voies de bois, seront éclairés et blanchis, mais on ne leur donnera point le vestiaire et on ne leur paiera pas le port de leurs lettres[2]. Quant aux prêtres, simples postulants, ils n'auront droit qu'à la pension alimentaire, aux honoraires de leurs messes et au blanchissage ; les postulants non prêtres n'auront que leur pension alimentaire lorsqu'ils en auront besoin et le vestiaire lorsqu'ils le demanderont ». On ne néglige pas la santé des membres de la communauté. Désormais, le procureur devra faire l'emplette de bon vin très vieux à l'usage des confrères malades, convalescents ou infirmes. A l'égard des séminaristes, on stipule qu'on ne recevra pas comme pensionnaires d'autres prêtres que ceux « qui y viendront dans le dessein de s'astreindre à toute la règle de la maison et de se former aux fonctions du ministère ». Nous voilà revenus à un des points essentiels de la règle nicolaïte. On les conduit en promenade commune, et on les mène quelquefois à Gentilly, mais ils ne doivent pas déranger la petite communauté[3]. Tous les ecclésiastiques payeront trois livres pour honoraires du médecin : on ne leur fournira plus ni draps, ni serviettes ; on ne leur donnera à dîner que le tiers d'une bouteille de vin, autant à souper et un huitième à déjeuner. Mais on sait aussi les défendre contre les entreprises du Chapitre de Notre-Dame : on ne lui accorde point ce qu'il a fait « demander par Monsieur le grand chantre, savoir, quelques ecclésiastiques du séminaire pour aller exercer aux fêtes annuelles et solennelles les fonctions d'induts ».

Le nombre des séminaristes n'est pas en diminution sensible :

1. *A. N.* MM. 481.
2. On n'ignore pas qu'alors c'était le destinataire qui payait ce port.
3. *A. N.* H⁵ 3227.

pour le grand séminaire, cinquante et une entrées en 1786, cinquante-six en 1787, quarante-quatre en 1788 [1]. Au petit séminaire, on enregistre, en 1786, quarante-trois entrées au lieu de vingt-quatre l'année précédente; en 1787, trente et une entrées, en 1788, vingt-cinq [2]. Mais la pension sera élevée à six cents francs à partir du 15 mai 1789 : clair retentissement de la grêle désastreuse du 13 juillet 1788 [3], de la durée de l'hiver 1788-1789, et de la famine qui s'ensuivit.

Sans nul doute, à l'occasion de cette famine, la Communauté vota des aumônes extraordinaires, mais la perte du troisième registre des *Conclusions* ne nous permet que des conjectures sur ce sujet. Cependant, nous trouvons un témoignage, aussi touchant que familier, de la charité exercée par les Nicolaïtes. Le procureur de Saint-Firmin, Boullangier [4], nous rapporte le trait suivant : « Pendant l'hiver terrible de 1788, M. l'abbé Bonnet qui était à Saint-Nicolas, depuis plus de trente ans, et qui faisait d'abondantes aumônes aux pauvres de la paroisse, fut environné dans la rue d'Arras par des femmes qui lui demandèrent la charité : il sortait de chez plusieurs malheureux à qui il avait tout distribué ce qu'il avait; il ne put rien donner à ces femmes. Elles le virent prendre un mouchoir pour se moucher et lui dirent qu'il avait au moins un mouchoir qui pourrait leur servir. M. Bonnet le leur donna tout de suite ».

Nous connaissons déjà une grande partie du personnel de cette communauté et nous avons la liste complète des emplois distribués aux élections de juillet 1786 [5]. Econome, *Andrieux*; premier as-

1. *A. N.* MM. 490.
2. *A. N.* MM. 479.
3. *N. E.* 1789, p. 31 : 70 paroisses du diocèse de Paris furent éprouvées par le fléau.
4. Boullangier, procureur de Saint-Firmin en 1792, avait communiqué à l'historien ecclésiastique Barruel, réfugié à Londres, un manuscrit où il avait relaté brièvement le massacre de Saint-Firmin (sept. 1792). L'ex-jésuite Barruel s'en servit beaucoup dans son ouvrage : *Histoire du Clergé de France pendant la Révolution française*. Ce manuscrit, dont l'existence avait été signalée par l'*Ami de la Religion*, n° 122, p. 229, a été retrouvé dans les papiers de l'école de la rue Lhomond. Il nous en a été communiqué gracieusement une copie certifiée fidèle, par Mgr de Teil, le promoteur heureux de plusieurs causes de béatification et vice-postulateur de la cause des martyrs de septembre.
5. Le registre des *Conclusions* (*A. N.* MM. 481,) est fermé le 6 août 1787 par le secrétaire Lanier. Aux Archives nationales, il n'y a pas trace d'un 3° livre des *Conclusions*, et par une singulière coïncidence, le registre MM. 472, qui contient les procès-verbaux des élections d'économes, s'arrête également à 1786. Par tout un ensemble de preuves nous avons pu nous rendre

sistant ou sous-économe, *Lafontan*; deuxième assistant, *Hure*; procureur, *Hure*; préfet du séminaire, *Lanier*; préfet de Villejuif, *Le Tellier* (✝ 1788); préfet de la petite communauté, *Piton*; préfet du séminaire de Laon, *Hébert*; professeur de morale, *Saussol*, (sorti en octobre 1786); directeurs du séminaire et des retraites, *Lafontan, Bize*; sacramentaires, *Bonnet, Antignac, Oviefve*; sacristain, *Bize*; vicaire de Villejuif, *Balzac*; directeur du séminaire de Laon, *Ferrand*[1]; pour expliquer l'Ecriture Sainte, *Simon*; bibliothécaire, *Bouchard*[2]; directeur des postulants[3], *Andrieux*; infirmier, *Simon*[4]; conseillers extraordinaires, *Lanier*, *Piton*; préfet des catéchismes, *Lafontan*; préfet des écoles, *Oviefve*; chapelain des galériens, *Bonnet*; secrétaire de l'assemblée, *Lanier*; directeurs de la petite communauté, *Lafontan* et *Oviefve*; pour les catéchismes des filles, *Couturier*; pour les catéchismes des garçons, *Arnoult*[5]. La communauté comprend quatorze membres[6] et on est obligé, dans la répartition des charges, de cumuler et de faire appel à des étrangers ou conditionnés.

La situation pécuniaire est assez bonne. On a été entraîné à des frais considérables de réfection de bâtiments. Les maisons de la butte Saint-Roch ont été remises à neuf en 1787, mais on a élevé à douze mille livres[7] le prix de la location à Lutton, principal locataire. La ferme de Villejuif, réparée à son tour, est louée par un bail de 1787, à J.-F. Godefroy, laboureur, et Françoise Sevin, sa femme, pour 8.160 livres, avec obligation de voiturer les provisions de vin et de bois pour la maison de Villejuif, mais ce bail

compte de l'exactitude d'Andrieux dans la tenue des livres. Nous n'arrivons pas à expliquer la disparition du 3e livre des *Conclusions*, qui a certainement existé (Cf. *A. N. S.* 6984-6985.) Heureusement que nous avons, pour y suppléer un peu, les registres des dépenses *A. N.* H⁵ 3227 et H⁵ 3330 qui nous conduisent jusqu'au 10 août 1792. Quant à l'absence d'élection en 1789 elle s'explique peut-être par la perturbation générale amenée à cette époque et qui a empêché les élections régulières, précédées comme on le sait, d'une sérieuse retraite difficilement compatible avec l'agitation d'alors.

1. Nous l'avons rencontré lors de l'empoisonnement d'Andrieux. — Quant à Saussol, il devint évêque de Séez (1817). Cf. « Souvenirs de Mgr Saussol », *B. N. L.* n. 27 18557.

2. Son grand âge et probablement ses goûts le désignaient peut-être pour une charge qui ressemblait un peu à une sinécure.

3. Cette charge demandait l'expérience jointe à une grande autorité.

4. Malade lui-même, il devait compatir aux maladies d'autrui.

5. Ces deux derniers disparaissent très vite et n'ont même pas été postulants.

6. *A. N. S.* 6985.

7. *A. N. S.* 6980.

ne doit commencer qu'à la fin de 1790[1]. La ferme de Villeneuve-le-Comte est toujours louée 4.000 livres au brave Tavernier[2], et, sauf l'allocation royale qui se fait souvent attendre, les rentes et revenus sont touchés régulièrement. Par le louage coûteux des terres de Villejuif, par la déclaration à la censive de Sainte-Geneviève[3], passée au terrier de l'abbaye le 26 juin 1786, par la déclaration des biens au terrier de la seigneurie de Vitry pour les terres que le séminaire possédait sur le territoire de cette paroisse[4] (2 mars 1789) on achève de mettre tout à fait en ordre

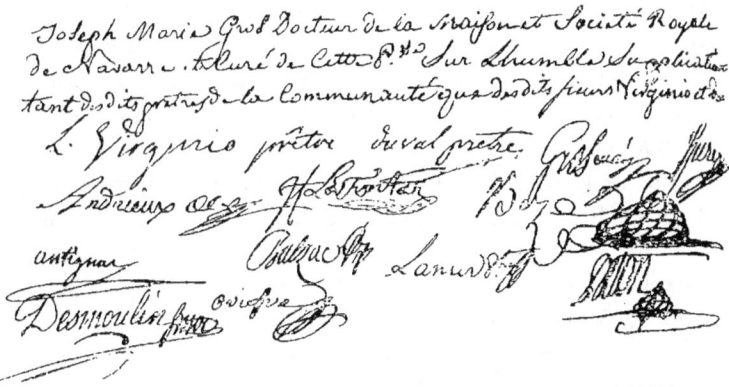

A. N. MM. 478.
Signatures du Curé, de l'Économe et de quelques membres de la communauté.

la comptabilité de Saint-Nicolas. On dirait des dispositions testamentaires en vue de faciliter à l'exécuteur sa tâche. On devine quel va être cet exécuteur.

Nous croyons facilement que l'esprit clairvoyant d'Andrieux prévit, dans une certaine mesure, la tempête qui allait balayer l'ancienne France[5]. Une déclaration royale du 23 septembre 1788 annonça la réunion des Etats Généraux pour le mois de janvier 1789. Petite communauté qui s'administrait en somme à la façon

---

1. *Ibid.* Godefroy achève d'abord le bail de Radot.
2. *A. N.* Q² 126.
3. *A. N.* S 6985.
4. *A. N.* S 6984.
5. Il nous eût été agréable de rencontrer des appréciations formulées par les Nicolaïtes sur les événements qui vont se dérouler. Il nous faudra, en l'absence de documents détaillés, nous contenter trop souvent de simples mais précieuses indications.

d'une minuscule république, Saint-Nicolas ne fut peut-être pas effrayé de ces assises solennelles attendues de beaucoup avec une impatience qu'on ne peut se dissimuler. Mais dans cette fin de monarchie, les rouages ne fonctionnaient plus que difficilement et c'est à peine si le règlement qui devait présider aux élections parut le 24 janvier. Il fixait, cette fois, l'ouverture des Etats au lundi 27 avril. Paris y jouissait d'un régime particulier. Seule de toutes les villes de France, la capitale avait une représentation à part, indépendante de la prévôté et de la vicomté de Paris, de sorte que dans l'ensemble de la vicomté de Paris, le clergé devait avoir deux réunions : l'une, *intra muros*, et l'autre, *extra muros*. D'après le règlement royal du 28 mars 1789, déterminant les conditions spéciales à la prévôté et vicomté de Paris, règlement interprété par le roi le 13 avril, le clergé *intra muros* devait élire dix députés [1].

Enfin, le 15 avril [2], le marquis de Boulainvilliers, prévôt de la ville, prévôté et vicomté de Paris, publie son ordonnance qui fixe au mardi 21 avril l'élection des électeurs, et au jeudi 23 avril, l'assemblée générale des trois Ordres ou Etats de la ville et des faubourgs dans la grande salle de l'archevêché. Il y est dit de plus « que tous les curés de la ville et faubourgs de Paris tiendront dans le lieu qu'ils croiront le plus convenable... l'assemblée de tous les ecclésiastiques, engagés dans les ordres, nés français ou naturalisés, âgés de 25 ans et domiciliés sur leurs paroisses, qui ne possèdent point de bénéfices dans l'enceinte des murs de Paris. Que cette assemblée procédera au choix d'un secrétaire et à la nomination de ses représentants à raison d'un sur vingt, deux au-dessus de vingt jusqu'à quarante, et ainsi de suite, non compris les curés à qui appartient le droit de se rendre à l'assemblée des trois états de la ville à raison de leurs bénéfices [3] ». Le dimanche 19 avril, cette ordonnance fut lue au prône, mais nous verrons

---

1. La Noblesse y avait droit également à 10 députés, le Tiers-Etat au double : 20.

2. Ce retard était dû à des contestations de compétence. Le prévôt des marchands, Le Pelletier, avait revendiqué le droit de convoquer les électeurs de Paris.

3. Cette clause donnait ainsi un grand nombre de voix aux prêtres habitués (vicaires) et prêtres libres. Le chapitre de N.-D. protesta, car il n'avait droit qu'à un représentant par 10 chanoines. D'autres chapitres l'imitèrent. Ces protestations furent inutiles. Cf. Chassin, *Les Elections et les cahiers de Paris en 1789*, et surtout A. N. BIII 113. Tome CXIII, (3e partie).

à l'instant que ce fut à contre-cœur. Le lundi 20, il se tint dans la salle Saint-Bernard, à Saint-Nicolas, une assemblée d'élection qui, sans doute, ne comprenait que les Nicolaïtes et prépara la réunion du lendemain [1].

Nous pouvons assister, pour ainsi dire, à cette dernière, car le procès-verbal nous en a été conservé : « Le 21 avril 1789, en vertu de... toutes (lesdites) pièces signifiées à nous, J. M. Gros, docteur et ancien professeur de théologie en la Faculté de Paris, de la Société royale de Navarre, curé de la paroisse Saint-Nicolas du Chardonnet à Paris, et, par nous, lues et publiées au prône de la Messe paroissiale le lendemain dimanche 18 [2] du même mois, en protestant néanmoins contre la dite lecture et publication faite au prône en ce qu'elle n'est ordonnée par le règlement de Sa Majesté pour les Etats généraux que pour les paroisses de campagne [3], article 22 du règlement du 24 janvier, présente année, et en ce qu'elle est contraire aux ordonnances du roi, notamment à la déclaration du roi dûment enregistrée du mois de février 1657 et à celle du mois de mars 1666, dont les articles 20 et 21 portent que les curés ne publieront que de l'ordre des évêques diocésains ce qui leur sera envoyé concernant le service de Sa Majesté et le bien de ses Etats, ce qui n'a pas été observé dans la circonstance présente, laquelle protestation nous renouvelons et consignons dans le procès-verbal afin que la dite lecture et publication ne puisse être tirée à conséquence pour l'avenir ». Cette protestation unique dans les archives de ces élections, indique que Gros est hostile à l'ingérence de plus en plus fréquente du pouvoir civil dans le domaine religieux. Peut-être prévoyait-il jusqu'où la pousseraient les auteurs de la Constitution civile.

Le procès-verbal continue : « et conformément à l'article 2 de l'ordonnance susdite de M. le Prévôt de Paris, se sont assemblés dans la grande salle de notre presbytère, rue des Bernardins, MM. les ecclésiastiques, ci-après dénommés : M. le curé, président de l'assemblée : René-Marie Andrieux, économe des Prêtres de la-

1. Cf. *A. N.* H⁵ 3323, où le menuisier signale pour « cette **assemblée** d'élection qui s'est tenue dans la salle Saint-Bernard », la fourniture « d'une barrières de 11 pieds sur 5 pieds de large, barrée de 3 barres et 3 arcs-boutants. 6 livres ».
2. C'est une erreur : le dimanche était le 19.
3. Les communications du pouvoir civil s'y faisaient couramment du haut de la chaire.

dite paroisse » et 50 autres ecclésiastiques dont quatorze Nicolaïtes [1]. « Tous lesquels ecclésiastiques engagés dans les ordres sacrés, âgés de vingt-cinq ans, habitués ou domiciliés sur la dite paroisse, après que la lecture leur a été faite du susdit article 2 de l'ordonnance, ayant procédé au choix d'un secrétaire, ont nommé unanimement pour remplir cette fonction, Me Saint-Martin, conseiller du roi, clerc en son Châtelet et siège présidial de cette ville. De suite, et conformément audit article second de la susdite ordonnance, l'assemblée, au nombre de soixante-deux membres [2], a procédé, par la voix du scrutin, à la nomination de quatre représentants à raison d'un sur vingt, à l'assemblée générale des trois ordres de la ville, indiquée par ordonnance de Monsieur le Prévôt de Paris, au jeudi 23, du présent mois, tant pour la rédaction des cahiers que pour l'élection des députés de la ville et faubourgs à Paris, pour les Etats Généraux. Ceux-ci qui, par la dite voix du scrutin, se sont trouvés avoir réuni plus de la moitié des suffrages, sont [3] : MM. Andrieux, Lasnier, Pitton [4], Saint-Martin ». On peut constater, par là, l'influence de Saint-Nicolas. Il compte trois représentants, « lesquels susnommés, poursuit le procès-verbal, ont accepté ladite nomination et ont promis de se rendre à l'assemblée indiquée au jeudi 23 du présent mois, et d'y nommer pour représenter leur Ordre aux Etats Généraux, ceux qu'ils croiront les plus dignes pour proposer, remontrer, aviser et consentir tout ce qui peut concerner les besoins de l'Etat ; la réforme des abus, l'établissement d'un ordre fixe et durable de toutes les parties de l'administration, la prospérité générale du royaume, et le bien de tous et chacun des sujets du roi ». Cette assemblée ne se passa pas, c'est évident, sans un échange de vues, et le bas clergé n'était pas le moins avide de réformes. Aussi, « ladite assemblée, ayant jugé convenable pour l'intérêt de la religion et le bien de l'ordre ecclésiastique, de faire un cahier de doléances sur les objets qui lui ont été proposés, a arrêté, d'une voix unanime, que le cahier de ses doléances serait rédigé par sept com-

---

1. *A. N.* B III. 113, p. 244 sqq. Andrieux, Bouchard, Hure, Antignac, Lasnier, Pitton (Piton), Oviefvre, Desmoulin, Duval, sont cités les premiers.

2. 71 ecclésiastiques votèrent à la paroisse de Saint-Benoît (près de la Sorbonne), 85 à Saint-Roch, 173 à Saint-Etienne du Mont 25 à Saint-Séverin, 23 à Saint-Merry, 36 à Saint-Gervais. Cf. Chassin, *Op. cit.*, II, p. 39 sqq.

3. Le curé est, d'office, représentant.

4. Chassin, *loc. cit.*, a lu à tort Ditton. Pitton signe Piton.

missaires, par elle choisis, pour ledit cahier être porté par ses représentants à l'assemblée générale du jeudi 23 du présent mois. Les sept commissaires par elle élus et choisis sont : M. le curé de la paroisse présidant l'assemblée, les quatre représentants ci-dessus nommés et MM. Jean d'Antignac et Jean-Baptiste Arnould ». Le premier est Nicolaïte et le second est, nous l'avons vu, chargé d'un catéchisme, « et les susnommés ont accepté la commission qui leur a été donnée et ont promis de répondre à la confiance de ladite assemblée ». Leurs signatures closent le procès-verbal.

Nous voudrions connaître le rapport de cette assemblée, mais nous le croyons perdu, et nous ne pourrons que faire certaines conjectures en parlant du cahier des doléances du clergé *intra muros*. Le soir du 21 avril, on put connaître le résultat de ces élections au premier degré, à Paris : trois cent quarante-quatre électeurs furent ainsi nommés, ayant en tête l'archevêque et comprenant quarante-sept curés, quatre-vingt-six autres membres du clergé séculier. Concurremment, s'étaient faites les élections de la Noblesse et du Tiers-Etat. Celles-ci nous intéressent particulièrement et nous permettront de mieux nous représenter la physionomie du quartier durant les années qui vont s'écouler. Parmi les soixante districts, délimités par le règlement du 13 avril, celui de Saint-Nicolas du Chardonnet comprenait l'espace circonscrit par le quai Saint-Bernard depuis la rue des Fossés-Saint-Bernard jusqu'à la rue du Jardin du Roi ; puis, rue du Jardin du Roi, en entrant par celle ci-dessus jusqu'à la rue Saint-Victor, rue Saint-Victor à droite, en entrant par la rue du Jardin du Roi ; rue des Fossés-Saint-Bernard à droite, en entrant par la rue Saint-Victor jusqu'au coin du quai, rue de Seine ; rue du Jardin du Roi et enclos de l'abbaye Saint-Victor ; quai des Miramiones ou de la Tournelle, depuis la porte Saint-Bernard jusqu'à la rue des Bernardins ; rue des Bernardins, à gauche, en entrant par le quai [1]. Ce district, avec le district de Saint-Louis-en-l'Ile et le district Saint-Victor, formaient le quartier Notre-Dame. Par une circulaire qui porte bien l'esprit du temps et qui était comme le prélude involontaire de la sécularisation des églises, la ville de Paris, d'accord sans doute avec Mgr de Juigné, notifia aux curés de mettre leurs églises à la disposition des assemblées du

---

1. Chassin, *op. cit.*, 1, 426.

district pour le mardi 21 avril. Le président de cette assemblée primaire tenue à l'église Saint-Nicolas[1] fut Henry, greffier-chef de la chambre des comptes. Il y eut peu de membres présents : le nombre flotta entre cinquante et cent, alors que dans d'autres districts on en compta jusqu'à quatre cent cinquante[2]. Le procès-verbal d'élection primaire de Saint-Nicolas n'existe plus[3]. Y eut-il, malgré la défense du prévôt des marchands, rédaction d'un cahier : c'est ce que nous ne pouvons dire, pas plus que nous ne pouvons donner la liste des électeurs du deuxième degré. Sans doute que, parmi ceux-ci, comme ailleurs, dominaient les gens de robe.

Le surlendemain, 23 avril, les grosses cloches de Notre-Dame

Abbaye Saint-Victor.

appellent à neuf heures tous les électeurs des trois ordres à une assemblée générale qui va se tenir dans la grande salle de l'archevêché, après l'audition d'une messe basse célébrée par Mgr de Juigné en personne. Alors commence la vérification des pouvoirs, puis la discussion relative à la question de savoir si on fera un seul et unique cahier pour les trois ordres ou bien un cahier partiel et distinct pour chacun. Cela ne se passe pas sans difficultés ni contestations, et la séance est renvoyée au dimanche suivant. Le tumulte et le désarroi qui signalèrent cette assemblée

---

1. Un mandement de l'archevêque avait ordonné d'enlever le Saint Sacrement.

2. Cela tient sans doute à ce que ce quartier populeux, mais pauvre, renfermait peu de gens payant un impôt de capitation suffisant (6 livres au principal). D'ailleurs il est avéré qu'il y eut partout à Paris, un grand nombre d'abstentions.

3. Il fut peut-être brûlé en 1871 dans l'incendie de l'Hôtel de Ville.

durent sembler de mauvais augure à nos représentants nicolaïtes. Hure, vicaire de Saint-Nicolas, lut sans doute lui-même au prône le mandement de l'archevêque où, après avoir fait l'éloge de la monarchie et de la monarchie française en particulier, de Juigné indique les futures occupations des Etats Généraux et ordonne des prières pour le succès de cette assemblée.

Celle-ci, d'après le règlement du roi, devait se réunir le lundi 27 ; mais les retards apportés par des élections si compliquées font remettre l'ouverture au 5 mai. Le dimanche 26 avril, le Tiers décide qu'il ne se réunira pas aux deux Ordres ni pour l'élection des députés ni pour la rédaction des cahiers.

Le clergé *intra muros* tient donc son assemblée séparée, le 27. Il faut organiser cette assemblée. De Juigné est acclamé président. On choisit le bureau et, en plus, des commissaires chargés de la rédaction des cahiers. La séance dure jusqu'à trois heures du matin. Gros est nommé en premier lieu, et, après la nomination des autres, on renvoie la prochaine séance au 30 avril. Peut-être qu'en se rendant à cette séance, les Nicolaïtes rencontrèrent, vers trois heures du soir, les émeutiers du quartier St-Marcel qui, mûs sans doute par quelques mystérieux meneurs [1], s'armèrent de bâtons et de bûches dans les chantiers de la rue des Fossés-Saint-Bernard et traversèrent l'eau pour aller rejoindre les ouvriers du faubourg Saint-Antoine et attaquer la manufacture Réveillon [2].

Au 30 avril, Andrieux et ses compagnons se retrouvèrent sûrement à l'archevêché pour élire de Juigné et l'abbé de Montesquiou-Fesenzac [3]. Le lendemain, élection de l'abbé Chevreuil, chancelier de l'Université et enfin l'élection de l'abbé Gros, mais seulement au second tour (le premier tour n'ayant pas donné de résultat). Ce choix auquel collaborèrent nos Nicolaïtes était tout à l'honneur de leur curé qui se trouvait ainsi le premier curé nommé député à Paris. Dut-il cette élection à ses idées d'indépendance et de réformes? On pourrait le conclure d'un écrit qui, heureusement, n'est qu'un pamphlet et où on affirme que de concert avec Fauchet, le futur évêque constitutionnel, et Bérardier, l'ancien syndic de la Sorbonne, Gros aurait, dès les premiers

---

1. Aujourd'hui on ne passe plus pour naïf si on voit dans maint événement de la Révolution l'action occulte de la Franc-Maçonnerie.
2. Ce fut le lendemain 28 qu'eut lieu le pillage.
3. Il était agent général depuis 1785.

moments de la réunion, réclamé « fortement contre l'usurpation des droits imprescriptibles des curés et contre l'asservissement où l'on tient le clergé du deuxième ordre[1] ». Dans la soirée, il accepta et offrit « tous les efforts de son zèle pour le bien de la religion et de la patrie[2] ». C'était accepter une lourde charge dans des circonstances bien difficiles.

B. N. Portraits des députés de l'Assemblée nationale générale. Esquisses au crayon.

J. M. Gros.

Du 5 au 16 mai, Gros, avec les autres commissaires, donnèrent

[1]. *Relation sommaire et véritable de ce qui s'est passé dans l'assemblée du clergé de Paris* intra-muros. Ce pamphlet janséniste serait dû, d'après Quérard, à l'abbé Brugière, futur constitutionnel. Il ne se trouve qu'au British Muséum. Il a été réédité par M. Aulard dans le numéro de janvier-juin de la revue *La Révolution française*. Ce qui nous rend un peu suspect le dire de Brugière c'est son animosité contre Gros qu'il dit n'avoir aucune qualité pour être député et n'avoir été élu que grâce à la « réunion des partisans de l'Université, sous la condition expresse que le parti de Saint-Nicolas se réunirait à celui de l'Université pour faire triompher M. le Recteur ». Par ailleurs, Brugière oppose d'une façon qui nous paraît peu vraisemblable les *factions sulpicienne, nicolaïte, eudiste* à la faction archiépiscopale. Rien dans le passé de Saint-Nicolas n'autorise à admettre une pareille opposition.

[2]. Chassin *op. cit.*, III, p. 291. Aucun prêtre habitué ne fut élu député ou suppléant.

Saint-Nicolas.

lecture du cahier des doléances du clergé *intra muros* qu'ils avaient rédigé à partir de la fin d'avril et ils le remirent le lundi 18 mai à l'archevêque [1]. Il n'a rien de révolutionnaire quoiqu'il révèle des goûts de réformes politiques et sociales. Nous y relevons plusieurs points où nous croyons reconnaître la pensée ou les vœux des Nicolaïtes : « Que le sort des galériens malades et alités soit pris en considération ; que cette vie que la loi leur conserve soit respectée et que leurs chaînes tombent au moment où n'étant plus nécessaires pour le maintien de l'ordre, elles deviennent un supplice insupportable et meurtrier [2] ». L'âme compatissante de Bonnet, chargé de l'œuvre des galériens, nous semble bien avoir inspiré ce vœu. Le cahier demande « que l'état où se trouve réduite la partie du clergé de Paris employée au service pénible des paroisses, à l'administration des sacrements, à l'instruction du peuple, soit pris en considération et que l'on s'en occupe promptement, essentiellement, efficacement, que ces ministres si laborieux et si utiles ne soient plus exposés à manquer souvent des moyens de subsistance les plus nécessaires, d'encouragements dans leurs travaux, de ressources dans les maladies et la vieillesse... que chaque prêtre appliqué aux fonctions du saint ministère ait au moins 1.200 livres de revenus ». N'est-ce pas à l'instigation des prêtres habitués de Saint-Nicolas, que Gros et ses collègues insérèrent cette demande dont Andrieux et ses compagnons devaient connaître l'urgence par leur expérience ajoutée aux confidences qu'ils recevaient [3] ? Vu le retard apporté aux élections de Paris, Gros, avec ses collègues, ne purent rejoindre que le 25 mai les Etats Généraux, réunis depuis le 5. Dans la salle réservée au clergé, Mgr de Juigné, précédé de la croix, fit son entrée, suivi des députés *intra muros*. On y agitait la question si importante de la vérification des pouvoirs. Se ferait-elle en assemblée plénière ou chaque ordre se réserverait-il ce droit pour chacun de ses membres, à l'exclusion des deux autres ordres ? Mgr de Juigné se prononce pour la deuxième solution. Il est battu le 19 et le 26 juin ; il prend sa place dans la salle des séances des Etats Généraux qui se sont proclamés *Assemblée nationale*,

1. B. N. Lᶜ 24/134.
3. Chassin, *op. cit.*, p. 305.
3. On n'a pas oublié que les Nicolaïtes formaient beaucoup de prêtres habitués.

depuis le 17 juin. Mais désormais, il est perdu dans ce qui s'appelait l'opinion publique. Les attaques à main armée, et les calomnies ne lui sont pas ménagées. L'impopularité s'attache à tout le clergé et Gros la connaîtra bientôt à son tour. Lui et ses collègues, l'archevêque en tête, ont beau jeter à la mer tout ce qui n'est pas essentiel à la constitution de l'Eglise, chanter le *Te Deum* au lendemain du 14 juillet et du 4 août, contribuer de leurs deniers au soulagement des « malheureux habitants du faubourg Saint-Antoine... qui viennent de prendre la Bastille, et qui, depuis cinq jours qu'ils avaient quitté leurs travaux pour la patrie, étaient sans pain [1] », malgré tout, le naufrage s'annonce complet, inévitable.

Il commencera par les biens : cette tactique est fructueuse, ancienne et s'appuie sur des sophismes spécieux. Dans les cahiers de doléances, le clergé a offert, le 27 avril, de faire le sacrifice de ses exemptions pécuniaires [2]. Dans la nuit du 4 août, il renonce à ses privilèges et consent au rachat de la dîme ; le 11 août, l'archevêque, en son nom personnel et au nom des représentants du clergé, remet solennellement, dans un discours, « les dîmes ecclésiastiques entre les mains d'une nation juste et généreuse ». Il fait plus : le 26 septembre, il propose, et c'est le vœu, dit-il, « de tous les confrères qui m'environnent, de soutenir l'Etat par la portion de l'argenterie qui n'est pas nécessaire à la décence du culte divin », et un arrêté de l'Assemblée nationale prescrit, au 29 septembre, « « de faire porter à l'hôtel des monnaies le plus prochain, toute l'argenterie des églises, fabriques, chapelles et confréries, qui ne sera pas nécessaire pour la décence du culte ». Nous sommes fondés à croire que, pour Saint-Nicolas du moins, cet arrêté resta lettre morte, car au récolement de juin

---

1. Cf. *Moniteur*, 1789, séance du 18 juillet. La motion fut faite à l'Assemblée par Bessin commandant la garde bourgeoise du district de Saint-Merry. Une souscription volontaire des députés de Paris produisit 45.000 livres. M. de Juigné donna pour sa part 20.000 l. et Gros fut chargé avec 3 autres commissaires d'offrir le total de cette souscription à l'assemblée des électeurs de Paris: *Ibid*.

2. Les biens ecclésiastiques étaient, on s'en souvient, exempts de la taille (impôt direct) et des droits d'aides (impôts indirects). Nous avons trouvé plusieurs traces de ces exemptions pour les entrées de vin à Saint-Nicolas, en vertu d'un privilège par le roi en 1678. En 1730, Saint-Nicolas paya 720 l. la confirmation de ce privilège. A. N. M. 199.

1791, on retrouve les mêmes objets qu'avait mentionnés l'inventaire de 1785-1786[1].

Mais tous ces sacrifices, en somme, ne sont encore que promis ou offerts. Bientôt, il faudra se résigner à tout perdre réellement. La lutte devient, en effet, de plus en plus vive entre le tiers-état et l'ancien régime, dont le clergé, pour des raisons multiples, devient bientôt le représentant détesté. Au district de Saint-Nicolas du Chardonnet, cette lutte revêtira bien des formes, et il nous faudra la suivre, sous peine de ne rien savoir des émotions qui, ajoutées aux incidents généraux si graves et si multipliés, durent alors troubler le calme de la Communauté et du séminaire.

Les électeurs primaires du Tiers-État ne s'étaient point séparés une fois les élections terminées. Illégalement, mais impunément, ils continuèrent à se réunir. A quelle époque, à Saint-Nicolas, quittèrent-ils l'église pour leurs assemblées? c'est ce que nous pouvons préciser; ce fut à partir du 13 juillet, c'est-à-dire du jour où le district fut érigé en commune[2]. A l'hôtel de ville, en effet, les électeurs du second degré, à leur tour, forment, adjoints à l'ancienne municipalité, une *assemblée générale* qui, le 13 juillet, constitue dans son sein un comité permanent[3]. Il convoque les districts et leur confie, suivant le langage du temps, le soin de défendre la liberté : et voilà créés soixante[4] petits états, à la fois indépendants et unis au comité permanent, première ébauche de la Commune de Paris. Tous ces états s'organisent à leur fantaisie et toutes les charges sont électives : toutes les questions sont de leur ressort, même la rentrée des impôts. L'abbé de Saint-Martin, qui nous apparaîtra comme un intrigant, signe, le 23 juillet, en qualité de vice-président, une affiche contre « plusieurs particuliers égarés par de faux principes de liberté (qui) empêchent la libre perception d'impôts *recréés* par l'Assemblée et qui existaient avant sa convocation, ou même s'en appliquent le profit » et, après avoir arrêté « que les pères de famille négociants... et généralement tous les citoyens, sont invités à employer tous les moyens... à ramener au bon ordre ceux qui sont

1. Sauf quelques objets, marqués vendus, en 1791.
2. *B. N.* Lb 40/1640.
3. Presque aussitôt, il prend le nom de comité provisoire
4. Nous ne parlons pas du district éphémère de l'Université. Ces petits états prennent le nom significatif de *district ou commune*.

dans leur dépendance », l'abbé décide, avec trois de ses collègues, « que le présent arrêté sera imprimé et affiché sans délai dans l'étendue du district de Saint-Victor[1] ». Son âme de clerc au Châtelet dut être satisfaite. Il pouvait légiférer. Il a déjà adhéré avec son district à la nomination de Bailly, comme maire de Paris, et à celle de La Fayette, comme chef de la garde nationale, créée au lendemain de la prise de la Bastille : Andrieux et les trois autres Nicolaïtes ne l'ont pas suivi dans cette carrière politique où il va poursuivre sa route. On ne les voit plus figurer nulle part : leur modestie, leurs occupations sérieuses et multiples ne leur permettent guère de le faire. Bouchard, peut-être, s'intéressa à ces luttes, ainsi que le jeune Desmoulin. Nous avons quelque raison de le soupçonner, mais aucune preuve directe ne nous a été fournie[2].

Furent-ils de l'assemblée du 23 juillet, où, sur l'invitation de Bailly, le district de Saint-Nicolas, comme les cinquante-neuf autres, élut deux délégués pour légaliser et compléter la Municipalité provisoire et former l'assemblée des *Représentants de la Commune*, c'est ce que nous ne pouvons affirmer. Mulot dut avoir une déception. Ce furent Thouin, de l'Académie des Sciences, et l'avocat au Parlement Perron, qui furent choisis par les trois ordres du district, convoqués au son du tambour. Mais il prit sa revanche, le 5 août, aux élections complémentaires[3], où le district le nomma comme représentant. Le lendemain, des députés du district viennent inviter « l'*Assemblée des Représentants* à assister à un service qui devait être célébré en mémoire des braves citoyens morts au siège de la Bastille, et à l'oraison funèbre qui sera prononcée par M. l'abbé de Saint-Martin, président du district[4] ». Tous les districts célébrèrent cette cérémonie.

1. Signé : De Jussieu, le botaniste célèbre, président; l'abbé de Saint-Martin, vice-président; Dufet secrétaire. Fr. Mulot, chanoine de Saint-Victor, vice-secrétaire. *B. N.* n. a. f. 2683.
2. On verra plus loin sur quoi nous appuyons notre conjecture.
3. Cf. Sigismond Lacroix, *Actes de la Commune de Paris, pendant la Révolution*, 1re série I, p. 95.
4. *Ibid.*, p. 105. En veine d'ambition, de Saint-Martin s'offrit le 23 août pour être aumônier de la garde-nationale parisienne; il ne fut nommé que le 13 septembre. *Ibid.*, p. 320.557. Dans cette carrière politique il trouve un émule dans Fr. Mulot, qui écrit avec l'abbé de Montmignon, un rapport sur l'organisation à donner à la Municipalité de Paris, rapport inspiré de Montesquieu et des idées républicaines. Cf. *B. N.* Lb 40/1637.

Celle de Saint-Nicolas fut particulièrement brillante. Décidée le 27 juillet, en assemblée générale, l'abbé Gros, « témoin de cette délibération et charmé de l'occasion qui se présentait de suivre les mouvements pieux et patriotiques de son cœur, » s'était offert pour célébrer ce service, ce qui fut accepté. Par acclamation, le rôle d'orateur avait été dévolu à l'abbé de Saint-Martin. Le 8 août, au matin, au lever d'une aurore radieuse, la cloche de Saint-Nicolas s'unit à celle des autres communautés ecclésiastiques pour annoncer la fête. Entre onze heures et midi, l'abbé Gros et « toutes les personnes qui servaient à l'autel, présentèrent à la porte l'eau bénite ». Mille cinq cents hommes en troupes, gardes nationaux du district, gardes françaises : vainqueurs de la Bastille, députations de Saint-Louis-en-l'Ile, de Saint-Antoine, avec « les lambeaux honorables des drapeaux qu'ils avaient pris », entrèrent, armes renversées, et se rangèrent dans l'église, à des places marquées. La marquise de La Fayette vint en personne et fut placée au banc-d'œuvre ainsi que le prévôt de Paris, Bailly. Les Nicolaïtes, ce jour-là, ne remplirent pas seuls les fonctions sacrées. « On avait choisi, pour accompagner Monsieur le Curé dans ses fonctions, trois ecclésiastiques du district, et chacun d'un corps différent ; on observa encore ce mélange dans le choix des chantres et de ceux qui vinrent à l'offrande » pour bien marquer l'union des cœurs. Après l'offrande, de Saint-Martin prononça son discours [1] qui fut accueilli par des applaudissements généraux [2]. Les séminaristes firent entendre « un chant simple et lugubre », mais les instruments exécutaient alternativement « une musique militaire ».

Ces séminaristes assistèrent-ils, le 2 septembre suivant, à la cérémonie de la bénédiction des drapeaux du district de Saint-Nicolas, c'est presque certain, et ils entendirent, cette fois, le chanoine Mulot dans son discours sur la Liberté. Il y louait la Providence qui conduisait dans les temples « toutes les troupes qu'ont formé le patriotisme et l'amour de la liberté » ; il disait

---

1. Dans la plaquette B. N. Lb 40/1640 qui contient un récit intéressant de cette fête, l'auteur anonyme, (nous croyons que c'est de Saint-Martin lui-même) indique que son discours est en tête de l'opuscule. Nous ne l'avons pas trouvé dans l'exemplaire de la Bibliothèque nationale. Nous avons omis des détails curieux, sur la matinée et la soirée de ce jour.

2. On voit combien le respect dû aux églises s'était altéré par l'habitude prise auparavant d'y tenir des assemblées.

aux vainqueurs de la Bastille : « vous n'avez fait que vous défendre lorsque le despotisme a voulu vous écraser; le despotisme, eh! ce n'était pas dans la main du Souverain qu'il avait sa force : le Souverain lui-même en était la première victime ».

Mais il est obligé de constater que, depuis ce jour, la religion « tenait autour d'elle ses ministres [1] effrayés par le bruit des armes et outragés trop souvent par le peuple », et, dans la deuxième partie de cette allocution, il adjure ses concitoyens d'être calmes et de ne pas abuser de la liberté [2]. A son gré, la Révolution était terminée; nous le verrons, bientôt, faire quelques pas de plus.

Quelle répercussion causèrent, sur la Communauté et sur les deux séminaires ces événements qui se succédaient si rapidement, nous ne pouvons le dire d'une manière précise. Sans aucun doute, on suivit avec intérêt et probablement avec passion, ces débats et ces luttes. Les séminaristes âgés de vingt-cinq ans avaient assisté aux élections et les électeurs nicolaïtes du deuxième degré ne pouvaient manquer d'être interrogés sur la part prise aux délibérations de l'Archevêché et ensuite de l'Hôtel de Ville.

Après le 14 juillet, on s'abstint probablement de paraître dans les rues, car, au dire de Gosselin [3], « ce ne fut qu'au bout de huit jours qu'on put paraître en soutane et encore, à la condition d'avoir, à la boutonnière, la cocarde tricolore ». D'après les comptes du serrurier Jullien, il paraît bien qu'après cette célèbre journée, on fit, à Saint-Nicolas, une exacte révision des serrures [4]. Qu'allait être la rentrée d'octobre? L'hostilité qui se dessinait contre le clergé allait-elle provoquer un recul dans le nombre des séminaristes? La rentrée fut relativement bonne au grand séminaire, et, dans l'année 1789-1790, on put compter quarante-neuf nouveaux, mais elle fut nulle au petit séminaire où un seul élève semble s'être présenté [5]. La clientèle de la rue du Mûrier avait probablement pris peur et une partie se préparait sans doute

---

1. En d'autres termes, le clergé n'osait plus se montrer au dehors.
2. *B. N.* Lb 40/363.
3. *Vie d'Emery*, 1861, I, p. 225.
4. *A. N.* H⁵ 3323.
5. Joseph Gaucher; il venait faire sa logique. Il entra le 6 octobre 1789. Sans doute, il fut ensuite incorporé au grand séminaire. Dans un registre de dépenses, nous constatons que les recettes du petit séminaire s'élèvent, pour le trimestre juillet, août, septembre 1789, à 2639 l. au lieu de la moyenne de 5000 l. Au mois d'octobre, il y eut 951 l. de recettes; au mois de novembre, 352; au mois de décembre, 25. *A. N.* H⁵ 3323.

à émigrer, pour échapper aux vexations qu'elle croyait transitoires. Il fallait un certain courage pour affronter les injures incessantes ; « l'habit ecclésiastique, semblable au bâton blanc des lépreux, est devenu un signe de réprobation sociale[1] », à telles enseignes que, le 15 octobre, l'assemblée générale des Représentants de la Commune de Paris est obligée d'envoyer une adresse à tous les habitants de Paris pour le maintien de la tranquillité publique. « Ce n'est qu'avec douleur que nous avons vu les excès auxquels on s'est livré contre les ecclésiastiques[2] ». Il s'agit surtout ici des ecclésiastiques députés à la Constituante[3] et très probablement de ceux qui, à l'heure du danger, se trouvèrent à côté du roi, dans le sinistre retour du 6 octobre à Paris. Parmi les cent députés chargés de cette périlleuse et noble mission, nous retrouvons Gros qui dut partager les opprobres prodigués à ses confrères.

Toutes ces avanies finissent par démoraliser le doux archevêque de Paris. Il a eu beau donner mille preuves de sa bonté, de sa charité, de sa condescendance aux idées du jour, bénir à Notre-Dame, le 27 septembre, les drapeaux de la garde nationale, offrir la chapelle de l'archevêché pour servir de local à la Constituante qui veut suivre le roi à Paris, son impopularité ne diminue pas. Pour ces motifs et d'autres encore, il part avant le 15 octobre pour l'étranger et va se fixer à Chambéry[4], d'où il communiquera avec son diocèse. Faut-il le blâmer ? Rester à son poste eût été héroïque. Le modeste de Juigné ne visait pas à l'héroïsme. Il n'était pas fait pour la lutte. Il préféra se retirer du champ de bataille. Sa dignité d'archevêque ne serait plus grossièrement outragée[5] et sa présence n'exciterait plus des adversaires irréductibles. Mais avant de partir, il laissait pour administrer le diocèse sept vicaires généraux : Chevreuil, d'Argent, que nous avons vu présider l'élection d'Andrieux, du Bois-Basset, de Dampierre, de Floirac, de la Bintinaye, de Malvaux. Celui-ci, ancien condisciple de Mgr de Juigné au séminaire Saint-Nicolas,

---

1. Cf. Gorsas, *Courrier de Versailles à Paris*, tome IV, p. 182.
2. La commune de Paris en envoya un exemplaire à chaque curé, pour le lire en chaire. Cf. Sig. Lacroix, *op. cit.*, 1re s. t. II, p. 310.
3. *L'Assemblée nationale* a pris ce titre après le 27 juin.
4. Après avoir pris les eaux à Aix-les-Bains ; le prétexte était plausible.
5. Le 24 juin il avait failli être lapidé par la populace.

avec Mgr de Beauvais, ex-évêque de Senez, devait mourir en avril suivant dans le palais archiépiscopal.

Des responsabilités bien lourdes, quoique partagées, allaient peser sur les épaules de ces administrateurs, car, à tort ou à raison, l'Église de France aime à être guidée par la capitale.

La Révolution prend, au mois d'octobre, une attitude de plus en plus agressive à l'égard de cette Église. Elle s'attaque d'abord aux biens. Le 11 août, les dîmes ecclésiastiques, dont de Juigné avait fait l'abandon, furent abolies par décret[1]. Cela ne touchait pas Saint-Nicolas qui n'était pas décimateur. Il en était de même, semblait-il, tout d'abord, de la proposition faite par Talleyrand, le 11 octobre, de mettre les bénéfices ecclésiastiques à la disposition de la nation. Cette proposition fut le point de départ d'une longue discussion de trois semaines qui aboutit enfin, le 2 novembre, au vote de la proposition Mirabeau et au fameux décret d'expropriation[2], sanctionné par Louis XVI, le 4 novembre. La spoliation, il est vrai, n'était décidée qu'en principe ; on déclarait les biens du clergé à la disposition de la nation. Pour en préparer plus sûrement la réalisation, un décret du 13 novembre[3] obligeait tous titulaires de bénéfices, tous supérieurs de maisons et établissements ecclésiastiques à faire, dans le délai de deux mois, devant les officiers municipaux, une déclaration détaillée de tous les biens mobiliers et immobiliers dépendant desdits bénéfices et établissements, ainsi que de leurs revenus, avec un relevé des charges dont ces biens pouvaient être grevés. Le 27 novembre, un autre décret venait le compléter : « Dans tous les monastères et chapitres où il existe des bibliothèques et des archives, lesdits monastères et chapitres seront tenus de déposer aux greffes des juges royaux, ou des municipalités les plus voisines, des états et catalogues des livres qui se trouveront dans les dites bibliothèques et archives et d'y désigner plus particulièrement les manuscrits ». Saint-Nicolas avait déjà fourni

---

1. Elles continuaient à être perçues jusqu'au moment où elles seraient remplacées par une subvention de l'État.

2. Origine de l'ancien budget des cultes.

3. Le décret porte la date 13-18 nov. 1789. Cf. Duvergier, *Lois, Décrets*, I, p. 68. « Lesquels déclaration et état seront par eux affirmés véritables devant lesd. juges ou officiers, et seront publiés et affichés à la porte principale des églises de chaque paroisse où les biens sont situés et envoyés à l'assemblée nationale par lesd. juges et officiers. »

plusieurs fois aux chambres ecclésiastiques chargées de la répartition des impôts, et aux censives de Saint-Victor et de Sainte-Geneviève, de semblables déclarations. Dans tous ces cas, on obéissait à une autorité compétente. Fallait-il le faire à l'égard d'une autorité civile, pour laquelle cet inventaire n'était que le premier acte de la spoliation définitive ? Saint-Nicolas, comme l'abbé Gros, si susceptible d'abord, quand il s'agissait d'ingérence civile dans le domaine ecclésiastique, devait y répugner, mais on ne voit pas, qu'à Paris du moins, il y ait eu quelque résistance sur cet article. Aussi se prépara-t-on à fournir ainsi soi-même des armes à ses adversaires.

Un avis du département du domaine [1] (2 janvier 1790) signé : Bailly, maire; Le Couteulx de la Noraye, lieutenant de maire; Pitra, Avril, Santerre et Trudon des Ormes, conseillers administrateurs, avis inséré au *Moniteur* (numéro du 7 janvier), spécifiait, que c'était le Département du Domaine qui devait recevoir les déclarations. De Juigné semble avoir été un des premiers à se plier à ces exigences de la Constituante. Dès le 3 février, il a, dans « l'Hôtel du seigneur marquis Costaz, situé rue Croix-d'Or, à Chambéry, donné procuration à Jean Ponsard, son archiviste à Paris, pouvoir de remettre en son nom la déclaration des revenus et charges de l'archevêché [2] ».

Le mandement des vicaires généraux du 4 février, n'abordait pas la question et se contentait, à la sollicitation du maire de Paris et du procureur syndic, de permettre aux fidèles l'usage des œufs pendant le carême, du mercredi des Cendres exclusivement au dimanche des Rameaux inclusivement.

Le 13 février, se fait la déclaration des biens et revenus de

---

1. Pour mieux comprendre les opérations ultérieures, nous croyons utile de rappeler que de nov. 1789 à octobre 1790, Paris possédait, au point de vue municipal : 1º Un *Maire* élu par les districts. — 2º l'*Assemblée des Représentants de la Commune*, (240, élus par les districts.) — 3º *Le Procureur de la Commune et ses deux substituts*, (élus par l'Assemblée). — 4º *Le Conseil de Ville*: présidé par le maire et composé de soixante membres élus par les districts. Il se divise en 9 sections : a) *Le Tribunal contentieux*; b) *Les départements administratifs* : Substances et approvisionnement. — Police. — Direction des établissements publics. — Travaux publics. — Hôpitaux. — Domaine de la Ville. — Impositions. — Garde nationale parisienne. — Chacun de ces départements est présidé par un lieutenant de maire, élu par le Conseil de Ville. *En réalité ce sont les Départements qui administrent, et, plus spécialement, le lieutenant de maire assisté du conseiller-rapporteur.* Cf. Sig. Lacroix, *op. cit.*, 1re série, II, p. X et XI.

2. *A. N.* S. 1066 A.

l'archevêché par l'archiviste, au nom de Mgr de Juigné. Andrieux et son procureur Piton (Hure n'est plus que vicaire)[1] travaillent à la rédaction de l'état à fournir pour Saint-Nicolas. Leurs archives, bien classées, leur facilitent cette tâche. Le 26 février, ils jettent sur le papier, une sorte de brouillon, un projet un peu sommaire de déclaration. Cependant, ils entrent dans quelques détails relatifs surtout au mobilier. Ils décrivent en particulier leur bibliothèque « dont la boiserie en bois de chêne et d'autre qualité, forme, du haut en bas, cinq rayons et qui contient environ 12.000 volumes in-folio, in-quarto, in octavo, in-douze et autres, dont les sujets sont l'Ecriture sainte et les interprètes ; l'histoire des Conciles et autres qui y ont rapport, les ouvrages des Saints Pères et auteurs ecclésiastiques, sermonaires anciens et nouveaux, histoire sacrée et profane, jurisprudence, dictionnaires, rubriques, théologie, livres ascétiques, mélanges, littérature et livres hérétiques ». Plus, au petit séminaire, dans l'antichambre du supérieur, environ 250 volumes ; et enfin, à Villejuif, une autre bibliothèque contenant 160 volumes in-folio, 286 in-quarto et in-octavo et 1.228 in-douze[2]. Ces chiffres sont corroborés par les catalogues qui se trouvent à la Bibliothèque de l'Arsenal et qui, rédigés avec soin par Bouchard en 1772, accusent dans les trois corps de bibliothèque existants au grand séminaire exactement 12.287 volumes[3]. Ils indiquent que les Nicolaïtes ne négligeaient pas l'étude, quoiqu'ils livrassent peu de choses à l'impression. Ils tiennent un assez bon rang, à ce point de vue, parmi les établissements du même genre[4]. Le lendemain 27, le curé de Saint-Nicolas fit, demeurant en son presbytère, une déclaration globale[5].

1. Cependant nous rencontrons plus tard des baux signés par Hure, procureur. Nous avons déjà vu deux procureurs à la fois à Saint-Nicolas, au commencement du XVIIIᵉ siècle. C'est Piton qui, seul, semble reconnu par l'Administration.
2. *A. N. S.* 6980-6981. Cette déclaration comprend 4 pages de format 44/29c et elle est signée Andrieux.
3. *B. A.* ms 6205.
4. Voici quelques chiffres qui ont leur signification : Lazaristes, 20.000 vol. (une partie étant détruite par le pillage du 13 juillet 1789). Missions étrangères, 15.000 ; L'Oratoire, (Saint-Honoré) 37.750. Saint-Firmin, 4.000 ; Saint-Germain-des-Prés, 49.000. Saint-Magloire, 13.000. Saint-Sulpice, 26.000 à Paris, 5.000 à Issy ; Saint-Victor, 34.000 (18.000 mss) ; Les Trente-Trois, 4.700. Cf. *B. A.* ms. 6487.
5. *A. N. S.* 3464.

Ces formalités inquisitoriales ne font que commencer. Le 15 mars, Andrieux rédige de nouveau une déclaration plus explicite que celle du 26 février et la présente. Il est obligé de retourner le lendemain devant le lieutenant de maire au département du domaine de la ville de Paris, Le Couteulx de la Noraye, pour signer une minute plus complète. Il se voit sommé « de comparoir par lui ou par procureur fondé, le mardi 30 mars, du présent mois, onze heures du matin, à l'audience de MM. tenant le tribunal contentieux de la municipalité, pour y réitérer et affirmer la présente déclaration et en voir ordonner la publication [1]. Avant de se retirer, il a signé un duplicata où, bien distribués, se trouvent énumérés tous les articles exigés par la loi. Nous en connaissons déjà une grande partie. En premier lieu, les biens fonds : puis les rentes et revenus divers, les charges fondées, les cens et rentes à fournir, réparations, dettes actives, dettes passives, mobilier. Nous ne relèverons que quelques points plus caractéristiques. La Communauté donne cinq cents livres au maître d'école qui est à sa charge. (Les deux autres sont à la charge de la paroisse). Elle donne, à titre de cens : au domaine du roi, 25 livres, 13 sols ; à l'abbaye Saint-Victor, 5 livres, 2 sols ; à l'abbaye Saint-Antoine, 12 sols ; à l'abbaye Sainte-Geneviève, 8 sols ; au chapitre de Notre-Dame, 6 sols ; à l'archevêché de Paris, 12 livres, 2 sols ; à la commune de Villeneuve-le-Comte, 310 livres ; à l'abbaye d'Hermières, 48 livres. Elle paye 1.596 livres de décimes. Quant au mobilier, notons que le réfectoire est garni, dans son pourtour, d'une boiserie avec une chaire et onze tables et cinq tableaux ; qu'il y a trois salles [2] dans l'intérieur de la maison avec deux parloirs externes, et toutes ces pièces sont garnies d'anciennes boiseries et de bancs dans leur pourtour. Il y a de plus, la salle des *retraites* et la salle dite *des Hôtes* ; deux *infirmeries* garnies de cinq lits et autres meubles nécessaires. Le bâtiment renferme 96 chambres pour les séminaristes et 5 pour les domestiques, garnies d'un lit et d'une table et plusieurs d'une chaise ; quelques-unes des chambres de séminaristes ont une alcôve ; vingt chambres pour les prêtres

---

1. *A. N. S.* 6980-6981.

2. Nous croyons qu'il s'agit des 3 salles du rez-de-chaussée : salle Saint-Bernard, salle des Exercices, salle interne, (procure ou boutique à la fin du XIXe siècle).

et les directeurs, sont garnies d'alcôve. Relativement à la bibliothèque, Andrieux mentionne, cette fois, l'absence de manuscrits et la présence de plusieurs portraits d'évêques, deux de princes (un du prince de Conti), d'autres, de curés et de prêtres de la paroisse et un du Pape. On se souvient que Nommel avait légué à Saint-Nicolas un cabinet d'histoire naturelle ; nous le retrouvons : il comprend sept à huit tiroirs remplis d'anciennes pièces de monnaies de cuivre et de médailles en plomb et en cuivre ;

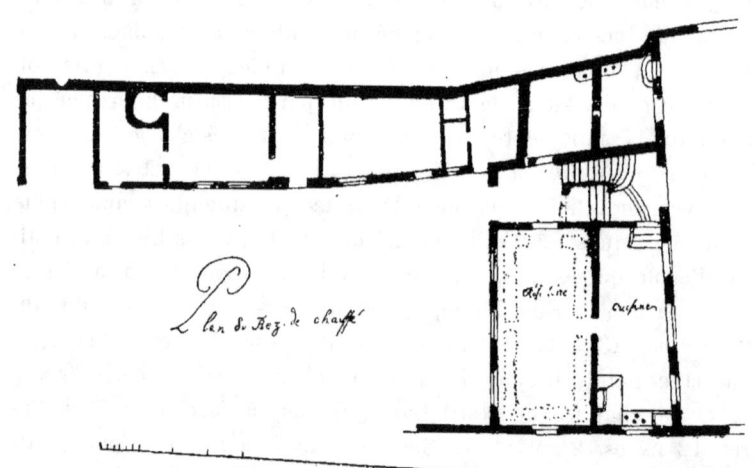

Gentilly (Maison de campagne de Saint-Nicolas).

quinze ou seize tiroirs remplis de coquillages, un tiroir de « morceaux de mines », deux oiseaux, quelques poissons, quelques plantes maritimes, etc. C'était modeste, mais cette pièce indiquait une certaine curiosité, éveillée sans doute par les ouvrages de Buffon. A la sacristie de la paroisse, la Communauté avait en propre « 70 chasubles complètes de toutes couleurs », et de différentes valeurs, 46 aubes communes, 74 garnies de mousseline, 20 de baptiste unie, et par ailleurs, 186 *polemites* ou demi-surplis, 188 surplis.

Peu de chose à relever à la petite communauté : le réfectoire, la salle des Exercices et les deux petits parloirs sont, eux aussi, entourés de boiseries, et les quarante chambres de séminaristes sont garnies d'un mobilier en assez mauvais état. A Villejuif, nous ne remarquons que la présence d'un billard et de quelques autres jeux (damiers, tric-trac);... les chambres sont assez nombreuses puisqu'elles renferment trente-neuf matelas; nous mentionnons aussi un petit oratoire (celui de Tricalet) où se trouve un petit autel. Cet oratoire servira l'an prochain; à la sacristie, se trouvent quinze chasubles et treize aubes. « Comme on porte tout de Paris, dans le temps des vacances, Gentilly n'est pas meublé. Il a un réfectoire, une salle de jeux où sont deux billards, et une autre salle pour les jeux plus tranquilles; de plus, un cheval, pour apporter les légumes. A Villeneuve-le-Comte, nous avons, dit Andrieux, deux chambres, deux lits garnis. L'argenterie se réduit, à Paris, à deux douzaines de couverts et quelques ustensiles; à Villejuif, il y a six vieux couverts, six couverts à café; à la sacristie de Paris, six calices avec leurs patènes. Puis, pour finir, Andrieux ajoute : il y a dans la maison un chartrier où se trouvent les titres des différentes propriétés de la communauté, on n'en a détourné aucune pièce. Au corps de la pièce, il a fourni la balance suivante :

Le revenu total se monte à la somme de   64.126 liv. 5 sols.
Les charges totales, à la somme de   45.939 liv. 10 sols.
Le produit net est de   18.186 liv

« Ce produit, joint au casuel qui revient de l'église, pour messes de dévotion, enterrements, baptêmes, mariages et extraits, qu'on n'a pas évalué et qui n'est pas très considérable, dont une partie emporte charges, sert à la nourriture et à l'entretien, en maladie comme en santé, de dix-huit à vingt prêtres occupés à desservir la paroisse de Saint-Nicolas et de Villejuif, et le *grand et le petit séminaire du diocèse* et aux gages et nourritures d'environ douze domestiques pour les trois maisons et aux charges accidentelles [1] ».

Conformément à la sommation précitée, Andrieux se présente le 30 mars, devant le Tribunal contentieux [2], à l'heure marquée. Il réitère sa déclaration, affirme qu'elle contient la vérité, qu'il n'y a pas eu de distraction de titres. De Joly, lieutenant de maire, ordonne que cette pièce sera « imprimée et affichée à la

---

1. *A. N. S.* 6980-6981. Exemplaire du 15 mars. Dans l'exemplaire du 17 mars, on réduit le chiffre des Nicolaïtes à 15. « Le supérieur du séminaire de Laon étant à la charge de ladite maison ».

2. Cf. Sigis. Lacroix, *op cit*, 1re série, III, p. 680.

porte de l'Hôtel de ville et à celle de l'église » de Saint-Nicolas du Chardonnet. Au 16 avril, ce fut au tour de Gros de se présenter devant le lieutenant maire Le Coulteulx et les mêmes formalités furent remplies [1].

Au retour de l'hôtel de ville, Gros et Andrieux durent se dire que l'heure des sacrifices pécuniaires allait bientôt sonner. Ils prévoyaient, en même temps, quelles difficultés doctrinales allaient surgir et quels assauts la religion aurait à subir. Autour de Saint-Nicolas commençait à se faire sentir le contre-coup des lois préparées, en général, par un *comité* dit *ecclésiastique* [2], nommé le 20 août. Elles étaient savamment graduées. La loi du 29 octobre 1789 suspend provisoirement les vœux monastiques. Celle du 13 février [3] ne les reconnaît plus, supprime les ordres dans lesquels on les fait, ouvre la porte des monastères à ceux qui veulent sortir, fixe un séjour aux autres, et à tous un traitement.

Les religieuses pourront rester dans les maisons qu'elles occupent. Les Miramiones envoient au comité ecclésiastique une adresse où elles rappellent que leur communauté purement séculière et laïque, est une maison de retraite et de charité. Elles insistent pour que leurs biens soient distraits de la liste des biens nationaux et qu'on leur accorde la faculté d'associer de nouveaux sujets à leurs bonnes œuvres [4]. Cela n'empêche pas la visite inquisitoriale des commissaires de Jussieu, Lejeune, de la Rivière, qui sont nommés pour cet effet, le 26 mai 1790.

Saint-Firmin comme séminaire, le Cardinal-Lemoine comme collège, continuent leurs exercices ordinaires. Mais il y a, depuis le 24 février, un changement notable chez les Bernardins. On se souvient de l'hôpital du Saint-Esprit presque contigu à l'Hôtel de ville ; il avait été un lieu d'épreuve pour Bourdoise. Aujourd'hui, l'administration municipale a jeté son dévolu sur lui pour en faire une caserne, qui sera ainsi sous sa main. De Jussieu,

---

1. Voir cette déclaration *A. N. S.* 3464. Balance : Revenus, 4473 l 15 sols. Charges forcées, 738 l.

2. Ce comité comprenait primitivement 15 membres, dont quelques-uns, bien intentionnés. Le 7 février 1790, la Constituante, en vue des mesures vexatoires à prendre, leur adjoignit 15 nouveaux collègues, tous, sauf un, empruntés à la gauche. Les membres de la droite se retirèrent.

3. Complétée par celle du 20.

4. Cf. A. Tuetey. *Répertoire général des sources manuscrites de l'histoire de Paris, pendant la Révolution française*, tome III. Introd

lieutenant de maire aux hôpitaux, a entamé des négociations avec les Bernardins. A la fin de janvier, ils sont prêts à quitter leur

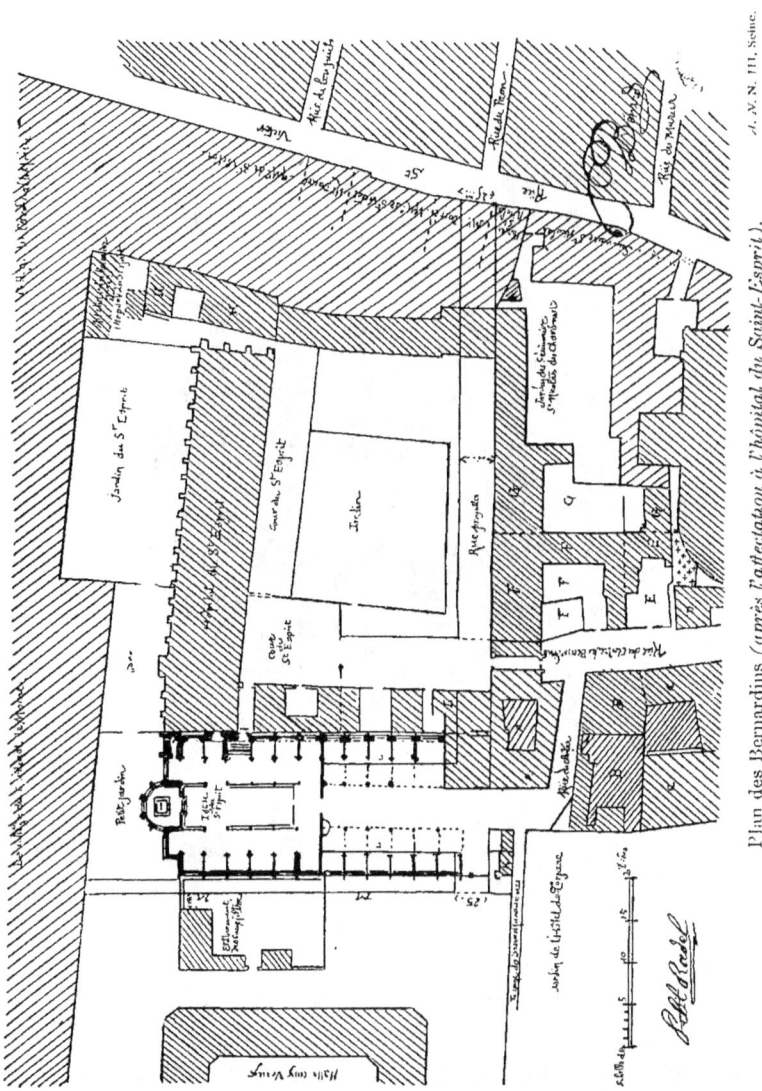

Plan des Bernardins (après l'affectation à l'hôpital du Saint-Esprit).
(On remarquera vers E les croix qui indiquent l'emplacement du cimetière dit des Miramiones.)

« grand bâtiment claustral et à se retirer dans une des maisons abbatiales situées dans leur enclos[1] » à condition d'en obtenir

1. Sigis. Lacroix, *op. cit.*, III. 484-485.

l'octroi auprès des abbés de Clairvaux et de Pontigny. En fait, après quelques négociations et quelques résistances de l'abbé Petit-Radel, un des supérieurs de l'hôpital, qui s'appuie sur le droit de propriété, la translation provisoire des 150 orphelins des

Ancien réfectoire des Bernardins.
(*Aujourd'hui caserne des pompiers de la rue de Poissy*).

deux sexes s'opère. L'église est affectée à leurs exercices de piété[1].

Des inventaires nouveaux, effectués, cette fois, par les officiers municipaux, viennent préluder en mars et avril, dans les maisons religieuses, aux expropriations prochaines. Mais des scrupules et des difficultés d'ordre financier entravent la réalisation

---

1. *Ibid.*, p. 707. Les Bernardins se sont volontiers prêtés à l'opération. Ils demandent une légère indemnité qui leur est accordée. Cf. *Ibid.*, p. 531. Dans leur déclaration du 28 février, ils avouent 25.000 l. de revenus et 15.000 de dépenses. Le personnel religieux comprend 6 membres, et les élèves sont peu nombreux.

du décret du 2 novembre. Les acheteurs ne se présentent pas. On a bien créé 400 millions d'assignats, ou billets d'achats sur les domaines devenus nationaux, mais ils ne sont pas négociés. Le Couteulx de la Noraye [1] qui, depuis plusieurs mois, contresigne les déclarations, imagine un expédient que l'assemblée nationale adopte le 17 mars 1790 [2]. Comme le paysan, retenu par un remords et par des craintes, ne veut pas acheter directement, on vendra d'abord les biens aux municipalités. Cette étape intermédiaire sera une sorte de légitimation. Mais il faut qu'une municipalité audacieuse donne l'exemple. Paris le fournira. Sur les 400 millions de biens ecclésiastiques à vendre, Paris s'engagera à en acheter pour 200 millions, les 200 autres seront cédés aux municipalités départementales. A Paris, les districts veulent nommer directement un comité d'aliénation, composé de douze membres. Ils obtiennent gain de cause, le 25 juin [3]. Dans les six mois qui suivent, des experts désignés par l'Assemblée nationale et par la commune de Paris (ce sont, pour la plupart, des architectes), procèdent aux estimations des domaines nationaux et ecclésiastiques, tant à Paris que dans les deux autres districts du département de Paris (ou Seine): St-Denis et Bourg-la-Reine. Les biens dont la municipalité fit l'acquisition depuis le 6 août 1790, jusqu'au 26 septembre 1791, furent adjugés aux particuliers à l'*extinction des feux*.

Saint-Nicolas ne fut pas compris dans ces adjudications. A titre d'établissement d'enseignement et de communauté séculière, il avait droit à un délai. Avant lui et ses pareils, on trouvait, dans les biens vendus des chapitres et des monastères, une caution suffisante aux assignats. Jusqu'à la fin d'octobre 1790, Andrieux et son procureur Piton, n'ont plus de démarches à faire à l'Hôtel de ville ou au Saint-Esprit, relatives aux biens de la communauté, mais ils surveillent leur propre comptabilité. Vers le 1er avril 1790, il semble qu'il y ait une sorte de révision des

---

1. Banquier de profession.

2. Gros avait demandé l'ajournement au samedi 20 mars, et, pour gagner du temps, proposé de consulter les *districts*. Mirabeau, entre autres, intervint et fit repousser la motion. Cf. Sig., Lacroix, *op. cit.*, IV, 362-363.

3. Par un arrêté du 25 mars, le district de St-N. d. C. autorisa la municipalité à l'acquisition de 200 millions de biens, à condition qu'aucun citoyen ne puisse « jamais être appelé personnellement en garantie ». A. N. Q1 1133 I A

comptes[1], et au 1er février, le procureur a commencé un « registre des recettes et des dépenses générales, ou journal de comparaison entre l'un et l'autre[2] ». Il débute par une balance favorable. Le 1er février 1790, la recette s'est trouvée excéder la dépense de 7.350 livres. Les allocations du roi et du clergé sont reçues, l'une le 15 mars, et l'autre le 2 avril. Il en va de même de l'allocation pour les galériens. Nous notons le 15 juin : 6 livres données « à un confédéré en dédommagement[3] ». Andrieux paye régulièrement la « contribution patriotique[4] ». Le premier tiers a été versé le 28 avril 1790 et, sans doute, le dernier tiers le 3 octobre 1790[5].

D'autres préoccupations, plus graves à ses yeux, lui font envisager l'avenir sous un jour menaçant.

Des esprits superficiels pouvaient croire que la Constituante, issue des suffrages d'un peuple catholique, ne serait infidèle ni à ses propres convictions, ni à celles de ses commettants. C'était mal juger le mouvement révolutionnaire, qui, une fois commencé, ne rencontrait guère d'obstacles. Les vieilles idées jansénistes de quelques-uns des membres de l'assemblée, devaient être le couvert derrière lequel les passions antireligieuses d'un bon nombre, se donneraient facilement cours au début de la Révolution. Cette main-mise sur les biens du clergé annonçait la main-mise sur le clergé lui-même. Mais cela devait s'opérer successivement quoique rapidement. Si Gros avait pu être, un moment, dans l'illusion à ce sujet[6], le refus de la motion de dom Gerle, le 13 juillet, commença à l'éclairer. « Pour fermer la bouche à ceux

---

1. A. N. H⁵ 3327.
2. A. N. H⁵ 3330.
3. Sans doute en dédommagement du logement, que les particuliers devaient fournir aux *fédérés* venus des départements à Paris. Le 5 août, nous remarquons 100 l. données « pour l'apprentissage des enfants Bourdoise ». Nous ne savons comment interpréter ce texte. Il s'agit probablement d'une allocation à une maison d'apprentissage de garçons.
4. A. N. H⁰ 3323. On sait que cette contribution patriotique du quart du revenu libre de toutes charges, payable une fois pour toute, avait été décrétée par la Constituante le 6 octobre.
5. A. N. H⁵ 3330.
6. Il connaissait cependant bien les théories encyclopédiques. Il avait publié plusieurs ouvrages pour les exposer et les réfuter. *Analyse des ouvrages de J. J Rousseau et de Court de Gebelin*, par un solitaire. Genève et Paris. Veuve Duchesne, 1785, in-8°. — *Analyse et examen du système des philosophes économistes*, 1787, in-8°, etc.

qui calomnient l'assemblée, avait écrit dans sa proposition[1], ce Chartreux exalté et futur constitutionnel[2], et pour tranquilliser ceux qui craignent qu'elle n'admette en France toutes sortes de religions, il faut décréter que la religion catholique, apostolique et romaine est et demeurera pour toujours la religion de la nation et que son culte sera seul autorisé. » La Rochefoucauld, par une manœuvre qu'on peut considérer comme habile ou comme hypocrite, détourne la motion et fait passer à l'ordre du jour. Une foule hostile accueille les députés de la droite à l'issue de la séance, Gros put voir Maury sortir des pistolets de sa ceinture et Mirabeau dégainer. Le 14 avril, poussé probablement par les Nicolaïtes, il a cependant le courage de signer à l'église des Capucins de la rue Saint-Honoré, « la Déclaration d'une partie de l'assemblée nationale sur le décret rendu le 13 avril 1790 concernant la religion[3] ». On y protestait contre le rejet de la motion Gerle.

Cette démarche de la part de Gros lui fut une source de vexations et elle dut être pour Saint-Nicolas la cause d'émotions diverses. On comprend de quelle importance était pour eux, dans les circonstances, l'attitude du curé. Elle leur causa de vives inquiétudes. Le 10 mai, on s'agite dans le district, on y propose d'exclure « de toute société ceux qui ont signé » la déclaration. Cette excommunication laïque est repoussée une première fois, mais on revient à la charge le 17, et cette fois, la motion passe à l'unanimité et on décide que « la communication du présent arrêté sera faite aux 59 autres districts ». Il ne fallait pas traiter à la légère cette sentence; dans ces temps troublés, c'était en somme une sorte de mise hors la loi et les obscurs exécuteurs de la Révolution comprenaient à demi-mot. Aussi, Gros prit peur. De plus, nature aimante[4], il souffrait cruellement quand il se voyait en butte à la suspicion, à la haine. Le

---

1. Le 11 avril 1790.
2. C'est lui que David a peint au premier plan, dans son tableau du *Serment du Jeu de paume*.
3. Cette déclaration fut signée par 297 députés, dont 144 du clergé, 104 de la noblesse, 49 du Tiers-Etat. Ne la signèrent pas: 156 représentants du clergé, 196 de la noblesse, 551 du Tiers-Etat. Elle fut distribuée à Paris au commencement de mai.
4. « Il était de ces naturels (nous dirions aujourd'hui natures) que l'amour de la paix rendait quelquefois trop faciles ». Barruel. *Histoire du clergé...* p. 212.

20, il envoie humblement à l'assemblée du district, convoquée extraordinairement, une lettre de rétractation où il dit : « pour ce qui concerne la déclaration en elle-même, je ne l'ai regardée que comme un simple exposé vis-à-vis de mes commettants, de ce qui s'est passé dans la séance du 13 avril, exposé qui ne pouvait nuire à l'assemblée nationale ni atténuer le respect dû à ses décisions ; qu'en signant ladite déclaration, je n'ai pas cru enfreindre mon serment civique dans lequel je persiste : moyennant l'explication ci-dessus et pour écarter tout soupçon sur la droiture de mes intentions et sur mon amour pour la paix, je rétracte ladite signature et consens qu'elle soit regardée comme non avenue ». « Lecture faite de la dite déclaration, l'assemblée donne acte au sieur abbé Gros, curé de Saint-Nicolas du Chardonnet, de sa rétractation » dont une copie lui sera envoyée. Et afin de lui faire boire jusqu'à la lie le calice qu'il s'est préparé lui-même, l'assemblée décide, pour lui faire part de la satisfaction avec laquelle elle l'a vu abjurer une erreur involontaire dans laquelle il avait été entraîné, « que la présente délibération, ensemble la rétractation du sieur abbé Gros seront imprimées et envoyées à l'assemblée nationale, aux représentants de la Commune et aux 59 autres districts avec invitation de donner une pareille publicité aux rétractations qui pourraient leur être présentées par les signataires de la protestation du 19 avril dernier ». Huit jours après, (jeudi 27 mai 1790) l'assemblée générale nomme MM. Fournel, La Fond, Thiriat de Valsenne, Jonnery, de Gaulle, pour former la députation envoyée à l'Assemblée nationale et à la Commune. Fournel, par scrupule de conscience, se récuse et l'avocat Lessore, élu à sa place, est choisi pour faire les discours qui accompagneront la remise des pièces.

Celui qu'il tint à la barre de l'Assemblée nationale le 1er juin, est l'expression d'un triomphe perfide et insolent. « Qu'il est doux, Messieurs, qu'il est flatteur pour nous d'offrir à la Nation entière en la personne de ses augustes représentants la rétractation que l'amour de la paix vient de dicter à M^r l'abbé Gros ! Qu'il est glorieux pour lui d'avoir fait, le premier, le sacrifice d'une opinion particulière à l'intérêt général ! » Gros assista-t-il à cette séance ? Nous espérons que la pudeur l'en empêcha. Le président, Briois de Beaumetz, se contenta de répondre : « Messieurs, l'Assemblée Nationale est très satisfaite de l'activité de votre patriotisme. Elle vous félicite du succès de vos démarches et vous permet d'assister à la séance ». Puis, l'Assemblée ordonne l'impression du discours et l'insertion au procès-verbal du discours de Lessore et de la réponse du président. Le lendemain 2 juin, même discours à la Commune mais plus long et plus triomphant encore. « Il était douloureux pour cette capitale et surtout pour notre district d'avoir fourni un nom aussi recommandable et aussi respectable à la liste scandaleuse des signatures........ Mais quelle doit être l'allégresse particulière de notre district! s'il est vrai, Messieurs, que si le retour d'une seule brebis égarée comble de joie le pasteur, le retour du pasteur ne comble pas moins de joie le troupeau qui le chérit ». Le président (Michel) répond brièvement « Vous avez ramené aux vrais principes un pasteur respectable qui s'était égaré; cette conquête honore également le pasteur et le district ». Pour comble d'infortune, un membre de la Commune observa « qu'un triomphe aussi beau devait être à jamais consacré dans les annales de la Commune » et demanda que ces pièces fussent insérées au procès-verbal, imprimées et distribuées aux soixante districts [1]. On comprend tout le bruit que fit cette affaire dans Paris et quelle peine elle dut causer à Saint-Nicolas. Allait-on revoir les jours du schisme Garnot? Dans les conjonctures c'eût été lamentable. L'union était plus que jamais nécessaire entre le curé et ses prêtres habitués. On était en pleine bataille.

Le 21 avril, Martineau, avocat au Parlement de Paris et député au Tiers-Etat, déposa sur le bureau de l'Assemblée Nationale son rapport sur la constitution du clergé futur. Inutile de dire que l'influence des légistes et des jansénistes s'y reconnaissait de prime abord. La discussion générale s'ouvrit le 29 mai et fut close le 31 [2]. Gros, tracassé d'ailleurs par son district et surveillé par de Saint-Martin et Mulot, n'y prit point part. Le 1er juin, il

---

1. Les pièces manuscrites de cette affaire sont aux *Arch. nat.* C 41 n° 364 et à la *Bib. nat.*, f. 2683, fol. 52. Le journal *La Chronique de Paris* les reproduisit dans ses numéros des 7, 8, et 9 juin. L'édition de la municipalité forme une plaquette in-8° de 10 pages à la *Bib. nat.* Lb 40/1224 et M. Sig. Lacroix, *op. cit.*, V. p. 656 sqq., a inséré ces documents. Cf. p. 660-661.

2. Pour cette discussion, voir *Le débat sur la Constitution civile du clergé à la Constituante* dans la *Revue du Clergé*, 1er sept., 1er oct., 1er nov. 1903, par J. Trésal, profes. au petit sémin. Saint-Nicolas du Chard.

dut se garder même d'assister à la séance si peu honorable pour lui. Les jours suivants, il est encore embarrassé dans une autre affaire. Sous prétexte d'égalité et sur la proposition d'un particulier, l'assemblée générale du district convoquée extraordinairement au son du tambour, a décidé le 4 juin à l'unanimité, qu'à partir du « dimanche prochain 6 du présent mois, le pain bénit dans la paroisse ne sera plus rendu qu'avec du pain blanc ordinaire, en forme de couronne, du poids de douze livres, sans cierge..... et que toute la distribution du pain bénit serait faite entre tous les paroissiens en parts égales ». Cet arrêté sera communiqué au Curé et aux marguilliers, notifié à ceux qui doivent rendre le pain bénit, envoyé aux cinquante-neuf autres districts avec invitation de prendre en considération ce règlement d'égalité, puis imprimé et affiché [1]. Le 7 juin on annonce (aux applaudissements de tous) à l'assemblée que l'arrêté a été exécuté. Mais Gros et ses marguilliers [2] protestent auprès du *comité ecclésiastique* demandant que la délibération du district soit supprimée. Le comité, qui joue le rôle que l'on sait, répond le 19 août à M. de Gaulle en les renvoyant « aux juges qui doivent en connaître ». Quelle était donc la juridiction compétente [3] ? Au fond, on les déboutait et, d'ailleurs, on annonçait en même temps la présentation à l'Assemblée Nationale d'un projet de réforme sur les fabriques.

Le lundi 7 juin où le district se vantait d'une victoire sur Gros, s'agitait à l'Assemblée Nationale la question des séminaires. Le résultat devait en être anxieusement attendu à Saint-Nicolas. Enfin le soir Gros peut rapporter à la Communauté « qu'il sera conservé ou établi dans chaque diocèse un seul séminaire pour la préparation aux ordres sans entendre rien préjuger, quant à présent, sur les autres maisons d'instruction et d'éducation ». Si, à Saint-Nicolas, on était rassuré sur le présent, l'avenir était menaçant. Serait-on regardé comme séminaire diocésain ? Si oui, on pouvait être maintenu, mais on avait à craindre en revanche le poids de l'autorité de Saint-Sulpice, les tendances de

---

1. *B. N.* n. a. f. 2683.
2. Pain, de Gaulle, procureur au Parlement (son fils J.-B. Philippe, avocat avait signé le factum précédent). Gallet, Hallignon-Sergent... Rainville, ou plutôt Reinville.
3. *A. N.* D XIX, 68 n° 430.

Saint-Magloire et les appuis sur lesquels quelques autres séminaires pouvaient compter. Sinon, on espérait subsister à titre de séminaire-collège qui, vu la pénurie générale de professeurs, avait chance de subsister plus longtemps [1].

L'inquiétude redouble dans ces mois de juin et de juillet enfiévrés par les discussions qui se poursuivent à la salle du Manège où siège l'Assemblée. Visiblement, les résolutions prises et les articles votés tendent au schisme. Çà et là, cependant, quelques articles conservaient des apparences libérales. Plusieurs intéressaient encore directement la Communauté. « Les fondations de Messes et autres services acquittés présentement dans les églises paroissiales par les curés et autres prêtres qui y sont attachés et qui ne sont point pourvus en titre de bénéfice, continueront provisoirement à être acquittés et payés comme par le passé ». « Les fondations faites pour subvenir à l'éducation des pauvres et des parents des fondateurs continueront d'être exécutées... » Enfin, le 12 juillet, après lecture faite de tous les articles votés, à l'exception de ceux qui regardent le traitement du clergé actuel, l'assemblée décrète qu'il n'y sera fait aucun changement.

Le schisme officiel commence. Il lui manque cependant la sanction royale. Celle-ci se fait attendre. Louis XVI, averti à plusieurs reprises [2] par Pie VI, ne peut attendre l'avis de la commission de vingt cardinaux, qui ne doit s'assembler que le 24 septembre, après les chaleurs. Harcelé par l'Assemblée, conseillé par des politiques maladroits, il donne enfin le 24 août sa signature, *la mort dans l'âme*. Cette nouvelle dut jeter la consternation à Saint-Nicolas qui, cependant, venait d'être un peu consolé par une démarche de Gros.

A la séance du 17 août, on avait dénoncé une lettre pastorale de l'évêque de Toulon aux fidèles de son diocèse.

Gros profite de cette occasion pour prononcer les paroles suivantes. « Qui mieux que moi est à portée de plaider la cause des persécutés, moi qui, pour avoir signé la déclaration d'une partie de l'Assemblée, ai été en butte aux persécutions de plus d'un genre ? J'ai été si touché de la lecture de cette pastorale que

---

1. Quelques jours après ce vote (12 juin) avait lieu la transformation des districts en sections (48 au lieu de 60). Le district de St-N. d. C., prend alors le nom de *section du Jardin des Plantes*.

2. 7, 10 juillet, 17 août.

je supplie l'Assemblée de me remettre parmi les signataires de cette déclaration que j'ai eu la faiblesse de désavouer [1] ». L'aveu était clair et noble. Nous ne serions pas éloignés de croire qu'il était dû aux instances de Saint-Nicolas. Cela ne pouvait malheureusement satisfaire les paroissiens, qui dans ce mot de « persécution » voyaient leur conduite justement blâmée. La section du jardin des Plantes se réunit le 21 août, fait comparaître le curé, demande des explications. Gros n'ose pas les donner tout entières, il se contente de dire que sa dernière rétractation « avait été déterminée par des inquiétudes communes à ses paroissiens et à lui ». Etait-ce bien tout le fond de sa pensée ? et ne taisait-il pas l'amertume que lui avait causée l'hostilité de bon nombre de paroissiens ?

L'assemblée, présidée par Mulot, maintient son interdiction à l'égard des signataires de la déclaration et invite Gros « à bien vouloir donner sa déclaration sur l'inculpation faite contre ses paroissiens et consignée dans les journaux qui annoncent qu'il a déclaré n'avoir cédé qu'aux menaces qui lui avaient été faites dans sa paroisse ». Gros demande si on prétend lui faire l'application de l'arrêté pris le 17 mai. De plusieurs côtés de la salle, on crie oui ! Il se met sous la sauvegarde des gardes nationaux de la section et déclare qu'il en appellera à l'Assemblée Nationale et qu'il enverra à la section une première déclaration le lendemain. En fait, elle fut envoyée le surlendemain 23, et Gros y affirmait, que les assertions des journalistes étaient fausses et qu'il n'avait attribué son désistement de sa première signature, qu'à des inquiétudes communes à ses paroissiens et à lui ; enfin, dit-il, « j'ai parlé d'eux de manière à faire connaître l'estime et l'attachement que je leur ai toujours porté ». Naturellement, Mulot président, fait décider que cette nouvelle déclaration sera imprimée, affichée, envoyée à l'Assemblée Nationale, à l'Assemblée des représentants de la Commune et aux quarante-sept autres sections de la capitale. Ce qui fut fait [2].

1. Cf. le *Moniteur* et le *Journal des débats et des décrets* et Sig. Lacroix, *op. cit.*, 1re série VII, p. 68.
2. Cf. Sig Lacroix, *op. cit.*, 1re série, t. VII, p. 66. Les extraits des procès-verbaux se trouvent à la Bib. nat. (Lb 10/147) les pièces manuscrites, aux *Archiv. nation.* (C. 45, n° 413.) Ce fut Mulot qui pérora le samedi 21 août Il affirma « que la religion n'était point blessée par les décrets et qu'il mourrait fidèle à cette même religion pour laquelle il avait juré, ainsi que

Ces discussions et ces contestations, on le pense bien, n'étaient pas le monopole du district de Saint-Nicolas. Partout, à Paris et en province, les polémiques s'engagent ardentes au sujet de la constitution civile. Le silence prolongé de Rome sur la question, ne fait qu'envenimer les querelles. Une solution, donnée le 28 octobre par les cardinaux, n'est encore que provisoire et insuffisante, tout en faisant prévoir la condamnation de la constitution. Les évêques, de leur côté, se lancent dans la mêlée. L'ancien vicaire général de Paris, Asseline, devenu évêque de Boulogne, publie, le 24 octobre, un mandement qui recueille bien vite les suffrages et les adhésions de presque tous les évêques de France. Leur opposition prend corps, le 30 octobre, dans un travail de Mgr de Boisgelin, archevêque d'Aix, « *l'Exposition des principes sur la constitution civile* ». Trente évêques députés la signent d'abord, puis tous ceux de France y adhèrent, sauf quatre. Un grand nombre de prêtres les imitent. C'est Durand de Maillane qui l'affirme. Nul doute que tout Saint-Nicolas y souscrivit au moins de cœur. Elle était si bien dans ses traditions! En fait, la loi n'est pas encore appliquée.

Cette situation embrouillée explique le petit nombre d'élèves qui se présente rue Saint-Victor à la rentrée d'octobre 1790. Cette année scolaire 1790-1791 ne comptera d'ailleurs que quatorze entrées [1]. Les séminaires commencent à s'inquiéter. Le 18 octobre 1790, le directoire du département de l'Aisne réclame : 1° la description sommaire des emplacements de Laon et de Soissons ; 2° l'état des revenus nets ; 3° l'état du personnel et de ses appointements [2]. C'est qu'on songe à appliquer l'article 10 du Titre 1er, relatif à l'unicité du séminaire diocésain. L'alerte était donnée à Saint-Nicolas. Cependant un décret de l'Assemblée Nationale du 23 octobre (au matin) sur l'administration des biens nationaux porte, « que les biens des fabriques..... ceux des séminaires..... administrés par des ecclésiastiques et des corps séculiers ou des congrégations séculières..... continueront, jusqu'à ce

---

M. le Curé (ils étaient tous deux docteurs en théologie) de répandre la dernière goutte de son sang ». *A. N. C 45, n° 413*... Mulot ne devait pas tenir cette promesse.

1. *A. N. MM. 490.*

2. *Archives de l'Aisne*, L. 1419. Aucune des *déclarations* du grand séminaire, ne se trouve aux archives de Laon. Nous avons déjà signalé l'incurie qui a présidé à la formation de ces archives.

qu'il leur ait été autrement ordonné, d'être administrés comme ils l'étaient au 1er octobre présent mois [1] ». Mais la menace d'expropriation est toujours suspendue sur ces biens. Effectivement, le 29 octobre, Andrieux reçut un avis émané des administrateurs de la municipalité de Paris qui réclamaient l'état de la Communauté et Séminaire et celui des biens attachés à cet établissement. Le 5 novembre Andrieux écrivit et signa de sa main cet état.

Il débutait par un historique rapide et assez exact de l'établissement. Cet exposé se terminait par une phrase conciliante.

« Telle [2] est l'origine de la Communauté et du Séminaire Saint-Nicolas du Chardonnet qui n'a cessé de remplir les vues de ses pieux fondateurs, et qui désire, si on le juge convenable, de continuer les mêmes fonctions. » (Puis il résumait les œuvres entretenues par la Communauté.) « Cet établissement, disait-il, tient deux séminaires en face l'un de l'autre, rue Saint-Victor, où l'on suit les cours d'études de l'université et où l'on s'instruit des différentes fonctions du ministère en desservant la paroisse. Par la nature de leur établissement, les prêtres de cette Communauté se sont chargés de remplir dans l'église de Saint-Nicolas du Chardonnet toutes les fonctions paroissiales, excepté celles de curé qu'ils n'ont jamais voulu accepter, de faire en outre les petites écoles aux enfants pauvres de la paroisse, et de fournir à leurs dépens le nombre considérable nécessaire de prêtres pour toutes ces fonctions sans recevoir aucun honoraire, ni appointement, ni gratification de la fabrique de ladite paroisse. Ils desservent aussi, gratuitement, le vicariat de la paroisse de Villejuif, près Paris, où est située leur maison de campagne qui leur sert de maison de santé. Ce n'est que depuis 1726 qu'ils sont chargés du séminaire du diocèse de Laon. Par la constitution de leur société, les prêtres de cette communauté ne sont liés par aucun vœu, ni promesse : leur supérieur est M. l'Archevêque et celui de leurs confrères qui en porte le nom n'est que le premier parmi eux : toutes leurs affaires se décident absolument à la pluralité des voix : leurs emplois ne sont par conséquent point permanents et ils sont exposés à en changer tous les trois ans ou à être continués ». (Il indique au

---

1. *Archives parlementaires*, tome XX, p. 5.
2. Dans le texte : Tel. Andrieux commet, de temps à autre, quelques fautes d'orthographe. Nous ne les relèverons plus.

comité le traitement alloué, l'état du personnel[1]. Deux noms, nouveaux pour nous, s'y rencontrent : Joseph Louis Virginio est du diocèse de Mondovi et il a été admis à la postulation le 12 août 1786; Charles Victor Véret[2] était né à Louvières, diocèse de Séez. Entré à Saint-Nicolas le 8 octobre 1784, il y fut maître d'école, puis y séjourna assez régulièrement jusqu'au moment de sa postulation (1788). Il est le dernier postulant que mentionne le registre[3]. On remarque sur cette liste l'absence de Bouchard, le bibliothécaire. Il ne fait plus, à proprement parler, partie de la communauté, il est devenu simple pensionnaire[4].) « Outre les associés ci-dessus dénommés, poursuit Andrieux, la Communauté, suivant l'usage des séminaires, emploie des bacheliers en licence, étrangers au corps de la Communauté, pour faire les classes de théologie scolastique, auxquels elle donne la pension entière de Messes... Il n'y en a que 3 employés en ce moment. »

Suit un nouvel état des biens, qui se termine par la balance :

Revenus : 64.126 l. 5 sols.
: 35.236 l. 5 sols.
Produit net : 28.890 l. 0

Ce produit, il l'a déjà dit dans sa déclaration précédente, est

1. Nous le résumons :

	Âge	Années de Communauté	
1 Andrieux,	49 ans,	18 ans,	Supérieur de la Communauté-séminaire.
2 Lafontan,	65 »	42 »	Directeur du séminaire pour les retraites et préfet des catéchismes.
3 Grégoire Simon,	71 »	41 »	Directeur du séminaire et ayant des infirmités.
4 Hure,	53 »	32 »	Vicaire depuis 11 ans, « ayant la procuration de la communauté pour les affaires temporelles » concurremment avec Piton.
5 Bonnet,	64 »	42 »	Sous-vicaire depuis 13 ans.
6 Bize,	53 »	28 »	Directeur du séminaire pour les retraites.
7 Antignac,	46 »	20 »	Sous-vicaire depuis 8 ans.
8 Balzac,	40 »	18 »	Vicaire de Villejuif depuis 7 ans.
9 Lanier,	38 »	13 »	Premier préfet du séminaire.
10 Hébert,	47 »	10 »	Supérieur du séminaire de Laon depuis 5 ans.
11 Piton,	33 »	8 »	Supérieur du petit séminaire depuis 5 ans, « chargé depuis un an du temporel » et professeur d'Ecriture sainte.
12 Oviefve,	43 »	7 »	Sous-vicaire.
13 Desmoulin,	32 »	3 »	Employé aux catéchismes.
14 Duval,	30 »	5 »	Sacristain et clerc des convois depuis 1 an.
15 Virginio,	35 »	5 »	Professeur de théologie morale.
16 Véret,	28 »	1 »	Second préfet du séminaire.

2. On trouve assez souvent adjoint à ce nom le titre de : des Longchamps. Nous ne savons ce que signifie cette sorte de particule.

3. *A. N.* MM. 477.

4. Cf. *A. N.* H⁵ 3330 où, à la date du 18 mai 1792, il est constaté qu'il a versé 1375 l. pour sa pension.

nécessaire pour l'entretien du personnel et des œuvres entreprises[1]. Toutes ces déclarations ne présageaient rien de bon et les débiteurs des séminaires alarmés ou avisés osaient à peine s'acquitter de leurs dettes : Hébert est obligé, le 24 novembre, d'écrire aux administrateurs du district de Laon une lettre où il leur « représente qu'il est dans l'usage de remplir semestre par semestre ses engagements avec les fournisseurs de sa maison et de payer les dépenses de l'année dans le courant du dernier mois ; qu'après avoir épuisé toutes les ressources que lui avait ménagées son économie, il serait dans l'impossibilité de satisfaire à l'attente de ses créanciers si la crainte qui paraissait arrêter les fermiers suspendait plus longtemps le paiement de leurs redevances..... quelques-uns ont refusé sur ce motif, qu'ils ne croient pas sûr de payer au séminaire... » et il prie ces messieurs de faire savoir à ces fermiers qu'ils aient à satisfaire à leurs redevances dans le plus bref délai[2]. La réponse ne se fit guère attendre et elle était brutale : « Vu la lecture faite de l'avis du district de Laon et ouï le procureur-syndic, le département arrête que sur l'autorisation[3] demandée n'y a lieu de délibérer et que dans la quinzaine, le supérieur Hébert sera tenu de remettre à l'administration l'état actif et passif de sa maison[4] ». Le séminaire de Laon était sacrifié. Hébert, la quinzaine écoulée, dut se retirer et nous avons perdu sa trace. Ainsi finit cette œuvre entreprise un peu à contre-cœur par Pollet.

Le calme relatif, fruit de la résistance passive des évêques qui, supprimés, continuent leurs fonctions, des chanoines qui persistent à psalmodier leurs offices jusqu'à ce que la violence les expulse, ne saurait plus durer longtemps encore. L'Assemblée nationale s'impatiente. Des incidents surgissent çà et là[5], qui pré-

1. Cf. *A. N. S.* 6980-6981. Des fragments de ce document ont été imprimés par M. Daix dans *Frère et Félix Dupanloup*, Poussielgue, 1885. — Il va sans dire que les autres séminaires durent fournir le même état. Pour celui de Saint-Firmin voir *A. N. S.* 6850.
2. *Archives de l'Aisne*, L 1420.
3. De « faire payer différents fermiers du cy-devant 'séminaire ». On va plus vite à Laon qu'à Paris dans l'exécution de la loi du 12 juillet — 24 août.
4. *Ibid.*
5. Citons parmi ceux-ci, l'adhésion de la presque totalité de l'épiscopat à l'*Exposition des principes*, qui condamne la Constitution civile du clergé. Gros l'a signée également le 19 nov. 1790. Cf. Barruel, *Collection ecclésiastique*, tome I, p. 241.

cipitent les événements. Enfin, après une discussion de quelques jours est voté le fameux décret du 27 novembre qui, aggravant la loi du 12 juillet, va provoquer définitivement la crise religieuse. Des articles y intéressaient plus spécialement les Nicolaïtes. Le 24 juillet, la Constituante avait décidé que pour percevoir leur traitements (substitués aux ressources que leur fournissaient leurs anciens bénéfices) les curés devaient prêter le serment. Or ce serment[1] permis avant le 24 août, c'est-à-dire avant la sanction par le roi, de la Constitution civile du clergé, devenait schismatique à partir de ce jour. Personne ne l'avait encore prêté avant le 27 novembre. Ce jour-là, furent adoptés les articles suivants qui touchaient directement les Nicolaïtes : « art. II. Les vicaires des évêques, les supérieurs et directeurs des séminaires, les vicaires des curés, les professeurs de séminaires et de collèges et tous les autres ecclésiastiques fonctionnaires publics feront, dans le même délai (8 jours à partir du jour de la publication du décret) le serment de remplir leurs fonctions avec exactitude, d'être fidèles à la nation, à la loi et au roi et de maintenir de tout leur pouvoir la constitution décrétée par l'Assemblée nationale et acceptée par le roi ».

Art. III. Le serment sera prêté un jour de dimanche, à l'issue de la messe, savoir : par les évêques, les ci-devant archevêques, leurs vicaires, les supérieurs et les supérieurs de séminaires[2] dans l'eglise épiscopale et par les curés, leurs vicaires et tous les autres ecclésiastiques fonctionnaires publics, dans l'église de leurs paroisses et en présence du conseil général de la commune et des fidèles ; à cet effet, ils feront par écrit, au moins deux jours d'avance leur déclaration au greffe de la municipalité, de leur intention de prêter le serment ». Saint-Nicolas était compris dans ces décrets à deux titres au moins. Le vicaire et les sous-vicaires étaient astreints au serment, à l'église, et les supérieur et directeurs du séminaire, à Notre-Dame... Mais l'échéance

1. En voici la formule : « Je jure d'être fidèle à la nation, à la loi et au Roi, de maintenir de tout mon pouvoir la constitution, décrétée par l'Assemblée nationale et sanctionnée par le Roi ».

2. On jugera, par là, combien est étrange l'assertion de Gosselin (*Vie d'Emery*, I, p. 253) : « Comme il n'y avait que les supérieurs et directeurs des séminaires *diocésains* qui fussent censés fonctionnaires publics, on ne demanda pas le serment à M. Emery ni à ses confrères ; le séminaire de Saint-Sulpice put donc continuer ses exercices... Le séminaire de Saint-Magloire, paraît avoir été le seul des séminaires de Paris où l'on ait exigé le serment ».

fatale allait être reculée par les tergiversations de Louis XVI, qui, comme on l'a dit excellemment « avait trop de courage pour ne pas résister, mais trop peu de décision pour résister à temps [1] ».

Camus, impatient de voir fonctionner la constitution qu'il a en partie forgée, presse l'assemblée d'envoyer son président au Roi pour le prier de donner sa sanction (23 décembre). Le Roi capitule au lendemain de Noël. Le corps municipal, dans sa séance du 30 décembre, ordonne l'impression, la publication et l'affichage de la loi. Les affiches furent posées le dimanche 2 janvier 1790 [2]. Le 3, le Corps municipal décide qu'une députation composée de 3 membres, dont un officier municipal, se transportera dans chacune des paroisses pour être présenté au serment [3]. Les supérieurs, directeurs et professeurs de séminaires iront à Notre-Dame devant le maire assisté de 4 commissaires.

Le 5 janvier, sont désignés pour l'église Saint-Nicolas du Chardonnet, Mulot, Lefebvre et Ceyrat. C'était là sans doute une attention délicate! Mulot espérait peut-être que Gros qui, la veille, à l'Assemblée nationale avait été de ceux qui refusèrent le serment [4], serait plus docile le dimanche 9 janvier. Nous ne sommes pas sûr qu'il vint ce jour-là exiger le serment à l'église Saint-Nicolas. Un arrêté du Conseil municipal constate en effet que la loi du 26 décembre n'ayant été publiée à Paris que le dimanche 2 janvier, le délai de 8 jours n'expire que le mardi 11 et que le dimanche 16 janvier est bien le jour fixé par la loi. Cependant les commissaires iront le 9, dans les églises paroissiales dont les ecclésiastiques sont venus se faire inscrire au greffe de la municipalité et recevront leur serment. Les commissaires ne durent pas se rendre à Saint-Nicolas. Evidemment, Andrieux et les autres directeurs du séminaire ne se rendirent pas davantage à Notre-Dame où cependant le maire Bailly, flanqué de deux banquiers protestants, les attendaient devant un autel à l'antique

---

1. Ludovic Sciout, *Histoire de la Constitution civile du clergé*, 1 vol. p. 91.
2. Elles contenaient une aggravation prématurée de la loi. Ceux qui ne prêteraient pas serment seraient criminels et regardés comme perturbateurs du repos public. Le texte voté disait seulement: celui qui ne jurerait point et voudrait conserver ses fonctions serait criminel et perturbateur de l'ordre public. Sous peu, l'interprétation du conseil municipal prévaudra.
3. Sig. Lacroix, *op. cit.*, 2º série, II, 7.
4. On sait que la Constituante suspendit rapidement l'appel nominal, quand elle vit se dessiner un mouvement dans les députés du clergé, contre ce serment.

construit hâtivement entre les autels de la Sainte-Vierge et de Saint-Denis. Les exemples de Chamillard, de Pollet, de Lelarge et de Froger, les traditions doctrinales de la maison, les antécédents d'Andrieux, l'habitude des vues supérieures entretenue par la pratique des vertus chrétiennes, la voix de la Sorbonne qui tout entière est hostile au serment, l'autorité d'un épiscopat qui, sauf 4 exceptions [1], s'est coalisé contre la Constitution civile, tout devait empêcher Saint-Nicolas de faiblir. Sans doute, le pape n'avait pas encore tranché cette grave question, mais ses lettres et brefs antérieurs indiquaient bien sa pensée, et seul peut-être, l'espoir d'une transaction qui serait acceptée par l'Assemblée, empêchait le Souverain Pontife de hâter sa décision au gré des désirs de l'Eglise de France. Mais de Juigné avait expédié, le 31 décembre, de Chambéry, un mandement où il déclarait « que le serment exigé par les décrets était « illégal [2] », que, d'avance, il considérait comme intrus, usurpateur et apostat le prêtre ambitieux qui, profitant des fatales circonstances, irait s'asseoir à sa place ».

Cependant, à Paris, la journée du 9 janvier semble avoir été une journée assez honteuse : Ceux qui penchaient du côté du schisme tombèrent surtout ce jour-là [3]. Outre la rectitude du jugement, il fallait avoir un grand courage et de la constance pour résister aux séductions, aux démarches pressantes, aux menaces et à la perspective d'un avenir détruit. On voulut entraîner Saint-Nicolas. On essaya « des sollicitations » et des « vexations [4] ».

Enfin, arrivait la décisive échéance du 16 janvier. La besogne des commissaires est simplifiée cette fois, car, d'un trait de plume, l'Assemblée Nationale, sollicitée par la municipalité, vient de supprimer onze paroisses de la Cité, réunies désormais à Notre-Dame. Même asbtention, à la métropole, de la part d'Andrieux et des directeurs, mais nous n'avons aucun détail. Nous sommes plus heureux pour la cérémonie qui s'accomplit ce jour-là à l'église Saint-Nicolas du Chardonnet.

1. Loménie de Brienne, Talleyrand, Savine, Jarente.
2. Dans le sens d'anti-canonique.
3. Il semble difficile de préciser si ce fut exactement ce jour-là que la majorité des défections eut lieu. Cf. Sig. Lacroix, *op. cit.*, 2ᵉ série II, p. 77.
4. Cf. *Relation Boullangier*.

Une lettre à l'*Ami du roi* (17 janvier 1791) la raconte en ces termes :

Lettre aux Rédacteurs,

« Jamais Messieurs, l'église St-N. d. C., n'a été si pleine de monde que ce matin, dernier jour accordé pour le serment des ecclésiastiques; c'est la paroisse d'un séminaire naguère considérable et d'une communauté de prêtres vertueux et charitables et cette raison, sans doute, y avait attiré cette foule considérable de tant de personnages inconnus.

» Quelques bonnets de laine s'étaient postés en différents endroits de l'église. Un, entre autres, occupait dans le chœur [1] une des stalles destinées aux officiants; j'ai envoyé un bedeau dire à ce malpropre de céder la place; il a fait réponse qu'elle était à lui, qu'il ne la quitterait pas : on l'y a laissé et pour cause.

» La messe s'est chantée avec décence; mais la foule augmentant à mesure qu'approchait le moment de la cérémonie, ce n'a plus été qu'un tumulte. L'abbé Mulot, le jureur et le receveur des jurements, s'est présenté avec son collègue; ils ont été au chœur. Tandis qu'ils y allaient, les prêtres officiants en sortaient pour se rendre à la sacristie se déshabiller; aussitôt qu'ils y ont été, les portes se sont fermées sur eux et ils n'ont plus reparu.

» Le municipal a lu les décrets relatifs au serment; il s'est présenté un prêtre, mais prêtre inconnu [2] jusqu'alors, qui a juré [3]. Ensuite il a voulu faire un petit discours auquel on n'a rien compris; seulement, j'ai entendu ces mots : despotes, hélas! patriotisme; et puis c'est tout... Ce n'est pas tout pourtant, car M. l'abbé Mulot est venu dans l'œuvre dresser son procès-verbal. Là, nous lui avons dit que sa moisson n'était pas belle; il nous a répondu avec beaucoup de grâce

---

1. Le lendemain, 17 janvier, le conseil municipal décide que le procureur de la Commune fera « incessamment ses diligences pour provoquer l'exécution des ordonnances de police tendantes à maintenir la décence dans les églises et empêcher l'entrée des fidèles dans le chœur. » Sig. Lacroix, *op. cit*, 2ᵉ série, II p. 163.

2. Des listes nomment aussi comme n'ayant pas juré : Auffroy, prêtre approuvé, confesseur et prédicateur (nous pouvons ajouter, locataire de la maison Romillé.) Il ne devait pas être tenu au serment, puisqu'il n'était pas fonctionnaire public. Hubert, de Paris, inconnu; il s'agit peut-être d'Hébert, ancien supérieur de Laon ; il était de Saint-Séverin. Serieys, inconnu, de Clermont. Aux noms déjà connus de Nicolaïtes, ces listes adjoignent Ferlut, directeur du séminaire, originaire de Saint-Flour; Manfrein, second préfet, originaire de Toulon, ces deux personnages nous sont inconnus et nous croyons fermement qu'il y a erreur; Gillet, directeur du séminaire. Etienne Michel Gillet, ancien élève de Saint-Nicolas, où il passa 4 années (*A. N.* MM. 479. 490. 480), était né à Paris en 1756; il était probablement directeur au grand séminaire depuis quelques jours seulement (il n'est pas mentionné par Andrieux, le 5 nov. 1790). On peut également émettre l'opinion que Ferlut, Manfrein et Gillet étaient ces trois bacheliers en licence dont parle Andrieux dans sa déclaration du 5 novembre. Gillet sera une victime du 3 septembre.

3. Voici les noms donnés par différentes listes : Dupleich, incon.; Thirion, incon.

et d'aménité : Messieurs, chacun a sa manière de voir ; ensuite il s'est décharpé et puis, montant sur un banc, il a dit au peuple : Messieurs, tout est fini et vous pouvez vous en aller; et le peuple s'en est allé.

Pendant toute la journée, l'église, le séminaire et la maison curiale ont été gardés avec le plus grand soin.

De Lignoux.

Cependant, l'église Saint-Nicolas continuera pendant quelque temps à être desservie par Gros et les Nicolaïtes. Cela durera jusqu'à l'installation du curé intrus. Au lendemain de ce dimanche mémorable, le clergé de Paris était donc partagé en deux camps[1]. Vingt-quatre curés jureurs, vingt-six réfractaires ; près de cinq cents prêtres jureurs appartiennent au clergé de Paris, on accepte le serment de deux cents autres pour faire nombre. Quant aux séminaires, tous furent édifiants, sauf un. On peut deviner qu'il s'agit de St-Magloire. Comme on l'a dit[2] malicieusement « la grâce efficace » a manqué à deux oratoriens jansénistes : Tournaire (de St-Flour) supérieur, et Telmon (de Grenoble), professeur de droit canonique. Nous les rencontrerons plus tard sur notre route ; le troisième directeur fut seul à refuser le serment. Saint-Firmin est indemne[3]. A sa tête, se trouve M. François, dont la plume facile et les convictions ardentes vont produire des opuscules énergiques qui éveilleront les remords, ébranleront les indécis, fortifieront les faibles, soutiendront tous ceux qui ont déjà fixé leur ligne de conduite[4]. Au collège du Cardinal Lemoine, il y a quatre jureurs

---

1. Il est difficile d'établir le chiffre exact des jureurs et des *réfractaires*. Les procès-verbaux de l'état officiel rédigé par Pastoret en août 1791 ont disparu. Or il y a eu une prestation supplémentaire en avril. Il nous semble que la liste rectifiée par M. Sigismond Lacroix (*op. cit.*, 2e série, II. p. 461) est consciencieusement faite, mais elle ne comprend que les curés. Il ne s'élève pas l'ombre d'un doute, relativement à la non-prestation de Gros et des Nicolaïtes. Les preuves abondent. Cf. *B. N.* Lb 40/1183. Cependant, à la Bibl. de la ville de Paris (11944) existe un opuscule de huit pages, où Gros, bien à tort, est cité parmi les jureurs. Cf. *L'Eglise de Paris pendant la Révolution*, P. Pisani, 1908, p. 191.

2. L'auteur de l'*Histoire du serment à Paris*, qui, d'après Quérard, est l'abbé Bossard, directeur du séminaire Saint-Louis. Cf. *B. N.* Ld 3/163.

3. Bossard (*op. cit.*, p. 207) compte 52 directeurs de séminaires réfractaires contre 2 jureurs, puis il ajoute : « Nous ne parlons point des séminaires des Missions étrangères et de Saint-Lazare, des Anglais, des Irlandais ni des Ecossais, où le serment aurait été refusé s'il avait été exigé ».

4. Cf. *Les œuvres de M. François...* par Em. Villette, imp. Dumoulin, Paris. *Mon apologie*, son œuvre principale, parut, au dire de M. Villette, entre le 15 et le 21 janvier. Elle eut de nombreuses éditions.

contre cinq réfractaires. Les Bernardins ne sont pas astreints au serment, car, officiellement, ils n'existent plus.

Le 21 janvier, une « *Instruction de l'Assemblée Nationale sur l'organisation civile du clergé* » essaye d'amadouer les récalcitrants en atténuant, assez hypocritement d'ailleurs, quelques termes de la loi du 26 décembre. Le 24 janvier, le conseil municipal portant décidément *la main à l'encensoir*, suivant le langage du temps, partage définitivement Paris en trente-trois paroisses

Collège des Bernardins.

et fixe à celle de Saint-Nicolas du Chardonnet ses limites[1]. Cette délimitation, qui supprime vingt-huit paroisses, est sanctionnée le 5 février par l'Assemblée. Quelques jours après, une nouvelle lettre, venue de Chambéry[2], protestait déjà contre l'abus du pouvoir et contre les intrusions futures. La nouvelle tactique adoptée par l'Assemblée nationale le 8 février, c'est de fixer à cinq cents francs le secours qu'on devait accorder aux curés démissionnaires dispensés du serment par le seul fait de leur démission. Fortifié par l'opuscule de François, « *Point de démission* », Gros ne commit pas cet acte de faiblesse. Il attendit fermement la venue de celui qui allait le supplanter. Le 27 janvier, Cahier, faisant les

1. Cf. Sig. Lacroix, *op. cit.*, 2e série, II, p. 227.
2. *B. N.* E. 2400.

fonctions de procureur-syndic du district [1] avait convoqué tous les électeurs de la ville de Paris et les avait requis de se réunir dans l'église cathédrale, le dimanche 6 février et autres dimanches suivants, sans interruption, pour continuer les élections aux cures vacantes. C'était le glas qui sonnait pour la partie de la Communauté qui participait plus directement aux fonctions paroissiales. Le curé, en effet, avait le droit de choisir ses vicaires et il ne pouvait fixer son choix que sur des prêtres ordonnés pour le diocèse par l'archevêque [2]. Sûrement l'intrus ne pourrait admettre le concours de Saint-Nicolas.

Quant à ceux qui, parmi les Nicolaïtes, s'occupaient plus spécialement du grand séminaire, leur situation était également critique. L'administration de Paris ne peut guère laisser en place les insermentés. Déjà, dans la province, les directoires ont procédé à des destitutions, et Cahier prie le comité ecclésiastique de songer aux moyens de remplacer, « les supérieurs et directeurs de séminaires », car ces établissements ne peuvent, « sans nous exposer à de grands dangers, rester dans l'état où ils sont [3] ». Mais il faut trouver des remplaçants et ils ne se présentent pas. Un autre décret est plus menaçant encore pour Saint-Nicolas. Les biens des séminaires diocésains doivent être vendus. Saint-Nicolas est-il séminaire diocésain [4] ? Pour le moment, la question n'est pas encore agitée pour Saint-Nicolas, mais bientôt elle va accaparer toute son attention. Pendant les mois de février et de mars, ce sera la question religieuse qui le préoccupera. Hure, toujours vicaire, continua-t-il à prêcher après le décret du 5 février qui interdisait ce ministère aux insermentés ? Son caractère décidé nous autorise à le croire et peut-être lut-il en chaire l'énergique lettre pastorale de Mgr de Juigné (7 février). Le jour fatal approchait où tout ministère lui allait être légalement interdit. Le 27 février, à 5 heures de relevée, Brongniart, vicaire de la Madeleine

---

1. Les élections municipales n'étaient pas encore terminées.
2. Art. 43 du titre II de la Constitution civile.
3. *A. N.* D XIX 81 n° 630.
4. A ce moment de l'année, les séminaires de Paris prétendent qu'ils ne sont pas diocésains. Dès le 16 février, le séminaire des Trente-Trois l'affirme pour son compte. Au mois d'octobre 1791 son procureur pourra écrire : « Vous avez prononcé, Messieurs, (les administrateurs de l'agence générale) que le séminaire de Saint-Sulpice n'était point séminaire diocésain » et affirmer de nouveau que les Trente-Trois ne l'étaient pas non plus. La même chose eut lieu pour le séminaire Saint-Louis. Cf. *A. N.* F^{19} 612.

en la Cité, obtenait 242 voix sur 318 pour la cure de Saint-Nicolas. Tout le monde sait que ces voix pouvaient provenir de protestants, de francs-maçons comme Pastoret, Lacépède, et d'impies notoires. Le 6 mars, le président de l'*Assemblée des électeurs du district de Paris* proclame élu, Charles-Alexandre Brongniard, premier vicaire de la Madeleine en la Cité, âgé de 42 ans, demeurant en la Communauté des Prêtres, rue des Marmousets. Brongniard [1] remercie par un discours où il avoue que, né sans fortune, il « succède à un pasteur toujours occupé à répandre des aumônes abondantes qu'il tirait de son propre fonds [2] ». Quelques jours après, il pouvait lire le bref de Pie VI (10 mars) où le Pape laissait pressentir la condamnation de la constitution [3]. Mais rien ne l'arrête, pas plus que Gobel qui, le 13, se laisse nommer évêque métropolitain de Paris [4]. Cependant les ordinations de prêtres ne devaient se faire régulièrement qu'à la Trinité. Il y avait intérêt à les précipiter avant que Gobel n'obtînt péniblement de son dédaigneux compagnon de schisme, Talleyrand-Périgord, une confirmation qu'il lui plut d'appeler canonique. Par une initiative que Gosselin attribue à Emery, on devança les ordinations en les plaçant discrètement aux Quatre-Temps du Carême. Le secret ne pouvait être complètement gardé vu le nombre des ordinands. Aussi, le 18 mars, sur « des dénonciations inquiétantes », le corps municipal ordonna aux commissaires de police de chaque section de veiller, spécialement dans la journée du lendemain, « au maintien de la tranquillité publique ». Le procureur de la Commune écrivit à tous les commissaires :

« On m'a assuré, Monsieur, que demain matin, dès avant six heures peut-être, il doit se faire dans une ou plusieurs églises de Paris qu'on n'indique pas affirmativement, une cérémonie qui exige la présence d'un évêque, qui ne se fait communément que dans les églises cathédrales ou dans celles des séminaires et qu'il est de l'intérêt public d'empêcher. Je suis chargé, Monsieur, de vous requérir de surveiller avec la plus vigilante exactitude tout ce qui se passera dans les différentes églises de votre arrondissement, paroissiales ou

---

1. On trouve ce nom orthographié de deux manières. Il signe Brongniart.
2. *A. N.* B[5].
3. Cette condamnation fut portée par le bref du 13 avril.
4. Il avait été élu également dans le Haut-Rhin et dans la Haute-Marne. Il opta pour Paris.

autres, de vous transporter en personne dans celle où l'on vous annoncerait quelque chose d'extraordinaire, de vous opposer, au nom de la Municipalité, à ce qu'il s'y fasse aucune autre cérémonie que celle du culte ordinaire, de déclarer aux curés, aux préposés à la garde des ornements et à tous autres fonctionnaires publics de l'église que, en cas de désobéissance, ils seront individuellement garants et responsables des événements, et s'il arrivait que cette déclaration énergiquement prononcée et les remontrances amicales et modérées que vous pourrez y joindre ne réussissent pas, vous emploieriez tous les moyens que la loi et la force publique que vous aurez soin de tenir prête mettent dans vos mains; et dans tous les cas vous dresserez procès-verbal de tout ce qui se sera passé.

Je n'ai pas besoin de vous faire observer que vous pouvez vous faire assister d'un ou plusieurs commissaires de votre section; que votre conduite doit être aussi prudente que ferme; qu'enfin vous ne devez faire connaître ma lettre qu'à ceux auxquels il pourra être nécessaire d'en donner communication. »

Signé : BAILLY, DEJOLY [1].

Les commissaires se mirent en campagne et le procureur recevait le lendemain, à 7 heures et demie du matin, le rapport suivant [2] :

« L'an 1791, le samedi 19 mars, à neuf heures 40 minutes du matin, Nous, Jean-Baptiste-Victor Simon, docteur en droit, commissaire de police de la section de l'Observatoire, de l'ordre du procureur de la Commune et sur les craintes qu'on avait conçues qu'il ne se fit aujourd'hui une ordination dans le séminaire des Anglais, rue des Postes, assisté de M. Favre, président de la section et du secrétaire-greffier, nous sommes transportés dans ledit séminaire, où, nous étant fait conduire chez M. le Supérieur, lui avons exposé les ordres de la municipalité de faire une visite dans la maison, l'avons prié et requis de nous accompagner, ce qu'il a fait et, visite faite dans toute la maison où nous n'avons rien aperçu qui pût faire naître des soupçons, nous nous sommes transportés à la chapelle. M. le Supérieur, requis par M. le Président d'en ouvrir les portes, a hésité et balancé quelque temps; la porte ouverte, avons trouvé la chapelle pleine d'ecclésiastiques dont un Evêque officiant et les autres disposés et ayant même commencé à recevoir l'ordination des mains dudit Evêque; avons requis M. le Supérieur de faire interrompre l'ordination, attendu qu'elle ne pouvait être faite selon la loi ce qu'il a dit ne pouvoir et a fait venir celui

---

1. Sig. Lacroix 2me série, III, p. 197. L'auteur ajoute en note : « aucun journal ne fait allusion aux cérémonies religieuses du 19 mars ». La pièce suivante va nous éclairer à ce sujet.
2. Archives de la préfecture de Police.

qui présidait à l'ordination sous l'évêque et lequel nous a dit se nommer Anne-Antoine Hure, directeur du séminaire de Saint-Nicolas du Chardonnet et, maître des cérémonies, l'avons sommé pareillement d'interrompre l'ordination et d'intimer l'ordre de la municipalité à l'évêque officiant. Le sieur Hure, après avoir conféré avec ledit Evêque, nous a dit que la cérémonie étant commencée, ne pouvait être interrompue, que M. l'Evêque, qu'il nous a dit être l'Evêque de Chartres, et lui-même, et M. le Supérieur répondaient de tout sur leurs personnes auprès de la municipalité et ont été interpellés de signer en cet endroit, ce qu'ils ont fait.

 Hure Rew, supérieur du séminaire, curé.
   † J.-B., év. de Chartres (*de Lubersac.*)

Desquelles déclarations avons donné acte et attendu que l'ordination était commencée et sur le point d'être achevée, n'avons pas cru, de l'avis de M. le Président, devoir l'interrompre, avons seulement ordonné que ce fait serait dénoncé au procureur de la Commune pour par lui être pris telles conclusions qu'il jugera convenable.

Dont et du tout avons dressé le présent procès-verbal le dit jour et année.   Favre.

Suivent les noms de ceux qui ont été ordonnés et qui nous ont été donnés par M. Hure [1].

Il ne semble pas que toutes ces menaces aient eu des suites, mais on voit que Hure ne craignait pas les responsabilités. Il se garde bien, (et la Communauté l'imite) d'assister à l'installation scandaleuse de Gobel, le 27 mars : mais, au lendemain du 30 mars, l'alerte dut être grande à Saint-Nicolas. Bien des arrêtés, pris dans ce jour par le conseil municipal, légitimaient ces émotions. D'abord, appliquant une loi portée le 22, le corps municipal décidait que, le dimanche 10 avril, les ecclésiastiques « agrégés, professeurs et autres individus, faisant aucunes fonctions ou remplissant aucunes places dans les établissements appartenant à

---

1. Parmi les séminaristes ou anciens élèves de Saint-Nicolas ordonnés ce jour-là, nous relevons au nombre des prêtres :
 Ceuillet, du diocèse d'Amiens.
 Bourgeois, du diocèse de Sens.
 Coulon, du diocèse d'Amiens.
 Creraud, (Raphotensis, Raphœ) (Irlande).
Parmi les diacres :
 Delalande, du diocèse de Rouen.
 Hurtrel, du diocèse de Paris.
 Cavet, du diocèse d'Amiens.
 Delattre, du diocèse d'Amiens.
Un seul sous-diacre fut ordonné : Seguin, acolythe de Saint-Nicolas.
Le Maître de cérémonies du clergé était chargé, entre autres fonctions, d'examiner les papiers nécessaires aux ordinands. Cf. *Actes de l'Eglise de Paris*, 1854 p. 264.

l'instruction publique dans la ville de Paris », devaient prêter serment en l'église métropolitaine après la messe paroissiale [1], et cet arrêté devait être affiché à la porte des collèges et séminaires. C'était du coup interdire l'enseignement aux professeurs qui, jusque-là, n'étaient pas astreints au serment. Les mailles du filet se resserraient. Il n'y aurait plus que les ecclésiastiques maîtres d'écoles, qui fussent exempts du serment. Oviefve seul, pensons-nous, remplissait alors la fonction de maître d'école.

Un autre arrêté réglait minutieusement les cérémonies qui devaient présider à l'installation des nouveaux curés, le dimanche 3 avril. Ce jour, à six heures du matin, il sera « notifié à chacun des anciens curés qu'ils ont été remplacés et qu'à compter de ce jour, les fonctions curiales seront exercées par leurs successeurs [2] ». Les administrateurs feront aménager le presbytère pour ce jour-là. Puis, prenant son rôle de « sacristain » au sérieux, le conseil entre dans les plus grands détails sur le nombre de vicaires à attacher à la paroisse, de registres à tenir et sur le tarif des chaises [3].

Il décide de plus que, le lendemain, Gobel prendra possession de son archevêché [4]. Enfin, il ordonne « que, par les présidents et commissaires des sections dans l'arrondissement desquelles se trouvent situées les églises presbytères et communauté des prêtres de paroisses... Saint-Nicolas du Chardonnet... etc., inventaire sommaire sera dressé dans les jours vendredi et samedi 1er et 2 avril de tous les papiers, titres et effets appartenant aux fabriques, aux paroisses et aux pauvres et généralement de tous les objets qui n'appartiennent point aux ci-devant curés, aux vicaires et autres ecclésiastiques et qui néanmoins se trouvent dans les lieux qu'ils habitent et ce, en présence, s'il est possible de deux commissaires des compagnies de charité et de deux membres de la fabrique de chaque paroisse... Expéditions des dits in-

---

1. Sig. Lacroix, 2me série, III, p. 346.
2. *Ibid.*, p. 349.
3. Messe et petit prône, 6 deniers; messe et prône, 1 sol; vêpres, sermon, salut, 1 sol; messe basse, 6 deniers; sermon extraordinaire, 6 deniers; etc... Cf. *Ibid.*, p. 250. Plusieurs motions relatives à ces tarifs provenaient de la section du Jardin des Plantes. *Ibid.*, p. 360.
4. On devine bien que cette prise de possession n'alla pas sans provoquer des protestations de la part de l'archevêque de Juigné (13 et 21 mars). Cette dernière est particulièrement énergique contre l'évêque et les curés intrus.

ventaires seront envoyées sans délai au procureur de la Commune pour par lui en rendre compte au conseil municipal..... samedi au soir, à neuf heures ; des commissaires des dites sections se chargeront des registres des baptêmes, mariages et sépultures pour les remettre dimanche matin aux curés nouvellement installés qui en donneront décharge [1]. »

Le vendredi 1er avril, arrivent à Saint-Nicolas du Chardonnet, les commissaires de police [2] et autres nommés par le comité de la section du Jardin des Plantes [3]. Ils sont munis d'une commission signée probablement du substitut du procureur-syndic Pastoret [4]. « Cette commission générale pour toutes les paroisses de Paris, dont le clergé devait abandonner les fonctions, ayant été lue aux prêtres de la Communauté de Saint-Nicolas qui se trouvaient dans ce cas, ils se sont soumis sur-le-champ et ont représenté les effets appartenant à la fabrique de la paroisse dont la garde leur avait été confiée, suivant l'inventaire qui en avait été fait et arrêté par eux et les curés et marguilliers en l'année 1786, mais ils ont réclamé et se sont opposés à l'inventaire des effets qui appartenaient à la Communauté et à des particuliers membres de la dite Communauté, qui se trouvaient à la sacristie ou qui y étaient ci-devant déposés et dont les prêtres de la communauté se servaient ordinairement [5]. Les commissaires ont rejeté toutes leurs réclamations et, quoique leur commission ne le portât pas, ils ont employé la force et ont fouillé toute la maison pour recueillir les différents objets destinés aux culte qui appartiennent en propre à la Communauté et dont mention est faite dans la déclaration des biens meubles et immeubles présentée à la municipalité, l'année dernière. Ces effets étaient déposés dans différentes armoires dans l'intérieur de la maison. Les dits commissaires ayant fait deman-

---

1. S. Lacroix, *ibid.*, p. 356. L'auteur ignore où se trouve l'inventaire de Saint-Nicolas. Nous l'avons trouvé à la Bibl. nat. n. a. f. 2792.

2. D'après la répartition officielle, devaient procéder à Saint-Nicolas : Perron, Bertholon, officiers municipaux; Minier, Cezérac, Legros, notables. Cf. S. Lacroix, *ibid.*, p. 351.

3. Naudon, commissaire de police de la section du Jardin des Plantes, demeurant à Paris, rue des Fossés-Saint-Bernard ; Rinville, marchand de bois, demeurant quai Saint-Bernard, marguillier comptable en l'année 1790; Claude Lebas, ancien marchand de vin, quai de la Tournelle et ancien marguillier.

4. Cf. *Mémoire* de Piton, *A. N.* S. 6994.

5. Les séminaristes ont également fait leurs réserves. Cf. *B. N.* n. a. f. 2792.

der les clefs par le portier[1] ont fait entre eux, sans appeler aucun membre de la Communauté, l'inventaire qu'ils ont voulu et de la teneur duquel ils n'ont donné aucune lecture ».

En réalité, ils se contentèrent d'écrire derrière l'inventaire de 1786 une attestation portant « que vérification faite et récolement des objets compris en *l'inventaire des autres parts*, ils se sont trouvés en nature », excepté quelques objets. Ils avaient préparé les signatures du supérieur et du sacristain, puis ils se ravisèrent sans doute, et ces signatures ne se trouvent pas à côté des leurs[2]. Ils ont fait main basse sur l'argenterie et ont ensuite mis les scellés « sur la bibliothèque, les archives, la lingerie, l'infirmerie et la circrie. Ils ont posé un corps de garde dans la maison en s'emparant de toutes les clefs des issues extérieures ». Suivant une remarque sagace, il faut donc, pour tous ces événements de la Révolution, ne pas s'en tenir aux textes des lois. Ceux qui étaient chargés de les exécuter et même d'autres, savaient les interpréter et devancer les lois plus restrictives qui se succédaient rapidement. « Les prêtres de la Communauté ainsi vexés ne pouvant ni ne devant opposer la force à la force, n'ont eu d'autre recours que de présenter sur-le-champ[3] une requête à M. le procureur-syndic de la municipalité ». Nous n'avons pu retrouver cette requête qui devait revêtir la forme d'une protestation....... « Voici en substance la réponse à cette requête telle qu'elle a été rendue verbalement au procureur de la maison (Piton) par le secrétaire de M. le Procureur syndic, sçavoir : que ladite requête ayant été lue dans l'assemblée du corps municipal le six avril, il fut reconnu que la section du Jardin des Plantes avait outrepassé ses pouvoirs, et il fut dit que l'intention de la municipalité n'était point de priver ladite communauté de l'administration et de l'usage de ses biens qui lui étaient provisoiremennt conservés par les articles 1 et 13 du titre premier des décrets de l'Assemblée Nationale des 23 et 26 octobre 1790, sur la constitution civile du Clergé[4], mais que l'assemblée ajouta que le directoire du département s'étant réservé la cause des communautés et séminaires, la requête serait renvoyée à M. le Procureur général du département pour lui donner

1. Goussiaume.
2. *A. N.* S. 6994.
3. Probablement dès le samedi 2 avril.
4. Nous aurons l'occasion de revenir sur ces articles.

connaissance de cette affaire[1] ». On pense bien que l'affaire dormit dans les cartons[2]. Nous la reprendrons un peu plus tard. Hure fut donc obligé, d'après l'arrêté municipal du 30 mars, de remettre aux commissaires, le soir du samedi 2 avril, les registres de la paroisse[3].

C'était une nouvelle difficulté pratique qui surgissait pour les catholiques qui ne voulaient pas suivre l'église schismatique. On sait assez que les actes renfermés dans les registres paroissiaux tenaient seuls lieu d'actes civils. Or les catholiques faisaient ondoyer ou baptiser secrètement leurs enfants par les prêtres demeurés fidèles et ne les présentaient point à l'église paroissiale pour y faire constater leur naissance. Aussi, dès le 22 avril, Cahier de Gerville probablement, prend l'initiative d'une adresse à l'Assemblée nationale. Cette adresse, aussitôt approuvée par le conseil municipal, réclame l'établissement d'officiers civils chargés de recueillir les actes de naissance, de mariage, de sépulture. Mais d'une part, à l'Assemblée nationale, on trouve que, pour le moment, ces questions sont « dangereuses à traiter ». D'autre part, on veut laisser cette arme puissante entre les mains des « fonctionnaires publics » (les curés constitutionnels) dont l'état n'est pas encore « consolidé[4] ». En fait, le décret ne paraîtra que la veille de l'institution de la République (20 septembre 1792[5]).

1. *Ibid.* Le procès-verbal (S. Lacroix, 2me série, III, p. 460) porte : « le corps municipal arrête que par le Procureur de la Commune, il en sera référé dans le plus bref délai, au Directoire du département et à M. l'évêque de Paris. »

2. « On s'est présenté plusieurs fois dans les bureaux du directoire du département et à M. le procureur général-syndic lui-même, qui a assuré n'en avoir aucune connaissance. » *Mémoire* de Piton. *A. N. S.* 6994.

3. A moins qu'il n'ait opposé la force d'inertie. — Quant au registre des fondations (à l'usage du sacristain), il est aux archives nationales, MM. 486. Andrieux l'a revisé avec soin et indique pour chaque fondation la dernière date à laquelle elle a été acquittée. La date la plus extrême est le 31 mars. (Cf. fondation Nesmond). Ce registre ne semble pas avoir été remis. — Pour le casuel, le dernier règlement de comptes est du 13 avril. Le sacristain Duval en a fourni le détail et Andrieux signe le dernier reçu. *A. N.* H⁵ 3361².

4. Paroles de Rewbell, séance du 19 mai 1791. Cf. *Arch. parlem.* XXVI. p. 23.

5. En attendant cette loi qui, en somme, eut des conséquences libérales, l'autorité religieuse engageait les fidèles à faire constater par les juges, les naissances, mariages, décès, sous la rubrique *dissidents*, en ayant soin toutefois d'éviter tout ce qui aurait pu les faire regarder comme non-catholiques.

Sans aucun doute, Hure continua son ministère, mais nous ne savons pas exactement dans quelles conditions et le registre d'actes rédigés par lui ne commence qu'en 1795[1].

Une question désormais se posait qui touchait plus directement la Communauté. Comment pourrait-elle vaquer à ses exercices de piété, comment ses membres réussiraient-ils particulièrement à dire la messe ? Continuèrent-ils à dire des messes basses dans l'église Saint-Nicolas comme la constitution civile le permettait, puisque la messe basse n'était pas réputée fonction publique ? Leur curé constitutionnel leur en accorda-t-il la faculté ? Nous le croyons assez difficilement, s'il nous est permis de l'inférer de sa conduite ultérieure. Dire la messe dans les chambres n'était guère possible à Saint-Nicolas après l'enlèvement de l'argenterie et la mise sous scellés des armoires contenant tout ce qui pouvait servir à la célébration du culte. Il restait la ressource des couvents voisins et spécialement des Miramiones et peut-être de la chapelle des galériens. Mais elle était précaire et on le vit bien dès le jeudi 7 avril. Les Miramiones avaient, le dimanche précédent, fort mal reçu Brongniart qui était allé rendre sa visite pastorale, aussitôt son installation faite. Il s'en plaignit amèrement et ses paroissiennes, pour les punir de cet outrage, investirent de toutes parts la maison. « On y a trouvé, dit un *factum*, l'ancien curé venant d'y faire l'office, accompagné de quantité de séminaristes... On a découvert des portes de derrière... on les a gardées pour que personne n'en sortît afin que tous ceux qui étaient dedans prêtassent le serment ou sinon le fouet[2] ». Grâce à l'arrivée de la cavalerie, de la garde nationale et de la municipalité, cette dernière humiliation leur fut épargnée, mais ces dames n'y échappèrent pas le samedi suivant (9 avril[3]).

Le Conseil municipal fit semblant de s'émouvoir et porta un double arrêt, l'un servant de contrepoids à l'autre. Par le premier, il était « fait défense à toutes personnes de s'attrouper devant les maisons et églises des communautés religieuses et de commettre aucun excès contre qui que ce soit[4] ». Par le deuxième,

---
1. *Archives de la paroisse St-N. d. C.*
2. Cf. B. N. Ld 4/7113, in-12 et Ld 39/5505, in-8º.
3. Trois Miramiones cédèrent à la peur et prêtèrent le serment. Les autres restèrent fidèles.
4. Remarquez qu'aucune mesure de répression judiciaire n'est prise contre les délits du 7 et du 9 avril.

d'une part, « Gobel est invité à prendre sans délai toutes les mesures qui dépendent de l'autorité spirituelle pour empêcher que les ecclésiastiques sans pouvoir s'immiscent dans aucunes fonctions publiques et abusent à cet effet des églises et des maisons religieuses » et d'autre part, « pour ne pas laisser prétexte à aucun excès, à aucune contravention, le corps municipal arrête que les portes des églises et des monastères et des communautés de femmes seront fermées provisoirement... jusqu'à ce que le Conseil municipal en ait référé au directoire du département ». Le directoire, inutile de le souligner, s'empressa de confirmer cette décision dès le lendemain 8 avril. Les attroupements semblent se continuer dans les journées du 8 et du 9. Enfin, le lundi 11, le directoire du département de Paris prend un arrêté où, après des considérants à l'aspect libéral [1], s'égrène une liste de 15 articles restrictifs, suivi d'un seizième et dernier où, pour sauver les apparences, le directoire (président La Rochefoucauld) « ordonne expressément à la municipalité d'employer tous les moyens pour réprimer efficacement les coupables effets de l'odieuse intolérance qui s'est manifestée récemment et pour prévenir les mêmes délits ». Dans les 15 articles précédents, il crée un préposé laïc chargé de la surveillance du culte [2], ferme un grand nombre d'églises et chapelles, entre autres la chapelle des Miramiones [3], en exceptant les chapelles des hôpitaux,... des prisons,... des collèges de Paris en plein exercice, « des séminaires [4] en attendant qu'ils soient tous réunis en un seul », et ces chapelles ne doivent en aucun cas être « ouvertes au public », « aucune fonction ecclésiastique ne pourra y être exercée que par ceux qui auront à cet effet une mission particulière de l'évêque de Paris ». « Tout édifice ou partie d'édifices, que des particuliers voudront destiner à réunir un grand nombre d'individus pour l'exercice d'un culte religieux quelconque, portera sur la principale porte extétérieure, une inscription pour indiquer son usage ». Les Mira-

1. Le roi, par l'intermédiaire de son ministre de l'intérieur, Delessart, s'était plaint à la Constituante des excès des 7 et 9 avril.
2. Sig. Lacroix ne croit guère à l'efficacité de cette mesure.
3. Sig. Lacroix, 2me série, III, p. 577.
4. Dans la liste des chapelles de séminaires sont mentionnées celles du Saint-Esprit, de Saint-Firmin, de Saint-François de Sales, de Saint-Magloire, de Saint-Marcel, de Saint-Nicolas du Chardonnet, (elle n'existait pas, on s'en souvient bien) de Saint-Louis, de Saint-Sulpice.

miones durent ainsi fermer leur chapelle le 15 avril. Il est vrai que l'Assemblée nationale, dans sa séance du 7 mai, tout en ratifiant l'arrêté du Directoire, décrétera que le défaut de prestation de serment « ne pourra être opposé à aucun prêtre se présentant dans une église paroissiale, succursale ou oratoire national, seulement pour y dire la messe ».

Nous n'avons pas trouvé trace de local loué par Saint-Nicolas pour exercer le culte publiquement[1]. Si les Nicolaïtes vont aux Miramiones, ce ne peut être qu'en cachette[2]; un arrangement in-

Porte Saint-Bernard et pont de la Tournelle.

tervint-il entre eux et le curé : c'est peu probable ; allèrent-ils à l'église Saint-Jean du Cardinal-Lemoine, à la chapelle Saint-Firmin qui reste ouverte : nous ne pouvons l'affirmer. Ils eurent

---

1. Le 18 août 1791, un bref donna pouvoir aux *prêtres*, de consacrer des autels portatifs, même sans reliques, et de célébrer dans un lieu décent même *sub dio* (en plein air). — Dans le numéro du 7 avril 1791 du *Courrier de Paris dans les 83 départements*, nous lisons : « Avis au public. Messieurs les prêtres de S.-Nic. d. C. ont l'honneur de prévenir toutes les dévotes, qu'ils vont établir une chapelle dans la maison des sieur et demoiselle Loquet, sise rue de Versailles, au coin de celle Traversine. Un superbe berceau de cave doit servir à cette pieuse destination ». Puis le 10 avril : « Le saint concile tenu dans le souterrain de M. Loquet est présidé par M. Huré, supérieur du séminaire de Saint-Nicolas. Il s'y réunit avec ses acolythes, 12 séminaristes et le dit sieur Loquet, agent de la paroisse ». Puis, de temps à autre, jusqu'au 11 déc. 1791, ce journal signale les menées (confessions) de Hure, Antignac, et surtout de Bonnet, « fameux par son fanatisme ».

2. Elles-mêmes sont obligées d'assister à la messe hors de chez elles. Le même journal, dans son numéro du 20 avril 1791, rapporte « que le troisième de sa maison (il s'agit d'un certain Auvrai, couvreur de son état) dont la boutique est occupée par un perruquier, a été loué par Mesdames les Miramiones et que le curé de Saint-Nicolas y dit l'office... ».

peut-être la ressource de continuer à dire la messe à l'autel qui se trouvait dans les petites écoles de la paroisse[1]. Dans tous les cas, Bonnet ne peut sans doute continuer à desservir la chapelle des galériens, car depuis le 15 avril, les chapelains de prison

Entrée du cloître des Bernardins.

doivent, eux aussi, prêter le serment. D'ailleurs, cette chapelle va être démolie en même temps que la geôle et la porte Saint-Bernard, et les galériens vont être transportés au cloître des Bernardins[2]. De cette sorte, la situation religieuse des Nicolaïtes est

1. Ces petites écoles se trouvaient au premier étage au-dessus de la cuisine. (en dernier lieu, étude des grands).
2. Cette affaire de la Tournelle intéresse donc Saint-Nicolas. Au mois d'octobre 1790 la section du Jardin des Plantes avait, dans une assemblée générale, adressé au directoire du département, une pétition tendant à démolir la porte Saint-Bernard et la prison de la Tournelle. Cela faciliterait la circulation dans cette partie de la ville si importante au point de vue de

fort embarrassante et nous ne voyons pas comment, par la suite, ils ont pu l'améliorer. Une garde militaire et journalière les surveille et les épie. Les scellés sont toujours sur les principales chambres-magasins. Ont-ils besoin de linge ? Piton est obligé de faire venir les commissaires qui comptent un à un les torchons, les serviettes délivrés [1].

De mauvaises nouvelles leur arrivent par surcroît de Villejuif. Le mardi de Pâques 26 avril, après la messe du bataillon, Thibault, procureur de la commune, a, devant l'Assemblée tenue en la maison commune, rappelé qu'au greffe de cette commune a été déposé [2] un état servant d'inventaire des meubles et effets appartenant à MM. du séminaire de Saint-Nicolas du Chardonnet, le tout étant en leur maison de Villejuif. Balzac s'en était constitué le dépositaire. Or, Thibault a appris [3]

« Que Mondit sieur Balzac, réfractaire aux loys décrétées par l'Assemblée Nationale, sanctionnées par le Roi, avait retiré en ladite maison dudit séminaire de Saint-Nicolas du Chardonnet M. Pelletier, ancien

---

l'approvisionnement de Paris. Une commission, nommée à la suite de cette pétition, conclut dans le même sens. Une demande adressée au conseil général de la Commune, communiquée à différentes sections, fut accueillie favorablement. L'exécution du projet se faisait attendre. Nouvelle adresse (probablement au début de mars 1791) au directoire. On y souligne les dangers qui résultent pour la circulation, des deux étroites ouvertures de la porte Saint-Bernard et « la prison, dite de la Tournelle, a toujours été une prison malsaine par les inondations fréquentes de la rivière qui pénètre dans le rez-de-chaussée et dans les cours et ont occasionné des maladies terribles, souvent même la mort, à des malheureux que la rigueur des lois n'avait condamné qu'à une peine passagère. Dans le nouvel ordre de choses, cette maison devient absolument inutile, parce que par la suppression des chasses, de la gabelle, des entrées, et par la réduction qui a été faite de l'arrondissement de Paris, à la vingtième partie de son ancienne étendue, les criminels qui se trouvaient alors du départ de chaque chaîne, au nombre de soixante ne seront plus, suivant toute apparence, que deux ou trois au plus, et qu'un aussi petit nombre peut être déposé dans d'autres prisons. » *British Museum*, F 10*11. Le 26 mars, une assemblée générale du district décide d'imprimer l'adresse et la délibération et d'envoyer les deux pièces à toutes les sections. Enfin, la démolition fut adjugée le 2 juillet 1791, et le commencement de cette opération pour la porte Saint-Bernard et probablement aussi pour la geôle, fut fixé au 17 juillet. Cf. Sig. Lacroix, *op. cit.*, 2me série, III, p. 587 et V. 273. C'est probablement à cette époque qu'on transféra les galériens dans une partie du cloître des Bernardins.

1. Ces livraisons se firent le 4 et le 18 avril, puis le 22 juin.

2. Sans doute, en novembre 1790.

3. Le document nous paraît intéressant à plus d'un titre, et nous laissons à nos lecteurs le soin de faire leurs réflexions sur ce texte.

curé de cette dite commune ainsi que M. Vaillant[1], ancien aumônier de cette commune, aussi réfractaires auxdites loys, lesquels disent la Messe dans ladite maison ce qui peut occasionner différentes personnes d'assister à leurs dites Messes, que d'ailleurs voilà huit jours que ledit Balzac est absent de ladite maison et comme d'un côté la conduite de ces prêtres réfractaires aux Loys porte scandale en cette commune et que de l'autre, ledit Balzac étant absent, il croit pour le dus de ses fonctions de procureur de la Commune nous requérir de nous transporter en ladite maison à l'effet de procéder sur l'état déposé au greffe de cette municipalité, au recollement desdits meubles et effets compris en icelui, d'apposer les scellés aux sceaux de cette municipalité sur la porte de l'appartement dans lequel est l'autel où les dits prêtres se permettent de dire la messe et enfin d'établir gardien à la garde tant des dits effets qui se trouveraient récollés qu'aux dits scellés et ce jusqu'à ce qu'il en ait été autrement ordonné par le district de Bourg-la-Reine[2]. »

Alors commence la visite minutieuse de la cuisine, de la cave et des meubles des appartements.

« Parcourant lesquels appartements, nous avons remarqué que, dans une des chambres au premier étage, appelée chambre de la prière, ayant vue sur le jardin, il y était pratiqué une espèce de petite autel, que ayant demandé à mondit sieur Vaillant qui nous a accompagné dans le cours de notre visite s'il n'était pas vrai que depuis qu'il était retiré dans la maison où nous sommes, il n'avait pas dit la messe, à cette petite autel, a quoy il a répondu qu'il ne pouvait pas dire non ! Et pour éviter que lui ni autres prestres ne puisse y dire la messe jusqu'à ce qu'il en soit autrement ordonné par qui et ainsi qu'il appartiendra avons fait renfermé dans ladite chambre tous les ornements, calices, aubes et surplis compris audit Etat et fait fermer la porte d'icelle chambre avec la cléf que nous avons remise en mains de notre secrétaire greffier. »

Les scellés mis furent confiés à la garde de Boyart et de Roy, l'un jardinier, l'autre cuisinier de la communauté. Au bas de ce bel exploit se lisent les signatures : Radot maire, Lesage, Dar-

---

[1]. Ce fut très probablement le même qui sauva le crucifix de Bourdoise, précisément le 13 juillet 1791. Cf. l'inscription plus haut, p. 194. « Eumdem sibi legatum, D. Morizot archipresbyter Beatae Mariae, Parisiis, iterum legavit D° Cauvin, canonico parisiensi qui, die VI decembris anni MDCCCLXXVI ipse dono dedit Seminario Sti Nicolai a Cardueto ». *A. S. N. Papiers Daix.* En 1802 nous trouvons un Vaillant curé à Villejuif. Cf. *Almanach ecclésiastique,* 1806. Il était né à Rouen en 1764.

[2]. *A. N.* T. 1493. 1-2.

blay, Mulot, Montcouteau, Bonat, officiers municipaux; Thibault, procureur; S. Radot, Devilliac, Merle, Bergoin, J.-M. Tardu, L. Montcouteau et Godfroy, notables [1]. Les municipaux écrivent au procureur-syndic de Bourg-la-Reine et lui demandent de mettre en vente les biens de Villejuif, car, disent-ils, la distraction imposée par le décret du 23 octobre ne vise pas les biens et maisons de campagne [2]. A Bourg-la-Reine, le procureur syndic se nomme Filassier. Simple laboureur à Issy [3], il a été président de l'assemblée primaire en 1790 et a été nommé électeur [4]. Puis, élu procureur-syndic du district de Bourg-la-Reine, il prépare sa candidature pour l'assemblée législative et sera nommé le 15 septembre [5]. On comprend que la communication qui lui est envoyée de Villejuif excite son zèle [5]. Vite il décide la vente de la ferme et de la maison de la Communauté.

Mais le 5 mai, les Nicolaïtes s'opposent à ces mesures, par voie d'huissier. Delabatte, huissier avoué au Châtelet de Paris et audiencier du tribunal de l'abbaye de St-Germain des Prés [6], porte à Filassier une signification, où le supérieur et les prêtres de Saint-Nicolas « présumant que ce ne peut être que par erreur, que cette vente a été publiée et affichée, attendu que lesdits sieurs supérieurs et prêtres forment une congrégation séculière, légalement établie avant même d'être séminaire-collège, que ces biens leur appartiennent comme les ayant acquis de leurs propres deniers et n'ont aucun rapport avec l'établissement de séminaire-collège formé chez eux et ne sont point biens du séminaire diocésain, ils se trouvent dans l'exception prononcée par l'article 13 du titre premier du décret du 23 octobre dernier qui ordonne que les biens appartenant à de pareils établissements ne seront point vendus, jusqu'à ce qu'il en ait été ordonné autrement et que les biens continueront d'être administrés comme par le passé ». Voilà, dès le début de l'action, indiqués les moyens

---

1. *A. N.* T 1493, 1-2. Plusieurs de ces noms nous sont connus et appartiennent à des fermiers ou à des locataires de notre communauté.

2. *A. N.* S. 6994, pièce 109.

3. Il demeure à Clamart, puis à Bourg-la-Reine.

4. *A. N.* B1 5 et B1 9.

5. Il semble s'être amendé dans la suite, car l'*Ami de la Religion* dit de lui que « c'était un homme sage et modéré », tome 37 (1823, p. 351.

6. Un des six tribunaux de Paris, nouvellement installés.

de défense qui vont être si souvent employés dans cette lutte pour la conservation des biens de Saint-Nicolas.

Bien entendu, Andrieux et ses collègues s'opposent à la vente, et menacent de *répéter* contre les membres du directoire du district[1]. En même temps, ils envoient au directoire du département une requête où ils demandent : 1° la suspension de l'affichage de la vente, puis : 2° « que la défense verbale ou par lettres, faite par de simples commis au sieur Lutton, leur locataire, rue Sainte-Anne[2] et au sieur Godefroy, leur fermier à Villejuif, de payer les termes des loyers échus, soit levée; 3° que les payeurs des rentes de la ville soient, pour les mêmes raisons, autorisés à les payer, et, en conséquence, que les scellés apposés illégalement dans leur maison et spécialement sur les archives où se trouvent renfermés les contrats, soient levés, » d'autant que parmi les contrats de la Communauté, il s'en trouve plusieurs autres qui appartiennent en propre à des particuliers, membres de ladite Communauté, et même à des personnes de province. Ils observent enfin « que les scellés n'ont été mis que dans leur seule maison, et que si c'eût été en vertu des décrets ou par ordre de la municipalité, toutes les congrégations séculières y eussent été soumises et puisque la loi est pour tous, ils demandent son exécution à leur égard et de jouir de son bénéfice comme l'Oratoire, Saint-Lazare, Saint-Sulpice et autres[3] ».

Cette requête indique bien que Saint-Nicolas a été l'objet d'une mesure exceptionnelle. Qui en fut le promoteur? Doit-on en accuser Gobel, Brongniart, quelque ancien marguillier ou quelques membres de la section? De Saint-Martin, et surtout Mulot? Toujours est-il que, parmi les séminaires, Saint-Nicolas seul est, à cette heure, sous scellés. La requête fut envoyée par La Rochefou-

---

1. *A. N. S.* 6994. Au même moment, exactement le 11 mai, les Miramiones lancent également l'huissier Malgras (plus tard membre du conseil de fabrique de Saint-Nicolas) contre Filassier qui met en vente une de leurs maisons située à Ivry. Elles sont soutenues, dans leurs revendications, par le comité du Jardin des Plantes qui, le 9 mai, leur a délivré une attestation par laquelle il déclare que ces Miramiones « sont une congrégation de filles séculières laïques, dont chacune d'elles a le droit de sortir pour se marier... et qu'elles jouissent des revenus de tous leurs biens ». *Ibid.*

2. Il nous semble bien que ce Lutton va être nommé le 11 mai, commis au dépôt des archives du ci-devant Parlement. Il est qualifié « d'ancien greffier à peau au ci-devant Parlement ». Cf. Sig. Lacroix, *op. cit.*, 2ᵐᵉ série, IV, p. 226.

3. *A. N. S.* 6994. L'original est à *A. N.* D. XIX, 96, dossier 853

cauld, président du Directoire, aux membres du comité ecclésiastique, avec prière de donner leur avis au comité d'aliénation [1]. Le comité ecclésiastique, dont la passion antireligieuse est connue, écrivit au dos de la requête : « D'après le décret du 23 octobre 1790, titre premier, tous les biens des séminaires sont à vendre, il n'y a de compris dans l'ajournement que les biens des séminaires-collèges [2] ». Il avançait par là que Saint-Nicolas était le seul séminaire diocésain de Paris. Entre temps, le Directoire du département avait envoyé, dès le 17 mai, à Filassier, l'ordre de suspendre l'affichage. Il aurait dû également ordonner de lever les scellés à Saint-Nicolas, il ne le fait pas ; ce qui met la communauté dans un grand embarras. A la fin de mai, elle a reçu une réclamation des sœurs des écoles de charité de l'Enfant-Jésus, rue de Charonne, n° 24, qui, finalement, s'adressent à Pastoret, procureur-syndic du département, en lui représentant « que l'on accordait une modique pension pour leur subsistance, qui leur était payée par Messieurs de Saint-Nicolas du Chardonnet, qui la leur avaient toujours payée avec exactitude, même la leur avaient souvent avancée; depuis la Révolution, ces Messieurs ont refusé de leur payer, parce que la ville ne paye point ; il leur est dû 1790 complètement. Pendant cet intervalle de temps, les dites sœurs n'ayant d'autres ressources pour vivre que cette modique pension, elles ont été obligées de vivre d'emprunt, mais dans cet instant, toutes leurs ressources étant épuisées, elles ont été conseillées d'avoir recours à vous, afin qu'il vous plaise ordonner qu'elles soient payées de l'année 1790. Les dites sœurs en seront vivement reconnaissantes et formeront des vœux pour votre prospérité [3] ». Au bout de huit jours, Pastoret se décide à écrire à l'*Agence générale des biens nationaux*, pour demander les titres des sœurs à cette pension. Il reçoit en même temps une lettre de Carron, fondé de pouvoirs, qui, chargé des intérêts de plaideurs pour cause d'anticipation, relativement à la ferme de Villejuif, demande si ces biens de Villejuif vont être vendus. Il lui répond le 15 juin qu'il croit ses craintes mal fondées et qu'il ne peut être donné suite à l'adjudication, car, affirme-t-il, dans une note écrite

---

1. *A. N.* D. XIX, 96 et Sig. Lacroix, *op. cit.*, p. 405; celui-ci mentionne l'arrêté, mais n'en donne ni la teneur ni la cote.
2. *A. N.* D. XIX, 96.
3. *A. N.* S. 6994.

au dos de la requête, « il ne sera vendu, quant à présent, aucun bien des séminaires, le séminaire diocésain n'étant pas encore désigné ».

Malgré ces belles assurances, le samedi 18 juin, à dix heures du matin, Roard, commissaire à l'administration des biens nationaux, Burel, l'un des chefs du Bureau de liquidation, arrivèrent à l'église Saint-Nicolas, pénétrèrent dans la sacristie[1], et, devant Naudon, Rinville, Lebas, lurent la délibération du *Comité d'administration des biens nationaux* qui leur ordonnait de « procéder à l'inventaire et description des effets étant et garnissant le séminaire St-Nicolas ». Cette fois, le péril approchait. Nos bons marguilliers, attendu la proximité de la fête-Dieu (23 juin), requièrent la remise en leurs mains d'un certain nombre d'ornements qu'ils remettront à Brongniart. Andrieux et Piton, prévenus, arrivent et ne s'opposent ni à l'inventaire, ni à la remise des ornements nécessaires pour le service divin, sous la réserve cependant qu'ils font, pour leur Communauté, d'indiquer au cours de l'inventaire, ceux qui appartiennent tant à leur dite maison qu'à différents prêtres de la Communauté et sous la condition que « cette dernière classe d'effets (ornements) ne sera remise que provisoirement à Brongniart qui devra les représenter à réquisition ». Cette réserve faite énergiquement, Roard se retire. Brongniart[2], qui survient, accepte la condition, et Burel procède à l'inventaire[3]. Il est très minutieux. D'ailleurs, pour la sacristie, il se sert de l'inventaire 1785-1786. Andrieux et Piton laissent Brongniart seul. De dix heures à deux heures du soir, et de cinq heures de relevée à huit heures et demie, Burel poursuit sa besogne. Elle sera longue. Elle durera jusqu'au 4 juillet. Hure fréquemment, Piton et Andrieux quelquefois, réclament des objets : on ne fait pas toujours droit à leurs réclamations. On renferme les objets en litige en attendant qu'il « soit statué quand et ainsi qu'il appartiendra ». Ce sont là des mesures conservatoires... pour le trésor public.

Un jour (lundi 2 juin), les préposés à l'inventaire observent qu'une pierre d'autel « a été arrêtée à la porte du séminaire, par

---

1. Salle actuelle des catéchismes.
2. *Ibid.*
3. B. N. n. a. f. 2792.

la sentinelle qui y avait été posée, qu'elle était enveloppée d'une serviette à la marque du sieur Honnoré, conseiller au ci-devant grand conseil, qui a déclaré avoir acheté ladite pierre de M. Hure moyennant six livres, qu'il lui a payé comptant ». On remit la

Réfectoire de Saint-Nicolas.

serviette vide à Honnoré. A l'infirmerie (n° 48), qui donne sur le jardin (partie du dortoir Saint-Nicolas actuel, au troisième), Piton réclame en vain la mise en possession d'une grande quantité d'ornements d'église; les commissaires les remettent à Brongniart. Piton est obligé, le 22 (au lendemain de la fuite du roi), de réclamer une douzaine et demie « de serviettes nécessaires à la Communauté »; on lui en fait chichement la délivrance à la charge de les représenter. Puis, on procède méthodiquement, en commençant par la cave.

En suivant les commissaires, nous allons pénétrer dans l'intérieur de Saint-Nicolas que nous connaissons jusqu'ici seulement dans ses grandes lignes. De la cave [1], ils montent à la dépense,

Salle des Exercices de Saint-Nicolas.
(Dans l'ancien Saint-Nicolas, un couloir intérieur courait le long du côté droit).

attenante au réfectoire, passent au réfectoire où ils voient quatre tableaux dorés et un Christ peint [2]. La description de la cuisine, avec ses instruments, les arrête assez longtemps; ils longent le corridor de la cuisine et, au bas de l'escalier (dans la dépense actuelle), comptent trois lavoirs en plomb: par l'escalier, ils atteignent, à l'entresol, une chambre de garçon, puis, au-des-

---

1. Ils y trouvent 28 chantiers complets; 4 pièces vuides de vin, 5 feuillettes de vin rouge de Bourgogne, 4 autres pièces contenant de la lie de vin, 200 bouteilles vides.
2. Des dalles blanches et noires existaient déjà du temps de M. Frère, et peut-être dès la construction de cette pièce. Cf. *Rosier de Marie*, 17 mai 1888.

sus de la grande porte, rue Saint-Victor, une chambrette où est logé un petit garçon portier ; ils enregistrent une grosse sonnette servant à éveiller le portier « pendant la nuit lors du besoin des sacrements ». Puis ils redescendent, gagnent la salle du rez-de-chaussée attenante au réfectoire (boutique actuelle) et Goussiaume, le portier, leur dit que le portrait appendu est celui de M. Paulet

Ancienne salle Saint-Bernard.
(Chapelle de la Sainte Vierge dans le moderne Saint-Nicolas.)

(Polet) ; la salle des exercices les retient un peu ; au fond (sacristie de la chapelle de la Sainte Vierge), dans une petite pièce, ils trouvent à peine quelques instruments qui servent au culte ; ils pénètrent dans la salle Saint-Bernard (chapelle de la sainte Vierge), y remarquent huit petites armoires servant à renfermer les registres de mariage, et, dans une armoire, les registres concernant les permissions de dire la messe et les registres des futurs tonsurés, par la pièce qui se trouve au fond, et où ils mentionnent une table de bois qui sert « aux assemblées de charité qui se tiennent dans la salle Saint-Bernard », ils entrent dans le jardin [1] orné de dix bancs de pierre et sortent par la cour [2], où ils consignent, dans leur inventaire, « une poulie et une potence de fer », et une « cage de fer autour d'un puits ».

Au retour, ils visitent le parloir à gauche [3]; le parloir à droite, la loge du portier, où Goussiaume fait d'expresses réserves, traversent une seconde fois la petite cour intérieure et montent au premier étage. Le n° 1 est occupé par l'abbé Bougenot [4], ci-

Salle d'assemblée.
A la fin du XIXe siècle : salle d'étude des petits.

devant sacristain de la paroisse ; le n° 2, par Bonnet ; les n°s 3 et 4, par Hure, qui réclame la plupart des objets qui les garnissent ; le n° 5, par le vénérable Lafontan : les n°s 6, 7, 8, 9, 16, 14 n'offrent aucun intérêt ; le n° 15 est celui de Pisson (ailleurs Plisson), séminariste. Les n°s 16, 17 sont ceux de Routier et Delâtre, probablement séminaristes.

1. La grande cour actuelle. Voir le plan, page 289.
2. Il s'agit de la petite cour intérieure.
3. Cette salle paraît avoir changé souvent de destination.
4. Il avait donc remplacé Duval. Nous n'avons trouvé son nom dans aucun registre.

Dans une grande pièce (toujours au premier étage) et servant de « salle d'assemblée[1] », ils signalent particulièrement un crucifix d'ivoire.

Rien d'intéressant aux nos 23, 24, 25 (occupé par le séminariste Gaucher), 26 (Barberie), 27, 28; les chambres nos 29, 30, 31 « sont remplies de riz destiné aux pauvres de la paroisse » ainsi que l'affirment Naudon et le portier Goussiaume qui est souvent seul à accompagner les commissaires. Ils descendent ensuite dans le passage qui précède la salle des Exercices et y remarquent une armoire où ils trouvent « 23 pierres d'autel bénites ». Cela pourrait s'expliquer peut-être par la qualité de « maître de cérémonies du clergé de France », dont Hure était revêtu. Remontant, ils trouvent, au premier étage, mais cette fois à gauche, le n° 8 inoccupé, les nos 10 et 11 qui forment les appartements d'Andrieux[2]. Ils en décrivent scrupuleusement le mobilier, mais Andrieux déclare siens tous les meubles qui y sont contenus. Le n° 12 a vue sur le jardin et était destiné à devenir une infirmerie.

Au *deuxième étage*, du n° 34 au n° 43, habité par Lanier, ils ne rencontrent que la chambre n° 36, qui soit occupée, et elle l'est par Oviefve. La chambre de l'abbé Bouchard (44) est lambrissée et possède une cheminée. Il déclare « avoir donné à la bibliothèque plus de 2.000 francs de livres, surtout dans les nouvelles éditions des Saints Pères, et, plus, avoir donné à la Compagnie la somme de 1.000 livres à la charge de lui créer une rente viagère de 50 livres, plus, une autre fois, 2.000 livres à la même charge de lui faire 100 livres de rente viagère, plus un contrat de 4.000 livres dont il se réserve la rente viagère, pour les pauvres séminaristes, et fournir des lits aux pauvres de la paroisse ». Les nos 45, 46 n'offrent rien de particulier. A l'infirmerie (48), ils reconnaissent leurs scellés du 22 juin. Au n° 49, ils relèvent beaucoup d'objets provenant de séminaristes et « laissés en nantissement de ce qu'ils devaient au séminaire ». Au n° 50, la vêtisserie, qui donne sur la rue Saint-Victor, contient plusieurs armoires qui renferment du linge et de la bonneterie[3]. Ce qui est marqué au

---

1. Nous conjecturons qu'elle était placée au-dessus de la salle des Exercices (salle d'étude des petits).
2. Nous croyons qu'ils se trouvaient au-dessus de l'ancienne salle interne (boutique ou procure actuelle).
3. Nous la plaçons, sauf erreur, au-dessus de l'étude des grands

nom des différents membres est remis à Goussiaume pour être distribué à qui de droit, mais le reste est catalogué soigneusement. Les pièces adjacentes sont peu fournies en meubles. Enfin, ils arrivent au n° 54, habité par le procureur [1] qui en réclame tous les meubles, sauf quelques livres de la bibliothèque.

Le *troisième étage* offre peu d'intérêt. Les n°s 80, 81, 78, 79, 84, 110, 112 sont respectivement occupés par Bertaud (séminariste?), Leclerc (diacre probablement, victime future), Antignac, Bize, Simon, dont la mort va bientôt terminer les souffrances, Duval, qui s'occupe de médecine, Canet (séminariste?). Beaucoup de chambres sont donc vides de locataires. L'ameublement des séminaristes est simple : lit, chaise et table... A côté du n° 125, on mentionne « une horloge sonnant les heures, demies et quarts ». Virginio et Desmoulin (88, 71), réclament leurs meubles, et le premier paraît être un grand amateur de lectures, car il avoue posséder, en ce moment, 74 volumes de la bibliothèque. En redescendant au n° 46, Goussiaume représente le linge dont l'usage a été concédé à trois reprises depuis le 2 avril. Les commissaires passent ensuite dans l'endroit où se tiennent les petites écoles dépendant du séminaire, y notent entre autres, une « boiserie en forme d'autel sur lequel se trouve un Christ en plâtre ». Et pour terminer, ils font mettre, le soir du 4 juillet, une serrure et quatre ou cinq volets dans la maison Romillé, dépendante du séminaire.

Cette visite rapide nous a éloignés un instant des préoccupations où se trouvaient les Nicolaïtes vers la date du 18 juin. Pastoret écrit le 20 juin à Filassier, « d'arrêter toute opération commencée » et « de lever les défenses qui peuvent avoir été faites au sieur Godefroy et à tous les autres, de payer ce qu'ils doivent : il prie en même temps l'agence, de lever les scellés, spécialement ceux qui sont apposés sur les archives, de façon à permettre à la Communauté de payer la pension des sœurs de Charonne [2]. La dernière demande seule sera exaucée et les sœurs peuvent recevoir les 291 livres qui les empêcheront de mourir de faim.

1. Peut-être au-dessus de l'appartement d'Andrieux.
2. Il a soin d'ajouter : « Vous pourriez cependant, pour acte conservatoire, faire dresser un inventaire des objets sous les scellés et en prendre un récépissé. » *A. N. S.* 6994.

La situation devient de plus en plus critique pour Saint-Nicolas. Gobel va décider que le séminaire était séminaire diocésain [1]. Aussi, le 16 juillet, les commissaires à l'administration des Biens Nationaux écrivent-ils au directoire : « l'administration avait pris des renseignements antérieurs et certains sur ce séminaire, et elle s'était assuré qu'il était effectivement diocésain, et que, conséquemment à l'article du titre I du décret du 23 octobre dernier, les biens en devaient être administrés par la municipalité, faisant fonction de district. La lettre ci-jointe de M. l'évêque de Paris confirme la certitude déjà acquise que le séminaire Saint-Nicolas était diocésain [2] ».

Il fallait, cette fois, aborder de front la question délicate : Saint-Nicolas était-il séminaire diocésain ? Une brève note venant du séminaire [3], résumait cette question. « Ce qui constitue le séminaire diocésain, c'est :

1º Lorsqu'il est établi pour y admettre les sujets du diocèse seulement.

(Note marginale) : on recevait au séminaire Saint-Nicolas des sujets de tous les diocèses de France indistinctement.

2º Lorsque les frais d'entretien sont pris sur les décimes diocésains ou sur les bénéfices réunis pour la même fin à la mense ecclésiastique.

(Note marginale) : Le séminaire Saint-Nicolas n'a jamais rien touché de tout cela.

3º Lorsque les bourses fondées pour la nourriture des pauvres ecclésiastiques sont pour des sujets du diocèse, uniquement et à l'exclusion de tout autre.

(Note marginale) : les bourses du séminaire Saint-Nicolas sont fondées pour les ecclésiastiques de tous les diocèses indistinctement.

4º Lorsqu'il est fondé par l'évêque, entretenu de ses propres fonds ou de ceux qu'il se charge d'y procurer.

(Note marginale) : Le séminaire Saint-Nicolas n'a jamais rien touché de l'archevêque de Paris [4].

---

1. Nous n'avons pas pu trouver ce document auquel se réfèrent des pièces ultérieures.
2. A. N. S. 6994.
3. Elle n'est pas datée. Nous croyons devoir l'insérer à cette place.
4. A la bien presser, cette assertion est inexacte puisqu'il y a deux bourses fondées par l'archevêque; mais les papiers et titres étant sous scellés, la méprise est bien excusable.

« Dans tous les séminaires de Paris, en général, les supérieurs préparaient et présentaient leurs élèves aux ordres sacrés. Finalement, le séminaire Saint-Nicolas n'était autre chose qu'une association de prêtres autorisée par l'archevêque à desservir la paroisse de Saint-Nicolas d'abord, puis à l'instruction classique [1] et ecclésiastique de sujets de tous les diocèses du royaume, indistinctement, et cela surtout sans aucune rétribution de la part de l'archevêché [2] ». On ne pouvait se faire plus petit. Mais quelqu'un de l'administration veillait, qui écrivait sur la première feuille de la déclaration du 5 novembre 1790 : « Là était le maître de cérémonies du clergé ». Prérogative diocésaine. — Là est le registre diocésain contenant les permissions de dire la messe et les interdits de M. l'archevêque pour défendre de la dire... — Là sont les fondations de bourses diocésaines [3] ».

Aussi le comité d'aliénation procède-t-il, au 12 août, à la vente de la maison au coin de la rue du Mûrier (n° 19), qui était louée au serrurier Jullien. L'estimation était de 10.800 livres, la maison est adjugée moyennant 18.400 livres au citoyen Lorrain, demeurant rue Saint-Jacques, n° 11 [4]. C'est le début de l'expropriation effective. Une autre opération jette bientôt également l'alarme à Saint-Nicolas. Le 19 août, Stouf, officier municipal, et Ameilhon, bibliothécaire de la municipalité, viennent annoncer à Andrieux que, conformément à des ordres reçus, ils vont « procéder au récolement et recensement des livres contenus » dans la bibliothèque. Naudon survient, reconnaît les scellés et remet la bibliothèque en la possession d'Ameilhon, qui s'en charge. On renvoie la « garde militaire préposée à cet effet », mais néanmoins, on lui recommande « la surveillance jusqu'à l'opération de M. Ameilhon terminée ». Mais Andrieux refuse de signer le procès-verbal ci-dessus « attendu, dit Stouf, que nous ne lui avons pas donné (dans le procès-verbal) la qualité de supérieur des communauté et séminaire St-Nicolas, mais seulement celle de supérieur

1. Il s'agit, bien entendu, de la philosophie seulement.
2. *A. N.* S. 6994.
3. C'est-à-dire, sans doute, les bourses fournies par les *fidèles du diocèse.* — Même après la Révolution l'idée prévaut que Saint-Nicolas était le séminaire diocésain. « Saint-Nicolas avait deux maisons, le séminaire et la communauté; c'était *proprement* le séminaire du diocèse ». *Ami de la Religion,* tome 18 (1818), p. 306.
4. *A. S.* Dom. 411 et *B. N.* L² c. 170, p. 664.

du séminaire St-Nicolas[1] ». On reconnaît à ce trait la fermeté et la sagesse d'Andrieux qui, presque chassé de sa position en tant que supérieur du séminaire, veut se défendre énergiquement sur un autre terrain. Les communautés séculières n'étant pas encore dissoutes, il espère, à ce titre, sauver le patrimoine que lui ont légué ses devanciers.

Il espère que les scellés, si importuns, vont être levés du *chartrier* de Saint-Nicolas. Les vicaires jureurs de la paroisse réclament à l'administration municipale le payement des fondations qu'ils ont acquittées et dont les titres se trouvent dans ce chartrier[2]. Andrieux pourrait alors utiliser les pièces qui établissent à ses yeux le vrai caractère de la Communauté-séminaire. Vain espoir! Le 31 août, le directoire, par l'organe de son président La Rochefoucauld, « ouï le procureur syndic, arrête que les vicaires dénommés en l'état ci-joint, seront payés des sommes y portées, montant en totalité à 986 livres 5 deniers, par M. Baron receveur des impositions et payeur des frais du culte, laquelle somme sera allouée dans ses comptes, dans le cas où ledit séminaire Saint-Nicolas sera définitivement déclaré diocésain et lui sera remboursée par ledit séminaire s'il conservait l'administration de ses biens[3] ».

C'est sans doute vers ce moment de l'année[4] qu'il faut placer un *mémoire* non daté et signé Piton, le supérieur étant absent. Il était adressé sans doute au *comité ecclésiastique*. Il présente un plaidoyer très clairement rédigé. Après avoir rappelé brièvement les inventaires successivement subis, il ajoute : « Les prêtres de ladite Communauté oublieront facilement ce qu'ils ont souffert depuis cette époque si l'on daigne écouter les moyens de défense qu'ils proposent contre la destruction de leur Com-

---

1. *B. N. n. a. f.* 2792.

2. L'article 24 du titre 1er de la loi du 24 août 1790 (Const. civile), porte que « les fondations de messes et autres services acquittés alors dans les églises paroissiales, doivent continuer à l'être provisoirement et payés comme par le passé. »

3. *A. N. S.* 6994. — A ce moment précis étaient vicaires constitutionnels à l'église Saint-Nicolas : Théot, Grétot, Surbled, Pérignon, Coquelle, Dupré, Thiébault, Martin, Le Monnier, Guillot, Le Brun, Cailliez, Cholet, Larigot. Ils furent payés à raison de « quinze sols par chaque messe ». *A. N. S.* 6994.

4. Il y a sept mois, dit-il, que la situation de Saint-Nicolas s'est empirée. Cela nous ramène au commencement de janvier, à l'époque de la prestation du serment.

munauté qui, en les désunissant, leur ôterait individuellement tout moyen de subsister, l'Assemblée nationale n'ayant encore rien statué sur les compagnies séculières et par conséquent contre toute vente projetée ou déjà effectuée de quelques parties de leurs biens ». Puis il fait l'exposition des moyens, en les appuyant sur le fameux décret du 28 octobre 1790[1]. La Communauté de Saint-Nicolas est une Communauté séculière légalement instituée. Les titres en font foi. Même en considérant le séminaire comme diocésain, « il faudrait distinguer les biens de la Communauté et servant à la nourriture et à l'entretien de la Communauté, des biens qui auraient été uniquement affectés au séminaire et pour servir à l'éducation, tels que des fondations de bourses pour les sujets du diocèse, ce qui se réduirait à peu de choses ». Mais en second lieu, le séminaire de Saint-Nicolas « n'est pas réellement le séminaire du diocèse de Paris » et Piton reprend l'argumentation déjà résumée. Ce n'est qu'un séminaire-collège « et par conséquent, il est dans le cas de l'exception ». Ainsi en a déjà jugé le directoire par sa lettre du 15 juin. Piton conclut en demandant : 1° suspension des ventes ; 2° levée de l'interdiction aux payeurs de rente et aux locataires ; 3° levée des scellés pour pouvoir toucher les rentes et poursuivre l'affaire du bornage de Villejuif, « pendante au tribunal de Sainte-Geneviève[2] où ils se voient exposés à être condamnés par défaut, et ce, nonobstant toute opposition de la section des Plantes ou des marguilliers de la paroisse Saint-Nicolas ». Cette dernière phrase est assez significative; elle aurait besoin néanmoins d'être éclairée par d'autres documents qui nous dévoileraient le rôle joué par les marguilliers de Saint-Nicolas dans cette période troublée. Enfin, 4° « qu'en consentant laisser provisoirement à la sacristie de la paroisse une partie de leurs linges et ornements, dont on

---

1. « Les biens des fabriques, des fondations établies dans les églises paroissiales, conservés provisoirement par l'article 25 du décret du 12 juillet dernier, sur la Constitution civile du clergé, ceux des établissements d'étude et de retraite, ceux des *Séminaires-collèges*, ceux des collèges et de tous autres établissements d'enseignement public administrés par des ecclésiastiques et des corps séculiers ou des *congrégations séculières*, ensemble les biens des hôpitaux, etc., continueront, jusqu'à ce qu'il en ait été autrement ordonné, d'être administrés comme ils l'étaient au 1er octobre présent mois, lors même qu'ils le seraient par les municipalités qui auraient cru devoir se charger de les régir. »

2. Tribunal du 5e arrondissement judiciaire.

pourrait prouver le besoin, le reste soit remis, spécialement les calices, dont la paroisse n'a aucun besoin, étant obligés d'emprunter journellement cet ornement et linge nécessaires pour célébrer leurs messes, tandis que les leurs deviennent inutiles à la paroisse [1] ».

En réponse à ce *mémoire*, le *comité ecclésiastique* envoie, le 21 septembre, une lettre signée Expilly, évêque du Finistère [2]. Il pense « que le département et la municipalité de Paris ne peuvent s'opposer à ce que la congrégation séculière de Saint-Nicolas du Chardonnet jouisse provisoirement des revenus attachés à cette maison, autres que ceux destinés à l'éducation, et que les scellés apposés sur leurs archives soient levés pour y prendre les titres nécessaires à la recette des arrérages [3] ». La veille, Pastoret, touché de la situation des Nicolaïtes, avait écrit derechef aux commissaires de l'agence générale :

« Les directeurs et membres de ce séminaire, se plaignent de n'avoir pas reçu un sol de leurs revenus, ni aucun acompte sur un traitement. Si ces faits sont vrais, ils renferment un abus qu'il faut cesser ; que d'après l'avis de M. l'évêque, qui pense que tous les séminaires, hors Sainte-Barbe, étaient diocésains, que Saint Nicolas *plus particulièrement* avait cette qualité, on ne lui rende pas l'administration de ses biens, cela peut être fondé en raisons ; mais qu'en retenant ces biens, on ne paye aucun traitement aux individus, lorsqu'on ne leur interdit pas leurs fonctions, c'est ce qui ne paraît pas conséquent. Le directoire, Messieurs, vous prie de lui rendre compte des faits..., de vos motifs et de lui dire ce que vous pensez qu'il soit possible de faire pour cet établissement. Il suit qu'il y aurait un travail général à faire à ce sujet, mais si d'autres occupations en retardent la confection, il ne faut pas que, lorsque les autres séminaires conservent provisoirement l'administration de leurs biens, un seul soit privé de toutes ressources. Vous savez que le décret du 22 décembre 1790 a fixé les traitements des directeurs et autres membres ; mais, quand on n'appliquerait pas ce décret au séminaire dont il s'agit, il y aurait lieu, du moins, à leur accorder une provision et le directoire vous prie de vous en occuper sans délai. »

L'*Agence des biens nationaux*, à son tour, semble mue par un sentiment d'humanité. Lardin (chef de ce bureau) envoie à Pas-

---

1. *A. N. S.* 6994.
2. On connaît assez sa triste histoire.
3. *A. N. S.* 6994.

toret, le 27 septembre, avis d'une délibération du même jour. L'*Agence* estime « qu'il y a lieu d'accorder un traitement de mille livres par an au vicaire supérieur et un autre de 800 livres, aussi par an, à chacun des vicaires directeurs [1]. Le tout à compter du 1ᵉʳ janvier, dernière époque *à compter de laquelle ils ont cessé d'avoir l'administration de leurs biens*, mais, pour prononcer définitivement sur ces traitements, il en réfère au directoire du département [2] ». Celui-ci approuve la délibération. Mais, pour mieux montrer qu'il regarde toujours Saint-Nicolas comme séminaire diocésain, il arrête [3], par l'organe du comité d'aliénation, qu'il va proposer à l'Assemblée nationale la vente des biens de Gentilly [4]. Pastoret, appelé à faire partie de l'Assemblée législative, ne pourra plus suivre l'affaire, et, le 3 octobre, il va être élu le premier président de quinzaine. Le ministre feuillant Delessart, à peine installé, s'occupe de Saint-Nicolas. Il envoie, le 2 octobre, au directoire, une lettre qui est conforme à la décision du comité ecclésiastique (21 septembre). « Il paraît, dit-il, que les supérieurs du séminaire Saint-Nicolas du Chardonnet se sont présentés au comité d'agence de la municipalité pour faire mettre cette décision à exécution, mais qu'on leur a répondu qu'on ne pouvait s'y conformer qu'autant qu'elle serait revêtue d'un décret. Si, cependant, le séminaire Saint-Nicolas est séminaire-collège, il est dans le cas de l'exception prononcée par l'article 13 de la loi du 5 novembre 1790, relative à la vente des biens nationaux, et il doit continuer d'administrer les siens jusqu'à ce qu'il en soit autrement ordonné. Vous voudrez donc bien, Messieurs, faire procéder par la municipalité à la levée des scellés dont il s'agit et lui recommander de suivre exactement à cet égard la décision du comité ecclésiastique que j'ai l'honneur de vous faire passer. Lorsque cette affaire sera terminée, je vous serai très obligé de m'en faire part, ainsi que des difficultés, s'il en survenait quelques-unes [5] ».

Le directoire fit ajouter en marge de cette lettre : « Le directoire pense qu'il faut suivre la décision du comité et se con-

---

1. Ce sont les expressions de la loi du 12 juillet 1790.
2. *A. N.* S. 6994.
3. *Ibid.*
4. *A. N.* Q² 126.
5. *A. N.* S. 6994.

former à la lettre du ministre ». Mais, avec une lenteur que nous ne comprenons guère, c'est seulement le 17, qu'il réclame à l'*Agence* la levée des scellés, qui lui permettra d'examiner les titres de Saint-Nicolas. Il la prie de mettre à cette opération « la plus grande promptitude, attendu que les ecclésiastiques à la tête de ce séminaire nous pressent avec de vives instances de statuer sur leur sort[1] ». Il lui fallut réitérer sa demande, deux jours après, en observant de suspendre toute opération de vente[2]. On se heurtait à une opposition constante de la part de l'*Agence*.

Lutton écrit, le 18, que, muni d'un billet de Piton, il est allé à la municipalité pour se faire autoriser à payer les impositions de 1790. On lui a dit de faire un mémoire. Il l'a fait et laissé. La réponse n'a point été favorable. « Ce n'est point votre affaire », lui a-t-on dit[3]. La mauvaise volonté est visible. L'*Agence* obstinée et hypocrite, profite de l'incertitude de la position, pour mettre en vente, dès le 10 octobre, les grands immeubles de la Butte-Saint-Roch, dont Lutton est principal locataire, et qui viennent d'être remis à neuf. L'estimation totale est de 150.372 livres. L'adjudication se fait le lundi 24 octobre[4]. Enfin, le 28 octobre, Burel, sous-chef au bureau de liquidation, de concert avec Naudon, commissaire de police et Chabouillé (architecte), commissaire de la section du Jardin des Plantes, vient à Saint-Nicolas. Un des gardiens militaires lui remet la clé du chartrier. Burel extrait dix-sept pièces, qui établissent la nature de la Communauté (lettres patentes, conventions, etc.), s'en saisit « pour les faire passer au département ». Puis, au nom des curés, marguilliers et paroissiens, Naudon réclame l'inventaire de tout le chartrier, pour qu'ils puissent réclamer leurs droits. Burel en référera au comité d'administration des biens nationaux. Scellés et remise de la clé aux gardiens militaires.

Blondel, secrétaire du directoire, écrit, le 31 octobre, que toutes les pièces mentionnées dans l'état que Burel lui a envoyé

---

1. B. N. n. a. f. 2792, fol. 54. Ont signé : La Rochefaucault, Davoust de la Chaume, Talleyrand-Périgord, Glot, Blondel, secrétaire.

2. Cette fois c'est le procureur syndic seul qui écrit : B. N. n. a. f. 2792, fol. 54 et A. N. S. 6994.

3. A. N. S. 6994.

4. B. N. Lc 2/470. Adjugée à un sieur Moulin, cette maison passa ensuite à ses descendants (Guerreau) pour être mise en vente le 22 octob. 1859.

le 29 « sont dans le sac ». Cette fois, le directoire met plus de rapidité dans l'examen des titres et le 9 novembre, il peut écrire à l'*Agence* qu'à ses yeux, Saint-Nicolas n'est point séminaire diocésain et que, par conséquent, les scellés doivent être levés et les titres remis en la possession de la Communauté : « nous vous autorisons en conséquence, Messieurs, à procéder dans le plus court délai possible à la levée des scellés... vous voudrez bien nous rendre compte de cette opération à laquelle nous vous prions d'apporter la plus grande diligence[1] ». On attendait sans doute, de part et d'autre, la loi du 9 novembre qui ordonna la mise en vente immédiate des biens des séminaires diocésains, et accordait l'ajournement pour les autres, en laissant aux établissements la libre administration de leurs biens. Le directoire affirme « qu'il est plus vrai de dire qu'il n'y avait point de séminaire diocésain à Paris que de dire qu'ils le sont tous ».

Peut-être l'*Agence* conteste-t-elle la décision du directoire et lui demande-t-elle un supplément d'information. Ce qu'il y a de sûr, c'est qu'un rapport magistral fait au directoire est daté du 25 novembre. Il est favorable aux Nicolaïtes et reproduit leur thèse qui renferme, nous le savons déjà, deux parties : 1° ils forment une congrégation séculière; 2° le séminaire établi chez eux n'est point séminaire diocésain. Le rapporteur résume l'établissement de la communauté et du séminaire, à l'aide des pièces tirées des archives de Saint-Nicolas. Puis, après avoir prouvé que Saint-Nicolas est une congrégation séculière et un séminaire-collège, il ajoute : « Il reste à présenter une dernière observation qui semblerait s'opposer à ce que les prêtres de Saint-Nicolas fussent mis en possession des biens affectés au séminaire dont ils sont directeurs. Ils n'ont pas prêté le serment prescrit par l'article 2 du décret du 27 novembre 1790 aux supérieurs et directeurs de séminaires. L'article 9 veut que ceux qui refusent de le prêter soient réputés avoir renoncé à leurs offices et qu'il soit pourvu à leur remplacement. Si cette disposition s'exécutait à la rigueur, les prêtres de Saint-Nicolas devraient être privés de la jouissance des revenus attachés à leur séminaire; mais on doit considérer 1° que cette maison n'est conservée que provisoirement jusqu'à ce qu'on ait statué sur le sort des congréga-

1. *A. N.* S. 6994.

tions séculières et des séminaires-collèges ; 2º que les prêtres de Saint-Nicolas n'ont point été remplacés. Ainsi, ce n'est pas le cas d'appliquer aux prêtres de Saint-Nicolas les dispositions rigoureuses du décret du 27 novembre. L'Assemblée nationale a elle-même renoncé à l'exécution de ce décret, puisqu'elle n'exige plus aujourd'hui ce serment des fonctionnaires publics ecclésiastiques qui ne sont tenus qu'à prêter le serment civique[1] ».

On constate, d'après ces extraits, qu'au directoire, la justice n'était pas absolument déniée, quoiqu'il fût composé en majeure partie d'anciens constituants.

Andrieux, de son côté, écrit, le 30 novembre, une lettre que nous croyons adressée au secrétaire du procureur général-syndic (Germain Garnier) avec lequel il a eu une entrevue la veille. Il insiste sur ce point que Saint-Nicolas n'est pas séminaire diocésain ; il donne la définition du séminaire diocésain et ajoute, fort exactement à notre avis : « Notre séminaire, ni ceux qui, à Paris, sont établis dans les maisons de congrégation séculière, ne sont point » des séminaires diocésains. Un peu moins exactement, il affirme que Saint-Nicolas fut établi « spécialement pour recevoir les jeunes prêtres qui venaient à Paris pour se former dans les fonctions du saint ministère, et il était dans le principe plutôt un collège de prêtres, comme celui des prêtres Irlandais, appelés Lombards, qu'un séminaire de clercs ». Mais il fait remarquer, à juste titre, qu'au point de vue des biens à posséder, Saint-Nicolas aurait pu renoncer de lui-même à l'éducation des clercs sans cesser d'être congrégation et de gérer ses propriétés. Puis il termine en disant : « Si, à la rigueur, on veut nous regarder comme séminaire diocésain, on doit aussi nous regarder comme congrégation séculière et nous laisser jouir provisoirement, aux termes des décrets, des biens qui ne sont point spécialement destinés à l'éducation et nous faire payer les revenus qui nous sont dus sous ce rapport de congrégation, en observant cependant que les dépenses pour les bourses, ayant été faites jusqu'au 1ᵉʳ mai 1791, nous ne pouvons les acquitter qu'en recevant les revenus jusqu'à cette époque[2] ».

La question du séminaire diocésain allait être bientôt tranchée.

1. *Ibid.*
2. *A. N.* S. 6994.

Le 2 décembre, Gobel lut au *Conseil général* du département un long mémoire[1] sur la question. Nous faisons grâce au lecteur du long préambule où il exalte la constitution civile. Abordant le sujet, il avoue avoir déjà donné successivement plusieurs mémoires sur ce sujet aux différents corps administrateurs, qui n'ont pas eu le loisir de les examiner ; il en a entretenu Talleyrand-Périgord avec lequel il s'est trouvé d'accord sur « toutes les parties essentielles du plan » qu'il va avoir l'honneur de leur proposer.

Résumant les dispositions législatives concernant les séminaires, il partage son travail en quatre articles. Dans le premier (du choix d'un local), il opte nettement pour Saint-Magloire. Les bâtiments peuvent contenir cent séminaristes et « c'est le moins d'élèves possible que doit, par la suite, recevoir le séminaire diocésain de Paris ». Mais la loi veut que les séminaristes assistent aux offices de la cathédrale les dimanches et fêtes. Or, Saint-Magloire est assez éloigné de Notre-Dame, et par les temps de pluie, ces voyages peuvent compromettre la santé. Les séminaristes donc y arriveront de très bon matin et ne s'en retourneront que le soir. Leur repas de midi sera pris au premier étage de la maison où était établi le ci-devant bailliage du ci-devant chapitre. Il faut à ces jeunes gens une maison de campagne pour les jours de promenade : « La maison de Gentilly, dépendant de Saint-Nicolas, m'a paru, dit Gobel, sous tous les rapports, la plus convenable ». Il aborde ensuite le point délicat. L'article II est intitulé : Suppression des autres séminaires. « Les séminaires connus pour tels dans Paris et actuellement encore en exercice, sont au nombre de dix :

1° Saint-Nicolas du Chardonnet, dirigé par des Nicolaïtes, congrégation de prêtres séculiers et partagé en deux communautés : le grand et le petit séminaire ;

2° Saint-Sulpice, dirigé par les Sulpiciens, autre congrégation de prêtres séculiers, partagé en quatre communautés : le grand et le petit séminaire, les philosophes et les Robertins ;

3° Saint-Louis, dirigé par des prêtres séculiers ;

4° Saint-Marcel, également [2].

---

1. *A. N.* M. 199.

2. Ce n'était plus vrai, car en ce même mois de décembre, Buée, le supérieur,

5° Le Saint-Esprit, de même, mais principalement établi pour de pauvres écclésiastiques qu'on destinait aux Missions dans les provinces ;

6° Saint-Magloire, tenu par les Oratoriens ;

7° Saint-Firmin, dit des Bons-Enfants, par les Lazaristes ;

8° La Communauté de Laon, par des prêtres séculiers ;

9° La Sainte-Famille, dite des Trente-Trois, à cause des 33 bourses fondées, et régi par des prêtres séculiers ;

10° L'on peut ajouter Louis-le-Grand qui, quoique collège, renferme un grand nombre de boursiers théologiques qui étaient admis aux Ordres ».

Après cette énumération, il les distingue en deux catégories : les grands séminaires et les petits. Les grands séminaires « étaient sous la surveillance immédiate de l'archevêque : il en admettait ou rejetait les sujets pour les ordres, d'après l'avis des supérieurs et l'examen fait par ses grands vicaires. Tous étaient donc séminaires diocésains. » C'était court et tranchant. Ce n'était pas peut-être très péremptoire. Je demanderais, ajoute-t-il, « qu'une partie des effets et ustensiles de ces séminaires qui vont devenir inutiles et qui seront vendus à vil prix, fût destinée à monter convenablement le nouveau séminaire diocésain ».

Le pillage ainsi organisé, il aborde, dans l'art. III, le régime intérieur et le cours des études. « Conformément à la loi qui veut que l'évêque et son conseil nomment pour la direction du séminaire un vicaire diocésain, un vicaire supérieur et trois vicaires directeurs, j'ai choisi, de concert avec mon conseil, parmi les membres de la Congrégation de l'Oratoire, congrégation célèbre, vouée en France depuis longtemps, avec tant de succès, à l'instruction de la jeunesse, le vicaire supérieur et les trois vicaires directeurs du séminaire diocésain de Paris[1], dirigeant, depuis plusieurs années (du moins le supérieur et le premier directeur) le séminaire Saint-Magloire... Pouvions-nous faire un choix plus avantageux à la Patrie et à la Religion ! » La direction sera large et il proscrit « cette surveillance minutieuse et tyrannique qui ne

---

déclarait au conseil général, que « le séminaire (se trouvait) supprimé depuis le mois d'avril 1791, tant par défauts de sujets, que par suite de la suppression du Chapitre de Saint-Marcel auquel il était attaché. » *A. N.* S. 6980.

1. Tournaire, Delmon, Mévolhon, Daunoc.

fait que des esclaves »; quant aux études, on déchargera les directeurs; cinq professeurs seront chargés des cours publics et ils seront nommés au concours. Nous ne le suivrons pas dans le IVe article qui traite abondamment des moyens de subsistance, ni dans les conclusions qui terminent ce rapport [1]. Disons tout de suite que Tournaire et ses compagnons attendirent sous l'orme les séminaristes : cette œuvre qui aurait pu consolider à Paris le clergé constitutionnel fut mort-née.

Cependant, à la séance du 3 décembre [2], le conseil du département arrête que : 1° le séminaire diocésain de Paris sera établi provisoirement dans la maison de Saint-Magloire; 2° que tous les séminaires de la capitale seront supprimés à dater du jour de la publication du présent arrêté [3]. Mais cette décision ne tranchait pas la question de Saint-Nicolas, considéré comme compagnie séculière et les scellés subsistaient toujours. Aussi, le 12 décembre, Piton est-il obligé d'écrire à Burel une lettre qui en dit long sur les vexations subies. « Le Directoire n'ayant pas encore définitivement prononcé sur notre affaire, *par le changement qui s'est opéré dans les membres qui le composent*, je me vois obligé de recourir à vous pour vous prier de nous accorder l'usage du linge dont vous avez l'inventaire ou d'ordonner qu'on remplace numériquement celui dont nous nous sommes servis jusqu'à présent et qui est tout usé, ayant été obligés de le mettre au blanchissage tous les quinze jours. Il n'y a qu'une simple plaque sur la serrure sans scellés et la clef est entre les mains du garde; un simple ordre de votre part suffira et vous m'obligerez infiniment [4] ». Cette fois, Burel fut plus pressé : à 5 heures du soir, il arrivait au séminaire et remettait à Andrieux et à Piton « le linge nécessaire à l'usage de la Communauté ». Il veut bien confier la clef de la lingerie à nos deux Nicolaïtes qui « feront bonne garde ». Mais le lendemain, une autre difficulté surgissait qui pouvait compromettre la situation.

---

1. Il peut se faire que ce mémoire ait été lu quelques jours après le 3 décembre; à la fin de l'article II, Gobel parle du séminaire de Saint-Magloire « déjà désigné pour être provisoirement le séminaire diocésain ».

2. Ailleurs (*A. N. S.* 6994), il est dit que l'arrêté est du 6 décembre; peut-être faut-il entendre : la publication de l'arrêté?

3. *A. N.* F1 CIII. Seine 13.

4. *B. N.* n. a. f. 2792.

Ce 13 décembre, le procureur général-syndic recevait de Bourg-la-Reine, un pli qui renfermait une lettre de Loison, nouveau procureur-syndic de Bourg-la-Reine, en remplacement de Filassier ; elle demandait d'autoriser le directoire du district à faire la vente de la maison de Villejuif, vente qui aurait été déjà effectuée sans l'intervention de Pastoret, le 17 mai et le 20 juin. Elle s'appuyait sur un mémoire ou plutôt une lettre de la municipalité de Villejuif aux administrateurs du district de Villejuif. Nous en respectons l'orthographe :

« La municipalité croit devoir vous prévenir afin d'éviter des événements fâcheux, qui pourraient arriver, si vous n'y mettez un terme très court d'après nos observations.
Voici les faits :
Les prêtres de Saint-Nicolas du Chardonneret de Paris jouissent d'une maison de campagne, et beaucoup d'autres propriétés à Villejuive. Comme ils deservaient cette paroisse et qu'aucun d'eux n'a prêté serment, ils ont égaré beaucoup d'esprits faibles *qu'ils continuent toujours* d'entretenir dans ces mêmes égarements sur les voyages fréquent qu'ils font à Villejuive en venant à cette même maison. Nous craignons que cela devienne plus dangereux vu que le nombre des esprits égarés augmentent, nous vous prions pour faire cesser toutes superstitions dangéreuses de vouloir bien faire, estimer leurs biens et maisons de campagne, laquelle n'est que d'agrément, d'en placer la vente, afin de pouvoir écarter de cet endroit tous ce fanatisme qui ne respire que le désordre et le bouleversement d'une Constitution qui nous est si chère.
Nous avons l'honneur d'être très fraternellement,
Lesage, maire ; J. A. Bonot, Mulot, Montcouteau, Sevin, L. Radot, Quicler, secrétaire [1]. »

L'argument était peut-être faible, mais l'opération eût été excellente pour les signataires.

Il est à croire que cette requête fut repoussée par le directoire, car Villejuif ne fut vendu qu'après les massacres de septembre. Burel, de son côté, lassé par la constance du directoire, se décide à une demi-mesure, qui va permettre aux Nicolaïtes de respirer un peu. Le jeudi 22 décembre, il va à Saint-Nicolas et, dit-il, « parlant à M. Piton, procureur de ladite maison, trouvé dans son domicile, nous lui avons déclaré que, vu l'indécision toujours persistante de la question, de sçavoir si ledit séminaire est sé-

---

1. *A. N.* S. 6994.

minaire-collège ou séminaire diocésain, et considérant qu'il est de l'intérêt de l'administration de relever la(ditte) garde militaire, à cause des frais qu'elle occasionne, nous venons pour la relever en effet et laisser tous les meubles et effets compris dans le présent inventaire, à la charge et garde tant de mondit Piton que de M. Andrieux, supérieur dudit séminaire, lequel étant survenu nous a répondu ainsi que le sieur Piton qu'ils consentaient d'être préposés eux-mêmes à la garde... En conséquence, avons fait venir devant nous les nommés Laveau et Picon, gardes nationaux, ci-devant établis à la garde desdits meubles et les avons congédiés, leur déclarant qu'ils ne seraient payés de leurs frais de garde que jusqu'à ce jour, et avons requis d'eux la remise des clefs... entre les mains... desdits Andrieux et Piton, ce qu'ils ont fait à l'instant[1] ».

Ce n'était pas la libre administration, mais ce n'était plus l'odieux séquestre ni l'humiliante garde militaire. Cette mesure provisoire semble avoir duré jusqu'aux journées d'août 1792.

A cette dernière date, la situation religieuse n'a guère changé; cependant, grâce à la bienveillance relative du directoire de Paris, on jouit dans la capitale d'une plus grande liberté que dans beaucoup de départements et les Nicolaïtes durent en profiter comme les autres. L'Assemblée législative vote, sans doute, bon nombre de lois de persécution, mais le *veto* de Louis XVI en arrête l'exécution jusqu'au 10 août. Peu d'événements intérieurs semblent avoir marqué dans cette période qui s'étend de la rentrée d'octobre 1791, au mois d'août 1792. Le petit séminaire est évidemment vide et nous avons vu qu'il échappe à tout inventaire et à tous scellés. Au grand séminaire, le registre ne comporte guère que deux entrées officielles, l'une du 24 novembre (J.-B. Perrin), et l'autre du 10 janvier 1792 (Jean Ecolasse). Ce registre se termine comme en un sanglot par une phrase interrompue : Est entré du 1er août... Au 13 août, nous trouverons que onze chambres étaient occupées par des ecclésiastiques qui ne faisaient certainement pas partie du corps de la Communauté.

On peut reconnaître parmi eux, quelques séminaristes. Il s'y rencontrait aussi quelques pensionnaires. Un d'entre eux aura la gloire de périr avec les Nicolaïtes. C'est Nicolas-Charles Rous-

1. *B. N.* n. a. f. 2792.

sel[1]. Il paraît bien avoir été curé à Saint-Eutrope, puis confesseur des Hermites à Grosbois. Nous n'avons pas trouvé son nom dans les listes d'anciens élèves de St-Nicolas. Il fit sans doute comme bon nombre de prêtres de la province qui, facilement traqués par une administration malveillante, espérèrent trouver un asile plus sûr à Paris, en plongeant dans la vaste cité[2]. Mais on comprend que la police de Paris fut mise en éveil par cette affluence d'étrangers; bientôt elle procéda à un recensement, et obligea les concierges à donner la liste des locataires. Quant aux membres de la Communauté, ils étaient (sauf Hébert et Ferrand autrefois au grand séminaire de Laon)[3] tous là, au mois d'août 1792. Le vieillard Simon est mort le 13 août 1792[4]. Dans quelles conditions se fit l'inhumation le lendemain 14[5]? On ne peut guère que le présumer. Dans les villes, à ce moment de persécution, « la pratique la plus commune était de déposer le cercueil du défunt ou dans la rue à la porte de la maison, ou secrètement, pendant la nuit, au cimetière[6] ». On avertissait le fossoyeur et tout était dit.

Quelles furent les occupations des Nicolaïtes pendant ces deux années qui durent leur paraître deux siècles, c'est ce qu'on ne peut que conjecturer. On aime seulement à penser que, malgré l'énervement produit par les inquiétudes, la fièvre du milieu, la multiplicité des incidents, Andrieux sut maintenir élevé le niveau moral de sa communauté.

Nous sommes un peu mieux renseignés sur quelques menus incidents transmis par le registre de dépenses et de recettes, commencé le 1er février 1790. Grâce à quelques rentrées d'argent, on ne meurt pas de faim à Saint-Nicolas. Au mois de janvier 1791, Lutton a versé 3.000 francs; au mois de février et de mars on reçoit (encore quelques jours et c'eût été trop tard)

---

1. « Je soussigné, supérieur de la Communauté et séminaire de S.-N. du C., certifie que Nicolas-Charles Roussel fait sa résidence dans notre séminaire en qualité de pensionnaire. En foy de quoy j'ai signé à Paris, ce 11 déc. 1791. Andrieux. » *A. N. T.* 1456.
2. Paris contenait à peu près 600.000 habitants.
3. Nous nous permettons de rappeler que nous avons perdu leurs traces.
4. *A. N. MM.* 478.
5. *A. N.* H^5 3330.
6. Cf. Jager : *Histoire de l'Eglise catholique en France*, tome XIX.

500 livres sur la pension du clergé et même 600 livres du trésor royal. Les pensionnaires versent régulièrement leur pension, en particulier Roussel. La balance au 5 juillet 1791 est celle-ci : recettes, 3.593 livres ; dépenses, 1.971. Le 5 février 1792, on reçoit trois retraitants qui fournissent 102 livres. Au mois de mars, quatre retraitants versent 70 livres en tout. S'agit-il de retraites spirituelles ou annuelles ou bien de retraites d'ordination ? Les unes et les autres avaient toujours lieu[1]. Au mois de mai quelques retraitants de Chartres versent 143 livres. Bouchard et d'autres retraitants se succèdent au mois de juin et de juillet. On peut deviner dans quelles dispositions d'esprit se faisaient ces retraites. Pour plusieurs elles étaient préparatoires sans doute au martyre prochain. Au 4 août, malgré un versement de 1.375 livres, fait par Bouchard, pour sa pension, on peut à peine satisfaire aux dépenses courantes. Les recettes s'élèvent depuis le 8 mars à 5.413 livres et les dépenses[1] à 4.546 livres. La dernière recette mentionnée par Piton est datée du 10 août : reçu de M. Raynaud 15 livres ; et brusquement le registre est interrompu[2].

C'est que nous sommes arrivés aux derniers moments de Saint-Nicolas. La veille, l'Assemblée législative plus animée encore que la Constituante, contre le clergé, publie un décret, obligeant tous les citoyens se trouvant à Paris, à l'exception des fédérés, d'exhiber soit devant le juge de paix, soit devant les commissaires de la section de leur domicile, des certificats de civisme de leurs municipalités respectives, sous peine d'être mis en demeure de se retirer dans leur pays. Les provinciaux qui ont afflué à Paris se trouvent donc soumis à cette formalité. Peut-être que quelques habitants passagers de St-Nicolas, désespérant de pouvoir

---

1. Cf. *Martyrs de septembre 1792*, rapport de Mgr R. de Teil, 1905, Desclée, p. 17, pour les retraites ecclésiastiques. Les ordinations se succèdent assez rapides et nombreuses. Cf. *A. D.* où se trouve la copie des actes d'ordinations.

2. Le boucher de la maison s'appelait Chevalier, le boulanger, Rémond. Marquet a blanchi depuis le 31 décembre 1791 jusqu'au 11 avril 1792, 236 surplis ou polemites. Cela suppose que les Nicolaïtes, durant cet intervalle, remplirent fréquemment des fonctions sacrées. Tavernier acquitte fidèlement les impositions pour Villeneuve-le-Comte. Il est vrai que Godefroy le fait également à Villejuif jusqu'au 2 janvier 1792. Détail de peu d'importance, mais qui montre l'intimité de Gros et de la communauté : au 3 mai 1791, on transporte de l'hôtel de Braque, rue des Bernardins (presbytère), au séminaire, dix corps de la bibliothèque.

obtenir ce certificat de la section du Jardin des Plantes, quittèrent ce jour-là leurs cellules. Mais ils durent se hâter. Encore quelques heures et il n'était plus temps.

On sait assez que le 20 juin, une émeute savamment organisée et disciplinée, voulut forcer la main à Louis XVI, relativement aux décrets contre le clergé. Cette fois, l'hésitant Louis XVI, fut d'une fermeté héroïque[1]. A partir de ce jour, surtout après le manifeste de Brunswick, (connu à Paris le 28 juillet), sa déchéance est résolue. Mais la majesté de quatorze siècles de royauté semble, quelque temps, protéger Louis XVI. Pétion, maire de la commune de Paris, vient, le 3 août, demander cette déchéance. L'assemblée hésite. Un comité ténébreux de fédérés[2] résout de hâter le dénouement. Les sections décident que chacune d'elles va nommer des commissaires qui iront s'installer à l'Hôtel de ville avec plein pouvoir de veiller au salut public. Le vendredi 10 août, à minuit trois quarts, les Nicolaïtes, comme tous les Parisiens, sont éveillés par le canon d'alarme placé sur le Pont-Neuf Toutes les cloches du faubourg tintent lugubrement. Puis succèdent le roulement des tambours et le bruit confus de la bataille qui s'engage aux Tuileries. Louis XVI perdait, à 8 heures du matin, les derniers restes du pouvoir. Le *veto* tombait avec lui.

C'est la commune de Paris qui recueille le fruit de la victoire qu'elle a préparée : elle va jusqu'au delà des massacres, détenir ce pouvoir, et l'assemblée législative ne sera plus qu'un instrument entre ses mains. Le roi n'est pas encore transféré au Temple, et déjà cette Assemblée proclame que les décrets suspendus par veto royal sont désormais en vigueur. Or, parmi ces décrets, il s'en trouve un, du 27 mai 1792, qui condamne à la déportation tous les ecclésiastiques insermentés, c'est-à-dire « tous ceux qui, n'étant pas soumis à cette loi, n'ont pas prêté le serment civique postérieurement au 3 septembre dernier ». Aussi, « la journée du 10 août n'était pas encore terminée, que déjà les listes des évêques et des prêtres non assermentés partaient de l'Hôtel des municipes[3] pour être distribuées dans toutes les sections de Paris, avec ordre de s'assurer de leur personne et de les entraîner dans l'église des Carmes, rue Vaugirard, ou bien

---
1. Gros fut du nombre de ceux qui protestèrent contre cet attentat.
2. Cf. Aulard. *Histoire politique de la Révolution française*, p. 205.
3. Hôtel-de-Ville.

dans la maison de Saint-Firmin, rue Saint-Victor, désignées pour leur prison[1] ».

La section du Jardin des Plantes était, jusque-là, dans ses chefs, plus ou moins constitutionnelle, et le bataillon était animé d'assez bonnes dispositions. Mais, au 10 août, « la section prit

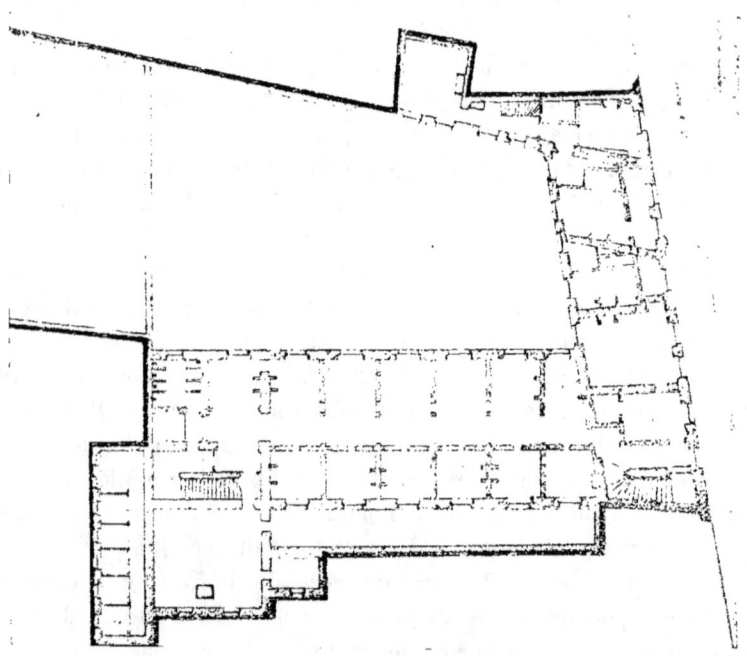

Séminaire Saint-Firmin. B. N.
*Plan du rez-de-chaussée, 1820 (Rapport de M. Guillée, architecte, au ministre).
A droite, le bâtiment vieux; au-dessus de la légende, bâtiment neuf et bâtiment nord;
le comité civil occupait le troisième bâtiment, contigu au bâtiment vieux.*

le nom de la section des Sans-Culottes et tous ses chefs furent plus ou moins notés d'aristocratie. M. Acloque (chef du bataillon) fut obligé de chercher son salut dans la fuite... La section[2] quitta Saint-Victor[3] pour s'assembler dans le réfectoire du séminaire

1. Barruel, *op. cit.*, (édit. Bruxelles), p. 199.
2. Ou plutôt l'assemblée générale de la section.
3. Le palais abbatial. Ignace Laurent (*Souvenirs d'un prêtre échappé au massacre de Saint-Firmin,* manuscrit communiqué gracieusement par Mgr de Teil,) prétend que l'assemblée se tenait toujours à Saint-Victor. Nous pensons concilier les deux versions en disant qu'à Saint-Firmin avaient lieu des réunions restreintes, tandis que dans le vaste local de Saint-Victor se tenaient les grandes assemblées générales. — Sur cet I. Laurent voir *Martyrs de septembre*, rapport de Mgr de Teil, 1903. Desclée. p. 7.

Saint-Firmin. Elle fut présidée par un petit homme à cheveux noirs, qui présidait en gilet, avec des manches retroussées jusqu'aux épaules ; les vrais sans-culottes, les femmes, les enfants, tout y fut reçu à titre de frères et d'amis. Chacun eut le droit d'émettre son vœu ; les motions les plus extravagantes furent faites et applaudies. Les séances étaient à peine interrompues pour laisser à chacun le temps de prendre de la nourriture. On n'y manqua pas de faire et de renouveler la motion de s'assurer des prêtres réfractaires[1] ».

Il semble qu'il y ait encore des hésitations : la section du Luxembourg est plus prompte à prendre un parti. Dès le 11 août, elle procède aux arrestations et réunit les otages dans l'église des Carmes. Le comité des sans-culottes, le dimanche 12 août, décide, conformément à l'avis de l'Hôtel de ville, que « le séminaire Saint-Firmin, où étaient déjà dix-huit pensionnaires ecclésiastiques chassés de leur place, pour refus de serment, serait le lieu où l'on incarcérerait tous ceux que l'on prendrait dans l'étendue de la section. Comme Messieurs de la Communauté de Saint-Nicolas du Chardonnet étaient tous restés fidèles à l'Eglise, malgré les sollicitations qu'on leur avait faites, malgré les vexations qu'on leur avait fait essuyer, ce fut sur eux que se fixèrent surtout les regards des nouveaux tyrans. Dès le soir du même jour, un commissaire[2], accompagné de fusiliers, se transporta au séminaire Saint-Nicolas et y mit aux arrêts toutes les personnes qui s'y trouvaient[3] ». Ainsi donc Saint-Nicolas est la première victime choisie, après les habitants de Saint-Firmin. C'est un honneur. Cette mise aux arrêts ne s'est pas faite sans une certaine perquisition. Car, le lendemain, on constate la présence, dans la chambre de Plisson, « d'une boette remplie de sols qui, dans la visite *faite hier*, se trouvait dans une autre chambre[4] ». Soit quelques jours auparavant, soit dans la matinée, plusieurs Nicolaïtes et pensionnaires se sont absentés. Piton a disparu la veille, Antignac est « absent depuis quelque temps ». Plisson a disparu, Bonnet est parti depuis deux jours,

---

1. *Relation Boullangier.*
2. Probablement Thiéry.
3. *Relation Boullangier.*
4. *A. N.* T. 1458

Virginio, Couette ou Coet, Hure, Pascal sont notés également, le lendemain, comme absents.

Chacun peut imaginer dans quelles dispositions d'esprit les Nicolaïtes aux arrêts passèrent la nuit du 12 au 13. Le pensionnaire Perrin réussit à s'évader pendant cette nuit[1]. Le lendemain, 13 août; « une sentinelle fut mise à la porte du séminaire de Saint-Firmin avec la consigne de laisser entrer tout le monde et de ne laisser sortir personne[2]. Sur les huit heures du matin, on entendit des cris devant le séminaire : c'était M. Andrieux, supérieur de la communauté de Saint-Nicolas, que l'on amenait en soutane, nu-tête, au comité de la section[3] ». Porter la soutane était bien compromettant depuis quelque temps, et l'habit laïque était presque obligatoire, surtout pour les prêtres insermentés. Nous n'avons pas cependant pu trouver dans le registre de Piton, l'indice d'achats d'habits laïques. Sans doute que, fidèles aux prescriptions de Bourdoise, jusque dans le péril extrême, la plupart au moins des Nicolaïtes avaient conservé leurs soutanes. Amené devant le comité, Andrieux dut subir un interrogatoire[4]. Ce comité était sans doute le comité civil. Bien avant que l'assemblée de la section tînt ses séances au réfectoire de Saint-Firmin, les commissaires de cette section avaient loué au séminaire (3 février 1792), pour la somme de 400 francs, « dans le corps de logis en aile sur la cour d'entrée, à droite, au troisième étage, une chambre... à solives apparentes », et, au deuxième étage, « la chambre au-dessous de la précédente ». On y montait par un escalier en bois avec rampe à balustre. C'est là que la section logea ses comités civil et militaire[5]. Elle avait loué, en même

---

1. *A. N. T.* 1458, qui contient le procès verbal du 13 août.
2. On avait donc établi là *une souricière*.
3. *Rel. Boul.*
4. Guillon; *Les Martyrs de la Foi*, 1821, II, 62, affirme qu'Andrieux était à la tête de ses confrères et que, conduit au comité « ses réponses furent celles d'un intrépide confesseur de la Foi ». Mais tout le monde sait que Guillon, véridique sur l'essentiel des faits, ne se fait pas faute d'imaginer le reste — Barruel, *op. cit.*, p. 210, qui avait cependant entre les mains le manuscrit de Boullangier, a légèrement faussé quelques détails.
5. « On distinguait dans chacune (des sections), l'Assemblée générale et le Comité (civil). La 1re était composée de tous les citoyens de l'arrondissement qui s'y présentaient, et la 2e de 16 commissaires nommés par l'assemblée pour un temps déterminé. L'Assemblée prenait les arrêtés et le comité les exécutait ou devait les exécuter. Ainsi l'Assemblée était, de droit, supérieure au comité qui n'était que son mandataire. Mais de fait, le simple mandataire avait plus de pouvoir réel que son commettant, soit parce qu'il savait suggérer à l'As-

temps « au rez-de-chaussée à droite de la porte cochère », une grande pièce (on avait démoli les cloisons). C'est là que fut placé le corps de garde. Cette pièce était éclairée sur la rue, par deux baies de croisées garnies de barreaux de fer avec châssis à verres et à guichets. Deux autres croisées en faisaient une pièce où le jour pénétrait [1].

Quel fut le sens des réponses d'Andrieux devant le comité, c'est ce que le lecteur devinera facilement. « Environ une heure après, (9 heures du matin), le bruit redoubla par l'arrivée de tout ce que les soldats avaient trouvé de catholiques dans la maison de Saint-Nicolas [2] ». Par ce mot de catholiques, il faut, croyons-nous, entendre seulement les ecclésiastiques qui s'y trouvaient le soir du 12 (sauf Perrin évadé). Boullangier les appelle *catholiques* par opposition aux constitutionnels [3]. « Une foule d'hommes, de femmes et d'enfants, s'étaient assemblés devant le séminaire Saint-Firmin et applaudissaient aux nouveaux outrages que l'on faisait essuyer à des prêtres qui les avaient comblés de bienfaits en tous genres [4] ». A Saint-Firmin, on pouvait, en effet, bien connaître la multiple et bienfaisante intervention de Saint-Nicolas dans cette paroisse déshéritée et populeuse.

Cette troupe de victimes comprend nommément : Balzac, Gillet, Bouchard, Lanier, Oviefve, Bize, Desmoulin, Lafontan, Roussel, Véret, le diacre Leclerc, qui, peut-être, est postulant et Hubaut, ce qui porterait à 13 les ecclésiastiques pris à Saint-Nicolas. Cependant, les commissaires, au soir de cette incarcération, vont chercher à la lingerie de Saint-Nicolas « le nombre de draps nécessaires au coucher de 17 personnes trouvées aujourd'hui dans

---

semblée les décisions qui convenaient à ses vues, soit parce qu'il avait mille moyens d'éluder celles qui ne lui convenaient pas... L'invention des séances nocturnes et la prétendue permanence des Assemblées, les réduisaient à un petit nombre de membres dans les moments précieux dont on savait profiter habilement pour faire passer des mesures désastreuses arrêtées d'avance au comité. De là les variations, les inconséquences, les folies et les crimes de quelques réunions sectionnaires, de là le mot si connu pour lors : tu raisonnes comme un sectionnaire ». Laurent, *Souvenirs*, etc. — Nous ignorons quel était exactement le rôle du *comité militaire de la section*.

1. *A. N. S.* 6850.
2. *Relation Boullangier*.
3. La domesticité dut rester à Saint-Nicolas. Cependant le procès verbal (*A. N. T.* 1458) des commissaires parle d' « ecclésiastiques et autres, transportés à Saint-Firmin ». Peut-être s'agit-il de séminaristes en habits laïques.
4. *Ibid.*

ledit séminaire[1] ». L'écart entre ces deux chiffres doit être sans doute complété par les noms de 4 séminaristes ou retraitants ou réfugiés ou même peut-être domestiques de la maison. « Un homme de troupe demanda qu'on lui livrât ces confesseurs de la foi, afin, disait-il, de les expédier tout de suite avec sa hache; les autres criaient : « A la lanterne ! » — Tous furent conduits au comité de la section (évidemment le comité civil), et, de là, au comité militaire où leur domestique leur apporta à dîner, et où ils demeurèrent en attendant que Messieurs de Saint-Firmin leur eussent fait préparer un logement.

A 3 heures, ils entendirent les hurlements du matin, mais avec bien plus de force. C'était une cinquantaine d'hommes armés de baïonnettes et de piques, qui amenaient au milieu d'eux, comme une conquête superbe, tous les prêtres de la maison des Nouveaux Convertis[2]. A leur tête et en soutane, marchait leur supérieur, Guérin du Rocher. Mêlés à eux, se trouvaient également les prêtres insermentés de la Pitié, un sacristain, d'anciens maîtres d'école de cet hôpital, une sœur et deux servantes de la même maison. Ces trois femmes furent élargies le même soir. Sont mis au dépôt le même jour, quelques voisins du collège Cardinal-Lemoine, Charles-François Lhomond, le légendaire professeur de sixième, qui sera père de plusieurs générations de latinistes, Schmid, qui desservait l'église Saint-Jean, un poitrinaire, Hénoque, et même l'académicien Haüy. Marmottant de Savigny, ex-curé de Compans-la-Ville, au diocèse de Meaux, et quelques autres, complètent la fournée du 13 août. Les prêtres et les laïques furent réunis aux Messieurs de Saint-Nicolas (probablement au comité militaire) et tous furent conduits dans les logements que leur avaient préparés les Messieurs de Saint-Firmin. Ces Messieurs sont au nombre de 6 ; nous en connaissons déjà 2 : le supérieur, François, et le procureur Boullangier. Les autres se nomment : Delangre, Ducroy, Danois, Le Roy. Ces trois derniers sont de simples frères. C'est évidemment le procureur qui a la direction de ce placement. « Ces logements étaient les chambres de deux galeries du bâtiment neuf[3] ». Nous pouvons préciser da-

---

1. *A. N.* T. 1458.
2. *Relation Boullangier.*
3. *Ibid.*

Saint-Nicolas.

vantage et c'est presque une joie pour nous d'identifier approximativement ces chambres où, 3 semaines durant, nos Nicolaïtes connurent toutes les angoisses de l'attente et qui furent probablement le théâtre de leur martyre.

Lessore, devenu juge de paix de la section des sans-culottes, fera, dans le courant d'octobre 1792, une sorte d'inventaire de ces chambres. Suivons-le. Au 1er étage du bâtiment neuf, nos 1 et 3, c'est-à-dire dans les deux premières chambres à partir de la rue Saint-Victor et donnant sur la cour, habite le supérieur François. Le n° 4 sert de décharge à la sacristie. Les nos 5 et 6 sont réservés. Nous croyons que c'était la salle des hôtes; puis, de chaque côté du corridor qui sépare en deux le bâtiment neuf, se groupent les lazaristes de la maison, Ducroy, Delangre, Leroy. Au n° 15, c'est-à-dire à l'extrémité nord du bâtiment, est logé le chevalier de Saint-Louis, Villette, qui, pensionnaire depuis plusieurs années, n'a pas voulu, au moment du danger, quitter une retraite qu'il édifie[1]. Au 2e étage qui a la même disposition que le 1er, nous trouvons Boullangier, installé aux nos 5 et 6. Au 3e (et cet étage est pour nous le plus intéressant), on a eu soin de grouper les Nicolaïtes. Au n° 1, par conséquent, à la 1re chambre donnant sur la cour à partir de la rue Saint-Victor, est placé Frautrel, chapelain de l'hospice des Enfants trouvés. Se trouvait-il à Saint-Nicolas dans la journée du 12 août? On peut le croire, car le registre d'écrou[2] le porte comme pris le 13 août à Saint-Nicolas du Chardonnet. Au n° 2 est logé Bize; au n° 4, Roussel. Aux nos 5 et 6, Balzac, au n° 7, Lanier, au n° 8 Andrieux, puis, aux numéros suivants, se succèdent Jean-Louis Lemaître, Bouchard, Leclerc, Gillet, Véret, Oviefve, et au n° 15, Jean Lemaître; puis, dans un petit cabinet et sans numéro, un inconnu. Enfin, dans un petit corridor, au n° 3[3], Lafontan. Pouvons-nous préciser davantage? Nous l'avons essayé, mais nous ne sommes pas assez sûrs des conclusions pour les proposer[4].

Ces chambres ne seront point dégarnies.

---

1. Sur ce pieux laïque voir la plaquette que lui a dédiée son homonyme.
2. *Archives de la préfecture de police.*
3. *A. N. T.* 1458.
4. Les traces des cloisons des chambres sont encore visibles et d'ailleurs les fenêtres en déterminent presque nécessairement la distribution. Nous pencherions à croire que la chambre d'Andrieux donnait sur la grande cour.

A 4 heures du soir, les commissaires de la section, Thiéry, Bachelier et Guerrier[1], autorisés par l'Assemblée générale du Jardin des Plantes[2], permanente aux termes de la loi, se transportent à Saint-Nicolas pour prendre à la lingerie 17 paires de

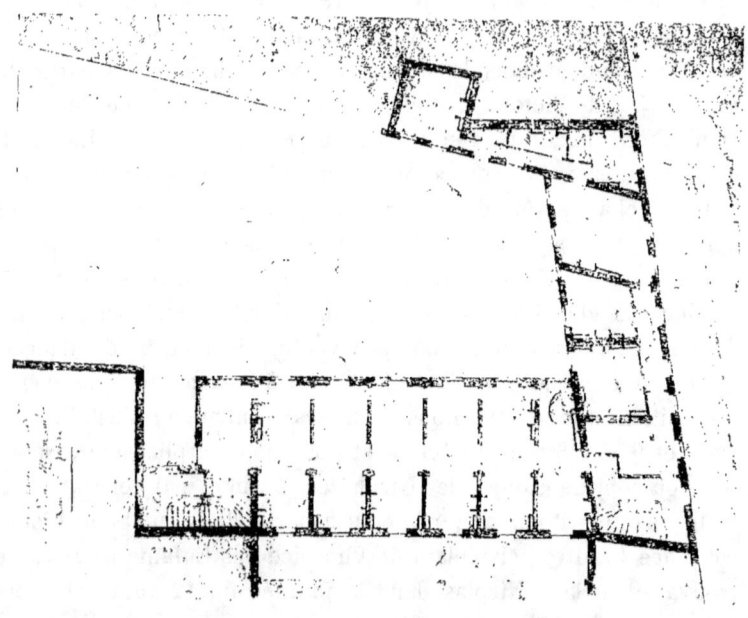

Séminaire Saint-Firmin.
*(Plan du troisième étage tracé plus tard, vers 1820, après la disparition des cloisons des chambres. L'original est à l'Institut national des Jeunes Aveugles.
— La rue Saint-Victor est à droite. Nous conjecturons que la chambre d'Andrieux donnait sur la grande cour et se trouvait située vers la quatrième travée à partir de la rue Saint-Victor).*

draps et 6 taies d'oreillers. Goussiaume, à midi, avec le dîner des prisonniers, a déjà apporté, en même temps, 7 serviettes. Ils lui ont remis les clefs des appartements et l'ont chargé d'être « présent à ce qui serait tiré de leurs chambres ». Goussiaume

---

1. Ce dernier était probablement secrétaire-greffier provisoire. Cf. les procès verbaux, *A. N. T.* 1458.

2. On remarquera que dans cet acte officiel, l'ancien titre de la section a été conservé.

ouvre donc la lingerie aux commissaires et, « attendu que jusqu'à ce que la translation des ecclésiastiques maintenant à Saint-Firmin soit ordonnée ailleurs, il leur sera fait à manger dans le séminaire où nous sommes, que par cette raison, la lingerie doit être ouverte, en avons remis les clefs au sieur Goussiaume, qui s'en est chargé ». Puis Goussiaume prend, dans les chambres de Balzac (c'était en ce moment l'infirmerie), dans celles de Gillet, Bouchard, Lanier, Oviefve, Bize, Leclerc, Andrieux, Desmoulin, Lafontan [1], les effets qu'ils ont réclamés. Les commissaires observent que, sur le bureau de Desmoulin, ils ont trouvé « sans les déranger, beaucoup de papiers patriotiques, et que plusieurs citoyens nous ont dit que le sieur Desmoulins professe le patriotisme ». Il faut croire que l'arrestation du matin a été assez brutalement faite, puisque sur la table de Roussel on trouve une une bande de 10 petits assignats de 5 livres chacun et 3 bordereaux d'arrérages de rente. On les lui remettra. Puis on place les scellés sur chacune de ces chambres. Toutes ces opérations sont longues, elles ne se terminent qu'à neuf heures du soir. En partant, on confie à Goussiaume les clefs des chambres et les scellés. Sur la demande des commissaires, Goussiaume et Bussière, chef de cuisine de Saint-Nicolas [2] consentent à surveiller les chambres et à se rendre responsables des effets laissés à leur garde. On n'eut recours qu'une fois à leurs clefs, le jeudi suivant, 16 août, pour dégager des effets « à l'usage journalier » de Véret, « en dépôt » à Saint-Firmin. Ainsi donc, le soir du 13 août, assez tard apparemment, nos Nicolaïtes couchèrent à Saint-Firmin.

D'après le registre d'écrou, cet établissement comprenait en ce moment, en tout, 53 prisonniers. Ils furent étroitement surveillés. « On mit à chaque bout (des deux galeries, c'est-à-dire du 2ᵉ et du 3ᵉ étages) une sentinelle armée d'une pique ou d'un fusil, ayant sa baïonnette, et, au milieu de la galerie, un troisième garde, ayant le sabre nu à la main. Il était défendu de descendre d'une galerie à l'autre. Le procureur du séminaire (Boullangier) et ceux qui avaient l'honneur de servir ces Messieurs pouvaient seuls communiquer avec eux pour leurs be-

---

1. Lafontange dans le texte.
2. Il est là depuis au moins 1780. Cf. A. N. H^b 3332.

soins... On avait défendu, sous peine de la vie, aux domestiques du séminaire Saint-Firmin, de porter ou d'apporter aucunes lettres ou billets aux prisonniers sans les remettre auparavant au commissaire pour les visiter. Une bouteille d'eau ne passait même pas sans le *visa* des commissaires [1].

Ces commissaires étaient au nombre de six [2]. Le premier s'appelait Trinquez ou Trinquesse, sculpteur, et demeurait rue des Boulangers. D'après Ignace Laurent, qui sera détenu à St-Firmin, vers la fin du mois, *Trinquesse* était plein d'humanité. Il était cependant arrivé à Saint-Firmin avec beaucoup de préjugés contre les prêtres qu'il avait peu fréquentés de sa vie : « il en avait de terribles, surtout sur le compte de l'abbé Gros ». En fréquentant les principaux membres du clergé à Saint-Firmin, il apprit à les connaître et il commençait à les apprécier quand arriva la journée sanglante du 3 septembre; *Thierry*, que nous avons déjà vu à Saint-Nicolas, était tapissier de son métier, mais il avait à se faire pardonner d'avoir été feuillant et il cachait ses bons sentiments. Le marchand de vin *Meunier* était, au dire de Laurent, « ignorant, grossier, stupide et révolutionnaire à l'excès. » Brusque dans ses propos, il était comique dans son ingratitude. Quoique l'abbé Gros l'eût sauvé deux fois de la banqueroute, il eut, dans la suite, l'impudence de lui dire devant l'abbé Laurent : « Je vous ai eu quelques obligations dans le temps, mais depuis que j'ai senti mon égalité, tout est fini entre nous ». Le quatrième commissaire, perruquier souple et goguenard, n'apparaissait guère à Saint-Firmin et cachait des sentiments d'*aristocrate*. Le cinquième était un gros et grand boucher d'humeur fantasque et grossière, quelquefois obligeant, plus souvent bourru. Il paraîtrait d'ailleurs, que certains prisonniers « obsédaient quelquefois les commissaires » avec une certaine importunité; peut-être que Laurent, qui, en somme, ne resta que peu de temps à Saint-Firmin, n'a pas compris le bien fondé de leurs réclamations. Mais le pire de tous les commissaires, c'était le fameux *Henriot*, ci-devant commis de barrière, depuis capitaine et alors commandant du bataillon des sans-culottes [3]. « Cet homme

---

1. *Relat. Boul.*
2. Il s'agit probablement de ceux qui étaient en fonctions dans les quelques jours que Laurent passa à Saint-Firmin.
3. Voir dans Lenôtre, *Vieilles maisons et vieux papiers*, 3e série, tome VI, un essai biographique sur Henriot.

qui paraissait n'avoir guère plus de 30 ans, était bien pris dans sa petite taille et aurait eu naturellement assez bonne figure. Mais véritablement convulsionnaire, il avait à coup sûr une fièvre chaude continue avec redoublement, car il criait toujours, il écumait sans cesse, et je ne lui ai jamais vu, dit Laurent, que les yeux étincelants d'un frénétique ou d'un enragé. La moindre apparence d'humeur ou d'impatience de la part des prisonniers le courrouçait au plus haut point; d'un autre côté, leurs politesses lui semblaient inciviques ou suspectes : si vous lui parliez le chapeau bas, vous étiez un esclave ; si vous parliez la tête couverte, vous étiez un insolent ; si vous l'appeliez Monsieur, il jetait les hauts cris ; si vous l'appeliez citoyen, il levait les épaules, grommelait entre ses dents, quelquefois même il s'emportait avec violence ; chacun le redoutait et le fuyait comme une bête féroce qu'il était impossible d'apprivoiser, et tous ceux qui se respectaient un peu, aimaient mieux attendre et souffrir que d'avoir recours à lui. Heureusement, ce bouledogue, appelé souvent ailleurs par les devoirs de sa charge[1], ne paraissait guère en prison. Trinquesse et Meunier étaient les plus assidus de tous ».

Quels furent les détails de l'existence menée par les prisonniers dans ces trois semaines de détention ? Quelques traits épars dans les relations de Laurent et de Boullangier et dans les procès-verbaux mentionnés, peuvent jeter un peu de jour sur ce point. Nous n'avons remarqué nulle part la présence du bréviaire ni d'aucun autre livre dans les procès-verbaux ; peut-être que les bréviaires étaient interdits ou bien les procès-verbaux, dépourvus d'inventaires, sont-ils trop laconiques. Cependant, d'autres livres ont accès, et peut-être que la bibliothèque de Saint-Firmin fournit quelque aliment à la lecture. L'*Eti-Feuillant*[2] était le seul journal qui fût permis. Les repas se prenaient non dans le réfectoire, mais dans la galerie proprement dite ou grand corridor voûté, qui donne au rez-de-chaussée sur la petite cour de Saint-Firmin, du côté du Cardinal-Lemoine. Mais ils étaient souvent troublés. Tantôt, on ouvrait la porte de la galerie où ils mangeaient et on leur criait : « Voilà la table de Coblentz ». Tantôt, on les

---

1. De chef de bataillon.

2. Il nous a été impossible de trouver trace de ce journal ; cependant Laurent le mentionne à deux reprises.

regardait par la fenêtre du réfectoire qui donnait sur la galerie. Comme la section ne fournissait absolument rien aux prisonniers, ceux qui étaient riches secouraient les pauvres [1]; ils le faisaient avec discrétion en remettant les secours soit au supérieur, soit au procureur.

Sans doute que Goussiaume, grâce à l'argent emporté de Saint-Nicolas, principalement par Bize, Roussel et Bouchard, put facilement fournir à Bussière le moyen de sustenter ses maîtres. Malheur à ceux qui n'avaient pas eu la présence d'esprit de se munir, au moins d'assignats, au départ de leur asile. « La section ne leur permettait pas de prendre dans leurs effets ceux dont ils avaient besoin [2] ». Mais des prêtres venaient, déguisés, apporter quelques secours, et les fidèles leur procuraient jusqu'à du tabac et attendaient pendant quatre ou cinq heures la permission de leur parler [3]. C'est que les geôliers en chef arrivaient souvent assez tard et partaient toujours de bonne heure; or, quand il n'y avait point de commissaires dans l'intérieur de la prison, aucune personne du dehors ne pouvait parvenir jusqu'aux prisonniers. La consigne était formelle et sévèrement exécutée. On pouvait voir, à certains jours, un prêtre constitutionnel, professeur émérite de philosophie, monter la garde à la porte, et ce n'était pas un des moins vigilants.

Par ces visites, par l'*Eti-Feuillant* qu'on lit en commun « dans la salle [4] », on apprend les nouvelles du dehors et ensuite on les commente. Elles ne sont pas rassurantes. L'assemblée législative émet coup sur coup des décrets proscripteurs. Le 17 août, elle fixe, au premier octobre, le dernier délai pour l'expulsion de tous les religieux et religieuses. Le lendemain, 18, elle supprime « toutes les corporations religieuses et congrégations séculières d'hommes et de femmes, ecclésiastiques ou laïques, même celles vouées uniquement au service des hôpitaux et au soulagement des malades, sous quelque dénomination qu'elles existent ». Saint-Nicolas est

---

1. Boullangier mentionne spécialement Lhomond, Ménot de Pansémont, Marmottan, de Caupène.

2. *Relat. Boul.*

3. *Ibid.* Un cousin de Brisse, pénitencier de Beauvais, lui écrit à Saint-Firmin, le 26 août : « Voici la troisième fois que je passe au séminaire, sans avoir pu vous voir ni personne qui ait pu me donner des nouvelles de votre santé et de votre situation ». Cf. *A. N. T.* 1456.

4. Il s'agit, à notre avis, de la galerie ouest du rez-de-chaussée.

compris nommément dans le décret entre la congrégation de St-Sulpice et celle du St-Esprit[1]. Voilà la date officielle de la fin légale de Saint-Nicolas.

Théoriquement, par l'article VI, « les membres des congrégations employés actuellement dans l'enseignement public, en continueront l'exercice à titre individuel, jusqu'à son organisation définitive ». Mais on prévoit bien que, pour les Nicolaïtes en particulier, cette disposition est illusoire, car, ou ils vont périr, ou la nécessité, pour les survivants, de se cacher, les empêchera d'user de cette faculté. Par l'article IX, « les costumes ecclésiastiques, religieux et des congrégations séculières sont abolis et prohibés pour l'un et l'autre sexe : cependant, les ministres de tous les cultes pourront conserver le leur pendant l'exercice de leurs fonctions dans l'arrondissement où ils exercent ». Le titre II, par son article 1er, décide que les biens même des séminaires-collèges, seront, dès à présent, administrés et les immeubles réels vendus comme biens nationaux et ratifie les ventes déjà faites. Nous ne parlons que pour mémoire des pensions promises. Le 26 août, nouvelle loi qui ordonne aux insermentés de sortir « sous huit jours, des limites du district et du département de leur résidence et dans la quinzaine, hors du royaume ». Ceux qui n'auront pas obéi dans la quinzaine, seront déportés à la Guyane. Cette dernière menace a pu paraître à certains des prisonniers un moyen de salut. Ils seront empêchés d'user de cette singulière chance. Une grosse nouvelle leur parvient le 31 août. L'Assemblée législative, pour des raisons que nous n'avons pas à juger ici, a cassé, le 29 août, la Commune, qu'elle couvre cependant de fleurs, et ordonne de nouvelles élections dans les vingt-quatre heures. « Quelques détenus se flattent hautement que les intrus du 10 août allaient succomber, que les municipaux légitimes (d'avant le 10 août) reprenant leur place, se hâteraient » de mettre les prisonniers en liberté ou de les déporter. Le boucher-commissaire, par un mot digne d'un sans-culotte, leur signifie que, d'une façon comme de l'autre, ils sont perdus.

D'ailleurs, les émotions ne leur ont pas manqué. Le 14 août, Thouin vient, au nom du département, réclamer l'élargissement de l'abbé minéralogiste et académicien Haüy (le frère de Valentin).

---

1. Titre Ier art. 1.

Pieux et doux, l'éminent savant dit qu'il était « trop heureux de partager la glorieuse captivité de ses compagnons et qu'il demeurerait à Saint-Firmin jusqu'au lendemain, jour de l'Assomption, et qu'alors il profiterait de la liberté qu'on lui accordait : il sortit en effet après avoir entendu la messe[1] ». Ce dernier trait est à retenir : il est probable que cette messe fut dite à la chapelle du bâtiment neuf pour ne pas exciter la colère de la foule. Les autres jours, les événements sont moins consolants. De temps à autre, des prêtres, que des patrouilles fréquentes vont chercher dans des asiles qu'ils croyaient sûrs, augmentent le nombre des prisonniers. Le 17 août, à dix heures du soir[2], franchissent la fatale porte trois nouveaux captifs : Magnelin (58 ans), saisi rue Neuve-Saint-Etienne, et deux autres, rue Vieille-Estrapade, n° 4. Ce sont de belles captures. Ils sont vite reconnus, l'un pour l'abbé Fougères, député constituant de Nevers, l'autre, pour l'abbé Gros en personne. Depuis que Brongniard l'a expulsé de son presbytère, l'ancien curé de Saint-Nicolas est allé se loger rue Hautefeuille, avec Fougères, son collègue de l'Assemblée nationale qui est peut-être son neveu[3]. Mais le voisinage des Cordeliers lui a paru sans doute dangereux. Ils sont montés tous deux rue de la Vieille-Estrapade, « au coin de celle des Poules[4] », et Fougères lui a payé régulièrement son loyer[5]. C'est là que la haine est allée les chercher. Ils n'apporteront pas la tristesse. Gros « était de ces caractères ouverts, naturellement bons, de ces hommes dont le front seul inspire la confiance parce qu'on croit n'y lire ni ruses ni détours[6] ». Sa physionomie reflète une nature heureuse et même joviale. Aussi chasse-t-il, à Saint-Firmin, l'ennui qui pourrait envahir les âmes. Il est conduit auprès de Lafontan, dans le petit corridor, au n° 5 du troisième étage du bâtiment neuf. Fougères sera à côté de lui, au n° 6. La place est bien choisie, car, à cette distance de la rue[7], et à cette hauteur, il n'y a guère possibilité d'évasion...

1. *Rel. Boul.*
2. *A. N.* T. 1456.
3. Laurent l'affirme.
4. *A. N.* T. 1458.
5. *A. N.* T. 1456.
6. Barruel. *op. cit.* p. 212. Cf. Carron. *Les confesseurs de la Foi.* Paris, 1820, in-8°. Carron l'avait connu.
7. Nous plaçons ces numéros dans le bâtiment nord de Saint-Firmin. Voir plan, p. 541.

La section « redouble ses soins pour découvrir ceux qui lui avaient échappé. Le jour, la nuit, pendant les temps les plus affreux, les commissaires couraient les rues, cernaient et fouillaient les maisons... Ils allèrent jusqu'à trois fois dans une maison de la rue des Fossés-Saint-Victor (Cardinal-Lemoine), dans l'espérance d'y trouver l'abbé Bonnet[1] ». Le 14, on ne fit qu'un captif, Verron, ancien jésuite, directeur des religieuses de Saint-Aure[2]. Mais le 23, une battue plus fructueuse, ramène de Navarre et de Boncourt[3] quelques prêtres de choix[4] qu'augmentent encore de quelques unités des perquisitions faites le 26, chez les Eudistes et les Pères de la Doctrine chrétienne. Le surlendemain, 28, des ordres sont donnés « à toutes les sections, pour faire arrêter tous les malveillants dans les quarante-huit heures[5] ». Le prétexte mis en avant par Danton, ministre de la justice, pour cette opération, est la recherche des traîtres et des fusils que l'on peut avoir cachés. Nous ne décrirons pas les visites domiciliaires qui eurent lieu pendant la belle nuit d'été du 29 au 30 août. Parmi les récits qui en ont été faits, aucun peut-être n'est plus saisissant que celui de Laurent qui fut précisément appréhendé au matin du 30, et conduit devant Hu, épicier de la rue des Grands-Degrés, qui s'était constitué juge de paix de la section du Panthéon[6]. Celui-ci ne fut pas attendri par le discours démocratique du prisonnier et prononça l'arrêt :

« Conduisez le citoyen fraternellement et sans armes à Saint-Firmin ». Ecroué, « au moment où je passais le fatal guichet, dit-il, mes compagnons d'infortune sortaient de la salle où l'on faisait en commun la lecture de l'Eti-Feuillant... Je trouvais là une foule d'ecclésiastiques de ma connaissance qui m'accueillirent avec tendresse. C'étaient mes

---

1. *Relat. Boul.*
2. Près du séminaire des Anglais.
3. Ces deux collèges communiquent entre eux et sont réunis depuis 1636.
4. Entre autres, Beaupoil de Saint Aulaire (Laurent cependant le fait prendre dans la nuit du 29 ou du 30), de Kervisic-Karenrun, vice-chancelier de l'Université.
5. Papiers Chaumette, *A. N.* T. 604.
6. Ce Hu a tout un dossier. Cf. *A. N.* Z^3 72 et surtout *A. N.* F^7 4745. Il avait joué un certain rôle dans la nuit du 9 au 10 août. Il mit dans ses fonctions improvisées « beaucoup de légèreté et de bouffonnerie, même d'indécence, car il se permettait de rire et de dire : Monsieur est prêtre, il en fait métier ? Allons, c'est encore pour le magasin ». Le rôle que lui prête Laurent, ne contredit pas, au contraire, cette appréciation.

supérieurs, mes maîtres, mes confrères ou mes amis. L'abbé Gros, qui m'avait servi de père pendant quinze ans [1] observa le premier ma tristesse profonde. « Allons, me dit-il, quand on entre ici, il faut déposer tous ses chagrins à la porte et promettre de ne point broyer du noir ». « Je ne suis pas triste, lui répondis-je, je suis seulement grave et sérieux comme celui qu'on mène à la mort. » Il m'avoua alors, mais en particulier, que la nuit précédente lui avait été terrible et qu'il avait cru franchement toucher à sa dernière heure, tant étaient affreux les cris de ces Marseillais qui traînaient sans cesse de nouveaux détenus à Saint-Firmin [2]... On conçoit que tout cela ne me rendit pas à la joie : Aussi, l'une des premières choses que je demandais en entrant en prison ce fut l'*Exhortation au martyre*, de Saint-Cyprien. Cependant, il fallut songer à se loger. L'abbé Gros m'offrit un petit cabinet fort propre dans son appartement. Je l'acceptai de grand cœur pour être plus près de lui, quoique ce logement situé au fond du corridor d'un troisième fût un dangereux cul-de-sac qui n'offrait aucune issue praticable en cas de besoin [3]. L'abbé Fauconnet, supérieur des Trente-Trois (et successeur de Gros) qui venait aussi d'être arrêté, me fit apporter, par le cuisinier du séminaire, notre berceau commun, un lit de sangle, un traversin, un matelas et des couvertures. »

Avec Laurent, dix autres détenus, parmi lesquels l'abbé Leber [4], curé de la Madeleine-Ville-l'Evêque (la Madeleine actuelle), augmentent la liste des prisonniers de Saint-Firmin, qui sera close le lendemain avec trois autres arrestations. Cela fait un total de 93 à 94 prisonniers [5]. La maison était pleine : les bâtiments vieux et neuf regorgeaient.

Le décret de déportation était affiché dans les rues, et c'était devenu une consolation, un espoir pour les malheureux otages. Leur perte, cependant, se tramait.

1. Aux Trente-Trois, où Laurent avait fait ses études.

2. Au témoignage de Laurent, à ces Marseillais, étaient mélangés des jeunes gens de 17 à 18 ans.

3. Il nous paraît certain que ce cabinet était situé dans le bâtiment nord. On peut le distinguer sur le plan, p. 541.

4. Pris au faubourg Saint-Honoré, c'est le seul ecclésiastique de la rive droite prisonnier de Saint-Firmin. Tous les autres sont du quartier latin.

5. C'est le chiffre donné par Laurent; la liste de l'enlèvement des scellés (*A. N. T. 1458*) n'en compte que 89. Mais nous avons remarqué que le réduit où logea Laurent, n'est pas désigné. Il en fut peut-être de même pour les deux autres des étages 2 et 4. Dans l'*Etat général des prisonniers*, *B.N. f.* 6574, on lit : « Il a été mis en état d'arrestation dans ce séminaire par les commissaires préposés par la section des sans-culottes depuis le 13 août jusqu'au 30 août 1792, quatre-vingt-douze prêtres, y compris un chevalier de Saint-Louis (Villette). »

Nous ne voulons pas ici chercher les auteurs des massacres de septembre. On nous permettra toutefois d'essayer de préciser la part de responsabilité de la section des sans-culottes. La chose est difficile, après l'incendie de 1871 qui, fort intelligemment, a détruit le dossier des septembriseurs[1]. La section des sans-culottes jouit d'une mauvaise réputation. Le 23 août, sur sa proposition, le conseil (de la Commune) arrête qu'il sera fait une adresse à l'Assemblée nationale pour lui demander que le tribunal établi pour les crimes du 10 août (entendez contre ceux qui ont défendu le roi), mette toute la célérité possible dans ses jugements[2]. Nous avons vu le zèle dont elle a déjà fait preuve contre les prêtres insermentés. Le 31 août, « M. Félix professeur de musique, a observé que, relativement aux prêtres détenus à Saint-Firmin, il serait à propos de nommer des commissaires pour examiner la distinction que l'on doit faire entre les uns et les autres, et prendre des tempéraments pour n'y retenir que ceux que la loi désigne ». On ne voit pas que cette mesure, qui aurait pu en sauver quelques-uns, ait eu un commencement d'exécution. Ce fut sans doute avec joie que la section livra, le 1er septembre au « commissaire envoyé par la municipalité », la liste des prisonniers[3]. Elle dut y voir un des préparatifs de la sanglante journée. Cependant, il faut le dire, ce n'est pas elle qui donna le signal. Dans la matinée du dimanche, 2 septembre, « on parlait dans tout Paris d'un grand massacre qui devait avoir lieu dans le même jour[4] ». Pour y préparer l'esprit du peuple, il n'y eut pas de fable qu'on n'inventât. On disait que « les prêtres incarcérés devaient sortir le poignard à la main, que tous les prisonniers des prisons de Paris et de Bicêtre devaient se joindre à eux pour aller massacrer tous les amis et les défenseurs de la liberté ; que les prêtres avaient distribué à tous ceux de leur parti, une image représentant un cœur couronné, comme un signe auquel on reconnaîtrait les vrais aristocrates, que tous ceux qui auraient cette image la présenteraient en disant *miséricorde*, que ceux qui ne l'auraient pas, seraient

1. Des auteurs de différentes époques en avaient, par bonheur, consigné quelques fragments dans leurs livres.
2. Papiers Chaumette. A. N. T. 604.
3. *Relat. Boul.*
4. *Ibid.*

égorgés sans pitié[1] ». Ces rumeurs, destinées à exciter la populace et à en imposer même à « certains honnêtes bourgeois[2] » ne suffisaient pas. Il fallait organiser l'expédition.

Quoi que l'on pense du rôle joué dans ces conjonctures et par l'Assemblée législative et par les Girondins et par les futurs Terroristes et par la Municipalité, une chose paraît hors de doute, c'est que l'organisation des massacres est due au comité de surveillance qui s'établit à l'Hôtel de ville et dont firent partie :

Cour intérieure du collège de Navarre. *B. N.*

Pierre Duplain, Panis, Sergent, Jourdeuil. Ceux-ci s'adjoignirent, dans la matinée du 2, Lenfant, Deforgues, Guermeur, Leclerc et Duffort. Quant à l'exécution, ce fut l'affaire des sections. Le vendredi 30, il est arrêté par le conseil de la Commune, que « les sections sont chargées d'examiner et de juger sous leur responsabilité les citoyens arrêtés cette nuit ».

Voilà donc les *sectionnaires* institués juges suprêmes et sans code. Il y a avantage à cela. La responsabilité devient anonyme, c'est-à-dire illusoire. C'est à la section Poissonnière, on le sait, qu'est pris, dans la matinée du 2, l'arrêté suivant : « Tous les conspirateurs de l'Etat, actuellement enfermés dans les prisons d'Orléans et de Paris, seront mis à mort avant le départ des ci-

1. *Ibid.*
2. *Ibid.*

toyens qui volent à la frontière ; les prêtres, les femmes et les enfants d'émigrés seront placés, sans armes, au premier rang de l'armée qui se rend sur les frontières ». La section du Luxembourg, qui a les Carmes dans son cercle, « sur la motion d'un membre de purger les prisons en faisant couler le sang de tous les détenus de Paris », adopte cette résolution.

Voici deux heures : de toutes parts, tinte lugubrement le tocsin ; on bat la générale ; le peuple descend dans la rue et va s'enrôler au Champ de Mars, où l'appelle la « patrie en danger ». Ceux qui ont connu les émotions de 1870, comprendront à quel point les nerfs devaient être ébranlés, après deux ans d'agitation, au milieu de nouvelles si fréquentes et si impressionnantes et au milieu d'un bruit si intense. « Profitant du désarroi occasionné par le tocsin et d'intelligence acquise à prix d'argent », un jeune homme entre à Saint-Firmin. Il est muni d'une carte et des insignes d'un commissaire et aborde quelques professeurs de la maison de Navarre : c'est Geoffroy Saint-Hilaire. Il a été leur élève et voudrait les sauver. Il habite en ce moment le collège du Cardinal-Lemoine. Les professeurs refusent ses offres : cela tient à un excès de délicatesse, à la crainte de compromettre le sort des autres ecclésiastiques [1].

Les premières victimes tombent vers deux heures et demie dans la rue Dauphine. Le massacre commence à l'Abbaye vers trois heures dans la cour du jardin, à quatre heures aux Carmes. A cette même heure se tenait l'assemblée générale de la section des sans-culottes, sous la présidence de Dardel, sculpteur statuaire [2]. On y est informé des massacres commencés. « Un membre fait part de tout ce qui se passait, à l'Abbaye et ailleurs, où sont détenus des contre-révolutionnaires. Voyant le peuple disposé à venir à Saint-Firmin, l'Assemblée avise aux moyens de préserver ceux qui ne sont pas rendus coupables du crime de contre-révolution. Le citoyen Thomas, commissaire de la Commune, a rendu compte de ce qu'il avait appris et notamment des mesures que M. Manuel a prises pour l'élargissement des

---

1. *B. N.* Ln^{27} 8536.
2. Granier de Cassagnac, *Histoire des Girondins et des massacres de septembre*, tome II, p. 311, fait tenir cette assemblée dans l'église Saint-Nicolas ; Boullangier la place avec raison, selon nous, à l'abbaye Saint-Victor.

prisonniers pour dettes [1] ». Quelques instants après, le poste de Saint-Firmin envoie une députation à l'Assemblée : « Députation du poste de Saint-Firmin sur le parti à prendre relativement aux canons, dans la crainte que l'on se porte au séminaire pour favoriser les prêtres qui y sont détenus. L'assemblée a décidé que les canons et drapeaux seraient rentrés dans les jardins [2] et seraient gardés par des citoyens armés ».

Que durent penser les prisonniers en voyant manœuvrer ainsi sous leurs yeux ces canons? Ils se rappelèrent sans doute avec effroi ce, qu'à deux reprises, le commandant Henriot leur avait dit « avec un ton féroce : qu'ils étaient des scélérats et qu'ils périraient tous. Dans le moment, quelques-uns n'avaient pas voulu le croire et s'imaginaient qu'on avait voulu seulement les effrayer [3] ». Cependant, on se préparait à la mort. On pouvait aller à la chapelle et la messe semble s'y être dite tous les jours [4]. François, par exemple, « était occupé à confesser et à consoler ses compagnons. Il avait fait une retraite et une confession générale [5] ». Sans aucun doute, ses pieux voisins de Saint-Nicolas en firent autant.

A l'Assemblée qui, naturellement, est en permanence, « un citoyen s'est présenté au nom et de la part du comité de surveillance, après avoir fait part de son laissez-passer en forme, a demandé le chef de la légion et, à son défaut, le commandant de Saint-Victor (Henriot) à l'effet de lui communiquer quelque chose d'important et un secret relatif à l'ordre public. Il a dit qu'il était chargé de la recherche des traîtres et que pour son exécution, il venait de requérir la force publique aux portes de Saint-Firmin. Il a même ajouté qu'il pouvait déposer son secret dans le sein du président, promettant de le communiquer ensuite à

---

1. *Registre de délibération des assemblées générales de la section des sans-culottes.* Cf. Granier de Cassagnac. *Op. cit.* II, p. 312. Dès le 23 août avait été porté l'arrêté du conseil de la Commune de séparer les prisonniers « pour mois de nourrice et autres cas pareils ».

2. Ils faisaient suite à la cour, en face de la porte d'entrée.

3. *Relat. Boul.*

4. Pendant les 3 semaines de sa détention, il (le chevalier Villette) était plus longtemps à l'église que dans sa chambre; il communiait tous les jours. *Rel. Boul.*

5. *Ibid.*

l'Assemblée, aussitôt l'exécution commencée ». C'était Hu[1], le juge de paix, qui était chargé de ce message mystérieux. A quelle heure eut lieu cette communication ? On ne le dit pas, mais on ajoute que Hu, après en avoir conféré avec le président (Ramier ?), a demandé 12 citoyens armés pour joindre à ceux qui l'accompagnaient. La demande accordée, il est interdit de sortir de l'Assemblée. Granier de Cassagnac croit que ces citoyens étaient demandés pour l'assassinat des détenus de Saint-Firmin. Nous en sommes moins sûrs. « Un citoyen, dit le procès-verbal, a fait la motion que les individus non-prêtres qui se trouvaient à Saint-Firmin en qualité de contre-révolutionnaires, soient séparés des prêtres. La motion est discutée. Il a été arrêté que ces individus laïques, ayant fait cause commune avec les prêtres réfractaires, n'étaient pas dans le cas de fixer l'attention de l'Assemblée et qu'ils resteraient détenus avec ces derniers sans en être séparés ». Il nous semble qu'il faut voir là un perfide euphémisme pour signifier qu'ils ne seront pas séparés dans la mort. A huit heures du soir, Boullangier, qui a une carte pour aller dans la cuisine (cette cuisine se trouve dans le bâtiment vieux), est arrêté en y allant, par un garçon boucher[2] qui le prend par la main et lui dit, en versant des larmes : « Mon cher ami, sauvez-vous ; on doit vous égorger tous ce soir ; mon maître pleure chez lui sur votre sort ; il n'a osé venir jusqu'ici pour vous en informer ». Boullangier, craignant un piège, fait part de cet avertissement au supérieur, qui n'y croit pas. François ajoute qu'il faut « envoyer le domestique s'informer à la section qui était alors assemblée à Saint-Victor, s'il y avait à craindre pour le séminaire ». Boullangier retourne à la cuisine, passe à la dépense, y retrouve le garçon boucher qui se saisit une deuxième fois de lui et lui renouvelle ses instances, en ajoutant « que les prisonniers des Carmes étaient déjà égorgés, qu'on allait venir au séminaire, et que, dans un quart-d'heure, il ne serait plus temps d'en sortir ». Au même instant, arrivent deux autres jeunes gens, dont un armé de son fusil avec sa baïonnette et qui

---

1. C'est Granier de Cassagnac qui l'affirme (*op. cit.*, p. 318), mais il ne donne pas de références. Nulle trace de cette mission dans le dossier Hu.
2. Boullangier ne le connaissait que pour l'avoir vu. Son maître n'était pas fournisseur de Saint-Firmin. On pourrait peut-être conjecturer que ce maître était un des geôliers, dépeint par Laurent, comme étant « assez bonhomme ». Le boucher de Saint-Firmin s'appelait Piot.

tiennent le même langage au procureur. Celui-ci leur dit : « Et le corps de garde qui est à la porte du séminaire, le comptez-vous pour rien ? Est-ce qu'il ne nous défendra pas ? » — Un des trois lui répondit : « Il va venir 3.000 brigands sur vous, comment voulez-vous que le corps de garde leur résiste ? D'ailleurs, ne comptez pas sur le corps de garde, plusieurs des gardes seront contre vous ». Le procureur, effrayé de ces propos, remonte chez le supérieur, à qui il fait part de son entretien avec les libérateurs. Il ajoute que l'on n'a aucune nouvelle de la section. Le huis-clos est donc bien soigneusement observé au palais abbatial ; on peut entrer, mais on ne peut sortir, et le domestique, pris au piège, est obligé de rester dans l'Assemblée. « Le supérieur fait alors ses dispositions pour sortir. » Boullangier redescend, et, entouré de ses trois libérateurs qui lèvent tous les obstacles, il passe « au milieu des sans-culottes qui arrivaient au corps de garde pour les patrouilles de nuit ». Ne serait-ce point les douze citoyens armés qui, hommes de confiance, vont garder strictement les victimes jusqu'au moment de l'immolation ? Voilà Boullangier dans la rue [1]. Après avoir vivement remercié son sauveur, il le « prie de courir au séminaire avertir ses confrères de sa fuite et des motifs qui l'ont forcé de fuir [2] ». Mais les « postes, désormais, étaient gardés trop soigneusement ». Toutefois, l'alarme fut sans doute donnée par François, ou par quelque autre.

Quelle nuit terrible durent passer ceux qui connurent ces bruits sinistres ! Nous laissons à chacun le soin de se le figurer, car nous n'avons pas de détails sur ce point. C'est probablement durant cette nuit que Gros rédigea, sur trois pages de papier à lettres, son testament olographe [3].

---

1. « Il prend le boucher par le bras : celui-ci lui offre son lit : le procureur lui met un louis d'or dans la main ; le boucher le refuse, saute au col du procureur en pleurant et en lui disant qu'il ne veut rien et qu'il est trop heureux de lui avoir sauvé la vie ». *Rel. Boul.*

2. La relation Boullangier s'arrête-là dans ce récit. Quelques notes y sont adjointes. Elles se font sans doute l'écho des nouvelles qui circulèrent sur les événements de la nuit et de la matinée suivante. — « Boullangier, après avoir erré quelque temps pour se soustraire aux recherches des révolutionnaires, (il) passa en Angleterre et se fixa à Londres », puis fit partie de la nouvelle congrégation de la Mission, et enfin mourut au mois de décembre 1843, âgé de 85 ans. Cf. *Ami de la religion*, tome 122, p. 229 sqq.

3. Voir la copie *A. N. T.* 1458, et l'original chez M⁰ Demanche, successeur de M. Badenier « ès mains » duquel ce testament fut remis par Ramier, prési-

« Au nom du Père, du Fils et du Saint-Esprit. Je veux, par la grâce de Dieu, vivre et mourir dans la foi et dans la Communion de l'Eglise catholique, apostolique et romaine ». Après plusieurs dispositions concernant sa famille, ses amis, il n'oublie pas « les pauvres ecclésiastiques de Saint-Nicolas du Chardonnet ». Puis, « après avoir lu et relu les présentes dispositions de dernière volonté, j'y ai persisté, écrit-il, et j'y persiste, en foy de quoi j'ai signé le présent testament écrit en entier de ma main à Paris au séminaire Saint-Firmin, rue Saint-Victor, le dimanche, deux septembre, mil sept cent quatre-vingt douze. Joseph-Marie Gros, prêtre de Lyon ». — Rien ne lui manque, on le voit, pour être un confesseur de la foi. Pendant cette nuit, on lui offrit « de le cacher dans un endroit du séminaire où on ne le trouverait pas ». Il répondit : « Le peuple sait que je suis ici, il m'en veut spécialement : s'il ne me trouve pas, il bouleversera la maison, ceux qui se seront cachés seront égorgés avec moi : il vaut mieux que je sois seul sacrifié et que les autres soient épargnés [1] ». Lafontan, malade à côté de lui, dut, lui aussi, se préparer à recevoir le coup mortel, et nous aimons à imaginer qu'au troisième étage du bâtiment neuf, la prière dura une partie de cette nuit. Cependant, tous ne se résignaient pas au sort cruel qui les attendait. Mais il n'était pas facile de s'évader. Cela n'était guère praticable que du côté du Cardinal-Lemoine. Il semble bien que c'est là que Geoffroy Saint-Hilaire [2] se tint durant la nuit. « J'ai passé la nuit du 2 au 3 septembre, dit-il, sur une échelle en dehors de Saint-Firmin et douze ecclésiastiques qui m'étaient inconnus, échappèrent le 3, à quatre heures du matin [3]. L'un d'eux se

---

dent du comité des sans-culottes, le 23 nov. 1792. Cf. *Martyrs de septembre* rapport de Mgr de Teil 1905. Desclée, p. 13. Dans le procès-verbal, *A. N.* T. 1458, ce testament est minutieusement décrit. Barruel *op. cit.*, p. 265, dit que lorsqu'on ouvrit ce testament pendant qu'on portait encore sa tête dans les rues, « on y lut qu'il y léguait *tout* son bien aux pauvres de sa paroisse ». C'est inexact.

1. *Rel. Boul.*
2. *B. N.* Ln^{27} 8536.
3. Laurent confirme ce renseignement. « Enfin, il a passé pour constant que 12 ou 13 des plus jeunes prisonniers ont escaladé la muraille qui séparait une petite cour de Saint-Firmin de la grande cour du cardinal Lemoine et se sont enfuis par les chantiers dépendant de ce collège ». Puis il ajoute : « Les listes désignent MM. de Ferrières, de Nollant, Imbertye (Imberty; en réalité il fut sauvé par un garde) Golmert (Gomer), de l'Estang, comme ayant survécu au massacre, et il y a lieu de croire que ce sont eux qui, avec 7 ou 8 autres que je ne connais pas, se sont sauvés par le collège Cardinal-Lemoine ». La chose est certaine pour Gomer.

blessa le pied; je le portai dans un chantier voisin où, pour courir à d'autres infortunés, je fus forcé de le laisser et d'où il réussit à s'évader. » Nous ne comptons aucun Nicolaïte parmi ces évadés, à moins toutefois qu'il ne s'agisse de quelque jeune séminariste dont le nom nous soit inconnu.

Le moment du sacrifice approche, il est cinq heures et demie du matin. Les brigands arrivent[1]. Au dire de Boullangier, « ils parcoururent d'abord la maison et amenèrent avec eux tous ceux

---

1. D'où venaient-ils et qui étaient-ils? Si nous en croyons Mortimer-Ternaux, *Histoire de la Terreur*, tome III, p. 272, ils venaient de tuer les galériens. Ceux-ci transférés de la Tournelle (juillet? 1791), occupaient sûrement le *Cloître des Bernardins*. Des témoignages nombreux en font foi. Mortimer-Ternaux et Granier de Cassagnac, les placent, bien à tort, à la tour de la porte Saint-Bernard. Lenôtre, *Les quartiers de Paris pendant la Révolution*, hésite sur ce point). — Cf. entre autres, *Almanach des honnêtes gens*, 1793. (B. N. Lc²² 33 D.) « théâtre de carnage, le cloître des Bernardins, où l'on avait transféré les forçats après la destruction de la tour Saint-Bernard ». — Par ce cloître nous pensons qu'il faut entendre surtout les bâtiments qui se trouvaient près de l'église des Bernardins. (Le vrai cloître devait être encore occupé par l'Hôpital du Saint-Esprit). Ils étaient vides par suite du départ des Bernardins, et presque contigus au jardin du séminaire Saint-Nicolas côté nord. — D'après un procès-verbal cité par Granier de Cassagnac (*op. cit.* II, p. 467) les concierges de cette prison des galériens ont comparu le 17 octobre devant le comité des sans-culottes « lesquels (demeurant dans l'enclos de la ci-devant maison des Bernardins) ont déclaré que le *3 septembre au matin*, le peuple s'étant porté en foule à la prison confiée à leur garde, malgré leurs représentations réitérées et celle du brigadier de gendarmerie de service ce jour à la dite prison, eux comparants ont été forcés d'en remettre les clefs et d'en faciliter l'entrée; que le peuple s'y étant introduit et s'étant fait rendre compte des causes de la détention de 75 prisonniers qui s'y trouvaient en ce moment, 3 ont été mis en liberté, 72 ont été immolés et un citoyen reconnu pour un voleur, qui l'a été également ». — Cf. *B. N.* f. 6574. — Deux guichetiers font dans le même procès-verbal la même déclaration. Il résulte de cette pièce, confirmée d'ailleurs par quelques indications relevées aux Archives nationales (T. 1458), qui placent le massacre des galériens au trois septembre (une fois cependant au deux) que ce fut dans la matinée du 3 que cette tuerie eut lieu. Si elle a précédé « l'expédition de Saint-Firmin, » ainsi que l'affirme Mortimer-Ternaux, d'après des documents disparus, c'est que ce massacre commença un peu avant le jour. « Tout cela ne fut pas l'affaire de deux heures » affirme le même auteur.

Qui étaient ces massacreurs? Il est bien difficile de le dire, car le procès-verbal cité date du 17 octobre et, en ce moment-là, personne ne se vantait d'avoir pris part à ces boucheries. On y parle de *peuple*. Ce mot peut très bien cacher une bande organisée, formée probablement de Marseillais et d'hommes de sang qui, avec un mot d'ordre du comité de surveillance, et, peut-être, par l'entremise de Hu, a réussi à pénétrer sans effraction dans une prison bien gardée du reste. — Pourquoi ce comité aurait-il ordonné le massacre? Sans doute pour faire croire qu'il ajoutait foi à l'idée d'une sortie en masse des prisonniers fondant sur les femmes et enfants des patriotes appelés aux frontières. D'aucuns croient aussi que les massacreurs avaient pris les galériens pour des religieux déguisés. Le procès-verbal semble contredire cette interprétation, puisque le *peuple* se fait donner les motifs d'arrestation des prisonniers. On voit, par là, combien il reste de points obscurs dans cette affaire des galériens mis à mort à quelques pas du séminaire Saint-Nicolas.

qu'ils rencontrèrent, après avoir enfoncé les portes à coups de crosses de fusil [1] ». Le jeune lazariste Gomer, qui, placé au n° 15 du deuxième étage, par conséquent du côté du Cardinal-Lemoine, a peut-être entendu les cris des galériens qu'on tue aux Bernardins, court prévenir M. François. Les sans-culottes l'aperçoivent, le poursuivent ; il franchit la petite cour et réussit à s'évader par la cour du Cardinal-Lemoine. Les sans-culottes arrêtent donc tous les détenus, « à l'exception de cinq prêtres : MM. Lhomond [2], professeur émérite du collège du Cardinal-Lemoine, de Létang [3],

Collège du Cardinal-Lemoine.   *B. N.*

Lafontaine [4], (Lafontan) prêtre de Saint-Nicolas, Bouchard [5] et

1. *Mémoire* manuscrit de Fournets, député du clergé du Lot-et-Garonne. A. D.

2. Dans le ms. f. 6574 de la *Bib. nat.*, Lhomond est mentionné comme « sauvé le 3 septembre » (il n'est pas question de lui dans B. N. Lb^{39}/10885). Comme les quatre autres, il fut sans doute épargné « à la sollicitation du peuple de concert avec les commissaires présents ». Quelques-uns voient dans la délivrance de Lhomond un effet de l'intervention de Danton.

3. Nous croyons que Boullangier se trompe : il s'agit là d'Etienne le Doux « sorti par ordre du département » (B. N. Lb^{39}/10885, cf. B. N. f. 6574). Létang s'était probablement évadé par le collège Cardinal-Lemoine ; Laurent est de cet avis.

4. Il était malade, mais ce n'est pas la raison de son salut. D'autres, par exemple, de Caupène (ou de Copène) furent massacrés, malgré l'état de leur santé. Dans les listes d'ailleurs, Lafontan est inscrit comme « conduit le 4 septembre à la Charité pour cause d'infirmité. Il est sorti *par ordre du département* ». Ces derniers mots feraient croire à l'intervention d'un personnage officiel, ami du prisonnier.

5. Y a-t-il un lien entre cette libération et la donation faite par Bouchard de sa bibliothèque à la section des Sans-culottes ? (cf. *A. N. T.* 1458). Dans les listes il est désigné comme « sorti le 3 septembre, par ordre du département ».

Des Moulins [1], prêtres de la même communauté, qu'ils mirent sous la sauvegarde de la loi [2] ». Le troupeau des victimes étant rassemblé, les sans-culottes [3] le font « sortir dans la rue » Saint-Victor. « Le peuple ne voulut point qu'on les immolât devant lui [4] ». Ils rentrèrent donc [5]. Un voile de sang nous cache désormais une partie des horreurs qui suivirent. Aucun témoin oculaire de cette boucherie n'en a écrit de relation et la disparition du dossier des septembriseurs en rend, pour jamais, croyons-nous, la restitution impossible. Nous laissons à l'imagination du lecteur le soin de se représenter cette scène. Voici, pour l'y aider, quelques détails échappés à l'oubli. « François, ainsi qu'un vicaire de Saint-Etienne et un prêtre de la paroisse de Saint-Nicolas, ont espéré trouver un refuge en montant dans la salle du comité civil [6]. Ils sont précipités par les fenêtres [7], les autres sont égorgés

---

1. Nous avons vu que les commissaires de la section ont entendu dire, le 13 août, que Desmoulin professait *le patriotisme*. Sachant ce qu'on entendait alors par là, on pourrait craindre que Desmoulin n'eût des idées avancées. Il ne semble pas avoir perdu l'estime de Hure, qui plus tard (5 avril 1806) contresignera une attestation d'ordination délivrée par Desmoulin en 1796, et déclarera qu'il connaît bien Desmoulin. A. D.

2. Nous préférons ce récit de Boullangier à celui de Barruel, *op. cit.* « La populace était déjà accourue, dit celui-ci. Elle commença par demander la vie à quelques-uns de ceux qu'elle connaissait plus spécialement. — « Conservez notre saint », cria-t-elle en parlant de M. Lhomord, professeur émérite du collège Cardinal-Lemoine. Ce saint Prêtre et trois autres furent mis sous la sauvegarde de la loi ». Nous croyons que la populace ne fit rien dans ce sens. Ces exceptions, il nous semble, sont surtout le fait du *département de police*, qui, pour des raisons, diverses sans doute, ordonna ces élargissements préalables.

3. Cette expression ne préjuge en rien l'origine des meurtriers : tous les sans-culottes ne faisaient pas partie de la section de ce nom.

4. Il nous semble que cette petite phrase compromet singulièrement la thèse de ceux qui font, des massacres, le résultat d'une effervescence populaire Les curieux, comme toujours ont été nombreux, peut-être favorables au forfait, mais ils n'en ont pas été les premiers auteurs. Par la marche qu'indique Boullangier, on voit que les événements paraissent plutôt réglés par une autorité constituée que par l'effet d'une poussée de rage folle. Nous prions de remarquer, que nous sommes presque au point du jour et qu'il est difficile alors de mettre sur le compte d'une surexcitation nerveuse un attentat accompli d'une façon aussi méthodique.

5. Boullangier veut-il dire que les prisonniers rentrèrent tous dans leurs chambres respectives? Cela ne nous paraît guère vraisemblable. Nous pensons qu'on les refoula pêle-mêle à l'intérieur.

6. Boullangier écrit : « M. François, supérieur du séminaire, fut conduit au comité, où MM. les administrateurs firent tous leurs efforts pour le soustraire à la rage de ses bourreaux, mais tout fut inutile ». Pour les deux autres, le fait est appuyé sur la déposition de Wanderwenden et Mauroy, membres du comité civil. Cf. Mortimer-Ternaux *op. cit.* III, p. 275, note.

7. Il y a ici une légère divergence entre Boullangier et Mortimer-Ternaux:

dans le même instant ». Quelques-uns furent précipités et assommés comme M. François [1]. La scène fut donc rapide, et il ne faut pas s'étonner s'ils sont rares, les incidents remarqués par quelques assistants. Pottier, ancien supérieur des Eudistes de Rouen, « horriblement massacré, prêche ses bourreaux tant qu'il eut un souffle de vie ; un des maîtres d'école de la Pitié [2] demande

Façade de Saint-Firmin sur la rue Saint-Victor.
(Elle a disparu lors de l'ouverture de la rue des Écoles. La chambre de Saint-Vincent-de-Paul se trouvait au premier étage, la première à droite du portail) [3]. Tout à fait à droite, l'entrée du comité civil.

le temps de réciter un *Pater* ; il lui est refusé ; l'abbé de Copène,

Boullangier fait précipiter François par la fenêtre *dans la rue*, (il ne parle pas des deux autres victimes). Mortimer nous semble avoir raison quand il écrit : « Les sicaires, qui les poursuivaient, les saisissent et les précipitent par les fenêtres *dans la cour* où des camarades les achèvent. Les chambres du comité civil, situés dans l'aile droite, ne pouvaient avoir de fenêtres donnant sur la rue, et dans l'acte de location, il est dit que les chambres du comité civil sont éclairées « sur la cour ». Boullangier ajoute, ce qui nous paraît moins exact que le récit de Mortimer : « des femmes armées de massues avec lesquelles on bat le plâtre, (nous avons rencontré ces armes singulières, mentionnées dans plusieurs récits des massacres de septembre) achevèrent de le tuer ». En revanche, Mortimer est, à nos yeux, complètement inexact dans le début de son récit. *Ibid.*, p. 273.

1. Ces « défenestrations » sont caractéristiques dans la tuerie de Saint-Firmin. Boullangier parle seulement de quelques-unes. Plus tard, Peltier, *Tableau des massacres des ministres catholiques* dira : « Un grand nombre étaient jetés par les fenêtres tout vivants et achevés dans la rue à coups de bûche, par des cannibales hommes et femmes ».

2. Prêtre sans doute.

3. Cf. le *Rapport* de Guillée. 1818-1819, B. N. Lf³² 132, d'après lequel cette chambre se trouvait au premier étage au-dessus de la salle de bains qui était placée au rez-de-chaussée, à droite en entrant.

que l'on avait pris tremblant la fièvre dans son lit, fut jeté par la fenêtre de sa chambre [1] sur le pavé. A chaque victime qu'on immolait, « les cris de : Vive la Nation! se faisaient entendre ». Une proie, attendue avec impatience par la foule, c'était Gros. S'il fallait en croire Maton de la Varenne [2], Guillon et Barruel, il aurait reconnu parmi les assassins un de ses paroissiens et lui aurait dit : « Mon ami, je vous connais [3], » « et moi aussi, aurait répondu l'assassin, je vous connais, et je sais les services que vous m'avez rendus, mais ce n'est pas ma faute. La nation veut que vous périssiez, et je suis payé pour vous tuer [4] ». Un signe de lui, aurait fait approcher d'autres « bourreaux » et il se serait uni à eux pour précipiter son bienfaiteur [5].

Ce qu'il y a de sûr [6], c'est qu'il eut la tête coupée. Barruel ajoute : « les uns la promenèrent en triomphe, tandis que les autres suivaient en traînant le reste du cadavre dans la boue ». « D'autres meurtriers sabraient dans les chambres tous ceux qu'ils rencontraient et les jetaient à demi-morts par les fenêtres, quelque chose qu'on eût dit pour les attendrir. Quelquefois même, pour prolonger leur supplice et amuser les assistants, ils les tenaient par les pieds, suspendus à la fenêtre. Mais les généreux confesseurs, dans cette posture gênante, se glorifiaient (fortifiaient?) par le signe de la croix contre l'horreur d'un pareil trépas et demandaient miséricorde pour leurs bourreaux [7] ». Nous ignorons la manière exacte dont les Nicolaïtes (autres que l'a-

1. Chambre n⁰ 2 du 4ᵉ étage du bâtiment vieux.
2. *Histoire particulière des événements qui ont eu lieu en France*, 1792, p. 371.
3. Maton lui fait même tenir un petit discours.
4. Barruel *op. cit.*, p. 265.
5. L'abbé Bossu, curé de Saint-Eustache, dans son éloge funèbre prononcé en 1803, au service des prêtres morts pendant la Révolution, mentionne aussi cet incident. Maton et Guillon donnent le nom de l'individu : Gossiaume, que Maton fait savetier, et Guillon serrurier. Ils ajoutent que le testament de Gros ouvert, on trouva le nom de ce Gossiaume parmi les légataires particuliers. C'est inexact.
6. D'après la déposition d'un témoin (oculaire?) Talin (voir Mort.-Tern. *op. cit.*, tome III, p. 274 note) ce serait la femme d'un François Vincent, surnommée la *Tueuse* qui aurait abattu « d'un coup de bûche, l'ancien curé de S. N. du C. Cet infortuné tomba à genoux et joignant les mains, s'inclina la face contre terre, un autre coup l'acheva ». D'après Carron, *op. cit.*, le principal assassin de Gros vivait encore en 1820.
7. De Fournets, *Mémoire*, A. D. Il ajoute : « Le Seigneur en a conservé quelques-uns par le moyen des gardes, pour nous faire connaître ce que nous rapportons ».

nonyme défénestré avec François) reçurent la mort. Tout porte à croire que, préparés comme ils l'étaient, elle fut pour eux une délivrance et un triomphe [1].

Leur besogne rapidement expédiée, « quelques-uns des assassins dépouillent les cadavres, les autres, rentrent au comité pour exiger de l'argent [2] ». « Cet argent était distribué dans le comité de la section sur le bon d'un des chefs du bataillon [3] »; « un

Saint-Firmin (Bâtiment neuf, façade qui donne sur la cour intérieure).
Actuellement il sert de garde-meuble de l'Etat. Il est au n° 2 de la rue des Ecoles.

des membres du comité se hasarde de faire des observations à l'un des chefs de la bande. Pour toute réponse, ce misérable lui montre la fenêtre d'où l'on a, quelques minutes auparavant, précipité les trois malheureux prêtres. Cependant, le trésorier de la section, Roncier, déclare qu'il ne délivrera pas d'argent sans prendre les noms de ceux auxquels il payera, afin de pouvoir

1. Nous nous dispensons de citer les détails fantaisistes ou oratoires que prodigue Guillon, op. cit..
2. Mortimer-Ternaux, op. cit. III, 275.
3. Relat. Boul. Cela semblerait confirmer ce que dit Granier de Cassagnac, des douze citoyens armés de la section qui auraient participé au crime. Rappelons-nous ce que disait le garçon boucher à Boullangier sur l'attitude éventuelle de la garde nationale.

rendre compte à qui de droit. « Qu'à cela ne tienne, » répondent les assassins; « et ils donnent leurs noms [1] ». Quelques-uns nous sont parvenus : Depois, 28 ans, né à Paris, compagnon de rivière, rue des Fossés-Saint-Bernard, n° 36; Humbert Enriot (Henriot), 52 ans, né à Senancourt (Vosges), journalier sur les ports, rue Saint-Victor, n° 120; (comme il fut blessé « dans son travail à la maison Firmin », il reçut 50 livres et fut envoyé à la Pitié pour être guéri de sa blessure [2]); Claude Joignot, 31 ans,

Saint-Firmin (Bâtiment neuf, façade occidentale).
Seules, les cheminées ont disparu, ce bâtiment donne encore sur la petite cour qui séparait Saint-Firmin du Cardinal-Lemoine

né à Paris, gagne-denier, rue Saint-Victor, n° 64; Claude-Timothée Goussiaume, 40 ans, né à Paris, cordonnier, rue de Versailles, n° 4; Jean-Baptiste Nicolas, dit Blondin, 45 ans, né à Paris, marinier, rue d'Arras, n° 12. Mais parmi ceux qui se présentent, il en est un qui n'appartient pas à la section des sans-

---

1. Mortimer-Ternaux, *op. cit.* III, 276. — A la page 528 cet auteur dit « avoir trouvé « dans le dossier criminel de l'an III une liste de 18 individus qui est ainsi intitulée : Noms des personnes qui ont exigé, par la violence, un salaire après avoir fait périr les prêtres qui étaient détenus à Saint-Firmin dans la journée du 3 septembre 1792, l'an IV de la liberté et le 1er de l'égalité ». De plus, à la page 275 (note), il ajoute : « Les assassins furent payés à des taux différents; les uns reçurent 24 livres, les autres 10 et 12 livres, d'autres enfin 5 livres seulement ».

2. *A. N.* AA. 56.

culottes ; il est de Villejuif et perruquier de son état. On refuse de le payer. Il sort fort mécontent d'avoir assassiné *gratis*[1]. Une fois payés, les assommeurs vont chez les marchands de vin des environs se partager « les bénéfices de la journée[2] ».

Cependant, on ne peut laisser ces cadavres dans la rue et la cour. On dut les entasser dans la petite chapelle[3] située au nord-est du bâtiment neuf (rez-de-chaussée). La municipalité prévoyante avait envoyé, dès le 3, à une heure du matin, l'ordre de nettoyer les lieux de carnage et d'y employer au besoin le vinaigre. « Sablez par-dessus, ajoutait-elle... surtout, célérité dans l'exécution de cet ordre, et que l'on n'aperçoive aucune trace de sang ». Tous les martyrs furent donc... « dépouillés, jetés dans des tombereaux[4] comme on jette le bois ; à quelques-uns, les femmes avaient arraché les yeux avec les ciseaux. Les corps une fois entassés dans les tombereaux, hommes et femmes montèrent et foulèrent aux pieds ces cadavres, les hachant, leur coupant jambes et têtes, montrant aux passants ces horribles trophées » et hurlant : Vive la Nation[5] ! Où se dirigèrent ces sinistres charrettes ? « Dans les carrières », dit Boullangier. Ce terme est un peu vague. Le premier registre des catacombes de Paris[6], qui est précédé d'un historique, composé par un inspecteur général, dit que les catacombes de la Tombe-Issoire renferment « les restes des malheureuses victimes... de Saint-Firmin[7] ». Cet enlèvement augmenté probablement de celui des galériens, dura deux jours et, le 5 septembre 1792, « le conseil général (des commissaires

---

1. Mort.-Tern. *op. cit.* p. 276.
2. *Ibid.*
3. Une tradition qui se transmet parmi le personnel du garde-meuble qui a remplacé le séminaire Saint-Firmin, donne à cette chapelle (aujourd'hui salle ordinaire), le nom de : *salle des morts*. Déjà Guillée, (*B. N.* Lf 32/132) la nomme ainsi en 1820.
4. *Rel. Boul* et Barruel, *op. cit.*
5. *Ibid.*
6. *Bib. de la ville de Paris*, n° 16506.
7. Manuel fut accusé d'avoir, à la fin d'août, 1792, fait déboucher le puits de la Tombe-Issoire et « personne n'ignore, dit un document de l'époque, que c'est dans ces excavations qu'ont été transportés les cadavres des journées des 2 et 3 septembre ». Cf. *A. N.* W. 295, p. 246. — Cependant, la Direction des travaux de Paris, nous a fait savoir « qu'un assez grand nombre furent portés au cimetière dit de Clamart (près du jardin des Plantes), à celui de Vaugirard et dans une carrière de Charenton dont l'emplacement est resté indéterminé ». Dans les catacombes actuelles subsiste un petit monument funéraire qui porte l'inscription : II et III septembre.

des 48 sections) arrête, d'après la délibération de l'assemblée permanente de la section des sans-culottes (du 4 septembre), que les sieurs Gilbert Petit, Nicolas Guy, Michel Lepage et Pierre-Henri Gorsin auront 48 livres pour eux quatre, pour des travaux auxquels ils se sont livrés chacun pendant deux jours [1] ». Et pour jamais, confondus avec une masse d'ossements et dans un emplacement incertain, nos Nicolaïtes dorment leur dernier sommeil.

Le lendemain, ironie féroce, au rapport journalier de la première légion de la garde nationale, qui était chargée de la sécurité dans le quartier Saint-Victor, on pouvait lire cette mention laconique : « Rien de nouveau [2] ».

1. L'arrêté de l'Assemblée était ainsi conçu : « Sur la réquisition des sieurs Gilbert, Petit, etc., qui ont été employés à l'*expédition* des prêtres de Saint-Firmin et autres pendant deux jours... ». Mortimer *op. cit.* III, p. 523 sqq. et quelques autres en ont conclu qu'il ne s'agit pas seulement de l'enlèvement des cadavres, mais aussi du meurtre. Leur raisonnement ne nous a pas convaincu quoiqu'il soit fort possible que ces quatre individus aient accompli la double besogne.

2. A. N. F¹ 4426. La deuxième légion est plus cyniquement explicite : « Une foule de gens armés s'est portée cette nuit dans les prisons et a fait justice des malveillants de la journée du 10 ».

Probablement au soir de cette journée du 3 septembre, Saint-Firmin, cependant, rendait à la vie deux malheureux, Laurent et Adam. Ils étaient restés « cachés dans un faux-grenier pendant qu'on égorgeait et furent mis en liberté non sans peine longtemps après la retraite des tueurs ». (*Souvenirs*, etc. — D'après le *Journal des Débats*, 15 juillet 1819, (Cf. *Martyrs de septembre*, Mgr de Teil, 1903. Desclée, p. 8), « Laurent caché dans un grenier fermé par une soupape, sur laquelle il eut la présence d'esprit de s'asseoir, (il) trompa ainsi les recherches des assassins; il y resta quarante-huit heures ». Il descendit plus mort que vif et grâce à un perruquier de la rue Saint-Victor, il fut « réclamé par la section du Panthéon » à qui il fut remis (B. N. f. 6574). — Adam (lazariste) fut réclamé par le sieur Vallée et les commissaires remirent à ce soldat le sieur « Bernard Adam prêtre échappé à la juste indignation du peuple »; 6 septembre. — *Ibid.*, p. 73.

Un troisième échappé fut Magnelin, vicaire de l'église Saint-Hippolyte. On le découvrit plus mort que vif le 4 septembre au soir. « Dans les listes il est mentionné comme mis en liberté par délibération de l'assemblée générale le 7 septembre 1792 ». Cf. A. N. D. XLII 5. Il habitait le n° 1 du petit corridor au quatrième étage du bâtiment neuf. Il devint plus tard curé de Neuilly, et mourut le 17 février 1811 à 81 ans. Cf. *Bref du diocèse de Paris*, 1812.

TABLE DES MATIÈRES.

Avertissement v

CHAPITRE PRÉLIMINAIRE

Entrevue de Bourdoise, de Bérulle et Vincent de Paul. — Pièce qui établit que Bourdoise méditait depuis longtemps la fondation d'une Communauté-Séminaire 1

CHAPITRE I

LA PRÉPARATION

(1584-1611)

Enfance et jeunesse de Bourdoise. — Etat du clergé en France au commencement du XVIIe siècle. — Pour y remédier, on essaye de fonder des séminaires. — Premières études de Bourdoise. — Il commence la réforme du clergé. — Différences entre la communauté paroissiale qu'il médite et les autres communautés similaires. — Bourdoise va en retraite chez M. de Bérulle. — Fondation de sa Communauté paroissiale 11

CHAPITRE II

LE PREMIER ESSAI

(1612-1620)

Description de la Montagne Sainte-Geneviève au XVIIe siècle. — Les membres de la Communauté. — Comment on devient docteur en théologie. — André Duval : son influence sur la Sorbonne et sur la Communauté. — Bourdoise continue ses études. — Essai de règlement. — Froger curé de Saint-Nicolas du Chardonnet *habitue* un certain nombre de membres de la Communauté. — Description du quartier Saint-Victor au XVIIe siècle. — Bourdoise et l'église de Saint-Nicolas. — Commencements d'un séminaire dans le presbytère, dans l'église de Saint-Nicolas et dans la Communauté. — Vaine tentative de M. de Bérulle pour fonder un séminaire à Saint-Magloire. — Saint François de Sales et Bourdoise. — La Communauté est chargée par Henry de Gondi de plusieurs fonctions diocésaines. — Compaing offre de la recueillir dans la maison de son père 30

CHAPITRE III

LE DEUXIÈME ESSAI

(1620-1632)

Organisation intérieure

La maison de Compaing. — Compaing. — Le séminaire s'organise. — Acquisition d'une maison au faubourg St-Victor. — Organisation de la Communauté. — Triple but : fonctions paroissiales ; conduite des étudiants en théologie ; les petites écoles. — Lancelot au séminaire de Saint-Nicolas. — Acte solennel d'association, 27 juillet 1628. — Conventions entre Froger et les associés. — La Compagnie du St-Sacrement aide la Communauté à obtenir des lettres patentes mais incomplètes. 63

Action à Paris et en province.

Bourdoise et les Bons-Enfants. — Mlle Le Gras. — Les Communalistes à Paris. — Grâce à Bourdoise, l'archevêque de Paris introduit quelques réformes relatives aux clercs. — Les *Exercices des Ordinands*. — Le séminaire de Saint-Magloire n'est toujours pas ouvert. — Froger à la Sorbonne. — Le projet de Charles Godefroy. — Missions de Bourdoise et de ses disciples. . 95

CHAPITRE IV

LA CONSOLIDATION

(1632-1644)

Portraits de Froger et de Bourdoise. — Election de Wiart. — Membres de la Communauté durant cette période. — La *Bourse cléricale*. — L'œuvre des galériens. — Fondation d'une seconde communauté à Villejuif. — Bourdoise et Saint-Cyran. — Bourdoise et Richelieu. — Bourdoise et Olier. — Olier est-il le premier fondateur des grands séminaires en France ? — St-Nicolas semble bien être le premier séminaire organisé à Paris. — Saint-Magloire ; les Bons-Enfants ; les Trente-Trois ; séminaires de provinces. — Bourdoise quitte Saint-Nicolas et fonde une communauté à Liancourt. — Négociations à Paris pour de nouvelles lettres patentes royales. — Analyse des lettres de Fr. de Gondi qui organisent définitivement la Communauté-Séminaire. — Saint-Nicolas était-il séminaire diocésain ? 116

CHAPITRE V

L'AFFERMISSEMENT DE L'ŒUVRE

(1644-1671)

Événements intérieurs

La Communauté-Séminaire de Liancourt. — Bourdoise se retire à St-Nicolas. — Mort de Froger et nomination de Féret à la cure de Saint-Nicolas du Chardonnet. — Membres de la Communauté. — Gaston Chamillard. — Michel Chamillard. — Mathieu Beuvelet. — Etat florissant du séminaire. — Encore la *Bourse cléricale*. — Mort de Bourdoise. — Les *Sentences chré-*

tiennes et cléricales. — Etat de la Communauté. — Acquisitions. — Lettres patentes d'amortissement. — Nouvelles acquisitions. — Lettres de *jussion.* — Donations faites à Saint-Nicolas ; à la *Bourse cléricale.* — On commence à bâtir le séminaire actuel. — Règlements du séminaire 176

Influence extérieure

Saint-Nicolas et les misères de la Fronde. — Saint-Nicolas et les petites écoles. — Saint-Nicolas contribue à la fondation de plusieurs séminaires. — Les séminaires à Paris aux alentours de 1670. — Bourdoise, Saint-Nicolas et le jansénisme. — Saint-Nicolas et Port-Royal. — Rôle important de Michel Chamillard dans cette longue affaire. — Ses écrits 225

CHAPITRE VI

LE PLEIN ÉPANOUISSEMENT

Première partie (1671-1692)

Mort de Féret : son remplacement par Hennique de Benjamin, ensuite par Joseph Boucher. — Michel Chamillard et son frère Gaston dans l'affaire de Sorbonne en 1663. — Affaire de la régale (1681-1682). — Rôle glorieux de Michel Chamillard et de Joseph Boucher. — Leur exil à Issoudun et à Guingamp. — Cocquelin chargé par l'archevêque de Harlay de régir la paroisse et le séminaire de Saint-Nicolas du Chardonnet. — Chamillard revient de l'exil ainsi que Boucher. — Etat de la Communauté, de la *Bourse cléricale* à son retour, 1687. — On commence à construire le bâtiment en façade de la rue Saint-Victor. — Description de ce bâtiment. — St-Nicolas (église et séminaire), et le peintre Le Brun. — Mort de Michel Chamillard. 259

Deuxième partie (1692-1710)

Courtin. — De Noailles est nommé archevêque de Paris ; son activité. — Firmin Pollet élu économe (supérieur). — Acquisitions et fondations nouvelles. — Saint-Nicolas et la fin de Port-Royal. — Ludron remplace Boucher à la cure de Saint-Nicolas. — La Petite Communauté 295

CHAPITRE VII

LE PLEIN DÉVELOPPEMENT

(1711-1786)

Liste des économes-supérieurs au XVIIIe siècle. — Le budget de St-Nicolas au XVIIIe siècle : *Recettes : Bourse cléricale,* fondations de services et de messes, procès avec les marguilliers, casuel, titres ecclésiastiques et pensions, fermes et rentes, allocations. *Dépenses :* ordinaires, extraordinaires, acquisitions, affaire d'amortissement, affaire de Saint-Cyr, dons volontaires. — Villejuif : la communauté, la chapelle. — La Petite Communauté ou Petit séminaire des philosophes : sa nature, son règlement, son recrutement, notes sur les élèves, budget spécial. — Le Grand séminaire : quelques modifications au règlement, enseignement primaire, nombre et provenance des élèves. — La Communauté de Paris, le séminaire de Laon : Démêlés de Pollet avec de Noailles ; publication de la *Vie de Bourdoise* ; autres *Vies* du même personnage ; nouveaux démêlés entre Pollet et de Noailles ; séjour de saint Jean-Baptiste de la Salle au séminaire de Saint-Nicolas ; Pollet, le ministre Fleury, le régent et Louis XV ; affaire du séminaire de Laon ; les Nicolaïtes prennent la direction de ce séminaire ; la journée de St-Nicolas du Chardonnet ; Pollet, la Reine et le Dauphin ; Saint-Nicolas à la Faculté de théologie de Paris ; Saint-Nicolas et le Bréviaire parisien ; état de la Communauté ; lettre de l'abbé de la Grande Trappe ; schisme à l'église Saint-Nicolas, le curé Garnot en exil ; lutte des docteurs de Saint-Nicolas contre les jansénistes et les gallicans ; ils sont soutenus par l'archevêque Christophe de Beaumont ; exil d'un d'entre eux, Lelarge ; son retour ; affaire Berruyer ; l'affaire du Bélisaire ; Tricalet ; état de la Communauté en 1786 ; le théâtre au séminaire ; quelques signes de décadence ; tentative d'empoisonnement sur Andrieux, supérieur du séminaire de Laon. 327

CHAPITRE VIII

L'AGONIE, LA MORT

(1786 - 3 sept. 1792)

Topographie du quartier Saint-Victor. — Le Séminaire et la Communauté sous Andrieux. — Etat des finances. — Elections du clergé de l'église Saint-Nicolas. — Elections des représentants du clergé aux Etats-Généraux. — Gros, nouveau curé de Saint-Nicolas, est élu. — Service solennel à l'église Saint-Nicolas, en faveur des citoyens morts au siège de la Bastille. — Décrets de la Constituante relatifs aux biens du clergé ; déclarations des biens de Saint-Nicolas. — Gros rétracte une rétractation. — Déclaration des biens du séminaire de Laon. — Refus des Nicolaïtes de prêter le serment à la *Constitution civile* du clergé. — Une ordination clandestine. — Visites de la police à Saint-Nicolas. — Comment les Nicolaïtes purent-ils exercer le ministère après leur refus de prêter serment ? — Les scellés à Villejuif. — Menace de vendre les biens de Saint-Nicolas. — Inventaire de St-Nicolas par les commissaires. — Longue discussion avec l'administration civile qui prétend que Saint-Nicolas est le séminaire diocésain. — Gobel propose un plan de séminaire diocésain. — Requête de la municipalité de Villejuif. — Les Nicolaïtes se constituent gardiens de leurs propres meubles. — Le 10 août. — Arrestation des Nicolaïtes. — Transfert à Saint-Firmin. — Portrait des commissaires chargés de surveiller Saint-Firmin. — La vie des prisonniers à Saint-Firmin. — Préparatifs du massacre. — La dernière nuit des prisonniers. — Le massacre. — Enlèvement des corps des victimes . . 445

Pour la table des noms propres et l'index bibliographique
voir à la fin du second volume.

IMP. DESCLÉE, DE BROUWER ET CIE, LILLE. — 4.174

www.ingramcontent.com/pod-product-compliance
Lightning Source LLC
Chambersburg PA
CBHW050417240426
43661CB00055B/2183